首 钢 年 鉴

2017

首钢集团有限公司史志年鉴编委会　编

人民出版社

首钢集团有限公司史志年鉴编委会

编 辑 说 明

2016 年,首钢顺应形势要求,深化改革、转型发展,无论是管控框架、组织方式、核心理念,还是产业布局,都发生了深刻变化。

首钢做到"彰善引风气",首钢史志年鉴工作者也有责任"直笔著信史"。《首钢年鉴 2017》及时记载 2016 年首钢巨变。跟全国史志年鉴工作者一样,国家领导人近年来关于修史修志方面语重心长的话语,鼓舞首钢数百位史志年鉴工作者,本着对工作负责、对首钢负责、对历史负责、对未来负责的态度,克服重重困难,兢兢业业耕耘,编纂完成《首钢年鉴 2017》。

《首钢年鉴》由首钢集团有限公司主办,首钢集团有限公司史志年鉴编委会组织编纂,首钢集团有限公司发展研究院负责组织协调编辑出版工作,史志年鉴办公室是首钢集团有限公司史志年鉴编委会日常工作机构。

《首钢年鉴》客观、全面记载首钢集团及主要单位基本情况、重要信息、重大变化、重大事件、各自特点,是反映首钢年度情况的资料性文献。编写《首钢年鉴》是首钢集团的一项基础性工作;《首钢年鉴》有利于集存信息、有利于全面展示形象、有利于相互学习借鉴、有利于观察自身变化、有利于查找努力方向。

《首钢年鉴》记录 2003 年以来首钢集团的发展情况。《首钢年鉴 2017》是连续出版的第 13 部年鉴,继续以书籍、光盘形式出版。

《首钢年鉴》按照分类编辑法编纂,设立栏目、分目、条目三个结构层次,以条目为基本单元。

与之前的 12 卷《首钢年鉴》比较,《首钢年鉴 2017》共设置彩页、目录、十大新闻、特载、文选、专辑、组织机构、党群与战略管控、战略支撑、业务支持、钢铁管理平台、股权投资管理平台、园区管理平台、直管单位、大事记、荣誉表彰、统计资料、制度目录、编纂人员、索引等 20 个栏目,其中党群与战略管控、战略支撑、业务支持、钢铁管理平台、股权投资管理平台、园区管理平台、直管单位属于全新栏目。

《首钢年鉴 2017》中【领导名录】内,无论是"任职"还是"离任",凡未标明年份,只标明月份的,都属于 2016 年之内的行为。

《首钢年鉴》的编纂,是一项浩瀚的系统工程。首钢集团所属各单位领导给予高度重视;年鉴编纂组织者以及编写者、摄影者,克服重重困难,强力支撑《首钢年鉴 2017》编纂工作;史志年鉴办公室承担全集团各单位材料收集、编审工作,全方位协调各项具体工作;人民出版社宋军花时时春风送暖。众人拾柴,终修成本卷。

2016 年,是首钢深化改革转型发展的关键年份,机构变动大、人员变动大、前后衔接难度大、组织编纂难度大、框架结构变化大。有些情况还在变化之中,编纂组织者无法及时、全面、准确记载。《首钢年鉴 2017》难免出现差错与纰漏,敬请各方人士不吝赐教。

首钢发展研究院史志年鉴办公室

《首钢年鉴》执行主编　车宏卿

2017 年 8 月 2 日

工业遗存　创新发展

首钢大力推进建设国家体育产业示范区，推动国家级体育资源向示范区集聚，探索奥运遗产地、工业遗存地创新发展体育产业的办法和路径。图为首钢园区北区冬奥比赛设施及训练场馆建设效果图。（首建投公司提供）

党建与"两学一做"

图01：2月26日，首钢在文馆召开2016年党风廉政建设工作会议。（摄影　王京广）

图02：4月29日，首钢召开"两学一做"学习教育动员会。（摄影　王京广）

图03：5月27日，首钢技术研究院召开"两学一做"学习教育动员会。（技术研究院提供）

图04：6月3日，首自信公司召开"学党章党规、学系列讲话，做合格党员"学习教育动员大会。（首自信提供）

图05：7月1日，首钢召开庆祝中国共产党成立95周年大会。（摄影　孙　力）

图06：7月1日，首钢民兵预备役高炮分队重温入党誓词。（摄影　孙立明）

图07：7月，中首公司以"情系中首"文化活动为载体，庆祝建党95周年暨表彰2015年先进。（摄影　王春亮）

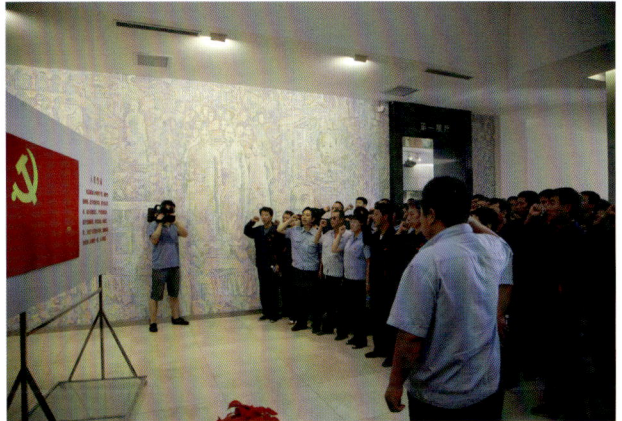

图08：8月8日，首钢矿业公司开展主题党日活动。（摄影　任淑娟）

图09：8月13日，首钢总公司党委中心组举行集体学习《中国共产党问责条例》和习近平总书记系列重要讲话等。（摄影　郭　川）

图10：9月28日，首钢总公司办公厅开展党日活动。（摄影　乔智玮）

图11：9月29日，首钢总公司纪委组织参观北京市反腐倡廉警示教育基地。（摄影　乔智玮）

图12：9月30日，首钢组织职工参观红军长征胜利80周年展览。（摄影　王京广）

图13：11月8日，"不忘初心走好新的长征路"，首钢股份公司、矿业公司、京唐公司、首秦公司、首自信公司职工组成的合唱队演绎大型音乐舞蹈史诗《长征组歌》。（摄影 李所牛）

图14：11月10日，首钢环境公司举办廉政知识竞赛。（摄影 李 佳）

图15：首钢经营财务部和财务共享中心以联席会的方式，组织处级以上领导干部传达学习党代会报告、职代会报告。（摄影 王京广）

图16：首钢机电公司"两学一做"学习教育现场交流会。（机电公司提供）

图17：首钢实业公司举行庆"七一"先进表彰暨"两学一做"学习教育推进大会。（实业公司提供）

图18：首钢园服公司组织干部职工参观石景山反腐倡廉教育基地。（摄影 秦俊彪）

上级关心指导

图01：1月11日，吉林省副省长姜有为到通钢集团调研。（摄影 陈世宇）

图02：2月18日，中央政治局委员、北京市委书记郭金龙到首钢调研。（摄影 王京广）

图03：4月21日～23日，北京市领导与河北省领导，到首钢京唐公司、曹建投公司调研。（摄影 王京广）

图04：6月12日，徐匡迪等京津冀协同发展专家咨询委员会专家到首钢调研。（摄影 王京广）

图05：8月10日，贵州省省委常委、常务副省长秦如培到水钢公司视察"去产能"工作情况。（摄影 杨德清）

图06：9月5日，国家人力资源和社会保障部副部长邱小平到通钢集团对"去产能"工作进行专项督查。（摄影 李尚伦）

图07：9月11日，北京市委副书记、代市长蔡奇到首钢调研。（摄影　王京广）

图08：9月19日，北京市副市长张建东到首钢建筑垃圾处理项目现场调研。（摄影　孙　力）

图09：11月2日，北京市委常委、组织部部长姜志刚等领导到首钢创业公社调研。（摄影　王京广）

图10：11月7日，贵州省委副书记、省长孙志刚到贵钢公司调研。（摄影　刘　刚）

图11：12月26日，中央环境保护督察组与北京市领导到首钢鲁家山循环经济（静脉产业）基地调研。（摄影　王春亮）

图12：12月29日，国家发改委副主任连维良、北京市副市长隋振江等领导到首钢调研。（摄影　王京广）

总公司重要会议

图01：1月18日，首钢召开安全生产大会。（摄影 王京广）

图02：1月29日，首钢召开传承和发扬首钢精神"首钢之星"表彰暨演讲报告会。（摄影 王京广）

图04：2月2日，首钢总公司领导靳伟作《全面深化改革 加快转型发展 为建设有世界影响力的综合性大型企业集团而奋斗》工作报告。（摄影 袁德祥）

图03：2月2日，中共首钢第十八次代表大会在文馆召开。（摄影 王京广）

图05：2月3日，首钢第十八届职工代表大会第四次会议暨集团工作会议在文馆召开。（摄影 王京广）

图06：2月3日，首钢总公司领导张功焰作《坚定信心保生存 攻坚克难求发展 奋力实现"十三五"良好开局》工作报告。（摄影 袁德祥）

图07：3月28日，首钢党的群团工作会议、首钢科技大会在文馆举行，首钢总公司领导靳伟为获得特殊贡献奖获得者颁奖。（摄影 王京广）

图08：4月29日，首钢召开"先进集体先进个人表彰大会"。（摄影 王京广）

图09：7月25日，首钢召开党委扩大会暨集团上半年经济活动分析会。（摄影 王京广）

图10：8月27日，首钢召开"创新创优创业"交流会，旨在全面提高风险管控能力，保障首钢持续健康发展。（摄影 袁德祥）

钢铁业

图01：5月28日，"首钢高磁感取向硅钢产品及超高压变压器应用"成果通过专家组评审，首钢跻身变压器材料供应商世界第一梯队。（摄影　王京广）

图02：12月14日，首钢股份公司召开高层级职务人员聘任暨创新工作室授牌大会。（股份公司提供）

图03：首钢股份公司酸洗板完成3大类76个牌号产品开发，月供货量突破1万吨。图为首钢股份公司酸洗板团队。（摄影　赵成龙）

图04：首钢迁钢公司炼钢1号转炉在"服役"384天、冶炼6543炉后，实现全炉役复吹比100%，全炉役碳氧积0.0021。（新闻中心提供）

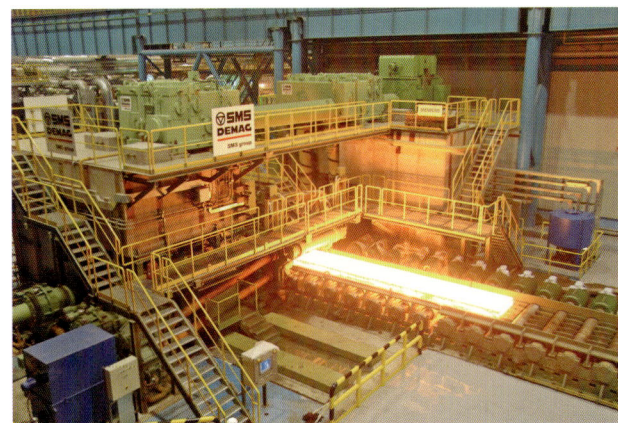

图05：首钢迁钢公司热连轧机组正在轧制管线钢板卷。（摄影　丁瑞鑫）

图06：首钢迁钢公司成功生产超宽规格高磁感取向硅钢产品。（摄影　李　哲）

图07：首钢京唐公司炼铁高炉生产现场。（摄影 杨立文）

图08 ：首钢京唐公司2250热轧生产线。（摄影 杨立文）

图09：首钢京唐公司专业技术人员监测汽车板卷质量。（摄影 李 波）

图10：首钢京唐公司瞄准"精"字立足高端开发汽车板市场。（摄影 杨立文）

图11：9月1日，首秦公司3300毫米中板产线顺利停产，图为秦中板干部职工坚守岗位，生产完最后一块钢板。（首秦公司提供）

图12：首秦公司桥梁板中标长安街西延永定河特大桥项目，该项目钢箱梁、钢塔所用钢板全部由首钢制造供应。（摄影 侯志刚）

图13：首钢冷轧公司顺利通过 TS16949 体系换证审核。（冷轧公司提供）

图14：宝马高级副总裁到首钢冷轧公司考察。（冷轧公司提供）

图15：首钢水钢公司职工利用周末完成去产能拆除设备大件切割工作。（摄影　杨德清、熊　锋）

图16：首钢水钢公司召开基层故事会总结表彰会。（摄影　杨德清）

图17：3月16日，首钢长钢公司举行庆祝建厂70周年暨千人誓师大会。（摄影　姜联宇）

图18：首钢长钢公司瑞达工业园区焦化项目一期年产干熄焦140万吨，焦炉煤气6.27亿立方米，焦油5万吨，粗苯2万吨，年发电量2.07亿千瓦时。图为7月21日，2号焦炉推出第一炉焦炭。（摄影　张　睿）

图19：首钢通钢公司120吨转炉生产。（摄影　李尚伦）

图20：首钢通钢公司冶金厂区。（摄影　王宏坤）

图21：7月8日，首钢总公司领导靳伟、张功焰到首钢贵钢公司调研。（摄影　刘　刚）

图22：首钢贵钢公司新区中空钢生产线全线贯通。（摄影　孙　力）

图23：7月，首钢伊钢公司改变销售模式，按照合同订单和客户需求组织生产，销售钢材7.1万吨，月降低产品库存2万吨。（新闻中心提供）

图24：伊犁州"劳模看发展"观摩团到首钢伊钢公司参观。（摄影　文　玲）

图 25：首钢矿业公司捆带生产线投产，年设计产能 3 万吨。（摄影 李所牛）

图 26：10 月，首钢矿业公司运输部完成水厂"尾砂干排"配套铁路项目，为确保项目整体工期打下基础。（摄影 井春苓）

图 27：首钢秘铁 1000 万吨选矿厂项目招标会。（中首公司提供）

图 28：中首公司钢材贸易事业部与艾默生公司洽谈硅钢出口。（中首公司提供）

图 29：2016 年首钢销售公司华东地区冷轧用户座谈会在上海召开。（摄影 张迎春）

图 30：首钢销售公司哈尔滨汽车板加工配送中心建成投产，可满足年产 20 万辆整车所需冷轧、镀锌汽车板剪切需求。（摄影 赵成龙）

园区开发

图01：5月11日，北京市新首钢高端产业综合服务区发展建设重点工作部署会召开。（摄影　王京广）

图02：5月13日，位于新首钢高端产业综合服务区的北京冬奥组委办公地首次向媒体开放。（摄影　袁德祥）

图03：5月，首钢园区服务公司做好冬奥组委入驻首钢园区各项服务保障工作。（摄影　王京广）

图04：6月4日，海外侨胞看京津冀——助力世界侨商创新中心支持冬奥会活动走进首钢。（摄影　袁德祥）

图05：7月15日，中板厂轧机生产线拆移工程有序进行。（摄影　王京广）

图06：7月，首钢园区功碑阁修缮一新重现风采。（摄影　袁德祥）

图07：7月，长安街西延长首钢段施工现场。（摄影 王京广）

图08：8月25日，首钢总公司与国网北京市电力公司签署合作协议，启动电站规划建设。（摄影 王京广）

图09：9月8日，首钢园区内第一条城市次干路——首钢晾水池东路一标段道路工程实现通车。（摄影 何志国）

图10：10月28日，媒体聚焦北京静态交通研发示范基地。（摄影 王春亮）

图11：11月7日，由中国海洋工程咨询协会主办、首钢总公司协办的"海洋发展曹妃甸论坛"在首钢渤海国际会议中心举行，首钢总公司领导靳伟做主旨演讲。（摄影 王京广）

图12：12月1日，"首钢园区—正气候项目"荣获2016年环保建筑大奖赛研究及规划类别最高级别奖项GRAND AWARD大奖。（新闻中心提供）

图13：12月23日，首钢与景山学校签署合作协议，加强校企合作，共推京津冀协同发展。（摄影　王京广）

图14 ：曹妃甸示范区开发建设扎实推进。（摄影　袁德祥）

图15：曹建投公司外景。（摄影　袁德祥）

图16：曹建投公司参加京津冀国资国企"改革 合作 共赢"研讨会。（曹建投公司提供）

图17：首钢特钢园区先期15号、16号地项目启动污染土清挖、暂存工作，为开工建设做准备。（特钢公司提供）

图18：首钢特钢公司加强企业转型发展培训，图为请专家为职工讲授产业园区开发等知识。（特钢公司提供）

城市服务

图01：4月29日，北京首钢股权投资管理有限公司成立授牌仪式。（摄影　王京广）

图02：首钢总公司与公交集团签定战略协议书。（摄影　王京广）

图03：首钢技术研究院与国内最大的车轮生产企业正兴车轮集团有限公司搭建"车轮钢联合研发实验室"，实现"轻量化节能车轮"研发制造。（摄影　张　雨）

图04：首钢国际工程公司总承包的山东北金集团焦化厂80万吨焦炉烟道废气余热脱硫项目正式投产，标志首钢脱硫脱硝技术从课题开发走向工业化生产。（摄影　陈　康）

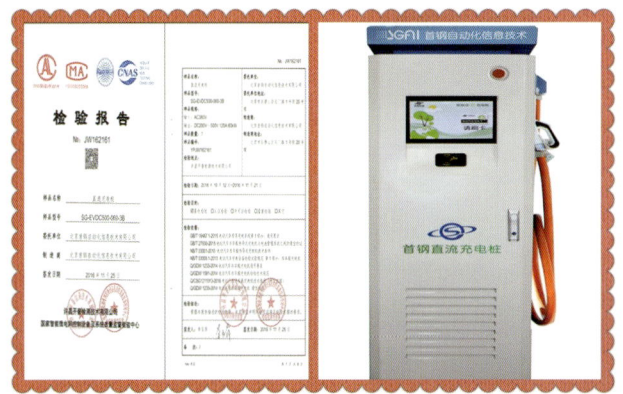

图05：首钢建设承建阿联酋海景大厦工程进展顺利。（摄影　何志国）

图06：首自信公司自主研发的二代直流充电桩通过最新国标认证。（摄影　李会亮）

图07：首钢机电公司和航空航天部院属单位共同研发制造的"楼宇消防灭火装置"在首钢机电公司大厂基地制造完成。（摄影 李 磊）

图08：首钢地产鸥洲A19号楼开盘及鸥洲酒店开业。（摄影 孙 力）

图09：首钢吉泰安新材料公司成功研制"圆珠笔头用超易切削不锈钢材料"。（摄影 刘祥鹏）

图10：北冶公司精品材成功应用于长征系列运载火箭新型发动机制造，助力神舟飞天。（新闻中心提供）

图11：首钢军用专利产品经受实战演练考验。（摄影 张 雨）

图12：首钢鲁家山基地餐厨垃圾、残渣暂存场项目开工建设。（摄影 王京广）

图 13：首钢新钢联公司为北京新机场、城市副中心建设工程配送钢材。（摄影　杨　威）

图 14：北大首钢医院党员专家赴首钢京唐公司、迁钢公司和矿业公司举办健康知识讲座、为一线干部职工和家属进行义诊活动。（摄影　刘金良）

图 15：首钢实业公司老年福敬老院举行岗位技能比赛。（摄影　吴　憬）

图 16：首钢人才开发院工学院教师为新生服务。（摄影　张　雨）

图 17：首钢体育大厦正式投入使用。（摄影　袁德祥）

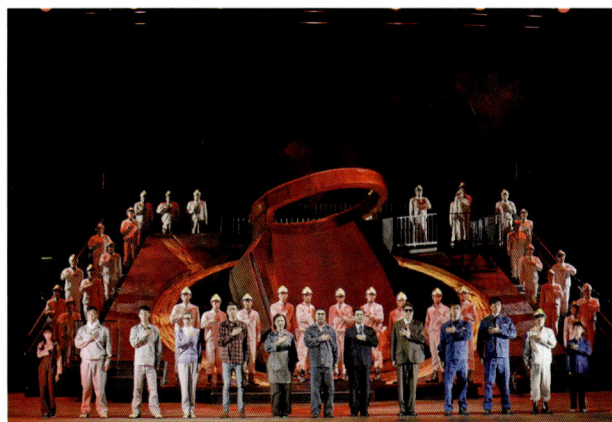

图 18：首钢文化公司出品的首部大型工业题材话剧《实现》在天桥剧场首演。（新闻中心提供）

产融结合

图01：8月29日，中国光大银行行长张金良等到首钢调研，双方就首钢转型发展和园区建设进行座谈与交流。（摄影 何志国）

图02：首钢举行《公司财务报告分析与决策》专题培训，邀请清华大学教授肖星作《财务信息与企业决策》专题培训讲座。（摄影 王京广）

图03：首钢集团获惠誉A–及大公香港A国际评级。（摄影 袁德祥）

图04：首钢京西重工新产品研发成效显著，合同额大幅增长。（摄影 袁德祥）

图05：首钢京西重工在捷克投资设立的主要生产高级轿车悬架产品工厂运营生产。（新闻中心提供）

图06：首钢财务公司组织研讨产业金融实施方案。（财务公司提供）

图 07：首钢财务公司结合业务需要开展培训。（财务公司提供）

图 08：首钢基金在 2016 年中国私募基金峰会上，获"中国双创母基金第一名"称号。（基金公司提供）

图 09：首钢基金旗下首中投资中标北京新机场停车楼项目。（摄影 王京广）

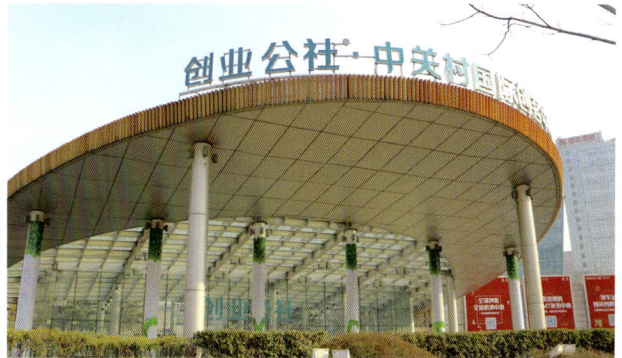

图 10 ：首钢创业公社成为北京市最大的国家级众创空间。（摄影 赵石岩）

图 11：媒体记者在中关村创业公社采访入住企业。（摄影 王京广）

企业社会责任

图01：1月3日，首钢贵钢举行老区最后一条生产线——中空钢生产线停产搬迁仪式。实施城市钢厂搬迁，是贵钢承担社会责任加快贵阳市生态文明城市建设的要求，也是企业自身转型发展的迫切需要。（摄影 刘 刚）

图03：3月8日，北京首钢女篮荣获2015～2016赛季WCBA总决赛冠军。（摄影 王京广）

图05：10月24日，《西望首钢》电视系列报道在北京电视台播出，图为首钢职工家属观看首钢转型发展新变化。（摄影 王京广）

图02：1月28日，"心系职工、共筑和谐"2016年首钢"献爱心"募捐活动在首钢文馆举行。（摄影 王京广）

图04：7月8日，北大首钢医院专家参加中国西藏文化保护与发展协会和中国红十字基金会、北京市红十字基金会主办的"重走长征路，共铸中国心"2016"同心共铸中国心甘孜行"大型公益活动。（首钢医院提供）

图06：11月15日，首钢京唐公司荣获企业环保类第九届中华宝钢环境优秀奖，是唯一获得此奖项的钢铁企业，被誉为绿色转型发展先锋。（新闻中心提供）

图 07：首钢团委组织单身青年参加"相约石景山，你我不孤单"活动。（摄影　孙　贺）

图 08：首钢人事服务中心举办首钢总公司退休职工乒乓球友谊赛。（摄影　张　雨）

图 09：首钢股份公司举行应急救援技能比赛。（摄影　赵成龙）

图 10 ：响应国家低碳出行、减少城市尾气排放污染号召，首钢水钢公司新能源纯电动公交车投入运行。（摄影　杨德清）

图 11：首钢矿业公司矿山街委幼儿园开展爱国主题教育活动。（摄影　王冬冬）

图 12：首钢建设承担钢结构主体施工任务的国庆天安门广场主题花坛亮相。（摄影　赵泽民）

一线职工

图01：6月，首钢启动"竞赛锤炼技能，学习促进发展"职业技能竞赛，全集团17000人参加比赛。（新闻中心提供）

图02：7月，首钢国际工程公司2016年度"电气杯"篮球联赛决赛落幕。（摄影 何志国）

图03：8月，首钢股份公司举办2015年度"三星"颁奖暨高技能人才聘任典礼。（摄影 李所牛）

图04：8月，首钢园区服务公司举办"助力转型发展、培养青年骨干"培训班。（摄影 易自强）

图05：9月，首钢长钢公司推行"三清晰三到位"岗位责任体系建设，以达到"任务无遗留、时限有保障、标准可衡量、协同不扯皮、流程最简洁、评价明奖惩"工作标准。图为炼钢厂职工根据岗位责任体系规定调压。（摄影 孙育钟）

图06：10月12日，首钢地产举办"首钢地产人的故事"主题演讲和"两学一做"知识竞赛活动。（摄影 郑东梅）

图07：首钢青年特训班军训成果表演典礼。（摄影 王京广）

图08：首钢京唐公司运输部港口作业区职工把矿泉水瓶改造成防尘罩、油泵接油盒等小工具，解决机下轴承等部位加油嘴堵塞问题，得到广泛应用。图为职工正在对门机电缆减速箱加油口加装矿泉水瓶盖。（摄影 尹松松）

图09：首钢矿业公司采取维检人员与岗位"捆绑"在一起实施机台承包、对流程设备实施区域承包、工序承包方式，构建"操检合一"的劳动组织模式，效果显著。（摄影 赵晓杰）

图10：首钢销售公司职工开展从山到海看首钢爱首钢活动。（摄影 黄克俭）

图11：首钢园区开发部干部职工在西十筒仓义务劳动。（摄影 孙 力）

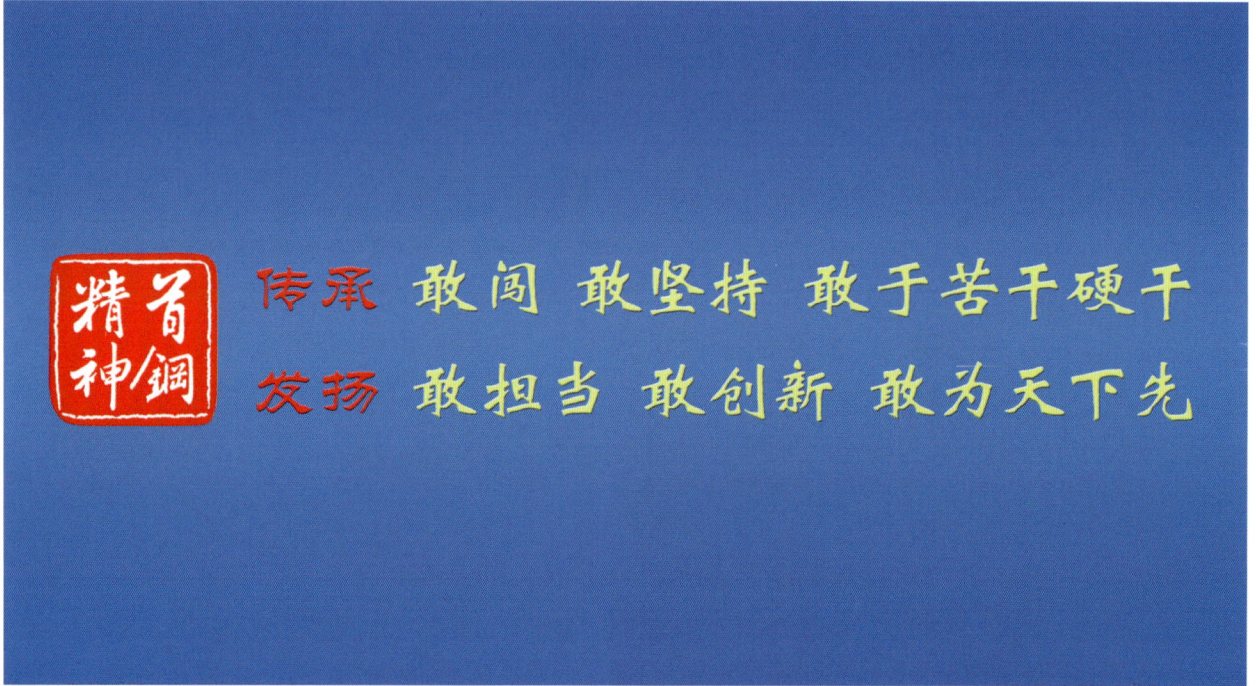

首钢党委正式发布首钢精神表述语，颁发"关于大力传承和发扬首钢精神的决定"。（摄影　袁德祥）

目　录

战略支撑

钢　铁　业

北京首钢股份有限公司

股权投资管理

大 事 记

荣誉表彰

统计资料

制度目录

《首钢年鉴 2017》编辑人员

CONTENTS

十大新闻

◎ 责任编辑：刘冰清

2016 年首钢十大新闻

总公司党委作出《关于大力传承和发扬首钢精神的决定》

1 月 29 日,在传承和发扬首钢精神暨"首钢之星"表彰演讲报告会上,总公司党委对首钢精神表述语进行正式发布,作出《关于大力传承和发扬首钢精神的决定》。在首钢近百年的发展历程中,首钢人在创造巨大物质财富的同时,积淀了宝贵的精神财富,形成了独具特色的首钢精神。总公司党委在充分听取广大干部职工和专家学者意见建议的基础上,总结提炼出了传承"敢闯、敢坚持、敢于苦干硬干"、发扬"敢担当、敢创新、敢为天下先"的首钢精神表述语。总公司党委专门作出《决定》,是对传承和发扬首钢精神的一次全面部署,这在首钢历史上还是第一次。

中国共产党首钢总公司第十八次代表大会召开

2 月 1 日至 2 日,中国共产党首钢总公司第十八次代表大会召开。靳伟代表中共首钢总公司第十七届委员会作题为《全面深化改革加快转型发展为建设有世界影响力的综合性大型企业集团而奋斗》的工作报告。本次大会是在首钢深化改革、转型发展关键阶段和全面实施"十三五"发展规划的新形势下召开的一次十分重要的大会。大会回顾了首钢第十七次党代会以来首钢经受的严峻考验和取得的突出成绩,分析了首钢发展面临的形势变化,明确了"十三五"期间总体工作思路、发展目标和重点任务,对全面加强党的建设作出部署,为推进全面深化改革、加快转型发展指明了方向。大会选举产生了新一届中国共产党首钢总公司委员会和中国共产党首钢总公司纪律检查委员会。

郭金龙等市领导到首钢调研
勉励首钢抢抓机遇加快转型发展

2 月 18 日,北京市委书记郭金龙到首钢调研,强调要坚持问题导向,认准前进方向,紧紧抓住国家"十三五"规划和实施京津冀协同发展国家战略带来的难得机遇,坚定不移深化改革,加快转型发展。9 月 10 日,郭金龙书记再次到首钢调研,称赞首钢是好样的,在改革和发展上,一直走在行业的前面。要求首钢继承发扬光荣传统,落实首都城市战略定位,深化供给侧结构性改革,加快推动经济转型和产业升级发展,为全市经济保持稳定增长作贡献。11 月 9 日,北京市委副书记、代市长蔡奇到首钢调研,11 月 22 日,到首钢生物质能源公司调研,对首钢为北京发展作出的贡献给予充分肯定,要求首钢做好老厂区工业遗存利用开发的规划设计,发挥装备制造优势,加快停车服务设施建设,为城市运行管理提供技术和服务支撑。市领导和市委市政府对首钢的高度重视和充分肯定,使首钢广大干部职工深受鼓舞和鞭策。

冬奥组委入驻首钢园区　为转型发展带来新机遇

2022 年北京冬奥组委第一批工作人员入驻首钢园区。5 月 13 日,位于新首钢高端产业综合服务区的北京冬奥组委办公地首次向媒体开放,受到各界高度关注。冬奥组委入驻首钢园区,是党中央、市委市政府对首钢的巨大信任和支持,为首钢转型发展带来千载难逢的历史性机遇。此前,北京市新首钢高端产业综合服务区发展建设领导小组召开第三次会议,明确了未来三年园区开发建设重点任务安排,北区开发建设提速,西十冬奥广场、首钢工业遗址公园、石景山景观公园、城市织补创新工场和公共服务配套五个片区改造项目和长安街西延等重大基础设施建设扎实推进,工业遗存利用和生态环境提升项目进展顺利,提升了区域新活力。

首钢跻身变压器材料供应商世界第一梯队

5月28日,"首钢高磁感取向硅钢产品及超高压变压器应用"成果通过专家组评审,首钢跻身变压器材料供应商世界第一梯队,成为世界第四家全低温高磁感取向硅钢制造商,进入钢铁产品"工艺品"国家队行列。目前首钢已实现高磁感取向硅钢产品牌号全覆盖,通过国家电网公司供货资格认证,产品已经应用于500千伏超高压变压器生产制造。首钢取向硅钢填补了自身高端板材的空白,还将通过取向硅钢做大做强,始终保持技术领先、管理领先、产品领先,提升中国钢铁业制造能力,满足国家重点工程需求,为国家经济转型产业结构调整、绿色能源环保起到基础性保障作用。

首钢"十三五"规划出台

7月29日,总公司董事会审议通过《首钢集团"十三五"发展规划》。为确保编制一个经得起历史和实践检验的"十三五"规划,总公司党委站在历史新坐标和集团发展战略的高度来审视,把握未来5年首钢发展,制订工作方案,成立领导小组,建立例会制度,召开专题会议100余次;组织专家、职工代表等50人组成的评委会进行打分评议。经过多轮修改完善,最终形成了《首钢集团"十三五"发展规划》及产业投资、资本运营、技术创新、人力资源、能源环保、信息化六个专业规划。"十三五"规划坚持管全局、管根本、管方向、管长远,体现了前瞻性、战略性、指导性和可操作性,充分展现首钢未来发展的新愿景。

北京静态交通研发示范基地在首钢园区建成

10月27日,位于首钢园区内新建成的北京静态交通研发示范基地迎来首批社会媒体集中采访。该示范基地为国内首例,集中展示了六大系列十三种机械式立体车库和公交智能立体车库的设计与制造能力,能满足不同场地的个性化需求,技术先进性和功能多样性均处于国内领先水平。为落实首都城市战略定位,积极推进供给侧结构性改革,首钢在城市综合服务业领域谋划布局,培育新动能、新业态,创新性地打造城市静态交通产业生态链,努力为北京和全国其他大城市解决停车难作贡献。

首钢实施职务职级改革　推进用人机制市场化去行政化

11月11日,总公司党委下发通知,《首钢总公司职务职级改革试点管理办法》正式实施。这是首钢干部人事制度的重大改革举措,迈出了用人机制市场化去行政化的坚实一步,彰显了总公司党委顺应深化国有企业改革的大趋势,革除管理弊端的决心和魄力。一年来,首钢全面深化改革稳步推进,集团管控体系不断完善,新的管控体系正式运行,股份公司全面承担钢铁板块管理职能,股权投资管理平台搭建完成,集团投资管理权力清单和领导人员任免权力清单制定实施,风控体系建设扎实推进;包含损益预算、现金预算、投资预算的全面预算管理体系初步建立;薪酬制度改革持续深化,领导人员薪酬体系设计方案和总部部门薪酬制度改革方案颁发实施;加大职业经理人选聘工作力度,强化市场化用人导向;转型提效工作取得明显成效。

《西望首钢》电视系列报道展现首钢转型发展新变化

10月24日,在党的十八届六中全会开幕当天,由北京市委宣传部、北京电视台精心制作的《西望首钢》5集系列报道和3集专题片,分别在北京卫视《北京新闻》和新闻频道《锐观察》栏目同时播出,集中报道了首钢在供给侧结构性改革、京津冀协同发展的大背景下,抓住机遇深化改革、转型发展所走过的不平凡历程。首钢转型发展的成果得到社会媒体的广泛关注,人民网、新华社相继刊登《蛮荒之地创奇迹——实地探访扎根拉美24年的首钢秘铁》,《科技日报》在头版重要位置刊登《首钢研发生产的变压器材料跻身世界第一梯队》,《北京日报》在头版头条位置刊登《从山到海　首钢燃旺创新炉火》。一年来,社会各大媒体共刊发(播)有关首钢的新闻200余篇,为首钢发展营造了良好的舆论环境。

首钢回答总理关切　破解圆珠笔头用材料制造难题

12月6日,首钢吉泰安新材料公司研制的"圆珠笔头用超易切削不锈钢材料"得到了由中国制笔协会、中国钢研集团和北京金属学会组成的专家组一致好评,认为该材料"工艺技术和实物质量"均达到国际先进水平,标志着首钢在圆珠笔头用材料领域走在了国内前列。为了回答李克强总理关切,破解圆珠笔头用材料制造难题,首钢吉泰安新材料公司用半年多时间,进行了三个阶段、六个轮次的攻关,掌握了材料制备的关键技术,总结出材料冶炼和轧制工艺,成功研发了圆珠笔头用材料,打破了该材料长期被发达国家垄断的局面。

特　载

◎ 责任编辑：刘冰清、关佳洁

中共首钢总公司委员会
《关于大力传承和发扬首钢精神的决定》

在首钢近百年的发展历程中,首钢人在创造巨大物质财富的同时,积淀了宝贵的精神财富,形成了独具特色的首钢精神。总公司党委在充分听取广大干部职工和专家学者意见建议的基础上,总结提炼出了传承"敢闯、敢坚持、敢于苦干硬干"、发扬"敢担当、敢创新、敢为天下先"的首钢精神表述语。为深入践行社会主义核心价值观,激励广大干部职工凝神聚力、攻坚克难,推进首钢全面深化改革、转型发展,建设有世界影响力的综合性大型企业集团,现就大力传承和发扬首钢精神作出如下决定。

一、充分认识传承和发扬首钢精神的重大意义

1. 传承和发扬首钢精神是首钢持续创新发展的动力源泉。首钢自 1919 年建厂,历经磨难、百折不挠,走过一条从无到有、从小到大、从弱到强的创新发展之路。新中国成立后,首钢人钢铁报国,以"顶破天花板、才能见青天"的豪情壮志,艰苦创业,结束了首钢有铁无钢、无材、无矿的历史。改革开放后,首钢人解放思想、勇立潮头,以"敢闯、敢坚持、敢于苦干硬干"的精神,率先实行承包制,解放和发展生产力,首钢成为我国国企改革的一面旗帜。新世纪以来,首钢人坚持创新创优创业,以"敢担当、敢创新、敢为天下先"的精神,率先实施史无前例的钢厂搬迁,成为落实科学发展观的示范者,成为京津冀协同发展的先锋队。在首钢精神的激励下,首钢人从来没有在严峻的形势面前退缩过,从来没有在困难面前吓倒过,从来没有在问题面前绕着走过,首钢精神引领一代又一代首钢人沿着圆梦之路奋勇前行。

2. 传承和发扬首钢精神是全面深化改革、加快转型发展的必然要求。当前乃至今后一个时期,首钢处于全面深化改革、加快转型发展的关键阶段。面对钢铁业最困难、最严峻、最残酷的"寒冬",深化改革、转型发展的任务更加艰巨繁重。如何正确认识新常态,主动适应新常态,积极引领新常态,把握新趋势,抓住新机遇,应对新挑战,坚定信心保生存,攻坚克难求发展,更需要我们通过大力传承和发扬首钢精神,凝聚首钢力量,激励广大干部职工进一步振奋精神、坚定信念,以奋发有为的创业激情、直面矛盾的进取意识、锲而不舍的拼搏精神,咬定目标苦干实干,为推动首钢全面深化改革、加快转型发展提供强有力的精神支撑。

3. 传承和发扬首钢精神是落实"十三五"规划,建设有世界影响力的综合性大型企业集团的重要保证。总公司党委全面分析"十三五"期间面临的形势,遵循"创新、协调、绿色、开放、共享"发展理念,提出了首钢"十三五"发展规划,确立了"十三五"时期总体发展目标。伟大的事业需要伟大的精神。"十三五"时期,正逢首钢建厂 100 周年,承接历史、开创未来,面对新的挑战和机遇,完成艰巨而光荣的任务,实现首钢的宏伟目标,再创首钢辉煌,必须大力传承和发扬首钢精神,进一步引领广大干部职工增强自豪感、责任感和使命感,继承光荣传统,倡导时代精神,齐心协力、团结奋斗,把美好蓝图变为现实,为建设有世界影响力的综合性大型企业集团奠定坚实基础。

二、深入理解和准确把握"敢担当、敢创新、
敢为天下先"首钢精神的深刻内涵

"敢担当、敢创新、敢为天下先"是新时期首钢精神的核心内容,具有鲜明的时代特征和深刻的思想内涵,是对

"敢闯、敢坚持、敢于苦干硬干"首钢精神的继承和发展,二者形成一个有机整体,体现了一以贯之的传承性和与时俱进的创新性。

"敢担当"是责任、是态度、是作风。它是首钢人言行中最核心、最显著的文化特征,底蕴深厚、代代相传。体现了首钢人立言立行、按时交账、兑现承诺的至高责任;体现了首钢人诚信敬业、执行有力、协同高效的严谨态度;体现了首钢人迎难而上、勇往直前、坚韧不拔的优良作风。

"敢创新"是动力、是方法、是践行。它是首钢人实践中最鲜明、最活跃的文化精髓,与生俱来,生生不息。体现了首钢人解放思想、挑战自我、开拓进取的内生动力;体现了首钢人善于学习、开放包容、战略思维的科学方法;体现了首钢人把握机遇、迎接挑战、干事创业的自觉践行。

"敢为天下先"是志向、是胆识、是追求。它是首钢人血脉中最深层、最厚重的文化基因,源远流长,历久弥新。体现了首钢人奋发向上、报效祖国、奉献社会的远大志向;体现了首钢人打破常规、勇于先行、敢走新路的非凡胆识;体现了首钢人自强不息、锐意改革、再创辉煌的不懈追求。

三、大力传承和发扬首钢精神,使之入脑入心、落地生根

在新的历史时期,传承和发扬首钢精神,是使命,是责任,更要抓好落实。

1.传承和发扬首钢精神,要强化宣传教育,使之深入人心,形成共识。各单位党委要把传承和发扬首钢精神与学习贯彻党的十八大、十八届三中、四中、五中全会精神和习近平总书记系列重要讲话精神结合起来,与开展"三严三实"专题教育结合起来,与建设学习型、创新型、服务型党组织结合起来,加强组织领导,周密安排部署。要充分运用报纸、电视、网络等各类媒体和平台,采取多种形式,广泛进行宣传,使首钢精神进部门、进车间、进班组、进岗位,做到入脑、入心、入行。要强化环境布置,在主要办公场所、会议室、活动室等地点,张贴"结构、字体、色彩"规范统一的首钢精神宣传标语,营造浓厚的宣传氛围。要组织开展丰富多彩的主题实践活动,通过举办座谈会、专题讲座、征文,开展故事征集、典型宣传、教育培训等形式,引导广大干部职工深化对首钢精神的理解和认识,把首钢精神深植于干部职工的心中,熔铸共同的价值观,进一步激发转型发展活力,汇聚实现首钢梦的强大精神力量。

2.传承和发扬首钢精神,要坚持高目标引领,推进首钢全面深化改革,加快转型发展。各单位党委要把制定完善和落实"十三五"规划的过程作为传承和发扬首钢精神的过程。要充分认清形势,准确把握未来,敢于挑战自我、敢于立大志、敢于定高目标,制定具有挑战性、突破性的目标规划,并全力以赴抓好落实。要牢记责任和使命,把握发展大势,在京津冀协同发展中继续发挥表率和示范作用。持续推进创新创优创业,在严酷的市场竞争中锤炼意志,对制约企业发展的难题不躲不绕、不拖不等,敢于碰硬,敢于啃硬骨头,打造"制造+服务"核心竞争力。要向国际一流标准看齐,以创造历史、追求艺术的高度负责精神,推进北京和曹妃甸两个园区建设。要围绕首都经济社会发展的重点难点,抢抓机遇,打造全新的资本运营平台,推进钢铁和城市综合服务商两大主导产业并重和协同发展。

3.传承和发扬首钢精神,要带头实践,体现在各项具体工作中。首钢精神是首钢人的精神追求,重在自觉践行,体现知行合一。要坚持从实践中来,到实践中去,在落细、落小、落实上下功夫,使首钢精神内化于心,外化于形。各级党组织要充分发挥政治核心作用、战斗堡垒作用,领导干部要以上率下、带头做传承和发扬首钢精神的引领者和示范者;党团员和先进模范要在具体工作中自觉做到担当、创新、争先,干在实处,走在前列;广大职工要立足岗位,人人参与,人人践行,落实在一言一行,在本职岗位上创佳绩,立新功。各单位党委要引导好、发挥好干部职工的积极性,坚持从实际出发,把传承和发扬首钢精神与本单位的改革发展、经营生产、技术创新等紧密结合,推动首钢精神落地和各项工作落实。

4.传承和发扬首钢精神,要坚持典型引路和制度保障,形成长效机制。各单位党委要坚持典型引路,大力培育总结和宣传践行首钢精神的各类典型。要按照总公司党委部署,深入挖掘、总结、宣传"首钢人的故事",用小故事体现时代大主题,做到见人见事见精神,使"首钢人的故事"宣传活动成为传承和发扬首钢精神的重要载体。在全

集团深入开展"首钢人的故事"宣传活动基础上,总公司党委每年将开展"首钢之星"评选表彰。要制定完善"首钢之星"评选表彰管理办法,使之固化于制、持之以恒,形成长效机制,促进践行首钢精神的典型人物层出不穷、不断涌现,使首钢精神不断发扬光大。

(首钢党委宣传部供稿)

薪火相传　历久弥新
新时期"首钢精神"诞生记

2012年5月17日,首钢总公司党委下发《关于开展"首钢精神"大讨论活动的安排意见》(首党发〔2012〕63号)后,集团各单位党委认真组织,动员干部职工广泛参与,积极总结提炼"首钢精神"。2013年下半年,在深入开展党的群众路线教育实践活动中,干部职工建议尽快总结提炼出新时期的"首钢精神"。2015年年初,首钢党委扩大会提出:"要深入调研,发掘典型,总结提炼新时期首钢精神,推进首钢企业文化体系建设"。2016年2月5日,首钢总公司党委作出《关于大力传承和发扬首钢精神的决定》(首党发〔2016〕18号)。至此,"首钢精神"大讨论活动取得最终成果,总结提炼出了传承"敢闯、敢坚持、敢于苦干硬干"、发扬"敢担当、敢创新、敢为天下先"的新时期首钢精神表述语。

一、"首钢精神"大讨论活动的主要做法

总公司党委《安排意见》下发后,各单位党委高度重视,将文件精神广泛传达到厂矿车间、班组和职工,深入发动和组织干部职工积极参与"首钢精神"大讨论活动,集聚群体智慧,碰撞思想火花。同时由总公司党委宣传部牵头组织,在首钢日报开设专栏刊登研讨文章,在首钢电视台制作《首钢精神大家谈》节目,营造"首钢精神"大讨论的浓厚氛围,推动了活动深入开展。

1. 广泛汇聚民智。在开展"首钢精神"大讨论活动中,集团各单位干部职工撰写研讨文章148篇,提出"首钢精神"表述语502条,充分表达了对首钢企业文化的归属感和认同感。在502条"首钢精神"表述语中,关键词出现频率显示:"创新"184次,"担当"94次,"敢为天下先"88次。另外,和谐、开拓、奉献、务实、开放、拼搏、协同等也多次出现,为总结提炼"首钢精神"奠定了广泛的群众基础。

2. 深入座谈研讨。党委宣传部先后组织召开了基层单位党委书记、机关部厅领导、宣传部长、劳模先进、离退休老同志等5个层面45人参加的座谈会。大家普遍认为,"担当、创新、自强、奉献、敢为天下先"等是首钢近百年文化的集中体现,只有传承历史、紧跟时代、着眼未来,才能总结提炼出血脉相传、与时俱进的"首钢精神"。座谈研讨加深了对总结提炼"首钢精神"的认识和理解。

3. 学习借鉴先进。党委宣传部先后收集了32家国内外先进企业精神(其中世界500强企业27家)。如韩国浦项的"追求最强、尊重创新、重视根本";三星电子的"与顾客同在、向世界挑战、创造出未来";宝钢的"严格苛求的精神、学习创新的道路、争创一流的目标";鞍钢的"创新、求实、拼争、奉献";山钢的"信恒如山、创新超越"等等。这些都为总结提炼"首钢精神"提供了有益借鉴。

4. 开展课题研究。党委宣传部与发展研究院发挥实践探索和理论研究的合力作用,围绕"不同时期首钢精神推动首钢大发展、首钢精神与国内外典型企业精神的共性与特性、首钢精神要素内涵"等课题进行了深入研究,认为"敢为天下先"是首钢最显著的文化特征,为总结提炼"首钢精神"提供了理论参考。

5.邀请专家指导。党委宣传部致函中国政研会、中国企业文化研究会、冶金政研会、北京市政研会等单位的13位专家学者,请他们对总结提炼"首钢精神"提出宝贵意见,全部得到了回复。专家学者的意见,对总结提炼"首钢精神"发挥了启迪作用。

二、干部职工对"首钢精神"的理解和共识

在"首钢精神"大讨论活动中,全集团干部职工热情参与、认真思考,通过座谈交流、广泛研讨、深度会谈,对"首钢精神"的内涵加深了理解,形成了以下共识:

共识一:总结提炼新时期"首钢精神"要从历史中来,弘扬光荣传统,传承文化基因。首钢建厂近百年来,走过了一条从无到有、从小到大、从弱到强的创新发展之路。新中国成立后,首钢人钢铁报国,以"艰苦奋斗、无私奉献"的创业豪情,结束了有铁无钢、无材、无矿的历史。改革开放中,首钢人勇立潮头,以"敢闯、敢坚持、敢于苦干硬干"的三敢精神,率先实行承包制,首钢成为国企改革的一面旗帜。进入新世纪,首钢人奉献社会,以"创新、创优、创业"的三创精神,率先完成史无前例的搬迁调整,首钢成为了落实科学发展观的示范和实施京津冀协同发展国家战略的先锋队。在几个阶段的发展中,首钢人从来没有在严峻的形势面前退缩过,从来没有在困难面前吓倒过,从来没有在问题面前绕着走过,形成了"良好的精神状态和过硬的工作作风"的传家宝,孕育了"敢为天下先"的优秀企业文化基因,成为推动首钢持续发展的动力源泉。

共识二:总结提炼新时期"首钢精神"要从实践中来,集聚基层精彩,注入生机活力。通过搬迁调整,首钢先后建成了京唐、迁钢、首秦、冷轧等新钢厂,联合重组了水钢、贵钢、长钢、通钢、伊钢等企业,在产品结构实现向高端板材为主转变、集团综合实力大幅提升的同时,企业文化建设也呈现出新的生机和活力。首钢的事业发展到哪里,首钢的优良传统和文化基因就传播到哪里。越是基层越精彩,"艰苦奋斗、自强不息,敢于担当、敢为人先,开拓创新、开放合作,以人为本、回报社会,永不满足、追求卓越"等成为新时期首钢企业文化主流,不断丰富和提升了"首钢精神"的内涵。

共识三:总结提炼新时期"首钢精神"要从使命中来,成为一面旗帜,引领转型发展。企业转型,文化先行。当前,首钢正处于全面深化改革、加快转型发展的关键时期,面临前所未有的机遇和挑战。越是任务艰巨,越需要统一思想、凝聚共识、汇聚力量;越是攻坚克难,越需要彰显文化的力量;越是在困难情况下,越需要调动每个人的积极性,发挥企业文化引领、传承、凝聚、教育、激励、推动等作用。新时期"首钢精神"要体现传承性、时代性、先进性和首钢特色,为广大干部职工所认同和接受。既内涵丰富、又通俗易懂,既便于记忆、又朗朗上口,使之渗透到首钢人骨子里,流淌在血液中,成为广大干部职工的共同遵循和引领首钢未来发展的旗帜。

三、总结提出新时期"首钢精神"表述语

经过广泛发扬民主、充分集中民智等工作程序,先期甄选出50条"首钢精神"表述语,经广泛征求意见后,又从中归纳提炼出5条表述语。在此基础上寻求最大公约数,提出了薪火相传、历久弥新的"首钢精神"表述语,即:

传承"敢闯　敢坚持　敢于苦干硬干"

发扬"敢担当　敢创新　敢为天下先"

"敢担当、敢创新、敢为天下先"是新时期首钢精神的核心内容,具有鲜明的时代特征和深刻的思想内涵,是对"敢闯、敢坚持、敢于苦干硬干"首钢精神的继承和发展,二者形成一个有机整体,体现了一以贯之的传承性和与时俱进的创新性。

"敢担当"是责任、是态度、是作风。它是首钢人言行中最核心、最显著的文化特征,底蕴深厚、代代相传。体现了首钢人立言立行、按时交账、兑现承诺的至高责任;体现了首钢人诚信敬业、执行有力、协同高效的严谨态度;体现

了首钢人迎难而上、勇往直前、坚韧不拔的优良作风。

"敢创新"是动力、是方法、是践行。它是首钢人实践中最鲜明、最活跃的文化精髓,与生俱来,生生不息。体现了首钢人解放思想、挑战自我、开拓进取的内生动力;体现了首钢人善于学习、开放包容、战略思维的科学方法;体现了首钢人把握机遇、迎接挑战、干事创业的自觉践行。

"敢为天下先"是志向、是胆识、是追求。它是首钢人血脉中最深层、最厚重的文化基因,源远流长,历久弥新。体现了首钢人奋发向上、报效祖国、奉献社会的远大志向;体现了首钢人打破常规、勇于先行、敢走新路的非凡胆识;体现了首钢人自强不息、锐意改革、再创辉煌的不懈追求。

四、传承发扬"首钢精神"筑牢企业之魂

首钢总公司党委作出《关于大力传承和发扬首钢精神的决定》,对总结提炼的首钢精神表述语进行正式发布,这在首钢历史上还是第一次。

《决定》从充分认识传承和发扬首钢精神的重大意义;深入理解和准确把握首钢精神的深刻内涵;大力传承和发扬首钢精神,使之入脑入心、落地生根三个方面提出了明确要求,是我们传承和发扬首钢精神的基本遵循和行动指南。

《决定》是在全集团广大干部职工面对钢铁寒冬,奋力攻坚克难的关键时期,是在首钢全面深化改革,加快转型发展的重要阶段,是在首钢"十三五"规划开局之时作出的,意义重大,影响深远。这既是首钢企业文化建设的一项重要举措,也是首钢广大干部职工精神文化生活中的一件大事。贯彻落实好《决定》精神,对于统一思想、坚定信心、凝神聚力、共克时艰、再创首钢辉煌具有十分重要的意义。

一是广泛宣传首钢精神,规范首钢精神表述语环境布置。各单位统筹安排、精心设计,既庄重醒目又适当适量,使首钢精神表述语具有视觉冲击力。同时通过报纸、电视和网络载体,高密度、多维度进行宣传,促进首钢精神深入人心、自觉践行。

二是持续开展"首钢人的故事"宣传活动。每年在讲好故事的基础上,重点围绕践行首钢精神,征集典型案例和生动故事,组成总公司"践行首钢精神、建功'十三五'"报告团,在全集团巡回宣讲,大力营造万众一心、攻坚克难、奋力前行的浓厚氛围。

三是每年开展"首钢之星"评选表彰工作。颁发《首钢之星评选表彰管理办法》,形成长效激励机制、打造首钢文化品牌,突出践行首钢精神,形成"处处有故事、层层有典型、人人学先进"的生动局面。

四是总结首钢精神文化建设成果。重点做好首钢精神文化的理论研究和实践总结,编制印发《首钢企业文化建设手册》,使之成为理论性强、实践性强、教育性强的企业文化读本,促进全员自觉学习,增强首钢文化自信。

五是制定"首钢企业文化建设'十三五'规划"。以"首钢精神"核心理念为统领,服务首钢"十三五"规划,助力深化改革转型发展,融入经营生产建设管理,打造首钢企业文化建设体系的升级版,为百年首钢再创辉煌提供强有力的思想保证、精神动力和文化支撑。

(首钢党委宣传部供稿)

推动京津冀协同发展 "海洋发展曹妃甸论坛"举行

为实施京津冀协同发展战略,推进环渤海经济发展,中国海洋工程咨询协会和首钢总公司于11月7日在河北

曹妃甸共同举办"海洋发展曹妃甸论坛"。

京津冀作为中国三大城市群之一,覆盖人口1.1亿,土地面积21.6万平方公里,地理位置重要,资源要素集中,产业基础雄厚,市场腹地广阔,在历史文脉、资源禀赋、产业结构、发展基础等方面互补性强、合作开发潜力巨大。

首钢总公司董事长靳伟7日在"海洋发展曹妃甸论坛"上说,加快协同发展步伐,大幅度提升综合竞争力,有利于加快形成环渤海经济带,带动北方地区发展,打造中国经济增长和转型升级的新引擎。

靳伟说,推动京津冀协同发展,是一项艰巨、复杂的系统工程。首钢作为京津冀协同发展的先锋队和落实京津冀协同发展的产业载体,自觉将企业发展与国家战略紧密结合,在解决国家社会关注的难题中实现企业发展。

中国海洋工程咨询协会会长周茂平说,推动京津冀协同发展,是新的历史条件下的重大决策部署,对于统筹推进"五位一体"总体布局、协调推进"四个全面"战略布局、实现"两个一百年"奋斗目标和中华民族伟大复兴的中国梦,具有重大现实意义和深远历史意义。加快京津冀协同发展步伐,有利于加快形成环渤海经济带,带动北方地区发展,打造中国经济增长和转型升级的新引擎。

曹妃甸地处渤海湾中心地带,辐射华北、西北、东北,面向东北亚和全世界,是京津冀协调发展的战略核心区。与会代表在该论坛上倡议,曹妃甸作为京津冀协同发展示范区,要带动唐山乃至环渤海经济带加速崛起,实现环渤海地区社会经济协同、均衡发展,面向东北亚和全世界,打造曹妃甸城市品牌,积极践行京津冀协同发展战略。

（《中国新闻网》2016年11月7日,作者:阮煜琳）

筒仓料仓改为办公楼　节俭环保理念处处可见

（原标题:冬奥组委开始入驻首钢园区）

2016年5月13日,在位于新首钢高端产业综合服务区的北京冬奥组委办公地,秘书行政部的工作人员正在紧张工作。

布满圆形孔洞、加装玻璃幕墙的混凝土筒仓,铁轨枕木与框架滚轴做成的前台,型材厂老灯具改成的照明灯……昨天上午,地处首钢老厂区的北京冬奥组委办公地首次面向媒体开放,浓浓的工业味、环保味、节俭味令大家印象深刻。

记者了解到,冬奥组委第一批工作人员已入驻首钢园区。为快速展开工作,冬奥组委办公区采用边施工边入驻的模式。明年2月,办公区内其他建筑将改造完毕,届时就可基本满足所有部门入驻的办公需求。

办公室设在铁矿石筒仓

进长安街西延线上的首钢东大门,深入厂区到西北3公里的西十筒仓区域,就到了北京冬奥组委的家。

这块区域原来是首钢炼铁的原料区,当时在火车运输系统中编组为西十线,因此得名。16个高大的圆柱形筒仓和2个料仓原来装的都是铁矿石,周边还有若干空中输送通廊、转运站、空压机房等特色鲜明的工业遗存。

冬奥组委一期率先入驻的是五号和六号筒仓。这两个高30多米、直径20多米的钢筋混凝土圆筒,筒仓上被镂空雕刻出数个直径一至三米的圆孔,构成极富灵动气息的"外骨骼"。

筒仓原来上下贯通的内部空间被分割成六层,外壁上的大小圆孔兼具采光和通风功能。切下来的混凝土圆饼则做成了室外的装饰性座椅。筒仓外面保持了混凝土工业建筑本色,楼梯、电梯等"交通核"也设在原有建筑外侧。保持风貌、科学改造的设计理念在筒仓外观设计上展露无遗。

冬奥组委首批工作人员到位

五号筒仓办公楼门口,"北京 2022 年冬奥会和冬残奥会组委会"的铭牌格外醒目。

据介绍,北京冬奥组委初期组建工作已基本就绪。按照"选优配强、统筹考虑、交叉配备、逐步到位"的思路,初期设置的 9 个部门和 2 个运行中心的负责人和工作人员已经到位,做到了人员基本到位、职责任务明确、工作全面展开。

走进五号筒仓办公楼,记者看到,每层都被分割成两个半圆形区域,每层大概有 20 个工作人员,实行开放式办公,办公面积既符合相关行政规定,又便于沟通联络。筒仓顶部通廊还将设置健身区域供工作人员使用。

据介绍,筒仓目前只是工作人员临时办公场所。根据工作需求,冬奥组委工作人员将陆续转到改造装修完的料仓进行办公。

冬奥组委秘书行政部部长郭怀刚介绍,冬奥组委办公区,主要利用原有工业厂房及构筑物改造而成,充分体现绿色办奥理念,也是践行当时提出的"以运动员为中心、可持续发展和节俭办赛"的承诺。

据介绍,从现有成本来看,利用原有筒仓等旧建筑进行改造,比重新修建要节省 1/4 到 1/5 费用。

运输钢架将改为冬奥文化通廊

环保理念也深植在冬奥组委办公区各个细节中。

脚下的透水砖是首钢将建筑垃圾资源化而成,步行道旁景观用的是厂区轨道枕木。部分照明设备是从首钢二型材老厂房中拆除的旧灯具,景观工程中利用部分废弃材料和设施进行艺术再加工,设计成为景观小品。此外,办公区运用了光伏发电、太阳能光纤照明、无负压供水系统、雨水收集和利用系统等先进生态节能、低碳减排新技术。

此外,记者还从整个办公区的改造方案中发现,工业遗产、冰雪文化和中国文化元素融合在内。

方案中显示,场地内原有的铁路线、火车头、天车广场、料斗、混凝土体块遗存等将得到保留,并作为重要景观元素安排在场地景观中。

办公区与石景山、秀池和高炉之间的绿化景观和视线通廊保留下来,传承了该区域原有的雄浑大气、通畅敞亮的景观特色。

原本较为硬朗的工业园区基底还将呈现中国古典园林、水墨山水画的景观特色,在建筑群和屋面之间建设连续不断的室外楼梯及步廊系统,步移景异间,传递出中国文化浓郁的特色空间形态。

既然是冬奥组委所在地,自然少不了冰雪特色。改造时,还将利用原有的矿石材料运输钢架,建设一个冬奥会"通廊",陈列历届冬奥会的会徽等内容。废弃滑雪板、缆车吊椅等物件也会被重新改装为休闲桌椅。

(《北京日报》2016 年 5 月 14 日,作者:范俊生)

首钢京唐公司荣获"中国工业大奖表彰奖"

在 12 月 11 日举行的第四届中国工业大奖颁奖典礼上,凭借技术管理创新持续推进、循环经济绿色制造贯彻实施、主要技术经济指标快速提升和企业文化建设扎实有效等方面的突出业绩,首钢京唐公司荣获"中国工业大奖表彰奖"。

中国工业大奖是国务院批准设立的我国工业领域最高奖项,被誉为中国工业的"奥斯卡",包括"中国工业大奖""中国工业大奖表彰奖"和"中国工业大奖提名奖"三个层次奖项。本届工业大奖共产生大奖企业13家、项目9个,表彰奖企业13家、项目8个,提名奖企业14家、项目16个,共涵盖36个工业行业。它们是新时代"中国引领"和"中国创造"的标杆,代表了我国工业发展最高水平。

首钢京唐公司是在中国由钢铁大国向钢铁强国迈进的关键时期,着眼落实首都城市功能定位、疏解非首都功能而建设的大型钢铁联合企业,依托国内外顶级专家组成的咨询保障体系和协同开放的技术创新体系,建成新一代可循环钢铁流程的钢铁梦工厂,代表了世界钢铁企业的发展方向。采用220项国内外先进技术,自主创新和集成创新达到2/3,实现钢铁产品制造、能源高效转化、固体废弃物消纳三大功能,成为发展循环经济的示范区。建成投产以来一批重大创新成果获得了国家、省市和行业表彰,其中12项获得省部级一等奖,1项获得国家二等奖。截至"十二五"末,共获得国家授权专利178项,形成科技成果110余项。

首钢京唐公司积极推进供给侧结构性改革,立足发展高端制造,实现产品转型升级和品种结构优化。产品定位于高质量、高技术含量、高附加值的高端精品板材,用于汽车、管线、家电、包装等,产品规格齐全,质量等级达到国内领先水平。在钢铁市场同质化竞争日益激烈的形势下,首钢京唐公司发挥临海靠港和大型化装备优势,主动推进供给侧结构性改革,加大品种结构优化力度,发展高端产品研发制造,实现产品转型升级。成功为西气东输四线、五线等重点项目工程开发第三代超高级别管线钢 X90;成功开发出供中石油大口径输油管线钢 21.4 毫米厚 X80,填补了国内空白;为中海油成功开发出抗止裂的海底管线钢 X65MO,在行业内具有技术领先水平;成功开发屈服强度在 700 兆帕以上高强车厢板用钢,成为引领国内高强车厢板行业的高端产品;为适应汽车行业高强化、轻量化发展,已开发出 DP、TRIP、含磷高强、烘烤硬化等系列冷轧高强钢,成为宝马等高端客户供应商;成功开发绿色环保的全无铬家电板,达到欧盟环保要求;成为首家批量供货 0.16 毫米厚连退一次材镀锡板的钢厂。目前,首钢京唐公司已形成高端精品板材品种集群,家电板、车轮钢、高强钢、集装箱板等国内市场占有率排名第一,镀锡板、汽车板产品已部分替代进口并远销中东、欧洲等国家和地区。

首钢京唐公司完全按照循环经济理念设计,以"减量化、再利用、资源化"为原则,以低消耗、低排放、高效率为特征,集成应用 CDQ、冶金除尘、"三干"技术、海水淡化、水电联产、烟气脱硫脱硝等一系列先进节能减排技术,充分利用生产过程中的余热、余压、余气、含铁物质和固体废弃物实现循环经济,钢铁厂与社会形成资源循环利用产业链。企业具有钢铁生产、能源转换、城市固废消纳等综合功能,钢铁生产产生的高炉水渣、钢渣、粉煤灰、除尘灰、轧钢氧化铁皮等各类固体废弃物,通过加工循环利用,实现固体废弃物的资源化和再利用;充分回收生产过程中的焦炉煤气、转炉煤气、高炉煤气,用于加热炉等工序,富余的煤气配给两台 300 兆瓦发电机组发电,煤气掺烧达到 40%;充分回收不同能级的蒸汽,中高压用于发电,低压用于海水淡化;通过采用系统集成技术,实现能量梯级利用,全系统能量利用率达到 82%;各工序废水经处理后进行循环利用,部分废水处理后与海淡水勾兑回用,实现废水耦合式零排放;能源高效利用实现零排放。

据悉,与往届相比,本届大奖评选更加注重突出"中国制造 2025"战略的企业实施力度,共有 29 家(占比 39.7%)涉及"中国制造 2025"战略规划中十大重点领域;更加注重突出供给侧改革的企业实践,不少传统行业入围候选企业和项目在自主研发、协力攻关、成果转化和产业化,在实施技术进步、技术改造,在推进结构调整、制造业智能化、服务化等方面成效显著,引领示范作用突出;更加注重突出战略性新兴产业和高新技术产业的引领示范,本届大奖候选企业涉及传统行业 59 家,比上届减少 9 家;战略性新兴产业和高新技术产业共入选 14 家,占比 19.2%,较上届增加 8 家。

(《首钢日报》2016 年 12 月 12 日,作者:杨立文)

首钢:十年攻关摘得"钢铁明珠"

硅钢,由于其生产具有流程长、窗口窄、精度高等特点,被称为钢铁产品中的"艺术品",特别是取向硅钢,更被誉为现代钢铁业"皇冠上的明珠"。如今,首钢研发的高磁感取向硅钢已跻身世界第一梯队。

这种特殊的钢材主要用于变压器最核心的部件,首钢从2005年开始研发,目前,取向硅钢年产量已达到15万吨,稳定出口韩国等23个国家和地区。

十年研发:预报天气抓"幽灵"

2013年5月,首钢股份公司硅钢事业部的庆功宴已准备完毕,技术骨干们戴上大红花,站在第一卷试验成功的钢卷旁自拍合影——这是团队首次在低温工艺下成功试制取向硅钢。

胜利的酒杯还没来得及端上,试制车间便传来了一个晴天霹雳的消息:取向硅钢的成材率和正品率正在疾速下降!所有人的心,就像爬升到最高点的过山车一样,一个垂直俯冲,掉到了最低点。

还好研发团队保留了每卷钢材生产全过程的大数据。通过反查各项参数,应该能找到产品不合格的原因。谁知道,查来查去,这原因居然像飘忽不定的幽灵一样,让人抓不到踪迹。流水线上的钢材,一会儿合格,一会儿不合格,质量曲线跟心电图似的。

为了抓住神出鬼没的"幽灵",研发团队启动了一个近乎变态的制度——"天天读"。每天5点下班后,各个重点工序的负责人要读出自己负责部分的成材率、合格率,分析其原因。20多个人围在试制车间里的一张白条桌前,边吃方便面咸菜,边讨论"幽灵"在哪儿。

这样的会议,一开就是两年。家里埋怨的妻子、突然生病的孩子,研发人员常常顾不上。"我媳妇儿说,在我心里,工作第一,同事第二,孩子第三,她才排第四。"硅钢团队成员孙志慧说。

一次"天天读"中,有位技术人员感慨,钢卷质量似乎和天气有点儿关系,遇上晴天,合格率似乎高一些,一下雨,质量就掉下来了。尽管这种猜测听起来不太靠谱,所有人仍在第一时间内下载了天气预报软件,每天关注天气变化,根据天气状况及时调整工艺控制点。

十年间,这样的艰辛研发贯穿始终。

在控制近300个风险控制点后,2014年下半年,取向硅钢正品率突破70%,干扰产品质量的"幽灵",终于被大家抓住了。

"明珠"投产:头脑风暴灭"玄斑"

2013年3月7日23点17分,张力强永远记得这个时刻。作为硅钢事业部三作业区首席副作业长,他记录了取向硅钢正式投产后的首次下线时间。本以为投产之后,工作便能按部就班,然而,令张力强没有想到的是,麻烦事儿还在后头。

2014年,客户突然跟硅钢事业部反馈,说钢材表面有小白点,非常影响使用。此前,钢材的表面质量也曾出现波动。张力强和同事还根据表面缺陷的形状,给这些缺陷命名:"马蹄印""大象脚""蚯蚓纹",总称"动物世界"。

本以为这次也能像以前一样,轻松解决,谁知做了好几次生产试验后,小白点还是挥之不去,生产人员百思不得其解。和"幽灵"类似，这次大伙儿给小白点取了个"玄斑"的名字，因为它出现得实在很玄。

为了防止大家在查找原因时陷入死胡同，张力强组织了一次头脑风暴，让其他工序的同事也都来参加，看看能不能带来新灵感。

脱碳退火工序的一位同事说，是不是漂洗时水量不足呀？张力强激动地一拍大腿："怎么就没想到呢！"增加水量后，"玄斑"果然消失不见了。

开拓市场："三顾茅庐"拉客户

研发和生产都解决了，市场在哪？

变压器企业对产品的要求向来苛刻，然而在硅钢这一领域内，首钢只是个刚刚起步的无名小卒，还没得到任何企业的承认。销售团队只得带着样品，一家一家拉客户。

"首钢也有硅钢？""你们不是干螺纹钢、线材的吗，什么时候还能生产硅钢了？"这是第一批产品试用时很多客户的反应。

由于硅钢的专业性和技术性，大部分客户都不敢随便替换材料。销售团队只得耐心地向客户宣传首钢硅钢生产装备和技术，将信将疑中，一些企业才答应试用。

销售团队甚至还曾"三顾茅庐"拉客户。硅钢团队一位负责销售的经理员先生奔赴华南，想要一家国内知名企业使用首钢的产品。到了企业大门口，给客户打电话，结果对方委婉表示，暂时不需要，再说吧。去了两次，都吃了闭门羹。

"我实在不想放弃这位客户。于是索性在当地住下来，有时间就给客户打打电话，联系一下。"终于，当员先生第三次来到企业大门前，再次拨通客户的电话时，对方终于松口了："来都来了，那就聊聊呗。"

"也不知道他是被我们的诚意打动了，还是实在嫌烦，总之我们得到了这个机会。"最后，客户决定试用。于是，首钢现在已成为这家企业的两大核心供应商之一。

目前，首钢已成为世界上极少数全低温工艺生产高磁感取向硅钢的企业，产品综合竞争力迅速跻身全国前三，稳定出口韩国等 23 个国家和地区。

这颗"钢铁明珠"，在首钢人不懈的努力下，愈加"闪亮"。

（《北京日报》2016 年 8 月 8 日，作者：袁云儿）

推动经济转型产业升级　为全市经济增长作贡献

9 月 10 日，北京市委书记郭金龙在石景山区和首钢总公司调研供给侧结构性改革和经济发展情况。他强调，要继承发扬光荣传统，落实首都城市战略定位，深化供给侧结构性改革，加快推动经济转型和产业升级发展，闯出一条服务"大众创业、万众创新"的现代服务业发展新路，为全市经济保持稳定增长作贡献。

虽然是休息日，中关村石景山园一派创新创业繁忙景象。郭金龙详细了解石景山区搭建创新创业服务平台过程中"降成本、补短板、促双创"的具体做法，对入驻的中电科、航天测控、东土科技等央企、上市公司表示欢迎。石景山与首钢也实现了深度融合，首钢京西创投基金打造的创业公社入驻中关村石景山园，并把周边的原首钢单身宿舍等闲置资源盘活，打造更广阔的双创服务平台。郭金龙走进一间间洋溢着蓬勃朝气的创业公司，向青年创业者询问发展情况、征询服务建议。这里诞生的加西亚无人机、金广通防灾装备等创新产品引起郭金龙的浓厚兴趣，他鼓励青年创业者大胆创新早日成功,并要求有关部门深化改革提升服务品质,不断优化创新创业环境。

在首钢老厂区内的北京静态交通研发示范基地,立体停车技术研发取得重大进展。长18米的公交车三分钟内垂直上升,然后平移并准确停进三层高的大型立体停车楼。最小的家用折叠式立体车库,让一个车位同时容纳两辆车。郭金龙详细了解技术攻关和市场推广情况后说,首钢是好样的!你们把传统钢铁、机械技术优势整合再创新,为解决停车难提供技术支撑。一定要做好市场开发和推广,不仅为北京解决停车难作贡献,更要为全国大城市解决停车问题发挥好辐射带动作用。在企业转型中,你们不急功近利,致力于自主创新打造核心竞争力,这种发展思路才是着眼长远的,才是为后代着想。

郭金龙还来到刚建成的高标准绿色建筑京西商务中心,登上12层俯瞰建设情况。这里曾是违建丛生的棚户区,经过整治焕然一新。郭金龙说,石景山区在城市功能拓展区各区里率先实现了农民全部转居,首钢完成了具有历史意义的搬迁,走在了首都改革发展的前列。石景山区要在城市规划建设中发挥好既有的农村集体产权制度优势,努力营造最佳发展环境;首钢要积极探索创新,加快经济转型产业升级步伐;共同深化供给侧结构性改革,为全市经济保持稳定增长作贡献。

市领导李士祥、张工、张建东、隋振江,中国工程院院士、中国电子科技集团公司党组成员、总工程师吴曼青一同调研。

（《北京日报》2016年9月11日,作者:王皓）

首钢大力研发立体车库　促进解决"停车难"

以生产钢铁起家的首钢集团近年来积极转型升级,深化供给侧结构性改革,培育新经济、新业态。为解决北京等各大城市的停车难问题,首钢从去年开始大力研发立体停车设施,迄今已取得众多成果。

据介绍,仅用短短一年多时间,首钢就具备了六大系列、十三种机械式智能立体车库的设计与制造能力,可以满足不同场地的个性化需求,各项技术和功能均处于国内领先水平。其中,"公交智能立体车库"和"双环型智能圆形塔库"属于国内首创。

记者27日在首钢集团的北京静态交通研发示范基地现场看到,"公交智能立体车库"共有四层,38个停车位,公交车司机只需将车开进车库门口,而后下车刷电子卡,升降机便能把公交车抬升至数米高,并自动寻找空余车位,把车放进去,全程无需人工操作。

北京公交集团宣传处处长杜跃说,与传统混凝土停车楼相比,机械式立体车库有许多优势,在占地面积相同的条件下,机械式立体车库可以使停车数量增加1至1.5倍,单车位造价平均降低约40%,建设周期平均减少约50%,此外,机械式立体车库还具有智能化功能,可以自动调整车辆出入库顺序,保证车辆的正常运营。

据悉,首钢研发的一些立体车库产品已经投入使用,例如,北京单体最大的北京大学首钢医院立体车库已经建成,其共有车位455个,实现了白天医患人员使用,夜间相邻小区业主使用的错时停车模式,为解决停车难提供了示范。

首钢总公司总经理助理顾章飞表示,2010年钢铁业彻底迁出北京后,首钢积极开拓新领域,谋求产业转型升级。2014年年初,首钢确定了钢铁业和城市综合服务业协同、并重发展的方针,机械式立体车库既可以发挥首钢在钢铁业积累的优势,又可以极大地缓解大城市土地资源紧缺、停车难的问题,可谓经济、社会效益一举两得,因而成为首钢的重点投资领域。

（新华网2016年10月28日,作者:马岩）

首钢转型升级:打造国家级众创空间
培育超五成雏鹰人才企业

2016 年正逢国家"十三五"规划开局之年,首钢老厂区与曹妃甸新厂区也翻开发展篇章中的崭新一页。首钢在近百年的发展历史中,曾在钢铁领域创造不可磨灭的辉煌,重装上阵承担起大型国企转型发展的重要责任。

着力打造城市服务综合服务商

当创新已经成为一种时代的潮流,首钢在企业转型升级过程中,以创新谋生存、寻发展、求突破,充分挖掘企业自身潜力和资源优势,从建设城市转向服务城市,打造全新的区域品牌结构,大力发展文化创意产业园区、众创空间,助力企业经济结构转型升级。

首钢集团党委宣传部部长郭庆介绍:"我们围绕着把首钢北京园区建设成为世界一流的和谐宜居之都的示范区的目标。坚持传承历史、振兴未来、绿色生态、协同发展的理念,正在加快北京园区的建设,通过打造全新的资本运营平台,实现钢铁和城市综合服务商的两大主导产业的协同发展,使企业实现可持续发展"。

华丽转身,创业公社跻身国家级众创空间

创业公社 2013 年成立,由北京京西创业投资基金管理有限公司发起设立,股东包括:首钢基金、中关村股权交易集团等。以"孵化+投行+投资+创业互助社区"为运营模式,拥有创业办公、创客金服、水滴数据、长青商学院、37℃公寓、创业公社书咖等子品牌。目前已经形成集创业办公空间、创业公寓、金融服务、创业培训和创业大数据为一体的创业生态圈。

公社快速发展的价值也得到资本市场的高度认可,2014 年 12 月获得中关村股权交易服务集团战略投资,2015 年 12 月获得多家资本近亿元 A 轮投资。为移动互联、文化创意、节能环保、互联网金融、智能硬件等新兴领域的创业企业提供办公场地、基础运营、天使投资、融资筹划、资本市场推介、创业导师、培训活动和政策辅导服务。

创业公社海淀事业部总经理夏艳红介绍:"从去年 9 月至今,创业公社中关村国际创客中心,通过商改住的改造升级,区域从原先 5000 人的日客流量,下降到 1500 人,不仅减少了创业公社周边地区的交通压力,提升了周边区域的产业等级,更是吸引了很多年轻的高端知识分子来这里创业。"

完善的一站式服务体系,为青年人创新创业的新空间

创业公社创始人、董事长刘循序介绍:"我们为入住的创业公社的企业提供了更具有附加值的服务,使入住的企业能够享受到一条龙式的服务。垂直、多元、丰富、系统、聚合链接、开放、投资增值、国际化,已经成为孵化器发展历程中的关键词。"

天元鼎政电子科技(北京)有限公司总经理金狄与创业公社的合作可谓从资本到实体市场。作为 2016 年 G20 峰会专用车——吉利电动汽车产品供应商,除了自身团队的努力外,金狄最要感谢的便是创业公社。"创业公社不仅是我们的房东,更是对我们的发展给予全力帮助的朋友。"金狄说。

刚刚入驻时,金狄的资金链有些紧张,跑了多家银行,甚至连自己公司的开户行都咨询了,可银行对小微企业融资不感兴趣。就在金狄一筹莫展的时候,创业公社的负责人找到他们,帮助他们推荐到北京银行,金狄从那里获得500万元的小微企业贷款。"北京这么多银行,我要是一家家跑根本来不及,多亏有了创业公社,帮我们顺利融资"。

发展不止步,全国网络拓展业务

至今,创业公社在本市运营管理已经超过12万平方米办公空间和创业公寓。聚集了近百家投资人,入孵企业超1200家,超过200家企业获得融资,培育出的中关村雏鹰人才企业占全市总量的五成以上,培育了97家中关村雏鹰人才企业、7家中关村金种子企业、8家新三板企业,117家北京四板挂牌企业,5家企业被上市公司并购。

基地已经遍布海淀、石景山、朝阳、密云、亦庄等区域,以及哈尔滨、天津、青岛、厦门等外省城市。未来创业公社经营面积将比现在增加1倍,为更多创业企业提供智慧帮助,为更多的创业者实现他们的梦想。

（人民网—北京频道2016年9月5日,作者:尹星云、高星）

停车楼·创业公社·投贷联动

（原标题:首钢这两年）

在石景山区北辛安路,首钢园区东门的长安街西延线工程施工还在进行当中。年底,这个与北京共生共存了接近100年的钢铁厂区将被长安街西线横穿而过、一分为二。

伴随着过去五年多的整体外迁,作为北京地区的钢铁企业、同时也作为北京市属最大国有企业集团之一,首钢的身上发生了诸多重大的变化。这种变化的步伐,在钢铁行业大举进入下行区间、去产能形势刻不容缓之时,更加地明显。

7月8日,在60多家企业参与的竞标当中,首钢中标首都新机场停车楼项目的经营权。停车楼只是首钢产融结合之下的一角,目前,首钢通过旗下高达450亿规模的首钢基金,对新能源、环保、智能信息化等诸多重点领域进行了布局。

同样是发源于"大本营"——石景山区,首钢目前运营着北京地区空间和孵化企业数量都堪称最大的众创空间之一,而围绕创投,首钢对于投贷联动这样的金融制度创新,也在率先尝试。

首钢基金旗下的京西资本总经理李婧告诉经济观察报记者:"首钢在尝试打造一个具有综合业务能力的金融生态系统。这个系统当中,母基金业务、直投业务、投贷联动综合服务业务、众创空间都是其中的组成部分,九只基金、各个业务板块之间具有较强的关联度。"

首钢希望借助这样的金融体系,来形成在一些重点产业的布局,助力自身的转型。2014年9月,针对转型,首钢内部提出了"一根扁担挑两头"的战略。根据首钢内部人士的解读:"这一根扁担就是资本运作平台,通过资本运作来撬动钢铁业和城市综合服务商两大业务板块。从停车楼这样的PPP项目到众创空间的运作,首钢的城市综合服务商定位目前很明确。"

停 车 楼

石景山路68号是首钢的东门,从地理位置看,它正对着长安街西端。2016年5月25日,已有23年历史的首钢东门搭上了脚手架,18 天之后,这座红墙绿瓦式的仿古建筑被拆除完毕,紧接着,将横穿首钢的长安街西延线道路工程加快了施工的脚步。按照规划,年底之前,这里将成为长安街西延线上一处繁华的十字路口,将近 9 平方公里的首钢石景山厂区也将被长安街分割为南北两个区域。

2010 年年底,历时 128 个小时,这里的一号高炉全面熄灭,至此,拥有 91 年历史的首钢北京石景山厂区宣告全面停产,首钢留下了 15 吨钢铁永久保存,相应地,钢铁业务整体搬迁到了 250 公里之外的河北省唐山市曹妃甸区。对于北京的首钢而言,一个时代的记忆画上了句点,这里化身为一处工业文化园区。来到园区之内,轰轰烈烈的钢铁生产场面犹在,铁皮工厂的复古感加上石景山古建筑群的历史感,共同营造出一种壮观、独特的场面。

在首钢东门对面的首钢集团办公园区,一座高达六层的智能化立体停车楼中泊满了汽车,一辆汽车只要驶入停车楼的入口处,智能停车技术会将汽车在两分钟之内放入楼内一个合适的泊车位。这是首钢自己打造自己使用的智能立体停车楼,但不是唯一一座。根据这里工作人员的介绍,在位于西五环的首钢医院,另一座 6 层、可同时容纳 455 辆车的立体停车楼也已投用。

6 月 15 日,公交集团与首钢总公司签署了合作协议。根据协议,北京将有十多处公交场站被改造成为立体停车楼。6 月底,交通部门又组织了北京 16 个区专门到首钢开了停车协调会。7 月 8 日,在 60 多家单位参与的北京新机场停车楼经营权竞标中,最终中标的也是首钢旗下的首中投资,这是我国机场停车领域的首个 PPP 项目,也是首个由产业基金牵头的基础设施 PPP 项目。

北京的钢铁封了产,首钢却瞄上了立体停车楼的生意,这其中逻辑似乎不容易看懂。首钢基金旗下京西资本运营总监原向前向经济观察报介绍,中标机场项目的首中投资是由首钢旗下首钢基金与中集集团出资 10 亿元成立,专门聚焦政府、交通枢纽、医院等停车需求,提供停车综合体投资和智能停车平台的运营。

原向前说:"类似这样的 PPP 项目,不仅需要相关领域足够的技术能力,投资回报周期也较长,和民企相比,国有资本来做天然地更适合。首钢在停车楼的运营上已经积累了很强的技术能力。"

原向前表示,首钢近年一直在通过资本推动停车产业上下游产业的延伸,"停车楼项目的背后是充电桩、钢结构制造、智能信息化等相关业务,而这些领域,首钢通过基金这块都在进行相关的投资和布局。"

停车楼业务只是首钢基金在产融结合项目运作上的一个切入点。事实上,以首钢基金为支点的首钢金融业务俨然已经成了一个大盘子。原向前介绍,目前首钢基金的规模在 450 亿元左右,管理着母基金(FOF)、股权投资、房地产基金、PPP 基金等在内的九只基金,重点投向新能源汽车、节能环保、企业级服务、人工智能等行业领域。

九只基金的背后,聚集了各条业务战线上的高端金融人才。一位首钢集团员工告诉经济观察报记者,近年,不仅在金融板块,在首钢集团下属的各个业务板块,都在通过社会化选聘,引入职业经理人。

2014 年,首钢内部提出了"一根扁担挑两头",前述首钢人士的分析以及首钢集团的表述,所谓的"一根扁担挑两头",意即通过打造全新的资本运营和金融平台这根扁担,来撬动钢铁业和城市综合服务商两大业务板块,实现两大主导产业并重的目标。

"钢铁主业搬入曹妃甸之后,首钢位于北京的巨量资产和资源需要梳理和整合,总体的定位正是城市综合服务商,但具体的做法,则各有不同,PPP 只是其中的一支。换言之,首钢的转型,不仅仅服务于城市基础设施建设。"

创 业 公 社

在石景山区古城路南侧,首钢古城单身宿舍坐落在这里,这是十栋建于 20 世纪 80 年代的老楼,作为福利,直到现在,数千名首钢集团的员工依然住在这里。

2015 年年底,这里发生了一些新变化:其中的一栋楼完成改造和装修,更名为 37℃ 公寓,并迎来了 130 多位不同身份的年轻创业者。这是一个晚宿晚归的群体,晚上八点多,公寓内依然没有什么人走动,很多创业者依然在外奔波或是在办公。

在距离 37℃公寓大约 3 公里之外,一座名为"石景山创新平台"的大厦当中,首钢的众创空间——创业公社坐落于此。这里是创业公社最早开始的地方,创业公社总监余音告诉经济观察报记者,在石景山创新平台大厦附近,还有另外三栋孵化在用的办公楼。2015 年 5 月,创业公社又将孵化基地从石景山的大本营拓展到了创业创新的核心地带中关村。

"创业的热门领域在不断更替。去年,互联网金融的创业项目入驻地比较多,从去年底到今年上半年,VR 领域又掀起了风潮,互联网金融项目急速减少。"余音告诉经济观察报记者。

从规模以及孵化成果来看,首钢的创新公社是北京最大的几家众创空间之一。三年的时间里,5 家企业被并购,成功孵化 8 家新三板企业,125 家北京四板挂牌展示企业,撮合融资 210 家,孵化空间达到 12 万平米,正在和已经孵化的企业数量在 1200 家。

李婧是创业公社的联合创始人。三年前,通过社会化选聘,李婧离开民生银行加入了首钢的金融业务板块,是创业公社创业团队的核心成员之一。

2012 年 10 月,为推动和扶持双创,中关村管委会在海淀、石景山、望京开展试点,共建"中关村雏鹰人才创业基地",首钢正是被选中的四家运营方之一。李婧告诉经济观察报记者,那时候,众创空间更多地是叫作孵化器,政府在筛选运营方的时候,更倾向于具备国有背景的企业,原因在于,国有企业的身份更加方便帮助企业对接政府资源。"对初创企业的服务当中很重要的一点是衔接企业与政府,孵化器在某种意义上承担的是政府公共服务平台的职能。具有国企背景的孵化器在做政府公共服务平台这一类事情的时候,会更有优势一些。"

不过,李婧表示,对于孵化器的运作,国企的背景只是个加成的选项,孵化器做得好不好跟是不是国企没有必然的联系,主要还是要有赖团队的执行。目前,包括创业公社董事长在内的首钢创业公社团队核心成员,均通过市场化选聘而来。

在 37℃公寓,创业公社石景山事业部高级经理王旭告诉经济观察报记者,临街的一栋宿舍楼目前已经空置出来,在此之前,这栋楼是租借自空军总医院的护士楼,接下来,这栋楼将被争取改造成为第二栋创业者公寓。

王旭说,首钢搬迁的过去几年当中,员工也发生了很大的流动,十栋首钢古城单身宿舍正是一个鲜明的写照。与 37℃公寓紧邻的一栋宿舍楼,目前还住着部分首钢员工,但并未住满。未来,这栋楼很可能也会从钢铁人的宿舍变成创业者的公寓。

投 贷 联 动

在创业公社联合创始人的身份之外,李婧目前还担任首钢基金旗下京西资本的总经理,主要负责投贷联动综合金融服务。所谓的投贷联动,简言之,即以股权结合债权的新型融资方式。

这是针对初创企业的一种特殊融资方式。事实上,首钢的投贷联动业务刚刚开始没多久,因为在政策层面,投贷联动的管理办法也是在四个月之前才出台。今年 4 月 1 日,银监会与科技部、央行联合印发了《关于支持银行业金融机构加大创新力度开展科创企业投贷联动试点的指导意见》,并且公布了国内第一批投贷联动试点地区,北京中关村国家自主创新示范区即包括在内。

李婧告诉经济观察报记者,部委之举意在提升科创企业金融服务水平,一是加大金融供给,二是优化融资结构:"在此之前,一直没有推行。但在美国的硅谷银行,投贷联动在帮助科创企业成长方面,已经进行了先行先试。"

李婧说:"投贷联动不仅仅是一种投融资的方式,更重要的是一种金融服务的方式。说白了,就是给企业提供比较综合性的金融服务。国内中小企业融资难一直是一个问题,以前的综合性金融服务主要针对大企业,现在要应用到小企业当中去。通过投贷联动,将提供低息贷款、商业咨询、财务顾问,以及后续发展当中的金融支持等一揽子金融服务更好地运用起来。"

李婧所在的团队,与硅谷银行进行了密切的接触,并框定了与硅谷银行的合作,希望把硅谷银行在美国进行投贷联动做法,包括摘选项目的方式、服务和风控的方式、资金循环的方式、项目循环的方式、人才循环的方式等,结合我们自己的情况,使其落地。

下个月,首钢基金将针对第一批严格筛选之后的初创项目进行投联贷。李婧介绍,在过去几个月里,首钢基金的投贷联动业务主要针对已经发展至一定阶段的企业,例如新三板挂牌的企业,首钢基金希望尽可能地去提高业务覆盖面:"股权的投资相对来讲会比较低频一些,债权加股权的方式会更加高频,这样能覆盖不同发展阶段的更多的企业。"

李婧介绍,对于投贷机构,利息的设定没有统一标准。首钢基金将提供低息的贷款,并通过组合期权,以及严筛创业团队来实现风控。"首钢基金正在尝试建立一个具有综合业务能力的金融生态系统,这个生态圈中,母基金业务、直投业务、投贷联动综合服务业务、众创空间都是其中的组成部分,各个业务板块之间具有较强的关联度。"李婧说。

而同样作为首钢旗下的兄弟公司,来自首钢创业公社的项目,会优先得到投贷联动等方面的金融支持。"这也是因为更利于资源的内部整合。当然,首钢基金的投贷联动对象不是只面向创业公社,正如创业公社也不是只将项目留给首钢基金。对于双方而言,这都是一个开放的市场化行为,首钢想要打造的创业生态圈也是开放型的圈子。"李婧说。

(经济观察网 2016 年 8 月 19 日,作者:李紫宸)

中钢协发布 2016 年度冶金产品实物质量认定产品名单
首钢多项产品获"特优质量奖"和"金杯奖"

日前,中国钢铁工业协会发布了 2016 年度冶金产品实物质量认定产品名单,首钢京唐公司"石油天然气输送管线用热轧宽钢带""汽车用高强度冷连轧钢板及钢带第 2 部分:双相钢"和首秦公司"石油天然气输送管用热轧宽厚钢板(高强度)"三项产品捧得"特优质量奖"和"金杯奖";首钢京唐公司"连续热镀锌钢带"获"金杯奖"。

冶金产品实物质量认定活动已开展 20 余年,是中国钢铁工业协会在钢铁行业组织开展的认定评价活动,也是唯一一项针对钢铁行业实物产品质量进行认定的评价活动。活动本着推动提升行业产品实物质量的原则,充分发挥自身优势,通过多年发展,已成为促进企业技术交流、提升质量管理水平、树立行业品牌标杆、推广品牌产品的重要平台,深受行业内企业以及相关行业用户好评。通过组织钢铁及相关行业专家开展认定工作,对通过认定的优质产品授予"金杯奖"称号,对达到国际先进实物质量水平的行业标杆产品授予"特优质量奖"称号,被企业誉为行业内的"奥斯卡"。

京唐公司获"特优质量奖"认定产品牌号为 L480M(X70M),产品规格范围为(14.27—19.65)×(1300—1650)毫米。京唐公司生产的 X70 石油天然气输送管用热轧宽钢带,结合京唐冶炼和轧制设备,采用了低成本合金成分体系,通过合理的冶炼工艺、加热炉炉内气氛控制、合理的加热制度和轧制工艺,避免了板坯纵裂、横裂、热轧板卷龟裂和铜脆等问题,X70 实现了高成材率、低成本、低能耗、高效稳定生产。目前,京唐公司累计生产 X70 热轧卷板 20 余万吨,其产品已处于国际领先水平。

京唐公司另一项获"特优质量奖"认定产品牌号为 CR340/590DP,产品规格范围为(1.0—2.0)×(1000—1500)毫米。京唐公司自 2012 年 4 月开始生产汽车用高强度冷连轧钢带 CR340/590DP,通过合理的酸洗速度和浓度控制、连轧机轧制力分配、合理的退火制度和炉区气氛控制及平整延伸率和板型控制,避免了欠/过酸洗缺陷、带钢厚度波动、表面氧化色和延伸率超差等问题,目前,京唐公司累计生产 CR340/590DP 冷轧卷板 4 万吨,其汽车板用

CR340/590DP 卷板已处于国际领先水平。

首秦公司获"特优质量奖"认定产品牌号为 L450/L485/L555,产品规格范围为 L450:（11—28.8）×（2400—3900）毫米;L485:（12—26.2）×（2400—3900）毫米;L555:（9.5—26.4）×（2400—3900）毫米。首秦公司拥有具有国际先进水平的中厚板生产线,产品涵盖 15 大系列、200 多个品种。首秦公司生产的管线钢钢板,硫、磷含量低;厚度尺寸精度高;钢板宽度及长度精度控制在 8—10 毫米;不平度可控制在 3 毫米/米;无起订量限制,可生产 0—20 吨钢板;同时管线钢品种涵盖长输管线钢、抗酸管线钢、低温站场用钢、热煨弯管用钢、抗大变形管线钢等产品并具备批量生产能力,满足客户多元化需求,钢板交货期在国内同行业对比中处于领先地位。

据了解,此次冶金产品实物质量认定工作,是根据中国钢铁工业协会开展冶金产品实物质量认定管理办法和实施细则要求,经企业申报、初审、现场核查、用户满意度调查、专业评审等认定程序,最终经钢铁协会审定委员会审定,10 项产品达到国际先进实物质量水平,认定为 2016 年冶金产品实物质量标杆并授予"特优质量奖";140 项产品实物质量达到国际同类产品实物水平,认定为 2016 年度冶金产品实物质量"金杯奖"。

（《首钢日报》2016 年 12 月 30 日,作者:张雨）

全球最具影响力的智能信息服务机构发布榜单
首钢跻身 2016 年中国大陆创新企业百强

全球最具影响力的智能信息服务机构 Clarivate Analytics（原汤森路透旗下知识产权与科技事业部）近日在全球范围内首次发布"2016 年中国大陆创新企业百强"榜单,首钢跻身百强之列。

近年来,首钢积极贯彻落实国家创新驱动发展战略,牢固树立创新发展理念,把科技创新与体制机制创新、管理创新、文化创新等结合起来,努力构建市场驱动、协同开放、创新要素更加活跃的技术创新体系,创建人才培养、成果转化的动力机制,推动产品创新和结构调整,完成了由长材为主向高品质板材为主的转变,实现了产品结构的重大调整目标,形成了以汽车板、镀锡板、电工钢、管线钢、耐候钢为代表的高端板带产品集群。管线钢产品市场占有率连续五年国内第一;家电板连续两年国内市场占有率第一;汽车板年产量进入国内前三甲;电工钢产品从无到有,市场占有率进入全国前三,高磁感取向硅钢跻身世界供应商第一梯队,硅钢智能工厂建设获国家立项。开展工艺技术创新,重点围绕产品质量稳定、生产顺稳保障、生产成本控制与技术进步,积极开展工艺技术创新。完成洁净钢生产技术、基于超快冷的控轧控冷技术、取向硅钢低温加热技术、合金化镀锌工艺技术、SGRP（转炉少渣冶炼工艺）等一批重大工艺关键技术攻关。

围绕加强技术创新体系建设,首钢进一步完善了"一级研发,多地分布"的研发体系建设,已搭建了 2 个北京市级创新平台,完成国家级重大成果 3 项,国家级科技项目 12 项,北京市科技项目 10 项,拥有专利 1609 项,主持和参与的现行国家和行业标准 194 项;"全烧高炉煤气的高温高压电站锅炉"等 3 件专利获"中国专利金奖",先后被授予"全国专利工作先进单位""北京市专利工作示范单位",并被国家工信部认定为工业企业知识产权运用的标杆示范企业。在国家知识产权局下属中国专利技术开发公司 2016 年 8 月发布的"中国企业专利奖排行榜"上,首钢总公司以 16 件获奖专利位列第十,居钢铁行业首位。

据了解,Clarivate Analytics 拥有超过 60 年的专业服务经验,致力于通过为全球客户提供值得信赖的数据与分析,洞悉科技前沿,加快创新步伐。Clarivate Analytics 长期关注全球技术创新,连续五年发布了"全球百强创新机构"榜单,其榜单已经成为衡量企业在国际市场竞争力和市场地位权重的重要依据,具有广泛的世界影响力。此次"2016 年中国大陆创新企业百强"榜单也采用同样的评选方法,包括发明总量、专利授权率、全球化、影响力四个要素指标,使数据更具权威性及参考意义。

随着中国全球创新战略"一带一路"稳步推行,中国企业创新现状引起世界关注。此次榜单聚焦中国大陆企业创新,旨在评选引领未来潮流、最具创新精神的中国大陆企业,以表彰其在研发、知识产权保护及创新成果商业化方面取得的杰出贡献。入围榜单的企业包括国家电网、中国石化、中国石油、中国移动、海尔、华润、华为、联想控股、阿里巴巴、百度、腾讯等,钢铁企业还有宝钢、武钢、鞍钢。

(《首钢日报》2016年12月16日,作者:张雨)

首钢榜上有名 居钢铁行业首位

日前,国家知识产权局下属中国专利技术开发公司发布了"中国企业专利奖排行榜",首钢总公司以16件获奖专利位列第十,居钢铁行业首位。

近年来,首钢逐步建立完善了知识产权管理体系和管理制度,加强了专利信息化建设,坚持知识产权工作与产品结构调整、技术创新相结合,为知识产权的创造、运用、保护和管理提供了保障,使首钢的创新成果及时得到保护,不断提高企业创新能力和竞争力,培育和形成一批具有核心竞争力的自主知识产权的创新技术。

截至目前,首钢已申请专利4250件,其中发明专利2417件;获专利授权2801件,其中发明专利1118件;首钢主持和参与的现行国家和行业标准194项;"全烧高炉煤气的高温高压电站锅炉"等3件专利获"中国专利金奖","一种减少渣量的转炉炼钢法"等13件专利获"中国专利优秀奖"。此外,"一种高强韧性螺旋埋弧焊管用X80热轧卷板及其生产方法"等3件专利获北京市发明专利奖。首钢曾先后被授予"北京市专利工作先进单位"及"全国专利工作先进单位",并被授予首批"北京市专利工作示范单位"。2016年2月首钢被工信部认定为工业企业知识产权运用的标杆示范企业。

中国专利奖由国家知识产权局与世界知识产权组织共同开展评选,是由中国政府颁发的最高奖项,旨在大力实施国家知识产权战略,增强全社会知识产权保护意识。本次排行榜依据专利价值量化评估系统收录的第1至第17届中国企业专利金奖、中国专利优秀奖、中国外观设计金奖及中国外观设计优秀奖统计得出,旨在衡量中国企业研究开发对技术创新的贡献能力,是衡量企业专利质量和技术创新水平的重要标志。中国专利奖对于激发企业的创新热情、增强企业自主创新能力、提升企业核心竞争力发挥重要的引领、示范和导向作用。

据悉,此次入围"中国企业专利奖排行榜"前十名的分别是:中国石化、中国中车、中兴通讯、华为、中国石油、国家电网、美的集团、三一重工、海信集团、首钢。钢铁企业中,宝钢、鞍钢、武钢、攀钢在专利奖排行榜单上分别位居第12、17、51、76位。

(《兰格钢铁》2016年8月25日)

从山到海 首钢燃旺创新炉火

从生产"裤腰带""面条"等低端钢材,到生产汽车钢板、易拉罐等高端钢材;从北京企业中的"排放大户",到几乎实现零排放的"绿色工厂";从建厂前人烟稀少的滩涂,到如今蜚声海内外的新兴钢城。11年间,从石景山到渤海湾,从老首钢到新京唐,完成"从山到海"大搬迁的首钢,在曹妃甸这片曾经碧波浩渺的海上,建起了一座钢铁人心目中的"梦工厂"。

产品升级:从"裤腰带"到"汽车板"

站在首钢京唐新建的 5500 立方米高炉下,王正新蒙了。这是他第一次见到这么大的高炉。5500 立方米以上的炼铁高炉,全中国只有 3 座,首钢京唐独占其二。"这样大的高炉,以前我们想都不敢想。"

20 岁那年,王正新就进了首钢,虽然今年他刚 36 岁,但已是个不折不扣的"老首钢"。这些年来,他一直坚守在高炉出铁的第一现场。铁矿石、焦炭与煤气在高炉中迎面相逢,热烈拥吻,发生还原反应后得到的,便是炉底流出的铁水。

在石景山老厂区工作时,大部分操作已实现机械化,只需按几个按钮。但真发生什么问题,王正新只能和同事分工合作,一人戴上安全帽,快速赶到高炉底下,另一人在控制室焦灼等待。"他到了之后还得给我打电话,告诉我哪儿出问题了,我好配合着操作机器。"

新首钢的高炉主控室里,数十张大屏幕呈现着生产现场的每一幅画面,王正新和同事们坐在四五十台电脑前,对生产情况进行监控。他们再也不用像在老厂那样,为了一个参数跑到现场去调试。点点鼠标,就能看到所有生产数据,远程控制生产流程。"从老厂到新厂,自动化水平提升了太多。"

咸湿的海风拂过曹妃甸码头,从澳大利亚而来的巨轮,穿过一望无际的太平洋,将最好的铁矿石送到了京唐。这是炼铁最重要的原材料。

矿石码头上,不见被吊车搬动的集装箱,不见运送矿石的大卡车,铁矿石直接坐上传送皮带,运到矿石料场,开始了由矿石到铁水的奇妙旅程。从铁矿石上岸,到炼铁、炼钢、热轧、冷轧,再到最后的成品码头,全部生产环节,讲究的就是四个字:一气呵成。

这样行云流水的生产流程,在石景山是难以想象的。那时,铁水从炼铁厂运到炼钢厂,需要用鱼雷罐车装运,由火车头带着,哼哧哼哧地拉到炼钢车间。途中 2.3 公里,要经过好几个铁路道口。"出厂时铁水温度还在 1500 摄氏度,再进炼钢厂时就已经降到 1340 摄氏度了,又得重新升温。"王正新说。

现在,京唐公司采用"一包到底"技术,从炼铁到炼钢只需 900 米,铁水到炼钢温度 1390 摄氏度,比鱼雷罐方式提高 50 摄氏度。没有倒罐站,既节能又环保。国际专家参观后,称赞这一生产线为"目前世界上大型钢铁企业最佳流程"。

搬迁以前,首钢的主打产品是"面条"加"裤腰带",也就是螺纹钢和盘条钢。这两类钢的生产工艺相对简单,在市场上的竞争力自然也不高。搬到曹妃甸后,首钢决定:淘汰低端钢,只生产高端钢。

"产品升级"这四个字,说得容易,做起来难。2014 年,京唐给上汽生产一种汽车外板钢,这种钢板宽 1980 毫米。可刚开始试制出来的产品,2000 米中只有 100 米符合要求,剩余的都是坏的,皱巴巴,像窗帘一样。

汽车板客户服务代表张郢开始带领团队逐一排查工艺点,看看是哪个环节出了问题。20 多个人每天聚在试制现场讨论,有的捧着电脑,有的拿着图纸比划,还有的把重要数据打印出来,用笔一个一个划。

张郢回忆,每次讨论,大家都争得面红耳赤。"管生产工艺的说我们该优化的都优化了,是不是得从原材料上找毛病?结果产品设计的人说,我们的设计没问题。然后大家就僵在那里。"

提出问题,讨论,试制,否定;再提出问题,讨论,试制,否定……为了这种钢板,研发团队前后试制了不下 3 次,每一次都得调试上百个参数,试制结束后还得排查每一个参数。

一次做不出来,还算正常;两次三次做不出来,大伙心慌了,上汽那边也着急。一些研发人员甚至开始自暴自弃,觉得是时候缴枪投降了。因为像这样的产品,国内几乎没有厂家生产,所有工艺都得从零开始摸索。首钢京唐当时也没敢跟上汽打包票,承诺一定能做出来。

张郢也不是没有挣扎过,但他说,只是想想而已。"我们首钢有一句老话,叫作'回马坡前不怕鬼,强敌面前不服输'。接了单子,就得对客户负责!"

4个月后,操作室里围了满满一屋子人,大家屏气凝神地等待第4次的试制结果,连京唐领导也前来助阵。当退火炉送出一条平滑如镜的钢板时,欢呼声淹没整个操作室。大家都很激动,张郢他们也长舒了一口气。

首钢京唐的汽车板项目,已经具备整车供应能力——一辆车车身所需的全部钢板,首钢都能生产。北京现代、北汽福田、长安福特、上海通用……这些品牌的汽车上,都有首钢钢材的身影。一些高档汽车板甚至已经出口给欧洲车企。

如今,新首钢的全部产品均为高档钢材,生产的钢产品共计44个类别、298个牌号。名牌汽车的车身、海尔冰箱的外壳、西气东输的管道,甚至红牛饮料的金色易拉罐,都是首钢京唐的拳头产品。

绿色工厂:从"自问自答"到"技术输出"

"这就是从渤海湾抽上来的水,你们尝尝,可比北京的水质好多啦。"每当有人来参观,曹云明都会拧开办公楼一楼大厅里的水龙头,接上一杯海水,热情地招待大家。

曹云明是首钢京唐海水淡化作业区作业长,他让大家喝的水,就是经过淡化处理后的海水。喝上一口,凉沁心脾,还能回味到一丝海风的味道。

钢铁行业是吃水大户,华北又是我国极度缺水的地区,曹妃甸虽有大片的土地,但京唐需要的淡水,却无能为力。因此,搬迁之初,用水问题成为首钢京唐的一桩大难题。

唐山境内有一条滦河,可是一路流过来,水也没剩多少了。还有一个陡河水库,是唐山市的重要水源之一。"要我们从唐山市民嘴里抢水,于心何忍哪!"曹云明说。

首钢京唐每天要消耗七八万吨水,这些水从哪里来?厂区傍海而建,为何不利用现成的海水?于是,海水淡化,成为首钢京唐解决用水问题的重要途径。

然而,海水淡化技术在世界范围内只有少数几个国家掌握,在国内是前无古人,根本没有可以借鉴的先例。对于首钢人而言,把海水变淡水,不啻于天方夜谭,曹云明等人都是头一次听说这种技术。

他山之石,可以攻玉。首钢决定首先引进法国技术。京唐能源与环境部长吴礼云带队去请教法国专家,没想到专家对技术问题三缄其口,绝口不提技术怎么弄。吴礼云只好采用"自问自答"的方法,想从专家嘴里套出一些技术秘密。

"我跟专家说,我先说说自己的猜想,要是说对了,他就点头,错了,就摇头。专家同意了。但是问到一个核心问题时,专家说,这个问题值400万欧元,不能告诉你们。"

结果第一套设备开始调试时,一个月都没出水,法国专家也抓瞎了。一位专家甚至称自己有心脏病,不愿再来调试现场。

"老外不想干了,可是咱们自己不能放弃呀!"吴礼云让人拉来几张床垫放在现场,困了就在上面眯一会儿,一日三餐也叫食堂送过来。20多位工作人员轮班作业,白天把设备拆开研究,晚上查文献学习。当时正值3月,海边气温还很低,几个人冻成一团,还调侃自己是"哆嗦罗夫"。

最艰难的那段时间,曹云明4天4夜睡了不到10个小时。3个多月后,设备终于出水,曹云明觉得,"夜没有白熬。"

现在,京唐的海水淡化共有4组设备。前两组设备,引进的法国技术;后两组设备,则是首钢自主集成、创新提升的产物。现在,国内钢厂开始学首钢京唐做海水淡化,韩国钢企闻讯后,也想来取经。首钢从只能自问自答的"学生",变成了可以技术输出的"老师"。

"我们海水淡化的项目,是没有外排口的,也就是说,只吃不拉,零排放。"曹云明介绍,京唐现在每天生产5万吨无盐水。淡化中产生的废水,则采用分级分质处理,浓盐水卖给化工厂。过去生产1吨钢,要花费5—6吨水,现在则降到了只需2吨多水。

不光废水,废气、废渣也能做到零排放。炼钢生产过程中产生的剩余煤气,用来发电;发电过程中产生的余热,用来蒸发海水;制氧生产剩余的氧气、氮气、氩气、氢气,全都实现灌装外销;废渣则可作为建材添加料出售。

"正因为我们对循环经济有着深刻的认识,所以新首钢从建设之初就定下了零排放、绿色工厂的目标,我们确实也做到了。"曹云明说。

集群效应:从"一张白纸"到"缤纷图画"

闫洪伟还记得,他第一次来到曹妃甸时,内心像失控的电梯一样,轰隆隆从顶层瞬间降到地下一层。"就是一个荒岛嘛,什么也没有。"

他和几个同事拦了一辆出租车,跟师傅说,拉我们到曹妃甸最繁华的地方转转。结果一下车,眼前就几栋孤零零的小破楼,连个超市都没有。他们的心,一下就凉了。

曹妃甸如此,当时的首钢京唐,也没好到哪儿去。厂区虽已初具规模,可基础设施还没跟上,宿舍绿化还没做好,游泳馆、体育场也毫无踪影。通往第二冷轧厂的,还是最原始的泥巴路。

即便这样,2012年大学毕业的闫洪伟,还是毅然选择了来首钢京唐工作。

当时,闫洪伟的同学中,有出国的,也有去大城市的,可闫洪伟觉得,首钢要建设世界一流钢铁大厂,对于学自动化的自己来说,这个学习机会,千载难逢。

闫洪伟第一次到厂区地下检查路由器时,盘根错节的电缆、光缆让他仿佛来到了另一个世界。偌大的空间里全是各种线路,就像迷宫一样。"赶上建设新首钢的好时机,这可不是在哪儿都能碰上的。"

首钢还在石景山的时候,由于土地和环保方面的限制,生产能力到了800万吨的时候,就再也没有上升的空间了。但曹妃甸新厂的面积,对于首钢而言,却像一张大大的白纸,首钢人可以在上面画出一张色彩缤纷的图画。300吨级大型转炉,实现全"三脱"(脱硫、脱磷、脱硅),全球唯一;二期建成后,将成为国内最大的单体钢厂……这些都是老首钢人想都不敢想的梦。

如今,32岁的闫洪伟早已在曹妃甸安家。毕业后1年就已买下房子,厂里还给了3万元的补助。妻子也在毕业后追随而来,当上了唐海一中的老师。现在,两人的儿子泽泽已经在首钢渤海家园幼儿园上学——这是首钢专门为职工子女配备的幼儿园。

闫洪伟家住的唐海家园,也是京唐在曹妃甸区建的职工住房。和闫洪伟一样,京唐的年轻职工很多在当地娶妻生子,娶的就是唐山本地姑娘。

结束了一天的工作,厂里的篮球场上,不少小伙子正在挥汗如雨。一旁的文化广场,每晚都会免费放映电影,前些天刚上映的《伦敦陷落》,首钢京唐人也能第一时间看到。

不光首钢焕然一新,在这11年间,首钢京唐所在的曹妃甸也沧海变桑田。新楼盘越来越多,商场、超市、电影院一应俱全,曹妃甸越来越像一个城市了。

首钢京唐入驻曹妃甸以来,极大地促进了曹妃甸矿石港、原油港、煤炭港等港口群的建设。这些港口群犹如一个强大的磁场:1500万吨精品钢、1000万吨炼油、100万吨乙烯、1500万吨原油储备、400万千瓦火力发电,以及超大型造船等相关重化工产业竞相向曹妃甸集聚配套。

截至2014年上半年,从北京搬迁到曹妃甸的央企和北京企业已达到了19家,总投资1446亿元。

首钢京唐与这些企业之间,形成了一个庞大的循环产业生态链。海水淡化后的高浓度浓盐水用于唐山三友集团制碱制盐;炼铁、炼钢生出的废渣被作为冀东水泥、汇鑫嘉德等企业的生产原材料,副产品煤焦油则可输送至中泓碳素项目进行深加工。

目前,首钢京唐已安置北京地区停产职工8000多人,招收河北等地的高校毕业生4000多人,带动相关服务业1.2万人就业。

首钢京唐刚刚建厂时,钢材价格几乎到了顶峰,等到投产时,钢价却跌到了谷底。京唐顶着寒流上:达产、达标、达效。2014年5月,京唐首次实现扭亏为盈,2014年全年盈利1.23亿元。2015年以来,京唐保持了持续盈利。

对于首钢京唐来说,一切才刚刚开始。在建的京唐二期工程占用海域10.1平方公里,将于2018年6月投产。"到那时我们的产品定位将不仅仅是高档精品板材,还将瞄准世界一流钢铁企业,生产首屈一指的钢,填补一些产品在国内的空白。"张郅说。

(《北京日报》2016年7月11日,作者:袁云儿、祁梦竹)

首钢打破圆珠笔头原材料进口依赖

一支小小的圆珠笔包含着大"学问":书写流畅、出墨均匀的圆珠笔既需要精湛的工艺,也需要优质的钢铁原材料。不过很多人或许不知道,生产圆珠笔头的原材料高度依赖进口,核心技术掌握在日本、瑞士等国家手中。

"我们还不具备生产模具钢的能力,包括圆珠笔头材料,目前仍然需要进口,要加快改变这种局面。"年初在钢铁煤炭行业"去产能"研讨会上,"一笔之差"的窘境引来李克强总理的关切,也让国内钢铁企业有些坐不住。记者近日获悉,历经半年多的时间,首钢吉泰安新材料公司终于成功研发出圆珠笔头球座体所用的"超易切削钢丝",工艺技术及产品实物质量达到国际先进水平,目前已实现量产并投放市场。

在首钢吉泰安新材料公司,记者看到了首钢材料制成的圆珠笔头。表面亮铮铮,小小的一截,看上去和普通笔头没有差别。为了这枚小小的笔头,首钢吉泰安新材料公司技术团队研制了大半年时间。这个速度在业内几乎是个奇迹,此前有企业研制数年也无法突破技术难关。

"作为国企我们有责任也有压力,笔头材料研发工作不能等!"首钢吉泰安新材料公司董事长王彦杰说,总理提到"笔头材料需要进口",他作为钢铁合金从业者觉得很愧疚。今年4月,公司成立了攻关团队,自主研发和生产圆珠笔头球座体材料。

蓄能材料、电缆用合金钢、机动车制动带……有着60年历史的首钢吉泰安新材料公司,与大专院校合作研发生产过各种合金材料,但也被这小笔头难住了。七八种合金材料要经过冶炼、提纯等十余道工序,制成符合要求的笔头原材料——圆珠笔头用超易切削钢丝。

一个月后,第一轮试制的笔头材料出炉了,团队把成品拿到制笔厂测试,工厂的工作人员半信半疑,不相信国内企业有能力做好。测试显示,这一轮产品的确不符合质量要求。第二轮试制结束,研发团队又带来改进版材料,虽说依然无法正常使用,但制笔厂负责人还是对材料性能的快速提高竖起了大拇指。

试错还在继续。第三轮的试制取得突破性进展,材料的切削性终于达到了标准,不过在200倍显微镜下,依然能看见钢丝上的小裂纹。研发团队打道回府,埋头进行降硬度等热处理试验。

反复试验,持续改进,直到第五轮和第六轮试制,笔头材料终于让苛刻的笔厂挑不出毛病了——连续画800米也不断线。

制笔厂接纳了首钢产的笔头材料,中国制笔协会和中国钢研集团的专家也为首钢点赞。中国制笔协会副会长陈三元说,首钢自主研发的圆珠笔头用超易切削钢丝已达到国际先进水平。目前,首钢吉泰安新材料公司已经量产了数吨笔头材料供应制笔厂。

据了解,此前国内也有几家从事笔头钢材生产的公司,但是稳定性与国外相比还有差距,应用在市面上一些低价笔的制造中,书写体验并不好。我国年产圆珠笔380多亿支,圆珠笔的使用非常普遍,但相对于钢铁产业,制笔是体量很小的应用领域。"一家钢铁厂一天的产量,可能就够制笔行业消化一年。对钢厂而言,这点利润微不足道,没有动力去搞研发,制笔企业也没有足够力量自行生产,最后只能依赖进口。"陈三元分析。

随着国内重量级钢企投入笔头材料制造,进口依赖被打破的同时,国内高端优质笔头材料需求也会提升,优质圆珠笔将逐步挤压劣质圆珠笔的市场份额。

(《北京日报》2016年12月19日,作者:潘福达)

发挥"金"纽带作用　推动产融结合发展

——首钢基金公司创新发展历程纪实

7月8日,首钢基金公司旗下首中投资公司在60多家顶级公司参与的北京新机场停车楼经营权转让项目中脱颖而出,以商务和技术分双冠的优异成绩一举中标。首钢基金公司从成立到现在短短的一年半时间内,在着力打造全新的多层次投融资平台体系、创新体制机制、树立首钢基金品牌等方面均取得可喜成果,在首钢的改革创新、转型发展中发挥着重要的纽带作用。

体系建设:全新的投融资平台

贯彻落实习总书记视察北京重要讲话精神,顺应京津冀协同发展,首钢确立了"一根扁担挑两头",通过打造全新的资本运营平台,实现钢铁和城市综合服务商两大主导产业并重和协同发展的战略定位。

首钢转型成功的关键在于产融结合,首钢基金公司已经成为首钢主要的投融资平台。回顾首钢基金公司的创新发展历程,2011年年初,首钢开始探索在新金融领域进行布局,在北京市和石景山区政府的支持下,发起设立了北京京西创业投资基金管理有限公司,它便是首钢基金的前身。

贾婷婷见证了首钢基金公司的发展历程。她从英国牛津布鲁克斯大学毕业回国后,就加入了首钢集团,任职于集团资本运营部,主要负责集团对外投资项目的管理。当2011年京西创投成立时,贾婷婷就全程参与了公司筹建。她现任京冀协同发展示范区(唐山)基金管理有限公司总经理助理,并成为曹妃甸区政协委员。

"刚开始我们就五六个人,在旁边的万商大厦写字楼里办公,只有一间房,装修比较简单,人员都通过市场化方式招聘,来自四面八方。"贾婷婷介绍,开始做项目时遇到的困难不少,但是这并没有阻挡创始团队的工作激情。白天大家各自出去找项目,晚上回来开会、讨论项目、做报告,经常工作到深夜。

京西创业管理的第一支基金是"北京服务·新首钢"基金,这支基金是首钢第一支与市区政府共同设立的私募股权基金,也是北京市政府以市场化基金方式支持区域发展方面做的首次尝试。新首钢基金肩负着支持北京市西部四区转型发展和产业升级的使命。项目源比较窄,基金员工就提出"扫楼、扫园"的口号,一家一家去找,不怕费工夫,也因此积累了第一批项目。

此后,贾婷婷又参与了北京市移动互联基金、北京市节能环保基金的筹备设立。其中,北京市移动互联基金是国家新兴产业创投计划中移动互联领域的专项基金,北京市节能环保基金专注于节能环保领域的投资。

贾婷婷还加入了北京创业公社投资发展有限公司的筹备团队,该公司主要从事孵化器和创新服务业务。

2014年7月,北京市政府和河北省政府签署的《共同打造曹妃甸协同发展示范区框架协议》中明确在曹妃甸工业区北侧规划100平方公里,建设北京(曹妃甸)现代产业发展试验区,由首钢及相关方共同组建公司,统筹协调开发建设工作。

在这样的情况下,2014年年底,在北京市政府的支持下,首钢总公司联合北京市政府共同设立了规模200亿元的北京京冀协同发展产业投资基金,并提出成立首钢基金公司进行投资管理,旨在以市场化基金的模式,推动京津冀协同发展。于是,2014年12月22日,首钢基金注册成立。

首钢基金成立后,贾婷婷兼任PPP部副总监。2015年9月,首钢基金成立了京冀资本公司,负责京津冀协同发展、园区开发的投融资业务,贾婷婷从此又多了一个新头衔——京冀资本公司总经理助理。她到京冀资本后,迅速组建了来自北京大学、清华大学、人民大学等12人的精干队伍,并积极开展工作,团队在半年的时间,就实现了管理的第一支基金——曹妃甸发展基金当年成立、当年投资。目前,公司基金管理规模已经达到46亿元。

5年来,贾婷婷见证着京西创业、创业公社、京冀资本等公司的设立与成长,也见证着首钢基金及其旗下公司的发展与壮大。5年后的今天,首钢基金公司板块下拥有了京西创业、京冀资本两个基金管理公司,京西保理、京西资本、首中投资和创业公社4个业务单元。管理基金从1支发展到9支,总规模从10亿元扩大到450亿元人民币。在股权投资领域,目前首钢基金旗下管理"北京服务·新首钢"、北京市节能环保产业基金和北京市移动互联产业基金等4支股权投资基金;在产业园运营领域,该公司投资设立了创业公社,以此为载体开展产业园运营和创业孵化业务。

在着力打造全新的投融资平台体系建设过程中,首钢基金公司坚持创新、开放、合作、包容的经营理念,促使金融业务快速、健康地发展,为首钢的改革创新、转型发展提供资本运作和融资平台奠定了坚实的基础。

用人机制:全员的职业经理人制度

人力资源是企业发展的第一资源。首钢基金公司虽然起步较晚,但是能够快速、健康地发展壮大,离不开一个有活力的精英团队。该公司自成立以来,始终坚持市场化运作,积极探索适合自身发展、有利于团队成长的体制机制,努力建设首钢最有活力的团队。

梁衡义现为首钢基金公司副总经理,兼任京冀协同发展示范区(唐山)基金管理有限公司董事长、总经理。当被问到为什么选择了首钢基金时,梁衡义笑了笑说:"首钢基金是一个创新和创业的好平台,在北京市率先引入了职业经理人制度,在新环境中挑战自己,突破自身的局限,从而实现个人和企业的共同发展……"

全员职业经理人制度是首钢在创新用人体制机制探索出的一条新路,走在了国企改革的前列。

为建立具有激励约束作用的收入分配制度,基金公司实行市场化的薪酬制度,对高级管理人员实行市场化选聘、考核、奖惩和退出机制,严格任期管理和目标考核,高级管理人员不得挂靠行政级别。实行全员职业经理人这一用人制度深深吸引了梁衡义。

"事业感召人。在首钢的转型中,对首钢基金有一个准确的定位,同时又有良好的体制机制,相信首钢基金发展前景美好。"这是首钢基金公司综合部负责人杜习奇向记者介绍情况时由衷表述的心里话。

杜习奇毕业于南京理工大学机械电子工程系,现为北师大管理学在读博士。他以前曾在央企工作,后来到北京市国资委任专职监事,对国企有着丰富的工作和管理经验。他在首钢基金工作已有大半年的时间,他介绍:"首钢基金会有一个大的发展,不管从我个人的发展,还是为社会作贡献的角度考虑,这个事业足够感召我。"

据介绍,首钢基金公司在创新体制机制方面,除了实行全员职业经理人制度外,还创新组织机构,形成矩阵式模式,建立了AB角分工机制,互为补充。

——实行扁平化管理,在新的项目推进过程中,针对项目性质由不同部门的专业人才参与进来,甚至这些人会来自不同的子公司,形成首钢基金各业务板块之间的联动,信息共享、互相助力,使人员效率达到最大化。

——激励和约束并行,在京西创投管理的"北京服务·新首钢"基金、绿节基金和启润丰泽基金都已经建立了跟投机制,项目团队对其负责的投资项目实行强制跟投。这既可以强化团队成员对项目的责任意识,也使团队成员可以分享一定的投资收益。

——对投资项目的全投资周期负责制,投资团队对项目立项、项目尽调、项目投资、投后管理、项目退出全周期进行跟踪管理。实行严格的员工绩效考核机制,每个岗位设置明确的绩效指标,员工薪酬与绩效考核紧密挂钩,并实行合理的末位淘汰制度。

——员工内部轮岗制度,这种轮岗是指在首钢基金及旗下子公司之间进行的,以提升员工综合业务能力,培育专业领域的领军人才。

市场化的管理体制,灵活的用人机制,团队成员能上能下、能进能出,许多有志之士慕名而来,在各平台上施展才能,做到人尽其才,物尽其用。

事业感召人,灵活的体制机制吸引人。目前,首钢基金公司集聚了众多精英。团队成员来自知名的会计师事务所、律师事务所、投资机构、银行、政府部门、企业等,具备多学科组合、多行业经历的复合型特点;团队成员已经超过200人,其中首钢基金36人、京西创业6人、京冀资本15人,京西保理15人,京西资本10人,首中投资14人,创业公社122人,环保协会2人,医疗协会2人。

运作模式:基金+基地+产业

首钢基金公司核心业务包括母基金(FOF)、股权投资、房地产基金、PPP基金、发展贷款及孵化器业务,还拥有小额贷款、融资担保、商业保理等多家金融机构,致力于为客户提供多元化的金融服务。基金重点投向城市综合服务业领域的新金融、医疗健康、节能环保、新能源汽车、企业级服务、文化消费、人工智能七大行业领域,运用"基金+基地+产业"的投资模式,推动京津冀协同发展。目前,首钢基金公司投资取得的主要进展日益凸显。

在供给侧改革背景下,为了做好母基金投资,首钢基金与顶级投资机构合作,成为红杉资本、经纬中国、君联资本、险峰华兴、中信资本、招商致远资本等机构设立基金的出资人,重点支持健康医疗、文化体育等产业升级、智能制造、消费升级领域发展,引导基金投资的优质企业落户两个园区,做好新产业的培育和发展。

在股权投资方面,首钢基金公司采取直投方式,助力供给侧改革,提升发展效率。在新金融领域,入股阳光保险、京西人寿相互保险总社、央企云链、首金网等优秀金融企业,拓展金融产业链,提供综合金融服务;在新能源汽车领域,投资了上汽集团、北京新能源汽车股份有限公司等,积极推进新能源汽车并购基金设立,积极推进新能源汽车产业发展;在企业级服务领域,对"找钢网"进行战略投资,促进供给侧改革,提升效率。

其中为"找钢网"投资是一个典型案例。"找钢网"立足为供应链提供优化服务,结合互联网技术,一站式解决钢铁行业种种痛点。契合中国钢铁产业"三去一降一补"的发展趋势,短短几年,"找钢网"已成为钢铁行业的电商龙头,渐现气候。首钢基金团队投资的慧眼识别出了这个风口。2015年12月,"找钢网"获京西创投、中泰证券领投的E轮融资11亿元人民币,为国内迄今B2B领域规模最大的单笔融资,为首钢基金在企业级服务领域投资开了一个好头,实现首钢集团在钢铁电商领域的拓展。

在探索运行"PPP+基金"模式方面,首钢基金落实北京、河北两省市框架协议,设立曹妃甸发展基金。基金总规模100亿元,一期投资了唐曹高速;二期支持曹妃甸工人医院投资建设和运营,探索了"PPP+管理合作"新模式;三期支持朗泽新能源项目外迁曹妃甸;协助曹建投签署京冀协同发展曹妃甸示范区PPP框架协议;重点跟踪了京煤化工、福田汽车、城建重工等16个外迁项目。

这项基金为切实落实京津冀协同发展战略作出了重大贡献。尤其是朗泽新能源项目,其通过将钢铁企业生产过程中产生的废气以生物发酵的方式转化为乙醇,为区域大气治理和防霾治霾作出一定贡献;首钢朗泽利用钢厂的工业煤气制造燃料乙醇、蛋白饲料、CNG,通过技术创新,实现了首钢京唐资源综合利用,改善钢铁行业效益,符合循环经济的概念;朗泽也是在北京注册的企业,将生产基地落户曹妃甸,符合北京市关于支持外迁企业发展的投资方向,有助于支持北京外迁企业发展。

此外，以城市停车场建设运营为突破口，首钢基金还与中集集团合资成立首中投资公司，投资运营立体停车楼，以停车场业务为龙头，带动充电桩、钢结构制造、智能信息化等相关业务发展，近期中标北京新机场停车楼项目，预设4300个停车位，充电桩630个，将满足未来7200万客流的停车需要，效益可期。

功能升级：成为卓越的政府基金管理人

首钢基金公司肩负着为集团发展提供金融支持和促进京津冀协同发展的历史使命，致力于成为国内顶级的细分领域产业并购基金和卓越的政府基金管理人，致力于成为员工成长与收获的乐土。

服务于这一目标，首钢基金公司提出"十三五"发展的重点任务：首钢基金公司支持首钢股份做大做强，推动集团产业板块实现多层次资本市场上市，通过资本运作提升集团资产证券化率。结合集团整体发展战略及首钢股份定位，协助首钢股份制定持续的资本运作方案，支持首钢股份发展成综合性、多元化、具有世界竞争力的大型优秀上市公司。同时围绕首钢转型发展，为集团内部产业平台资本运作提供支持，实现集团产业板块多层次资本市场上市的目标。采取"产业投资+资本运作"的双轮驱动模式，推进节能环保产业、体育产业等业绩优良具备条件的企业在境内资本市场A股、中小企业创业板、新三板上市，支持集团打造新兴产业的多层次资本市场上市平台，全面提升集团资产证券化率和资本市场影响力。

围绕两个园区建设，支持打造城市综合服务商品牌。首钢北京园区和曹妃甸园区是打造首钢城市综合服务商品牌的实施载体和运作平台。首钢基金公司将抓住京津冀协同发展这一重大历史机遇，通过PPP模式加快产融结合，创新投融资方式、整合产业优势，支持园区基础设施建设及商业开发；将与红杉资本、经纬中国、铁狮门等顶级投资机构合作设立子基金，引导符合北京产业升级方向和园区产业发展方向的投资项目落户两个园区。通过"基金+基地+产业"运作模式，加快新产业培育和园区转型发展，塑造首钢城市综合服务商品牌。

加强服务政府的意识，打造卓越政府基金管理人品牌。首钢基金公司就抓住政府投融资管理模式改革的机遇，在管好协同发展基金的基础上，将政府基金管理和市场化运作的成功经验进行推广和复制，以京津冀协同发展和城市综合服务业为抓手，积极争取管理京津冀区域各级政府产业引导基金，通过创新商业模式，协助政府解决问题，打造政府信赖、市场认可的国有资本投资运营公司。

（《北京日报》2016年8月10日，作者：王春亮）

文　选

◎ 责任编辑：车宏卿

全面深化改革　加快转型发展　为建设有世界影响力的综合性大型企业集团而奋斗

——在中国共产党首钢总公司第十八次代表大会上的报告

首钢党委书记、董事长　靳　伟

（2016年2月1日）

同志们：

现在，我代表中共首钢总公司第十七届委员会向大会作报告。

中国共产党首钢总公司第十八次代表大会，是在首钢深化改革、转型发展关键阶段和全面实施"十三五"发展规划的新形势下召开的一次十分重要的大会。大会的主题是：全面贯彻党的十八大和十八届三中、四中、五中全会精神，以邓小平理论、"三个代表"重要思想、科学发展观为指导，深入贯彻习近平总书记系列重要讲话精神，认真落实北京市委市政府各项工作要求，解放思想，凝聚力量，攻坚克难，全面深化改革，加快转型发展，为建设有世界影响力的综合性大型企业集团而奋斗。

此时此刻，我的心情难以平静。经过八年的创新创优创业，首钢完成了史无前例的钢厂搬迁，企业综合实力大幅增强，转型发展展示出美好前景。我对首钢人创造的历史功绩更加自豪，对建成有世界影响力的综合性大型企业集团的信心决心更加坚定，对自身肩负的光荣使命更加清醒。

一　首钢十七次党代会以来工作回顾

2007年6月首钢十七次党代会以来，总公司党委认真贯彻党的十七大、十八大精神和北京市委市政府各项工作要求，团结带领广大党员和干部职工，解放思想，奋发有为，产品升级、循环经济、机制活力、自主创新、企业管理成效显著，钢铁业竞争力和综合实力进入国内一流行列，谱写了首钢改革发展的新篇章。

1.完成了史无前例的钢厂搬迁。坚决贯彻党中央、国务院的重大决策，坚持"三高""四个一流"。京唐于2007年3月开工，2010年6月一期工程竣工投产，迁钢全面建成，与首秦、顺义冷轧形成了"一业四地"的产业布局。石景山钢铁主流程于2010年年底全面停产，向全社会兑现了首钢人的庄严承诺。搬迁调整，使首钢钢铁业实现了转型升级，为北京成功举办奥运会作出了重大贡献，为我国钢铁工业布局调整、提高自主创新能力和发展循环经济提供了经验借鉴，更为京津冀协同发展发挥了示范引领作用。2014年2月，习近平总书记在视察北京市的重要讲话中指出"首钢搬迁到曹妃甸就是具体行动。要继续坚定不移地做下去"，这是对首钢全体干部职工最大最充分的肯定。

2.不断提升集团综合实力。产品结构快速向中高端转变，形成了汽车板、电工钢、镀锡板等十大产品系列，多项进入国内前三名。贯彻国家《钢铁产业调整和振兴规划》，与通钢、水钢、长钢、贵钢、伊钢等实现跨地区联合重组，完成了系列技术改造，形成了3000万吨钢以上的生产能力，总公司对外埠钢铁企业进行技术、管理和实力支持。紧抓主辅分离辅业改制机遇，完成94家单位改制，涉及在职职工2.9万人、退休人员3万人，为总公司集中精力抓好钢厂搬迁创造了有利条件。各改制企业主动转变思想观念，积极向社会市场转型拓展，企业规模不断扩大，效益明显增长。首钢集团多次获得国家、部委和行业等多种奖项,2010 年以来连续 5 年进入世界 500 强。

3. 积极探索转型发展。总公司党委提出了"以开放的视野实现首钢伟大的转型",并进行了积极探索。完成困扰首钢多年发展的股份公司资产置换,持续开展资本运作,提振了市场信心;战略性收购全球知名的美国德尔福公司汽车制动和悬架系统业务,成功实现海外上市;建成亚洲单体规模最大的生物质能源发电厂和北京第一个建筑垃圾资源化利用项目;整合"北京服务·新首钢"、首钢京冀协同发展产业投资基金等,成立首钢基金;成立财务公司,实现当年申请、当年批筹、当年开业、当年资金归集率超过行业平均水平。

4. 抢抓京津冀协同发展机遇。总公司党委因势而谋,借势而上,率先争取政策支持。北京市专门出台了《关于推进首钢老工业区改造调整和建设发展的指导意见》,是首钢老工业区开发建设的重要里程碑。联合中国工程院等单位开展园区建筑风貌研究,课题成果达到国际先进水平。开展地下空间等多项专项规划工作,推进西十筒仓、世界侨商创新中心等项目。长安街西延顺利推进,首钢厂东门开始迁建,冬奥会组委会落户首钢园区,向社会释放了更积极的信号。曹妃甸被列入京津冀协同发展先行先试示范区,首钢牵头组建公司统筹开发工作。两个先行启动区相关基础设施建设有序开展,确定了开发模式,获得国家专项资金支持,设立了发展基金,与知名企业深入对接,推动重点医院和学校落户曹妃甸。

5. 推动全面深化改革。出台《关于首钢全面深化改革的指导意见》,明确战略定位,大力推进管控体系和管理能力建设。构建钢铁板块管理平台,先行先试压缩钢铁业管理层级。实施"以战略型管控为主的复合型管控模式",战略管控部门从 23 个减少到 13 个,大幅度提高了效率。深化薪酬分配制度改革,规范分配秩序,理顺分配关系,建立中长期激励机制。提高劳动效率取得重要成果,2015 年年末在册人数为 10.6 万人,当年分流人数为 3 万人。牢固树立"交账"意识,建立五把"尺子"评价标准,不靠天吃饭,眼睛向内做好各项工作,努力跑赢市场、跑赢同行、跑赢自己,并对结果进行大范围民主评议。

6. 坚持以人为本和谐发展。建立领导干部、专业技术管理和技能操作三支人才队伍"绿色通道"。举办领导干部周末大讲堂和特训班,提高综合素质和战略思维能力。引进高端职业化人才,满足新产业发展需要。开展全员"大提素"培训,提高驾驭新设备、新工艺、新技术的能力,每年进行各类培训 20 万人次。开展群众性经济技术创新活动,建立职工创新工作室 264 个,评选首钢技术专家 320 人、技术带头人 608 人,576 名职工被命名为全国、北京市行业技术能手,刘宏荣获"中华技能大奖"。首钢高技能人才培养工作受到国务院领导充分肯定。完善职工代表大会制度,落实厂务公开、党务公开,强化民主管理。建立了干部职工健康管理体系,广泛开展送温暖活动,坚持雪中送炭加大扶贫帮困和互助互济力度。

7. 全面加强党的建设。大力开展深入细致的思想政治工作,妥善安置几万名职工,为搬迁调整提供了强有力的思想保证。持续开展"三创"活动,不断赋予新的内涵,不断注入新的动力,不断打造新的企业文化品牌。全面开展"首钢服务、首钢品牌、首钢创造"的创新实践,传承"敢闯、敢坚持、敢于苦干硬干"和发扬"敢担当、敢创新、敢为天下先"首钢精神,《铁色记忆》《首钢大搬迁》引起社会强烈反响,"首钢搬迁里外一新"上了《人民日报》头版头条。顺利完成首钢领导班子的新老交替,特别是这两年坚持五好干部标准、做到能上能下,平稳完成了二级单位领导干部的有序接替。扎实开展学习型、服务型、创新型党组织建设,自觉学习、自信运用新一届中央领导集体的新思想、新观点、新论断、新要求,创建学习型企业。深入开展党的群众路线教育实践活动、"三严三实"专题教育和党内创先争优活动,健全党风廉政建设体系,狠抓党委主体责任和纪委监督责任的落实,党员干部作风明显转变,各级领导班子干事创业的劲头明显增强。2015 年北京市委对首钢的专项巡视工作,是对首钢最全面、最严格、最深入的"健康体检",极大地促进了首钢的管理工作。针对指出的问题,总公司党委认真制定整改措施,不折不扣推进整改,并建立长效机制,防微杜渐、时刻警醒。

首钢第十七次党代会以来的八年,是取得巨大成绩的八年,是经受严峻考验的八年,是积极探索求变的八年,是人人默默奉献的八年,是首钢发展史上极不平凡的八年。我们不辱使命,兑现承诺,无愧于社会各界的期待,无愧于党和国家的重托,无愧于这个伟大的时代! 首钢全体干部职工是创造历史的真正英雄!

八年来,首钢的改革发展始终得到党中央、国务院的亲切关怀和北京市委市政府的关心支持,党和国家领导人相继到首钢调研考察、作出重要指示,市委市政府授予"功勋首钢"的光荣称号。在此我代表中共首钢总公司第十七届委员会,向给予首钢支持的各级党委政府和社会各界表示衷心的感谢!向辛勤工作在各条战线上的首钢全体党员、干部和职工,向始终关心首钢工作的离退休老同志,表示崇高的敬意!

总结八年来的实践,可以得出以下启示:

一是必须坚持服从大局,自觉地将首钢的事业与国家战略、时代要求、社会进步紧密结合。历史上改革开放成就了首钢承包制成为全国的一面旗帜,奥运战略推动了首钢钢铁业转型升级,京津冀协同发展战略开创了首钢转型发展的美好前景,首钢的每一次大发展、大进步都是审时度势,借势而上,顺势而为,变挑战为机遇。

二是必须坚持解放思想,自觉地用开放的视野、创新的思维、一流的目标引领企业发展。历史上"敢闯、敢坚持、敢于苦干硬干""八破八立八做到""三高""四个一流"深入人心,首钢的每一次大发展、大进步都是超越自我,勇于开拓,敢为人先,把机遇变为现实。

三是必须坚持深化改革,自觉地把解放和发展生产力、解放和增强企业活力作为根本目的。首钢人血液中流淌着改革的基因,历史上始终高举改革旗帜,首钢的每一次大发展、大进步都是革故立新,破解难题,砥砺前行,变压力为动力。

四是必须坚持持续创新,自觉地置身于创新驱动大潮之中。创新是引领发展的第一动力。首钢人具有生生不息的创新秉性,历史上创新的步伐从未停歇,首钢的每一次大发展、大进步都是博采互鉴、创新创造,为发展注入不竭动力。

五是必须坚持以人为本,自觉地把推动企业发展和维护职工根本利益相统一。企业发展为了职工,企业发展需要职工。历史上始终尊重职工的主体地位和首创精神,首钢的每一次大发展、大进步都是相信职工、依靠职工、充分发动和组织职工,不断创造新的业绩。

六是必须坚持党的领导,自觉地肩负起推动企业改革发展的重任。党的领导是国有企业独特的政治优势。历史上始终紧紧围绕企业中心任务,充分发挥政治核心作用,每一次大发展、大进步都是冲在前面、思想引领、组织保证,把政治优势变为竞争优势。

在肯定成绩的同时,必须清醒地看到面临的困难和问题。主要是:随着企业规模扩大,没有及时建立起与之相应的管控体系,没有摆脱工厂式的管理,资本管理与生产经营管理重叠,管理粗放,效率不高,新建立的管控体系亟待磨合;注重简单规模扩张,投资决策质量不高,有进有退成了只讲进不讲退,法人治理结构和"三会"建设与先进企业比差距较大,战略管理短板亟待补齐;花钱大于挣钱,说账大于交账,资金预算、投资预算、权力清单、干部人事、信息化建设等亟待健全;钢铁业核心竞争能力不强,劳动效率不高,减亏扭亏任务艰巨,"9.2"较大淹溺事故教训深刻,四地钢铁业产线制造能力和协同创新能力、外埠钢铁企业基础管理和成本竞争能力等亟待提升;园区开发和打造城市综合服务商能力不足,对行业规律研究不透,从原来的钢铁冶炼、相对封闭向现代服务、开放融合等全面转型面临巨大挑战,体制机制、人才队伍等亟待破题;融资渠道单一,财务负担沉重,产融结合刚刚起步,内控体系亟待建立;党员干部队伍中出现了遇到困难信心不足,十年搬迁、任务繁重,一些同志产生了疲惫心理,产能过剩、扭亏艰难,一些同志产生了厌战情绪,园区开发、全新领域,一些同志产生了畏难思想,与企业"共苦"攻坚克难的组织纪律性亟待增强等。

我们坚持问题导向,既肯定成绩又找准问题;我们坚持实事求是,既把握规律又结合实际;我们坚持战略思维,既抢抓机遇又沉着应战。首钢各级党组织要带领全体党员和干部职工,不断增强历史责任感和紧迫感,把压力变为新的动力,不断创造新的业绩。

二 首钢面临的形势和今后五年的目标任务

中共首钢总公司第十八届委员会未来任期的五年,将是实施首钢"十三五"发展规划,全面深化改革,加快转型发展的五年;是首钢在京津冀协同发展中发挥示范带动作用,努力拼搏再上一个新台阶和新水平、再创首钢辉煌的五年。我们要审时度势,科学谋划,奋发有为,不辜负首钢职工的期望,切实履行职责,肩负起历史赋予我们这代首钢人身上的光荣使命。

从宏观形势来看,我国仍处于可以大有作为的重要战略机遇期。经济长期向好的基本面没有变,中央强调"两个转变",即我国发展重要战略机遇期,正在由原来加快发展速度的机遇转变为加快经济发展方式转变的机遇,正在由原来规模快速扩张的机遇转变为提高发展质量和效益的机遇。同时我国经济发展仍然面临突出矛盾和问题。世界经济仍将延续弱复苏态势,不确定性、不稳定性比较大。在经济增长放缓的同时,世界经济将经历深度调整。美国经济复苏加快,但基础不牢固;欧洲、日本经济增长趋缓,存在通缩压力;新兴市场国家经济增长继续放缓,可能遭遇国际金融危机发生以来"第三波"冲击。国内主要表现为"四降一升",即经济增速下降、工业品价格下降、实体企业盈利下降、财政收入增幅下降、经济风险发生概率上升等。经济减速还没触底,下行压力仍然较大;工业生产目前还看不到缓解迹象,成本上升较快,亏损面扩大,面临倒闭破产的企业增多;产能过剩、库存攀升、失业等风险点增多,并可能交叉传染,进入风险易发多发期。目前的问题主要不是周期性的,我国经济可能会经历一个"L"形增长阶段。我们要正确认识新常态,积极适应新常态,做打持久战的准备,敢于经历痛苦的磨难。

从京津冀协同发展来看,随着《京津冀协同发展规划纲要》的出台,重点已经从总体谋划转向推进实施。在北京市委《实施意见》中,明确把曹妃甸协同发展示范区放在了首位,指出要按照"合作共建、先行先试、产业互动、协同发展"原则,推动高端制造产业和生产性服务业共同发展,形成循环共生的产业链,建设现代产业发展试验区。完善公共服务等配套体系,加快打造产城融合发展示范区。我们既看到了曹妃甸起步快、集聚效应凸显、社会影响力集合放大,也要清醒认识到曹妃甸基础差,整体人气不足,企业实质性投资意愿不强等,实现2017年有规模、见形象的阶段性目标仍需加倍努力。北京面临的突出问题是,有序疏解非首都功能,治理大城市病,特别是环境、交通和人口等,着力提升城市发展品质,增强城市的宜居性。中央城市工作会议明确,要认识、尊重、顺应城市发展规律,坚持以人为本为中心的发展思想是做好城市工作的出发点和立脚点,做好"五个统筹"。我们从事的北京、贵阳园区开发工作,由于体量大、功能多、关注度高,不是一个简单的房地产项目,必须牢固树立看齐意识。我们既看到了首钢老工业区的开发建设已打下了一个好的基础,从明确规划政策等转入到开发建设阶段,也要认识到新形势下提出的更高要求,必须加强学习、提高认识、率先践行。同时我们也要看到规划纲要的刚性约束,对首钢在北京、河北的产业布局会带来重大影响,要超前谋划、积极应对。

从钢铁行业来看,产能过剩已经引起了中央的高度关注,中央经济工作会议提出了供给侧结构性改革的"去产能、去库存、去杠杆、降成本、补短板"五大任务,其中"去产能"钢铁首当其冲。钢铁去产能要积极稳妥处置那些已停产半停产、连年亏损、资不抵债、靠政府补贴和银行续贷存在的"僵尸企业"。这是绕不过的坎,是必须做的手术,"以退为进"是我国的古老智慧,只有退够,才能前行。要通过兼并重组、债务重组乃至破产清算,实现市场出清,要做好职工安置工作,防范引发社会风险,用今天的"小震"化未来的"大震"。新年伊始,李克强总理去山西调研,提出要以壮士断腕的精神化解钢铁过剩产能,要通过加大财税支持、金融扶持,妥善安置职工,加强监督考核等多措并举。我们要清醒地认识到供给侧结构性改革的窗口期不是无休止的,对首钢同样是机遇和挑战。

总体看,未来五年挑战与机遇并存,面对错综复杂的国内外形势和艰巨繁重的改革发展任务,我们必然要经历更加"共苦"的艰难历程,才能迎来新的"同甘"的发展前景。

首钢各级领导干部要率先垂范,越有问题越要统一思想深化认识,越有压力越要克服困难闯过关口,越是困难越要锐意改革大胆创新,团结、依靠、带领广大党员和干部职工攻坚克难,全面提高企业发展质量和效益。

首钢"十三五"期间总体工作思路是:全面贯彻党的十八大和十八届三中、四中、五中全会精神,以邓小平理论、"三个代表"重要思想、科学发展观为指导,深入贯彻习近平总书记系列重要讲话精神,认真落实北京市委市政府各项工作要求,践行"创新、协调、绿色、开放、共享"发展理念,坚持深化改革,坚持转型发展,坚持有进有退,坚持精益管理,坚持产融结合,保生存求发展,打造资本运营平台,实现钢铁和城市综合服务商并重和协同发展,在京津冀协同发展中发挥示范带动作用,为建设成为有世界影响力的综合性大型企业集团努力奋斗,再创首钢辉煌。

党的十八届五中全会提出的创新、协调、绿色、开放、共享的发展理念,是"十三五"乃至更长时期我国发展思路、发展方向、发展着力点的集中体现,贯穿着鲜明的问题导向和人民至上的价值取向,创造性地回答了新形势下我们要实现什么样的发展、怎么样实现发展的重大问题,是顺应时代潮流、厚植发展优势的战略抉择,反映出我们党对我国发展规律的新认识。对首钢而言五大发展理念具有更强的指导性,要深刻理解、全面贯彻,尽快"落地生根"。创新就是要落实国家创新驱动战略,围绕产业链构建创新链,围绕创新链配置资金链,打造智能制造企业,建设智慧城市园区,构建首钢创新创业生态系统。协调就是要有进有退,优化资源配置,通过产融结合、产产融合、产城融合,促进钢铁业和城市综合服务商协同发展,促进集团各产业板块及产业内部协同高效发展。绿色就是要充分发挥钢铁节能减排和循环经济的技术优势,关键环保技术要示范引领、项目的环保水平要走在全国前列,园区开发要注重提升区域生态环境品质,建成人与自然和谐共处的美丽家园。开放就是要在新产业转型上充分利用市场资源,积极引入市场机制,大胆使用职业经理人,与国内外一流企业深入合作,积极探索国际化经营,实现双赢多赢。共享就是要把推动企业科学发展和维护职工根本利益作为出发点和落脚点,按照人人参与、人人尽力、人人享有的要求,充分调动广大党员、干部和职工的积极性、主动性、创造性,不断满足职工的物质和精神文化需求。

首钢集团"十三五"时期总体发展目标的建议:到2020年,管控体系更加科学规范,管理能力更加协同高效。需要说明的是,由于目前"十三五"规划正在修订完善中,还需要经过第三轮讨论后提交董事会审议,初步安排集团年销售收入达到2000亿元以上,集团在岗职工人均年收入比2010年翻一番。

1. 进一步优化集团产业结构。围绕钢铁和城市综合服务商两大主导产业,坚持有进有退,适应国家钢铁产业结构调整政策要求,对连续失血、环保不达标、生存无望的企业坚决退出;坚持产业聚焦,明确产业策略,优化产业组合,加强产业协同,实现首钢集团产业结构新的优化调整;坚持产融结合,加强资本运作,打造投融资平台,构建相对完整的金融服务体系。

2. 进一步提高钢铁业核心竞争力。四地钢铁业坚持"精品+服务"发展战略,瞄准世界一流钢铁企业,建立健全产供销研用一体化运行协同体系,加快推进以汽车板、电工钢、镀锡板为重点的高端产品开发,战略产品国内市场占有率均进入前三位,提升"制造+服务"核心竞争力,实现从产品制造商向综合服务商转变,全面提高企业盈利能力和资本运作能力,将首钢股份建设成为国内一流的优秀上市公司。外埠钢铁业坚持"低成本+高效率"的发展战略,产品推进要聚焦区域市场,资源配置要聚焦低成本制造,体制机制要聚焦高效率运营,打造区域竞争力。矿产资源业坚持以效率和效益为中心,主动调整经营模式,加快处理历史遗留问题,打造协同高效的平台。

3. 进一步推进两个园区建设。首钢老工业区自然环境、历史积淀、文化魅力、时代要求等无与伦比,在中央城市工作会议精神的引领下,未来要成为我国城市在新的发展时期的典范和精品。曹妃甸示范区自然禀赋、制造基础、先行先试、历史使命等厚积薄发,在京津冀协同发展国家战略的背景下,未来要成为疏解非首都功能牵引区域协同发展的平台和载体。要充分借助两个园区开发的优势,紧紧抓住北京副中心、二机场、冬奥会等机遇,加大转型力度,发展有前景、有市场、有优势、有竞争力、可复制可推广的新产业,打造城市综合服务商。

4. 进一步激发体制机制新活力。以"提高效率、激发活力、提升价值"为目标,构建战略管理体系,建立投资管控体系,强化资本运营体系,优化技术创新体系,健全绿色发展体系,全面建立风控体系,持续深化干部人事、劳动用工和薪酬分配制度改革,力争用三年左右时间,基本建立起符合市场经济规律和具有首钢特色的管控体系,企业活力显著增强。

5. 进一步加强人才队伍建设。建设国内一流的企业人才开发院,建立分级分类培训体系,强化人才培训及开发工作。通过优化职务职级、培养培训机制、薪酬激励机制等,为职工构建多元化发展平台,形成横向互通、纵向贯通的职业发展通道。到2020年,本科及以上学历人员达到专业技术管理人员的65%以上,其中博士、硕士分别达到260人、3800人,高级、中级、初级工比例达到5:4:1,一批行业领军人才脱颖而出,形成结构更加科学、梯次更加合理,具有国内外一流水平的人才队伍。

规划是企业发展战略指南,要坚持管全局、管根本、管方向、管长远,体现前瞻性、战略性、指导性和可操作性。

经过上下几轮反复研讨,首钢"十三五"发展规划已经基本编制完成,还要提请大家评议。我们要把落实摆在突出位置,制订具体方案,明确责任分工,防止任务落空,避免光有纸上谈兵的"规划蓝图",没有扎实的落地之举。今后,全面预算管理、中长期激励、各项保障措施要紧紧跟着规划走,同时加强动态调整和问责追责,确保落实兑现,补齐战略管理短板。

今后五年,我们将迎来新中国成立70周年,夺取全面建成小康社会的决胜阶段的伟大胜利,实现第一个100年奋斗目标。特别要强调的是,我们更将迎来首钢建厂100周年,干部职工心向往之,社会各界殷切希望,党和国家高度关注。这是我们的历史责任,也是最大光荣。我们要传承弘扬首钢精神,勇立时代潮头,在新的起点上创造出无愧于首钢、无愧于党、无愧于伟大"中国梦"的更加辉煌的业绩。

三　落实首钢"十三五"发展规划的重点工作

为全面完成"十三五"发展规划,今后五年要重点做好以下工作。

(一)全面深化改革,激发企业活力

改革是发展的强大动力。要通过全面深化改革解决好发展中的矛盾和问题,要用改革的思维和方法解决改革中出现的问题。唯有高举改革旗帜,攻坚克难,才能保生存求发展。

1. 要坚定不移推动改革。今天无论宏观还是微观层面,都遇到了很多深层次难以破解的问题,面临着空前的挑战,我们也置身其中。"自助者天助之,自弃者天弃之",如果只讲问题或只片面地看到问题的复杂性、矛盾的尖锐性、事物的相关性,就无动于衷、畏手畏脚,我们就会成为思想上的"僵尸企业",就应该第一个被去清。我们必须坚持辩证唯物主义和历史唯物主义,矛和盾长期存在,今天必须举起更锋利的矛刺穿坚硬的盾。

2. 要持续深化改革用"小震"化"大震"。改革必然触及思想和利益,必然要产生震动,必然要浴火重生。我们要牢牢把握改革要从创造条件开始,从系统谋划开始,从引导舆论开始,善于把握主流趋势,善于把握心理承受,善于把握进度实效。今天钢铁同行都在保生存求发展,比谁坚持得住坚持得长久,我们每个单位都要学会通过"小震"震掉身上的包袱轻装上阵,要用今天的快"小震"化解未来的强"大震"。

3. 要坚持区域和行业差异化改革激发活力。"开对药方子,才能拔掉病根子"。首钢钢铁业全国布局、区域差异较大、企业千差万别,还想找出一个完全相同的政策包打天下恐怕也很难。已经涉足的行业种类较多,要进入的行业也是硝烟弥漫,还想用管钢铁的思维与新产业比来比去恐怕也看不着亮。不比改革比困难,不比效益比收入,不比进步比踏步,这种思维对企业伤害极大。激发活力必须要差异化改革,要把握市场、行业和企业发展的规律,要坚持高层做势、中层做事和基层做实,要注重管规则、管大事和管班子,要比效益、比效率和比进步。

4. 要加快试点为全面改革争取时间。要相信基层的首创精神,不能让基层的改革愿望悬在半空。要善于通过试点示范,进一步调动大家的积极性,要及时总结经验,尽快在面上推开。改革已经到了啃硬骨头、攻城拔寨的决战阶段,剩下的问题多是难中之难、困中之困,必须以更大的决心、更明确的思路、更精准的举措、超常规的力度加快试点。改革是进行时,我们要及时对改革工作阶段性评估评价并持续改进。2017年重新评估管控体系改革成效,进一步优化完善。

5. 要借改革大势主动化解各类矛盾。要承认涉及退出、提效和历史遗留问题的解决等都会产生不稳定,即便是快"小震"因为触点多和燃点低也会产生不稳定,关键是怎么做。我们面临最难的提效问题,去年取得了重要进展,要认真总结。要借助国家即将出台的各类政策和窗口期机遇,积极争取地方的各种支持。要坚持多措并举,加大力度竞争上岗,解合等政策可适当延续,鼓励成建制输出,发挥创业公社的作用,制定政策鼓励大众创业等,关键是把各项工作做实做细致。

(二)做优做强钢铁业,着力提质增效

充分发挥股份公司首钢钢铁板块管理平台作用,以实现"提升活力、提高竞争能力,打赢生存发展攻坚战"为目标,坚持精细管理和协同高效,坚持大幅度提高劳动效率,坚持赶超先进实现成本领先,全面提高企业核心竞争能力。

1. 加快提升经营管理能力。未来五年是为了保生存求发展,钢铁业保持顺产稳产就是基本条件,要持之以恒做好。要时不我待地在供应、销售、物流和资金管理上加快补齐自身的短板。必须把各类库存降到最低,降到按周数、按天数、按块数、按件数的标准上,工序和工序、两头和市场之间要建立刚性连接,刚性硬度强的,生存能力就强;必须要全方位增强不同产业协同、区域协同、企业协同能力,备品备件、原燃料、检修、调坯轧制、物流等凡是能协同的一定要并肩战斗,协同能力强的,生存能力就强;必须与上下游粘接起来形成牢固的产业链,新常态下上下游抱团取暖越来越被认同,大家在各自的主业上抱团是一般需求,在转型的领域中再抱团就会越抱越紧,产业链牢固的,生存能力就强等等。这些对我们都是大挑战,是全方位的挑战,我们必须做好,认识上要到位、目标上要量化、行动上要坚决、结果上要交账。

2. 加快提升应变快变能力。矿山企业未来五年的日子会很艰难,要做长远准备,没效益坚决停下来,犹豫不定就是最大的损失;外埠钢铁企业要主动减产,牢牢守住区域市场,要细分到每一个客户、每一项市政工程,坚持以区域市场的销售来定产,绝不能舍近求远,要增强区域市场的影响力和话语权;四地钢铁要提升全员市场意识,快速适应市场变化,牢固树立效益优先的原则。产品开发不能高端不高效,要实施"3+1"精品服务战略,在进一步提升汽车板、硅钢、镀锡板三大战略产品的同时,积极谋划军工用钢等产品的开发和应用。加大与战略用户共同建立技术研发机构的力度,提高先期介入能力。加快推进海内外加工配送中心建设,做实钢铁出口战略,稳定出口比例,优化出口产品结构;要抓住国家和地方一系列政策机遇减轻包袱,认真梳理自身的低效资产、失血点和承担的社会职能等等,做好积极的准备和实践。未来五年,很多变化是我们很难估计和无法想象的,大家要真变、快变、实变来应对各种危机。

3. 加快提升智能制造能力。坚持"两化深度融合",持续提高劳动效率,到 2020 年股份公司(含京唐)年人均实物劳产率达到 1000 吨以上,外埠钢铁企业达到 600 吨以上。全力推进京唐二期工程项目建设,确保 2018 年上半年建成投产,成为智能制造的示范工厂。集团要争取一批工厂、工序实现智能化,要在关键质量工序和劳动密集型岗位推广机器人应用,要在关键二级模型解析和应用上有突破,形成自己的知识产权,要在物流和客户服务上打造快速反应的信息平台。要全面优化和升级公司管理信息化平台,实现信息集成共享、促进知识协同、数据"云整合"、提高效率提升价值。要主动适应钢铁商业模式的变革,借助社会优势资源和平台,甘心情愿地做"互联网思维"的学生,才能借势而上,为我所用。要承认与宝钢这样的先进企业相比,十年来我们的硬件差距在缩小,但智能制造涉及的软实力差距在扩大,为此,我们要加倍努力加紧追赶。

(三)推动转型发展,加速培育新动能

唯有创新才能加速培育新动能。首钢老工业区地处中关村"一区十六园"中,拥有全球最强的创新要素,曹妃甸示范区抢占京津冀协同发展制高点,发展前景广阔,我们拥有了转型发展的天时地利人和。

1. 全力推进首钢老工业区建设。牢牢把握首都城市战略定位,遵循"自主建设一块、联合开发一块、招商引资一块",在基础设施、生态环境、开发实力、区域活力等方面形成突破性的进展,向百年首钢献礼,为建设国际一流和谐宜居之都之示范区的目标打实基础。

一是基础设施基本建成。坚持高起点、高标准、适度超前建设一批重大功能性基础设施。完成园区 28 公里道路、地下管廊 14 公里建设,水厂和变电站基本建成,在园区能源综合管理上率先突破,拆除建构筑物面积约 70 万平米。二是生态环境明显改善。坚持把水生态廊道和大尺度生态空间建设摆在优先位置,开工石景山及群明湖生态

公园等,打造贯穿园区的"L"形城市中央景观轴,打造工业遗存特色的山水园林景观,极大提升区域品质和价值。三是开发实力明显增强。坚持产城融合,到2018年建成150万平方米,含住宅类50万平方米,承接核心区人口疏解,"工作空间节约高效、生活空间宜居适度、生态空间山清水秀"的影响力逐步增强。争取将开发项目纳入绿通,将立项到施工许可由20个月优化缩短至13个月。精心安排、精细组织、精益求精,最大限度地创造价值,有效支撑集团转型。四是区域活力明显释放。全力做好冬奥组委入驻的各项服务,推进相关配套项目建设,几何级放大冬奥组委入驻效应,增强举办重大活动保障能力,塑造世界瞩目的工业场地复兴发展区域的国际品牌影响力。吸引一批符合园区产业定位的企业聚集,汇集创新人才、知识、信息、资本等要素,打造中国智能制造研发与科技服务创新基地。

2. 全力推进曹妃甸示范区建设。做实做强建设投资公司,用好投资基金,加快先行先试,加快启动区建设,加快一批重大项目落地,共同建设曹妃甸生态城,为2017年实现有规模、见形象的阶段性目标打下坚实基础。

一是先行先试出成效。在行政审批、园区管理、招商引资等领域开展先行先试,争取天津自贸区政策快速复制到曹妃甸,积极争取国家政策资金等支持。二是开发建设有规模。产业区交通、能源、垃圾处理等基础设施要按照绿色低碳的理念进行规划建设,更加注重园区生产系统和生活系统的循环链接,形成完整的配套能力。生态城开工建设要充分地利用市场资源,注重投资回报,注重搭平台和提供服务,选准时机参与开发建设。按进度实施填海造地。三是重大项目见形象。要把下力气集聚首钢钢铁产业链落户曹妃甸,下力气做好招商引资放在重中之重,紧紧盯住北京产业疏解,做好企业服务。力争招商引资2个以上未来可实现产值共计500亿元的项目开工。争取国家"十三五"重大生产力和重大科技成果转化项目优先布局。积极推动已签署的医院、中小学与当地合作项目落地工作。

3. 全力培育城市服务新动能。就是要在打造新的经济增长点过程中抢占先机,在城市发展、政府所急、百姓需求、生态环境等方面寻找机遇,加大创新要素集聚,实现创新链的衔接、合作和价值传递,强化市场和服务意识,增强把机遇和优势转换成现实的能力。

房地产要提高预判形势、市场运作、经营管理的能力,借助在北京和贵阳的土地优势,控制风险收缩战线,集中精力打造精品,争取进入全国房地产企业百强。大力推进城市环保产业,积极推进国家级鲁家山循环经济示范基地建设,快速复制产业园模式,加大污染土壤修复等力度,全力抢占市场,提升"首钢环境"品牌形象。着力拓展城市基础设施相关产业链,聚焦钢结构住宅产业,用三到五年时间,建成2个以上项目示范基地,总建筑面积超过百万平米;聚焦立体车库,配合智能充电等服务,总车位建设和运营达到10万个以上;聚焦海水淡化,形成投资、工程、设备和运营完整产业链;高端护栏等要服务首都城市发展,辐射全国。发挥首钢健康医疗产业资源优势,建设好一耐养老项目。体育产业要充分把握冬奥机遇,借助篮球、乒乓球品牌优势,加大对外合作。文化产业重点在影视传媒、数字内容、旅游休闲娱乐三个领域发展。需要说明的是,对新产业给予一定培育期,根据规划中期评估结果也要有进有退。

(四)强化资本运作,加快产融结合

首钢转型成功的关键之举在于产融结合,产融结合能否成功关键在于改变自己、打通班子。要通过资本运作,围绕财务公司和基金公司两个核心业务主体,构建"双轮驱动"发展模式,整合金融资源。

1. 打造金融综合服务平台。财务公司的成立仅仅是开了个好头,远远没有发挥出作用,要始终瞄着"类银行"的标准,要立志进入A级财务公司,要立志综合创新业务能力进入行业前10名,要立志在钢铁业走在最前面。要打牢基础稳定运行,提高为成员企业服务的能力,要尽最大可能最快速度拓宽业务领域,抓住国家金融体制改革的机遇争取试点先行,争取控股参股地方商业银行。财务公司要把为各单位降低成本创造价值放在第一位。各单位要全力支持财务公司工作,只有改变资金"睡大觉"的习惯,眼睛盯在资金的效率上,盯在每一天、每一张票、每一个环节上,这样"1+1"就会大于2。

2.打造产业投资运作平台。基金公司仅仅是抢抓了先机、在行业内小有名气,远远没有释放出巨大动能,要始终瞄准成为国内顶级的细分领域产业并购基金的目标,要立志成为首钢最有活力的团队之一,要立志在国企基金方阵中跑在最前面,要立志成为卓越的政府基金管理人。基金要紧密围绕集团战略定位服务,善于运用PPP等各类金融创新工具,积极调动各种社会资源形成放大,聚焦首钢老工业区和曹妃甸示范区,聚焦首钢新产业转型,聚焦首钢战略资源整合和协同。运作投资保险、证券等非银行金融业务。各单位要自觉与基金公司紧密结合,改变单一依赖银行的习惯,时刻提醒自己"产业+资本",这样才能事半功倍。

3.唱好资本市场的"连续剧"。要加快推进首钢股份重组暨非公开发行工作,确保实现股权融资110亿元,这是目前首钢历史上最大规模直接融资,提振了社会对首钢股份的信心。解决首钢发展的瓶颈要加大资本市场直接融资,我们要争取"十三五"期间每年在资本市场上有大手笔、大动作,实现股份公司资产达到千亿元以上,成为国内一流的上市公司。香港上市公司要围绕房地产、金融、矿产业做实做大,实现融资百亿港元以上,支撑首钢转型发展。各单位要强化管理,打好自己的"底子",对已存在的手续不全的问题要加大力度解决,改变只盯开工、只看眼前、只想运行的习惯,做好企业长远上市的各项基础工作。

(五)坚持以人为本,构建和谐企业

结合转型发展实际做好新形势下的群众工作,加强舆论引导,提高素质能力,充分发挥广大职工群众的聪明才智,实现共建共享和谐企业。

1.加强企业文化建设,弘扬新时期首钢精神。要构建"总部统领、整体协同、分层定位、各具特色"的企业文化建设体系,建立评价指标、明确方法步骤、确定绩效考核,选取单位开展试点,建立起企业文化建设管理评价机制,推动基层单位创建各具特色的企业文化品牌。要加强舆论阵地建设,整合首钢日报社、电视台和首钢网站等构建新闻中心,学会善于应用信息化最新成果为首钢服务。要充分发挥首钢体育、文化的优势,传导正能量,宣传首钢、服务首钢。要组织开展丰富多彩的主题实践活动,推动"首钢精神"进一线、进岗位,内化于心、外化于行。以"首钢人的故事"为载体,开展好一年一届的"首钢之星"评选表彰工作。各级领导干部和全体党员要带头践行,在传承和发扬"首钢精神"中不断创出新业绩。

2.加强队伍建设,提升素质能力。通过健全职务职级、培养培训机制、薪酬激励机制等激励员工成长,切实形成横向互通、纵向贯通的职业发展通道。要进一步强化三支人才队伍顶层设计,细分设置专业、技术、管理人才队伍职务序列,完善管理岗位分类分级。要建立健全管理技术人才综合评价机制,引入人才能力模型和价值识别工具,更好地发现识别人才。优化人才序列职务评聘模式,规范晋升标准和约束机制,实现序列职务能上能下。要建设分级分类培训体系。总公司组建人才开发院,重点培训中层以上领导人员、高级人才。定期举办领导人员特训班、职业经理人培训班、干部海外研修班和高层次创新型科技人才培训班。通过分层分类的培训,全方位提升干部职工的综合素质和能力。

3.坚持党建带群建,为转型发展凝心聚力。召开首钢群团工作会议,建立党委群团工作联席会议制度,健全完善以职代会为基本形式的民主管理制度,改进党建带群建制度机制。工会组织要坚持以职工为中心、让职工当主角,依法依章程独立自主开展工作。把首钢转型发展与工会事业相结合,把全面深化改革与企业发展、职工利益相结合,维护职工合法权益,回应职工期盼,构建和谐劳动关系;大力弘扬劳模精神和工人阶级伟大品格,广泛开展群众性劳动竞赛活动,鼓励广大职工提高劳动技能水平,成为优秀的技术操作能手;把更多注意力放在困难企业、困难职工身上,坚持雪中送炭,为职工排忧解难。共青团要在推动青年创新创效、服务青年成长成才、当好党的助手和后备军上积极创新,形成青年思想调研工作机制,加强团组织"活力建设",引导广大青年热爱首钢、立志奋斗。

4.落实主体责任,切实维护企业的安全稳定。各级党委要把和谐企业建设放在全局工作的突出位置,抓好各项工作的落实。要牢固树立底线思维、红线意识和问题意识,强化安全生产"党政同责、一岗双责",坚决杜绝各类安全生产事故的发生。要进一步落实稳定工作责任制,及时解决影响和谐稳定的突出矛盾和问题,深入做好排查调处

工作,将矛盾化解在萌芽状态,加强社会治安综合治理,为企业发展创造稳定环境。

四　坚持从严治党全面加强党的建设

实现首钢"十三五"目标任务,是对各级党组织和党员干部的重大考验。我们要认真落实中央"四个全面"战略布局要求,以全面从严治党为主线,以保生存求发展为核心,加强党的思想、组织、作风、反腐倡廉和制度建设,为首钢"十三五"发展提供坚强保证。

1. 加强思想建设,以坚强的意志品质在逆境中建功立业。加强党的思想建设不是一句空话,也不是放之四海而皆准的泛泛要求,党的思想建设在不同时期、不同单位有着丰富内涵。当前,我们提出保生存求发展,是基于宏观经济增长放缓、钢铁产能严重过剩的客观现实。在经济火热、高速增长的环境下,企业无论其经营方式和管理水平高低都可以有可观的收获,我们无需费大力即可收获不斐。在当今新常态、去产能和供给侧结构性改革的大环境下,竞争你死我活,企业因其状态不同、能力不同、努力不同而显露出惊人的差异。事实上,每一个经济周期,都会有一批因娇弱又不思进取而倒下或沉沦,还有一些因坚强求生求变而屹立不倒乃至弯道超车,成为逆境中的明星。在新一轮的危机中,首钢是被抛下、被超越,还是奋力崛起,命运掌握在我们自己手中。每一个首钢的单位、每一名首钢的党员干部都应该扪心自问:我要做什么? 是一蹶不振被无情抛弃,还是拼死一争求得生存发展? 这是摆在我们面前思想建设领域的首要课题。

选择正确答案,必须依靠党组织,必须坚定理想信念,从而使企业从上到下拥有坚强的思想意志品质和敢为必胜的信心。被抛弃不是不可改变的宿命。没有比人更高的山,没有比脚更长的路。优良的意志品质来源于坚定的理想信念,这就是坚信唯物辩证法、坚信中国特色社会主义理论、坚信党的十八大以来确立的一系列方针政策,使这些思想理论牢固地扎根于自己的思想认识,指导企业的生存发展实践。要动员全体党员投身企业改革和创新之中,把在逆境中建功立业作为自己的高尚追求。加强思想建设、坚定信念,必须加强学习,要让"首钢永远做学习型企业"的理念深入人心,转化成每个人的自觉行动。

2. 加强组织建设,以扎实有效的制度建设保证党组织政治优势发挥。要结合实际加强"三会"建设,重点在总公司和二级单位形成落实党组织治理主体地位"四个同步""四个对接""四个融合"的责任和制度体系。要深化干部人事制度改革,以五好干部标准为统领,进一步规范、优化领导人员"选、用、育、留"各环节工作,着力选拔责任担当意识强、有基层工作经验、群众基础好的年轻同志充实到关键领导岗位。要从制度建设入手,坚持民主、公开、竞争、择优,强化选人用人工作环境。要建立行政级别规范、内设职级科学、职务职级并行、通道互换畅通的领导人员职务职级体系。推进领导人员能上能下,严格执行退休、退出现职领导岗位及问责制。要加强职业经理人队伍建设,做到"引得进、留得住、用得好"。要特别增强干部风险防控意识和能力。首钢的发展告诉我们,风险防控是我们各级组织管理的短板,也是各级干部能力的短板。发展起来后出现的问题并不比发展起来前少,甚至更多更复杂,必须强化风险管理。投资要有效益,低效的和非理性的投资只能增加风险,一味地负债投资等于杀鸡取卵。产品要有稳定的客户,不分析市场前景,不牢牢地粘住客户,产品就变成包袱,就是风险。有进有退都是风险防控能力的体现,要建立一套进和退的机制和规则,让进和退变成一种新常态。领导干部要增强自觉性,加劲补齐短板,把职责范围内的风险防控好,不要把责任都推给下面,也不要把责任都留给后面,更不能在工作中不负责任地制造风险。要建立健全首钢党建工作责任体系。2016 年起逐级签订《党建工作责任制》,在二级单位中建立党委书记抓党建责任制情况评议、通报制度。提高学习型、服务型、创新型党组织建设水平,深入开展党内"创先争优"活动,引导广大党员在首钢转型发展的实践中作表率、当先锋。

3. 加强作风建设,把"严和实"的精神贯穿首钢改革发展全过程。习近平总书记指出:"党内作风状况同革命战争年度和新中国成立初期相比、同改革开放初期相比,在某些方面还有很大差距,好传统、好作风还没有牢固恢复和发扬起来。"首钢各级党委要认真学习领会,结合实际,按照"三严三实"的标准和要求,狠抓作风建设。在首钢近百年的发展历程中,在各种困难和考验面前,首钢人从来没有退缩过,从来没有被困难吓倒过,从来没有在问题面前绕着走过。当前乃至今后一个时期,面对钢铁业最困难、最严峻、最残酷的"寒冬",面对艰巨繁重的改革发展任务,要大力传承和发扬首钢的优良传统和作风,凝聚首钢力量,激励广大干部职工振奋精神、坚定信心、攻坚克难,咬定目标苦干实干。对作风建设要经常抓、反复抓,一刻也不能放松,要在坚持和深化中形成习惯,推进作风建设常态化、长效化。各级领导干部要自觉践行"三严三实",锤炼过硬作风,一级做给一级看、一级带着一级干,普通职工做不到的,领导干部要做到;普通职工做得到的,领导干部要做得更好。

4.加强反腐倡廉建设,为企业发展营造风清气正的良好环境。各级党委要把落实党风廉政建设主体责任作为重大政治任务,全面领导、执行和推动本单位本部门党风廉政建设和反腐败工作。严格落实党内政治生活制度,强化对党员特别是党员领导干部履行党员义务、遵守党的纪律情况的教育、监督和管理。做好与上级法规制度制定修订工作的衔接,用纪律和制度的刚性约束规范权力运行。要组织广大党员认真学习贯彻《中国共产党廉洁自律准则》《中国共产党纪律处分条例》,牢固树立党章党规党纪意识,在严守党纪上远离违纪红线。紧盯"四风"的新形式、新动向,警惕穿上隐身衣的享乐主义、奢靡之风,组织明察暗访,严肃查处曝光,形成有力震慑。全面推进廉政风险防控管理"3+1"体系建设,抓好向下延伸工作。加强对纪律审查工作的统一领导,完善纪律审查组织协调机制和案件督办机制。加强效能监察领导体制和工作机制建设,强化事前、事中监督,深化与监事、审计等部门的联合监督。各级党委要为纪委履行监督责任创造有利条件,各级纪委要加强纪检监察队伍能力建设,把监督执纪问责的职责做深做细做实。

同志们,把首钢建设成为具有世界影响力的综合性大型企业集团,是历史赋予我们的重任,是首钢广大干部职工的热切期盼。首钢各级党组织和全体共产党员要团结带领广大职工,坚定信心、攻坚克难、开拓创新,为百年首钢再创辉煌共同奋斗!

坚定信心保生存　攻坚克难求发展
奋力实现"十三五"良好开局

——在首钢十八届职工代表大会第四次会议暨集团工作会议上的报告

首钢党委副书记、总经理　张功焰

(2016年2月3日)

各位代表、特邀代表,同志们:

现在我向大会报告工作,请予审议。

一　2015年任务完成情况

2015年首钢广大干部职工在总公司党委和董事会领导下,深入贯彻中央精神和北京市工作要求,面对空前严峻的市场形势,坚持"真变、快变、实变",全面深化改革,在破解难题上狠下功夫。首钢"两会"确定的九个方面96项重点任务完成79项,未完成17项;集团实现销售收入1350亿元,亏损20亿元,未完成年度预算安排。一年来主要做了以下工作。

（一）全面深化改革工作有序推进

落实总公司党委全面深化改革指导意见,把改革作为发展动力,坚持问题导向,扭住关键环节,夯基垒台,立柱架梁,做好顶层设计。一系列重大改革举措系统推进,基本完成了"两会"确定的各项改革任务。

集团管控体系改革深入实施。在三创会上聚焦构建集团管控体系这一主题深入研讨,凝聚共识。年初率先实施做实股份公司,将三个管理层级压缩为一层,完成烧结、球团整合,实现铁前、迁顺一体化管理。钢铁板块管理平台的搭建,对集团管控体系改革起到先行先试作用。按照精干高效要求,系统设计总部机关战略职能,构建扁平化组织,有序剥离事务性、服务性职能,成立业务支持服务部门。战略管控部门人员同口径由987人精减到200人左右。广大干部职工服从和服务于改革大局,保证了改革顺利推进。

提高劳动效率工作成效显著。各单位深入落实总公司提高劳动效率动员大会精神,坚持思想引领,细化工作方案,争取地方政府支持,既大刀阔斧,又平稳推进。总公司在资金紧张的情况下,优先确保提效资金。水钢、长钢和首秦公司,面对历史积累的复杂矛盾有效施策,超额完成20%的提效任务,保持了队伍稳定。总部涉钢职能与股份公司合并后,152名职工主动选择到迁安地区工作,展现了首钢人的大局意识和奉献精神。园区管理创新职工转型发展模式,成建制劳务输出,解决了职工转型初期环境陌生、人员陌生、心理恐惧的问题,积极拓宽职工就业渠道效果明显。年末集团在册人数为10.6万人,分流3万人。

薪酬分配制度改革稳步推进。进一步规范分配秩序,理顺分配关系,激发企业活力,实施领导人员薪酬改革,建立中长期激励机制,聚焦企业长远发展和质量效益,制定企业负责人三年任期目标经营业绩考核体系,44家二级单位负责人任期目标责任书获得总公司董事会批准。在股份公司开展领导人员职务职级、中层人员薪酬制度和三支人才队伍激励机制改革试点。结合首钢转型需要,大胆尝试,制定职业经理人试点管理办法。坚持收入与效益挂钩,不讲客观、严格考核。总公司处级以上领导带头降薪,取消了单项奖。

全面预算管理体系初步建立。针对全面预算管理体系短板,规范损益预算,强化现金预算和投资预算编制,严控投资支出,防范资金风险。建立"五把尺子"评价标准,初步形成"三个跑赢"评价体系,各单位结合实际进一步充实完善。股份公司承接钢铁板块预算管理,预算执行与分析顺利展开。为强化预算执行,牢固树立交账意识,一季度和上半年分别对钢铁板块和总公司经济活动分析进行大范围民主评议,领导率先示范,层层传导压力,得到了职工的理解和支持。

积极破解企业改革发展难题。召开了首次改制工作会议,解决了长期存在的认识模糊问题,回答了普遍关注的重点难点问题。积极探索利用资本市场,开展燕郊公司股改及新三板挂牌、长白公司合作等工作;针对土地增值收益、股权结构和内部市场等问题,提出了下一步工作思路,开始实施推进;完成9家企业退出,其中按市国资委计划退出了4家企业。另外,总公司坚持问题导向,始终客观辩证地对待问题,坚持敢于担当,投入了极大的精力,最大限度地寻求最大公约数,积极稳妥地解决了一批始终困扰着首钢发展的历史遗留问题。

科学编制"十三五"发展规划。转变观念,补齐短板,改变"规划是规划,干是干"的传统做法,集中精力,上下结合,全员参与,基本完成规划编制。前两轮连续下发首办通报统一思想,采用了样板引路,借助了外脑智库,经历了反复讨论,基本达到了理清发展思路、明确发展目标、解决关键问题、确定保障措施的目的。"十三五"期间,年度预算、中长期激励机制、各项保障措施都要紧紧跟着规划走,确保规划落实。一季度集中时间讨论评议各单位规划。

（二）钢铁业在艰难环境中奋力前行

面对持续恶化的钢铁市场,广大干部职工眼睛向内、顽强拼搏、砥砺前行,共筑企业生存防线。但内部工作没有完全抵消外部市场影响,全年钢铁业亏损64.3亿元,比计划增亏38.3亿元。

加强内部管理,深入开展挖潜增效。钢铁业各单位以"五把尺子"为标准,努力跑赢市场、跑赢同行、跑赢自己。面对整个行业巨额亏损的严峻形势,经过广大职工的拼搏努力,内部工作增效31亿元。首秦公司全面跑赢市场和同行,长钢、水钢也部分跑赢。根据年初的钢铁走势果断决策,主动减产,降低了亏损,部分企业以壮士断腕的决心和勇气停掉了部分高炉。各单位转变观念,将以前认为不可能的事变成现实,从柔性的高库存实现了刚性的低库存,生产组织更加顺稳、精细、协同、高效,提高了经营能力,尝到了降库存的甜头。进口矿库存229万吨,比年初降低134万吨;存货资金占用152亿元,比年初降低31亿元。中首公司加大贸易矿的运作,矿投公司主动减产提效,均硬碰硬地完成了全年任务。

优化产品结构,提高市场营销能力。瞄准高端产品市场,全年完成高端领先产品452万吨、汽车板204万吨、电工钢133万吨、镀锡板31万吨,开展新产品研发166项,实现转产25项,完成认证552项。股份公司硅钢团队永不满足、粘结客户、持续改进的追求,赢得了市场的尊重,取向硅钢突破在500千伏超高压变压器上应用,完成23台订单。强化加工配送和配套服务,与中集、海尔、一汽等重点客户紧密合作,通过灵活多样的模式实现中小高端企业差异化营销,共开发新用户289户。实现出口197万吨,综合价格位列全国第二,但与宝钢差距较大。

围绕"制造+服务",提升产线制造能力。京唐坚持对每一单、每一块、每一个质量异议眼睛向内进行剖析,从管理和现场查找原因落实责任,并大力气抓好TS16949体系建设,运用好六西格玛和6S等先进工具,取得了明显效果,带出品率同比降低2.21%,合同兑现率同比提高2.42%。首秦贴近市场、快速反应、聚焦终端用户和重大工程,产品服务能力有了明显提升。尽管付出了较大努力,但总公司汽车板品种结构及热轧卷板薄规格比例、重点客户整单兑现率等5项重点任务未完成,国内钢材销售大部分跑输了市场。

京唐二期开工建设。工程被国家京津冀协同发展领导小组确定为重大产业项目,于8月份正式开工建设。采用了在国内首次运用的大比例球团炼铁等世界领先技术,大幅度降低了环境排放;产品定位高端填补国内空白的舰船和核电等用钢,将进一步丰富首钢高端产品结构;在产产融合和产城融合上充分发挥了钢铁厂循环经济技术优势。二期工程将最大限度利用北京厂区既有厂房和设备。目前施工队伍已进场,设备招标采购已启动,设计和建设工作正有序进行。

节能环保取得新成效。积极推进首钢集团绿色行动计划,完成污染治理项目29项,节能项目15项。集团烟粉尘排放总量22511吨,同比降低4897吨;二氧化硫排放总量25746吨,同比降低5938吨。在首都重大活动期间,四地企业为区域环境保护作出重要贡献。

(三)两大园区开发积极推进

深入学习贯彻习总书记视察北京重要讲话精神和市委市政府对首钢工作要求,增强思想自觉和行动自觉,首钢老工业区开发建设从明确规划政策、管理体制等转入到基础设施建设和项目落地实施阶段;曹妃甸示范区起步快、集聚效应凸显、社会影响力集合放大,开局良好。郭书记、王市长等领导多次到两大园区调研,作出重要指示;《人民日报》头版头条充分肯定首钢。北京市政府专题会议确定冬奥组委入驻首钢西十筒仓区域,这是对首钢的巨大信任和支持,对加速首钢园区开发建设、助力京西经济转型具有重要意义。

首钢老工业区开发建设取得新进展。按照王市长关于"首钢园区开发首要任务是打好基础"指示精神,在市、区各相关部门帮助下,坚持一手抓园区规划深化,一手抓基础设施建设。随着长安街西延工程的推进,5月25日,见证首钢钢铁报国、凝结首钢历史情怀的厂东门开始迁建,向社会释放出更为积极的信号,标志着首钢老工业区开发建设进入新阶段。

首钢老工业区纳入国家智慧城市试点,绿色生态规划通过北京市绿色生态示范区评审,与美国绿色建筑委员会等权威机构签署战略合作协议。在市规委统筹协调下,联合中国工程院、清华大学等单位,由吴良镛等五位院士领衔开展的园区建筑风貌研究,课题成果达到国际先进水平。专家向中央建议首钢园区要力求体现中国建筑界的自尊自信自强,探索"重塑文化自信、建设美丽中国"的崭新之路。地下空间等专项规划已形成阶段成果,产业研究聚焦三个方向,长安街西延、污染土壤修复、重点合作项目等全面展开。与石景山区建立对口协调、定期沟通、重大项目调度工作机制,统筹协调园区开发建设重大事项。累计拆除建构筑物36.5万平米、设备9.6万吨,资产利旧和盘活 2.6 亿元。

曹妃甸示范区建设实现良好开局。成立了京冀曹妃甸协同发展示范区建设投资有限公司,产业区环保基站 1 号楼续建完工,土地整理、主干路网、河道疏浚项目全面开工。生态城场地平整和主干路网项目进场建设。现代产业发展试验区完成了 100 平方公里地形测绘,制定了造地方案。经过艰苦细致的工作,确定了以 PPP 为主的区域开发建设模式。抓住国家政策机遇,不离不弃,紧盯不放,用真诚和执着赢得了上级部门的认同,获得国家长贷低息专项建设基金 20 亿元。配合政府招商引资,积极做好企业服务工作,已签约保利通信等 8 个项目。与友谊医院、安贞医院签订了合作协议,景山学校将建设十二年一贯制学校,北京市优质社会服务资源正在形成区域聚集态势。

(四)非钢产业努力向城市综合服务商转型

新动能培育逐步加快。非钢各单位主动开拓市场,积极创立品牌,向城市综合服务商转型。全年实现利润 15.8 亿元,比计划增利 1.2 亿元。

处于困境的机电公司,在时间紧、任务重、要求高的情况下,出色完成长安街沿线景观提升护栏项目,提振了信心,鼓舞了士气,为首钢争了光,职工面貌发生了翻天覆地的变化,自主研发、制造安装的充电桩已批量生产。首建集团建成了北京市单体最大的智能化机械式车库,承揽了 1300 个车位,开始设计建设大公交示范立体车库,展现了服务城市静态交通的能力。环境产业公司累计处理建筑垃圾 12 万多吨,产品得到了市场充分认可,鲁家山生物质能源项目安全顺稳达产,提前 15 天完成全年 100 万吨计划目标。实业公司在中关村国家自主创新展示中心的服务受到社会广泛好评,又成功中标中关村软件园物业管理。国际工程公司中标社会市场日处理 5 万吨的海水淡化工程设计合同。首自信公司承建的北京市首个最大的"光伏超级充电站"项目开工。首钢男篮蝉联 2014—2015 赛季 CBA 联赛总冠军,首钢女子乒乓球队获得乒超联赛冠军。

(五)产融结合取得重要进展

首钢股份重大资产重组顺利推进,总公司敏锐抓住窗口期,推进非公开发行股份,引入战略投资者,预计实现融资 110 亿元,是年内行业和首钢历史上最大规模直接融资,提振了市场信心。京西重工在香港上市后,通过资产注入,抓住有利时机,实现融资 6.5 亿港元。

超前预判国内基金业发展势头,率先成立京冀协同发展产业投资基金,借势整合"北京服务·新首钢"等多支基金,成立首钢基金公司并受托管理北京市的多支基金,实力明显增强。稳健开展投资,撬动社会资本 114 亿元,设立曹妃甸示范区、首钢老工业区基础设施建设投资等子基金。顺应大众创业、万众创新,创业公社获得国内顶级机构投资,运营面积从 3 万平米增至 11 万平米,借助首钢传统资源改造提升为创业公寓,成为国内创业孵化器的品牌之一,受到央视等多家媒体高度关注。

财务公司实现当年申请、当年批筹、当年开业,当年资金归集率超过行业平均水平。资金归集不仅仅是钱多少的归集,更是首钢思想统一、凝聚力和执行力的具体体现,为社会传递了满满的正能量,为扩大业务和健康发展创造了条件。发挥银行间市场运作优势,成功发行权益性债券 180 亿元;开展 50 亿元信贷资产证券化业务;中首公司出口贸易融资 22 亿元;为外埠企业提供 40 亿元资金支持、落实设备融资租赁 17 亿元,实现了多渠道的融资。

(六)基础管理工作持续改进

巡视整改工作按计划完成。市委第二巡视组对首钢的专项巡视,是对首钢工作进行"把脉问诊",是对领导干部从政治上进行"健康体检",有力促进了首钢内部管理工作。认真落实市委巡视反馈意见,总公司党政主要领导认真履行整改工作第一责任人职责,领导班子成员带头落实"一岗双责",制定了整改工作方案,做到件件有着落、事事有回音。

监督检查工作形成合力。充分发挥监事"事中监督"、审计"披露问题"、纪检"查处震慑"、组织"选人用人"等监督合力作用,实现信息共享、协同高效,提升监督工作的管理能力。实施效能监察 72 项,提出监察建议 319 条。组织实施审计项目 57 项,提出审计建议 211 条。监事会工作办公室对吉泰安公司、机电公司等 6 家企业开展了系统集中监督检查,提出建议 178 条。围绕发现的问题和提出的建议,重点在整改上下功夫,做到立行立改、持续整改。

集团管理能力逐步提高。我们深刻认识到提升管理能力比建设管控体系更困难、更迫切、更重要,在抓好管控体系改革的同时,一刻都没有放松自身管理能力的提升。总公司常委会、董事会和经理办公会逐步实现了规范有序,提高了决策效率,全年召开党委常委会 14 次,审议并通过议题 61 项;董事会 10 次,审议并通过议案 121 项,新聘任的外部董事在议题把关上发挥了"贤人护航"的重要作用;经理办公会 16 次,审议议题 148 项,通过 146 项。拧紧责任螺丝,对 6 家单位的第一轮中长期激励方案予以否决,体现了董事会"把方向、议大事、防风险、管团队"的作用,触动了大家的思想。

(七)职工队伍建设全面加强

全年举办党委中心组学习扩大会及理论讲座 29 次;完成第二期领导人员特训班、短训班。通过市场选聘,为新产业引进高端人才 17 人;完成第七批 77 名首钢技术专家、153 名技术带头人选拔表彰;高端人才培养工程取得新成效,国际工程公司张福明入选 2015 年国家百千万人才工程,被授予"国家有突出贡献中青年专家"。举办各类职工培训班 817 个,参培职工 23 万人次;选拔 200 多名班组长、作业长参加与清华大学合作举办的任职资格培训;44 名职工获"北京市技术能手"称号,京唐公司王建斌被评为全国"百姓学习之星";高技能人才队伍培养工作受到国务院领导肯定,技术研究院刘宏荣获"中华技能大奖"。徐凝、闵鹿蕾和胡亮学获全国劳模称号,是首钢历史上第一次有 3 名同志同时获得此项殊荣。首钢职工健康管理信息系统上线运行。广泛开展送温暖活动,加大帮困救助力度。钢铁业各单位采取多种方式继续改善住房、食堂等条件,促进了和谐企业建设。

首钢 2015 年的工作,得到党中央、国务院、北京市委市政府及社会各界的高度关注和大力支持。一年来,面对严峻的市场形势,很多困难无法想象,很多问题尖锐复杂,很多矛盾触及思想触及利益,首钢的全体干部职工在不同的残酷战场,但在同样的炮火硝烟下,始终站在最前沿,承受着巨大压力,只争朝夕、日夜拼搏,付出了十分艰苦的努力。在此,我代表总公司,对大家的无私奉献表示衷心的感谢!

我们既要看到成绩,也要正视存在的问题:

一是对新常态认识不足,敢于担当不够。对经济换挡调速的长期性认识不足,对结构调整的艰巨性认识模糊,对动能转换的困难程度认识不够,思想准备不充分,部分干部老是抱有幻想,存在"坐着等、站着看"的惯性思维。市场严酷变化了,认为自身潜力早已挖尽,甚至产生"厌战"情绪,缺乏搬迁调整时期那种"敢打硬仗"的担当精神。

二是执行力不强,"交账"交得不好。我们反复强调"交账"意识,要求言必行、行必果。但是,对照总公司"两会"确定的 96 项重点工作,集团利润、钢铁业控亏目标等 17 项没有完成。部分干部把自己摆进去不够,把职责摆进去不够,把思想和工作摆进去不够。有些看准的事行动不坚决,执行不到位,严格管理没落实。钢铁业在"三个跑赢"上,很多方面与标兵渐远、与追兵渐近。园区开发在主动出击、主动争取、一竿子盯到底上做得不够。

三是转型压力不足,能力亟须提升。从原来的相对封闭向现代服务、开放融合等全面转型面临巨大挑战,尚未摆脱对钢铁业的依赖,还习惯等任务、靠领导,主动服务城市的意识还不强,没有真正的与市场完全融合,没有真正的能够把握住机遇,并将其转化成产业。去年钢铁同行都在积极转型,实现了更高的非钢效益,我们在这方面差距较大。

四是基础管理不扎实,安全生产差距较大。日常管理存在抓而不实、抓而不紧、抓而不细的问题,责任落实没有"一竿子插到底"。特别是迁钢公司"9·2"较大淹溺事故,发生在集团全面深化改革的关键阶段,发生在全国上下庆祝抗战胜利 70 周年之际,发生在全国上下落实中央领导对天津"8·12"事故指示精神、全面加强安全管理工作之际,在这个最敏感时期,发生这么大的事故,与首钢的地位极不相称!与首钢的影响力极不相称!与首钢要承担的发展重任极不相称!事故教训深刻,刻骨铭心。

我们坚持问题导向,既肯定成绩又找准问题;我们坚持实事求是,既把握规律又结合实际;我们坚持战略思维,既抢抓机遇又沉着应战。各单位干部职工要不断增强历史责任感和紧迫感,把压力变为新的动力,不断创造新的业绩。

二　"十三五"规划思路目标

中共首钢总公司第十八届委员会未来任期的五年,将是实施首钢"十三五"发展规划,全面深化改革,加快转型发展的五年;是首钢在京津冀协同发展中发挥示范带动作用,努力拼搏再上一个新台阶和新水平、再创首钢辉煌的五年。我们要审时度势,科学谋划,奋发有为,不辜负首钢职工的期望,切实履行职责,肩负起历史赋予我们这代首钢人身上的光荣使命。

首钢"十三五"期间总体工作思路是:全面贯彻党的十八大和十八届三中、四中、五中全会精神,以邓小平理论、"三个代表"重要思想、科学发展观为指导,深入贯彻习近平总书记系列重要讲话精神,认真落实北京市委市政府各项工作要求,践行"创新、协调、绿色、开放、共享"发展理念,坚持深化改革,坚持转型发展,坚持有进有退,坚持精益管理,坚持产融结合,保生存求发展,打造资本运营平台,实现钢铁和城市综合服务商并重和协同发展,在京津冀协同发展中发挥示范带动作用,为建设成为有世界影响力的综合性大型企业集团努力奋斗,再创首钢辉煌。

首钢集团"十三五"时期总体发展目标的建议:到2020年,管控体系更加科学规范,管理能力更加协同高效。需要说明的是,由于目前"十三五"规划正在修订完善中,还需要经过第三轮讨论后提交董事会审议,初步安排集团年销售收入达到2000亿元以上,集团在岗职工人均年收入比2010年翻一番。

1.进一步优化集团产业结构。围绕钢铁和城市综合服务商两大主导产业,坚持有进有退,适应国家钢铁产业结构调整政策要求,对连续失血、环保不达标、生存无望的企业坚决退出;坚持产业聚焦,明确产业策略,优化产业组合,加强产业协同,实现首钢集团产业结构新的优化调整;坚持产融结合,加强资本运作,打造投融资平台,构建相对完整的金融服务体系。

2.进一步提高钢铁业核心竞争力。四地钢铁业坚持"精品+服务"发展战略,瞄准世界一流钢铁企业,建立健全产供销研用一体化运行协同体系,加快推进以汽车板、电工钢、镀锡板为重点的高端产品开发,战略产品国内市场占有率均进入前三位,提升"制造+服务"核心竞争力,实现从产品制造商向综合服务商转变,全面提高企业盈利能力和资本运作能力,将首钢股份建设成为国内一流的优秀上市公司。外埠钢铁业坚持"低成本+高效率"的发展战略,产品推进要聚焦区域市场,资源配置要聚焦低成本制造,体制机制要聚焦高效率运营,打造区域竞争力。矿产资源业坚持以效率和效益为中心,主动调整经营模式,加快处理历史遗留问题,打造协同高效的平台。

3.进一步推进两个园区建设。首钢老工业区的自然环境、历史积淀、文化魅力、时代要求等无与伦比,在中央城市工作会议精神的引领下,未来要成为我国城市在新的发展时期的典范和精品。曹妃甸示范区的自然禀赋、制造基础、先行先试、历史使命等厚积薄发,在京津冀协同发展国家战略的背景下,未来要成为疏解非首都功能牵引区域协同发展的平台和载体。要充分借助两个园区开发的优势,紧紧抓住北京副中心、二机场、冬奥会等机遇,加大转型力度,发展有前景、有市场、有优势、有竞争力、可复制可推广的新产业,打造城市综合服务商。

4.进一步激发体制机制新活力。以"提高效率、激发活力、提升价值"为目标,构建战略管理体系,建立投资管控体系,强化资本运营体系,优化技术创新体系,健全绿色发展体系,全面建立风控体系,持续深化干部人事、劳动用工和薪酬分配制度改革,力争用三年左右时间,基本建立起符合市场经济规律和具有首钢特色的管控体系,企业活力显著增强。

5.进一步加强人才队伍建设。建设国内一流的企业人才开发院,建立分级分类培训体系,强化人才培训及开发工作。通过优化职务职级、培养培训机制、薪酬激励机制等,为职工构建多元化发展平台,形成横向互通、纵向贯通的职业发展通道。到 2020 年,本科及以上学历人员达到专业技术管理人员的 65% 以上,其中博士、硕士分别达到 260 人、3800 人,高级、中级、初级工比例达到 5∶4∶1,一批行业领军人才脱颖而出,形成结构更加科学、梯次更加合理,具有国内外一流水平的人才队伍。

今后五年,我们将迎来新中国成立 70 周年,夺取全面建成小康社会的决胜阶段的伟大胜利,实现第一个 100 年奋斗目标。特别要强调的是,我们更将迎来首钢建厂 100 周年,干部职工心向往之,社会各界殷切希望,党和国家高度关注。这是我们的历史责任,也是最大光荣。我们要传承弘扬首钢精神,勇立时代潮头,在新的起点上创造出无愧于首钢、无愧于党、无愧于伟大"中国梦"的更加辉煌的业绩。

三 2016 年工作思路和计划指标

2016 年是实施首钢"十三五"规划的开局之年,做好 2016 年工作意义重大。

2016 年总体工作思路是:深入贯彻党的十八大和十八届三中、四中、五中全会及中央经济工作会议精神,按照北京市委市政府工作要求,坚定信心保生存,攻坚克难求发展,钢铁业实现扭亏减亏,园区开发取得实质进展,产融结合实现新突破,推进钢铁和城市综合服务商协同发展。坚持从严治党、依法治企,维护职工利益,奋力实现"十三五"良好开局。

根据总体思路,全年主要计划指标安排如下。

(一)集团主要指标

销售收入 1210 亿元,控亏 10 亿元。新立项目投资 32 亿元。烟粉尘排放量 21672 吨,二氧化硫排放量 21564 吨。

(二)钢铁业

销售收入 517 亿元,控亏 91.5 亿元。考虑到去年下半年以来,市场断崖式下行,预计还将长时间延续,虽控亏额度大,难以接受,但要完成此控亏任务仍然要付出艰苦的努力。我们到了保生存求发展的关键时刻。经营失血的企业,原则上不安排新的项目投资。

生铁 2695 万吨、钢 2648 万吨、钢材 2486 万吨;四地企业安排高端领先产品 500 万吨;三大战略产品产量,汽车板 235 万吨、硅钢 135 万吨、镀锡板 30 万吨。

(三)非钢子公司

销售收入 570 亿元,实现利润 25.4 亿元。其中:

全资子公司实现利润 19.1 亿元,中首公司 8.6 亿元,房地产公司 10 亿元,矿投公司持平,环境公司 1760 万元,首控公司控亏 2200 万元,香港首控 2250 万元。

控股参股公司实现利润 6.3 亿元,京西重工 1.2 亿元,首建公司 7200 万元,国际工程公司 1.4 亿元,首自信公司 1.4 亿元,实业公司 5000 万元,机电公司控亏 1800 万元。

(四)金融企业

实现利润 7.3 亿元。其中,基金公司利润 5.5 亿元,管理基金规模达到 480 亿元;财务公司 1.8 亿元,完成集团内部企业融资 85 亿元。

（五）总公司

实现利润50.8亿元，其中投资收益41.5亿元，土地开发收益25.2亿元。期间费用13.1亿元。

四　2016年重点工作任务

（一）以背水一战的勇气，认清形势坚定信心

从宏观形势来看，世界经济仍将延续体弱复苏态势，不确定性、不稳定性比较大，将经历深度调整。国内经济减速还没有触底，下行压力仍然较大，但经济长期向好的基本面没有变。我国仍处于可以大有作为的重要战略机遇期，正在由原来加快发展速度的机遇转变为加快经济发展方式转变的机遇，正在由原来规模快速扩张的机遇转变为提高发展质量和效益的机遇。

从京津冀协同发展来看，重点已经从总体谋划转向推进实施。在北京市委《实施意见》中，明确把曹妃甸协同发展示范区放在了首位，加快打造产城融合发展示范区。中央城市工作会议提出要认识、尊重、顺应城市发展规律，坚持以人为本，做好"五个统筹"。北京在有序疏解非首都功能，治理大城市病，提升城市发展品质，增强城市宜居性等方面面临着繁重的任务。

从钢铁行业来看，中央经济工作会议提出了供给侧结构性改革的"去产能、去库存、去杠杆、降成本、补短板"五大任务，其中"去产能"钢铁首当其冲。李克强总理去山西调研时提出，要以壮士断腕的精神化解钢铁过剩产能，要通过加大财税支持、金融扶持、妥善安置职工，加强监督考核等多措并举。钢铁去产能要积极稳妥处置那些已停产半停产、连年亏损、资不抵债、靠政府补贴和银行续贷存在的"僵尸企业"。这是绕不过的坎，是必须做的手术。我们要清醒地认识到供给侧结构性改革的窗口期不是无休止的，对首钢同样是机遇和挑战。

面对错综复杂的国内外形势和艰巨繁重的改革发展任务，我们必然要经历更加"共苦"的艰难历程，才能迎来新的"同甘"的发展前景。从承包制到大搬迁，从一业多地到转型发展，首钢人从来不缺敢担当的勇气，从来就有敢创新的基因，从来就具备敢为天下先的信念。越是困难越需要信心、勇气和创新。多一分信心，就多一分战胜困难的力量；多一分勇气，就多一条化危为机的出路；多一分创新，就多一个解决问题的办法。各级领导干部要以新观念顺应新形势，以新思维引导新行动，以更严更实作风，把自己能左右的事情做到家，一级带着一级干，一级做给一级看，带领广大职工保生存求发展，在新的一年取得更大进步。

（二）以锐意进取的魄力，深化改革激发活力

健全完善集团管控体系。一子落而满盘活，确保各项改革措施的推进必须找准着力点和突破口，从而精准发力，持续用力。要选拔优秀人才充实战略管控部门，加大力度培训，在提升管理能力上下功夫。进一步优化服务支持部门，深入推进战略支撑部门的机构改革。在总公司层面成立金融、矿产资源等三个领导小组，加快建立金融、矿产资源板块和解决历史遗留问题。一季度完成股权投资管理平台、北京园区开发管理平台组建。股份公司要做实钢铁板块管理职能，特别要加强四地企业的协同，全面承担起钢铁板块的管理责任。继续优化治理结构，形成权责清晰的治理体系，选择有条件的二级公司试行董事会改革，引进外部独立董事，提高决策水平。各个部门要精抠细算过日子，确保行政管理费用硬碰硬下降30%。

持续推进转型提效工作。要将转型提效工作摆到企业保生存的高度来认识，到年末转型提效比例要达到20%。各单位要对内部失血企业认真分析，借助国家破产清算等政策，加大主辅分离力度。积极争取国家关于去产能提效率的相关政策，做到国家、地方、企业共同承担，做好人员转型工作。推广成建制劳务输出模式，解决人员转型初期的心理问题，最大限度承接社会就业机会，全力参与首钢新产业转型。发挥创业公社优势，在相对条件好的

城市复制推广,为首钢职工创业创新创造条件。总公司制定支持政策,鼓励职工投入大众创业、万众创新。要全面清理劳务用工,鼓励在区域不同单位协同提效。

深化薪酬分配制度改革。强化"保生存、守底线"意识,加大对失血单位的考核力度,四地企业只要出现失血则停发管理岗位当月效益工资。坚持职工收入与效益、效率双挂钩,对钢铁企业实行工资总额考核,坚持半年考评和年底结算,钢铁企业实行月度自我考核,进一步传导压力、释放活力。在总结股份公司试点经验的基础上,推广职务职级改革和三支人才队伍建设,重点打通一线高技术、高技能人才职业发展"绿色通道",使职工有奔头、有干头、有劲头。在对领导人员经营业绩考核的同时,建立综合考核评价制度,进一步完善薪酬制度和激励机制。

加快改制企业改革试点。落实改制企业工作会议精神,将土地增值部分和总公司共同组建发展基金,专项解决改制企业非经营性负担和历史遗留问题。通过资本市场、产权交易市场等途径,变股权"静态"管理为"动态"经营,实现股权"有进有退",提高资本运作的效益,完成长白、燕郊两家单位国有股权优化调整。调整改制企业股权结构,一季度完成试点,年底前完成推广。

(三)以抓铁有痕的决心,实现钢铁业控亏减亏

全力抓好减亏增效。钢铁业各单位要进一步完善"三个跑赢"评价标准,通过对标找差,对经营活动进行持续量化评价,充分挖掘潜力,快速补齐短板,依靠软实力的提升打造比较竞争优势。钢铁板块内部增效 268 元/吨,实现增效总额 69.2 亿元,其中四地企业 53.1 亿元、外埠企业 16.1 亿元。在继续加大降低成本费用、调整结构的基础上,一是坚持区域协同,全方位开展降成本工作,在市场资源、技术资源和信息资源方面完善协同机制,提高价值链运行效率,促进制造成本的持续降低。生铁成本跑赢同行是企业生存的最基本要求,四地企业要确保吨铁成本跑赢同行 62 元以上,外埠企业行业排名前进 5 位。四地企业要加强协同管理,实现物流费降低 1.4 亿元,修理费降低 3.7 亿元。二是坚持低库存运作,细化生产组织,周密计划,精准控制,积极盘活无效库存,保障经济运行和低库存下的生产平衡,实现安全顺稳生产。到 9 月末存货资金占用控制在 100 亿元以内,其中四地 64.5 亿元、外埠 32.4 亿元。三是矿山企业要丢掉幻想,彻底改变多年来在高盈利下形成的思维惯性,彻底改变只保生产不顾效益的固有做法,彻底改变求稳怕乱的保守心理,主动防范经营风险,主动调整生产模式,主动加大改革力度。各单位要安排硬措施,见到硬效益,既要有绵绵用力、久久为功的韧劲,也要有立说立行、立竿见影的狠劲,坚决把定下来的任务落到实处,做好控亏工作。

大力调整产品结构。要以市场为导向,以产线为中心,以效益为标尺,进一步强化产销研用一体化推进体系,提高对企业经济效益的贡献度。一是以三大战略产品为主线推进精品战略,积极开展军工产品的开发和资质认证。大力推进镀锌高强钢、GA 板认证,合资品牌汽车板供货量达到 50 万吨;取向硅钢实现 750 千伏超高压变压器产品认证,薄规格硅钢比例提高到 55%;镀锡板 DR 材比例提高到 20%,奥瑞金、中粮等高端客户供货量达到 11.6 万吨。二是以先期介入为重点,在满足市场的差异化需求上下功夫,构建具有首钢特色的先期介入路线图,提高高端板材和精品长材的比重,实现敏捷供应,EVI 供货量达到 24 万吨以上。三是拓展海外中高端客户,高端领先产品出口达到 48 万吨。通过与国际知名企业合作,抓紧布局海外加工服务中心。四是抓好京唐二期项目。充分发挥集团综合优势,盘活闲置资产,降低项目投资,确保年底基本完成土建及厂房结构施工。五是外埠企业要充分借助总公司长材技术优势,稳定工艺生产和产品质量,提升产品竞争能力,聚焦区域有自身优势的客户和产品,牢牢占领区域市场。

完善"制造+服务"能力。一是聚焦产线稳定,提高精细化管理水平,加强设备生命周期管理,夯实设备功能精度管理体系。加强过程工艺稳定性评价,扩大六西格玛等工具运用,带出品率降低 0.5 个百分点。二是聚焦产品缺陷,加强技术攻关,解析优化一批工艺二级模型,实施一批短平快项目,解决一批存在的突出质量缺陷,受理质量异议件数降低 15%。三是聚焦产品交货期,扎实做好京唐和迁顺的产线分工和协同,提高合同排程和优化能力,建立合同一次通过率和订单到货兑现率管理体系,重点客户整单合同兑现率提高 2.1 个百分点。四是聚焦用户服务,提

高全员市场意识,最大限度协同和利用总公司战略资源,粘接下游客户,培育产业链竞争能力。深入了解国家和区域市场重点工程安排,深入了解汽车、家电等重点用户的"十三五"战略规划,快速反应,抢占先机,一盯到底。充实整合客户服务力量,提高响应速度,质量异议处理周期缩短20%。五是聚焦智能制造,推进焦化机车无人值守、智能化烧结、成品库自动仓储等项目,快速复制推广天车遥控改造、冷轧自动包装,争取实现某个工厂或工序的智能制造示范。

(四)以担当有为的作风,推进两大园区建设

积极推进首钢老工业区建设。遵循"自主建设一块、联合开发一块、招商引资一块"的总体开发建设模式,抓住冬奥组委落户机遇,推进政府审批力度。一是专项规划,进一步深化地下空间、城市设计、智慧园区等专项规划,落实到具体项目;完成国家级绿色生态示范区申报,形成绿色建筑及 LEED 全覆盖规划和工业区改造项目 LEED 标准,申报海绵城市示范区;完成综合管廊和慢行交通专项规划。二是基础设施,成立基础设施公司,加快推进晾水池东路、秀池周边道路、水厂、首钢110千伏变电站、石龙110千伏变电站等一批基础设施建设。三是环境改善,加快园区内石景山生态风貌改善工程和污染土治理,治理群明湖、秀池等为冬奥组委入驻创造良好的区域环境,推进绿轴、厂东门广场景观设计工作。四是项目推进,完成冬奥广场项目,提升配套服务水平;二型材互联网·金融产业园、首特绿能港科技中心、脱硫车间、4号高炉工业遗存保护改造等项目开工;完成相关项目供地手续办理;加快侨商创新中心、中关村软件园、中国网谷、清控人居、新世界等合作项目。

稳步推进曹妃甸示范区建设。一要充分借助先行先试的机遇,推动成立曹妃甸管委会,推动已有政策落到实处,推动争取国家和京冀两地给予特殊的政策支持。落实国家发改委50亿元特别债券资金支持。二要跟进北京产业疏导计划,紧密围绕产业转移时序,研究疏解企业需求并加以落实。加大招商力度,完成招商引资150亿元以上的项目签约,确保一个有影响力的重大项目开工建设。三要推进三个区域的开发建设,产业先行启动区做好基础设施填平补齐和能源供应配套设施建设,生态城先行启动区做好搭平台和提供服务,现代产业发展试验区按进度开展填海造地。四是曹建投公司股权结构优化后,要紧密围绕"做实做强",瞄准先进的开发企业,坚持在法人治理结构、市场化机制、自身能力建设方面下功夫。在产产融合、产城融合方面做好专项规划研究。五要借助首钢老工业区辐射作用实现联动,充分依托京唐公司,为集团各单位转型发展拓展新空间。

(五)以攻坚克难的韧劲,打造城市综合服务商

充分借助两个园区开发优势,进一步夯实基础,努力形成产业集群。房地产:要强化在手项目的销售及资金回笼,做好去库存工作,加快铸造厂南区等在手政策房开发进度,二通园区要尽快形成收益,做好贵钢老厂区的拆迁和前期规划工作。城市基础设施:加大市政基础设施项目承揽力度,立体车库确保承揽10000个车位,充电桩要突破1000台套。开发建设全国首例机械式智能公交立体车库,年内开工至少两个公交场站项目。探索整合国内外有影响力的住宅钢结构设计公司,加快推进产业化发展,自主建设的铸造村、二通等至少要有4栋,社会化项目至少要有两栋,进行示范试点。做好首钢护栏在北京市从通州到门头沟的长安街沿线景观提升工程应用,达到30公里,并加快向周边区域推广。节能环保:鲁家山基地残渣暂存场、餐厨垃圾处理项目开工,建筑垃圾再生产品在社会市场应用,垃圾焚烧二期、焦家坡处理厂等项目推进前期工作,土壤生态修复设施建成投产,加大向周边中小城市复制鲁家山产业园模式。健康医疗:加强医院重点学科建设和人才培养,创新多学科联合诊治模式和疾病全程服务模式。推进医疗健康产业平台建设。年内一耐养老项目要获得政府审批手续。文化体育:体育要加大资源整合,盘活首钢场馆设施,做好市场化运营。文化要聚焦《铁哥们》,做好前期工作。

(六)以开拓创新的理念,提高金融运作水平

持续在资本市场上发力。股份公司要完成非公开发行,落实110亿元股权融资,并抓紧启动下一步工作。香港

首控要充分发挥首钢海外投融资平台的作用,落实矿产和房地产海外资本市场运作,设备融资租赁要围绕内外部市场快速反应精打细算,加大前景不明、效益不好的资产退出。

基金公司要加强京冀协同发展产业投资基金的运作,严格控制投资风险,发挥基金财务杠杆作用。做好曹妃甸示范区基金、首钢老工业区基础设施投资基金投资管理,为园区开发和重点发展的新产业提供资金解决方案,抓好京西创业和京冀资本管理的"北京服务·新首钢"等股权基金的运营工作,启动券商牌照的申办工作。

财务公司要确保稳健运行,争取成为银监会扩大延伸产业链金融服务试点单位,实现跨境外汇资金归集,扩大人民银行信贷规模支持,启动金融租赁经营牌照申领工作,为集团成员单位提供优质高效金融服务。一季度末各成员单位完成银行账户的关闭,实现内外部结算业务全部通过财务公司办理,全年完成降低不可归集资金50%以上。完善全面预算管控,建立资金运行过程控制体系,严禁预算外资金拨付。加大筹融资结构调整、金融产品创新等力度,实现降低利息支出30亿元的目标。

(七)以一丝不苟的精神,狠抓基础工作管理

强化日常管理基础工作。千里之行,始于足下,要把基础管理作为一切工作的根基,从点滴做起,持之以恒,常抓不懈。要建立集团管控制度体系,完成制度承接、修订与制订工作。上半年重点完成授权管理、投资管理、全面预算管理、工资总额预算管理等制度与管控流程建设,建立总公司向平台公司及直管单位正面权力清单,形成分层授权集团治理体系。各平台公司要根据各自功能定位,建立与管控模式相适应的制度、管控流程体系以及向下权力清单。健全完善集团风险防控体系,今年三创大会聚焦内控体系建设,上半年完成股份、京唐试点,下半年完成集团总部与金融业务领域的风险防控体系建设。建设集团管控信息化平台,上半年完成规划,同步开展关键管控流程设计工作,下半年启动集团协同办公系统、财务管理系统、人力资源管理系统等重点项目建设。规范总公司土地房屋经营管理,加强闲置低效资产盘活处置力度。

全力抓好安全环保管理。强化安全管控体系和能力建设,进一步推进安全主体责任落实,切实做到"党政同责、一岗双责、失职追责",坚决杜绝事故发生。强化安全日常教育培训,狠抓联系确认、操作牌、协作单位等专项治理,在四地推广"把隐患当事故处理"试点工作经验,深入推进安全标准化创建工作,新增达标班组200个。深入开展危险化学品、矿山等安全专项整治,强化应急体系建设。结合两个园区开发,健全完善园区安全管理体系。加强能源和环保管理,进一步拓展钢铁业能源产业链,做好碳排放管理,加快绿色行动计划实施进度。首都新的功能定位下,大型国际会议召开的频率将加大,四地企业必须适应阶段性限产停产的新常态,最大限度减少损失,确保安全顺稳。

(八)以高度负责的态度,加强职工队伍建设

充分发挥党组织的政治核心作用、党支部的战斗堡垒作用和党员的先锋模范作用,为保生存求发展提供坚强保证。继续完善以职工代表大会为基本形式的民主管理制度,依法保障职工的知情权、参与权、表达权和监督权,使职工成为改革的参与者。结合转型发展实际,做好思想政治工作,注重人文关怀和心理疏导,把解决思想问题与解决实际问题结合起来,把正面教育和平等互动沟通结合起来,把广泛宣传和做好一人一事工作结合起来,推进和谐企业建设。建立分级分类培训体系,强化人才培训及开发工作。通过优化职务职级、培养培训机制、薪酬激励机制等,为职工构建多元化发展平台,形成横向互通、纵向贯通的职业发展通道。组织广大职工围绕生产经营的重点难点开展提合理化建议活动,围绕打赢生产经营攻坚战开展劳动竞赛和职业技能大赛,充分调动职工的积极性和创造性。构建和谐劳动关系,继续改善职工生活和工作条件。各单位要结合地区和自身情况,进一步改善职工住房、食堂等条件,完善家属区服务设施,开展丰富多彩的文体活动。

同志们,目标任务已经明确,既催人奋进,又充满挑战。我们要认真贯彻首钢十八次党代会精神,坚定信心,攻坚克难,以奋发有为的精神,严谨扎实的作风,激情高昂的状态,顽强拼搏的斗志,全力确保今年各项任务的完成,为首钢"十三五"期间创造新的辉煌而努力奋斗!

专 辑

◎ 责任编辑：关佳洁、刘冰清

全面提高风险管控能力
保障首钢持续健康发展

——在 2016 年首钢"创新创优创业"交流会上的讲话

首钢党委书记、董事长 靳 伟

（2016 年 8 月 27 日）

这次"三创"交流会的主要任务是：聚焦风控体系建设，引导广大干部职工深刻认识加强企业风控体系建设的重大意义，明确风控体系建设的总体要求，处理好激发活力和防控风险的关系，把握关键点，有效防范和管理风险；进一步统一思想、凝聚共识，深度参与、扎实工作，着力推动制度体系建设、业务流程建设和信息化建设，全面提高管理效率和管理能力。这也是年初党代会和职代会确定的一项重点工作，是总公司党委深改意见中明确的一项重点任务。

为了开好这次会议，我们特别邀请了华彩咨询集团执行董事、总裁白万纲同志，讲解了集团战略管控模式下的风险管理；邀请宝钢集团风控总监刘新宇同志，介绍了宝钢风控体系建设与运行的做法和经验；邀请北京科技园建设（集团）股份有限公司董事长郭莹辉同志，介绍了产业地产开发运营及风险控制的实践与体会；邀请首钢外部董事、信永中和会计师事务所合伙人刘景伟同志，讲解了集团公司对外股权投资的风险管控；邀请德勤公司风控总监郭松波同志，为我们作了企业风险管理典型案例剖析。对照外部专家的经验介绍、专业讲解和案例剖析，杨木林部长对前一阶段首钢集团风控体系建设工作进行了总结，对形成的相关文件进行解读，安排部署了下一步工作。刚才，市国资委派驻首钢监事会主席刘春芳同志，从国资监管的角度对首钢风控管理工作进行了客观的、专业的、深度的分析评价，并对首钢加强风控体系建设，提出了中肯的意见建议。刘主席的讲话语重心长，希望大家认真学习，认真消化。在此，我对刘主席和各位专家为我们这次会议所付出的辛苦表示衷心感谢！

为了便于大家学习和理解，我们还编写了一些学习材料，在会前就发给了大家。关于这次"三创"会的内容安排、所发材料包括所请的专家，都是书记会上认真研究、认真审核的，包括给大家提供的审计案例，总公司书记办公会就研究了两次，许书记专门组织了一个团队，对逐个案例进行把关。这些内容大家都要结合实际认真学习把握、不断加深理解。在书记办公会讨论"三创"会筹备工作的时候，提议增加了考试环节，目的就是希望能真正引起大家的重视，增强学习效果。

这次"三创"会是一个学习、再学习，实践、再实践的过程。从这两天的会议现场看，大家确实能够静下心来学习，能够把自己摆进去，这也充分体现了风险管理控制是全员的事，不是某个部门的事。在讨论中，大家聚焦会议主题，从促改革、强管理、谋发展的高度，对集团的风控体系建设深入思考，深入研讨。总公司领导带头发言，专业人员面对面地答疑释惑，与会人员畅所欲言，相互启发，共同探讨。大家都是抱着一种学习的态度，带着一种对知识的渴盼，静下心来认真听讲。很多同志在昨天听了一天的讲座后，感到意犹未尽，回到家里又继续学习消化。从中我们可以看到，首钢人敢于挑战、敢于创新的决心和勇气，正在把"全面深化改革、加快转型发展"的信念，转化为具体的行动实践。

大家普遍感到，这次"三创"交流会主题鲜明，内容丰富，内涵深刻，是一次特别有价值的会议。这两天我听到很多同志讲,这次会议不再是像以前一样讲经验交流,主要是学习,但是这次学习对整个集团、对我们的干部是一次特别有价值的学习。有的同志说,这次会议从以前注重总结典型经验、进行内部交流,转为注重查找短板、学习先进做法;从注重日常经营生产转为注重集团改革重大问题,体现了敢于自我反思、自我批判、自我解剖的精神,首钢有了这种精神、这种意识,就没有克服不了的困难。有的同志说,这次会议坚持借外智、引外力,专家解读理念先进、观点新颖、知识点多、信息量大,对首钢健全完善风控体系有很强的指导作用、引领作用,听了以后感触深、触动大。这些专家站在第三方的角度上看首钢,应该说看得很准,展现出了非常高的职业化水准和专业化水平。

大家认为,通过近两天的学习,对加强企业风险防控有了更加深刻地理解、更加清醒地认识。有的同志说,风险防控是全方位的,也是全员的,要贯穿在每一个岗位和流程中,贯穿在经营生产的全过程。有的同志说,对风险的认识原来仅限于操作层面,现在首先从战略层面提高认识,风险无处不在,而且不断变化,往往是见到了损失才意识到风险,要加强风险的事前控制。有的同志说,个人能力也是风险防控的关键要素,要通过个人能力的提升,促进集团风险管理水平的提升。

在讨论中,大家还提出了很多建设性的意见和建议。有的同志提出,在风控体系建设中要处理好与权力清单的关系,处理好与提高效率效益的关系,处理好与敢于担当、勇于负责的关系。有的同志提出,风险管理不仅要外化于形,更要内化于心,要从重视真正变成实际行动,要加强培训,不断提高风险防控的意识和能力,要与具体的业务结合起来,要把风险体系的建设,嵌入到日常经营管理之中。有的同志提出,风控体系的建设要持续改善、久久为功,要认真向先进的企业对标学习,要善于运用各种工具方法。

对大家的意见建议,风控体系建设专项小组整理汇总后,总公司党委将进行认真研究,对《实施方案》进行完善。

下面围绕推进风控体系建设,我讲三点意见。

一、提高认识,深刻理解加强风控体系建设的重大意义

风控体系建设是首钢全面深化改革的落地与深入,是集团总部管控体系改革的深化和延续,是集团大力推进管理能力建设的重要抓手。

昨天,冬奥组委在西十筒仓召开第二次党委会,郭书记、王市长、河北省张庆伟省长、国家体育总局刘鹏局长、张海迪主席等人出席了会议。会议从7点半开始,一直开到晚上11点多才散会,非常辛苦。会议休息期间,我分别向郭书记、王市长汇报了首钢的工作,也汇报了今天首钢这个传统的品牌、"三创"大会正在召开,而且这次大会的主题就是聚焦风控体系建设。书记和市长听了都非常高兴,对我们这段时间的工作给予了充分肯定。关于北区的开发建设,郭书记、王市长、张庆伟省长、刘鹏局长都高度关注,都希望我们保质保量、高水平地完成北区的建设。同时,在下一步国家供给侧结构性改革中,还要求我们首钢要发挥积极的作用。现在钢铁行业非常困难,我们很辛苦,但是经历了昨天会议的过程,我觉得现在大家都很辛苦,都在攻坚克难,都在加班加点,只不过是在不同的层次、不同的领域。这一点,很值得我们首钢人学习。这两天,更多的时间就是坐下来,让大家静下心来听。首钢要永远做一个学习型的企业。从昨天到今天的学习,大家都感觉到了,我们这个企业要转变,首先就要学习,要更加灵敏地学习,更加快速地学习,要付出比别人更多的努力。这是当前行业的大形势和首钢实际遇到的困难决定的,我们必须要这么做。

一是加强风控体系建设是深化国有企业改革的重要内容。当前我国正处于全面深化国有企业改革的关键时期,面临协同推进国有经济功能定位与布局调整、混合所有制改革、完善国有资本管理体制和现代企业制度等多项重大任务。2015年8月,中共中央、国务院发布的《关于深化国有企业改革的指导意见》,在指导思想中就明确指出:以解放和发展社会生产力为标准,以提高国有资本效率、增强国有企业活力为中心,不断增强国有经济活力、控制力、影响力、抗风险能力。刚才刘主席也讲了很多中央的要求,包括市国资委的要求,重复的我就不讲了,大家要认真学习理解。北京市国资委落实中共中央、国务院的《指导意见》,下发了《关于构建市属国有企业内部控制体系

有关事项的通知》,要求首钢应完成集团及各二级子公司风控体系建设工作,提高集团风险防范能力,促进国有经济持续健康发展。为此,我们推进风控体系建设,就是要贯彻落实中央深化国企改革的总体要求,结合首钢实际,以健全完善现代企业制度为方向,正确处理激发活力与防控风险的关系,通过合理授权,推进业务决策重心下移,释放板块活力。同时,突出总部在战略规划、投资决策、资本运作、风险管控等方面的核心功能,适应首钢转型发展的需要,为国有企业深化改革进行新的积极探索。

二是加强风控体系建设是首钢转型发展的可靠保障。在几次重要的会议上,我们都讲到了,要健全完善集团风险防控体系,力争用三年左右时间,基本建立起符合市场经济规律和具有首钢特色的管控体系。今天我专门找出在今年初党代会上讲的一段话,我给大家念一下。今后五年,可能是我国发展面临各方面风险不断积累,甚至集中显露的时期,我们必须把防风险摆在突出位置。原话是总书记讲的。这是中央对未来发展面对风险的重大判断。我们要特别增强干部风险防控意识和能力。首钢的发展告诉我们,风险防控是各级组织管理的短板,也是各级干部能力的短板,这也是今年年初党代会上讲的。发展起来以后出现的问题并不比发展起来前少,甚至更多更复杂,必须强化风险管理。投资要有效益,低效的和非理性的投资只能增加风险,一味地负债投资等于杀鸡取卵。产品要有稳定的客户,不分析市场前景,不牢牢粘住客户,产品就变成包袱,就是风险。有进有退就是风险防控能力的体现,要建立一套"进和退"的机制与规则,让"进和退"变成一种新常态。这段话专门强调了领导干部要增强自觉性,加劲儿补齐短板,把职责范围内的风险防控好,不要把责任都推给下面,也不要把责任都留给后面,更不要在工作中不负责任的制造风险。这是当时党代会上讲的。对于今天的"三创"大会来说,我们聚焦风险防控体系建设,也是对今年年初党代会工作的一个阶段性交账。

三是加强风控体系建设要牢牢坚持问题导向原则。这两天我们听到最多的词就是"风险",其次还有"问题导向"这四个字,几位专家都反复地提。问题倒逼改革,改革要奔着问题去,我们坚持问题导向就是直面问题,直面问题的过程也是一个拥抱风险的过程,也是在"十三五"期间跟风险共同跳舞的过程。昨天白总讲到,认识论比方法论更重要,我听着感触也很深。如何从问题导向来看我们整个集团风控体系的建设?从2013年年底我回到首钢工作以来也一直在思考。

第一,我们首钢是一个传统型企业,在这个传统型企业中很明显的特色是经验管理。刚才刘主席也讲到了,我们还保留着很强的经验管理的色彩。特别是这种经验管理表现为更注重于对生产过程的管理,对工厂的管理,这是我们作为传统型企业一个非常明显的特征。如何把一个传统型、经验型的企业转变为现代化的企业?2011年7月,我离开首钢去市经信委工作的时候,我就一直带着这个问题,去学习、去观察、去研究,去看看北京的企业无论是"央"字头的企业、外资企业,还是北京市国资委的企业,这些好的企业都在干什么。事实上,这两年半的经历,对我来说也是人生中最宝贵的机会,因为在经信委主任这个位置上,我可以陪着领导去调研,能够得到最有价值的信息。我发现,这些企业在最近的十年里,主要做了三件事。最重要的一件事就是董事会的建设,刚才刘主席讲的第一件事也是董事会建设;第二件事,是完善治理结构;第三件事,是加强战略管理。回顾这段历程,我们可以看到,近十年国有企业改革最成功的一件事就是董事会建设,成为上一轮国有企业改革的"金名片",董事会建设是核心,是公司治理结构的核心,是战略管理的大脑。实际上围绕着这个体系做了两方面工作,恰恰就是我们现在差距最大的两个方面。第一方面是全面预算管理。这些企业做的事就是围绕着董事会建设,围绕着治理结构,围绕着战略管理,抓实全面预算管理。而在首钢今天更多的还是生产计划管理,这就是差异。所以刘主席说我们的投资项目兑现差。第二方面是全面风险管理。我觉得这些企业抓的就是全面预算管理、全面风险管理,两只手、两个轮子来驱动这个企业发展。大家看第四本材料第一页目录(国资发改革[2006]108号),2006年中央开始提出全面风险管理,2010年正式印发了企业内控管理的配套职责指引。今天在分组讨论的时候,很多同志都说了,宝钢总监的知识量丰富,业务工作有宽度、深度和高度。今天在首钢这个层面他是高出一头的,他2009年担任了宝钢集团风险管理总监,从他身上可以看到,近十年,这些企业从经验型转向了专业型,发生巨大的变化。我们再看国资委邵宁主任2012年8月28日讲话的文章,我希望大家认真看看,当时在央企推广全面预算管理、全面风险管理,都是作为管理提升的一项内容来抓,他们也经历了从将信将疑到真信真学真干的过程。首秦现在就是真学真比真改,从"要我防范"到"我要防范",从"被动防范"到"主动防范"。这个稿子在 2012 年讲话的时候,他提到了"实施全面风险管理的企业"从 32 家变成 76 家,我专门查了一下,现在最新的数据是 111 家。而且关于最新的中央企业全面风险管理工作的主要特点我摘抄了一段,"风险管理从经验型升级到了专业型,正在不断向价值型转变,越来越多的中央企业在风险管理的体系建设中,逐渐从最初的单纯依靠历史经验进行组织判断的思维模式,转变为更多地依靠先进理念、先进技术、专职机构和人员等要素的专业化思维模式,并不断地向有利于企业持续成长的价值型思维模式转变。"

昨天宝钢集团的总监讲,宝钢集团在关心五件事,即:钱、账、人、信息化、审计。第一层是规范公司的治理结构,第二层是关注重点的特殊业务,第三层是把握关键少数岗位。昨天木林同志讲,我们要做正确的事,要正确地做事。这十年,我们主要是因为搬迁的原因,2006 年我们在规划京唐、迁钢,琢磨怎么把轧机开起来,那十年我们的主要任务就是搬迁,就是要成功地建设一个新钢厂,就是要快速地实现产品转型,打产、满产。但是,今天我们也要思考这个问题,十年来我们硬件的实力跟宝钢在缩小差距,但是这十年在软实力上拉大了差距。大家一定要明白,软实力更可怕,一手"软"一手"硬",两个都不能缺少。今天我们大家看周围企业这十年走过的路,再看我们走过的路,不管原因是什么,要认识到现在我们集团管控体系的建设、管理能力的提升刻不容缓。

第二,客观上说,我们的风控体系建设差距很大。过去我一直在迁钢工作,当了集团副总以后也一直在迁钢基地,实际上对集团的很多事不了解。2013 年年底回来,这两年半的时间让我有充分的时间把整个集团打开,往深层次地看,看一看这个集团到底出了什么问题? 这个企业下一步到底要做什么事? 今天上午有的同志讲,这两年半,做专业工作过程中,他体会最深的是"紧急事务冲淡了重要事务"。我们突然面临着现在整个钢铁行业产能过剩的情况,特别是去年,一下子面临人的问题、钱的问题、债的问题。昨天宝钢的同志讲,应急也是一种风险,怎么处理这种风险? 怎么管控这种风险? 这两年我们下了很大的力气,难题在我们手里一个一个地化解了。但是我们也要看到,今天我们集团审计暴露出的问题,都是发生在我们身边的故事,这些故事中有点上的事、也有面上的事。我记得我回到首钢第一次参加董事会,在会上第一个议题就被否决了,个别企业钢材销售的事,章的管理、账的管理、票的管理、信息的管理、制度的管理都存在一定的差距。老实说,在制度体系的个别点上偶尔出点问题,打个补丁就好了,这个好办。但是,如果一个制度中十个风险点同时失控,那是非常可怕的,就有点像总书记经常讲的系统性风险了。刚才刘主席讲到了,我们原有的这套经验型防控体系和我们现在引入的这套专业型体系,无论是什么体系,一定要讲究有效性。大家可以看看昨天木林同志讲的稿子,他提到,首钢 1986 年的制度到现在还有 50%,试行的制度还有 50%,咱们经常说,谁定制度谁负责,谁定制度谁培训,谁定制度谁改进,真到干的时候,这个企业的基础管理中经验变成了程序,变成程序化、形式化了,这是最可怕的。这是我们要认真思考的问题,无论是什么样的风控体系,我们的基础管理工作需要所有的首钢人都静下心来坐在这儿,不要浮躁,基础管理工作如果还是浮躁的去做,再好的流程,再好的信息化,也不会有好的结果。

我记得 2013 年年底刚回来时,老腾给我搬过来一堆文件,我天天看,看到一个纪要中只有对方签字,没有我们领导的签字。老腾说:"这个文件我们档案中根本就没存,打起官司时,人家给提供了一份,我们才知道还曾经签过这样一个会议纪要。"但是没有我们的名字,还不知道我们的领导签字没签字,这就是有效性的问题。我们经常说董事会建设重要,但这几年程序化了,不然为什么有的二级单位成立了三年,审计一披露说"到现在一次董事会都没开过"。所以我也在思考,看现在首钢发生的这些审计中的问题、巡视的问题,包括各个部门暴露出的问题,我们应该怎么办。如何把"风控管理"这套体系引进来,如何真正在首钢行之有效。国家关注风险防控的事,对我们召开这个大会来说是及时雨、是正当时。我们这套风险防控体系对企业来说,是确保国有资产保值增值,对个人来说是爱护。所以从首钢已经发生的一些问题上看,我们建设这套体系刻不容缓,我们现在需要对在座的各位进行系统性的培训,说白了就是要学习怎么当好董事长、怎么当好党委书记、怎么当好总经理? 不再是原来的厂长,身份已经变了,但是这个身份的转换不是换个名字就转换了,而是要有实质性的转变。

第三,为什么这次我们搞这套体系刻不容缓? 昨天白总也讲到了,转型是我们现在很艰巨的任务。通过学习我们看到,现在钢铁行业面临的任务主要有这么几个方面:第一,钢铁业兼并重组,做优做强,这是躲不开的,自己赶快把自己的筋骨弄结实,要能抗得住这种风险。一个月前我们在这儿开会还说宝武合并,前两天我看,宝武合并第一件事就是低温硅钢;第二,现在所有的钢铁企业都在向多元化转型,走这条路,现在各企业目标趋同、方向趋同,咱们老说钢结构,河钢跟中建材马上签订战略合作协议,也搞钢结构,现在比的就是谁又快又稳的问题,当然这里面风险巨大,这个风险得过好多心理门坎儿。在特训班上,我让一个小伙子讲讲,他问我这个企业是个什么位置,后来我跟他说,总书记刚讲完,要理直气壮把国有企业做优做强做大,"三个做"你都不沾边,你今天非得跟我说你什么位置。所以有些认准的事要抓紧,从经验型转到专业型,包括共享中心的建设,包括昨天宝钢提的降库存的事,你又不能做期货,你又没有水平把市场赌赢了,就只能把自己能做的事做好了,把库存降下来,这是最基本的。从昨天专家的介绍看,咱们全国各个企业,从去年走到今天,招数也趋同,只不过是看谁的决心大,看谁的速度快,"快"和"稳"本身也是化解风险。我核心想说的是,加强风控体系建设要牢牢把握坚持问题导向的原则,去年咱们聚焦集团改革,今年聚焦风控体系建设,实际上未来"十三五"期间,我个人的想法,就是集中打造管理能力,管理体系的搭建相对来说比管理能力的培育提升容易得多,能力的提升需要很艰苦的过程。

二、攻坚克难,用工匠精神把全面风控体系建设这项基础管理工作做实做好

风控体系建设这项工作本身是一项基础管理工作,核心是制度、流程、分工、责任,未来要通过信息化来实现,在这个过程中,管理人员也要有工匠精神。

首先,要甘于寂寞。特别是我们的领导干部,在建体系、建制度、建流程工作过程中,要沉下身来,真抓实干,流于形式就会变得浮躁。基础管理工作绝对不是今天种颗种子,明天就能长成大树。我希望每个人都回去看看你的单位有多少这样的制度,在企业运行过程中有多少根本没有实效性的制度。这需要我们有个好心态,大家静下心来查找问题,缺什么就补什么。希望通过五年、十年的努力,首钢出来的人能到宝钢、中石油去讲课,能体现出我们首钢的水平来。但是昨天宝钢那个小伙子的成长绝对不是一天就成长起来的。说到底,我觉得这个最难。所以现在作为管理者要干什么,需要大家静下心来认真学习,认真思考。

其次,要精雕细刻。昨天听产业园的老总讲经验,他讲到一路走来的历程,他讲到他的认识,他的专业化程度,他对园区的理解,对城市开发的理解,他的思维方式,他勇于在理论上创新,他讲他正在思考的这些事,讲的确实很有道理,能有这种思路的人在全国凤毛麟角,因为房地产的思维是纵向思维、项目思维,而今天园区开发是横向思维、平台思维。从他的经历可以看到,企业的管理工作同样也需要工匠精神。

第三,要持续改进。我入厂没多长时间就赶上首钢引入ISO9000这个工作,这个工作打在我身上的烙印就是"持续改进"这四个字。我想作为一项制度一定是这样的,要想保证实效性,要想保证效果,就要持续改进。如果还靠一成不变的制度,这个企业肯定要出问题的,特别是还存在大量试行的制度,长时间不修订完善,是不行的。在这方面,我希望大家要认认真真地跟一些先进企业的管理比,认真学其真正的内涵,首钢这个企业需要从上到下都静下心来干好各自的事。

三、强化责任,确保风控体系建设落地见效

我自己也在思考,某些工作在首钢成了"两张皮",这话可能有的同志不是特别愿意听,怎么让风控体系建设跟业务管理提升相结合,与制度建设不脱节,我觉得很大程度上,得有内在驱动力。如果总公司光靠去检查、去督促、去发动,又回到经验型的管理了。现在京唐和迁钢的基础管理工作应该说是比较好的,风控体系建设也先走了一步,总公司并没有大力推动,但他们搞的六西格玛管理还在持续改进,6S管理也变成TPM的管理了。因为企业自己内在有需求。鸡蛋从外面打碎是食物,就是鸡蛋,从里面打破就是小鸡,就是生命。去年我们做的提效工作是任

务布置型的,什么时候这项工作变成我们企业的内在追求,变成自己要去做的工作,那么我们的经营现金流、我们的效率、我们的产品就会好了,就会上台阶。要想使一项工作落地生根,就一定要变成内在的、自己主动追求的东西,形成自觉的文化。任务型的管理就是工厂式管理,自觉追求,有内在动力,就是现代企业的管理,我觉得差异就在这儿。这次总公司有一个统一的部署,先选择单位进行试点,下一步还有信息化的建设,这次董事会上定了。现在都对首钢信息化管理不是很满意,怎么能够给我们一个高效的首钢,允许推倒重来,但是要打造一个高效的首钢。在这种信息化、高效系统下,我们更应该注重管理,更应该注重价值的创造。所以要清楚地看到咱们的问题,内在要有变化,核心是要有担当。昨天张总跟我说,现在咱们最可贵的是整个企业的变化,大家是积极的求进、求好、求变,是自己给自己加码的变化。但是,我们要看到现在大的形势总体上还会更严峻。今天咱们意识到了,管控体系的建设相当于以前建迁钢、建京唐(硬件的建设),我们要把核心聚焦到能力的建设、软实力的建设上来,把全面预算管理,把全面风险管理,把董事会的建设、公司治理结构的建设等等,下一步要进行统一的规划考虑,着力加以推进。这条路没有错,这个方向没有错,就要锲而不舍地走下去,要把各项工作做实做透。

今天的考试不是为难大家,就是希望我们首钢人从今天开始,能够把心静下来,好好审视企业内部的工作。如果满眼没有风险,那就是最大的风险。只要我们按照首钢全面深化改革的要求,在大事上不含糊,在小事上讲认真,就一定能做好我们的事情,就一定能实现我们的目标。

完善风险控制体系　夯实风险管理基础

首钢总公司系统优化部部长　杨木林

(2016 年 8 月 26 日)

首钢于今年 3 月底同步启动集团总部和股份公司、京唐公司的风控体系建设,集团上下高度重视,经过为期五个月的辛勤工作和不懈努力,在德勤顾问团队的指导下,截至目前,三家单位风控体系制度文件的制订工作基本完成。下面,我就有关情况向大家进行汇报。主要讲三方面的内容:第一,谈谈对集团全面风险管理的思考;第二,总结风控体系建设阶段性工作;第三,对下一步深入推进集团风控体系建设的思考。

一、对集团全面风险管理的思考

(一)集团全面风险管理的体系架构

与首钢集团管控体系改革相适应,集团应当构建起以"一个基础,两大支柱,三道防线"为模型的集团全面风险管理体系架构。"一个基础",是指以公司治理为基础。公司治理是公司权利制衡的制度安排,是风险管理的必要组成部分,它提供了对风险自上而下的监控与管理。"两大支柱",是指公司内部控制体系和信息管理系统。内部控制体系是以风险为导向,按照内部环境、风险评估、控制活动、信息与沟通、内部监督五要素构成的流程制度体系,它与信息管理系统有机融合,将风险管理有效地嵌入日常业务运行中。"三道防线",是指业务运作单位、风险管理单位和内部审计单位。第一道防线是业务部门,由于业务部门会接触大量的公司资产和业务,并且与风险的距离最近,直接接触外部的风险。同时对风险最敏感,能够及时发现潜在的风险,因此业务部门是第一道防线。在这道防线中,我们要把内部控制和风险管理的各种流程融入到业务运作的主要流程当中去。第二道防线是在业务部门之上设立一个风险管理的专业职能组织。因为很多业务部门和一线单位的风险防范措施往往是偏具体业务性的,不系统、不完整、不规范,也不标准,风险管理部门必须要对业务管理部门的风险管理进行系统性、完整性、规范性的指导和监督。第三道防线是独立于业务部门的审计机构,专门对公司内控体系的建设和执行情况,以及公司所关注的相关风险进行监控。首钢构建的"联合检查、联席议事、联动监管"的监督管理模式,是对构建第三道防线的体制创新。

(二)对集团管控重大风险的认识

风险无处不在,由于时间有限、资源有限,我们不能对每一种情况和不确定性都进行管理,我们需要建立优先注意权。从集团管控层面看,如果要给风险进行排序,我会依次选择:公司治理、公司战略、组织管控和业务运营。首先,在公司治理方面,一方面表现在母公司对子公司的授权机制、激励与约束机制不够科学完善,子公司动力、活力不足。另一方面表现在部分子公司治理结构还不完善,即便具有完善的治理结构的子公司,董事会、监事会、经理层以及各专业委员会的决策流程、议事规则、权责体系设计以及实际运行效果还不够理想;在公司战略方面,集团转型发展,钢铁业面临供给侧结构性改革的挑战,新进入的金融、城市综合服务业等行业领域,面临政策环境、商业模式、产业协同、专业人才等方面诸多不确定性。这次集团风险问卷调查结果显示,被列入集团重大风险第一位的就是投资决策风险;在组织管控方面,去年以来,集团总部管控体系改革虽然向前迈进了一大步,但距离改革所赋予的功能定位和组织目标还有较大差距,当前突出表现在总部与平台公司及直管单位,以及平台公司与下属授权管理单位之间的权责界面还不清晰。"管"和"控"不能做到有机的平衡,要么管理过度,要么缺乏控制。总部和二级单位还处在不停的博弈状态;在业务运营方面,业务模式不能动态应对环境变化,运营管理粗放,专业化、精细化程度低,业务预测和风险控制能力薄弱,信息技术的利用程度低,管控的手段比较落后,管理和沟通成本较高等。因此,我认为集团应该从完善治理、明晰战略、高效组织、精细运营四个方面去构建集团的风险管理体系,确保集团转型发展目标的实现。

(三)关于风险管理与内部控制

在建设风控体系过程中,大家会经常听到风险管理和内部控制这两个词,准确了解和把握这两个概念的关系,对我们科学、系统地构建风控体系具有重要意义。

首先,从管理对象上看,内部控制和风险管理各有侧重。内部控制的对象主要是企业内部、可控的、非决策性的风险范畴。全面风险管理的对象不仅包括了执行层面的风险,也包括了各种外部的、不可控的、企业决策性的风险。例如,对于自然灾害和国际金融危机这类不可控风险,就不是内控的对象,而是风险管理的对象。其次,内部控制是风险管理的基础,风险管理是内部控制的自然延伸。内控做好了,企业所有的活动有章可依,所有员工规范操作,内部的风险管控问题才能解决。但同时,企业的重大风险往往来自于外部的环境,来自于企业的决策。企业必须对这些风险也要做到有效管控,才能实现可持续发展。第三,内部控制要以风险为导向。内部控制的魅力就在于它是从风险的视角来审视制度流程,对风险进行有效识别与评估,有针对性地制订业务流程与控制措施,制度才具有了灵魂和生命力。第四,建立在内部控制基础上的风险管理是集团风险管理的目标。风控体系建设不仅要解决内部流程问题,更要解决战略决策问题;不仅要解决当前问题,更要预测和应对将来可能发生的问题;风险管理更偏向于前端,对影响目标实现因素的分析、评估与应对,防止重大决策失误,防止出现重大危机问题。风险管理能够使风险偏好与战略保持一致,将风险与增值及回报统筹考虑,捕捉机遇以及使资本的利用合理化。形象地讲,风险管理是保证"做正确的事",内部控制是保证"正确地做事"。

准确理解内部控制、风险管理等概念的内涵,就会认识到总公司深化企业改革的一系列举措都是在围绕建立全面风险管理体系,提高风险管理能力补短板。如,从去年3月开始,集团上下历时近一年半时间,制订"十三五"规划,是在补集团战略管理的短板;最近出台的领导人员任免与投资管理两个权力清单是在补授权管理的短板;在集团总部、股份、京唐开展内控体系建设试点,是在补制度流程的短板……这套组合拳要协同发力才能够有效防范和化解风险,进而能够驾驭和利用风险,为实现集团"十三五"规划目标保驾护航。

我们在讲风控体系建设对实现企业预期目标具有重要作用的同时,也需要明白,任何事务都不可能尽善尽美,风控体系也有其固有的局限性。比如说,人为判断失误的决策风险,串通舞弊、滥用职权的风险,例外事项无法预知的风险,受限于成本效益原则只能有限地设置控制措施等因素都可能导致控制失效。因此,风控体系不可能完美无缺,也无法包治百病。同时,风控体系建设是一个"过程"而非结果,不是编一套风控手册、订几项规章制度,而是一个不断发现问题、解决问题并且贯彻于企业管理始终的过程。

二、集团风控体系建设推进情况

按照"统一部署、分层实施、试点先行、逐步推开"的原则,集团风控体系建设分为三个实施阶段:第一批为试点建设阶段,选择集团总部、股份和京唐开展风控体系建设试点;第二批为典型企业推广阶段;第三批为全面建设阶段。争取到明年年底集团具备条件的成员单位能够全面建立健全风险控制流程体系。

下面,我对第一批三家单位风控体系建设试点情况介绍如下。

(一)发现主要问题

建立以风险为导向的风控体系,首先要对企业的风险控制现状进行总体评估,分析风险控制方面存在的问题,特别是识别突出的短板问题,以保证风控体系建设的针对性和有效性。总部、股份、京唐三个项目组在项目初期开展了大量的内部访谈和资料分析,对照企业内部控制指引及国资委评价指标,发现以下主要问题:

集团总部方面,主要归纳了五个突出问题。一是在授权管理方面,尚未形成与集团战略管控模式相匹配的完整授权体系,总公司与平台公司间部分分工界面尚未明确,存在权责利不匹配的情况;同时大部分管控事项还停留在对组织授权上,针对岗位授权和个人授权不清晰明确,造成存在权责主体不清,控制流程过长,管理效率低下、权责不对等的现象。二是在总部组织管理方面,部门职责与流程方面,尚未形成流程化的组织体系,由于职责分段分块管理造成的职责划分界面不清晰,流程不畅、流程冗余、职责分段分块管理等问题还比较突出,习惯于按部门职责梳理业务,全业务链、体系化流程不健全,存在业务盲点和流程无归属现象。三是在投资管理方面,投资决策缺乏制度指导,未进行全生命周期管控,投前管理不完善,投中管理不到位,项目后评价缺失等。四是在财务管理方面,尚未建立集团财务报告统计系统,存在财务数据不一致的问题;风险视角下的财务指标分析工作开展不足,管理会计角度的日常分析控制有待加强。五是在信息化管理方面,在信息系统架构和业务支撑方面对总公司未来战略管控定位的支撑不够,缺乏统一的系统架构,信息孤岛现象严重,各大业务系统分散部署,还存在大量人为加工信息的情况等。

股份、京唐发现的问题主要反映在具体业务事项上。其中,股份公司风险管控不足主要集中在工程项目管理、研发项目管理、资金管理和信息化管理等。如,在工程项目招标管理方面存在不规范的行为,未能执行公开招标择优选择承包单位和监理单位。在研发项目管理方面,后评价管理职责缺失等。京唐公司主要发现问题有:内部审计职责缺失,尚未建立完善的内部审计工作机制和制度,未确定内部审计的归口管理部门,也未实际开展风控自评和内审工作;战略规划管理职责缺失,尚未建立完善的战略规划管理机制,亦未有相关责任机构归口管理;业务外包缺乏制度规范;信息化建设和运维等方面制度管理相对薄弱等。

(二)《风控手册》编制情况

《风控手册》是风控体系运行的制度性文件。项目组在编制风控手册时,按照内部环境、风险评估、控制活动、信息与沟通、内部监督五要素,遵循全面性、重要性、制衡性、适应性和成本效益等风控原则。首先,构建集团与基层单位既上下贯通,又体现各自业务特点的三级风控流程框架;其次,针对每个三级流程,识别风险、查找关键控制点识别风险、查找关键控制点,进而对照制度,归纳提炼或补充完善并制定关键控制措施,形成风控矩阵;最后,依据风控矩阵,再梳理出不相容职责分离矩阵,制定权限指引表,建立风控矩阵,绘制业务流程图。这一系列工作成果最终形成包括总公司、股份公司、京唐公司各自的《风险控制手册》。《风控手册》使遍布公司运营各环节的风险控制概念由抽象到具体,并形成流程体系,使其标准化、可视化、可操作、可检查、可评价、可系统固化、能持续改进。构成《风控手册》的风险控制矩阵、不相容职责分离矩阵、流程图、权限指引表四个要素,彼此之间有着严密的逻辑关系,同时每个要素单独又是一个行之有效的管理工具。

风险控制矩阵是四要素中最基础、最重要、最核心的部分。风控矩阵从表面看是一张表单,其实是一个综合性的管理工具,风险控制矩阵所反映的针对每个流程、每个关键控制点中存在的风险和需要建立的控制措施,为业务操作人员以及管理人员评价控制的有效性提供了清晰完整的逻辑,同时也为制度进一步补充、修订提供了依据。

不相容职责分离,是指业务活动的授权者与执行者要分离,执行者与记录者、监督者要分离,物资财产的保管者与使用者、与记录者要分离。需要说明的是,不相容职责分离,并不是要增加岗位和人员,而是要在岗位职责设计时避免设计缺陷。不相容职责分离要更多地运用信息化技术手段来实现。

流程图是制度可视化的管理工具。通过流程图,可以直观地看到重要报告(表单)是如何生成、记录,获得授权并被处理和汇报的,可以清晰地看到业务间的逻辑,进而可以分析流程是否存在冗余、过度控制的情况,并从流程角度审视部门职责的合理性。对于发现的无效流程和非关键点上的冗余流程进行优化,减少无价值流程。

权限指引表是授权审批控制的管理工具,它横向体现了公司权力从董事会到各职能部门、岗位的权力分配,纵向体现了设置权限的各类型业务,使得从组织到岗位的授权更加系统化、直观化。运用它可对同类授权进行统计分析,判别授权的合理性。集团总部正在组织制订的管理权力清单就是以权限指引表的形式呈现。

《风控手册》的四要素组合起来,就是我们一直以来所倡导的"管理制度化、制度流程化、流程表单化、表单信息化"管理理念的实体呈现。《风控手册》的编制以风险为导向、以流程为纽带、以控制措施为抓手、以制度为落脚点,为我们夯实基础管理工作提供了重要的工具方法。

以土地房屋出租管理流程为例,项目组在现状诊断阶段发现,该项业务暴露的问题较多,对应的制度有待补充完善。资产管理中心在修订《土地房屋管理制度》过程中,就很好地运用了以上工具方法。

首先,综合运用流程分析法、头脑风暴法、鱼骨图分析法等方法识别风险。先是根据当前管理现状梳理出"土地房屋出租申请及审批""土地房屋租赁协议的签署""出租房屋台账管理""土地房屋租金账务处理"四个流程环节,并对各流程环节运用"假设状况法"分析识别风险。然后,深入了解土地房屋租赁管理过程中的实际问题,在前期流程分析法及假设分析法的基础上,采用头脑风暴的方式对土地房屋租赁风险进行全面梳理。识别出"承租人的信誉、履约能力问题""房屋租赁合同条款不完整,导致法律纠纷"等23个风险。最后,运用鱼骨图分析工具对头脑风暴形成的各个颗粒度不同的风险点进行梳理、归类,最终筛选出资产租赁申请未经有效审核、承租人选择机制不完善、合同管理规定不完善、账务处理不准确、资产日常检查管理不规范等7项关键风险点。

其次,针对每个识别出的风险点设置相应的关键控制点,明确控制措施。比如针对"土地房屋出租合同管理规定不完善的风险",设置了"土地房屋租赁协议的签署"的关键控制点,并采用"规范/限制行为"的控制措施,明确了租赁协议签署过程中应当遵循的规范。这一措施最终落实到制度中。如在《首钢总公司北京地区土地房屋管理实施细则》中明确规定:"土地房屋租赁协议(合同)内容要完整,主要包括以下条款:土地房屋位置、面积、用途及设施等情况;租金水平及收取方式、租金调整约定;出租期限和续租条件;保证金条款;水、电、气、热等费用的约定;是否允许转租的约定;装修条款及安全责任;房屋及附属设施的维护责任;违约责任;终止条款;争议解决方式;协议(合同)的生效、变更与解除等。"

《风控手册》的编制过程,就是一个夯实管理基础的过程。总体来看,目前我们在基础管理上的问题还十分突出。

一是制度基础管理相对薄弱。项目组按照风控流程体系框架对总公司现存四百多项制度进行查缺补漏,发现总公司制度管理在体系化、完整性、合理性、标准化等方面均存在提升空间。从制度的体系化来看,现行制度未按照公司基本制度、运营管理制度、专业管理制度进行分层分级管理,制度体系缺乏顶层设计。同时,多是实体性制度,缺少程序性制度,没有形成规章制度、流程表单、标准规范三类相互衔接,互为支撑的文件体系。从制度的完整性来看,本期重点建设的 306 个业务管理流程中,现有制度明确规定的控制点数量 154 个(占比 50%),现有制度规定但仍需完善的控制点数量 112 个(占比 37%),制度缺失需建立新制度的控制点数量 40 个(占比 13%)。从制度的合理性来看,存在大量工厂化管理模式下的制度,集团战略管控的制度缺失比较严重;制度更新不及时,1989 年至 2006 年期间发布的制度,占比高达 37%;存在大量试行多年"未转正"的制度,86 份试行制度中,1989 年至 2006 年期间发布的制度占比高达 50%。从制度的标准化来看,制度管理的标准化要求执行不力,制度中采用大量的文字表述,相关表单、流程图等标准化管理工具运用不足等。

二是风险识别能力不足,缺乏有效工具方法。因集团管控模式调整及总公司组织变革,部分业务处于起步阶段,业务人员对风险识别能力整体还存在不足。在具体业务的风险识别上,缺乏有效的工具方法,比如缺乏常态化的财务分析工具模板,风险视角下的财务决策支持能力不足;再如,尚未建立基于不同投资类型的差异化的风险量化指标体系等等。

三是全流程管理意识不足。体现在两方面:一方面,目前大家普遍存在职能管理的思维惯性,仅对职能范畴内的流程负责,部分业务全流程的责任主体缺位,缺乏全局意识。而风控体系采取的是全流程管理模式,而非传统以职能为中心的管理模式。另一方面,部分业务界面重叠、分工不明确。

四是风险控制措施综合运用能力不强。常见的控制措施共有 12 种,其中有些控制措施属于事前预防性控制,有些属于事后发现性控制,有些是事前、事后控制相结合。企业在选择具体控制措施时,并非一个关键控制点只能对应一种控制措施,可综合使用多种控制措施,也可根据实际业务情况,自行创新其他类型的控制措施。从控制的有效性来看,系统自动控制优于人工控制,多个相互关联的控制优于单个控制,事前预防性控制优于事后发现性控制。目前我们的风险控制措施人工手动控制方式占比较高,系统自动控制措施运用不足;大多数为单一使用授权批准控制,综合运用能力不强;事前预防性控制相对较少,事后发现性控制相对较多。

(三)风控体系建设的启示

在第一批风控体系建设项目实施中,我们积累了很好的经验,主要有四点启示,在此与大家进行交流。

1. 风控体系建设是一项基础性、全员性工作

首先,风控体系建设,不是另起炉灶、从头开始,而是立足于现行管理制度办法,按照基本规范和指引要求,以风险管理为导向,以流程控制为核心,全面梳理制度和流程,充实完善要素,注重实际操作,是对基础管理的不断深化和提升。

其次,风控体系覆盖面广,横向涵盖所有职能管理领域,纵向延伸至各级公司业务经营。风控体系建设不是某个专业部门的工作,也不是咨询机构的工作,而是公司上到董事会、监事会、管理层,下到普通职工,都需要参与进来的全员性工作。这就要求在风控体系建设项目过程中,充分调动公司全员参与积极性,提升业务人员的风控管理能力,确保风控体系后续的有效运行,确保风控理念的踏实落地。

2. 风控体系建设要兼顾风险和效率的平衡

不可否认,风控是对企业经营管理行为的一种约束机制,为此,不免有人会片面强调其约束性而忽视其保障性,认为"风控会一定程度地影响到企业经营效率",从而在心理上产生对风控工作的抵触情绪。

其实风险和效率两者并不存在必然的矛盾,提高经营效率和效果,是风险控制管理目标之一;成本效益原则也是风险控制管理的五大原则之一。因此,风控体系建设不是一味加强控制,延长流程,而是需要兼顾风险与效率二者间的平衡。从实践来看,建立科学的风控体系,有助于实现流程体系标准化、授权体系合理化、风险管理差异化、控制手段信息化,是提高工作效率,防范风险的有效办法。

在此,我就风险管理差异化向大家重点说明。风控体系建设过程中,对风险要进行分类分级管理,不同类别、不同等级的风险实施差异化的控制策略,从而实现管理效率的提升。所谓风险分类管理,是指把风险分为纯粹风险(只有带来损失一种可能性)和机会风险(带来损失和盈利的可能性并存)两大类。对于机会风险,如长期投资、战

略决策等风险,可在综合评估预期损失与盈利的基础之上,适当减少审批流程,使可操作空间加大,避免因冗长的审批导致机会流失。对于纯粹风险,如安全风险、财产风险等,应进一步进行风险分级管理,根据风险等级高低,选择适当的控制策略。所谓风险分级管理,是指按照风险发生可能性及影响程度把纯粹风险分为高风险、中风险、低风险三类。对高风险的业务应该加强控制或尽量回避。对中风险,需改进控制措施,降低风险水平,应仔细测定并限定控制成本。对低风险,不需要增加另外的控制措施,但需要监控,以确保现有控制措施得以实施。

3.风控体系建设需实现四个"融合"

一是风控体系建设与风险管理能力提升相融合。2015年,集团管控模式调整,总部组织机构变革后,大量削减了总部的管理人员,对现有在岗人员的能力提出了更高要求。在风控体系建设过程中,我们将风控理论和方法的培训贯穿于风控体系建设项目的始终,并坚持"以我为主"的项目工作机制,实现了风控建设与人才培养的深度融合。"授人以鱼,不如授人以渔",这次总部风控体系建设项目将培养风控人才作为项目目标之一,将业务培训、全员参与、知识积累作为项目实施的关键要素,不仅完成了《风控手册》与《风控评价手册》的编制,还形成了《风险控制基础知识培训教材》《风控手册编制指南》两个项目成果,将项目工作方式方法固化下来,作为下一步风控体系建设在集团范围内推进的教材,为项目的可复制、可推广奠定了基础。

二是风控体系建设与解决难点问题相融合。项目实施过程中,采取目标导向与问题导向相结合的方式,在建设风控体系的同时,分析管理短板,并聚焦重点专项,协助专业部门梳理业务流程,解决难点问题。例如,股份公司针对预算管理制度不完善的情况,对预算执行中的超预算事项、预算外事项均建立了规范的授权批准制度和程序,为钢铁板块的管理打下良好基础。

三是风控体系建设与其他管理体系相融合。实施风险控制管理不是将企业已有的管理体系推倒重来,而是借助科学的、可实施的风险管理理论框架,实现内部管理体系的融合。各管理体系与风控体系在销售、采购、存货、合同等流程上有所重叠,各管理体系关注的内容也是风险管理的体现,因此,有必要进行融合。以京唐公司为例,在充分考虑和兼顾ISO9000等已有四大体系管理要素的基础上,在搭建流程体系框架的过程中,风控办公室请各部门负责体系的人员以及外部认证公司人员共同参与沟通讨论,修订出一版有机融合了四大体系的风控流程体系框架。在提高风控体系建设管理效率和效果的前提下,逐渐减少并最终消除几个体系"多层皮"的管理弊端。

四是风控体系建设与信息化建设相融合。首先,风控体系建设的范围包括信息化管理,信息化管理本身也存在风险,需要在风控体系建设过程中予以规范。其次,运用信息化管理手段,实现系统自动化控制替代人工控制,也是风控体系建设中防范风险、提高效率的重要抓手。再次,风控体系建设、信息化建设均以梳理业务流程为基础,二者具备深度融合的基础,在信息系统规划的同时,有必要结合风控体系建设成果,将风险控制流程固化到各个业务系统中,确保风控流程的有效落地。

4.风控体系建设需结合行业特点、业务特点

风控体系建设,具有一套通用的理论框架和规范指引。但是,如果在建设过程中,单纯复制引用上述规范指引的标准,而不与实际行业特点、业务特点相结合,在执行过程中一定会与实际业务脱节,造成"两张皮"的情况出现。风控管理一定要嵌入业务中,脱离业务谈风险没有意义。

第一批风控体系建设单位主要聚焦在集团钢铁行业,在第二批建设单位的选择上将充分考虑行业特点,覆盖到更多行业,便于第三批全面实施推广工作顺利开展。由于所处行业不同、业务不同,第二批建设单位绝不能简单复制第一批风控体系建设成果,而要结合自身行业特点、业务特点,确保风控体系的可落地性。

三、集团风控体系建设下步工作安排

(一)持续推进风控体系建设

风控体系建设作为贯穿于集团公司管理提升全过程的一项重要基础性工作,下一步推进仍然有大量工作需要

完成,各单位一定要高度重视,认真研究,周密部署,抓紧行动,建设适合企业持续发展,保障企业稳健运行的风控体系。在实施过程中,应重点围绕以下几方面深入开展工作:

集团层面,要持续完善第一批单位风控体系,并同步开展第二批风控体系建设。公司风控体系建设的目的不仅是满足外部监管的要求,更是为了实现集团整体的战略目标服务。风控体系建设不是一蹴而就的,它是一项循环往复、持续改进的长期工程。第一批风控体系建设的主体工作完成后,仍需持续完善与更新。此外,集团计划将于今年9月进入重点推广阶段,开展第二批风控体系建设,建设单位覆盖汽车零部件制造业及国际化经营企业(京西重工)、金融产业(首钢基金公司)、房地产(首钢房地产)、进出口贸易(中首公司)等。各单位应基于第一批风控体系建设成果和指导文件,并结合自身所处行业特点及业务实际现状,对标同行业领先企业管理模式,建立完善本企业风控体系。通过逐步试点推进,计划于2017年年底前完成集团整体风控体系的建设工作。

总部层面,应重点关注以下四项工作:

一是完成第二期风控体系建设工作。基于集团管控模式调整、总部组织机构调整,部分三级流程缺乏制度指导或实际业务支撑,总公司风控体系建设分为两期完成。随着制度流程的不断完善,总公司计划于今年年底前完成第二期风控体系建设工作,即完成总公司第一期剩余的160项三级流程对应的风控手册。

二是完善制度、流程、授权体系等基础管理。加强制度管理,首先,要建立分层分级的制度体系。其次,要持续补充完善相关专业制度。针对第一期风控体系建设过程中发现的制度缺失、制度更新不及时的问题,及时整改。最后,要及时分析评估现行制度的有效性,形成管理闭环。加强流程管理,应以风控手册中的流程体系框架为基础,以风险为导向,以提升效益、提升效率、实现价值为目标,减少汇报链条,消除冗余管控环节,持续开展流程优化工作。加强授权体系管理,将权力清单的梳理作为下半年重点工作,要在领导人员任免与投资管理权力清单基础上,年底前组织完成集团战略管控部门对二级单位管控事项和业务事项权力清单梳理,结合首期风控体系建设完成的权限指引表,持续推进和优化授权管理工作,逐步建立与集团战略管控模式相适应的授权体系,通过合理授权,释放各级公司的经营活力。

三是多措并举,推进风控信息化建设。首先,按照首钢信息化专业规划,适时启动风险管理系统建设。通过实现风险信息在线收集、风控文档在线管理、内控评价在线测试、风控在线报告等功能,减少人工线下工作量,提高风险管理工作效率。其次,推进风控体系建设与各业务系统建设的融合对接。结合各专业业务系统信息化建设进程,在风险控制措施嵌入流程的基础上,将业务流程逐步固化到各专业的业务信息系统,并尽可能实现对业务和事项的系统自动化控制,实现在线运行。再次,要加强信息化管理本身的风险防范,避免出现信息系统运行维护和安全措施不到位,数据信息泄漏或毁损,系统无法正常运行等风险。

(二)建立风控体系运行保障机制

风险控制体系的生命力在于有效执行,一分部署还要九分落实。风险控制体系到底能不能成为保障企业健康发展的内生机制,实现管理科学、运行高效、价值提升、风险可控的目标,关键还得看执行是否有效。抓好风险控制体系执行,防止风险控制体系空转的“两层皮”现象,是完成风控体系建设后的一项重要任务。

一要狠抓《风控手册》的落实,使风控成为常态化工作,成为员工的自觉行为。风控体系的运行涉及公司生产经营管理的各个环节,需要公司全体上下员工共同完成,单纯依靠外部监督检查,无法形成顺畅有序的风控运行机制,必须要提高全员的自觉性。各单位领导干部和职工应当在日常的生产经营管理过程中,严格遵循风控手册的基本操作要求,并积极发现控制缺陷,对于暴露出的风险隐患要坚决整改,不能拖延。对于已经发生的风险事件,必须第一时间报告、第一时间整改。常态化的风控运行机制,同时也是一种实践反馈行为,有利于《风控手册》的持续改进与完善。

二要建立有效的风险控制评价机制,以评价促进风控体系的有效落地。风险控制评价是风险控制体系的重要组成部分,是确保风险控制有效执行、持续改进的重要措施。集团计划将于今年第四季度开展对第一批试点单位的风险控制评价工作。做好风险控制评价工作,需要从以下几方面着手。

第一,提高认识,高度重视。风险控制评价是风险控制体系闭环管理的关键环节,既是对建设过程中遗留问题的查漏补缺、自我修正,又是对运行情况的测试检查,各单位要把风险控制评价提升到防范经营风险、提升管理水平的高度。风险控制评价不只是审计部或牵头部门的事项,同样需要各专业全员参与,进行自我复核、自我检查。

第二,常态开展,保证质量。评价工作不是一项运动,需要形成定期的常规工作。每次评价工作的开展,不能一味地追求大而全,要突出重点,兼顾风险与业务代表性,科学地选择重点测试单位和流程范围,将有限的时间和精力投入到高风险领域、关键流程和关键环节的评价中,着力解决突出问题,确保评价工作有的放矢、卓有成效,保证评价质量。

第三,精心设计,做好组织。风险控制评价工作需要统筹安排,精心设计实施方案,建立跨部门、跨级次的联防联控工作机制,明确工作职责。各专业要有大局观和协作意识,在原有工作机制有效运行的同时,全力配合评价工作的实施开展。

第四,强化考核,确保落实。集团将把风险控制设计和运行的有效性纳入各单位的绩效考核,风险控制评价的结果将作为重要指标之一列入绩效考核体系。对于风险控制评价中发现的重大缺陷和问题,若整改落实不到位,造成严重影响或重大风险事件的,集团将在考核结果中予以落实,避免"只建不评、评而不改"的情况发生。

(三)推进风控文化建设

做好风险管理,必须文化先行,只有大家都树立防范风险的意识,将风险管理与岗位工作紧密结合,才能在第一时间发现和采取有效措施防范风险,减少和避免风险损失。因此,各单位要加强面向全体员工的风险管理宣传、培训工作,提高广大员工的风险意识、责任意识和发展意识。倡导将风险意识融入到企业的各项业务和管理活动中,尤其是企业的战略、投资、"三重一大"等重要决策过程中,确保风险管理文化与企业文化的真正融合和风险管理文化的真正落地。

"十三五"期间,首钢集团要在更加复杂严峻的外部形势下,成功实现转型发展,建好风控体系、提高风控能力是基础、是保障。全面风险管理体系建设是一项长期的、系统的、逐步到位的基础性工作。做基础工作,不能一蹴而就,而要久久为功;不能急功近利,而要甘于寂寞;不能粗枝大叶,而要精雕细刻。

在 2016 年首钢"创新创优创业"
交流会上的讲话

北京市国资委派驻首钢监事会主席　刘春芳

(2016 年 8 月 27 日)

大家下午好!到今年为止,这届监事会入驻首钢已经四年了,在这四年中,向首钢的同志们学习到了很多东西,但没有利用一个机会跟大家面对面地交流。这次会前靳总给我提出要求,希望我跟大家讲一讲,我确实也有很多想法想跟大家交流。我没有准备一个非常完整、严丝合缝、字斟句酌的稿子,今天,我把我的主要想法跟大家交流一下。

入驻首钢四年多来,我们对首钢的感情和认识都加深了,特别是我们入驻首钢的时候,恰恰是首钢面临困难最大的时候。这些年来,我们看到首钢的同志们,特别是以靳总、张总和以前的徐总为首的新班子上任以来,全面落实习总书记视察北京时的重要讲话精神,坚决贯彻市委各项工作部署,按照"创新、协调、绿色、开放、共享"的新发展理念,紧紧抓住了京津冀协同发展的战略机遇,大力推进内部改革,大力推进结构调整,大力推进转型升级,方方面面都发生了明显的积极变化。这方面能举出很多事例,大家都身临其境,我就不一一说了。总之,首钢这些年的变化非常明显,监事会也亲身经历、亲眼目睹了这些变化。监事会高度认同首钢所确定的发展目标、发展战略和发展路径,高度赞赏首钢不畏困难、奋力前行的勇气、信心和努力,也高度评价迄今为止首钢在各方面取得的可喜成绩,这是我始终想找个机会跟大家表露的一番心迹。首钢在各方面的工作都非常突出,也很有特色,有优良传统,比如每年一次的"三创"会,每次会议都有非常好的主题,通过不同的主题引领大家的思想,统一大家的认识,对推动当期的工作产生非常直接的影响。这次"三创"会确定的主题是优化内部控制、加强风险管控,我们认为这个主题确定的非常准确,它既反映了首钢发展到现阶段自身的内生要求,也反映了国资监管在现阶段的管理导向,主题定的非常好。关于会议的内容,我虽然没有全程参加,但是我仔细看了会议的各项材料,内容非常丰富、非常充实、非常扎实,所以我们非常赞同。今天,我围绕"三创"会定的主题讲几点意见。

第一,内控体系建设不仅仅是企业健康发展的内在要求,更是国有企业出资人的外部约束性要求。会议材料我看了,绝大部分专家是从理论层面、操作层面上讲述,系统优化部从首钢内部的工作流程、工作设计、工作安排、工作部署上讲述,总体上讲,还是着眼于首钢自身的发展,需要搞内控体系建设。作为监事会主席,我想换个视角,内控体系不仅是企业自身所必需的,更是外部监管机构、外部管理环境一种客观的、规范性的要求。我讲两层意思,首先,从国有资产的委托受托关系上讲,现在国家的国有资产应该是几十万亿,北京市的国有资产也已经有几万亿,首钢到今天为止仍然是全北京市资产总量最大的,有4000多亿,这么海量的国有资产,按照现在的体制规范,是由各级国家机关分级委托管理,授权企业进行经营,是这样一个逻辑关系。从逻辑上看,这几千亿国有资产的终极所有人是全体国民,所以我们中间的每一个环节都是受托委托的关系,市国资委是受市政府委托,但是,终极委托人应该是老百姓,国资委对下面又是委托人,首钢就是受托人。因此,我们手里的资产多也好、少也好,都是全体国民的,必须悉心呵护,老百姓有权力要求我们管理者、经营者去精心保护国有资产,使国有资产保值增值,这是天经地义的事情。受人之托,忠人之事,这是中国的常理,在这个逻辑上也是能讲通的。所以老百姓要求我们要加强内部管控,保障国有资产不流失。其次,我们经常讲到的,中国的国有企业在世界上有它独特的功能、独特的定位,在现有的体制下,毫无疑问,国有企业的好坏关系着国家的经济安全、政治安全,是共产党执政、国家稳定的重要基础。这种地位和职能在许多国家的国有企业中是不具备的。正因为如此,总书记在7月4日的讲话中说,国有企业是壮大国家综合实力,保障人民共同利益的重要力量,他的结论是,我们必须理直气壮地去做强做优做大。我反复体会总书记的讲话,我们只有把企业做强做优做大,才能够理直气壮。反过来说,如果这个企业让我们做的越来越弱,越来越小,我认为是有负重托、理屈气短。所以从监事会肩上所担的职责来说,也希望我们的企业健康持续发展。

国资委成立十几年来,大家是一起走过来的,一起经历过,能够达成这么一个共识:激发企业活力、促进企业发展与加强企业管控、严防国资流失,这两个内容始终是并行不悖、相生相伴、始终如一的一条主线。激励与约束兼备,它从来都是既要求我们企业有活力、发展快、创造利润多,同时也一定要求你健康、稳定地发展,一定是相生相伴的。国资委成立以来出台了很多文件,如果细细研读,每一个文件规定都同时包含这两方面的内容,有些文件更突出激励企业活力,有些文件更强调加强企业管理,但是离不开这两条线。实践证明,所有国资委出台的管理规定是有效的、是必需的。但是大家在实践中也愈发地认识到,防止国有资产流失,把企业搞的健康稳定,主体是企业,主体责任在企业,基于这样的认识,从2009年开始,无论是国务院国资委还是市国资委就更加把企业自身的风险防控能力建设提到更高的高度,提出的要求也越来越明确。这几天大家学的非常深、非常透,国资委明确提出"企业要建立内控体系"是从2006年开始的,陆陆续续制定出台了一套基本规范和十几个专业指引。特别是2012年以来,国务院国资委和市国资委对企业的内控体系建设任务提的更明确,时间表划得更紧迫。我再跟大家简单重复一下,要求每个企业要有专门的领导机构,要求每个企业的主要负责人要对内控制度的执行负总责,要求设立专门的工作机构和专职工作人员,要求我们设立起跨部门的联动工作机制和相对独立的评价机制,国务院国资委要求央企在2013年就要建立起这套体系,市里要求我们"十二五"末建立起这套体系。这套体系建成之后,为了确保正常的运行,也有非常明确的规定,要求每年定期向国资委报告控制评价的结果,把内控有效性纳入责任审计、离任审计、董事会考核、董事会履职评估等重要内容,而且特别强调对于内控不利而形成的损失要追责。总体来说,我想强调,我们对内控体重要性的认识,不仅要基于首钢作为一个企业自身发展的内在性要求来把握,也应该,而且必须提高到对人民交账的高度,提高到对党的事业负责,对国家现代化事业负责的高度来认识。在这个认识基础上,对于国资委等上级机关所提出的工作要求,执行起来也许会更加主动、更加自觉。

第二,以下讲的这几条实际上是我在监事会工作十几年来,在企业观察中所发现的一些共性的东西。正好也能和内控风险管控契合起来,所说的内容包括首钢的内容,可能也有超出首钢的内容,在其他企业也曾经出现过。

一是内控体系建设要抓住战略管控,规避战略风险。企业风险多种多样,但是风险的影响程度还是有差别的。总书记在展望实现中国梦宏伟蓝图的时候,特别警醒我们绝不能犯颠覆性、全局性的错误。把国家的事放在首钢,道理是相通的。我感觉对企业而言,战略性的错误就是颠覆性的错误,战略性风险就是全局性的风险,是致命的风险,这种教训在生活中,在我们所观察到的范围内比比皆是。首钢虽然有外部大环境系统性的因素影响,但是客观地看看我们所做过的一些事情,也确实存在战略上误判的事情。企业出现战略风险有战略制定方面的原因,我还不想从这个角度上说,我认为出现最多、最普遍、影响最大的原因是战略管控的缺位。战略规划的科学性可能存在问题,通常来讲,太离谱的也不多,但是执行下来,感觉最容易出现的问题还是在管控这个环节上。比如,我们经常能够见到的,大家也常常议论的,所谓的"规划规划,墙上一挂",似有若无,制定规划的时候认认真真,制定完了之后严严实实的放在柜子里。又比如说,规划在执行过程中遇到困难,遇到挫折,遇到阻力,就心中动摇,摇摆不定,甚至退缩。还有很多情况,我自己看,就是经不住短期的、局部的诱惑,心猿意马,这山望着那山高,跟着感觉走,一边干一边看,走到哪儿算哪儿。从战略管控上说,战略失控的表现,至少有我刚才说的这几种情况,所以我感觉要规避战略风险,确实就应该像一个国家和政党一样,在战略问题上必须保持高度的目标自信、道路自信,必须保持足够的定力,把持住自己。我也有具体的想法,从我的观察来讲有两条:第一,一定要加强董事会建设。董事会不光是集团董事会,各级企业的董事会都面临着加强建设的问题,要明确董事会的主要职责就是管规划、定方向。一个董事会工作再努力,大家再辛苦,即使日常决策千头万绪,但是如果管不好方向,我认为这个董事会就是最大的失职,就不是符合最基本定义的董事会。所以大家在这方面要有更强烈的警醒,董事会一定要从不必要的繁冗事物中解脱出来,集中精力凝神聚气,聚焦于规划的制定,聚焦于规划的执行,聚焦于规划的调整,围绕着规划来做。我觉得首钢的董事会建设这些年来已经有了非常长足的进步,但是我也跟几位老总沟通过,还有提升的空间。从战略管控角度来说,我们战略委员会的目前运行状况,还很难说是"实运行",我建议董事会建设要加强。第二,规划管理部门要尽职,工作要更扎实。我认为规划审核对于重大投资、重大项目应该做一种前置审核,先看符合不符合我们的发展方向,然后再做其他的论证。同时规划的评估考核也必须凸显,规划管理部门千万不要在制定规划的时候非常辛苦、非常扎眼,规划制定完了这个部门就看不见了。我希望咱们的规划管理部门要主动把自己的管理工作融入整个首钢的各个业务相关的管理体制中,不断强化自己规划管理部门的存在感。

二是必须抓住"体系"的实质,防止日常经营活动对体系职能侵蚀、效能弱化和作用削解。大家都有经验,风险防控这个概念应该是现代概念,但是风险防控的行为自古有之,只是说我们现在提出的体系性防控取代过去个人、随机的经验型防控,这成为现代企业的重要标志之一。我反复体会,强调体系性的防控,是因为它强大有效,在于它覆盖全面、标准严格、流程统一、信息顺畅。但任何事都是辩证的,强大在于此,它脆弱之处也在于此。体系过于严密,严密到一个环节失效,可能整个系统就失效,一道防线失守,可能整个防线都形同虚设,极有可能是这种情况。所以我认为努力保持体系的完整性、运行的有效性,比建立起这套体系要困难得多。建立这套体系有一套成形的模式,按照这个文件,一个大的规划,十几步专业指引,组织架构上说"三道防线",大体就支起这个摊子。可是怎么样保证它扎实有效地运行,我观察到这非常难。

我说点实际的体会,从我在首钢和其他企业的观察来看,在实际繁琐的日常经营管理工作中,确保体系完整性和运行有效性,要做到以下几点:第一,尊重领导权威,但是反对唯长官意志。我认为应该这样提,尊重领导权威基于一般意义上讲,领导水平就是高,领导站位就是高,领导视野就是宽,领导掌握的信息就是比我们丰富,所以我们要尊重领导。但是领导的决策一定要在内控制度之内,领导意志一定要变成一种工作流程去体现。我们可以对领导的意见倾向高度重视、认真研究,但是该走的流程不能省。我感觉这是很重要的东西,否则,大家很难保证这套流程能够推下去。第二,尊重实际经验,但是反对经验主义。大家在企业中干了几十年,每一个走上领导岗位的同志都有丰富经验,临机处置,眼睛一看就能大概不离谱,这种情况我见得多了,确实非常让人敬佩。但既然是经验,就一定是局部的,很多情况下是个人经验,很难具有普遍性。在落后的状态下实行这套管理,还可以理解,如果在一个现代企业中还是凭着经验来,哪怕你有再高的智慧,我认为都是有可能要"翻车"。第三,尊重实际经营中可能发生的各种偶然,但是要反对把这种偶然性固定化、普遍化。如果过分强调这个事项的特殊性,往往这套体制内会哭的、会叫的、会唱的、会笑的,有时候就走通了,这样的事情一而再、再而三地发生,由点到面,慢慢这套体系就会失效。第四,尊重制度创新,但是反对天马行空,反对随意翻墙。翻墙的结果一定是推墙,因为有创新,似乎很敏感,但是我说的意思大家能理解。上面说的这些情况,"尊重、反对"是我们企业经营过程中每天都要面对的,但是它却非常容易将我们精心设计的这套体系化解于无形,我对这个感触颇深。

对此我个人建议:首先,严格内控制度考核,严处各种违纪行为。我特别信服党的十八大之后中央出的八项规定,这八项规定为什么比过去出的那么多文件都管用?就是因为从严执纪,不揉沙子,查出一起处分一起,对这套体系的严肃性、有效性才能体现出来。其次,在制度设计中需要合理的设置一些容错机制。既然一些事情不可避免,我们要承认各种偶然性、特殊性,但是一定要对这些制度设计出足够高的门坎儿,不能轻易就过去,要从严管控。极其容易出现的状态就是今天这一点被破坏,明天那一点被破坏,这样的星星之火,绝不可以让它燎原,一定要用我们的制度管控住,这套内控体系建设才能真正达到我们的目的。

三是在体系建设中要抓好三支队伍。对首钢而言,现在轮廓上是都有的,我想强调个人意见,在董事会上我也曾经表达过。第一,我认为内审部门要加强,一是人员,二是力量,三是工作要求。为什么要加强?主要由于我们集团体量太大,再加上体系本身也要求内审部门要成为整个内控体系最后的防线之一,所以要加强。第二,纪检部门无论在不在我们说的这套体系中,但是它具有这种体系支撑的作用。党的纪检部门要融入企业内部管理中去,党员违规违纪绝大部分情况下不是在党的生活会上违规,而是在日常经营管理活动中不遵守纪律。我建议纪检部门应该把自己的监督检查触角深入到实际业务管理工作中去,从党的角度上予以纠正,常提醒、小处分、轻处分,把问题消灭在发生之前。第三,首钢监事会的作用还要进一步发挥。我认为首钢内部的监事会是我们内控体系中的一个重要组成部分,监事会的同志们应该主动作为、敢于作为、善于作为,要适应企业发展的形势和监管的新要求来加强自身建设,提高自己的工作素养。首钢的监事会工作在国资委系统中也是走在前面的,得到了上级领导和上级部门的重视,希望首钢的监事会继续发扬好的传统,继续丰富已经建立起来的一套成熟的工作机制,在内控体系建设中发挥出更大的作用。

最后,从内控体系上说,要抓住关键少数,筑牢内控体系根基。关键少数就是今天在座的领导人员。我们集团层级的领导对整个集团的内控体系建设,企业健康发展负有责任。到了二级企业就是靠大家,你所在的企业,内控体系执行的程度、建立的水平完全取决于你们的工作认识。一定要有规矩意识,整个内控体系就是不断地在设限,确定边界,那我们在座的领导人员,必须要比普通员工有更强的规矩意识、纪律意识,要从严要求自己,从严管理自己。我建议党委、董事会要加强问责,中央刚刚发布的问责条例,明确规定有权必有责,有责要担当,失责必追究,失责必问、问责必严。这些概念我认为大家应该清晰地、坚决地建立起来,这样,我们整个企业才能够有一个让人放心的治理基础。

这次"三创"会的主题非常明确,内容非常丰富。从监事会的角度看首钢这方面的工作,我就想强调刚才我说的这几个方面,这确实是我的体会,说的也是心里话,无论正确与否给大家提供一个参考,希望对大家今后的工作有所帮助。

科技创新

攻坚克难保生存　创新驱动求发展
努力实现"十三五"良好开局

——在 2016 年首钢科技大会上的报告

赵民革

（2016 年 3 月 28 日）

同志们：

本次大会主要任务是：全面落实总公司"两会"精神，以实施"十三五"发展规划，全面深化改革，加快转型发展，提高首钢产品质量和盈利水平为目标，激发集团全体科技工作者的创新、创业热情，全面完成 2016 年科技创新工作的目标任务。下面，我向大会报告工作。

一、2015 年科技创新工作回顾

2015 年国内经济增速持续放缓，钢价震荡下行，市场整体疲弱，首钢依靠科技进步，坚持不懈地优化产品结构，降本增效，积极发展城市综合服务产业，集团科技创新工作取得了新成效。

（一）依靠科技进步，促进钢铁业控亏减亏

四地钢铁业通过强化"制造+服务"能力，依靠全要素成本管理，按照"三个跑赢""五把尺子"对标找差，市场竞争能力得到提升。外埠钢铁业坚持以经济效益为中心，以强化经营能力建设和内部市场化改革为主线，促进控亏减亏。

1. 以三大战略产品为抓手，打造优势产品集群

高端领先产品全年完成 452 万吨，三大战略产品完成 367 万吨，其中汽车板 204 万吨、电工钢 133 万吨、镀锡板 30 万吨。出口产品完成 201 万吨。耐候钢、管线钢、汽车结构钢、桥梁钢市场占有率国内第一；电工钢市场占有率国内第三；冷轧汽车板市场占有率处于国内前列；16 项产品获 2015 年度冶金产品实物质量"金杯奖"。完成 155 项新产品开发，其中 39 项完成了千吨验收，累计供货 8 万吨。成功试制 1000 兆帕级热镀锌双相钢，成为国内第二家具备生产该级别产品的企业；取向电工钢初步形成 500 千伏变压器用钢常态化供应，实现 23 台应用业绩；800 兆帕级水电钢成功中标老挝色边—色那姆水电站工程；420 兆帕级耐候桥梁板首次应用于辽宁平顶堡高速公路桥。高端用户认证取得进展，780 兆帕级热镀锌双相钢通过德国奔驰本部认证，获得奔驰全球采购资质。

2. 以产品质量一致性为抓手，提升"制造+服务"能力

股份公司初步构建了实体化运营的制度体系。应用设计六西格玛模式，强化产品性能、质量、工艺路线的顶层设计。紧贴现场提高精益制造能力，确保了取向电工钢产品板形国内领先。加强技术营销，提高了从产品研发、过程管控到市场推进的产销研协同联动水平，提高客户需求响应力度，建立完善客户档案 145 个，拓展直供户 66 个。

京唐公司做实"产销研"产品推进核心团队，调整优化产品推进组织模式，实现了集中一贯制管理。狠抓质量

管理体系运行,加强典型质量问题攻关。全年生产带出品率3.08%,比年计划降低1.12个百分点;受理质量异议461件,比年计划减少99件;建立了订单兑现日跟踪机制,重点客户整单兑现率达到92.17%,同比提高2.42个百分点。

首秦公司推进内部市场化改革,实行全要素成本管理,通过全面推进招标采购和拓展市场销售渠道,实现"三个跑赢"。新开发中油一建等84家直供或三方直供客户。强化产品交货期管理体系建设,形成以管线钢、桥梁钢、高建钢等为代表的品牌产品集群和以水电钢、海工钢、Cr-Mo临氢钢为代表的高端产品集群。合同整体兑现率94.20%,同比提高1.82个百分点;整单兑现率91.20%,同比提高2.87个百分点。

3.依靠科技进步降本增效,实现绿色发展

通过全流程低成本工艺研究,提升了资源利用的水平。京唐公司开发了含钛含镁球团矿生产工艺,减少外购钛球30万吨。迁钢公司实现了国内首家椭圆形浸渍管的工业应用,RH脱碳至13ppm的时间从17分钟缩短到13分钟,合金成分均匀时间从4分钟缩短到1分钟;京唐公司冷轧基料卷渣、面翘皮的发生率从6.78%降低至3.70%。迁钢公司开发了1580产线高精度超平材板形控制技术,全品种C40命中率由93.0%提高到97.3%以上,达到国内领先水平;京唐公司开发了极薄规格镀锡基板冷轧技术,成功试制了0.14毫米镀锡基板;首秦公司开发了非对称低压缩比复合板轧制和热处理技术,成功应用于管线钢复合不锈钢等复合板产品。解决了华晨宝马5系上隔板横梁冲压回弹等问题,完成800兆帕级水电钢配套焊材的开发,创造了产品加焊材同步开发的服务模式。国际工程公司开发的钢卷托盘运输成套设备供货浦项钢铁公司。

四地钢铁业全年开展短平快项目81项,已完成实施33项。其中"迁钢公司—热轧燃烧系统改造"项目实施后,2号加热炉燃耗由158标态立方米/吨钢降低至128标态立方米/吨钢,板坯氧化烧损减少约0.2%;"顺义冷轧镀锌2号线刮刀改造"项目实施后,2号线因硌印缺陷产生的带出品由月均200余吨降为5.9吨;"首秦公司炼钢钢包加盖系统改造"项目实施后,炼钢全流程减少过程温度损失17℃,LF炉电耗降低了20%。矿业公司"水厂铁矿新厂3、4系列振网筛和精选机推广改造"项目实施后,台时效率提高4.9吨/小时。

4.外埠钢铁业工艺技术进步和产品开发取得实效

通钢公司结合区域汽车零配件市场需求,加大市场开拓力度,成功开发F38MnVS等非调质钢棒材产品,爆破线、Q195拉丝线材产品实现商业化供货。水钢公司结合区域钢丝绳的市场需求,加强产品结构调整力度,积极推进棒材直径12毫米五切分工艺生产。长钢公司结合区域市场需求,大幅降低生产成本,开发的ER70S-M等焊线产品质量得到神钢焊材等重点用户的认可,实现500/600兆帕级锚杆钢的稳定生产。贵钢公司以中空钢、易切钢等传统优势产品为基础,以新区装备为依托,重型钎具新产品D87等投放市场。

(二)借助高新技术,助推两大园区建设

首钢老工业区列入国家智慧城市试点,园区被评为北京市绿色生态示范区。地下空间等专项规划已形成阶段成果,已完工的西十筒仓改造项目中应用了光伏发电、无负压供水、一体化污水处理、雨水收集再利用等多项绿色生态技术。曹妃甸园区规划发展实现良好开局,组织北京市汽车、医药、航空等产业40多个企业到曹妃甸考察调研。组织清华规划院、埃森哲等单位研讨并初步提出地块开发时序和定位。

(三)整合集团力量,初步形成非钢优势产业集群

非钢各单位通过狠抓科技创新,主动开拓市场,积极创立品牌。机电公司通过自主设计、制造、安装,出色完成长安街沿线景观提升护栏项目,其融入的中国元素得到认可;自主研发的"首钢SG系列升降路桩"已安装投入使用1000余套。首建集团通过研发设计建成了北京市单体规模最大的机械式智能立体车库,可满足455辆小汽车停放。环境产业公司鲁家山生物质能源项目提前完成100万吨计划任务,自主集成创新的建筑垃圾资源化处理项目累计处理建筑垃圾约12万吨。实业公司开展的"新型聚乙烯发泡母粒配方和工艺开发与应用"研究,填补了总公司在高分子发泡材料领域的研发空白。国际工程公司强化海水淡化与水处理技术的研发及工程应用,成功签订国内外海水淡化工程设计合同。首自信公司承建的北京市首个最大的"光伏超级充电站"项目开工,设计采用低碳、无线网络、新材料等多项"互联网+"技术,可实现绿色能源的全生命周期利用。北冶公司成功开发的700摄氏度超超临界燃煤电站用镍基高温合金焊材,填补了国内空白。房地产公司组织开展了钢结构住宅试点工程铸造村三期集资房4号、7号楼技术体系研究,形成了实施方案。首钢医院"骨科常见疾病防治知识系列科普读物"荣获"中华医学科技奖医学科普奖"。

(四)科技创新综合实力进一步增强

一是与下游产业链的先期介入合作更加紧密。与电工钢、汽车板等产品的下游用户组建6个联合实验室,与北京科技大学合作实施联合培养卓越工程师计划。

二是提升综合创新能力。11项次科技成果获上级科学技术奖励,"高效化微合金化钢板坯表面无缺陷生产技术开发与工程化推广应用"等两项获2015年国家科学技术进步二等奖。首钢获"国家知识产权优势企业"称号,全年申请专利643项,获专利授权469项。首钢主持和参与制修订4项国际标准,其中主持的《高碳钢盘条索氏体含量检测方法》等两项国际标准已在全球发布实施。首钢总公司校准实验室和首钢环境产业公司固废综合利用实验室获得中关村开放实验室挂牌,首自信公司取得CMMI"软件过程能力成熟度模型集成最高级"5级认证。

三是积极争取政府科技支持。2015年新承担国家科技支撑计划项目"5万吨/天水电联产与热膜耦合研发及示范"和北京市科技计划项目"1200—1500兆帕超高强热成形汽车钢开发"等8项,获得财政资金支持额度1937万元。

(五)管理创新激发集团改革活力

以《首钢全面深化改革指导意见》为指引,围绕首钢转型发展,聚焦集团管控体系和管理能力建设,打造全新的资本运营平台,围绕钢铁业"制造+服务"综合能力提升、园区与非钢打造"城市综合服务商"等领域开展管理创新工作。2015年取得管理创新成果97项,其中59项获得首钢第十六届管理创新成果奖,京唐公司《大型钢铁企业循环经济运营体系的实践创新》获第二十二届全国企业管理现代化创新成果二等奖;13项获冶金企业管理成果奖,其中一等奖2项;15项获北京市管理成果奖,其中一等奖8项。

面对日趋严峻的生存环境和钢铁市场形势,2015年首钢的科技创新和技术进步取得了一定成绩,这是广大职工和科技工作者付出艰辛劳动的结果,是大家智慧的结晶,我代表总公司向大家表示衷心的感谢!

当然我们既要看到成绩,也要正视存在的差距和问题:

一是钢铁产业产品结构和工艺技术对盈利能力支撑不足,产品开发以跟随和模仿为主,差异化产品和独有产品少;对用户潜在需求研究不足,EVI先期介入仍处于起步阶段;工艺技术研究对全流程降成本及重大质量问题支撑不强。

二是园区及非钢产业仍处于培育和推进发展阶段,部分产业科技创新能力和盈利能力明显不足,核心技术竞争力不强,经营还比较困难。

三是集团创新体系亟待完善,协同创新效率有待提高。集团内研发—设计—工程化多专业协同创新仍有巨大潜力,与下游用户广泛和深度的技术合作仍有巨大空间。

针对不足,我们要坚持问题导向,一方面继续对标找差补短板,另一方面发挥优势,打造差异化能力。同时要认真分析存在问题的深层次原因,以创新的思维、创新的机制,释放创新活力,打造核心竞争力。

二、"十三五"科技创新规划目标

"十三五"是首钢全面深化改革,加快转型发展的五年;是首钢在京津冀协同发展中发挥示范带动作用,努力拼搏再上一个新台阶和新水平、再创首钢辉煌的五年。我们要审时度势,科学谋划,奋发有为,勇攀高峰,成为首钢转型发展的引擎。

首钢"十三五"期间技术创新总体工作思路:坚持"创新、协调、绿色、开放、共享"的发展理念,以京津冀协同发展及创新驱动发展战略为指导,以建设具有国际影响力大型企业集团为目标,主动适应和引领钢铁工业新常态;持续优化技术创新体系,整合和激活科技创新资源,加强协同创新;坚持低成本制造技术路线,提升质量及效益;持续推进产品结构差异化战略,增强品牌效应;打造有世界影响力的钢铁产业集团和有行业影响力的城市运营服务商。

首钢"十三五"技术创新发展目标的建议:一是构建高效协同的技术创新体系。钢铁业搭建由国家级企业技术中心牵头,省市级研发中心、重点实验室、工程技术研究中心组成的研究开发体系;以生产现场为重点,以稳定提升和精益管理为特征的持续改进体系;以工程项目为载体,集生产、研发、设计和装备四位为一体的工程集成体系。城市综合服务产业以各产业板块为基础,建立和完善各自的研发体系,为产业板块发展提供技术支撑;同时探索产业板块之间科研开发的协同互动,促进产业板块协同发展,推动系统创新、集成创新,构建创新链,向产业链高端环节、高附加值环节发展。二是以汽车板、电工钢、镀锡板为重点的高端产品开发,战略产品国内市场占有率均进入前三位;具备军工钢的生产资质,成为军工产品供应商;开发 15 项以上国内首发产品,实现 EVI 技术研究与服务在战略产品和重点产品的全覆盖,形成具有市场竞争能力的产品集群。三是突破一批重大工艺技术,大型高炉燃料消耗、汽车板与镀锡板等产品的夹杂物控制、热轧板形凸度命中率、镀锌板外板表面质量等达到国内领先。四是突破一批智能制造核心技术,聚焦包含"冶金工业机器人、大数据、无人天车、智能工厂"等业务的工业智能化。五是积极发展智慧城市产业,加快北京园区开发规划及项目建设;打造立体车库、生物质发电、钢结构住宅等若干优势服务产业集群,提升服务城市的能力。六是加强科技人才队伍建设,到 2020 年,本科及以上学历人员达到专业技术管理人员的 65% 以上,其中博士、硕士分别达到 260 人、3800 人,一批行业领军人才脱颖而出,形成结构更加科学、梯次更加合理,具有国内外一流水平的人才队伍。七是加大新产品开发力度和技术研发工作,增加研发投入;完善科技活动经费的归集统计,到 2020 年科技活动投入占主营业务收入达到 6%。

三、2016 年科技创新工作思路和目标

(一)总体思路

勇于面对当前钢铁行业最残酷、最困难、最严峻的时代挑战,以国家京津冀协同发展及创新驱动发展战略为指导,加快由钢铁制造商向服务商的转变,四地钢铁业加强"制造+服务"能力,外埠钢铁业不断降低成本、提高效率,提升自主创新能力和产业竞争力。借助国家和北京市相关政策,聚集集团内部优势资源,打造若干城市服务产业集群。

(二)科技进步主要目标任务

一是科技项目安排。2016 年集团安排科技项目 458 项,计划资金 4.30 亿元,其中:钢铁业 352 项,计划资金 2.53 亿元;四地钢铁业 320 项,计划资金 2.43 亿元;外埠钢铁业 32 项,计划资金 0.10 亿元;非钢产业 106 项,计划资金 1.77 亿元。

二是产品结构安排。四地计划安排高端领先产品 500 万吨,重点产品 819 万吨。冷轧汽车板 235 万吨,其中高强汽车板 69.7 万吨,镀锌汽车板 88 万吨,汽车外板 46 万吨,合资品牌汽车板 50 万吨;电工钢 135 万吨,其中取向电工钢 16 万吨,无取向电工钢 119 万吨;镀锡板 41.5 万吨。

三是产品质量安排。带出品率计划 2.73%,整体合同兑现率计划 94.8%,重点客户整单兑现率计划 80.2%,汽车板整单兑现率计划 90%。

四是园区建设和非钢产业技术进步工作安排。两大园区结合自身特色,通过自主建设、联合开发、招商引资、争取国家和京冀两地的各项优惠政策等措施,推进园区建设发展,拓展新的空间,北京园区预计实现项目开工建设18万平方米。非钢产业要借助园区开发优势,进一步夯实基础,努力形成公交立体车库、钢结构住宅等产业集群。

四、2016年首钢科技创新重点工作

(一)认清形势,牢固树立敢于担当的勇气和信心

当前,全球经济复苏缓慢,国内经济持续降速,钢铁生产与消费进入弧顶下行区,下游行业对钢材的需求强度下降,行业效益严重下滑,企业经营面临极大挑战。中央经济工作会议提出供给侧结构性改革,"一带一路""中国制造2025""京津冀协同发展"等战略为首钢的转型发展提供了新机遇。国家"十三五"规划纲要提出了100个重大工程及项目,其涉及的海洋工程装备及系统、高速重载轨道交通装备系统、新能源汽车、地下管廊(网)等为钢铁行业创造了新市场和新需求,对钢铁企业实施绿色智能制造提供了新的发展机遇。科技战线要紧紧抓住新的机遇,紧盯重大工程,练好内功,增强竞争意识、经营意识和应变能力,依靠科技进步,拓展企业生存与发展空间。传承"敢闯、敢坚持、敢于苦干硬干"、发扬"敢担当、敢创新、敢为天下先"的首钢精神,通过创新产品、创新工艺、创新模式、创新机制,成为首钢转型发展的引擎。

(二)真抓实干,实现钢铁业控亏减亏

钢铁业各单位要进一步完善"三个跑赢""五把尺子"评价标准,通过对标找差,量化评价,充分挖掘潜力,快速补齐短板,依靠软实力的提升打造比较竞争优势,实现控亏减亏目标。

1. 以三大战略产品为抓手,调结构补短板,提高产品盈利能力

一是坚持以市场为导向、以产线为中心、以效益为标尺推进产品结构调整。以三大战略产品为主线推进精品战略,积极开展军工产品的开发和资质认证。大力推进镀锌高强钢、GA板认证;取向电工钢实现750千伏超高压变压器产品认证,薄规格电工钢比例提高到55%;镀锡板DR材比例提高到20%,奥瑞金、中粮等高端客户供货量达到11.6万吨。拓展海外中高端客户,高端领先产品出口达到48万吨。

二是推进新产品开发,打造差异化竞争优势。全年安排133项新产品开发,年底力争实现20项产品转产验收,累计产量达到7万吨。重点开展警用钢SPRO500、高塑性中Mn钢980ART、舰船用钢921A等创新型产品的研发。汽车板突破日资汽车企业认证,实现向奔驰、宝马高端车企的稳定供货;完成特厚规格X65MO深海管线钢开发并取得沙特阿美认证,核级安全壳SA738山东核电供应商认证。

三是以先期介入为重点,加快用户服务体系建设。在满足市场的差异化需求上下功夫,构建具有首钢特色的先期介入路线图,提高高端板材和精品长材的比重,实现敏捷供应。与行业龙头企业建立先期介入合作平台,EVI供货量达到24万吨以上。抓紧布局海外加工服务中心,加强钢铁业用户服务体系力量整合,促进区域和市场协同,实现跑赢目标。

2. 以精细化管理为抓手,完善"制造+服务"能力

一是聚焦产线稳定,提高精细化管理水平,加强设备生命周期管理,夯实设备功能精度管理体系。加强过程工艺稳定性评价,扩大六西格玛、TPM等先进管理工具应用,强化全员、全过程、全覆盖质量一体化管理,完善过程控制精细指标体系、设备功能精度评价体系,全面打造精品车间,打造精益样板产线,着力提高现场及设备精益管理水平,带出品率降低0.5个百分点。

二是聚焦产品缺陷,加强技术攻关。以质量兑现、交期兑现倒逼工艺改进,结合汽车板表面色差控制、冲压开裂、焊接开裂,管线钢回弹等问题,以及部分关键性指标无法稳定地达到标准要求的问题,开展联合攻关。迁钢公司

扩大倒角结晶器的覆盖钢种,其中 IF 钢应用倒角结晶器比例从 60% 提高到 90% 以上。京唐公司开展高效 RH 和高拉速连铸为核心的高效化洁净钢生产技术,推进降低转炉出钢温度系列技术、车轮钢夹杂物 ≤1.0 级和管线钢夹杂物 ≤1.5 级控制技术。解析优化一批工艺二级模型,迁钢公司 2160 产线汽车板凸度命中率由 89.9% 提高至 93% 以上,京唐公司 1580 热轧中间坯镰刀弯弯曲程度 ≤30 毫米比例由 85% 提高到 90% 以上。实现中厚板在线淬火+离线回火工艺在容器、高强等多个钢种上的推广应用。通过实施"迁钢板坯结晶器电磁搅拌研究""电工钢连退机组碳套辊及退火炉控制氧化"等 131 项短平快项目,解决卷渣、翘皮、板形等一批突出的质量缺陷,受理质量异议件数降低 15%。京唐公司二期建设要立足高端,补国家钢铁材料需求的短板,做好大比例球团高炉生产技术、薄板坯无头轧制等技术的前期研究和储备。

三是聚焦产品交货期,建立和推行合同一次通过率、到货准时率指标体系。扎实做好京唐公司和股份公司产线分工和协同,提高合同排程和优化生产周期管控能力,建立合同一次通过率和订单到货兑现率管理体系,重点客户整单合同兑现率提高 2.1 个百分点。

四是聚焦用户服务,提高全员市场意识,协同和利用总公司战略资源,粘接下游客户,实现从产品研发到使用一站式服务,培育产业链竞争能力。深入了解国家和区域市场重点工程安排,深入了解汽车、家电等重点用户的"十三五"战略规划,快速反应,抢占先机,一盯到底。充实整合客户服务力量,提高响应速度,质量异议处理周期缩短 20%。

五是聚焦智能制造,股份公司要加快智能化技术开发应用,完成天车地操改造、智能仓储、冷轧自动包装等项目,完成转炉炼钢、RH 精炼的智能化升级及顺义冷轧镀锌线捞渣机器人项目;京唐公司要推进焦化机车无人值守、智能化烧结等项目。争取实现工厂或工序级智能制造示范。矿业公司要做好"非煤矿山井下有轨运输系统自动化关键技术研究及成套装备研发应用示范"北京市绿色通道的申报工作。

3. 外埠钢铁业要抓住区域市场,实现控亏减亏

外埠钢铁业要主动融入区域经济和区域市场,以精细化技术管理、安全环保稳定生产为重点,实现大幅控亏减亏。以技术创新为抓手,实现工序降本增效。稳定产线工艺技术和产品质量,聚焦区域内有相对优势的客户和产品,牢牢占领区域市场。通钢公司要结合区域汽车零配件市场需求,不断扩大电炉流程向转炉流程转移的品种与数量。水钢公司要结合区域市场基建、金属制品行业的需求,促进精轧螺纹钢、钢绞线和合金焊丝钢等成为区域市场的优势产品。长钢公司要围绕山西煤炭装备制造业高端化和基础设施建设的需求,提高高强锚杆钢、高等级钢筋的市场占有率。贵钢公司要继续发挥钎具钢、易切钢等传统产品品牌优势,加强差异化市场开发。

（三）锐意进取,提高两大园区开发创新能力

园区开发要初步形成以首建投公司牵头,以首钢设计、施工、能源环境、综合服务等力量为支撑,有效集成市规划院、中建院、北建院、环科院等社会优质资源,共同打造协同开放的城市综合服务商创新体系。北京园区重点组织国家绿色示范城区的申报工作,制订老工业区改造 LEED 新标准,丰富园区内绿色建筑标准、提高首钢在绿色建筑方面的世界影响力;深化新首钢高端产业综合服务区绿色生态规划研究工作,建设 C40 正气候项目,开展 BIM 和 GIS 园区规划建设管理平台建设。曹妃甸园区要大力推进北京产业转移和非首都功能疏解项目落地,配套做好建设和服务;以京唐公司钢铁业产品延伸和二次能源循环利用为依托,向园区提供能源动力等服务,实现产城融合。

（四）攻坚克难,打造城市综合服务商

充分借助两个园区开发优势,进一步夯实基础,努力形成产业集群。城市基础设施产业,加大市政基础设施项目承揽力度,开发研制多类型立体车库,确保承揽 10000 个车位;充电桩要在充电速度、智能操作上形成新优势,承揽突破 1000 台套;开发建设全国首例机械式智能公交立体车库,年内开工至少两个公交场站项目。以立体停车设备+充电+风光发电+储能+车联网大数据为契机,推动新能源相关产业领域的产品研发。探索整合国内外有影响力

的住宅钢结构设计公司,加快推进产业化发展,自主建设的铸造村、二通等至少要有4栋钢结构住宅,社会化项目至少要有两栋钢结构住宅,进行示范试点。开发完善新型护栏及附属产品,做好首钢护栏在北京市从通州到门头沟的长安街沿线景观提升工程应用,达到30公里,并加快向周边区域推广。以中关村软件园和国家自主创新展示中心为试点,通过管理创新、技术创新和商业模式创新,打造城市物业2.0版本,全面提升城市物业服务水平。节能环保产业,鲁家山循环经济(静脉产业)基地残渣暂存场、餐厨垃圾收运处一体化项目尽快开工,扩大建筑垃圾再生产品在社会市场的应用。加大力度推动鲁家山产业园模式向国内中小城市的复制工作,依托产业化项目形成一批自主核心技术并向外推广。尽快实现土壤修复项目的建成投产。钢结构住宅产业化,按国家住宅产业化基地标准,建立设计、研发基地,通过建设试点示范工程,形成企业标准,加快推进钢结构产业化发展。健康医疗产业,加强医院重点学科建设,创新多学科联合诊治模式和疾病全程服务模式,推进医疗健康产业平台和养老服务标准化体系建设。体育文化产业,体育要加大资源整合,盘活首钢场馆设施,做好市场化运营。文化要推进首钢剧本孵化产业网络虚拟平台二期项目内容衍生品孵化平台建设,探索动漫游戏产业,推动文化与科技融合发展。

(五)深化改革,建设高效协同的科技创新体系

一是搭建内外协同、高效的合作平台。以做优做强首钢钢铁和城市综合服务商两大主导产业为目标,结合智能立体车库、钢结构住宅、海水淡化、包装自动化等项目,建立集团内部材料研发、工程设计、设备制造、工程建设、标准制定、生产运营的合作体制机制,实现内部资源的共享和协同。总结电工钢产销研用协同高效推进经验,在钢铁板块进行推广;借鉴北京协同创新研究院的经验,探索对外产学研用合作的新模式,通过产业技术创新联盟、共建实验室、先期介入与后期服务、技术合作开发等方式,创建与用户粘接的平台;积极参与国家、省市等创新平台建设,提高研发层次和水平,强化竞争实力。

二是加强科技人才队伍建设。围绕提高钢铁业核心竞争力和打造城市综合服务商对科技人才建设提出的新要求,制定首钢集团关键人才队伍建设制度,打造"首钢优秀青年科技人才—首钢科技创新带头人—首钢科技创新领军人才"的阶梯式人才支撑体系,开展"首钢科技创新领军人才、科技创新带头人"选拔工作。以产品创新开发和人才资源"协调""共享"为目标,通过建立"首钢优秀科技创新团队"的工作模式,探索科技人才培养成长新途径。继续推荐高层次人才参加国家、部委、北京市和行业评优以及资助经费申报工作,不断提升首钢科技人才社会影响力。通过整合实施职务职级改革,完善薪酬激励机制,为人才构建多元化的发展平台,切实形成横向互通、纵向贯通的职业发展通道,激发科技人才干事创业活力。按照"分类分级,灵活高效"的原则,规范人才引进审批和备案工作程序,充分发挥平台公司管理职能作用,引进社会优秀人才为首钢战略发展服务。

三是提高科技创新综合能力。通过集团内研发、设计、制造、运营等资源的整合,推出一批在行业有影响力的重大工程技术,形成一批用于国家重大工程和行业龙头用户的优势产品集群,参与一批国家重大科技项目。全年完成专利申请640项、软件著作权30项、建筑工法2项,形成企业技术秘密240项,形成若干示范工程。

(六)突出重点,扎实开展管理创新活动

管理创新工作要紧紧围绕首钢"十三五"规划,集团管控要重点推进治理结构、风控体系建设;钢铁业要总结推广首秦公司内部市场化改革、提高全要素生产效率的经验,积极落实国家化解钢铁行业产能过剩政策措施,推动企业提高效率,实现转型提效;城市综合服务产业要创新商业模式,实施产融结合,培育提升首钢城市综合服务实力;园区开发要建设智慧园区,提升资本运作水平,拓展转型发展空间。管理创新成果要有1至2项获得国家级奖励,有30项以上获得冶金行业和北京市奖励,展示首钢全面深化改革、实施发展战略的成果。

同志们,攻坚克难保生存,创新驱动求发展。在"十三五"的开局之年,面对钢铁业的寒冬,科技工作任务艰巨,责任重大。我们要认清形势,坚持科技创新和管理创新双轮驱动,以更严更实的作风,把每一项工作、每一项任务落实到位,以顽强拼搏的斗志,百倍的干劲全力确保今年各项任务的完成,为首钢实现"十三五"良好开局努力奋斗!

2016 年度首钢科学技术特殊贡献奖

马家骥　北京首钢股份有限公司
杨春政　首钢京唐钢铁联合有限责任公司

2016 年度首钢科学技术奖获奖项目

序号	项目名称	主要完成单位	获奖等级
1	铁前原料一体化应用模型的建立和应用	首钢技术研究院 首钢京唐钢铁联合有限责任公司 秦皇岛首秦金属材料有限公司	一等奖
2	首钢 SEBC 工艺技术开发	北京首钢股份有限公司 首钢技术研究院	一等奖
3	新型液态渣、钢高效循环利用工艺开发	首钢京唐钢铁联合有限责任公司 首钢技术研究院	一等奖
4	大型水电站用高强度易焊接厚板与配套焊材焊接技术开发应用	首钢技术研究院 秦皇岛首秦金属材料有限公司	一等奖
5	首钢高磁感取向硅钢板形控制技术研究	北京首钢股份有限公司	一等奖
6	首钢京唐极薄带高速连退机组高速稳定生产关键控制技术	首钢京唐钢铁联合有限责任公司	一等奖
7	高硅高强汽车板色差缺陷控制技术研究	首钢技术研究院 首钢京唐钢铁联合有限责任公司 北京首钢股份有限公司	一等奖
8	功能性饮料罐用镀锡板的产品开发及应用	首钢京唐钢铁联合有限责任公司 首钢技术研究院	一等奖
9	北京首钢生物质能源项目生活垃圾焚烧发电成套工艺技术	首钢环境产业有限公司	一等奖
10	首钢秘鲁铁矿新区选矿厂基本设计优化研究与应用	首钢技术研究院 首钢总公司总工程师室 首钢矿业公司 中国首钢国际贸易工程公司	一等奖
11	强富水全风化砂质破碎带支护技术在马城铁矿 3 号副井的应用	首钢矿业公司	二等奖
12	京唐带式焙烧机热工测试及工艺优化研究	首钢技术研究院 首钢京唐钢铁联合有限责任公司	二等奖
13	华菱涟钢 8 号高炉工程新技术集成与创新	北京首钢国际工程技术有限公司	二等奖

续表

序号	项目名称	主要完成单位	获奖等级
14	BH 钢过剩碳窄成分控制技术研究	北京首钢股份有限公司 首钢技术研究院	二等奖
15	首秦公司钢轧界面物流控制优化研究	秦皇岛首秦金属材料有限公司 首钢技术研究院	二等奖
16	中磷铁水转炉脱磷技术研究及在秦—迁两地的应用	首钢技术研究院 秦皇岛首秦金属材料有限公司 北京首钢股份有限公司	二等奖
17	高洁净度车轮、管线用钢夹杂物控制技术研究与开发	首钢技术研究院 首钢京唐钢铁联合有限责任公司 北京首钢股份有限公司	二等奖
18	车轮用细晶粒钢开发及变截面工艺仿真优化研究	首钢技术研究院 首钢京唐钢铁联合有限责任公司	二等奖
19	首钢冷轧高分辨率表检系统与判定系统在高端汽车板生产中的应用和优化	北京首钢股份有限公司 首钢技术研究院	二等奖
20	冷轧镀锌宽规格高端汽车板关键生产工艺技术研究及产业化应用	首钢京唐钢铁联合有限责任公司 首钢技术研究院	二等奖
21	IF 系列钢种氧化特性及氧化类遗传缺陷形成机理与预防措施研究	首钢技术研究院 北京首钢股份有限公司 首钢京唐钢铁联合有限责任公司	二等奖
22	高强汽车板局部成形开裂材料相关性机理研究及对策	首钢技术研究院 北京首钢股份有限公司	二等奖
23	变频空调用高品质 35SW300 产品开发	北京首钢股份有限公司	二等奖
24	油气输送用大壁厚高强韧管线钢热轧卷板的研制和开发	首钢技术研究院 首钢京唐钢铁联合有限责任公司 北京首钢股份有限公司	二等奖
25	厚壁抗低温断裂管线钢的研制与开发	首钢技术研究院 秦皇岛首秦金属材料有限公司	二等奖
26	汽车用合金化镀锌 IF 钢研制开发	首钢技术研究院 北京首钢股份有限公司	二等奖
27	汽车用超低碳烘烤硬化钢开发优化及控制技术研究	首钢技术研究院 北京首钢股份有限公司 首钢京唐钢铁联合有限责任公司	二等奖
28	质量过程控制管理平台	北京首钢股份有限公司 北京首钢自动化信息技术有限公司	二等奖
29	基于数据挖掘的取向硅钢轧制模型优化及开发	北京首钢自动化信息技术有限公司 北京首钢股份有限公司	二等奖
30	京唐镀铝锌生产线控制系统的研究与应用	北京首钢自动化信息技术有限公司 首钢京唐钢铁联合有限责任公司	二等奖
31	300MW 煤—煤气混烧锅炉超低氮燃烧技术研究与应用	首钢京唐钢铁联合有限责任公司	二等奖
32	京唐 260 吨/小时干熄焦系统提高能效技术研究	唐山首钢京唐西山焦化有限责任公司 首钢京唐钢铁联合有限责任公司 首钢技术研究院	二等奖

序号	项目名称	主要完成单位	获奖等级
33	钢框架—混凝土核心筒钢结构住宅体系研究与应用	北京首钢建设集团有限公司	二等奖
34	首钢干部群体血管早期病变评估及其健康管理随访研究	北京大学首钢医院	二等奖
35	杏山铁矿一期倒段和主溜井封堵设计优化与实践	首钢矿业公司	三等奖
36	80吨矿用洒水车研发与应用	首钢矿业公司	三等奖
37	高压辊磨超细碎—粗粒抛尾工艺技术研究与应用	辽宁首钢硼铁有限责任公司	三等奖
38	三洲能源科技中心基坑支护工程	首钢地质勘查院	三等奖
39	链篦机—回转窑工艺生产含钛球团矿及高炉使用技术研究	北京首钢股份有限公司 首钢技术研究院	三等奖
40	大型高炉内燃式热风炉燃烧器局部修复技术研究	北京首钢股份有限公司 首钢技术研究院	三等奖
41	京唐烧结原燃料粒度匹配性研究及应用	首钢京唐钢铁联合有限责任公司 首钢技术研究院	三等奖
42	京唐高炉喷煤参数优化及高煤比冶炼的研究与应用	首钢京唐钢铁联合有限责任公司 首钢技术研究院	三等奖
43	京唐高炉喷吹焦化灰技术研究与应用	首钢京唐钢铁联合有限责任公司 首钢技术研究院	三等奖
44	首秦高炉炉役后期攻关焦炭负荷6.0的低成本炼铁研究	秦皇岛首秦金属材料有限公司 首钢技术研究院	三等奖
45	股份公司一炼钢副枪测量期主动调节技术在转炉煤气回收中研究及应用	北京首钢股份有限公司 首钢技术研究院	三等奖
46	超低碳钢过程增碳控制研究	首钢京唐钢铁联合有限责任公司 首钢技术研究院	三等奖
47	京唐KR脱硫智能控制系统研究	首钢京唐钢铁联合有限责任公司 北京首钢自动化信息技术有限公司	三等奖
48	亚包晶钢板坯表面裂纹控制技术研究	首钢京唐钢铁联合有限责任公司 首钢技术研究院	三等奖
49	首秦公司钢渣处理工艺的开发与应用	秦皇岛首秦金属材料有限公司 首钢技术研究院	三等奖
50	RH精炼炉用无铬耐火材料研究与应用	首钢技术研究院 首钢京唐钢铁联合有限责任公司 北京首钢股份有限公司	三等奖
51	高钛铁水脱硫工艺的开发和应用	首钢技术研究院 北京首钢股份有限公司	三等奖
52	首秦提高RH炉寿命技术研究与应用	首钢技术研究院 秦皇岛首秦金属材料有限公司	三等奖
53	连铸机间歇式喷淋技术的自主研发与应用	首钢技术研究院 秦皇岛首秦金属材料有限公司	三等奖
54	钢包全程加盖技术的应用与实践	首钢水城钢铁(集团)有限责任公司	三等奖
55	迁钢一热轧高精度宽度控制技术开发	北京首钢股份有限公司 北京首钢自动化信息技术有限公司	三等奖

序号	项目名称	主要完成单位	获奖等级
56	迁钢二热轧平整机组设备功能及工艺控制技术研究与应用	北京首钢股份有限公司 首钢技术研究院	三等奖
57	热轧高强钢浪形控制技术研究	首钢京唐钢铁联合有限责任公司 首钢技术研究院	三等奖
58	首钢京唐高品质热轧薄规格带钢关键技术研究与应用	首钢京唐钢铁联合有限责任公司 首钢技术研究院	三等奖
59	京唐热轧带钢力学性能专家系统开发	首钢技术研究院 首钢京唐钢铁联合有限责任公司	三等奖
60	薄板坯连铸连轧硼微合金化钢边部质量控制	通化钢铁集团股份有限公司	三等奖
61	首钢国际高刚度短应力线轧机设备研究与应用	北京首钢国际工程技术有限公司 首钢长治钢铁有限公司 首钢贵阳特殊钢有限责任公司 首钢水城钢铁(集团)有限责任公司	三等奖
62	棒线材生产线1号回转剪的研究与应用	北京首钢国际工程技术有限公司 首钢长治钢铁有限公司 首钢贵阳特殊钢有限责任公司	三等奖
63	ISO16574《高碳钢盘条索氏体含量金相检测方法》的制定	北京首钢股份有限公司 首钢技术研究院	三等奖
64	首钢汽车板高效低成本高品质生产技术及应用	北京首钢股份有限公司 首钢技术研究院	三等奖
65	高效高牌号无取向电工钢新型制造技术研究与应用	北京首钢股份有限公司	三等奖
66	首钢京唐冷轧高强钢炉内氧化机理研究及现场应用	首钢京唐钢铁联合有限责任公司 首钢技术研究院	三等奖
67	首钢京唐UCM轧机柔性轧制技术研究及应用	首钢京唐钢铁联合有限责任公司 首钢技术研究院	三等奖
68	首钢京唐超薄规格镀锌产品的批量化生产工艺技术研究	首钢京唐钢铁联合有限责任公司 首钢技术研究院	三等奖
69	首钢冷轧薄板产品热轧U形卷取工艺开发	首钢技术研究院 北京首钢股份有限公司 首钢京唐钢铁联合有限责任公司	三等奖
70	首钢一次冷轧罩退镀锡板组织性能调控技术研究	首钢技术研究院 首钢京唐钢铁联合有限责任公司	三等奖
71	首钢京唐冷轧连续退火炉稳定通板技术研究与应用	首钢京唐钢铁联合有限责任公司 首钢技术研究院	三等奖
72	首钢出口汽车板塌卷质量改进技术研究	首钢技术研究院 首钢京唐钢铁联合有限责任公司	三等奖
73	复杂应变路径下板材成形极限应用技术研究	首钢技术研究院	三等奖
74	典型深拉延零件成形稳定性研究	首钢技术研究院	三等奖
75	制定国标GB/T 20564.8-2015《汽车用高强度冷连轧钢板及钢带 第8部分:复相钢》	首钢技术研究院	三等奖
76	低碳铝镇静钢冲压性能改善及汽车家电用户的使用拓展	北京首钢股份有限公司 首钢技术研究院	三等奖

序号	项目名称	主要完成单位	获奖等级
77	首钢京唐 1.1 锡层高蛋白产品抗硫专用镀锡板开发及应用	首钢京唐钢铁联合有限责任公司 首钢技术研究院	三等奖
78	首秦公司美标高强储罐钢的开发与应用	秦皇岛首秦金属材料有限公司 首钢技术研究院	三等奖
79	耐低温特厚欧标高强结构钢 S460ML/S460G1 系列钢板的研制与开发	首钢技术研究院 秦皇岛首秦金属材料有限公司	三等奖
80	首钢耐候桥梁钢板的研制与开发	首钢技术研究院 秦皇岛首秦金属材料有限公司	三等奖
81	正火态抗酸钢的研制与开发	首钢技术研究院 秦皇岛首秦金属材料有限公司	三等奖
82	奥氏体对冷轧先进高强汽车板的增塑机理研究及应用	首钢技术研究院 北京首钢股份有限公司	三等奖
83	核电站反应堆压力容器 C 型密封环用合金材料国产化研制	北京北冶功能材料有限公司	三等奖
84	首钢冷轧连续退火炉系统改进与优化	北京首钢股份有限公司 首钢技术研究院	三等奖
85	顺义冷轧高档汽车板高精度带头定位技术开发及应	北京首钢股份有限公司 北京首钢自动化信息技术有限公司	三等奖
86	迁钢一热轧一级自动化新控制功能开发与优化	北京首钢股份有限公司	三等奖
87	智能远程集中计量管理系统研发及应用	首钢矿业公司	三等奖
88	订单评审系统平台自主研发与应用	北京首钢自动化信息技术有限公司 首钢技术研究院 北京首钢股份有限公司 首钢总公司系统优化部	三等奖
89	干熄焦自动化控制系统	北京首钢自动化信息技术有限公司	三等奖
90	首钢顺义冷轧废水处理工艺升级技术研究	北京首钢股份有限公司 首钢技术研究院	三等奖
91	永磁涡流节能技术研究	北京首钢股份有限公司	三等奖
92	脱硫制酸技术的优化与应用	首钢京唐钢铁联合有限责任公司 唐山首钢京唐西山焦化有限责任公司	三等奖
93	首秦热处理炉热工制度与钢板温度控制技术研究	首钢技术研究院 秦皇岛首秦金属材料有限公司	三等奖
94	首钢新型景观提升护栏	北京首钢机电有限公司	三等奖
95	梳齿式平面移动机械式停车设备制作与安装技术	北京首钢建设集团有限公司 北京首钢城运控股有限公司	三等奖
96	巨幅异形 LED 网幕无锚点安装技术	北京首钢建设集团有限公司	三等奖
97	首钢污染场地修复技术及热脱附工程应用研究	首钢环境产业有限公司	三等奖
98	风管生产技术研发	北京首钢园区综合服务有限公司	三等奖
99	幼儿园园本美术课程开发与实践	北京首钢实业有限公司	三等奖

2016 年首钢第十七届管理创新成果获奖项目

序号	成果名称	主创单位	获奖等级
1	特大型国有钢铁企业国有资产监管方式的实践	监事会工作办公室	一等奖
2	大型临港钢铁企业原燃料收发存成本管理的实践与创新	京唐公司	一等奖
3	钢铁企业土壤修复项目管理方法探索与应用	安全环保部	一等奖
4	大型露天深凹矿山采矿智能管理系统的构建与实施	矿业公司	一等奖
5	首钢落实京津冀协同发展战略的创新与实践	战略发展部	一等奖
6	大型国有企业领导干部薪酬分配制度及改革的创新与实践	人力资源部	一等奖
7	构建工程技术企业差异化市场竞争体系的创新与实践	首钢国际工程技术有限公司	一等奖
8	构建首钢环境产业发展体系的路径与实践	环境产业公司	一等奖
9	钢铁企业跨境融资租赁体系的构建与实践	国际业务部	一等奖
10	基于员工能力提升的岗位嵌入式培训体系构建与实践	京唐公司	一等奖
11	构建精简、高效、规范的冶金职称评审管理平台	人事服务中心	一等奖
12	大型钢铁企业设备全优润滑管理体系的实施与构建	股份公司	二等奖
13	应用敏捷制造理论,构建汽车板产线自动化设备信息化管控体系	冷轧公司	二等奖
14	创建开放型实验室管理新体系,实现钢铁技术创新和城市服务共发展	技术研究院	二等奖
15	首钢职工健康管理体系的构建	系统优化部	二等奖
16	引入流程管理系统 丰富企业档案综合服务功能	行政管理中心	二等奖
17	钢铁电商助力新型营销模式创新	销售公司	二等奖
18	基于绿色高效的能源管理信息系统的构建与实践	首秦公司	二等奖
19	依据铁矿石市场演变规律 创新铁矿石销售模式	中首公司	二等奖
20	运用 PDCA 管理方法 全面深化医疗质量与安全管理持续改进	北京大学首钢医院	二等奖
21	基于幼教延伸领域 拓展教育培训市场	实业公司	二等奖
22	混合所有制企业监管模式的构建与实践	监事会办公室	二等奖
23	大型钢铁企业产业转型过程中重大税务事项的研究与实践	经营财务部	二等奖
24	基于高效安全生产的地采矿山爆破管理模式的构建	矿业公司	二等奖
25	搭建矿产资源业产融平台的实践	矿投公司	二等奖
26	以客户价值诉求为核心的产品研发体系构建与实施	股份公司	二等奖
27	开展企校合作模式的探索和实践	伊钢公司	二等奖

序号	成果名称	主创单位	获奖等级
28	建设钢贸管理平台,提升钢企营销一体化管理水平	销售公司	三等奖
29	大型钢铁企业原燃料"三优"管理体系的构建	京唐公司	三等奖
30	构建全面资金管控体系	通钢公司	三等奖
31	打造城市综合服务商,创新立体车库制造	首钢城运	三等奖
32	迁钢信息化资源一体化管控平台	首自信公司	三等奖
33	首钢西十筒仓一、二期工业设施改造项目研究与实践	园区开发部	三等奖
34	创新矿用车辆燃油管控体系建设的实践	监察部	三等奖
35	如何体现法律风险防控建设在首钢依法治企、深化改革过程中的战略价值与意义	法律事务部	三等奖
36	新常态下经济生产组织模式的构建	水钢集团	三等奖
37	建立节能机制,推动持续节能	吉泰安公司	三等奖
38	首钢博士后科研工作站科学化管理的实践与探索	人事服务中心	三等奖
39	"战略控制型"集团架构下改制企业管控模式的探索	资本运营部	三等奖
40	首钢园区能源系统稳定运行及降耗的探索与实践	园区管理部	三等奖
41	主要钢铁企业专利信息资源的开发与利用	技术研究院	三等奖
42	"互联网+"环境下的大型钢铁企业信息资源知识管理平台的构建与运行	股份公司	三等奖
43	气体销售管理体系优化及实践	氧气厂	三等奖
44	深化内部改革　积极应对钢铁行业新常态	首秦公司	三等奖
45	钢铁企业备件(材料)零库存管理研究与实践	长钢公司	三等奖
46	实施创新型精益成本管理,提升产品市场竞争力	长钢公司	三等奖
47	围绕钢铁业,提高服务保障能力	首建集团	三等奖
48	利用大工业遗存资源开展影视取景拍摄业务的探索与实践	文化发展公司	三等奖

2016 年荣获冶金企业管理现代化创新成果奖

序号	成果名称	主创单位	获奖等级
1	特大型国有钢铁企业国有资产监管方式的实践	监事会办公室	一等奖
2	大型临港钢铁企业原燃料收发存成本管理的实践与创新	京唐公司	一等奖
3	钢铁企业土壤修复项目管理方法探索与应用	安全环保部	一等奖
4	大型露天深凹矿山采矿智能管理系统的构建与实施	矿业公司	一等奖
5	大型钢铁企业设备全优润滑管理体系的实施与构建	股份公司	二等奖

续表

序号	成果名称	主创单位	获奖等级
6	应用敏捷制造理论,构建汽车板产线自动化设备信息化管控体系	冷轧公司	二等奖
7	创建开放型实验室管理新体系,实现钢铁技术创新和城市服务共发展	技术研究院	二等奖
8	大型钢铁企业产业转型过程中重大税务事项的研究与实践	经营财务部	三等奖
9	基于高效安全生产的地采矿山爆破管理模式的构建	矿业公司	三等奖
10	搭建矿产资源业产融平台的实践	矿投公司	三等奖
11	以客户价值诉求为核心的产品研发体系构建与实施	股份公司	三等奖
12	开展企校合作模式的探索和实践	伊钢公司	三等奖
13	建设钢贸管理平台,提升钢企营销一体化管理水平	销售公司	三等奖
14	大型钢铁企业原燃料"三优"管理体系的构建	京唐公司	三等奖
15	构建全面资金管控体系	通钢公司	三等奖

2016 年荣获北京市企业管理现代化创新成果奖

序号	成果名称	成果单位	获奖等级
1	首钢落实京津冀协同发展战略的创新与实践	战略发展部	一等奖
2	大型国有企业领导干部薪酬分配制度及改革的创新与实践	人力资源部	一等奖
3	构建工程技术企业差异化市场竞争体系的创新与实践	国际工程公司	一等奖
4	构建首钢环境产业发展体系的路径与实践	环境产业公司	一等奖
5	钢铁企业跨境融资租赁体系的构建与实践	国际业务部	一等奖
6	基于员工能力提升的岗位嵌入式培训体系构建与实践	京唐公司	一等奖
7	构建精简、高效、规范的冶金职称评审管理平台	人事服务中心	一等奖
8	首钢职工健康管理体系的构建	系统优化部	二等奖
9	引入流程管理系统　丰富企业档案综合服务功能	行政管理中心	二等奖
10	钢铁电商助力新型营销模式创新	销售公司	二等奖
11	基于绿色高效的能源管理信息系统的构建与实践	首秦公司	二等奖
12	依据铁矿石市场演变规律　创新铁矿石销售模式	中首公司	二等奖
13	运用 PDCA 管理方法　全面深化医疗质量与安全管理持续改进	北京大学首钢医院	二等奖
14	基于幼教延伸领域　拓展教育培训市场	实业公司	二等奖
15	混合所有制企业监管模式的构建与实践	监事会办公司	二等奖

组织机构

◎ 责任编辑：关佳洁、刘冰清

集团成员单位管理关系图（1）

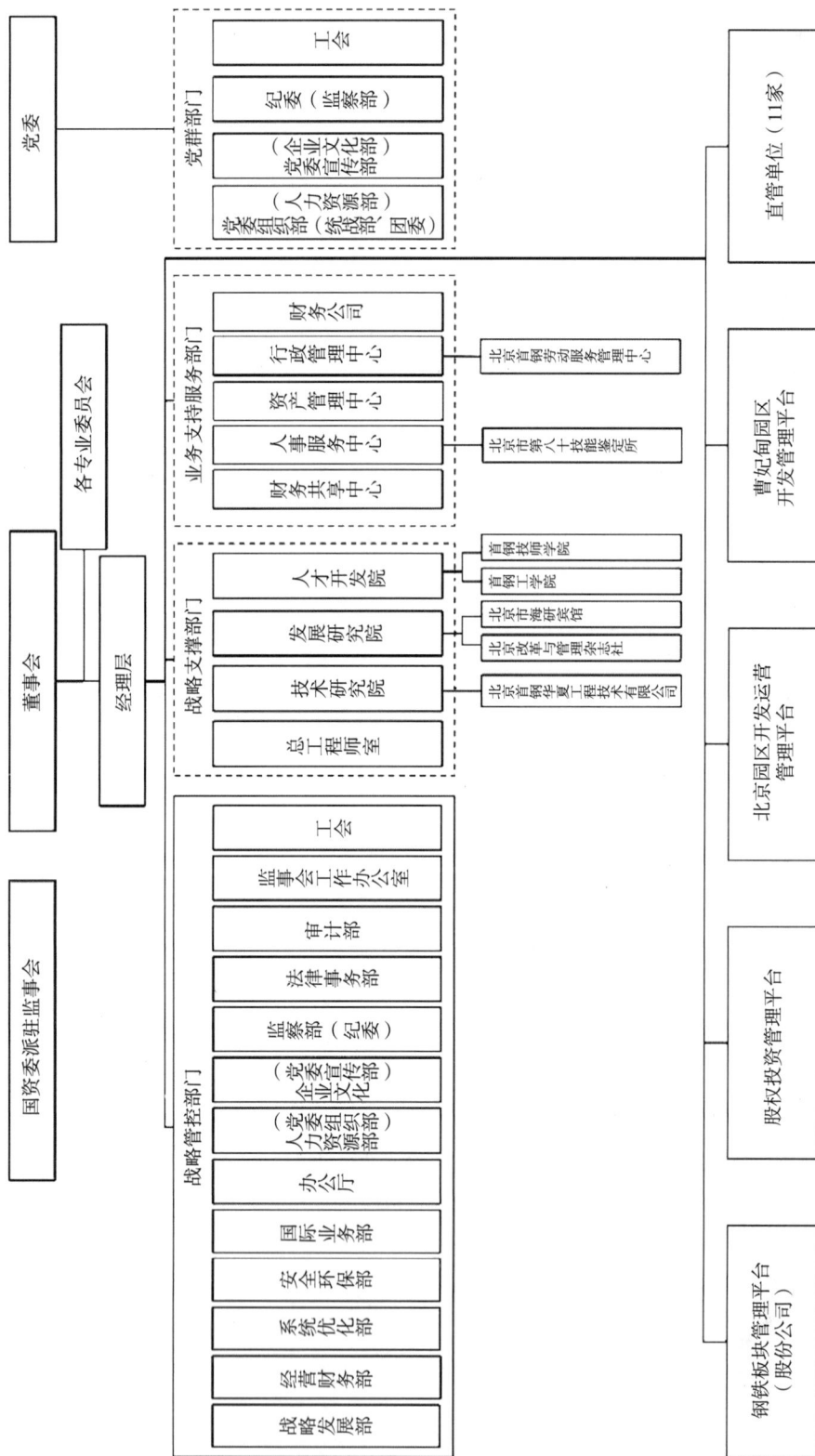

党委
— 党群部门
  - 工会
  - 纪委（监察部）
  - 党委宣传部（企业文化部）
  - 党委组织部（人力资源部）（统战部）（团委）

国资委派驻监事会

董事会
— 各专业委员会
— 经理层

战略管控部门
- 战略发展部
- 经营财务部
- 系统优化部
- 安全环保部
- 国际业务部
- 办公厅
- 党委组织部（人力资源部）
- 党委宣传部（企业文化部）
- 监察部（纪委）
- 法律事务部
- 审计部
- 监事会工作办公室
- 工会

战略支撑部门
- 总工程师室
- 技术研究院 — 北京首钢华夏工程技术有限公司
- 发展研究院 — 北京改革与管理杂志社 / 北京市西荷研宾馆
- 人才开发院 — 首钢工学院 / 首钢技师学院

业务支持服务部门
- 财务共享中心
- 人事服务中心 — 北京市第八技能鉴定所
- 资产管理中心
- 行政管理中心 — 北京首钢劳动服务管理中心
- 财务公司

直管单位（11家）

钢铁板块管理平台（股份公司）
股权投资管理平台
北京园区开发运营管理平台
曹妃甸园区开发管理平台

集团成员单位管理关系图（2）

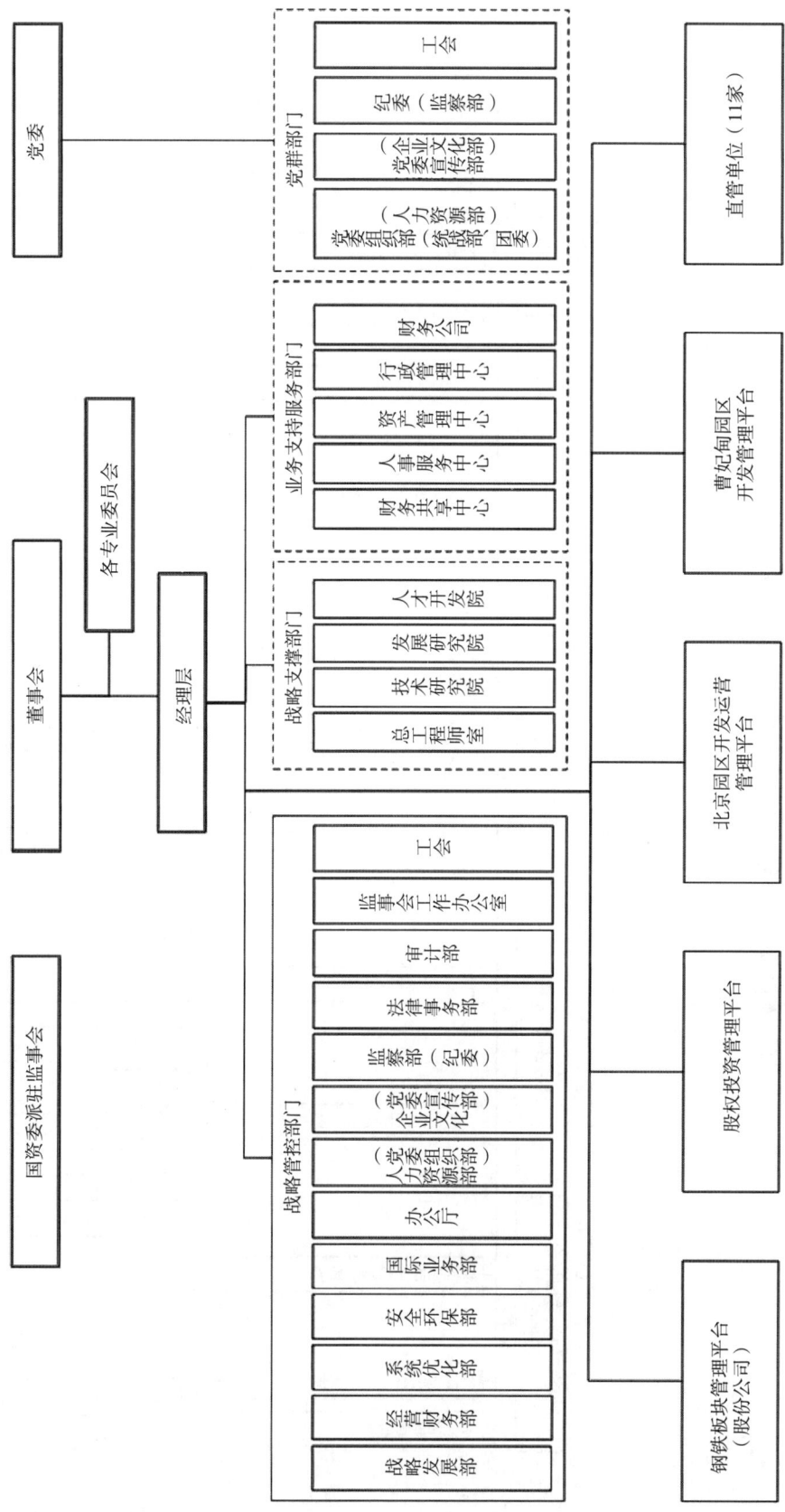

国资委派驻监事会

董事会 — 各专业委员会 — 经理层

党委

党群部门
- 工会
- 纪委（监察部）
- 党委宣传部（企业文化部）
- 党委组织部（人力资源部）（统战部）（团委）

业务支持服务部门
- 财务公司
- 行政管理中心
- 资产管理中心
- 人事服务中心
- 财务共享中心

战略支撑部门
- 人才开发院
- 发展研究院
- 技术研究院
- 总工程师室

战略管控部门
- 工会
- 监事会工作办公室
- 审计部
- 法律事务部
- 监察部（纪委）
- 企业文化部（党委宣传部）
- 人力资源部（党委组织部）
- 办公厅
- 国际业务部
- 安全环保部
- 系统优化部
- 经营财务部
- 战略发展部

直管单位（11家）

曹妃甸园区开发管理平台

北京园区开发运营管理平台

股权投资管理平台

钢铁板块管理平台（股份公司）

集团成员单位管理关系图（3）

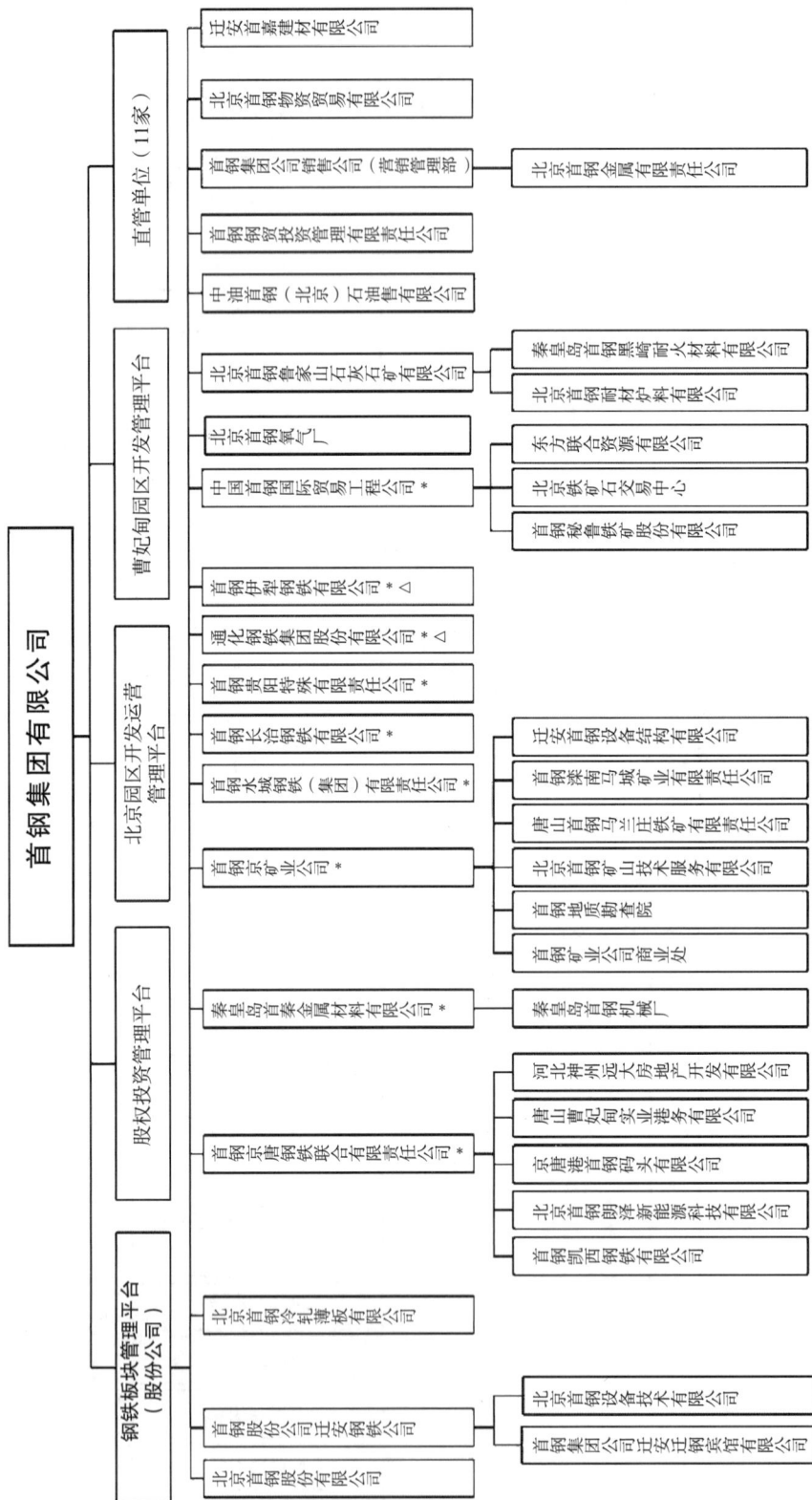

首钢集团有限公司

直管单位（11家）
- 迁安首嘉建材有限公司
- 北京首钢物资贸易有限公司
- 首钢集团销售公司（营销管理部） → 北京首钢金属有限责任公司
- 首钢钢贸投资管理有限责任公司
- 中油首钢（北京）石油销售有限公司

曹妃甸园区开发管理平台
- 北京首钢鲁家山石灰石矿有限公司 → 秦皇岛首钢黑崎耐火材料有限公司；北京首钢耐材炉料有限公司
- 北京首钢氧气厂
- 中国首钢国际贸易工程公司* → 东方联合资源有限公司；北京铁矿石交易中心；首钢秘鲁铁矿股份有限公司

北京园区开发运营管理平台
- 首钢伊犁钢铁有限公司* △
- 通化钢铁集团股份有限公司* △
- 首钢贵阳特殊钢有限责任公司*
- 首钢长治钢铁有限公司*
- 首钢水城钢铁（集团）有限责任公司*
- 首钢京矿业公司* → 迁安首钢设备结构有限公司；首钢滦南马城矿业有限责任公司；唐山首钢马兰庄铁矿有限责任公司；北京首钢矿山技术服务有限公司；首钢地质勘查院；首钢矿业公司商业处

股权投资管理平台
- 秦皇岛首秦金属材料有限公司* → 秦皇岛首钢机械厂
- 首钢京唐钢铁联合有限责任公司* → 河北神州远大房地产开发有限公司；唐山曹妃甸实业港务有限公司；京唐港首钢码头有限公司；北京首钢朗泽新能源科技有限公司；首钢凯西钢铁有限公司

钢铁板块管理平台（股份公司）
- 北京首钢冷轧薄板有限公司
- 首钢股份公司迁安钢铁公司 → 北京首钢设备技术有限公司；首钢集团公司迁安迁钢宾馆有限公司
- 北京首钢股份有限公司

注1：标*企业为总公司实行关键要素管理的企业。
注2：标△企业为非总公司直接投资企业，考虑其生产经营范围，划入钢铁板块管理平台范畴。

集团成员单位管理关系图（4）

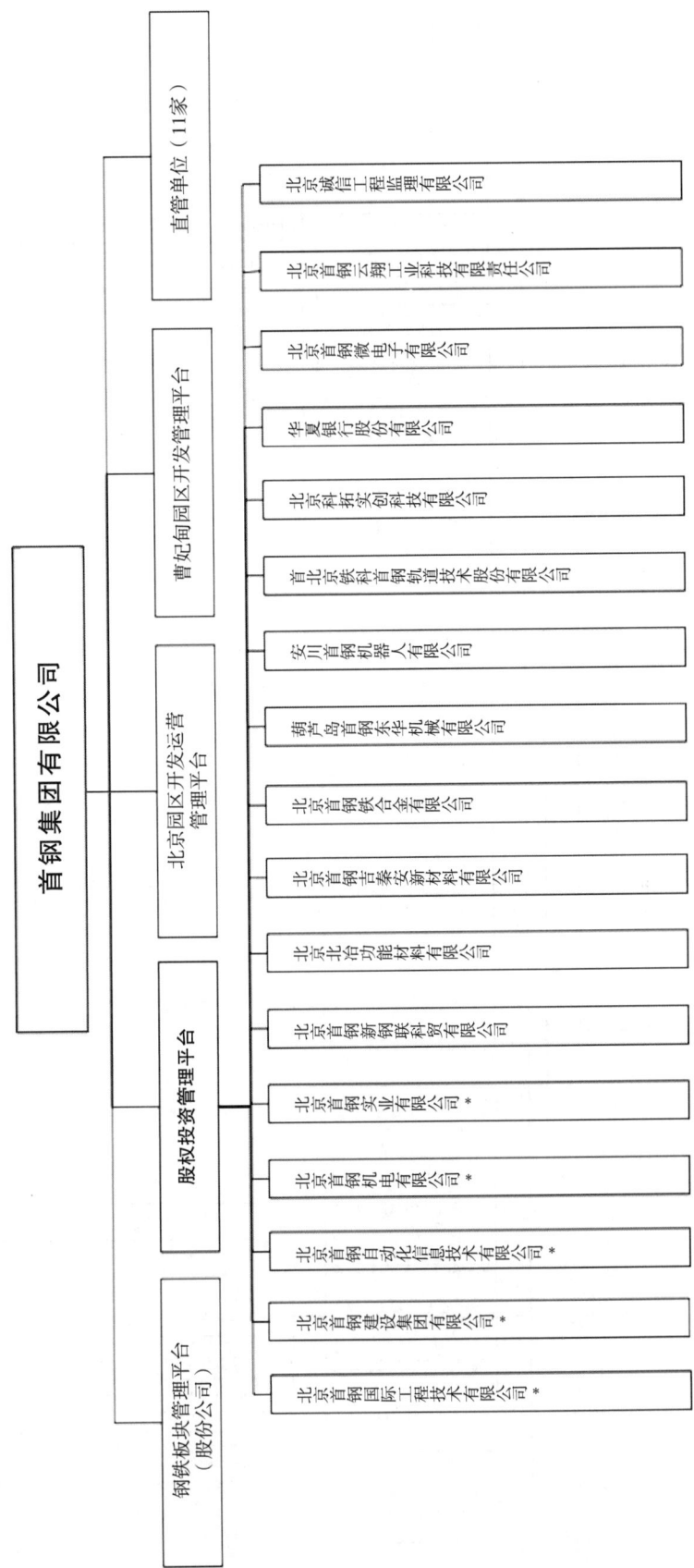

首钢集团有限公司

钢铁板块管理平台（股份公司）

股权投资管理平台

北京园区开发运营管理平台

曹妃甸园区开发管理平台

直管单位（11家）

- 北京首钢国际工程技术有限公司 *
- 北京首钢建设集团有限公司 *
- 北京首钢自动化信息技术有限公司 *
- 北京首钢机电有限公司 *
- 北京首钢实业有限公司 *
- 北京首钢新钢联科贸有限公司
- 北京北冶功能材料有限公司
- 北京首钢吉泰安新材料有限公司
- 北京首钢铁合金有限公司
- 葫芦岛首钢东华机械有限公司
- 安川首钢机器人有限公司
- 北京首钢轨道技术股份有限公司
- 北京科拓实创科技有限公司
- 华夏银行股份有限公司
- 北京首钢微电子有限公司
- 北京首钢云翔工业科技有限责任公司
- 北京诚信工程监理有限公司

注：标*企业为总公司实行关键要素管理的企业。

集团成员单位管理关系图（5）

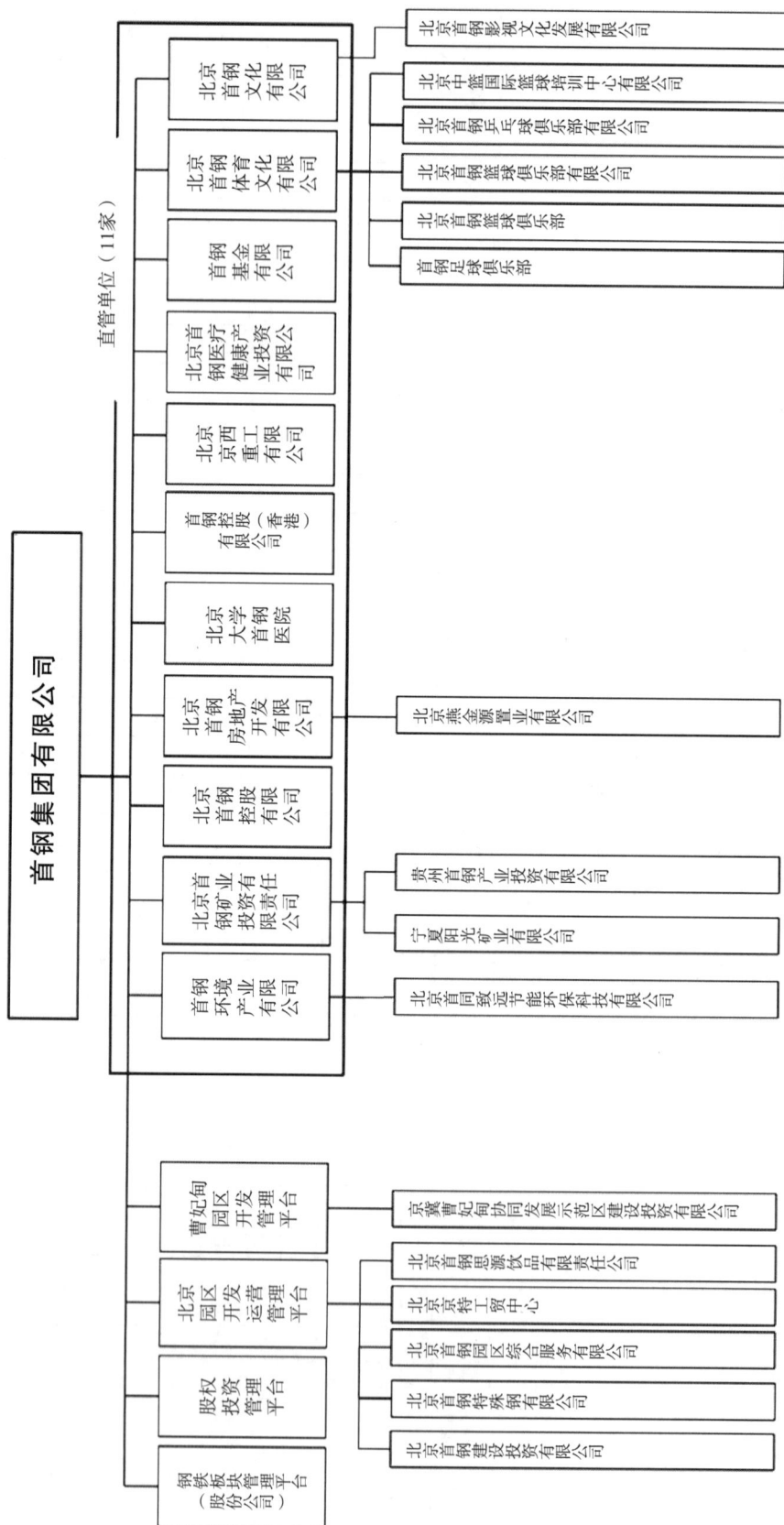

首钢集团有限公司

钢铁板块管理平台（首钢股份有限公司）

股权投资管理平台

北京园区开发运营管理平台

曹妃甸园区开发管理平台

北京首钢建设投资有限公司

北京首钢特殊钢有限公司

北京首钢园区综合服务有限公司

北京首钢工贸中心

北京首钢思源饮品有限责任公司

京冀曹妃甸协同发展示范区建设投资有限公司

首钢环境产业有限公司

北京首钢矿业投资有限责任公司

北京首钢控股有限公司

北京首钢房地产开发有限公司

北京大学首钢医院

首钢控股（香港）有限公司

北京京西重工有限公司

北京首钢医疗健康产业投资公司

首钢基金有限公司

北京首钢体育文化有限公司

北京首钢文化有限公司

北京同致远节能环保科技有限公司

宁夏阳光矿业有限公司

贵州首钢产业投资有限公司

北京燕金源置业有限公司

首钢足球俱乐部

北京首钢篮球俱乐部

北京首钢篮球俱乐部有限公司

北京首钢乒乓球俱乐部有限公司

北京中篮国际篮球培训中心有限公司

北京首钢影视文化发展有限公司

直管单位（11家）

2016 年首钢总公司领导

中共首钢总公司委员会

党 委 书 记：靳 伟

党委副书记：张功焰 何 巍

纪 委 书 记：许建国

党 委 常 委：靳 伟 张功焰 许建国

梁宗平 赵民革

白 新 孙永刚

首钢总公司董事会

董 事 长：靳 伟

董 事：张功焰 许建国 何 巍

梁宗平 赵民革

首钢总公司

总 经 理：张功焰

副总经理：赵民革 白 新 孙永刚

王世忠(1 月任职) 胡雄光

韩 庆 梁 捷(9 月任职)

工 会 主 席：梁宗平

财 务 总 监：王洪军

总经理助理：赵天旸 刘 桦 顾章飞 王 涛

总法律顾问：孙永刚

党群与战略管控

◎ 责任编辑：车宏卿、关佳洁

人力资源部（党委组织部、党委统战部）

【人力资源部领导名录】
部　　长：吴　平

副部长：孙　炜　刘洪祥（2015 年 12 月任职）

（闫　琳）

【综述】
首钢总公司人力资源部（党委组织部、党委统战部）是首钢总公司党委的组织职能部门、统战职能部门，首钢集团人力资源职能部门。人力资源部（党委组织部、党委统战部）负责领导人员队伍建设和领导班子、直管领导人员、后备领导人员管理；负责党组织、党员队伍建设和基层党委、支部、党员、党费管理；负责集团人力资源规划、关键人才队伍建设，人才引进、招聘、调配、培训专业管理；负责集团薪酬绩效制度体系建设，直管领导人员、集团总部人员薪酬管理；负责统战工作和党外代表人士队伍建设，负责民主党派、民族团结、党外知识分子有关工作和人大代表、政协委员参政议政的服务工作。下设领导人员管理、党群管理、薪酬与员工绩效、人才发展 4 个业务模块，与首钢总公司团委、机关党委合署办公。在岗职工 19 人，其中研究生 13 人，大本 6 人；高级职称 8 人，中级职称 11 人。

2016 年，党委组织部认真学习贯彻党的十八大、十八届三中、四中、五中、六中全会和习近平总书记系列重要讲话精神，围绕集团全面深化改革战略定位和首钢"两会"确定的目标任务，全面落实总公司党委各项指示要求，不断开创组织工作新局面，为推进首钢全面深化改革、集团化管控各项工作提供组织保证。根据深化集团管控体系改革工作总体安排，按照新的部门职能定位，对人力资源系统业务进行梳理完善，整合创新总公司机关党委、团委机构职责，平稳完成新部门组建及业务优化工作。

（闫　琳）

【开展"两学一做"】
党委组织部认真分析党员和干部队伍状况，组织全体党员学党章、学讲话，坚持基础在学、关键在做，规范学习、提高实效，完成补交党费等重点工作。完成北京及河北地区 109 个基层党委、46 个党总支、979 个党支部和部分外埠单位换届选举。

（闫　琳）

【干部管理】
党委组织部学习贯彻党的干部路线方针政策，以总公司党委新思路、新要求为统领，深化干部人事制度改革，形成以"五好干部"为标准的选人用人工作机制。坚持按事业需要和能力素质选任领导人员，既严格用人标准，又大胆选拔培养人才，在不断优化考察评价方法和规范干部任免程序基础上，调整交流直管领导人员 367 人次，其中提职晋级 66 人、免职 3 人；落实从严管理干部要求，全年函询 27 人，谈话 26 人。

（闫　琳）

【人事制度改革】
人力资源部修订颁发 12 项干部管理制度，形成较为完备的领导人员管理制度体系。编制领导人员任免权力清单，解决企业党组织关系、产权关系、管理关系不匹配对领导人员任免的障碍，按照下管一级、分类管理、管好管住要求，赋予基层单位党委更大的用人决策权，释放改革活力，建立形成领导人员分类分层管理体系。制订颁发《首钢总公司职务职级改革试点管理办法》，有效破解了领导人员行政级别不规范、不接轨，企业职级行政化，职务职级不匹配的突出矛盾。

（闫　琳）

【市场化选人用人】
人力资源部发挥行业优秀人才对企业发展的带动作用，为房地产公司、财务公司、城运公司、体育公司、技术研究院等单位选配一批领军人才，通过签订市场化聘用协议，将职业经理人的绩效考核与企业发展成效紧密挂钩，初步搭建形成职业经理人引进、管理、激励、约束工作机制。探索搭建体制内领导人员与职业经理人的身份转换通道，2 名体制内领导人员身份转换为职业经理人。

（闫　琳）

【干部培训】
人力资源部会同人才开发院举办 2016 年度首钢青年干部特训班，择优选拔 87 人参加全脱产培训，平均年龄 33 岁。特训班结业后，选拔青年干部 46 人跨单位、跨专业挂职。择优选拔外语基础好，综合素质高的学员 25 人开展英语强化培训，筹办首钢青年干部海外研修班。初步形成青年干部特训班、海外研修班、挂职锻炼、交流轮岗的人才培训工作机制。为学习贯彻十八届六中全会和全国国有企业党的建设工作会议精神，着力解决党委工作和董事会建设的关键问题，举办 2016 年度党委书记、董事长培训班，综合运用多种教学形式，取得较好办学效果。

（闫　琳）

【夯实党建基础】 党委组织部成立 6 个巡回指导组，组织、指导各基层单位召开"三严三实"专题民主生活会，确保取得实效。在全集团开展基层党委书记抓党建述职评议工作，强化基层党委书记抓党建主体责任落实。认真学习贯彻中央、北京市委关于加强国企党建工作系列文件精神，组织梳理 56 项首钢党建工作项目，制定《在首钢深化改革中坚持党的领导加强党的建设若干课题汇总表》，形成近一个时期首 7 钢党建工作全面总结和下一个时期的工作思路。

（闫 琳）

【创先争优主题活动】 党委组织部在全集团深入开展"深化改革我带头、生存发展敢担当"主题创先争优活动，总公司党委共评选表彰"六好"班子 4 个、模范基层党委 20 个、模范党支部 38 个、模范共产党员 79 名、先进党支部 77 个、先进党小组 148 个、优秀共产党员 332 人，编发《首钢创先争优经验交流材料》，抓好典型宣传。

（闫 琳）

【筹备召开首钢十八次党代会】 党委组织部筹备开展总公司党委换届工作。结合基层党委换届选举产生总公司党代会代表，推荐出总公司"两委"委员人选，2016 年 2 月组织召开首钢总公司第十八次党代会，选举产生中共首钢总公司第十八届委员会和纪律检查委员会，明确了今后一个时期首钢改革发展的目标任务。

（闫 琳）

【基层党组织建设】 党委组织部健全基层党组织，逐级理顺党组织关系。根据集团成员单位管理关系，调整 11 个直管党委隶属关系，组建股权投资公司党委、首控公司党委、金融党委，组建机关党委 32 个党支部。组织开展党支部"达晋创"等级评定工作，深入推进软弱涣散党组织整顿工作，组织 908 个党支部完成评定。加强党员队伍建设，优化结构、保证质量，全年发展党员 621 人。开展党员民主评议和党组织关系排查清理，评议在岗党员 22536 人，处置不合格党员 25 人，排查出失联党员 70 人、违纪违法党员 11 人。开展京外、境外企业党组织情况调研工作，形成《首钢京外、境外企业党建工作有关情况》调研报告，在北京市国资系统交流。

（闫 琳）

【工资总额管理试点】 人力资源部按照集团管控体系改革要求，以"提高效益、提高效率、提升价值"为目标，下放工资总额管理权力，激发活力。选择股份公司作为钢铁板块工资总额管理试点，制定颁发《钢铁板块单位 2016 年工资总额管理实施方案》，实现工资总额由"伸手要"向"自己创"转变，提高工资总额管理自主性，促进转型提效任务完成。

（闫 琳）

【领导人员薪酬体系设计】 人力资源部整合设计薪酬福利和职务职级体系，完善薪酬激励机制，制订《领导人员薪酬体系设计方案》。按照新职务职级，完善领导人员的薪酬标准和单位分档，对前期薪酬未一次核定到位的领导人员薪酬水平进行调整，规范领导人员职级待遇，下放领导人员薪酬考核权力，落实主体责任，激发改革活力。

（闫 琳）

【集团总部薪酬改革】 人力资源部针对总部部门机构改革后存在的职务职级、薪酬分配、激励机制等突出问题，在调研分析基础上，制订《集团总部部门薪酬制度改革方案》，基于新的职级体系，调整优化部门领导人员年薪标准分档，完善薪酬标准、结构及实施办法，改进绩效考核办法，完善薪酬激励机制。

（闫 琳）

【薪酬激励试点】 人力资源部在股份公司全面完成三支人才队伍薪酬激励机制试点工作，薪酬激励机制完善。实施中层领导人员薪酬制度改革，规范了分配秩序，调整了分配关系，完善了考核办法，建立了中长期激励机制。全面打通一线高技术、高技能人才职业发展的绿色通道，为各类人才搭建干事创业平台，形成纵向晋升、横向互通的职业发展通道。

（闫 琳）

【关键人才队伍建设】 人力资源部遵循"高端引领、整体开发"人才培养规律，加强内部人才梯队建设。加强青年人才培养，评选表彰"首钢优秀青年人才"299 人，青年科技人才 1 人进入"北京优秀青年人才"终审，青年科技人才 4 人获北京市优秀人才资助。实施高端人才培养工程，科技领军人才 1 人入围市科委"科技盛典"颁奖活动、入选全国"杰出工程师奖"、获"北京学者"培养经费 100 万元并成立"北京学者工作室"，科技领军人才 1 人进入国务院政府特殊津贴终审。争取政策支持，开展涉外培训，组织专业技术骨干 2 人赴国外学习培训，获境外培训费用资助，为专业技术骨干 11 人申报 2017 年境外培训项目。拓宽人才选拔视野,与 2 家社会专业人才机构建立战略合作关系,运用"猎头"方式,引进首钢战略发展急需的高端领军人才,丰富高层次人才储备库;做好高校毕业生招收计划审核和分配审核工作,全年招收高校毕业生 299 人,满足紧缺专业人才需求。

（闫　琳）

企业文化部
（党委宣传部）

【企业文化部（党委宣传部）领导名录】
部　长:郭　庆
副部长:贺蓬勃

（郑　昕）

【综述】　首钢总公司企业文化部（党委宣传部）（以下简称企业文化部（党委宣传部））是首钢集团战略管控部门之一,兼首钢思想政治工作研究会、首钢企业文化建设协会办公室职能,负责宣传思想教育管理、企业文化建设、品牌与公共关系管理、授权管理首钢新闻中心。企业文化部（党委宣传部）岗位编制 7 人:部长 1 人、副部长兼新闻中心主任 1 人、品牌与公关管理总监 1 人、宣传教育处长 1 人、企业文化建设处长 1 人、宣传教育主任 1 人、企业文化建设主任 1 人。3 月 25 日首钢新闻中心成立,由企业文化部（党委宣传部）授权管理,新闻中心下设:总编室、电视新闻室、记者室、新媒体工作室、专题室、网媒管理及舆情监控室、经营和技术部 7 个科室 60 人。

　　2016 年是贯彻首钢十八次党代会精神,开启"十三五"发展新征程的第一年。企业文化部（党委宣传部）贯彻落实首钢党委战略部署,围绕践行新发展理念,推进供给侧结构性改革,动员干部职工坚定信心保生存、攻坚克难求发展,实现"十三五"良好开局开展宣传工作,把职责任务放在首钢改革发展大局中谋划落实,取得成效。

　　企业文化部（党委宣传部）以组建新闻中心为契机,加强媒体融合,推进媒体资源共享,打造媒体新平台,实现机构融合、队伍融合和业务融合,通过多种媒体做好舆论引导和宣传报道工作。报纸、电视、网络和首钢新闻中心微信公众号总结宣传典型 200 多个;《首钢

日报》出版正刊 250 期,全年刊登文章 9800 余篇,图片 1900 余幅,文字约 490 万字。首钢电视播出《首钢新闻》265 期 1508 条,《京唐新闻》47 期 364 条,系列报道 16 个。制作完成《首钢精神　筑梦领航》《雄姿再展新首钢》《首钢 2160 投产十周年》《首钢电工钢》等专题片、宣传片 37 部。首钢新闻中心微信公众号关注人数达 10510 人,微信总发布条数 313 条,总阅读量 453790 人次,在"钢铁行业新媒体联盟"成立大会上,受到国务院国资委新闻中心等领导、专家肯定,"北京国企新媒体影响力排行榜"位居前。

（郑　昕）

【党委中心组理论学习】　企业文化部（党委宣传部）贯彻落实《首钢总公司党委中心组理论学习管理办法》,规定学习内容、学习形式、学习组织和学习管理要求,把学习宣传习近平总书记系列重要讲话精神作为第一位的政治任务,列为党委中心组学习和"两学一做"学习教育的核心内容,起草印发总公司领导班子"两学一做"学习教育中心组学习计划,推进党委中心组理论学习制度化、规范化。协助组织总公司党委中心组理论学习 37 次,其中,总公司领导班子集中学习研讨 17 次,请专家专题辅导讲座 13 场,组织参加市国资委中心组（扩大）学习视频会 7 次。首钢党委中心组理论学习做法经验在市国资委系统进行交流。

（郑　昕）

【召开三创交流会】　8 月 26 日—27 日,2016 年首钢"创新创优创业"交流会召开。会议主题"全面提高风险管控能力,保障企业持续健康发展";会议围绕集团战略管控风险管理、钢铁板块风险管理、园区开发风险管理、股权投资风险管理和风险案例剖析进行经验分享和专业解读,分为经验分享、案例剖析、专业解读、深入讨论四个部分;会后,与会人员进行风控知识考试。会议印发《首钢内部经验交流材料》《风控法律法规》《专家演讲报告》等材料,"三创"交流会为首钢建立现代企业风控体系起到推动作用。

（郑　昕）

【"首钢人的故事"宣传活动】　全集团各单位组织干部职工层层推荐宣传职工身边的故事,形成从班组到作业区,从各单位到总公司逐级推荐宣传工作机制,利用报纸、电视等宣传敢为人先、过硬作风、协同高效、诚实守信、降本增效、爱岗敬业、岗位成才、助人为乐的典型故

事 200 多个。层层举办演讲报告会，全年 28 个基层单位举办 70 场演讲报告会，230 人登台演讲。组织向上级部门推荐宣传首钢先进典型，首钢京唐公司王建斌获全国百姓学习之星；首钢京唐公司荣彦明获市国资系统"国企楷模·北京榜样"十大人物，刘宏、闫鹿蕾获"优秀人物"。

（郑　昕）

【形势任务宣传】　年初，企业文化部（党委宣传部）宣传贯彻首钢十八届一次党委扩大会和首钢十八届四次职代会暨集团工作会议精神，运用报纸、电视、微信公众号、网络等媒体，围绕首钢全面深化和转型发展重点工作，围绕风控体系建设、园区开发建设、培育新产业、新业态、新动能等任务，强化舆论引导，组织新闻中心编发评论员文章 50 余篇；开辟"为生存而竞争，靠改革求发展""打造城市综合服务商，加快首钢北京园区建设""走向新岗位，再展新风采"等专题栏目 38 个，刊发报道文章 800 多篇，宣传先进典型 500 多个。《回答总理关切！破解圆珠笔头材料制造之殇》《"一带一路"新发现　首钢京西重工捷克建新厂》《首钢成为国内首家"公交车大型车辆立体停车库"制造许可单位》《王国栋院士：首钢硅钢比肩国际先进水平》等报道受到读者关注。

（郑　昕）

【宣传专业会议】　5 月 9 日，首钢召开宣传干部学习交流研讨会，学习贯彻习近平总书记在党的新闻舆论工作座谈会上的重要讲话精神，开展"两学一做"学习教育，交流学习体会，明确下一步工作重点。首钢党委副书记何巍出席会议并讲话，他强调，学习贯彻习近平总书记在党的新闻舆论工作座谈会上重要讲话精神，是宣传系统的重要政治任务。并提出三点要求，一是充分认识宣传思想工作所面临的形势和要求，进一步增强主动性和自觉性；二是以习近平总书记系列重要讲话精神为指导，进一步创新宣传思想和新闻舆论工作；三是进一步加强思想作风建设，改进宣传效果，实现价值创造。水钢公司、矿业公司、园区服务公司、首钢新闻中心宣传干部先后交流学习体会。与会人员分成四个讨论组，结合工作实际，就如何贯彻落实习近平总书记重要讲话精神，推进新闻宣传工作创新等交流研讨，畅谈学习体会。

（郑　昕）

【品牌宣传】　1 月，大型电视纪录片《首钢大搬迁》于

12 日—18 日每晚 21 时 59 分，在中央电视台第十套科教频道《探索·发现》栏目播出，分为"英雄无泪""突出重围""沧海桑田""巨人之梦""十年洗礼""飞越未来"六集，每集 45 分钟；中国冶金报、首都建设报刊发《〈首钢大搬迁〉在央视开播》新闻报道。同月，新华社报道《"欢乐春节"走进中国首钢秘鲁铁矿区》《首钢与中兴通讯合作开发无线充电应用》；北京日报报道《首钢工业遗址公园今年启动建设》。

2 月，新华社报道《荒漠与家的抉择——记坚守在秘鲁矿区的首钢秘铁员工》；北京电视台播出《冬奥组委落户首钢园区》；中国冶金报刊发《首钢如何构建钢铁板块管理平台》；首都建设报头版头条刊发《首个无线电车库落户首钢》；北京青年报刊发《第一个无线充电车库上半年将在首钢建成》。

3 月，央视财经频道播出纪录片《大国宏图》之"首钢京唐"；北京日报刊发《百里长安街明年将尽显中国风》；中国冶金报《首钢水钢 3 家单位获国家、省级民主管理先进集体称号》；首都建设报报道《首钢国际工程公司设计：盘锦北方公司污水处理装置投产》。

4 月，北京日报报道《大公交立体车库年内亮相》；中国冶金报刊发《首钢老宿舍变身 37 度创业公寓》《京冀将联手支持首钢发展》《首钢职工王瑞获得"中国大能手"挖掘机组冠军》；首都建设报刊发《首钢、住总强强联手》《首钢推出新能源车用硅钢新产品》。

5 月，新华社、人民日报、中央电视台、工人日报、北京日报、北京电视台、北京晨报、北京晚报、北京青年报、首都建设报、新京报等报道《冬奥组委首批工作人员入驻首钢园区》；科技日报报道《首钢跻身变压器材料供应商世界第一梯队》；中国冶金报报道《首钢大壁厚管件用钢用于"西气东输"》。

6 月，中国冶金报刊发《首钢将建中国首个 C40 项目》《看首钢京唐大高炉重负荷冶炼如何顺稳》；首都建设报刊发《首钢历时 10 年研发变压器新材料》《国企楷模北京榜样：刘循序，万众创新领军人》；北京青年报刊发《长安街西延永定河大桥主桥开建》。

7 月，北京日报报道《从山到海　首钢燃旺创新炉》；北京电视台播发《北京新闻：首钢硅钢挺进世界一流》；中国冶金报刊发《首钢文化产业转型发展推出首部力作》；首都建设报刊发《国企大工匠候选人物：首钢总公司阮新伟成就首钢智造》、专版：《实现》铁色记忆；

北京晚报刊发《唐山的北京人专版:首钢京唐公司4名职工专访》。

8月,企业文化部(党委宣传部)与首都建设报组织开展"首都媒体走进创业公社"集体采访活动。新华社、人民网、经济日报、科技日报、北京日报、北京电视台、北京晚报、北京青年报、北京晨报、首都建设报等26家新闻媒体记者40余人,到创业公社参观采访,围绕首钢实施新的发展战略,打造城市综合服务商,对创业公社品牌在多维度媒介平台进行集中采访报道。

9月,北京日报刊发《首钢"老树"开双创"新花"》《荣彦明:轧钢车间的"活词典"》;文汇报报道《智慧停车:向空中要空间》;中国冶金报刊发《首钢股份转炉OG改造开辟除尘新途径》《首钢杏山铁矿从小抓起提效率》;首都建设报刊发《中关村国际创客中心投运》。

10月,《西望首钢》系列报道和专题片在北京电视台播出,引起热烈反响。该片由北京市委宣传部、北京电视台历时三个月采访拍摄,集中报道首钢历经凤凰涅槃式的转型与重生,在供给侧结构性改革、京津冀协同发展大背景下,抓住机遇、深化改革、转型发展所走过的不平凡历程。北京日报刊发《供给侧结构性改革的首钢样本》;中国冶金报刊发《首钢获六公司联手举牌》《首钢京唐公司积极探索持续创新途径》;首都建设报道《搭上新媒体快车 展示新国企形象》;北京青年报、北京晨报、京华时报、新京报报道《首钢建成智能立体车库研发示范基地》受到社会广泛关注。

11月,由中国海洋工程咨询协会主办、首钢总公司协办的"海洋发展曹妃甸论坛"在首钢渤海国际会议中心举行。本届论坛坚持深入推进海洋科技进步与海洋经济发展,围绕海洋科技进步助推京津冀协同发展、关注海洋经济与区域产业布局及城市建设进行高层次的探讨与交流,为助推京津冀协同发展献计献策。中国冶金报配合论坛刊发《支持海洋事业发展 助推京津冀协同发展》,人民网、中新网、凤凰财经网也刊发报道。新华每日电讯刊发《蛮荒之地创奇迹:首钢秘铁扎根拉美24年》;中国冶金报报道《首钢成功开发"第三代核电站"安全壳特厚板》《首钢获惠誉A-、大公香港A国际评级》;首都建设报整版报道《停车楼也有"4S"店》。

12月,北京日报刊发《首钢京唐海水淡化二期日产水量达15万吨 北京两年后有望喝上唐山水》《首钢打破圆珠笔头原材料进口依赖》;首都建设报报道《"首

钢版"笔头问世》;中国冶金报报道《首钢独家供应澳大利亚600余公里管线用钢》《首钢研制成功圆珠笔头用不锈钢材料》《首钢京唐轧制超薄规格产品技术有新突破》引起社会广泛关注。

(刘 娜)

【企业文化活动】 1月,召开传承和发扬首钢精神"首钢之星"表彰暨演讲报告会,旨在传承和发扬首钢精神,为全面深化改革、加快转型发展汇聚正能量。会上,首钢党委副书记何巍宣读《中共首钢总公司委员会关于大力传承和发扬首钢精神的决定》,表彰担当、创新、争先之星15人,"担当之星"代表郑琦、"创新之星"代表毛清华、"争先之星"代表俞斌进行宣讲,首钢党委副书记、总经理张功焰号召全集团干部职工向"首钢之星"学习,在全面深化改革、转型发展的伟大实践中学榜样、做榜样。同月,首钢电视八地重播《首钢大搬迁》,首钢日报连续刊登职工观后感,组织《首钢大搬迁》剧组,新华社、首都建设报等媒体记者,股份公司等9个单位的职工代表,以及部分退休老同志参加《首钢大搬迁》座谈会。

3月,企业文化部(党委宣传部)印发关于深入贯彻《中共首钢总公司委员会关于大力传承和发扬首钢精神的决定》的工作安排,指导集团各单位深入学习贯彻落实传承和发扬首钢精神有关工作。同月,策划制作大型电视纪录片《首钢大搬迁》光盘,下发基层各单位。

7月,企业文化部(党委宣传部)起草印发中共首钢总公司委员会关于《"首钢之星"评选表彰管理办法》的通知,组织各单位学习贯彻。

10月,在主题"育精益求精工匠,圆创新创业梦想"北京市第十二届全民终身学习活动周上,首钢京唐公司荣彦明、首钢矿业公司马著获2016年度"首都市民学习之星"荣誉称号。同月,印发《首钢企业文化建设"十三五"规划》,指导集团各单位开展企业文化建设工作。

11月,北京电视台《西望首钢》创作人员到首钢与职工座谈。北京电视台新闻中心副主任、新闻评论部主任刘民及新闻评论部成员,及首钢园区开发部、园区管理部、园区服务公司、新闻中心的职工代表参加座谈,与会人员畅谈拍摄《西望首钢》感想及对首钢精神的理解。同月,2016年度全国冶金文学艺术协会二届二次理事(扩大)会议在首钢陶楼召开。首钢工会主席梁宗平出席会议致欢迎辞;中国钢铁工业协会常务副会长顾

建国,中国文联社团办主任周雪静,冶金文协常务副主席陈洪飞,冶金文协副主席陈贵民,以及冶金文协其他领导、部分会员代表,企业文化部(党委宣传部)、首钢工会负责人参加会议;陈贵民主持,陈洪飞作大会报告;与会领导为"创业、创新、时代之歌——全国企业书法美术摄影创作展""全国冶金摄影网络大赛"获奖作品代表颁发荣誉证书,会员代表交流发言;冶金文协各专业委员会分别召开年会;在首钢文馆举行美术书法笔会。代表们参观了首钢陶楼展厅、首钢创业公社37度公寓、北京静态交通研究示范基地、鲁家山首钢生物质能源公司等。同月,第十七个记者节来临之际,企业文化部(党委宣传部)、首钢企业文化建设协会开展"走近高端用户,服务销售一线"联合采访暨第十七届记者节座谈会活动,组织首钢新闻宣传工作者深入销售公司广州分公司进行采访。

12月,2016年度"首钢之星"候选人产生,从11月28日起,企业文化部(党委宣传部)、新闻中心启动"为群星点赞、发精彩留言"网络互动活动,职工登录"首钢新闻中心微信公众号"平台为"首钢之星"候选人点赞留言。

(郑 昕)

【宣传专业培训】 企业文化部(党委宣传部)印发《关于深入学习习近平总书记在党的新闻舆论工作座谈会上重要讲话精神的通知》,组织宣传系统干部职工学习习总书记重要讲话,领悟讲话要领,结合首钢全面深化改革、转型发展实际,做好宣传思想和新闻舆论工作。

(郑 昕)

【十大新闻评选】 1月,2015年度"首钢十大新闻"评选揭晓,1.刘宏荣获中华技能大奖,首钢人才培养受国务院领导肯定;2.首钢召开"两会"以真变快变实变适应新常态;3.首钢成功搭建钢铁板块管理平台;4.北京首钢男篮四年勇夺"三冠";5.郭金龙等领导勉励首钢要在转型发展中更好地发展壮大;6.《人民日报》头版头条文章肯定首钢在京津冀协同发展中的示范带动作用;7.首钢扎实推进集团总部管控体系改革;8.首钢打造金融发展平台取得重大进展;9.首钢股份资产置换迈出整体上市第一步;10.西十筒仓改造项目完工北京园区开发进入新阶段。

(肖 巍)

【网络宣传管理】 首钢网络管理办公室加强网络舆情信息监测,做好节假日、重要活动期间网络舆情监测工作,全年编辑《网络信息》6期。加强网络正面宣传,编发"首钢人的故事"系列宣传报道、首钢成功研制"圆珠笔头用超易切削不锈钢材料"、首钢跻身2016年中国大陆创新企业百强等网文1380条,发帖3090次;编发《网络管理学习材料》3期,组织基层网管员队伍学习,开展交流。

(侯雅丽)

【获奖与荣誉】
首钢荣获2015—2016年度市国资委系统职工宣讲工作先进单位、宣讲比赛优秀组织单位。首秦公司宣讲员杨光被评为"十佳宣讲员"。

在北京市国资委系统2016年"国企楷模·北京榜样"主题活动颁奖会上,首钢创业公社总裁刘循序获"国企楷模·北京榜样"优秀人物荣誉称号。

在北京市思想政治工作研究会第27届"丹柯杯"优秀研究成果评选中,首钢2篇研究成果获二等奖。

在中国冶金政研会2016年行业思想政治工作优秀论文评选中,首钢2篇获一等奖、2篇获二等奖、2篇获三等奖。

在北京市企业党委书记联谊会2015年度优秀论文评选中,首钢2篇论文获一等奖。

在中国企业文化研究会主办的"中外企业文化2016年南宁峰会"上,首钢获"'互联网+时代'企业专项文化创新三十标杆企业"奖;首钢股份公司、京唐公司、水钢公司、长钢公司、通钢公司、销售公司、矿业公司、国际工程公司、园区服务公司获"'互联网+时代'企业文化创新优秀单位"奖。

在北京市企业新闻工作研究会2015年度"北京企业报好新闻"评选中,首钢日报12件新闻作品获奖,包括消息、通讯、言论等5件文字作品和2件新闻图片、2个好版面、2个好栏目、1个好标题。

首钢新闻中心10件作品获2015年度"冶金记协好新闻奖",其中一等奖2件、二等奖3件、三等奖5件。

在中国电视艺术家协会企业分会主办的第二届全国企业电视播音员主持人推选活动决赛中,首钢新闻中心播音员白聪颖获综艺主持比赛二等奖。

(郑 昕)

纪委（监察部）

【纪委（监察部）领导名录】

纪委书记：许建国

纪委副书记、监察部部长：王传雪（1月任职）

石淳光（1月离任）

监察部副部长：周少华（2015年12月任职）

王永海（12月离任）

（陈东兴）

【综述】 首钢总公司纪委与首钢总公司监察部合署办公（以下简称纪委（监察部）），承担所辖范围内党组织和党员干部遵守党章党规党纪、贯彻执行党的路线方针政策情况的监督检查任务，履行监督执纪问责职责，负责党风检查、执纪审查、案件审理、效能监察等工作，承担首钢总公司反腐倡廉建设领导小组办公室、首钢总公司监督工作联席会办公室职责。纪委（监察部）设岗位10个，定员编制11人，纪委副书记、监察部部长1人，监察部副部长1人，党风检查处长1人，纪律审查处长1人，案件审理处长1人（监察部副部长兼任），监察处长1人，党风检查员2人，纪律审查员2人，案件审理员1人，监察员1人。

2016年，纪委（监察部）学习习近平总书记系列重要讲话精神，贯彻中央纪委六次全会、市纪委五次全会、市国资委党风廉政建设工作会议精神，落实首钢"两会"和第十八次党代会各项部署，履行党章赋予职责，聚焦全面从严治党，强化监督执纪问责，践行"四种形态"，深化标本兼治，推进首钢党风廉洁建设和反腐败工作取得新成效。

（陈东兴）

【党风廉洁教育】 纪委（监察部）组织开展"严守纪律规矩，强化责任作风"主题教育活动，在《首钢日报》开设"反腐倡廉教育专栏"；邀请市纪委和石景山区检察院领导作专题报告；组织参观反腐倡廉警示教育基地、旁听庭审；开展案例和案后教育，强化警示震慑；开展"纪律教育在身边"等廉洁文化作品征集活动；组织全体党员进行党章党规党纪知识学习考试，对拟提职人员进行任职前廉洁知识测试。

（王国安）

【廉洁风险防控】 纪委（监察部）针对集团总部机构改革，推进风险管控体系建设。辨识调整廉洁风险点269个，制定落实防控措施315项，同步设计、推进、完善廉洁体系建设与管控体系建设。加强选人用人、评优评先廉洁风险监控，严把党风廉洁意见回复关，防止"带病提拔"和"带病上岗"。

（王国安）

【联合监督】 纪委（监察部）贯彻总公司党委指示，强化监督资源整合，发挥监督合力。针对纪检监察、审计、组织、监事会工作办公室等9个部门在监督工作中力量分散现象，强化监督工作联席会机制建设，构建大监督格局，形成反腐倡廉合力。全年组织制定联合监督检查计划13项，召开联合监督检查动员会、整改通报会25次，披露重大经济事项及风险提示67项，指出问题事项174项，提出工作建议251条，党纪处分2人，移送司法机关2人。

（赵新文）

【执纪审查】 纪委（监察部）加强执纪审查，保持正风肃纪高压态势。坚持挺纪在前、抓早抓小，通过拓宽案源渠道、发挥监督工作联席会作用、加强执纪审查区域协作、深化检企共建、强化线索处置和案件审查审理，提高执纪审查效率和质量。按照"四种形态"处理反映党员、领导人员问题线索：批评教育60人，诫勉谈话21人，组织处理6人，给予行政警告以上处理15人，其他行政处理65人，给予党纪处分52人。

（王爱武）

【效能监察】 纪委（监察部）下发《2016年首钢效能监察工作意见》，界定总部、平台公司和直管单位管控界面，梳理权力清单，明确责任。年实施立项监察65项，立项监察钢铁业控亏减亏、银行账户清理、污染土治理、治乱疏解建高端、两大园区建设、会议提效降费等项目；监督检查西十冬奥广场建设、工程建设招投标、资产处置、安全生产管理。纪检监察系统加强效能监察，提出改进管理建议443条，建立和完善规章制度178项，处理违规15人，经济处罚75人；助推责任落实、提升管控效能，增加经济效益8368.53万元，避免和挽回经济损失3575.42万元。

（赵新文）

【党内监督】 纪委（监察部）发挥党内监督专责机关作用，履行监督执纪问责职责，协助首钢总公司党委加强党风建设和组织协调反腐败工作。总结党风廉洁建设和反腐败工作情况,提出工作建议,向首钢第十八次党代会报告工作。对党风廉洁建设和信访举报、执纪审查工作进行半年和年度总结分析,向党委常委会汇报。针对党风廉洁方面苗头性、倾向性问题,提请党委书记办公会研究部署,抓早抓小、抓好预防。组织签订领导班子党风廉洁建设目标责任书,督促各级领导人员修订完善党风廉洁建设责任制,实行领导人员落实主体责任全程记实。落实"两个责任"报告制度、述职制度,强化交账意识。协助总公司领导班子成员带队检查党风廉洁建设责任制落实情况,约谈存有差距单位领导,督促整改问题。北京市党风廉政建设责任制检查得分85.37,高于平均分77.71,位列被抽查的10个国企第一名。

(王国安)

【自我监督】 纪委(监察部)自觉接受党内和社会监督,强化自我监督。利用走访调研、述职约谈、问题追溯、工作写实等方式,加强纪检监察干部管理。抓实监督工作报告、纪委书记述职、廉洁建设约谈、纪检监察信息报告管理,规范信访举报问题办理方式和审结意见研究会商程序,建立纪检监察干部举报线索和执纪审查月报制度,强化对纪检监察干部的监督。

(陈东兴)

【专业培训】 纪委(监察部)围绕信访调查、执纪审查、案件审理、效能监察等开展专业培训,提升理论水平和业务能力。选派骨干参加中央纪委、市纪委开办的8期培训班。抽调纪检监察干部到市纪委、总公司纪委实践锻炼,强化以干代训、以案代培。运用视频会议组织3期"以案说纪"学习交流研讨,围绕"六项纪律"剖析案例86个,安排基层单位党委书记10人、纪委书记13人授课,共有领导550人次以小教员身份参加学习。为增强学习效果,首钢总公司党委、纪委编写印制《以案说纪》2500册发至基层党支部,作为"两学一做"学习教育资料。

(陈东兴)

【调研工作】 纪委(监察部)组织开展纪检监察系统课题调研,表彰交流22项优秀调研成果。承担上级纪委调研课题9项,在中央纪委培训班上介绍执纪审查经验。参与中钢协纪委第12次年会研讨交流活动,调研论文获奖3篇。围绕监督执纪"四种形态"开展专项调研,制定下发《关于准确理解和运用"四种形态"若干问题的通知》,推动调研成果转化、指导工作实践。首钢

探索监督执纪作法,获北京市纪委肯定,在市纪委研讨会上交流,《是与非》杂志刊发。

(陈东兴)

【换届选举】 2月1日—2日召开中国共产党首钢总公司第十八次代表大会,王传雪、王志安、王相禹、石淳光、许建国、李鸿泰、吴林、邹立宾、张福杰、郭丽燕、滕亦农当选为中国共产党首钢总公司第十八届纪律检查委员会委员。2月2日,中国共产党首钢总公司第十八届纪律检查委员会召开第一次全体会议,许建国当选为书记,王传雪为副书记。北京市人民政府国有资产监督管理委员会印发京国资党发〔2016〕16号文件,批复中国共产党首钢总公司第十八次代表大会和第十八届委员会第一次全体委员会议、第十八届纪律检查委员会第一次全体委员会议选举结果。

(陈东兴)

工 会

【工会领导名录】
工会主席:梁宗平
副主席:陈克欣 刘 宏(兼;9月任职)
常 委:王建民(7月离任) 王 薇(9月离任)
姚小青(9月离任) 聂桂馥(9月任职)
秦 勇(9月任职) 邱银富(兼;9月任职)
刘 燕(兼;9月任职)

(谭 颖)

【综述】 首钢总公司工会(以下简称工会)是依法维护职工合法权益的群众组织,负责全系统工会专业管理制度和专业工作标准、规范制定、修订与指导、监督、检查;负责集团工会系统组织建设;负责职代会组织工作和闭会期间民主管理、厂务公开工作;依法维护职工合法权益;开展劳动争议调解管理、劳动法律监督管理、劳动法律普法与职工法律援助。组织职工开展群众性宣教文体活动,组织和支持职工兴趣协会依法开展活动。

2016年,根据首钢全面深化改革、加快转型发展总体战略布局,围绕总公司《深化集团总部管控体系改革思路框架》的改革目标、进度和要求,工会定位为首钢集团13个战略管控部门之一,通过正向权力清单设计,确定工会权力边界和管控深度,部分具体业务疏解平移或下移到业务支持服务部门与二级公司工会。设立基

层工会 237 个，工会分会 1098 个，工会小组 6126 个。全集团工会会员总计 93606 人。

（谭　颖）

【荣誉称号】　工会获北京市 2015 年度工会系统标兵单位、北京市 2015 年度工会经费审查优秀单位、北京市 2015 年度工会系统年报统计工作优秀单位。

（金志先）

【厂务公开民主管理】　2 月 3 日，首钢第十八届四次职工代表大会在文馆召开，全集团职工代表 326 人出席。会议听取首钢党委副书记、总经理张功焰《坚定信心保生存　攻坚克难求发展　奋力实现"十三五"良好开局的报告》；审议《首钢集团 2016 年预算安排》《首钢总公司领导班子廉洁自律情况的报告》《首钢 2015 年业务招待费使用情况及总公司领导班子成员履职待遇、业务支出的报告》《首钢十八届三次职代会代表提案受理情况的报告》，签订《2016 年经营目标责任书和安全生产责任状》，通过大会决议，首钢党委书记、董事长靳伟作总结讲话；代收集代表提案 34 项，提案委员会进行梳理分析、监督提案落实。

8 月，首钢作为市总工会、市国资委集团型职代会试点 13 家单位之一，按照市总工会和市国资委意见要求，完成集团型职代会制度建设工作。下发《关于加强各级职代会制度建设的指导意见》，细化、明确、调整集团型、公司型、工厂型三级职代会职权，在审议监督权中增加监督工作联席会年度重点工作计划。明确集团型、公司型、工厂型职代会召开单位清单；提出各型职代会职权设置按照与行政管理权限相符的原则，《首钢集团职工代表大会条例》经首钢集团第十九届一次职代会审议通过。

贯彻中共中央　国务院《关于构建和谐劳动关系的意见》和《北京市工会深入推进集体协商行动计划（2015—2018 年）》目标任务，制定下发《首钢 2016 年工资集体协商工作安排》和《关于北京市工资集体协商的情况说明》，编辑印刷工资集体协商问答宣传材料 1000 份、企业集体协商程序手册 500 册，组织举办首钢工会系统工资集体协商工作培训班。

（聂桂馥）

【全国、首都劳动奖和工人先锋号评选】　工会完成 2016 年全国五一劳动奖章和首都劳动奖状（章）、工人先锋号推荐评比工作。首钢京唐公司热轧作业部 2250

热轧分厂乙班作业区精轧操作工荣彦明获全国五一劳动奖章；首钢环境产业有限公司获首都劳动奖状；首钢技术研究院镀锌工艺研究专业首席工程师刘李斌，首钢党委常委、纪委书记许建国，首钢矿业公司水厂铁矿汽运作业区矿车司机王文超，首钢自动化信息技术有限公司信息事业部 MES 应用技术中心项目经理赵云霞，首钢矿山街道居民管理委员会党委书记、主任安丽娟获首都劳动奖章；首钢机电公司护栏分厂获北京市工人先锋号。荣彦明被市总工会确定为 2016 年全市 10 人重点宣传典型，参加全总在人民大会堂举办的全国庆五一表彰大会和北京市领导五一前劳模座谈会。

（于远东）

【劳动竞赛和职工技术创新】　工会贯彻落实首钢党群团工作会议精神，开展劳动竞赛和职工技术创新活动，6 月 24 日颁发《关于开展"践行新理念、建功'十三五'"主题劳动竞赛和职工技术创新活动的指导意见》。贯彻中国机冶建材工会印发的《全国钢铁行业"职工网上练兵"活动实施方案》和《全国钢铁行业"职工网上练兵"活动实施细则》，组织京唐公司等单位开展"职工网上练兵"活动，首钢集团 4 家单位 6282 人参加，闯关 355038 人次。开展职工自主创新成果申报，首钢国际工程公司《连铸机总体设计 CAD 系统辊列设计与校核软件的研究开发》获 2015 年度首都职工自主创新成果二等奖，首钢技术研究院《金属材料相关检验标准及方法》和首钢京唐公司《首钢京唐公司减少冷轧材边部切损技术研究及应用》获三等奖。依据市总工会关于印发《北京市总工会 2016 年职工创新助推计划实施方案》，组织申报职工创新助推计划 28 项，其中，职工创新发明专利助推 19 项，创新项目助推 9 项。

（于远东）

【劳模评选表彰】　4 月 29 日，首钢召开干部大会表彰首钢先进集体和先进个人。首钢党委书记、董事长靳伟作重要讲话，首钢党委副书记、总经理张功焰主持会议。许建国、何巍、梁宗平、赵长革、白新、王世忠、胡雄光、韩庆、王洪军、刘桦、顾章飞、王涛、刘建辉参加会议。首钢党委常委、工会主席梁宗平宣读《首钢总公司关于表彰 2015 年度先进集体和个人的决定》；总公司领导为 2015 年度先进集体和先进个人代表颁奖；先进集体代表、先进个人代表进行交流发言。2015 年度全公司评选表彰首钢劳动模范 86 人，三创标兵 196 人，三创先进集体

98 个。

（于远东）

【安康杯竞赛】 工会评选表彰 2015 年度各级"安康杯"竞赛优胜单位，推荐全国、北京市"安康杯"竞赛优胜单位、竞赛班组 6 个；组织各单位填报 2016 年"安康杯"竞赛活动参赛表上报北京市安康杯竞赛组委会，通过首钢 OA 办公系统、首钢工会挚友网、工会 QQ 群和微信群宣传活动内容和安全知识；配合安全部门做好"安全生产月"活动有关工作。

（金志先）

【扶贫帮困互助互济】 工会加强困难职工扶贫帮困基础日常管理，5 月，印发《首钢工会关于开展困难职工调查摸底的通知》。通过三查一访，8 月—10 月开展首钢困难职工解困脱困建档立卡工作，完善电子档案库管理平台动态跟踪管理。截至年底，首钢困难职工 327 人（特困 35 人、困难 292 人）全部建立脱困建档卡，落实帮扶责任人、确定帮扶措施、明确脱困预期时限，达到"一户一档案、一户一计划、一户一措施、一户一纾解"总体要求。开展募捐及帮困助学活动，印发《关于组织开展 2016 年职工献爱心募捐活动的通知》，组织全公司领导干部、共产党员、共青团员及职工捐款 293.7509 万元；组织 2016 年度助学金审批发放，为困难职工子女 267 人审批发放助学金 66.934 万元。加强帮困基金审核发放管理，提高职工抗风险能力，为因意外事件、重大疾病等情况造成特殊生活困难的职工 67 人，发放帮困基金 40.9 万元。

（秦　勇）

【送温暖活动】 "两节"期间，工会制定《首钢 2016 年元旦春节期间送温暖工作实施方案》，印发《关于开展 2016 年元旦春节期间送温暖活动的通知》，重点向多业多地职工和困难职工、困难企业倾斜；专题部署"两节"期间 15 项送温暖活动实施项目；完成北京市国资委领导、北京军区首长、首钢总公司领导春节期间走访慰问困难职工、劳动模范、老军人工作。"两节"期间筹集送温暖资金 846.83 元万元，比 2015 年增加 266.83 万元。

春节期间组织开展劳模慰问，为北京市级以上劳模发放慰问金、补助金 71.79 万元。其中，为全国劳模 16 人发放慰问金 3.2 万元，为市级劳模 370 人发放慰问金 37 万元，为低收入或特殊困难劳模 58 人发放补助金 31.5854 万元；组织首钢市级以上劳模 56 人参加全总、

市总劳模休养活动；组织市级以上劳模 204 人体检；完成市级以上劳模荣誉津贴、抚恤金审批发放和公园年卡申办。

组织暑季送凉爽活动，制定《首钢总公司 2016 年度暑季送凉爽活动方案》，下发《首钢总公司关于开展好夏季"送凉爽"活动的通知》，以多业多地和园区冬奥会工程项目一线生产操作岗位职工为重点，为基层工会拨付慰问金 60 万元。

（秦　勇）

【职工互助保险】 工会组织完成在职职工重大疾病保险、在职职工意外伤害保险、在职职工住院医疗保险、女工安康保险续保工作，全公司 5.78 万人续保，保费 797.78 万元，参保率 96% 以上。1 月—10 月，首钢职工互助保险 1807 人次，理赔 257.5 万元。其中职工医疗互助保险 1606 人次，理赔 175.32 万元；职工意外保险 132 人，理赔 32.3 万元；重大疾病保险 62 人，理赔 43.82 万元；女工保险 7 人，理赔 6.05 万元。按照北京市互助保险办事处"暖互助"调查统计情况，为符合条件的职工及家属 276 人，发放互助保险慰问金 31.35 万元。

（金志先）

【劳动争议调解】 适应集团化改革，加强劳动调解组织建设，依法协调稳定劳动关系，8 月 15 日，首钢总公司、工会联合下发《关于对首钢总公司劳动争议调解指导委员会成员进行调整的通知》，调整首钢总公司劳动争议调解指导委员会组成人员，首钢党委常委、董事、工会主席梁宗平任主任，工会副主席陈克欣、人事服务中心主任吴涛任副主任；调整优化基层单位劳动调解组织，首钢北京及河北地区建立劳动争议调解组织 103 个，设立劳动争议调解员 667 人。

11 月 11 日，北京市人保局、市总工会、市企联/企业家协会、市工商联联合召开北京市构建和谐劳动关系工作暨表彰大会，表彰 2013—2015 年度北京市构建和谐劳动关系先进单位 190 家和先进个人 100 人。首钢国际工程技术公司获北京市构建和谐劳动关系先进单位，工会于远东获北京市构建和谐劳动关系先进个人。

（于远东）

【纪念长征胜利 80 周年】 10 月 20 日，首钢举办首场"不忘初心走好新的长征路"纪念长征胜利 80 周年演唱会，用大型舞蹈史诗《长征组歌》和歌曲合唱铭记红

军丰功伟绩、弘扬伟大的长征精神。演出人员来自首钢各单位职工,在北京地区、迁安地区、京唐公司、首秦公司等地巡回演出7场,观众近万人次。

（席　宁）

【职工业余文体活动】 3月8日,组织职工1500人观看首钢女篮决赛;3月10日,组织2017年度巾帼标兵、首钢总公司女工委员会委员、工会女工干部40余人到生物质能源公司宣教中心交流学习;3月11日,组织职工象棋比赛;5月20日,开展"牵手冬奥盛会弘扬首钢精神"健步走活动,30余家单位2000多人到首钢北京园区参与;7月20日,工会与团委举办"2016年首钢职工电子竞技大赛";国庆节组织职工到首钢影剧院观影;12月,通过市总三级体系服务平台组织《免费观影迎新年》活动,为职工1000人发放免费电影票;组织多期"学习贯彻《北京市实施〈工会法〉办法》专题培训"活动。

4月18日—22日,组织参加第五届全国冶金职工运动会"昆钢杯"棋牌比赛,获象棋团体第六名、围棋团体第九名;6月7日—9日,组织工会志愿者参加市总"爱心伴考"活动;6月25日—26日,组织参加"2016年第七届北京市职工象棋围棋比赛",获象棋比赛第一名。9月24日—25日,组织参加北京市三人篮球赛,首钢矿业代表队获第一名;9月组织参加全国冶金围棋赛,获团体亚军;10月组织参加北京市第十九届根石艺术优秀作品展,获团体奖及金奖4个、银奖2个、铜奖1个;11月,组织首钢职工300人参加"徒步石景山奔向2022"全民健步走活动,同月组织参加"2016北京市和谐杯"乒乓球比赛,获优秀组织奖。

（席　宁）

【组织建设】 工会调研负责管理的36家基层工会组织、干部、会员情况,掌握分析基层工会组织架构、工会干部配备、专兼职情况、个人信息和会员人数等,调研全国部分大型钢铁企业、中央在京企业工会组织状况,为首钢工会系统组织机构改革提供借鉴。强化培训提高工会干部队伍素质,组织工会干部对会员管理系统进行培训。贯彻落实《北京市实施〈工会法〉办法》,制定学习贯彻工作方案,在宣传发动基础上,组织各层次培训,聘请专家深入股份、京唐、矿业等进行宣贯,指导新建、改制企业建会工作,为《实施办法》落实执行奠定基础。在矿业公司开展"与一线职工交朋友"活动,与基层一线职工200余人建立长期联系,为收集舆情民意、传达方针政策、服务公司决策发挥作用,经验成果在全公司推广,在《工会博览》刊登,获中国冶金矿山协会二等奖。

9月23日,工会组织召开首钢总公司工会第十七次代表大会,完成工会各项换届选举工作。选举产生新一届工会委员会、经费审查委员会和女职工委员会委员。首钢党委常委、工会主席梁宗平代表首钢总公司工会第十六届委员会向大会做工作报告,回顾总结过去六年工作,根据首钢面临的新形势、新任务、新要求,提出今后5年工会的重点工作。中国机械冶金建材工会主席江南,北京市总工会党组成员、副主席张青山参加大会并讲话。

（谭　颖）

【经验交流】 8月4日,北京市厂务公开协调小组在首钢陶楼召开"集团公司职代会试点工作部署会",工会介绍经验,北京市国有企业和部分民营企业工会主席40人参加会议。

（金志先）

战略发展部

【战略发展部领导名录】

部　长:朱启建

副部长:张国春

（陈　宏）

【综述】 按照首钢集团总部管控体系改革方案,战略发展部定位于战略规划和执行控制专家、投资资源配置专家、新业务孵化器、内联外合平台和专项课题决策支持平台。部门职责包括战略规划、经营计划、投资管理、新产业开发和战略合作领域业务。战略规划管理主要负责组织编制集团中长期战略发展规划,对执行情况进行定期检查、评估、调整等动态管理;围绕集团发展的全局性、战略性和前瞻性重大课题开展产业政策研究;开展企业改革改制分析研究,提出集团改革战略和方向建议。经营计划管理主要负责集团所处行业与市场竞争地位分析,集团经营现状分析;提出集团年度经营目标和年度经营重点,分析、评估年度经营计划执行情况;配合系统优化部开展组织绩效监控分析工作。投资管理主要负责集团投资分类分级和全生命周期专业管理;负责确定集团投资方向和原则,明确投资重点;组织编制集团中长期投资规划和年度投资计划,负责具体编制境内非金融类中长期投资规划和年度投资计划,跟踪执行情况并做好评估调整。新业务开发主要负责围绕战略规划目标,收集、研究、分析国家和地方政府有关的高新项目的产业发展政策和规定等,提出新业务发展方向,开展新业务培育管理。战略合作主要负责与上级政府部门对接,总公司争取政府专项资金支持的专业管理,争取产业振兴、重大项目专项资金支持;负责总公司对外战略合作协议专业管理,协调和推进总公司对外战略合作。战略发展部2016年1月正式运行,现有职工20人,其中高级职称7人,中级职称11人。

(陈 宏)

【完成集团"十三五"规划编制】 战略发展部组织开展首钢集团"十三五"规划编制工作,负责编制集团规划和产业投资专业规划。2015年3月5日印发《首钢集团"十三五"规划编制工作方案》,坚持战略规划管全局、管根本、管方向、管长远,制订工作方案,成立领导小组,建立例会制度,专题研究100余次,组织专家和职工代表打分评议,历经两年时间,全面完成"十三五"规划编制。2016年7月31日,总公司董事会审议通过《首钢集团"十三五"发展规划》和产业投资、资本运营、科技创新、信息化、人力资源、能源环保共6篇专业规划,8月4日正式印发组织实施。10月18日,总公司董事会审议同意二级单位30篇规划要点,11月完成规划备案。通过规划编制树立各单位主体意识、责任意识、担当意识,厘清发展思路和方向,强化改革引领、创新驱动观念。战略规划成为集团上下各项工作的根本遵循和行动纲领。

(马力深)

【完成2017年经营计划编制、颁发工作】 战略发展部创新经营计划管理思路,全面贯彻落实集团战略规划,遵循市场规律、行业规律和企业发展规律,改变以往依靠经验和主观判断来设定各单位经营指标的方式。根据管理思路方案,采用科学的管理工具和方法,建立起战略审视、年度战略分解、指标评审与选取以及指标与任务的标准化设计四个步骤方法来推导和提取各单位的经营计划指标。12月26日,董事会审议通过2017年度集团经营计划安排。2017年1月24日,正式下发集团年度经营计划。坚持战略导向,按照"自上而下定方针,自下而上定措施"原则,初步建立起集团从中长期发展战略贯穿到年度经营计划的分解落实体系,实施经营预算、财务预算、投资预算、融资预算的全面预算管理。

(江华南)

【颁发集团投资管理权力清单】 战略发展部制定集团投资管理权力清单,通过决策中心的合理下移,建立科学、审慎、责任明确的投资管理体系,明确传递了放权搞活、激发活力的信号。5月24日,颁发《首钢总公司关于试行钢铁板块固定资产投资管理权力清单的通知》(首发〔2016〕125号),在选取钢铁板块固定资产投资权力清单作为试点,全面试行,征求意见的基础上,8月4日,颁发《首钢总公司投资管理权力清单(试行)》(首发〔2016〕176号)。制定《2017年集团投资计划》,承接"十三五"投资规划进行年度细化分解,确保"十三五"重大产业投资项目有序推进。制定《2016年项目投资后评价工作安排》,组织对迁钢一热轧3号加热炉燃烧系统改造、京唐钢包加盖改造、重庆武中汽车部件厂等7个项目开展后评价工作。

(张连生)

【提前完成2016年去产能工作】 首钢按照国家有关要求,结合自身情况,积极主动开展去产能工作,4月组织研究提出首钢化解产能的目标方案,首钢2016年—2018年合计化解粗钢产能500万吨,其中水钢公司180万吨、通钢公司60万吨、其他260万吨。其中列入国家2016年去产能计划粗钢210万吨(水钢的180万吨经贵州省核定调整为150万吨、通钢60万吨)。截至9月底,首钢2016年的去产能计划已全部落实完成,水钢、通钢纳入2016年去产能计划的产线及设备均已按计划要求完成产线停产、设备封存拆除工作。

(李春东)

【有序开展劣势企业退出工作】 战略发展部梳理分析2013年—2015年连续三年亏损企业情况,对与主业关联度不大,长期亏损、扭亏无望的企业,积极组织推进劣势企业退出。2016年5月,组织研究提出并颁发劣势企业退出计划,2016年纳入劣势企业退出计划16家,截至年底完成企业退出19家。每月组织推进会,逐一分析每家企业退出工作进展情况,研究具体退出方案,协调企业退出过程中遇到的难点和问题,推进企业退出取得成效。

(李春东)

【推动首钢公司制改革工作】 2016 年 8 月,首钢总公司公司制改革启动,将首钢总公司由全民所有制企业改制为国有独资公司。首钢总公司实施整体公司制改革,对全部资产进行评估,按资产评估结果进入改制后公司,现有业务、债务、权益、人员等直接转入改制后公司,改制后的公司名称为"首钢集团有限公司"。改制方案分别于 2016 年 10 月 18 日、11 月 2 日经总公司董事会、职工代表大会团长联席会审议通过。2016 年 11 月 9 日,《关于首钢总公司公司制改革方案的请示》上报市国资委。积极争取成为北京深化国企改革综合性试点工作,主动与市国资委多次对接,反复完善试点方案,初步具备提交市政府研究条件。

(王瑞祥)

【开展新业务开发与培育工作】 战略发展部重点跟进了解新产业项目的推进情况,定期了解城运公司立体车库业务、首自信充电设施和微电信业务、首建钢结构住宅业务、机电公司防撞装置业务等的开发思路和具体工作进展。完成新业务项目储备任务,甄选入库钢结构住宅产业化、综合管廊、海水淡化等 11 个项目。

(王瑞祥、严 慧)

【抓好战略合作协议管理】 2016 年,战略发展部组织新签署战略合作协议 7 项,分别是北京城建集团、北京住总集团、中兴通讯股份有限公司、北京公交集团、中信集团、埃森哲管理咨询公司、长治市政府。这些战略合作协议的签订和执行促进了首钢对外交流合作,扩大了首钢的影响力,提升了首钢的资源整合能力和综合竞争力。

(李春东)

【多渠道争取政策资金支持】 战略发展部加强与政府部门对接沟通,积极申报争取政府专项资金。2016 年,首钢股份公司硅钢—冷轧智能工厂申报工信部 2016 年智能制造综合标准化与新模式应用项目、首钢晾水池东路等项目,争取市政府固定资产投资支持项目,获得资金支持。加强内部统筹管理,完成首钢集团在施和拟申报政府专项资金项目的筛选及分类统计,以及首钢争取政府专项资金来源渠道调查等工作。政府专项资金是助力首钢加快转型发展的重要资源,推进从项目储备-争取-使用-评价的业务体系建设,建立分工负责、协同推进的工作机制,构建多领域、多区域、多渠道争取政府专项资金的工作体系。

(严 慧)

经营财务部

【经营财务部领导名录】
　　部　长:邹立宾
　　副部长:米良君

(张宝华)

【综述】 经营财务部负责财务与会计专业管理制度和专业工作标准、规范的制定、修订与指导、监督、检查,建立集团统一规范的会计政策和财务管理制度;组织建立健全专业管理体系和专业评价指标,开展指标评价,推进持续运营改善;策划专业管理能力体系建设,组织推进能力培育与提升。

全面预算管理,负责中长期财务规划、年度目标设定、预算编制、预算执行与控制、预算调整、经济运行评价。资金管理,负责资金预算管理、资金动态管理、筹融资管理、担保及内部借款管理、外汇及专项资金管理、资金风险管理、金融业务管理。财务管理,负责财务报告管理、财务状况分析、利润收益收缴管理、财务管理评价、财务信息化建设、会计内控管理、外部审计、委派财务总监管理。资本运营,负责资本市场政策研究、上市方案策划与实施、上市公司资产重组业务、金融类投资项目规划与计划、金融类投资项目管理、并购与重组业务。产权管理,负责产权管理、资产价值管理、专项资金管理。税务管理,负责税务政策研究、税务筹划、税务风险管理、关联交易管理。

岗位设置:预算管理总监、资金管理总监、财务管理总监、资本运营管理总监、税务管理总监。定员编制 25 人,部长 1 人,副部长 1 人,总监 5 人。

(张宝华)

【制度建设工作】 经营财务部制定颁发《钢铁板块"三个跑赢"评价实施意见》、修订颁发《首钢总公司资金管理制度(试行)》的通知。修订《首钢总公司资金管理暂行办法》《首钢总公司担保管理办法》和《总公司内部借款管理办法》。编写《首钢集团全面预算管理制度(试行)》。努力打造预算管、资金管理制度体系,并且做好体系下分项制度办法的制定和完善工作。

(张宝华)

【风控体系、信息化建设权利清单工作】 按照部门职责和管控要求,在梳理业务流程、完成制度修订的基础上,经营财务部组织完成 40 余项重点风控体系三级流程的现状描述和控制矩阵编写工作,集团财务风向管理体系建设。财务专业管理体系向"管理制度化,制度表单化"再进一步。完成集团财务管控体系建设规划及财务专业信息化建设规划工作,形成财务管控体系的建设目标、策略和实施路径,构建起财务专业信息化建设的能力架构、流程架构和应用架构等蓝图规划。经营财务部权利清单编写完成初稿。

（白　超、张宝华）

【财务管理工作】　经营财务部筹划专业管理体系建设,提升财务管理基础能力。组织完成集团 2015 年度年终决算工作,整体考虑集团利润安排。完成 2015 年度首钢集团财务绩效定量评价工作。强化监督检查,防范财务管理风险,开展完成公司部署的专项监督检查工作、巡视整事项的督办工作及 2015 年决算问题整改方案组织制订工作。强化财务人才队伍素质能力建设,组织集团财会人员开展了四期职业继续教育培训,开展战略管控部门、财务公司及平台公司、直管单位、要素管理单位等成员单位人员的能力素质培训和交流互动学习。

（张宝华）

【资金管理工作】　经营财务部统筹资金平衡安排,合理制定倒贷计划;组织发行短期融资券 100 亿元和超短期融资券 220 亿元;做好账户关闭及授权工作、资金归集,降低利息支出;组织境外评级,成功发行美元债券、开展停车场专项债发行工作;严控担保规模,防范或有负债风险;组织编制金融业和资本运营"十三五"发展规划;坚持问题导向开展集团资金运行分析,揭示资金运行矛盾;全面完成 2017 年度资金预算及融资专项预算。

（刘同合）

【运营管理工作】　在组织完成 2016 年预算编制并下发的基础上,为强化过程管控,确保年度预算的落实,年初经营财务部组织各单位对年度预算分解落实,提出年预算分季安排方案。为进一步做好经营运行分析,按照总公司要求,经营财务部对集团季度和半年分析内容和模式进行不断完善和创新。健全和完善全面预算管理体系。根据集团改革进程,提出 2017 年全面预算体系架构,制定首钢集团 2017 年预算编制大纲,2017 年初步形成了年度预算与战略规划紧密衔接,经营计划与经营预算相互支撑,集团总预算、专项预算和平台司分预

算相辅相成的集团预算体系。开展"三个跑赢"对标工作。经过一年的执行,"三个跑赢"已得到广泛认可,成为钢铁板块评价市场运作水平、内部挖潜力度以及与行业对标的主要工具。组织编制 8 家单位负责人三年任期目标责任书,并提交总公司 2016 年第一次董事会审议通过。52 家单位负责人任期目标责任书全部编制完成并经董事会审议通过。完成相关工作向系统优化部的顺利移交。

（赵进平）

【资产管理工作】　经营财务部组织开展资产价值管理。协调推进改制企业以现金出资置换改制时土地资产,解决历史遗留问题。参与推动矿业公司、设结公司等家公司改革方案、脱困方案制定和实施工作。组织开展完成首钢资源、矿业公司、销售公司等多家单位资产、股权处置评估,推动相关单位资产重组和多年遗留问题解决。加强产权管理,规范推进资产评估工作。组织全面系统彻底地清理集团股权投资和产权登记情况,提出全面登记备案的建议意见并逐步实施。进一步规范集团资产评估工作。落实国拨资金和财政专项拨款,推进高新产业升级。组织实施国有资本经营预算项目和一般财政预算项目资金的申领工作,城运公司智慧停车系统、二型材项目、首自信公司首钢云平台管理中心三个项目获得市国资委的确认通过。

（何　俊）

【税收管理工作】　经营财务部研究重点涉税业务,指导成员单位开展税收筹划和税收特别事项应对,重点开展了贵钢土地京唐公司的税收研究和协调工作。及时跟踪税收政策变化,正确解读政策规定,推送宣传和指导应用。加强与税务管理机构的沟通交流,创造良好税企关系。2016 年 5 月 1 日起,营改增全面推广实施,因政策变动对企业经营决策、财务核算等多方面产生影响。组织宣传辅导和专业培训、购买税收筹划资料,帮助各公司解决疑难问题。

（田　原）

【加强党风廉政建设工作】　在全体党员中认真组织开展"两学一做"学习教育,认真落实一岗双责,带领全体党员聚焦全面从严治党,高度重视党风廉政建设和反腐败工作,落实政治责任。为做好廉政风险预防工作,经营财务部联合财务共享中心,专门对总公司各业务范围及代管单位的业务进行梳理和自查,主要围绕制度是否

健全、业务提交审批手续及处置是否规范重点检查总部日常核算业务中财务规章制度的执行情况,对于检查中发现存在的不足,制订专项整改措施,并及时完成整改。结合廉政案例,在全部开展自查自纠工作,防微杜渐。组织完成支部换届,新一届党支部核心作用初步体现。

(张宝龙)

系统优化部

【系统优化部领导名录】

部　　长:杨木林

副部长:高福文

(温立文)

【综述】　首钢系统优化部于2016年1月正式运行,为首钢集团13个战略管控部门之一,负责全集团运营治理管理、组织绩效管理、流程风控管理、业务与系统管理、信息技术管理。运营治理管理主要负责集团治理体系管理、权力清单管理、组织功能定位与管控模式管理、组织机构与定岗定编管理、劳动效率管理;组织绩效管理主要负责组织绩效指标体系建设、组织绩效考核、企业领导人员任期绩效目标考核;流程风控管理主要负责运营改善与管理创新、流程管理、风险与内控管理、制度管理;业务与系统管理主要负责业务需求管理、数据管理、系统建设管理、系统应用评价与优化;信息技术管理主要负责IT治理与信息化规划管理、信息安全管理、技术架构管理、运维服务管理。定员编制19人,在册职工18人,研究生以上学历9人,大学本科学历8人,大专学历1人;高级职称11人,中级职称7人。

(温立文)

【集团管控架构改革】　系统优化部落实总公司党委全面深化改革指导意见和集团总部管控架构改革思路框架,紧紧把握提高效率、提高效益、提升价值、扭住关键环节,细化改革任务。一是进一步剥离总部机关实体单位和业务事项,逐步规范成员单位管理关系,总部战略管控、战略支撑和业务支持服务部门职能定位不断整合和完善。二是按照集团管控架构改革目标和放权搞活、激发活力的要求,以投资和领导人员管理为重点和引领,破冰实施管控权力清单管理,全面开展集团风控体系建设。在此基础上,组织制定总部部门关键管控事项权力清单。三是持续完善组织架构,完成股权投资管理

平台搭建,成立新闻中心、人才开发院和金融服务、矿产资源、首控项目处置工作领导小组以及宝业项目处置小组,调整医疗投资和养老产业机构等。四是深化干部人事制度改革,破除领导人员行政级别障碍,建立首钢内部职务职级体系,形成人岗相适、能上能下、薪随岗变的机制,营造干事创业的氛围。

(魏云胜)

【转型提效】　系统优化部有序推进集团转型提效工作,一是强化调研,帮助基层单位把握正确方向,加大力度组织落实,针对调研发现的情况及时督促调整政策导向,通钢公司、股份公司效果明显。二是借助国家化解过剩产能的大势,借助总公司"两会"及转型提效动员会、半年分析会议,强力组织推进,基层单位认可度高。三是加大政策引导帮扶力度,协商解合资金支持政策扩大到首秦和矿业,新建"退一补一"政策给予困难企业资金支持。钢铁板块试行工资总额与转型提效挂钩办法,并给予减员奖励,实现通过存量调整增加职工收入,有效激发了基层转型提效工作的内生动力。四是用薪酬改革倒逼集团总部效率提升,促进业务进一步优化。

(魏云胜)

【年度绩效考核】　系统优化部以《首钢总公司关于规范集团成员单位管理关系的通知》(首发〔2016〕5号)为依据,明确纳入2016年绩效考核单位57家。在向总公司党委常委(扩大)会汇报并获审议通过的基础上,制定并颁发《首钢集团2016年绩效考核实施方案》。结合年度预算安排,经几轮征求意见,于"两会"前57家单位完成经营目标书制定工作。2016年的绩效管理体现出集团管控体系改革思路和推进放权、授权的要求:一是突出战略指标考核,将运营类指标列为监控、评价指标,集团不再直接下达、考核。二是加强机制建设,结合推进转型提效,在考核的基础上,钢铁业按2015年末实际人数和2016年计划人数平均值核定工资总额。三是重点强化对班子考核,除安全环保等事故类考核,职工仅考核挂钩指标,班子全面考核。四是发挥平台公司作用,钢铁业月度监控、季度考核等日常管理下放到股份公司,集团重点对半年、年度进行考核把关。四是强化约束考核,"一业四地"出现失血,停发领导人员及管理岗位当月绩效工资;对集团关注的重点事项(比如,资金归集重点任务的考核)不受挂钩封顶线限制。六是总部部门建立效益指标挂钩考核、重点工作评价考

核的机制,重点工作计划细化到季度节点。在 2016 年首钢"两会"上,集团总经理与股份公司、京唐公司、首秦公司、水钢集团、通钢集团、长钢公司等六家单位现场签订《经营目标责任书》,其他单位会后签订,比 2015 年提前 2 个月。

(郭晓民)

【绩效考核体系运行】 系统优化部承接组织绩效管理后,突出抓好过程管控和体系运行。一是规范绩效考核的日常管理流程,一季度下发《关于落实 2016 年绩效考核实施方案做好自检考核及备案的工作要求》(首系发[2016]6 号),规范各单位月度自检考核、备案流程和要求。组织股份公司出台"钢铁板块绩效管理实施办法"。二是加强对考核重点事项的跟踪指导和沟通协调,针对矿业、首秦出现失血停发管理人员绩效工资的情况,专程赴首秦公司、矿业公司进行调研并向集团进行汇报。三是在总部部门建立月度根据效益完成情况预发、季度进行全面评价考核的管理模式,下发《首钢总公司部门重点工作评价方案》(首系发[2016]10 号),按季度组织评价小组开展考评并发布,绩效管理的实效性提高。四是高质量完成半年考核工作,6 月下发《关于做好 2016 年上半年绩效评价考核的通知》(首系发[2016]20 号),在半年考核中深入多家单位开展绩效沟通,了解掌握第一手资料;对重点工作考核从单纯加扣分向综合评价转变,按完成进度、质量亮红、黄、绿灯。五是组织好年度考核评价工作,按照重点工作提前反馈、绩效指标按预计数汇总的模式,于 2016 年 12 月提前完成年度预考核,为集团董事会审批通过,根据财务快报调整数据后,落实考核结算,并在"两会"上发布年度考核结果打下基础,使绩效考核不仅应用于薪酬分配还应用于绩效改进,提升管理价值。

(郭晓民)

【任期目标督导】 2016 年 4 月,系统优化部承接集团 52 家二级单位任期考核工作,组织各单位与集团签署 2015 年—2017 年度领导人员任期目标责任书。按董事会要求,5 月下发通知,组织集团 52 家单位对任期目标 2015 年度完成情况进行自检,对各单位 2015 年度任务完成情况进行汇总,并提出初步评价意见。经集团专题会研究,9 月末将第一次评价情况以通报形式下发全集团,顺利完成第一次任期评价工作。

(郭晓民)

【集团领导人考核管理】 2016 年系统优化部正式承接首钢负责人经营业绩考核管理工作。一是按照北京市国资委要求,组织完成首钢集团负责人 2015 年度经营业绩考核清算的报告并上报市国资委。二是与市国资委沟通,完善 2016 年度责任书,靳伟书记代表首钢集团与国资委签订 2016 年度经营业绩考核责任书。三是赴市国资委进行面对面沟通,就集团领导人员任期考核指标体系框架、指标设置、考核机制等进行绩效沟通,组织完成《首钢总公司负责人 2015 年—2017 年任期经营业绩考核指标目标建议值分析报告》,报市国资委。

(郭晓民)

【绩效管理调研】 2016 年 8 月中旬至 9 月初,系统优化部组织有关专业部门到新兴际华集团、五矿集团、建龙集团、北汽集团、金隅集团等企业,就集团管控、绩效管理等方面进行学习交流,形成调研报告,报集团领导。10 月 22 日,向集团党委专门汇报调研情况。

(郭晓民)

【总结首秦公司经验】 2016 年 3 月,系统优化部根据集团要求,到首秦公司调研,总结首秦公司内部市场化改革的主要做法,从调整要素配置、建立内部考核机制、开展全要素成本管理等方面总结首秦公司经验;从思想发动、组织变革、搞活机制等方面总结首秦经验的启示。首秦公司在 2016 年一季度集团经营分析会上作典型交流。首秦经验在钢铁板块起到示范引领作用。

(郭晓民)

【矿业公司相关产业改革】 集团公司责成系统优化部针对矿业公司炸药厂等分支机构相关资质受限,影响其改革发展,且矿业公司管理的法人单位较多,经营管理体制落后,部分产业亟须整合的问题,梳理矿业公司的分子公司情况,研究系统改革方案。系统优化部组织矿业、矿投、经营财务部等单位召开会议,梳理矿业公司的现状,提出矿业公司分支机构、子公司改革的方案,并组织财务专业对改革中的涉税问题进行测算。2016 年 6 月 7 日,集团经理办公会通过矿业公司方案。通过方案的实施,矿业公司炸药厂改制等工作已经完成,其他子公司股权划转等工作顺利推进。

(郭晓民)

【京西重工深化改革】 2016 年 8 月,集团公司要求系统优化部牵头研究制定京西重工深化改革方案。集团公司在研究京西重工"十三五"发展规划时,提出京西重工要成为首钢国际化经营的"试验田"。一是结合企业实际,组织制定以完成"十三五"规划为导向,以"基础考核＋目标激励"为主要内容的一揽子考核办法。二是从人力资源、经营机制等方面进行梳理,制定整体的改革方案。2016年12月,集团党委常委会通过《京西重工深化改革,推进"国际化试验田"建设思路方案》,并以集团公司文件形式下发。

（郭晓民）

【风控体系建设方案】 系统优化部通过广泛开展内外部调研,学习市属企业先进经验,听取兄弟企业意见建议,邀请行业专家进行讲座和交流,开展问卷调查,深入了解集团风控建设情况,最终完成风控体系建设实施方案的编制工作。实施方案经与市国资委主管专业沟通,公司风控体系建立领导小组审定,3月底正式下发。按照风控体系建设工作安排,2016年率先在集团总部、股份公司、京唐公司开展风控体系建设试点。

（黄言军）

【风控体系建设】 系统优化部从3月下旬起,组织总公司、股份公司、京唐公司风控体系建设项目先后启动。通过5个多月的项目建设,在重点培训、业务人员全面参与的基础上,三家试点单位按照公司层面和业务层面两个维度,识别分析风险,制定关键控制措施,制定权限指引,建立风控矩阵,描绘业务流程,最终形成包括总公司、股份公司、京唐公司各自的《风险数据库》《风险控制手册》《风控评价手册》等成果材料。截至年底,股份公司、京唐公司完成涉及公司内部所有业务流程的梳理以及风控手册、风控评价手册的编制。总公司全面梳理业务流程,形成包含25个一级流程、105个二级流程、303个三级流程的流程体系框架。按照总公司项目目标以及项目实施安排,首期完成涉及19个重点一级流程、567个关键控制点的风控手册及风控评价手册的编制。

（黄言军）

【迎接市国资委检查】 5月19日,市国资委对开展第二批企业内部控制体系建设检查工作进行部署。依据会议精神,总公司成立工作组,制订工作方案,对检查工作作出安排。按照要求,开展自检,总结内控工作。经国资委筛选,最终确定对集团总部和京唐公司进行现场检查,8月8日,国资委内控评价组进驻首钢。在检查动员会上,首钢总公司何巍书记和市国资委统计评价处

齐英处长分别对检查工作提出要求。在总公司各部门、京唐公司配合下,现场检查工作进展顺利,总公司、京唐风控体系建设被评价组评定为优秀。

（黄言军）

【"三创"会聚焦风控】 8月26日—27日,首钢一年一度的"三创"交流会顺利召开。"三创"会主题是"全面提高风险管控能力,保障企业持续健康发展"。会议围绕集团战略管控风险管理、钢铁板块风险管理、园区开发风险管理、股权投资风险管理和风险案例剖析进行经验分享和专业解读。系统优化部汇报风控体系建设试点工作,提出下一步工作思路。北京市国资委派驻首钢监事会主席刘春芳对首钢风险防控管理工作进行分析评价,靳伟书记作重要讲话。会后,与会人员进行风控知识考试。为保证会议的顺利召开,在总公司统一组织下,系统优化部组织编写出《内控培训和编制指南》《首钢内部经验交流材料》《风控法律法规》《专家演讲报告》等材料,对与会领导快速了解风控基本知识提供帮助。"三创"交流会圆满闭幕后,全集团也掀起学习贯彻"三创"精神,努力推进风控体系建设的新高潮。

（黄言军）

【风控培训】 为贯彻2016年首钢"三创"交流会精神,推进全面风险管控体系建设,系统优化部联合人才开发院举办风险控制管理知识培训班。为保证培训质量,系统优化部汇集首钢风控体系建设试点成果和"三创"会经验交流成果,开发培训课件,编制培训教材。培训班分3期,每期5天,集团总部和下属企业主管风控领导、风控部门领导和风控专业人员参加培训120人次,培训内容涉及风险管理及内部控制理念、体系框架、法律法规、案例解剖及风控工具流程方法等。系统优化部、经营财务部、审计部、法律事务部、基金公司等单位领导走上讲台,从集团高度和专业角度讲解风险管理和内控体系建设。风控知识培训促进风控管理理念普及推广,各级管理人员风险管理能力和业务操作能力提高。

（黄言军）

【制度管理】 系统优化部立足于现行管理制度,以风险管理为导向,以流程控制为核心,全面梳理制度和流程,充实完善制度要素,完善制度管理原则,进一步细化明确专业职责权限,按照分层级、分类管理标准,搭建基本管理制度、具体规章制度（业务基础制度和具体操作规范）的总公司规章制度体系,制定22个制度分类指

引。根据集团管控要求和制度管理实际对现行两项制度管理制度进行研讨修订,草拟形成《首钢总公司规章制度管理办法》。跟进集团全面深化改革,加强制度制定和审核,2016年完成《首钢总公司管理创新活动管理办法》制定,参与公司章程和董事会、党委会、经理层工作规则修订,审核《首钢总公司资金管理制度》《首钢总公司固定资产管理制度》等34项制度,总公司正式颁发25项,废止制度30项。

(黄言军)

【管理创新成果】 系统优化部会同发展研究院,对照国家、钢协、北京市和首钢转型发展要求,依据管控部门职责调整情况,交流研讨全员管理创新活动主要思路、方法、路径、机制,明确总公司方向引领,确定重点创新课题项目,以项目管理作载体,推动管理创新活动的深入开展。2016年首钢集团荣获钢协管理创新成果一等奖4项、二等奖3项、三等奖8项;荣获北京市一等奖7项、二等奖8项;集团内部评选出优秀成果48项。

(黄言军)

【信息化战略规划】 系统优化部组织开展首钢集团管控信息化战略规划项目,作为首钢集团管控深化改革的一部分,承接前期管控项目的管控模式和组织架构设计成果,进一步对集团管控的运营能力、流程信息化进行顶层设计,构建起一套将业务与IT融合的信息化战略规划体系。9月,形成首钢集团管控信息化战略规划总体报告,包括财务、人力资源、其他管控、流程信息化治理、数据架构、基础设施架构6个分报告。

(温立文)

【集团协同工作平台】 系统优化部于5月启动首钢集团协同工作平台项目需求调研、蓝图设计等工作。9月,项目正式立项,开始现场实施。本期项目实施范围包括集团总部、股份公司全部用户以及平台公司、直管单位重点用户。主要实施内容包括集团内网门户系统、移动门户系统、统一身份认证系统、协同办公系统(信息管理、工作流程、公文、会议、催办督办和领导日程)等,与邮件、档案、经营管理、报表直报系统进行集成。12月1日上线试运行。

(刘 京)

【报表直报系统】 系统优化部组织启动首钢集团报表直报系统项目建设,项目范围以纳入首钢集团合并报表范围全级次子企业为基础,适当增加管理口径单位,共

350多户企业。项目内容包括基层数据采集和管理报表输出两部分。基层数据采集包括20张财务报表、12张统计报表和1张行业协会反馈表。管理报表输出,实现基础数据转换为管理口径报表,基础表转化为月度领导手册,行业协会月度快报反馈转化为协会成员单位排序情况表,基础表及相关部门、财务公司调研情况转化成为财务、统计服务报表,实现财务、统计数据展示,满足多维度数据分析服务。12月底,具备上线试运行条件。

(梁丽亚)

【集团管控信息化项目】 系统优化部组织推进集团管控信息化项目建设前期准备工作,包括投资管理、资产管理、财务共享、人力资源管理等项目,制定工作计划,开展需求调研和流程梳理,与多家供应商进行交流,进行系统选型,确定备选供应商和复选方案。财务共享信息化项目12月通过经理办公会审批,完成立项。

(汪国栋)

【信息化项目管理】 系统优化部按照项目管理周期,组织完成集团绩效考核信息化项目、集团进口矿信息化项目、职工健康平台项目、客户营销服务平台二期项目和迁顺在线订单评审项目等5个结转项目的阶段验收、竣工总结、项目资金计划编制及支付工作。依据北京市国资委对国拨资金支持项目的监管要求,协调推进首钢集团绩效考核和进口矿信息化项目的第三方和内部审计。按照审计报告要求,协同财务共享中心、资产中心组织进行转固工作。为发挥与审计部门的协同效应,降低审计风险,规范信息化项目档案管理,总结形成信息化项目备审材料清单及规范。

(梁丽亚)

【广域网建设】 系统优化部为适应集团管控体系的要求,推进钢铁板块总部与集团总部的广域网络建设。组织联通与钢铁板块的四个单位进行专线扩容改造工作,由之前四个单位总带宽22米扩容至74米,大大提高专线的通讯处理能力。构建总部与现有主要二级单位的网络通讯线路的备份,组织完成集团总部与五地Ipsec网络手动连接的方案验证,同时完成京唐和股份的Ipsec自动连接测试工作。

(方红华)

【局域网建设】 系统优化部组织制定首钢北京园区骨干网络规划建设方案以及园区现有光缆保护方案、路由

优化方案,组织园区内光缆梳理工作;随着总部办公地点变动,组织网络架构规划、IP 地址重新分配、网络安全管理策略的调整工作。同时与行政管理中心协作,完成集团总部办公室调整工作所需的网络线路改造以及网络调试工作。

（方红华）

【信息系统运维管理】 系统优化部组织建立完善信息系统运维管理体系,加强事件管理、变更管理、客户满意度综合评价管理等,促进信息系统运维标准化、规范化。优化和完善监控平台和运维管理平台,监控平台形成故障报警响应、处理、反馈等标准流程管理;运维平台加强系统配置管理、变更管理等,建立各地统一运维管理平台。组织完成客户营销服务系统优化、邮件系统虚拟化迁移、BC 系统调整、ERP 系统变更、应用系统数据归档、其他系统虚拟化迁移等工作,根据信息系统运行状况,提出优化解决方案。强化外委合同费用管理,进一步压缩信息系统维护费用,降低维护成本;强化外委服务标准、周期性检查、系统巡检报告等管理,定期组织召开维护会议,监督检查维护工作落实情况。

（哈铁柱）

【信息安全管理】 系统优化部按照上级要求完成全市工控安全自查、国有企业互联网网站安全专项整治、网站漏洞自查、网络安全执法检查、开展等保自查、加强特定网络设备安全防护、加强 G20 峰会期间网络安全保障、开展关键信息基础设施检查、做好 PLC-Blaster 病毒防范、切实加强重要信息系统和重点网站安全保障等工作,组织完成安全整改、反馈,开展网站安全、工控安全、等保等专项工作。

（哈铁柱）

【视频会议系统】 系统优化部按照集团节俭办会的原则,针对视频会议召开密度大幅增加的情况,重点解决视频会议系统可持续服务能力和组会效率问题。组织完成总公司视频会议系统优化、双中央控制器实施方案制定、协同平台中视频会议管理流程再造以及提高视频会议组会自动化程度等工作。全年共组织视频会议 1000 多次。同时完成鲁家山、伊钢、股份公司等单位新增视频会议节点的实施工作。

（方红华）

【国资预算资金项目】 系统优化部按照北京市国资委“关于申报 2016 年度国有资本经营预算资金支持企业信息化项目的通知”,组织完成申报材料的起草、提报和答辩,包括提交项目申报书、项目可行性研究报告、申请项目资金的请示等材料。通过初审、专家评审和北京市国资委办公会审定等环节。北大首钢医院构建三级医院同社区卫生服务中心医联体信息化建设项目,总投资 700 万元,其中获得北京市国资预算资金支持 210 万元。12 月,支持资金已经到账。

（温立文）

安全环保部

【安全环保部领导名录】
　　部　　长:刘丙臣
　　副部长:吴光蜀　穆怀明

（刘军利、吴　刚）

【综述】 首钢总公司安全环保部（简称安环部）于 2016 年 1 月 1 日成立并正式运行,是总公司战略管控部门之一,主要负责集团安全、环保、能源专业管理工作。负责组织集团安全、环保、能源专业管理制度和专业工作标准、规范的制定、修订与指导、监督、检查;组织建立健全专业管理体系,推进持续运营改善;策划专业管理能力体系建设,组织推进能力培育与提升。安全管理主要包括安全生产管理、职业健康管理、防火安全管理、特种设备管理、工业建筑技术状态管理、抗震管理六方面内容。环保管理主要包括环保规划与计划管理、突发环境事件应急预案管理、突发环境事件管理、环境污染防治管理、建设项目环保管理、环保先进经验和共性技术研究应用、环保政策与新机制研究应用七方面内容。能源管理主要包括能源规划与计划管理、政府下达节能目标任务管理、节能政策与新机制研究应用、能源先进经验和共性技术研究应用、碳排放管理五方面内容。根据部门职责与岗位编制,安环部下设安全、环保、能源三个专业管理模块,定员编制 11 人,实有员工 12 人（矿山安全管理 1 人,兼矿业公司安全处长,不占安环部职数及定员）,其中研究生 3 人,大学本科 9 人;高级职称 8 人,中级职称 4 人。

（刘军利、吴　刚）

【落实安全生产主体责任】 2016 年年初组织召开首钢安全生产大会,播放 2014 年以来首钢典型事故案例片《血的教训》,组织逐级签订安全生产责任状,对安全生产工作进行全面部署。落实总公司要求,加强制度建设,进一步强化安全生产主体责任落实,制定印发《安全生产约谈办法》和《生产安全事故隐患排查治理办法》,开展安全生产约谈和专项督查工作。8月19日召开安委会会议,贯彻落实国务院、北京市安全生产工作精神。11月28日召开安全生产视频会议,传达贯彻习近平总书记等中央领导对江西丰城发电厂"11·24"特别重大事故的重要指示、批示精神和全国、北京市安全生产电视电话会议精神,对安全生产工作进一步部署。

(叶　凯、宋永胜)

【隐患排查治理体系建设】 在冷轧公司2015年开展"把隐患当事故处理"试点工作取得经验基础上,2016年3月9日启动"把隐患当事故处理"经验推广工作方案。股份、京唐、首秦和矿业公司等相关单位迅速成立主要负责人任组长的领导小组,制订工作方案和实施细则,按照动员部署、完善职责、修订制度、风险识别、制定标准、排查整改、讲评考核等步骤分步实施。2016年11月冷轧公司和矿业公司顺利通过北京市安全监管局、市国资委对隐患排查治理体系建设的检查验收,受到上级部门及专家组的一致好评。2016年集团新增达标单位(单元)55个,安全生产标准化达标率达到96.5%。集团新增达标班组214个,完成2016年新增达标班组200个的工作目标。

(叶　凯、宋永胜)

【安全生产专项督查】 安环部将联系确认、设备操作牌及相关方专项治理工作作为贯穿全年的重点工作强化督导检查,对发现的问题下发通报,责成相关单位全面落实整改。对集团涉及危险化学品的重大危险源进行全面梳理并组织检查组开展重点检查。对首钢所属矿山开展安全生产专项督查。为切实吸取湖北当阳市"8·11"高压蒸汽管道重大事故教训,8月25日下发《关于开展特种设备(承压类)专项整治工作的通知》,组织相关单位全面深入开展为期2个月的承压类特种设备专项自查整改工作,成立督查组重点对生物质能源公司、氧气厂、水钢和通钢等单位进行专项督查。针对北京冬奥组委入驻首钢园区,进一步强化园区各项管理,多次召开会议研究部署。为推进首钢北京园区开发建设安全顺行,成立总公司"安全管理效能监察工作组",按照《关于强化北京园区北区建设项目安全管理的效能监察工作方案》,强化对建设项目的安全管理效能监察。

(叶　凯、宋永胜)

【安全教育培训】 安环部组织各相关单位认真学习、贯彻《北京市生产经营单位安全生产主体责任规范》和《北京市生产安全事故隐患排查治理办法》,通过在《首钢日报》全文刊登、举办安全生产培训班等多种形式加大宣传力度。分两期举办首钢京冀地区生产经营单位主要负责人和安全管理人员安全生产培训班,358人参加培训。冷轧公司大力倡导先进的安全文化理念,被北京市安全监管局评定为"北京市安全文化建设示范企业"。深入开展"安全生产月"活动,印发《2016年"安全生产月"活动方案》,重点突出"警示教育""隐患排查治理""法制宣传""活动展示、应急救援"等内容。

(叶　凯、宋永胜)

【污染物排放总量控制指标】 2016年,首钢集团烟(粉)尘排放总量计划21672吨,完成20863.4吨,比计划降低808.6吨;二氧化硫排放总量计划21564吨,完成19118.9吨,比计划降低2445.1吨;氮氧化物排放总量计划31725吨,完成29518.5吨,比计划降低2206.5吨;化学需氧量排放总量计划939.5吨,完成810.54吨,比计划降低128.96吨;氨氮排放总量计划124.6吨,完成98.84吨,比计划降低25.76吨。

(穆怀明、张永林)

【环保管理】 安环部组织各单位积极落实各级政府对环保工作的更高标准和要求,加大绿色行动计划实施力度,投资41932万元完成环保治理项目24项,年可实现削减烟粉尘约739.7吨、二氧化硫约896.2吨;推进环评手续办理及环保验收工作,完成长钢公司新区第一条生产线环保验收、第二条生产线环保备案等环保手续办理项目10项。制定实施《新首钢高端产业综合服务区环保能源工作支持体系实施方案(试行)》并积极推进,园区开发规划环评和热脱附土壤修复临时设施获得批复,修复污染土约14000吨,强化了体系保障作用。依据《企业事业单位环境信息公开办法》的规定,结合首钢实际,制定《首钢环境责任报告体系建设实施方案(试行)》并下发实施,本着"试点先行、循序渐进、统筹协调、逐步完善"的原则,逐步建立健全科学规范、体系完备的环境责任报告体系。践行经济环保理念,争取政府资金支持,2016年获得环保专项补助资金约5249.4万元。

(穆怀明、耿培君)

【环境质量保障工作】 2016 年,唐山市举办世园会、中东欧国家地方领导人会议等系列重要活动;贵阳举办生态文明国际论坛、六盘水市举办生态文明国际论坛分论坛及凉都消夏文化节等活动。为保障重要活动及重污染天气期间环境质量,北京市启动空气重污染黄色及以上预警 10 次,唐山地区启动黄色及以上预警、实施环境空气质量改善强化措施 17 次,安环部组织有关单位制定预案,精心组织,严格落实各项停限产措施,加大保障措施落实和制度执行情况的检查力度,期间集团开展环保专项检查 2183 人次,对查出的环保问题全部落实整改,圆满完成各项环境质量保障工作。

(穆怀明、耿培君)

【节能管理】 面对严峻的市场形势,安环部组织相关单位扎实开展能源精细化管理工作,着力推进工序节能,不断提升能源系统运行质量,助力企业提质增效。集团钢铁业综合能耗指标比 2015 年降低 1 千克标准煤/吨。以提高余热余能回收利用、降低外购能源介质消耗为抓手,积极推进节能技改项目实施,持续提升能源利用效率,2016 年投资 21291 万元完成重点节能技改项目 24 项,年可实现节能 38933 吨标准煤。积极发挥钢厂服务社会功能,不断延伸钢铁业能源产业链,扎实推进能源产品市场化营销,钢铁业主要单位能源外销创收约 2.24 亿元。

(刘军利、吴 刚)

【能源管理体系建设】 安环部组织持续推进重点用能单位能源管理体系标准化建设,不断夯实基础管理。2016 年股份冷轧公司通过能源管理体系标准化认证,股份迁钢公司、京唐公司、首秦公司、水钢公司等单位持续做好能源管理体系内审、换证审核等工作,提升体系运行质量。组织各单位梳理能源管理流程、强化制度管理工作,集团各单位全年共制(修)定能源管理制度 30 项。加强能力建设,不断提升软实力,安环部组织开展 6 次专题培训与交流,集团各单位采取多种形式,共计开展 102 次培训与交流。

(刘军利、吴 刚)

【碳排放管理】 安环部组织北京地区 13 家涉碳单位(含 10 家重点排放单位,3 家报告单位)全面完成碳排放报告报送、履约等碳排放工作。积极发挥协同优势,协调集团内部交易,北京地区单位合计净出售富余碳配额创效 167.5 万元。推动国家核证自愿减排项目

(CCER)开发。股份迁钢 150 兆瓦 CCPP 发电碳减排项目,两个监测期 306.7 万吨二氧化碳减排量获国家发改委备案签发。环境公司积极开发生物质能源碳减排项目,第一监测期 13.5 万吨二氧化碳减排量获国家发改委备案签发,实现交易创效 203 万元。首钢总公司荣获"2016 年度北京环境交易所优秀碳资产管理单位"荣誉称号。

(刘军利、吴 刚)

办 公 厅

【办公厅领导名录】
主 任:梁宗平(兼)
董事会秘书、副主任:杨 鹏

(韩 乐)

【综述】 首钢总公司办公厅是首钢党委和行政日常办公的综合协调部门。负责总公司党委、董事会、经理层重要文件的起草、印发和会议组织工作;负责决定事项的催办反馈、综合调研、党政系统信息收集、编报和大事记管理;负责总公司领导公务活动、商务活动、大型会议和重要活动的安排协调和组织落实,日常公文处理,党委、董事会、总公司印鉴管理,总公司机要管理工作;负责总公司对外联络接待;负责总公司派出董事管理。办公厅下设党委办公室、董事会办公室、经理办公室、秘书处、联络接待处,定员 28 人。

(桑娟喜)

【文稿起草】 办公厅完成各类文稿的起草工作,主要包括:围绕开展"两学一做"学习教育,起草总公司领导班子对照检查材料、民主生活会整改方案等;围绕集团重大会议,起草工作报告或领导讲话;根据上级有关部门要求,完成《2016 年度工作总结及 2017 年工作计划》《首钢总公司董事会 2015 年度工作报告》《首钢总公司对监事会 2015 年度监督检查报告反映企业问题整改方案》等材料的起草;围绕总公司领导对外交往、调研等活动,起草领导致辞、讲话等;围绕完善法人治理结构,修订《公司章程》《首钢总公司党委会工作规则》《首钢总公司董事会工作规则》《首钢总公司经理层工作规则》等制度性文件。

(桑娟喜)

【会议管理】 总公司召开党委书记办公会 42 次、党委

常委会13次、董事会5次,经理办公会14次、专题会254次、经营例会12次,编发会议纪要209期。完成总公司党委扩大会、职工代表大会、经营活动分析会和"三创"交流会、党风廉政建设工作会等重大会议的组织工作。加强会议管理,按照《首钢总公司会议管理办法(试行)》落实会议计划、审批、组织等工作。

(桑娟喜)

【督办工作】 围绕总公司各类会议决定事项、总公司领导批示,强化总公司决策事项的监督检查,做好总公司部署的各项工作任务执行情况的跟踪、检查、反馈等工作,向总公司领导报送《催办与反馈》37期。

(桑娟喜)

【信息工作】 向市委市政府办公厅、市国资委、钢铁协会报送《首钢总公司信息》28期;向市国资委、钢协报送《首钢年鉴》。向总公司党委领导报送基层党委书记《汇报摘编》29期;编发《首办通报》30期;编发首钢大事记4期。全面、准确、及时地报送信息,全年信息数量和质量达到北京市、行业协会和总公司的要求。

(桑娟喜)

【文秘与保密工作】 全年处理上级来文1691件,总公司公文内部文件56568件,移交档案处文书档案6478件。全年办理首发文件282件;首党发文185件;首董发文28件;首函64件;首办发文8件,原件清样归档100%;全年办理总公司印章使用1504项23452件;党委印章使用214项2951件;法人名章使用187项840件;办公厅印章使用166项1029件,秘书处印章11项60件,收发北京市各委办局机要文件853件。全年废止印章3枚,启用印章8枚。总公司公文处理及时准确率100%。

(韩 乐)

【对外交往】 办公厅接待内宾122起1585人次;接待外宾21起113人次。接待内宾主要有:中共中央政治局委员、北京市市委书记郭金龙;中国工程院院士、第十届全国政协副主席、中国工程院主席团名誉主席徐匡迪;北京市市委副书记、市长王安顺;北京市市委副书记、市政府代市长蔡奇;国家体育总局党组书记、局长苟仲文;吉林省副省长姜有为;北京市市委常委、副市长陈刚;北京市副市长张建东;北京市副市长隋振江;北京市政府副秘书长刘印春;北京市市委副秘书长、市委宣传部副部长严力强;北京市市委组织部常务副部长贾沫微;北京市人大常委会副秘书长刘凤仪;北京市国资委党委书记、主任林抚生;北京市规划委党组书记、副主任王英杰;北京市纪委副书记、监察局局长、预防腐败局局长李振奇;北京市发改委党组书记、主任卢彦;北京市银监局党委书记、局长苏保祥;北京市财政局局长李颖津;北京市审计局总审计师石铝;北京市交通委主任周正宇;北京市安全生产监督管理局局长张树森;北京市冬奥组委秘书长韩子荣;北京市侨办主任刘春锋;国家发改委副主任连维良;国家发改委产业司副司长卢卫生;国家发改委基础司副司长任虹;国家工信部政策法规司副司长范斌;国务院侨办副主任王晓萍;国务院侨办经科司副司长夏付东;全国人大常委会原副委员长、全国妇联原主席顾秀莲;中国驻秘鲁大使贾桂德;中国工程院院士程泰宁;中国钢铁工业协会常务副会长顾建国;北京科技大学校长张欣欣;吉林省工信厅副厅长翟宪枝;贵州省国资委党组书记、主任黄秋斌等。外宾主要有:秘鲁共和国总统佩德罗·巴勃罗·库琴斯基·戈达德;秘鲁政府能矿部副部长Guiiermo Shinno(西诺先生);宝马集团高级副总裁Thomas Schmid(施密德);意大利达涅利集团董事长Gianpietro Benedetti;美国朗泽科技公司首席执行官Jennifer Holmgren(郝珍妮);力拓公司铁矿全球销售总裁兼船务总裁Bold Baatar(博德·巴特尔);必和必拓公司全球营销总裁Arnoud Balhuizen(阿诺德·巴尔惠岑);淡水河谷公司黑色金属部执行董事Poppinga(薄平歌);浦项(中国)投资有限公司董事长兼总经理韩成熙;马来西亚协德公司执行副主席丹斯里;天成公司总裁刘天成;西马克集团董事Rosenthal(罗森涛)等。

(裴 杰)

法律事务部

【法律事务部领导名录】

  部　长:腾亦农

  副部长:张　清

(韩 蕾)

【综述】 法律事务部是首钢总公司法律事务的管理部门。负责执行国家法律、法规,负责对集团重大经营决策提供法律支持,提出法律意见;负责起草或者参与起草、审核集团重要规章制度;负责集团法律事务专业管理制度的制定、修订并监督检查执行情况;负责集团法律顾问网络体系的建设,指导集团所属单位开展法律事务工作;负责集团合同管理专业的归口管理,对总公司重大合同进行法律审核,参加总公司重大合同的谈判和起草工作;参与总公司及其控股公司的分立、合并、破产、解散、投融资、担保、租赁、产权转让、招投标及改制、重组、兼并、公司上市等重大经济活动,处理有关法律事务;负责办理总公司法人授权委托等法律事务;负责选聘外部律师,并对其工作进行监督和评价;负责集团内部经济纠纷处理的组织协调;受总公司法定代表人的委托,参加企业的诉讼、仲裁、行政复议和听证等活动;开展集团法律风险防范工作,对违反法律、法规的行为提出监督意见,协助整改;负责提供涉及生产经营有关的法律咨询;负责总公司商标、专利、商业秘密等知识产权保护工作的法律支持;配合宣传部门对职工进行法制宣传教育;办理其他法律事务。法律事务部目前在岗职工8人,其中,部长1人,副部长1人,总监2人,高级经理2人,法律顾问2人。

（韩 蕾）

【总法建设】 开展企业总法律顾问制度建设调查工作。下发《关于开展企业总法律顾问制度建设调查的通知》(首法发〔2016〕2号),在总公司所属二级企业(含实行关键要素管理的企业)对推行企业总法律顾问制度、总法律顾问人选的设立及履职、法律事务机构及定员编制和职责落实、法律风险防范及监督机制建设、普法宣传工作的开展等开展调查,最终形成集团企业总法律顾问制度建设调查报告。

（韩 蕾）

【参与决策】 法律事务部始终坚持参与集团战略性经营管理事项的决策,参与公司重大经营决策的审核、论证,参与董事会、经理办公会、各级各类专题会议的讨论,参与集团重大投资、改制重组、股权转让、技术引进等项目评审工作。2016年度,法律事务部参加总公司各类会议73次,其中:董事会4次、经理办公会12次、各类专题会议57次,积极参与各项议题的决策讨论,履行法律审核、监督职责。

（韩 蕾）

【参与谈判】 2016年度,法律事务部参与项目组共计22个。参与首控退回南阳、首钢宝业、六秦转型、华夏国贸、股权投资公司、黑崎转股、铸造村14号楼、治乱疏解建高端等项目。积极参加重大项目专题会议,参与谈判,就重大项目决策事项的合法合规性出具论证意见,从项目尽职调查、可行性研究、法律文件起草、商务谈判、项目文件审查到出具法律意见书等提供全过程的法律服务。

（韩 蕾）

【合同审查】 2016年度,法律事务部共计审查各类合同、协议及授权申请等530项,出具法律意见书。总公司所持基金无偿划转、新首钢高端产业综合服务区项目、首钢园区基础设施建设投资基金项目、马来西亚东钢项目、铸造村集资建房等多个项目合同及相关文件,都是一稿多审,或者多稿多审,确保项目文件的合法性达到100%。目前,总公司重点项目、重点事项的授权文件都经法律事务部审查,充分做到对下把关、对上负责,有效地防范了法律风险。

（韩 蕾）

【案件管理】 2016年度,根据总公司领导要求,法律事务部进一步加强了法律纠纷案件纠纷的管理工作,加大主动维权力度。2016年度,法律事务部组织办理好集团重点纠纷案件,尤其是总公司涉诉的唐山银行案件、山西宇晋案件、西四房产案件等法律纠纷案件中均取得有利结果。同时对集团重大法律纠纷案件保持跟踪、指导和协调,指导首控准兴重载股权案件、长钢武汉民生银行案件、长钢中信银行案件等案件胜诉,避免数亿元经济损失。

（韩 蕾）

【评审工作】 法律事务部开展年度法律顾问职业岗位等级资格评审工作,成立以总法律顾问为组长、由法律专业部门,组织人事部门专业人员参加的评审小组,下发"首钢总公司关于开展企业法律顾问职业岗位等级资格评审工作的通知"。按照"自愿申请、分级把关"原则,开展企业法律顾问职业岗位等级资格评审工作。经过评审、评议,6人获得企业法律顾问等级资格,其中1人获得三级企业法律顾问职业岗位等级资格,5人获得法律顾问助理资格。

（韩 蕾）

【普法工作】 制定下发集团"七五"普法规划,将普法工作与合规文化建设结合,加强法律、宣传与各业务部门的协同联动,推进法治宣传教育制度化、常态化。大力推进法治文化建设,弘扬法治精神,增强法治理念,努力使全体员工成为法治的忠实崇尚者、自觉践行者、坚定捍卫者。集团"七五"普法规划作为首钢普法工作纲领性文件，按照集团领导要求，在总公司2016年度工作总结和2017年度工作规划中体现。

（韩 蕾）

【宣传培训】 开展法律专题讲座。为了加强法律风险防范工作，适应集团转型发展需要，围绕集团改革发展和法律工作实际，举办法律大讲堂系列讲座。邀请市国资委领导、专家学者及知名律师进行培训授课。以"法律事务动态""法律风险提示"等形式进行法律宣传，进一步提高了干部职工学法用法的意识，防范法律风险，维护集团合法权益。

（韩 蕾）

审 计 部

【审计部领导名录】
部　长：郭丽燕

（宁伟明）

【综述】 审计部贯彻落实总公司"两会"精神，围绕总公司全面深化改革工作要求，坚持"以财务为基础、以业务为导向、以防范风险为目标"的审计工作思路，将全资、控股以及实质性控制企业全部纳入审计监督范围，同时强化审计问题的整改，促进被审计单位提高经营管理水平。年内主要开展了经营目标责任审计、领导人员离任和任期经济责任审计、工程项目审计、专项审计工作。

根据总公司战略管控部门职责与岗位编制，审计部定员编制18人，其中部长1人，经济责任审计总监、财务审计总监、工程投资审计总监、审计复核总监、内控评价及管理审计总监各1人，审计经理12人。审计部的主要职责：负责本专业管理制度和专业工作标准、规范的制定、修订与指导、监督、检查；负责组织建立健全专业管理体系和专业评价体系，开展指标评价，并推进持续运营改善；负责策划专业管理能力体系建设，组织推进能力培育与提升；负责完成上级部门和上级领导交办工作。审计体系管理包括：统筹制订集团审计工作计划；负责推荐平台公司和直管单位审计负责人；负责统筹调动平台公司和直管单位审计资源；负责组织集团审计专业培训。

（宁伟明）

【经营目标责任审计】 年内，审计部组织完成经营目标责任审计7项，分别是北京大学首钢医院、北京首钢建设集团有限公司、北京首钢房地产开发有限公司、首钢水城钢铁（集团）有限责任公司、中国首钢国际贸易工程公司、北京首钢鲁家山石灰石矿有限公司、北京首钢文化发展有限公司。审计内容包括经营成果的真实性、财务核算的合规性、内部控制制度的完整性和有效性、经营与财务状况分析，以及经营发展趋势分析等。

（宁伟明）

【工程项目审计】 年内，审计部组织实施工程审计35项，分别是迁钢热轧平整分卷机组项目、迁钢冷轧公辅项目、首秦4300毫米车间外成品库厂房、长钢9号高炉TRT改造、长钢8号高炉炉前除尘设备改建项目、伊钢煤气柜工程项目、矿业公司脱硫白灰制备项目、矿业公司球团新建配套公辅项目、首钢医院脱硫白灰制备项目、技术研究院300千克级实验焦炉建设项目、信息部首钢集团绩效考核（KPI）信息化项目、京唐球团公辅项目、绿化工程、焦化工程、竖向工程、成品码头工程（二步）、道路工程等项目。共计审计工程报审额198.1亿元，审减额6630.97万元。

（宁伟明）

【离任审计】 年内，根据《首钢经济责任审计管理办法》和总公司党委组织部的委托，审计部组织完成领导人员13人离任和任期经济责任审计，分别是北京首源劳务有限公司总经理闫永志、北京诚信工程监理有限公司董事总经理付士江、北京首钢建设集团有限公司董事长王文利、北京首钢房地产开发有限公司总经理关山、北京首钢房地产开发有限公司董事长吴福来、首钢水城钢铁（集团）有限责任公司董事长张槐祥、北京首钢篮球俱乐部有限公司、北京首钢篮球俱乐部、北京首钢乒乓球俱乐部有限公司总经理王伟、首钢矿业公司总经理吴林、中国首钢国际贸易工程公司董事长王保民、北京首钢鲁家山石灰石矿有限公司总经理张山林、秦皇岛首钢黑崎耐火材料有限公司总经理陶绍平、北京首钢文化发展公司副总经理（主持工作）张世明、首钢秘鲁铁矿有限公司党委书记董事长陶仲毅。

（宁伟明）

【专项审计】 年内，审计部组织开展专项审计9项，分别是对2015年总公司国有资本经营决算工作情况审计、巡视问题持续整改事项跟踪检查、2015年审计问题整改情况后续审计、基金公司及下属公司财务及经营状况审计、创业公社财务及经营状况审计、财务公司资金及运营状况审计、矿投公司近年来审计问题整改情况审计、首钢秘鲁铁矿股份公司铁矿石业务及资金状况审计、2016年业务招待费使用情况审计。

（宁伟明）

【强化巡视整改力度，提高整改实效】　强化巡视整改工作力度，对巡视反馈意见中涉及市审计局审计报告和2010年至2014年内审报告披露问题事项，督促各有关单位认真组织整改，定期检查整改工作进展情况。年内，完成巡视整改事项54项，累计完成整改722项，整改完成率90.93%。

（宁伟明）

【组织编写《审计案例选编》，下发并进行教育宣讲】年内，审计部落实总公司领导提出"不仅能发现问题，同时也要对审计问题进行总结，形成案例"的要求，收集整理典型的、共性的问题，从专业角度进行分析，形成的《审计案例选编》作为"三创"会和"两学一做"教育活动材料，同时安排人员到青训班、风控管理培训班宣讲，引导党员干部"以案为鉴，严守法纪，筑牢底线"，树立依法治企、严守纪律的红线意识。

（宁伟明）

【实施联合监督检查，提高监管力度和工作实效】　年内，根据联合监督检查计划安排，审计部牵头和参与的联合检查项目共有9项，其中：牵头5项，涉及房地产公司、首建集团、中首公司、矿业公司、燕郊公司；参与4项，涉及首钢医院、基金公司、财务公司、矿投公司。在联合监督检查过程中，审计部科学组织，强化监管部门间的工作协调，提高协同能力和工作实效。

（宁伟明）

【积极推进风控体系建设，编制内控评价手册】　年内，审计部与系统优化部开展集团风控体系建设，对集团内部审计流程进行风险评估，确定风险点、制定风险防范措施。按照风控体系"管、评"分开的建设思路，负责搭建集团内部控制评价体系。制定集团内部控制评价手册，建立内部控制评价工作流程、工作方法和内部缺陷定量、定性标准。同时，邀请外部事务所对审计人员进行内部控制评价审计的培训，重点讲解五部委下发的《内部控制评价指引》及内部控制评价审计工作流程及

工作方法，为集团内控评价审计奠定基础。

（宁伟明）

【开展内部审计质量评估工作】　年内，审计部启动了审计质量评估工作，先后赴公交集团、京煤集团、市内部审计协会进行调研交流。聘请中国内部审计协会认可的外部质量评估机构从内部审计环境和审计业务两方面，对审计组织架构健全性、审计管理规范性、审计技术和方法适用性以及审计流程的标准化等进行了初评，提出改进意见。

（宁伟明）

【结合"两学一做"活动，搭建学习平台】　年内，审计部党支部按照"两学一做"的要求，组织全体党员学习党章党规、习总书记系列讲话、首钢党委文件，参加学习讲座等活动，提高了思想觉悟，增强了政治意识、大局意识、核心意识、看齐意识。加强学习型团队建设，有针对性地组织学习培训，加强与市审计局、市属企业内审机构的交流，安排人员赴住总集团、金隅集团等单位交流，派人参加市审计局对北京农商银行的审计，努力营造学习氛围，提升审计人员业务能力。

（宁伟明）

监事会工作办公室

【监事会工作办公室领导名录】
常务副主任：张福杰

（王素玲）

【综述】　首钢总公司监事会工作办公室由首钢总公司董事会领导，重点负责对首钢集团所辖平台公司、关键要素管理单位、直管单位等37家企业的监管工作，负责集团公司派驻各监管企业监事会、委派监事等日常管理工作，履行总公司对监管企业的监督管理职责。监事会负责监督检查重点监管企业执行国家法律法规、首钢规章制度的情况，掌握企业重大决策、改革方案落实情况，监督检查企业中长期规划、年度计划完成情况和"三重一大"决策及执行情况、企业生产经营的重大问题及财务活动，定期向总公司董事会提出监督检查报告；监督检查企业董事会经营决策和领导班子、主要负责人的履职行为，向总公司董事会提出业绩考评、任免、奖惩意见及建议。监事会工作办公室设有5个检查组、1个管理组，职工24人，均为大学以上学历，其中高级职称

15 人。

（王素玲）

【工作思路】 2016 年，监事会工作办公室引导培养全体人员牢固树立"以问题和风险管控为导向、发现问题就是资源、监督检查就是为企业服务、监督检查报告就是产品、帮促整改就是价值创造"等"五种理念"，以强化"尺子文化""交账意识"为抓手，以助推首钢转型发展、促进监管企业提质增效为目标，围绕强化监督职能、深化联合监督、整改帮促等目标任务，勇于进取、认真履职；围绕强化事前事中监督，实施专职监事常驻制，不畏艰难、积极探索；围绕开展集团总部改革摸底调研，精心组织、开拓创新、团结协作。充分发挥战略管控部门作用，创造监督价值。

（王素玲）

【体系建设】 年内，监事会工作办公室围绕构建集团内部监事会逐级监管新型管控体系，做实监事会，提高监督能力，实现履职独立性，多次研究并向总公司专题会、党委常委会、董事会汇报加强集团内部监事会建设情况，提出内部监事会体系建设工作目标、总体思路、主要内容与进度安排，依据确定监管范围原则，研究对 37 家重点监管企业实施分类监管方式，含常驻企业监管与当期事中监管两大类，其中常驻企业监管包括长钢公司、水钢公司、贵钢公司、通钢公司、伊钢公司、首黔公司等 6 家外埠钢铁企业；当期事中监管按重要程度逐次递减分三种方式实施监管：一是全过程监管 6 家，包括股权投资公司、中首公司、房地产公司、京西重工、矿投公司、首控公司；二是重要事项监管 7 家，包括股份公司、首建投公司、国际工程公司、首建集团、首自信公司、机电公司、实业公司；三是动态监管 18 家，包括园区综合服务公司、特钢公司、曹建投公司、文化公司、体育公司、环境公司、医疗健康公司、首钢医院、基金公司、财务公司、京唐公司、矿业公司、首秦公司、顺义冷轧公司、钢贸公司、物贸公司、鲁矿公司、首矿大昌公司。初步形成逐级监管工作体系框架，对健全完善二级及以下所属企业法人治理结构，逐级落实国资监管职责，发挥预防预警作用，维护国有资产安全具有重要意义。

（王素玲）

【分板块监管】 年内，监事会工作办公室围绕管控体系改革、监管职能转型，对 37 家重点监管企业实施分板块监管，依板块划分为五个检查组即：园区开发管理平台检查组、股权投资管理平台检查组、直管单位检查组、钢铁板块管理平台（基地企业）检查组、钢铁板块管理平台（外埠钢铁企业）检查组，按照"下管一级，逐级监管，系统受控"的总体要求，遵循"谁出资、谁管理、谁监管"原则，分板块落实监管责任。

（王素玲）

【监督检查】 年内，监事会工作办公室积极探索"大监督"框架下国资监管的新方法，组织开展对环境公司、京西重工、首钢医院、医疗健康公司、园区服务公司、基金公司、矿业公司、财务公司、矿投公司、新钢联公司 10 家企业监督检查，完成对首建集团整改复查。期间，谈话 820 余人次，阅研资料 5780 余份，检查涉及资产总额 603.42 亿元，总结归纳成绩 65 个方面，揭示制约受检企业发展问题 63 个方面 200 个，提建议 196 条；披露需总公司重点关注事项 35 个、提建议 56 条，形成的 11 份监督检查（整改复查）报告经总公司董事会审议通过，得到充分肯定。通过监督检查，揭示出受检企业存在的风险与问题，实现了价值创造。在 2016 年总公司第四次董事会上，外部董事刘景伟讲："监事会落实工作非常认真，工作方式方法可圈可点"；市国资委监事会主席刘春芳指出："首钢监事会工作每年都有新的进步……能够形成这样高质量监督检查报告，有很深的硬功！"靳伟董事长对监事会办公室在联合监督检查体系建设中发挥作用，创新工作方式，深入开展监督检查，指导帮助受检单位加强管理、改善经营所做的努力给予充分肯定。

（王素玲）

【专题调研】 年内，监事会办公室牵头组织对 2 个项目开展多部门联合调研。一是组织对基金公司等四家管理相对高效企业开展调研。靳伟书记在《关于对首钢基金公司开展联合检查情况汇报》上批示："从基层角度审视集团管理，像基金、京西、香港首控、股权投资公司等管理相对高效的团队，集团全覆盖的管理到了它们这里到底是什么现状，到底制定什么样的权力清单，让下面活起来"，根据批示精神，牵头组织并会同系统优化部成立专题调研组，深入京西重工、股权投资公司、基金公司等基层单位，与相关企业及香港首控等主要领导座谈，通过听汇报、谈话，召开座谈会，阅研资料等多种形式深入调研，听取基层意见，形成《关于股权投资公司等四家企业权力清单制定情况的汇报》《关于对首钢基金公司等四家企业集团管控调研情况的汇报》及四家企业调研报告，揭示出在集团管控方面存在的权力清单尚未制定，权责界面不够明确等7个方面主要问题，提出有针对性建议6条，总公司领导高度关注。靳伟书记在《汇报》上批示："请班子传阅，组织在监督工作联席会上通报，共性问题：如总公司各部门到底管什么、要什么、监控什么的权力清单争取下半年完成；个性问题进一步解放思想，放权搞活，让市场主体责任的作用发挥出来，充分激发活力，参与市场化竞争。"据此，靳伟书记组织召开"集团管控工作座谈会"，有针对性地研究集团管控事项，部署相关工作；二是牵头组织对首钢集团总部改革进展情况摸底调研。根据靳伟书记关于"要在年底前对集团总部管控体系改革总体情况进行一次摸底，充分听取基层意见，为下一步持续改进和明年进行整体评估打好基础"的指示精神，监事会办公室抽调骨干成立调研组，会同系统优化部、发展研究院开展联合摸底调研。深入集团54个单位，谈话438人，收集调查问卷602份，查阅资料200余份，通过访谈、座谈会、问卷调查等方式广泛调研，形成《关于首钢集团总部改革进展情况的调研报告》，总结出集团总部改革12项重点工作进展，改革带来的10个方面变化和取得主要成效，揭示出10个方面主要问题，提出建议8条，披露需总公司关注事项1个。靳伟书记批示："请书记会同志阅，电子版……两会报告可采用。"许建国书记在《首钢集团总部改革摸底调研工作总结》上批示："学思践悟，知行合一，自强不息，应向他们学习致敬。望监事会办公室所有成员向他们学习，不断提高能力和水平，为'两会'目标的实现，切实发挥监督检查的威力而努力。"

（王素玲）

【试行常驻制】 根据总公司党委、董事会关于推进专职监事常驻制，强化集团管控机制的总体要求，3月22日，许书记在长钢公司组织召开专职监事常驻制试点启动动员会，委派监事会主席常驻长钢公司，开展专职监事会常驻制试点，依据《首钢总公司派出监事常驻钢铁企业实施细则（试行）》积极探索监管企业日常监督模式及事中、事前监督方式。期间，常驻人员按照"监督+服务"工作思路，强化对常驻企业资产运营的过程管控，先后列席参加党委会、董事会、经理办公会等重要会议70余次，参与80余项建议预案审核讨论，对决策的合法合规性实时监督，促进企业规范治理；针对生产、

安全、投资等40余个重要事项持续关注跟踪；查阅各类资料700余份，深入基层、走访群众，随机面谈、约谈访谈质询90余人次，听取诉求呼声。实施常驻制，加强了集团内部监事会管控体系建设，落实了出资人监督的要求，为提高集团管控能力、二级企业抗风险能力搭建起监督工作平台。在9月7日总公司研究二级单位董事会、监事会建设专题会上，总公司领导对长钢公司常驻制试点工作给予充分肯定，已具备向重点外埠钢铁企业推广条件。

（王素玲）

【整改帮促】 年内，监事会办公室认真落实总公司关于"监事工作要向重点整改工作落实倾斜，增强实效性"的新要求，针对市委巡视组指出的"对监督发现问题解决不力"反馈意见，不断强化整改帮促，并纳入当期重点工作，做到同部署、同安排、同落实、同检查，按板块划分监管企业范围，明确整改工作责任人与板块联系人，发挥常驻企业专职监事作用，建立检查通报、定期跟踪、反馈、整改、复查、帮促的常态化、全闭环的工作机制，固化整改流程，取得成效。

一是狠抓市委巡视组揭示问题整改工作。系统梳理市委巡视反映的有关问题，对监督检查未整改问题下达整改通知书，制定整改方案；分别与主责单位党政领导沟通交换意见，向17家企业一对一下发持续推进巡视问题整改通知；组织分析主、客观及法律诉讼等因素，对未整改问题逐条逐项甄别。经与受检企业共同努力，首钢内部监督检查发现问题的累计整改完成率达到86.5%。二是强化日常监督检查揭示问题整改工作。按监督检查批次分别召开整改通报会11次，帮促指导受检单位制定整改方案与措施，组织对各阶段监督检查揭示问题系统梳理，督促落实整改。2015年度监督检查揭示实业公司、钢贸公司等7家单位存在问题172个，整改146个，整改完成率84.88%。三是完成水钢等6家外埠钢铁企业整改复查后续工作。对正在整改、未整改和新发现的160个问题分类梳理，摘编问题表现，督促指导企业制定整改方案与措施并以总公司文件下发执行，按季度跟踪整改进展情况，已完成整改42个，占26.25%。

（王素玲）

【管理创新】 年内，监事会工作办公室形成的《特大型国有钢铁企业国有资产监管方式的实践》荣获2016年

冶金行业企业管理现代化创新成果一等奖,首钢第十七届管理创新成果一等奖;《混合所有制企业监管模式的探索与实践》荣获北京市第三十一届企业管理现代化创新成果二等奖,首钢第十七届管理创新成果二等奖。

（王素玲）

【权力清单】 年内,监事会工作办公室梳理编制集团内部监事会管控事项、历年监督检查揭示风险事项案例、集团内部监事会权力清单,主要包括:关键管控权力、基本原则、管理体系与能力建设权力清单、企业内部监事会管理权力清单、监事会监督检查权力清单等内容。完成业务框架分析,集团风险管控手册涉及监事会工作内控流程、矩阵、管理流程图、权限指引表等工作。

（王素玲）

【"两学一做"】 年内,监事会工作办公室党支部组织全体党员、各党小组开展"两学一做"学习教育,制定工作安排与活动方案,按计划步骤要求,深入组织开展学习教育,规范学习记录、开展主题交流,完成补缴党费等各阶段任务,实现"两不误、两促进";督导长钢、水钢、贵钢、通钢、伊钢、首黔、大昌7家外埠钢铁企业开展学习教育,下发3份督导通知,按月收集汇总各单位学习进展、典型交流材料,组织外埠企业开展自检,现场抽查水钢等4家企业基层党组织学习教育情况,完成外埠钢铁企业民主生活会材料审核。按任务清单,督促围绕"学、做、改"做好工作。

（王素玲）

战略支撑

◎ 责任编辑：车宏卿、关佳洁

总工程师室

【总工程师室领导名录】

副总工程师兼总工程师室主任:李　杨

副总工程师:董　钢(1月任职)　许晓东

王　庆(6月任职)　陈汉宇

王全礼　刘英杰　张福明(6月任职)

胡　军(兼职)　杨春政(兼职)

曾　立(兼职)　王新华(外聘)

返聘专家:由文泉　苏显华　张　英　李永东

滑铁钢　杨安时　付建国

李　岩(1月聘任)

陶仲毅(11月聘任)

(魏松民)

【综述】　首钢总公司总工程师室(以下简称总工程师室)1995年5月成立,是首钢重大技术决策参谋部门,负责组织首钢重大项目技术方案审查,对重大项目方案实施进行技术指导;负责集团科技发展规划、科技工作计划、科技项目方案审查,组织、指导、协调重点科技项目研究攻关和技术开发;开展工艺技术运转情况、技术改造情况调研,针对关键、疑难重大技术问题组织专题研究,推进工艺技术进步和节能、降成本、增效;组织或参与重大生产技术问题的处理和攻关。2016年年底总工程师室在职全职副总工程师8人,返聘专家9人,兼职副总工程师4人;下设技术室配备技术专家成员2人,办公室配备调研员4人,协助副总工程师和返聘专家开展工作。总工程师室在职全职副总工程师、返聘专家及技术室和办公室人员正高级职称13人、高级职称7人、中级职称3人。

2016年总工程师室紧密围绕首钢钢铁业发展、首钢北京园区及新产业开发,组织了重大工程项目技术方案研究审查;组织了总公司科技项目立项审查;围绕集团工艺技术进步、品种开发、重大生产技术问题处理进行专题调研和指导;推进北京地区园区开发专项工作开展;为首钢建设及生产经营发展作出努力。

(魏松民)

【钢铁工程项目方案研究及审查】　总工程师室2016年围绕首钢钢铁业项目建设及技术改造组织和参与技术方案研究、审查涉及项目30余项,其中技术方案审查

18项,在调研、交流基础上,针对项目方案提出大量修改完善意见和建议,促进项目方案的完善和优化。具体研究、审查项目如下:

组织、参与京唐二期项目技术方案工作。参加京唐二期高炉设计方案、高炉进口碳砖选型研讨和审查;参加热风炉炉壳设计有关问题、热风炉采用复合板焊接试验研讨,参加与卡卢金、安耐克技术交流并组织研究热风炉热风管道设计方案,根据大高炉热风炉课题研究掌握情况提出建议。参与原二炼钢设备迁建改造方案研究及工作组织;参加炼钢精炼方案、精炼设施布置方案研讨;参加VD炉招标。参与京唐二期搬迁首秦板坯连铸机改造方案研究及工作组织,组织赴濮阳钢厂等考察借鉴相关经验;围绕二期板坯拟采用大压下工艺与东北大学和北京科技大学进行研究和交流,优化完善方案。参与薄板坯连铸连轧与达涅利的技术交流和谈判;参加与达涅利薄板坯连铸连轧、无头轧制设计标准研究;参加薄板坯连铸连轧初步设计审查。参加京唐二期首秦4300毫米宽厚板搬迁及3500毫米中厚板改造方案研讨。参加京唐二期综合管网初步设计审查、供电方案审查、燃气系统问题及技术方案现场研讨、信息化方案审查及京唐二期外商提供软件内容和自动化控制衔接研究讨论等。

组织京唐焦炉烟气脱硫脱硝方案研究,就项目方案与京唐公司等赴山东考察交流。组织京唐焦炉烟气脱硫脱硝可行性研究报告审查,提出修改完善意见和建议。参加京唐建设转底炉处理含锌粉尘专题研究,组织设计部门等研究京唐利用转底炉处理固废方案。参加京唐公司镀铝硅改造项目方案研究;参与与比利时CMI铝硅镀层热成型钢生产技术交流;组织专题调研和研讨提出京唐高强镀锌汽车板线产品大纲;参加该项目与CMI、Fives公司技术谈判;对改造项目立项方案进行审查和会签;参加铝硅涂层技术改造招评标。

组织对迁钢一热轧1号加热炉改造项目现场研讨和初步设计审查,借鉴2号、3号加热炉蓄热式改造取得成效及经验组织对项目初步设计进行完善。对迁钢冷轧配套完善项目初步设计进行审查。现场调研并参与迁钢结矿筒仓方案、球团制粉改造方案讨论,系统提出完善技术方案指导意见和建议。

组织北京首钢冷轧薄板有限公司分布式屋面光伏项目技术方案和合同能源管理协议审查,提出审查意见

建议;对项目立项请示进行审查确认,提出进一步完善与合作方合同期满后后续工作安排内容并得到落实。

组织马城铁矿初步设计优化工作并对项目初步设计进行审查,组织项目外部专家评审,按照专家意见组织进一步调整完善方案。组织首钢水厂铁矿尾矿高效浓缩技术改造项目初步设计审查并提出审查意见。对首钢马兰庄铁矿地下开采项目申请立项请示进行审查会签。与矿业公司就杏山铁矿地下开采可行性研究进行沟通。与矿业公司就水厂铁矿尾矿库接续改造方案进行沟通并提出初步意见建议。

继续开展秘铁新区改造技术方案工作。结合秘铁改造项目赴秘鲁铁矿进行考察,对秘铁扩建项目方案落实进行沟通和对接,参加总公司关于秘铁项目专题研究,对淡水洗矿与淡水选矿方案选择等问题多次向总公司及秘铁公司等反馈意见。与股份公司共同组织秘铁新区项目产品质量等相关问题协调会,对秘铁二期工期、秘铁矿粉质量标准、与京唐公司需求对接、京唐二期秘粉需求等问题进行讨论。就秘铁项目矿石铅、锌含量与地勘院、技术研究院结合矿区地质情况进行探讨。

就首钢水钢 6 号、7 号烧结机烟气脱硫系统存在问题进行现场考察并对委托鉴定结果进行交流,对项目合理方案安排进行探讨;组织水钢重建 6 号、7 号烧结机烟气脱硫可行性研究审查,提出审查意见建议并指导完善可行性研究报告。组织水钢 3 号转炉环保设施升级改造方案研究,就项目可研报告有关问题进行现场考察并与水钢公司进行讨论,提出完善可行性研究报告、建立健全内部环境监测管理体系等具体意见建议;组织对完善后的项目可行性研究报告进行审查。参加安全环保部组织的水钢 6 号、7 号烧结机综合节能改造,焦炉烟道气余热负压蒸氨改造项目方案交流研讨,提出意见建议。

参加总公司董事会对长钢焦化一期工程富余煤气发电项目立项汇报的审议,按照董事会要求组织赴首秦对项目利旧首秦发电设施进行现场调研和测算,提出利旧方案及设备能力、拆建衔接等问题建议;组织对基于利旧方案的长钢焦化富裕煤气发电工程初步设计进行审查,提出充分合理利用富裕能源等建议。

对通钢板石矿业公司球团生产线烟气脱硫项目进行现场考察,组织项目可行性研究报告审查,提出审查意见建议。对股份公司关于通钢公司启动板石矿接续工程投资申请立项的请示进行审查会签。与通钢公司就通钢转炉除尘改造前期工作进行沟通,对通钢二炼钢 3 号转炉 OG 除尘改塔文除尘方案进行阅研和意见交换。

按照总公司专题会议决定,牵头曹妃甸至迁安、北京电信通道及海淡水输送管路依托京唐城际铁路等项目同步建设方案研究,组织相关部门对项目涉及问题进行讨论和工作分工,就涉及政策、规范、征地等进行全面调研,对项目可行性及相关问题方案进行多次研讨,组织国际工程公司提出迁安—曹妃甸—北京首钢通讯系统互联互通通讯光缆及马城铁矿供矿业公司精矿粉管道输送的路由初步方案。与中铁咨询公司就依托水曹铁路同步建设项目方案进行咨询和洽谈,组织项目可行性研究报告编制准备。

参加总公司经理办公会、董事会对以上相关项目的审议 10 余项,参加总公司经理办公会对首钢矿山机械制造厂捆带生产线项目概算审查汇报、哈尔滨首钢武中钢材加工配送有限公司项目概算审查汇报等的审议,参加总公司水曹铁路有关工作专题研究,参加总公司关于安全环保节能预算及研发预算专题研究。落实相关工作。

(魏松民)

【园区开发项目方案研究及审查】 总工程师室 2016 年组织、参与园区开发专项工作及项目技术方案研究审查涉及项目和专题 30 余项,其中方案审查 10 余项;参与园区停产资产处置、污染土地治理等工作。具体工作开展情况如下:

参加总公司冬奥组委筒仓办公区室内装修、信息化方案、西十筒仓冬奥广场景观设计专题研讨,对园区开发部《关于西十筒仓改造项目 5、6 号筒仓室内装修及办公区信息化(冬奥)工程概算审查请示》技术方案进行审查确认和会签。组织、参与首钢园区冬奥广场建设有关数字会议系统方案研讨及专家评审工作;为保证系统可靠性与首自信公司等赴杭州对 G20 会议系统进行考察借鉴。参加首建公司冬奥场馆周边建筑质量目标策划研讨。

参加首钢园区北区服务冬奥重点项目及石景山景观公园、首钢工业遗址公园等景观改造项目方案研究,参加启动园区北区服务冬奥重点项目及景观改造立项专题讨论、内部立项及投资估算专题研讨,提出项目建设投资及有关技术问题意见和建议。对园区开发部关于园区北区服务冬奥重点项目及景观改造项目立项请示、首钢北京园区北区重点项目投资建设汇报提请总公司董事会审议请示进行审查会签。

参加总公司关于绿色生态示范区申报、光伏发电项目、园区地下空间、人防专项、四高炉改造方案、焦化厂生态修复公园项目、石景山景观方案、红楼迎宾馆改造方案、首自信公司数据中心方案、环境公司建筑垃圾生产线、一耐35千伏电站有关问题、首钢总公司城市综合服务商对外宣传等专题研究。与园区开发部、国际工程公司、实业公司就脱硫车间水源热泵的实施可行性进行讨论。参加新首钢高端产业综合服务区智慧城市试点建设年终检查会议。组织与清华大学进行互联网及智慧城市有关技术交流。

组织、参与园区电力系统建设有关工作。参与首钢园区电力规划、石龙变电站、首钢变电站方案研究;参加北京市新首钢高端产业综合服务区发展建设领导小组办公室协调会、推进工作会、首钢与区发改委对接会对首钢园区电力设施建设有关工作研究,提出意见建议。参加园区电网规划建设战略合作协议研讨、总公司及经理办公会对首钢与市电力公司签订相关协议的专题研究和审议,结合首钢实际及历史遗留问题提出建设性意见和建议。参加S1线工程涉及首钢35千伏45号、46号高压线改移方案研讨;对特钢公司关于签署《石景山220千伏变电站建设三方协议》进行审查会签;参加首钢房地产公司组织的首钢五总降切改、退运、拆除专题讨论。

组织、参与首钢新建水厂项目工作。组织对项目涉及厂址选择、石龙站位置、方案设计、工程开工等进行专题研究并对相关工作进行安排和协调;组织首自信研究新水厂自动化和信息化整合方案;组织首钢新建水厂调整方案讨论。提出开展首钢新水厂建设相关工作请示报总公司决策。参加北京市新首钢办、北京市水务局、市自来水集团等组织的项目推进会、方案对接会、北辛安地区供水方案讨论对接等。

组织北辛安路道路改造首钢管线拆改移初步设计及北辛安路首钢投资建设的规划管线工程初步设计审查,提出审查意见建议;对园区开发部《关于北辛安道路工程规划市政管线随路实施相关问题的请示》、园区管理部《关于提请总公司经理办公会审议北辛安道路改造首钢实施规划管线工程及管线拆改移工程汇报的请示》进行审查确认和会签。在前期技术方案审查的基础上对园区管理部《关于提请总公司经理办公会审议实施丰沙线铁路改建工程引起首钢段入地管线切改移工程汇报的请示》进行审查确认;参加总公司对丰沙线项目迁改移及规划管线实施方案专题研究和经理办公会审议,落实经理办公会决议参加项目投资控制专题讨论;对丰沙线改建工程暗挖隧道石景山段爆破施工方案进行研究并与园区开发部沟通,综合考虑石景山体风化情况、古建筑及功碑阁保护等因素,建议不同意采用爆破施工方式;参加隧道爆破施工专题会、现场见证验收会,提出相关建议。在前期组织方案审查的基础上,对园区开发部提出的《关于S1线工程引起首钢段管线拆改移工程实施的请示》进行审查确认。

组织首钢云平台管理中心项目可行性研究报告审查,提出修改完善意见和建议并指导修改完善;对首自信公司关于投资建设首钢云平台管理中心的请示进行确认和会签;参加云平台项目建设标书研讨及评标。组织首自信等相关单位进一步研究完善园区BIM、GIS平台建设方案。

组织石景山首钢功碑阁破损情况现场考察研讨及功碑阁维修工程初步设计审查,提出修改完善初步设计意见建议。对园区开发部提出的《首钢二型材互联网金融产业园项目申请调整立项的请示》进行审查会签。参加首特绿能港科技中心16号地项目内部立项专题研究及总公司董事会对首特绿能港科技中心16号地项目立项审议,审查特钢园区16号地开发设计方案,建议补充项目概算等内容;参加总公司经理办公会对首特绿能港科技中心15号地工程概算审查汇报的审议。参加总公司关于首钢一线材家属区采暖锅炉清洁能源改造相关工作专题研究,组织一线材家属区北宿舍采暖锅炉清洁能源改造工程设计方案审查并提出审查意见和建议。

参加总公司对曹妃甸生态城先行启动项目、发挥曹建投公司管理平台作用、开展北京曹妃甸协同发展示范区展厅项目施工的专题研讨;参加曹妃甸协同发展示范区有关工作,组织曹妃甸海水淡化二期项目方案研究。

组织参与园区污染土壤热脱附修复工作,组织热脱附修复项目初步设计审查,对项目工艺配套及工程建设进行现场指导。对园区开发部提出的《首钢老工业区改造西十冬奥广场周边道路及首钢SG-S-3-014地块污染土清挖暂存方案》《首钢 SG-S-3-014 及 SG-S-3-018 地块污染场地修复工程实施方案》进行审查确认。组织首钢贵钢老区开发项目地块一期场地污染土壤调查及风险评估报告、首钢贵钢老区开发区改造项目地块二期场地调查及风险评估报告审查，提出审查意见。

参与停产资产处置工作。对原一型材资产、原高线厂二区域资产、京唐公司不利旧中板厂资产、二炼钢拆除范围内京唐不利旧资产、总公司设备处 2160 资产、原中板厂浊环泵站部分资产报废处置等请示有关情况及利旧可行性进行审查、核实和会签。参加总公司经理办公会对相关资产处置汇报的审议。参加炼铁区域皮带机、一三高炉压差发电、烧结一区域皮带机、焦化一区域皮带机、焦化二区域皮带机、焦化装煤车、一线材轧线设备、首钢钢材配送有限公司部分资产、首钢原二型材机床试验机、动力厂水源泵站、动力厂大除盐站、运输管理处电机资产盘活上市流拍后降价方案评议，原三炼钢厂、三线材厂主生产线资产处置意向技术评定等。

参加总公司经理办公会、董事会对园区开发有关工作及项目审议 10 余项，提出意见建议，落实相关工作。

（魏松民）

【新产业项目方案研究及审查】 总工程师室 2016 年组织参与立体车库产业化项目、垃圾焚烧发电等新产业项目技术方案工作，具体如下：

参加总公司关于首钢立体车库产业化、静态交通示范基地建设方案、北京公交场站二通厂立体车库项目、深圳公交立体车库项目专题研究；赴深圳进行公交立体车库项目调研；组织、参与立体车库项目技术方案研讨。

组织首钢生物质能源公司垃圾焚烧发电残渣暂存场方案审查，建议进一步对边坡处理方法、能源介质接入等进行进一步核实和方案完善，参加工程启动会，参加项目工程例会并对项目实施进行技术指导；对环境公司关于北京首钢鲁家山残渣暂存场项目立项请示进行确认会签。

对首钢 100 吨/天餐厨垃圾收运处一体化项目可行性研究报告进行审查，参加项目工程开工仪式。组织鲁家山矿污泥资源化综合利用项目方案审查，提出修改完善技术方案意见和建议。

（魏松民）

【科技项目工作】 总工程师室 2016 年组织科技项目

立项方案审查 50 余项，对重点科技项目进行方案研究、方案制定和实施组织；对科技项成果验收评估报告进行审查，参加相关成果的验收评估。具体情况如下：

对技术研究院、京唐公司、迁钢公司、冷轧公司等提出的科技项目方案进行审查论证，合计 100 余项次，提出项目及方案调整、修改、完善意见。参加总公司对"京唐脱磷转炉强搅拌复吹技术开发项目""转炉高效底吹及快换炉底技术开发项目""首钢冷轧产品高效精炼工艺等关键技术开发项目""冷轧酸轧线 2 号和 3 号张力辊减速机国产化项目""新能源汽车用硅钢检测能力建设"等重大科技项目的专题研究。在审查论证的基础上对 50 余项科技项目进行正式立项审批会签。对 2017 年技术研究院 54 项拟新立科技项目进行筛查论证，参加总公司对技术研究院 2017 年研发投入预算的专题讨论。

对技术研究院、京唐公司、股份公司、水钢公司、首建公司等 180 余项科技成果验收评估报告进行审查和会签，参加相关成果的验收评估。参加新产品转产验收会对高镀锡量高耐蚀性镀锡板等新产品进行转产验收。

组织完成国家"十二五"科技支撑计划课题"钢铁企业关键界面物质流、能量流协同优化技术与工程示范"项目工作，完成课题结题并获得国家科技部验收。参与国家"十二五"科技支撑计划课题"冶金过程二氧化碳—氧气混合喷吹炼钢工艺技术及装备示范"项目工作，组织京唐二氧化碳回收利用项目研讨，指导完善项目初步设计并组织审查，指导京唐炼钢转炉混喷二氧化碳试验并组织试验总结；参加总公司关于转炉混喷二氧化碳实验情况专题研究，提出意见建议。参与国家"十二五"科技支撑计划课题"大中型海水淡化产业化技术研究及应用 5 万吨/天水电联产与热膜耦合研发及示范"项目相关工作。

组织国家"十三五"重点研发计划项目"基于钢铁流程余热利用的海水淡化技术研发及示范"申报工作，首钢获得项目及其四个课题的承担单位资格。组织国家"十三五"重点研发项目"钢铁流程绿色化关键技术"申报工作，与钢铁研究院、鞍钢公司就合作承担的国家科技研发项目进行工作对接和交流，组织申报材料。

参加首钢科技进步奖评审、国家科技进步奖申报等相关工作。

（魏松民）

【现场调研及技术指导】 总工程师室2016年围绕集团工艺技术进步、品种开发、重大生产技术问题处理进行调研和指导工作。具体情况如下：

对迁钢1月份2高炉因布料系统故障引起的炉况失常、3月份1高炉限产停炉恢复生产开炉及开炉发生炉缸水箱漏水问题处理进行现场指导和协助处理；对迁钢高炉检修、炉缸温度上升及炉缸维护、1高炉北铁口水箱问题、烧结限产高炉炉料调整方案、高炉炉况问题治理等多次进行调研讨论和指导，提出措施及方案建议，促进高炉稳定及安全生产；针对迁钢1高炉长期低水平生产问题、2高炉检修后开炉及炉况调整进行现场技术攻关组织，促进高炉生产水平恢复。对5月份首秦2高炉布料溜槽脱落导致高炉灌渣事故处理和炉况恢复进行现场指导和协助；多次对首秦高炉检修方案进行指导。对通钢5月份2高炉炉缸烧出事故处理进行现场指导，组织对2高炉炉缸状况进行综合分析，对高炉烧穿后续修复方案进行讨论并提出建议；对通钢3高炉护炉问题进行讨论和指导。对水钢3高炉水箱烧坏处理方案进行调研和讨论，对水钢3高炉铁口水箱损坏后保安全应急措施及后续检修方案进行现场调查指导，提出具体措施方案。对长钢高炉炉况治理问题进行现场指导，提出高炉炉况调整指导意见和建议。结合秘鲁铁矿考察掌握情况组织技术研究院对京唐二期炼铁不同炉料结构情况下碱金属负荷进行测算，为二期投产后高炉配料提供指导。参加2017年首钢四地矿粉平衡方案专题研究，提出意见建议。

对集团钢铁基地炼铁生产技术运行情况进行调研和交流，参加首钢集团炼铁生产技术研讨会，对各基地炼铁生产技术情况进行分析点评，提出改进提高建议。对集团高炉炉缸炉底结构及运行情况进行调研并提交调研报告，参加集团高炉炼铁技术研讨会，就高炉炉缸维护和治理进行专题讲座，为集团各高炉维护分别提出针对性指导意见建议。赴迁钢研究2017铁系统技术改造和科研方案、降低炼铁成本措施，参加迁钢公司人才培养计划技术指导工作。

对伊钢炼钢、轧钢技术攻关进行现场指导，对炼钢精炼、中宽带钢生产工艺、Q345b产品质量等问题进行现场调研分析，与客户进行交流，提出完善工艺、改进操作、拓展产品品种等措施；协助伊钢制订和完善炼钢、轧钢技术操作规程，提高基础管理水平；通过系统指导伊

钢产品质量取得突破。赴京唐组织京唐一炼钢300吨转炉底吹氧气、喷吹石灰以及钢包扩容项目方案研究；与京唐公司、技研院进行转炉脱磷综合技术评定指数研讨。

组织品种开发及产品推进工作。组织产品推进计划及方案落实、产品推进问题协调、产品推进阶段性分析总结、产品盈利结构分析等工作；组织推进汽车板、镀锡板、电工钢、国家电网用耐候钢、冷轧复合板等重点产品开发工作和协调；组织市场开发及客户服务分析、市场调研，与华南、中石化、汽车生产厂等重要客户进行走访交流等工作；组织汽车轻量化用钢、钢结构推进等专题研究，参加中国汽车工程协会组织的厢式货车轻量化以后的测试和评价工作专题研讨；组织汽车板项目部落实宝马对京唐产线认证；组织镀锡板表面质量改进及配套技术、出口土耳其管线钢质量问题分析及措施研究等。组织参与2017年产品推进组织方案研讨、2017年产品推进预算专题研究，审核2017产品推进计划及产品推进组织方案。组织撰写耐蚀钢材料；就国家"十三五"新农村建设用轻型钢结构进行调研并向总公司汇报。

开展京唐物流优化工作，结合水曹铁路引入以及京唐公司物流的整体优化问题，组织完成首钢京唐公司物流规划，并向总公司进行专题汇报；组织京唐公司码头规划研究，结合京唐二期规划完善码头建设方案，推进京唐公司码头功能开发及完善。结合京唐项目对天津振华国际物流运输有限公司进行港口物流及信息化建设进行调研，提出意见建议并向总公司进行汇报。对2017年京唐公司码头规划进行现场沟通指导。

组织参与集团管理重构及集团管控信息化规划工作。组织、参与集团管控信息化总体方案、集团管控流程信息化项目方案、集团人力资源信息化项目方案、集团财务系统信息化方案、集团协同办公平台建设方案、集团网站和内网门户信息化、集团信息化主数据管理、钢铁板块信息系统方案、股份公司质量管理系统构建等方案研究，对有关工作进行指导。就信息化建设及财务共享平台方案分别与中联重科、用友公司、SAP公司、上海汉德公司等进行技术交流和沟通，赴上海参加财务共享及商务平台建设调研和交流。参加财务共享中心方案招标。按照公司要求组织"十三五"IT规划修改完善。

参与集团承压类特种设备专项整治工作,参加集团承压类设备设施专项整治工作方案研究并对工作方案进行审查把关;协同安全环保部等部门对集团各钢铁基地及北京地区涉及单位进行现场督查,对发现问题提出整治措施。

参加集团钢铁基地技术服务工作,参加技术服务团工作组织,赴首秦、通钢、长钢、水钢、伊钢等开展现场技术指导服务,针对基地存在难题提供技术支持。

落实首钢内部监事会2015年复查相关钢铁基地揭示问题整改工作方案有关工作,对涉及首秦、长钢、通钢、伊钢有关整改任务结合生产技术指导、基地服务等进行逐项落实。

(魏松民)

【重大专题研究】 总工程师室2016年按照总公司重点工作任务安排、集团发展及生产经营重大问题及总公司要求,组织重大技术课题研究工作,主要包括:

组织、参与首钢"十三五"规划工作。组织首钢钢铁业"十三五"规划措施研讨,针对钢铁产业生产经营中存在的短板,以减亏扭为目标,围绕提升创新能力、运作能力、内部整合能力、市场能力、经营能力,提出措施建议;参加首钢矿产资源板块、信息化专业、设计创新平台等"十三五"规划专题研究;参与集团"十三五"规划评审工作,提出系列评审意见建议。

组织首钢能源体系建设及电力体制改革试点工作。结合能源公司商业策划及电力体制改革分别对二通能源规划、鲁家山垃圾焚烧发电项目、廊坊新奥集团、斯耐特能源技术公司、大唐公司唐山电厂、京能集团、唐山工信局进行调研或技术交流,考察学习海军后勤大院售电管理流程;参加北京市发展和改革委员会关于新增配网投资放开试点座谈。在调研和交流的基础上多次组织研究提出并完善首钢能源体系建设及首钢电力体制改革试点方案报总公司决策;对国家及北京市电力体制改革有关情况进行跟踪并及时向总公司反馈,按要求全面完成总公司安排相关工作任务。对长钢提出的山西漳山发电有限责任公司意向与总公司签署跨省电力交易战略合作框架协议事宜进行专题讨论,提出建设性指导意见和建议。

参加总公司关于首钢与北控集团海水淡化合作专题研究,落实相关工作;与北控集团开展技术交流;参加总公司董事会对首钢与北控开展海水淡化业务合作汇报的审议。

组织首钢大型高炉热风炉问题研究,定期组织课题攻关例会进行阶段性工作总结和安排;针对迁钢、京唐大型高炉热风炉维护、京唐高炉热风炉炉皮开裂发展等提出应对措施建议;配合热风炉强化及改造施工。

组织加拿大钢厂300吨转炉底部氩氧混吹技术研讨,研究加拿大钢厂转炉底吹技术移植改造方案。跟踪炼钢连铸保护浇注等技术开发项目进展,对有关问题进行沟通和协调。

落实首钢集团与中集集团物流合作相关工作,对中集公司无锡基地、张家港沙钢物流系统进行考察交流,组织提出首钢与中集物流合作项目及合作方案建议。

组织首钢参与大型低温制冷系统技术合作可行性及前景研讨和调研,组织与中科院理化所交流,提出项目具体意见和建议并向总公司进行汇报。

开展首钢新业务储备石墨烯项目调研,就国内外石墨烯材料开发情况、发展前景及首钢开展石墨烯材料业务可行性进行初步分析。

(魏松民)

【其他工作】 总工程师室2016年组织、参与行业规范制定、技术交流、行业技能竞赛组织等相关工作,具体如下:

对钢铁协会钢铁先进工艺技术装备、能源消耗、污染排放标准征求意见稿组织研究并提出意见和建议;推荐专家参加钢铁行业去产能推重组促转型专项调研;组织《顶燃式热风炉耐火材料技术规范》的修订工作,参加规范编制审查;按照工信部要求,组织首钢工业资源综合利用先进适用技术装备征集及上报工作;对钢铁协会《关于征求对中频炉炼钢产能意见的函》组织讨论提出回复意见建议。

对首钢冷轧公司成品罩退作业区5号重卷机组工艺技术规程进行审查会签;参加总公司无形资产及商标字号制度、总图管理办法等制修订讨论。

参加全国炼铁生产技术年会、钢铁协会大高炉专家委员会技术工作会议、全国炼钢连铸年度会议、全国高速线材装备年度会议、全国第十一届化工冶金会议、环境科学学会年会、中国金属学会代表大会、首都科技盛典、低合金钢年会、中信金属铌钒微合金项目年度会议、海峡两岸绿色钢铁论坛会议、第八届中韩双边先进钢铁技术交流会。参加冶金标准研究院钢筋外形研讨会、国资委组织钢材时效问题研讨会、航天集团六院工业废碱燃烧余热回收技术研讨、钢筋标准研讨、中国工程科技论坛、中国金属学会冶金技术路线图项目工作会等会议。参加国家科技部"十三五"专项科技项目审查、冶金科技进步奖评审、北京市科委项目评审、产品开发与市场开拓奖评审等。

参加京津冀协同发展专家咨询委员会专家首钢调研座谈,参加京津冀协同发展智能制造对接会;参与日本三菱商事、安赛乐米塔尔公司、林德气体公司、德国软件公司、CMI公司接待及交流活动;参加与携程公司商旅合作交流。

参加"鞍钢杯"第八届全国钢铁行业职业技能竞赛参赛选手培训指导,随参赛团赴鞍钢参加竞赛。参加首钢2016年职业技能竞赛决赛工作,对参赛试题进行审查把关。参加首钢第二届一线职工岗位实践优秀论文评审。

(魏松民)

技术研究院

【技术研究院领导名录】

院　长:赵民革(6月兼职)　张功焰(6月离任)

第一副院长:王立峰

副院长:陈凌峰(5月任职)

　　　　张卫东　章　军(5月任职)

副总工程师:罗家明　刘晶志(5月任职)

院长助理:李　飞　田志红

党委书记、纪委书记、工会主席:刘力军

党委副书记:王立峰

(张树根)

【综述】　首钢技术研究院是1995年国家认定的国家级企业技术中心,是首钢科技创新的组织管理中心、研发推广中心和高素质人才培养输送基地。首钢技术研究院负责全面推进集团公司科技进步和技术创新,负责新技术、新产品、新工艺,新材料和新装备的研究开发与成果转化;首钢技术研究院下设科研管理处、产品推进处、科研条件处、知识产权处、信息化管理处等职能处室,设有钢铁技术研究所、薄板研究所、宽厚板研究所、特殊钢研究所、用户技术研究所、冶金过程研究所、信息研究所、检测中心。在股份公司、首秦公司、首钢京唐公

司等基地派驻支撑技术进步的研发力量,按照多地生产和研发的需要,在长钢、水钢、贵钢成立首钢技术中心分中心,统一组织科技研发工作,提供技术支持。随着首钢钢铁业"一业多地"的发展布局,形成"一级研发、多地分布"的研发体系。技术研究院在岗543人,拥有首钢专家62人、专业技术带头人73人、博士105人、硕士268人、本科101人,高级职称166人。

2016年,技术研究院以市场为导向、以产线为中心、以效益为标尺,瞄准国家重点工程、战略客户和高端产品,实施结构调整,加快产品结构调整步伐。汽车板累计产量突破1000万吨。高端领先产品完成542万吨,汽车结构钢、家电板、桥梁钢国内市场占有率居行业第一,超高强钢Q960E成为国内货车轻量化的标杆产品;战略产品完成420万吨,以宝马、奔驰、菲亚特等为代表的中高端客户比例大幅增加,以北汽、长城为代表的客户市场占有率大幅增加;电工钢完成143万吨,攻克世界最高电压等级1000千伏的特高压变压器,跻身世界第一梯队,得到国家电网和三峡等客户高度认同;镀锡板完成32万吨,实现国内高端客户全覆盖,在奥瑞金和中粮的供货份额国内第一。42项重点对接项目全面完成,为各生产基地降本增效,提高工艺水平发挥出重要作用。

(付百林)

【重要会议】

1月18日,召开安全生产大会。

1月23日,召开2015年度领导班子"三严三实"专题民主生活会,总公司领导赵民革、总公司纪委郭晓兵及院全体班子成员参加会议,院办公室列席会议。

2月5日,召开第五届职工代表大会第四次会议,会议由刘力军书记主持,第一副院长王立峰作题《勇挑重担保生存　提速创新求发展奋力开创技术研究院新局面》的工作报告。

3月4日,召开2016年党风廉政建设大会。

3月8日,召开"三八"妇女节表彰大会。

4月1日,召开2015年度领导班子及成员、处级领导干部述职测评会。

5月27日,召开先进集体、先进个人表彰大会。

5月27日,召开"两学一做"学习教育动员会。

6月8日,召开班子会和干部大会,落实院领导班子成员分工。

7月22日，召开2016年度上半年总结会。

7月22日，召开庆祝中国共产党成立95周年暨先进表彰大会。

10月28日，召开2016年三季度工作总结会。

12月16日，召开2016年年度总大会。

（付百林）

【新产品开发】 全年完成新产品开发91项，产量14万吨。增强塑性汽车板双相钢590DH、酸洗板复相钢HR800CP、高强桥梁板Q500qE、不锈钢复合桥梁板Q370qD+316L、隔水管用管线钢X80M等5项新产品实现国内首发，超高强钢Q960E实现在改装车大梁上的国内首次应用。注重加强工艺技术的开发研究，为新产品开发创造条件，同时也为各基地降低生产成本提供技术支撑。一批关键技术攻关成果投入应用，在低温冶炼、低温轧制、卷渣翘皮缺陷控制、表面与板形质量控制等方面取得重大突破，质量异议下降1/3，处理周期缩短1/5，带出品率比2015年降低0.4%。

（付百林）

【科技成果】 技术研究院全年完成科技成果验收评价133项，获得上级科学技术奖励7项次，其中"镁钛低硅新型球团矿的开发及其在京唐超大型高炉中的应用"获冶金科学技术一等奖，"新一代370—420兆帕级高性能桥梁用钢的研制与开发"获得北京市科学技术三等奖。完成专利申请696项，获授权专利447项，其中发明专利224项；技术研究院院完成专利申请161件，软件著作权登记7件，获专利授权122件；首钢总公司被工业和信息化部授予全国"工业企业知识产权运用标杆"称号。一项获中国专利优秀奖。获"国家知识产权优势企业"称号。企业技术秘密完成249项。主持和参与制修订国际、国行标准58项。

（付百林）

【降本增效】 通过工艺技术攻关降本增效全年组织完成42项对接项目。在炼铁领域，开展低硅含钛含镁新型球团矿开发技术、烧结大烟道烟气循环控制技术、大型高炉热风系统高效长寿攻关等研究工作，实现超大型高炉低硅（2.8%）球团较高比例（60%）入炉的生产实践和高钛（12.8%）球团的稳定生产，为高炉长寿和降成本创造了条件；在炼钢领域，在股份公司开展210吨转炉"SEBC工艺技术开发"，通过优化转炉底吹装置和工艺，首次在国内外实现了低底吹搅拌强度条件下、炉龄达到6000炉次以上，全炉役终点碳氧积稳定平均达到0.0021；通过动态钙处理和微钙处理，股份公司和京唐公司高级别管线钢夹杂物≤1.5级的比例分别由93.4%、86.5%提高至95.7%、95.4%，京唐公司实现车轮钢夹杂物≤1.0的内控目标；在轧钢领域，开展高硅汽车板色差缺陷控制技术研究，消除掉成品的条带状色差和粗糙发麻色差，股份公司基本解决DP590+Z色差问题；在股份公司稳步推进IF钢低温出炉工艺，出炉温度≤1220摄氏度比例由2015年的不足10%提高到2016年的60%，在降低加热炉燃耗的同时，改善了产品成型性能，产品延伸率普遍提高约1.5%—2.0%；在过程控制领域，在股份公司持续优化2160热轧产线板形质量，凸度命中率由优化前的91.5%提升至94.4%；在京唐公司持续优化冷轧板形质量，镀锡板翘曲高度小于20毫米的比例由60%左右提高至89.6%；通过优化热轧轮廓与冷轧承载辊缝的匹配关系，隆起带出品量由824.7吨/月降低至102.9吨/月。

（付百林）

【用户技术领域】 开展北汽C53F、长安汽车CS85和吉利NL-5等5款新车型的先期介入工作，累计完成3款对标车的材料逆向分析，2款车型轻量化降成本及SE成形分析；完成CS85新车型129个零件可制造性分析，提出60个工程变更申请，推进北京长安现有车型的材料认证和7个零件的切换工作；进一步完善首钢汽车板使用性能数据库，为一汽大众、沃尔沃、福特等多家车企提供认证数据包；进行成形类技术支持85项，股份公司成形类投诉数量比2015年降低33%，京唐公司比2015年降低25%；解决了华晨宝马、神龙汽车、一汽大众等重点车企复杂成形零件冲压开裂问题；解决了福特螺母凸焊技术难题，焊接实验室通过福特全球认证；通过拓展服务方式，强化技术服务，开展个性化贴身服务，增强零件分析与仿真、整车EVI先期介入能力，EVI产品供货量达到67万吨；优化了大型支撑辊修复用焊材及工艺，在京唐和股份迁钢各完成2支热轧支撑辊的修复；自主开发出耐候钢表面锈层稳定剂及涂覆工艺，完成首钢园区冬奥会锈蚀耐候钢幕墙试制，表面质量满足设计师和业主要求。

（付百林）

【技术支持效果明显】 在水钢试制成功供贵州钢绳股份有限公司的大规格82B产品，ER70S-6产品实现向大西洋焊材的稳定供货,完成二棒材穿水冷却器的供货及应用,降本增效作用显著;在长钢实现 ER70S-M、ER70S-G3 高端合金焊线产品向唐山神钢的批量供货,供钢结构住宅用耐候 H 型钢形成千吨订货;在贵钢实现含 Pb 易切钢盘条表面缺陷显著改善,满足重点用户的使用要求;在通钢实现 BP05 爆破线稳定生产。

(付百林)

【国家重点新产品计划项目】　2016 年承担国家及北京市科技计划项目 18 项,目前已完成结题验收或正在进行结题验收项目 9 项,按目标任务推进的在研项目 5 项,新申请并获批 4 项,包括国家重点研发计划项目"基于钢铁流程的余热利用的海水淡化技术研发及示范"以及北京市科技计划项目"首钢污染场地土壤修复的多技术集成工程示范"等,新获财政资金支持 2812.5 万元。

(付百林)

【对外开放合作】　技术研究院继续拓展开放合作。加入"国家焊接产业技术创新战略联盟",成为常务理事单位;与北汽股份合作成立"EVI 技术联合实验室";与正兴车轮共同组建的"车轮钢联合研发实验室"正式挂牌。加强与产业下游用户研究机构的合作,与中国汽车技术研究中心和清华大学汽车碰撞国家重点试验室建立技术合作平台。

(付百林)

【科技信息工作】　围绕"十三五"国家重大工程项目、首钢发展战略,完成《"十三五"规划百大工程及 31 省市重点工程用钢分析》《宝钢武钢战略重组对首钢的影响》等 54 项调研报告;推送《钢铁信息》等 4 个专刊 60 期;采集发布信息 7000 余条,信息系统访问量达到 17000 余人次;建立"钢铁情报"微信公众号,推送信息 402 条,为领导决策提供信息依据、为引领科研提供信息支撑。

(代云红)

【国内外学术交流】　技术研究院举办和参加学术交流 132 场次,被国内外学术会议录用征文 121 篇。邀请瑞典国家冶金研究院、英国焊接研究所、国家钢铁材料测试中心、中国科学院金属研究所、中南大学等国内外 37 位专家学者进行了钢铁冶金工艺流程、热轧产品开发与工艺控制、金属材料疲劳性能等专题技术研讨;组办

"2016 年 GAP 中国区技术交流会";赴台参加第六届首钢—台湾中钢在宽厚板产品开发和信息化建设方面的技术交流。

(代云红)

【改善科研条件与科研基地建设】　技术研究院科研条件支撑和检测实力不断增强,新增数控平面磨床等 22 台/套设备;板材快速热压成型液压机的购置,为开发热成形汽车钢研究创造有利条件;高速拉伸设备新夹具改造后,试验机力值传感器得到的曲线抖动幅度明显减轻;围绕新品种开展位错密度的 STEM 分析及异种材料高温压合等十几项方法的研究;中试基地开发出 125×150×410 厘米新锭型,完成系列成分高镍钢和高锰钢的小炉冶炼以及 2 毫米极限薄规格的轧制;建立电化学工作站,购置薄板网格打标设备,设计凸焊电极,搭建 SORPAS 仿真平台,具备了汽车板腐蚀行为分析、零件应变分析、螺母凸焊、焊接过程仿真等能力。

(付百林)

【人才队伍建设】　技术研究院全年引进硕士、博士 20 人;在聘首席(含助理首席)工程师 103 人。在职培养博士研究生毕业 3 人,充实科研队伍,优化人员结构,加强对科研骨干的培养深造,选派博士 1 人赴日本东京大学开展中长期培训;2016 年对首席工程师评聘方式进行完善,共聘任首席(助理首席)工程师 104 人,为科研人员打造成长通道。李海波获第七届中国金属学会冶金青年科技奖,邝霜荣获"北京市科技新星"称号。

(付百林)

【凝聚力工程建设】　技术研究院抓好党的建设和企业文化建设点,促进科技开发工作开创新局面。开展"两学一做"学习教育,在规范学习、提高实效上下功夫,规范党支部、党小组活动。加大对研发能力、科研条件建设、先进团队、科技骨干等内容宣传力度,在《首钢日报》和首钢电视台宣传报道 26 篇,激励科研人员在科技开发中勇挑重担,自觉为首钢科技进步争做贡献。充分发挥工会、共青团和各文体协会的作用,组织职工体检,慰问长期派驻职工 186 人次。开展羽毛球、篮球联赛、环厂走、唱歌、棋牌比赛等有益职工身心健康的文体活动,丰富职工文化生活。

(付百林)

发展研究院

【发展研究院领导名录】

党委书记:徐建华

副院长:徐建华 张明臣(10月转调研员)

　　　　费　凡(10月任职)

纪委书记:徐建华

工会主席:徐建华

（郭　锋）

【综述】 首钢总公司发展研究院(以下简称发展研究院)为首钢集团发展战略研究咨询机构,承担集团战略性、全局性、超前性发展问题的研究,为集团领导决策提供智力支持。设钢铁产业研究所、多元产业研究所、企业成长研究所、情报信息研究所和《企业改革与管理》杂志社、史志年鉴办公室、科研处、办公室及海研宾馆。在册员工50人,其中博士(后)4人,硕士24人;高级职称10人,中级职称11人。

（郭　锋）

【科研成果】 2016年,发展研究院向集团报送《2022年北京冬奥会对首钢发展的机会与应对策略分析》《未来5—10年钢铁产业形态及首钢应对策略研究》《钢结构产业发展前景及首钢应对策略研究》《首钢建设具有世界影响力综合性大型企业集团战略研究》《宏观经济与钢铁产业分析及预测》《房地产行业运行分析与预测》《物业服务行业发展趋势及有关建议》《再生水产业前景分析》等研究报告。参与《首钢集团"十三五"规划纲要》补充和修改完善。参加首钢集团总部改革进展情况摸底调研,走访全集团54个单位,组织召开各类座谈会37个,访谈438人,收集分析调查问卷602份。全年共编发《每日信息》249期,《信息情报分析》4期,《国内外主要钢铁企业信息》12期,转发总公司及二级单位新华社专供信息资料99篇。

（郭　锋）

【管理创新】 发展研究院与系统优化部共同补充和完善首钢管理创新成果管理制度,修订完成《首钢总公司管理创新活动管理办法》并颁发执行。发展研究院组织评审首钢第17届管理创新成果。集团内部80项申报成果获奖48项,其中:一等奖11项、二等奖16项、三等奖21项。组织首钢管理创新成果参加外部评审,获

冶金企业管理现代化创新成果奖15项,其中:一等奖4项、二等奖3项、三等奖8项。获北京市企业管理现代化创新成果奖15项,其中:一等奖7项、二等奖8项。

（郭　锋）

【"两学一做"】 发展研究院制定下发学习教育实施方案,成立"两学一做"领导小组和协调办公室,召开"两学一做"学习教育动员会,先后组织党委(扩大)中心组、党员专题学习等23次,内容涉及学习《中国共产党章程》、习近平总书记重要讲话文章选编和权威人士谈当前中国经济等。把"两学一做"学习教育与完成重大课题研究、信息情报编辑、杂志年鉴出版、海研经营服务、优秀人才队伍培养、管理水平提升、管理费用降低等任务结合,推动各项重点任务完成。

（郭　锋）

【党风廉洁】 发展研究院组织召开党风廉洁年度大会、开展廉政风险点防控、党员承诺、党风廉政知识测试以及主题征文等,组织党员干部学习《中国共产党廉洁自律准则》《中国共产党纪律处分条例》,传达北京市委十一届十次全会精神,完善组织建设、制度建设,建立干部党风廉洁微信群。

（郭　锋）

【降低费用】 2016年,发展研究院按照总公司管理费比2015年降低30%的原则,按照"坚持费用全面受控,坚持科研和效率优先,坚持费用降低30%"的原则,引导干部员工过紧日子;按照费用分项制定包保措施,强化干部交账意识和责任意识;分类控制,加强预算平衡,确保重点科研任务的资金投入;加强过程控制,确保年度费用不超支。

（郭　锋）

【重点工作】 根据总公司取消财务账号的要求,发展研究院按管理权限和业务流程进行梳理,重新划分岗位职责和协作边界,先后制定《账户清理后财务管理及业务流程职责》和《财务账号清理后有关报销内容的通知》等,销户后,做到相关业务与公司共享中心和财务公司等逐项对接,确保业务不丢、职责不乱。

（郭　锋）

【转型提效】 2016年,发展研究院调入5人,解合、调出4人。按照分流渠道,加快内部资源整合,全院人数从2014年的64人降到2016年年末的50人,降低

21.8%,工资总额降低16.9%。

（郭　锋）

【民主管理】　发展研究院学习贯彻总公司党委群团工作会精神,加强工会组织建设,健全院工会委员会和工会小组,为员工购买运动器具,组织员工参加总公司健步走环厂跑、观看大型话剧《实现》等。工会专业员王志远当选首钢厂务公开监督委员会委员。

（郭　锋）

【史志年鉴】　与《首钢年鉴2015》比较,《首钢年鉴2016》提前2个月完稿;出版印刷字数70万字;图片150张。组织做好北京市二轮修志编纂工作;完成《北京工业年鉴》、《石景山年鉴》首钢篇供稿任务;完成《中国工业史钢铁卷·首钢篇》材料收集、编纂、修改任务,成稿7万字。《首钢年鉴2015》参加2015—2016年度年鉴编校质量检查评比活动。启动首钢党史研究相关工作,经讨论交流形成编纂方案;与专业部门反复协商,初步确定入编对象。

（郭　锋）

【杂志与内刊工作】　2016年,《企业改革与管理》杂志社实现收入31万元,实现利润12万元,超额完成经营预算任务;编辑完成《企业改革与管理》杂志24期,编辑文章2000余篇,编辑文字量近600万字;编辑完成《首钢发展研究》(内刊)6期,文章100余篇,编辑文字量80余万字。

（郭　锋）

【经营服务】　2016年,海研宾馆加强市场开发,加大房屋整体出租力度,全年实现经营收入263.7万元,利润1.24万元,超额完成计划。做好安全消防工作,整改消除不安全隐患26项,实现全年安全无事故。做好食品卫生工作,实现全年食品卫生责任事故为零。为科研做好服务保障工作,全年提供各类会议服务304次,完成各类日常维修160次,服务满意率达92%以上。可利用资产出租率、合同兑现率100%。

（郭　锋）

【资产清查】　发展研究院按照《首钢总公司关于颁发〈首钢总公司资产清查及钢铁业清产核资工作方案〉的通知》工作要求,明确职责,细化方案,全面清查和盘点固定资产。重点对不动产、非在用固定资产、闲置固定资产和账实不符(有账无物、有物无账)等情况以及土地房屋近五年租赁情况进行梳理。共汇总上报89条主数据,其中发展院53条、海研28条、杂志社8条。共计54张报表,1836项主数据。

（郭　锋）

【信息化建设】　发展研究院按照首钢总公司"首钢集团信息化规划项目"和"首钢集团综合办公管理平台项目"整体安排,组织流程梳理、主数据收集、程序开发等。梳理管理流程7个,整理完成组织架构和系统用户基础数据45条,完成电子印章收集制作7个。完成信息系统整理、系统健康度调查、发展院IT基础现状、未来计算能力评估等9个方面,79项内容的收集与梳理。

（郭　锋）

人才开发院
（首钢党校）部分

【人才开发院领导名录】

院　　长:何　巍(兼)

党委书记、常务副院长:黄吴兵(4月任职)

副院长:郭　伟(4月任职)

副院长兼培训中心副主任(主持工作):段宏韬

　　(4月任职)

副院长、首钢党校副校长:王洪骥(4月任职)

（师　兵）

【综述】　首钢总公司人才开发院(党校)(以下简称人才开发院(党校))成立于2016年3月,是首钢总公司直接管理的以人才培养为目标、以能力提升为重点的企业内部培训机构,是首钢总公司战略支撑部门,与首钢党校为一个机构两块牌子。人才开发院(党校)按照"服务首钢、面向高端、能力为本、辐射全员"的指导原则,建设成为支撑首钢集团战略发展的人才培养基地,开展人才能力评价的人才评价中心,总结首钢优秀管理经验的知识沉淀平台。主要职责包括:培训需求与计划管理、培训效果评估与管理、培训体系建设与管理、人才测评管理、知识共享体系建设与管理、学习系统平台建设与管理和运营管理。人才开发院(党校)位于北京市石景山区晋元庄路11号,占地面积8237平方米,建筑面积5255.5平方米。院长由首钢总公司领导兼任,设党委书记、常务副院长1人,副院长3人;下设内训管理部、运营服务部2个业务部门和党建文化培训中心、领导人员培训中心、专业人才培训中心、技能人才培训中心和人才测评中心 5 个培训实施部门；2016 年底，教职工在岗 32 人，其中，硕士研究生以上学历 15 人、本科 11 人，高级以上职称 8 人、中级职称 14 人，直接从事教学与教学管理 20 人。人才开发院（党校）负责管理首钢总公司培训中心（首钢工学院、首钢技师学院）。

2016 年是首钢"十三五"规划开局之年，也是人才开发院（党校）成立元年。是年，举办首钢青年干部特训班及赴美研修班；完成首钢集团基层党委书记、董事长培训任务；组织参加中国大能手比赛，挖掘机项目获全国冠军、焊接项目获第七名；组织参加北京市第四届职业技能大赛，获焊接、天车工、网络管理员 3 个工种冠军，首钢被评为"优秀组织单位"，人才开发院（党校）获"优胜奖"；组织参加"鞍钢杯"第八届全国钢铁行业职业技能竞赛，获团体第六名，5 人获"全国钢铁行业技术能手"称号。

（师 兵）

【主要指标】 人才开发院（党校）全年重点培训项目兑现率指标 90%，实际完成 100%；现场教学、案例式教学、研究式教学课时指标 25%，实际完成 35.98%；重点中长期培训的理论教育和党性教育课时指标 25%，实际完成 28.66%；首钢内部兼职教师讲课课时指标 50%，实际完成 61.21%；各项教学效果综合满意率指标 90%，实际完成 91.09%。

（师 兵）

【重要会议】

4 月 21 日，召开首钢总公司人才开发院（党校）成立大会，院领导、人才开发院（党校）机关管理人员及党群工作部人员，共 40 人参加。

5 月 6 日，召开干部大会暨 2015 年度先进表彰大会，人才开发院（党校）、培训中心领导，先进集体、先进个人，部分教师与管理人员代表，学生党员和积极分子代表，共 260 人参加。

7 月 1 日，召开庆祝中国共产党成立 95 周年暨表彰先进大会。人才开发院（党校）全体党员、教职工和学生入党积极分子代表 300 人出席会议。

9 月 9 日，召开庆祝教师节暨表彰先进大会。人才开发院（党校）各级领导、先进教师、先进教育工作者、教职工代表及学生代表 280 人出席大会。

10 月 21 日，首钢总公司领导何巍到人才开发院（党校）调研。人才开发院（党校）党委书记、常务副院长黄吴兵、人才开发院（党校）副院长王洪骥、党群工作部、运营服务部、党建文化中心、培训中心负责人及相关人员参加汇报会。

10 月 28 日，召开"创建一流人才开发院研讨会"，院领导、各部门领导参加。

（师 兵）

【组建人才开发院】 3 月，根据首钢总公司党委《关于首钢全面深化改革的指导意见》和《深化首钢集团总部管控体系改革思路框架》，适应首钢集团战略发展对人员能力的要求，经首钢总公司研究决定，成立"首钢总公司人才开发院"，第一步机构设置为两部五中心。人才开发院（党校）党委按照高标准、高要求、高质量的目标，围绕思想建设、班子建设、组织建设、制度建设、作风建设，落实总公司指示精神和文件要求，统一思想、组建机构、完善制度、落实任务。编制试行《培训计划编制与管理流程说明及流程图》《培训项目管理流程说明及流程图》《培训效果评估管理流程说明及流程图》，首钢人才培养基地和知识沉淀平台搭建完成。经过半年多运行，在梳理问题和分析研究基础上，提出《人才开发院第二步机构整合方案建议》，待公司研究批准后实施。

（师 兵）

【制定落实培训计划】 人才开发院（党校）按照"服务首钢、面向高端、能力为本、辐射全员"要求，走访战略管控、战略支撑、服务平台及"一业四地"等单位开展培训需求调研，研究制定、组织实施首钢总公司 2016 年培训计划。全年重点培训项目计划 120 个，实际完成 170 个，超计划 41.7%，培训职工 14049 人次。

（师 兵）

【青年干部培训】 5 月 9 日—9 月 29 日，人才开发院（党校）举办 2016 年首钢青年干部特训班，87 人结业。人才开发院（党校）把握"强化理论武装、增强党性修养、提升领导能力"办学目标，安排军训、基本理论和党的路线方针政策、党的优良传统和党性锻炼、工作方法和领导艺术、首钢深化改革转型发展基本任务、分班教学、结业论文和总结 7 个单元教学，形成新的教学布局。在 5 个月的办学过程中，首钢总公司领导多次参加特训班日常教学活动，检阅军训成果，参与学员交流研讨。总公司领导靳伟、张功焰、许建国、何巍、梁宗平等领导参加开班动员，带头到特训班讲课。首钢总公司党委书记靳伟、党委副书记何巍到特训班看望学员,召开学员座谈会,对办学工作给予指导。围绕教学单元和专题,安排首钢总公司领导、各部门和单位领导讲课,筛选首钢培训中心优秀师资、聘请社会优质师资讲授专业核心课程(经营管理专业和外经外贸专业),著名经济学家魏杰为培训班授课。组织赴井冈山革命传统教育基地现场教学,由央视网以"V党课"形式播出,引起广大媒体关注。安排京唐公司、生物质能源、37°公寓、创业公社中关村创客中心、首钢园区、曹妃甸园区、立体车库等代表性单位和新产业项目以及北京规划展览馆、创新成果展示中心、北汽奔驰和北汽新能源公司等现场教学;安排前两期特训班学员回班交流成长经验;邀请马布里交流冠军之路和职业精神。将英语课程纳入选修课程体系,结业前组织英语水平等级测试,为选拔学员赴境外学习做准备。组织开展党性分析,加强党性修养和作风锻炼;开展课题调研,提出首钢深化改革意见建议,综合检验学员学习效果。加强学员作风建设,坚持军事化管理,探索学员自主管理新方式,制订修改完善学员管理和纪律规定,选派专职党总支书记,负责学员临时党组织建设,强化学员管理和考察。

(师 兵)

【基层党委书记、董事长培训】 11月14日—18日,人才开发院(党校)举办首钢集团基层党委书记、董事长培训班。来自基层单位党委书记、董事长30人参加一周封闭式培训,邀请首钢总公司领导及知名专家、教授讲课,引进"结构化研讨"等先进学习技术,研究探讨学员关注问题,取得良好培训效果,得到首钢总公司党委及学员高度评价和认可。

(师 兵)

【青年干部赴美研修培训】 10月18日,首钢青年干部赴美研修班开班,培训班安排12周语言强化训练、12周美国匹兹堡大学卡茨商学院领导力研修和1周旧金山大学浸入式证书课程学习,使学员增长国际化经营管理知识,开拓涉外经济贸易视野,为承担首钢海外经营管理任务打下基础。

(师 兵)

【党群人员培训】 年内,人才开发院(党校)开办党委书记、党支部书记、党小组长、新党员、入党积极分子及纪检监察和团干部培训等9大类培训项目28期,培训2064人次。同时,配合京唐公司、实业公司、园区服务

公司、首欣物业等基层单位开展"两学一做"活动,送学上门提供讲课服务。

(师 兵)

【领导人员培训】 人才开发院(党校)举办首自信公司科级后备干部培训班、首钢房地产公司年轻骨干人员培训班、首建集团青年干部培训班等各类班次12个。培训各类人员578人。同时,为京唐公司新任职领导人员培训班、新提职作业长培训班、科技人才管理培训班以及矿业公司领导干部大讲堂、东华公司中层干部培训班提供师资服务。

(师 兵)

【专业技术人员培训】 详见《培训中心》部分。

(师 兵)

【技能人员培训】 详见《培训中心》部分。

(师 兵)

【人才素质测评】 年内,人才开发院(党校)为首钢总公司组织部招聘总公司机关部厅处级以上岗位人员、京唐公司生产岗位人员转管理岗位、顺义冷轧公司管理岗位竞聘以及2016年首钢青年干部特训班人员进行人才素质测评,共完成483人次。为加强和改进首钢人才素质测评工作,开展人才测评体系构建调研、分析,与北森公司、诺姆四达公司等国内实力较强的测评机构进行接触洽谈。

(师 兵)

【2016年职业技能竞赛】 4月起,人才开发院(党校)协同总公司有关部门组织开展首钢2016年职业技能竞赛,全集团17000人参加竞赛。经过半年多的初赛、复赛、决赛,10月23日落下帷幕。12月23日,组织召开首钢2016年职业技能竞赛总结表彰大会,表彰涌现出的首钢技术能手81人、首钢青年创新先锋42人、优秀教练员21人和优秀工作人员20人。

(师 兵)

【"教师节"评选表彰】 8月,人才开发院(党校)组织全集团开展第32个"教师节"先进评选表彰工作,协调集团各单位开展先进教师、先进教育工作者、兼职教师和尊师重教优秀领导人员推荐工作,全集团评选出各类优秀人员126人。9月,配合人力资源部完成表彰奖励工作。

(师 兵)

【科研工作】 人才开发院(党校)围绕课程体系建设,确定课程开发方向,完成《认真学习党章,增强党性修

养》《周冠五的领导思想与实践价值》《结构化研讨》课程开发任务。具有首钢特色的《首钢"十三五"规划》《首钢集团管控》《首钢历史与首钢精神》3门课程完成课程内容、架构设计和说课。同时，加大科研力度，鼓励开展调查研究、撰写科研成果。《构建基于胜任特征的首钢干部分层分类培训体系》获中国职教协会年度优秀科研成果一等奖，《如何建立企业培训评估反馈系统》获中国职教协会年度优秀科研成果优秀奖；《标杆企业大学典型经验研究》《论健全首钢高技能人才的激励机制留住人才》获北京市职教协会年度论文一等奖，《思想政治教育方法的两翼齐飞——论灌输教育与渗透教育相结合》《80、90后员工特点及管理》获北京市职教协会年度论文评比二等奖；在首钢党建和思想文化创新成果评选中，《以首钢领导干部特训班为契机，加强精细化管理，提高党校研究式教学效果》获实践类成果三等奖，《构建基于胜任特征的首钢干部分层分类培训体系》获研究类成果一等奖，《党校教育如何提升领导干部的法治思维》《加强班组长培训，在基层传承首钢文化》获研究类成果三等奖。

(师 兵)

培训中心部分

【培训中心领导名录】

副主任:段宏韬(主持工作)　王 林　胡立柱

主任助理:张百岐　周伯久(女)

党委书记:黄昊兵(4月离任)

首钢工学院

院 长:白 新(兼任,6月离任)

　　　　胡雄光(6月兼任)

副院长:段宏韬　王 林　胡立柱

党委书记:黄昊兵(4月离任)

首钢技师学院

副院长:段宏韬　王 林　胡立柱　张百岐

党委书记:黄昊兵(4月离任)

(徐 励)

【综述】 首钢总公司培训中心(以下简称培训中心)成立于1996年2月,前身是首钢总公司教育委员会。培训中心是首钢教育培训办学实体,与首钢工学院、首钢技师学院实行一体化管理,开展全日制中等高等职业教育、成人学历教育、专业技术人员继续教育、高技能人才培养、职业技能鉴定培训和面向社会的资质培训等。地址在石景山区晋元庄路6号。

首钢工学院、首钢技师学院(以下简称两校)占地面积16.75万平方米,建筑面积12.56万平方米,固定资产原值1.69亿元。设有党群工作部、办公室(外事办)、职业教育培训处、教务处(教育督导室)、学生处(团委)、招生就业办公室、实习实训中心、人事处、计财处、总务处、保卫处等11个处室,设继续教育学院、经济管理系、信息工程系、机电工程系、建筑与环保工程系、基础部以及7月设立的机电技术系、安全工程系、健康与公共服务系、基础学部等10个教学单位,以及鉴定所、网管中心和图书馆。2016年年底在册教职工468人,其中:研究生以上122人、本科286人,高级职称133人,中级职称163人。信息化职工培训系统平台有1024门课程(其中:技能类204门、管理类820门),课件资源27998千兆字节。

全年完成办学收入10076万元,完成各类培训2.50万人次,完成中高职和成人学历教育在校注册学生8825人(其中:技师学院在校生3503人,工学院全日制在校生2689人、成人本专科在册生321人、合作办学网络教育在册生2112人)的教学任务。首钢技师学院招生1251人,首钢工学院全日制高职招生749人、成人学历教育招生974人。培训中心获第十二届中国企业培训示范基地称号;首钢工学院荣获中国钢铁行业专业人才继续教育培训基地称号,"北京市安全生产管理学院"获批在首钢工学院挂牌;首钢技师学院获2016年度北京市技工院校校企合作贡献单位称号、申报"深入开展国家级高技能人才培训基地建设项目"获得立项批复,原液压中心厂房改建为公共实训基地项目高标准完成建设任务并投入使用。

(徐 励)

【发展思路】 2月25日,培训中心召开七届二次教代会,审议通过段宏韬《抢抓机遇,乘势而上,奋力开创教育培训新局面》工作报告。报告总结了2015年工作,阐述"十三五"规划思路目标,提出2016年总体工作思路、主要任务目标和工作要求。

(徐 励)

【职工教育培训】 培训中心面向集团内部开展多层次、多类型职工培训或远程在线培训,全年完成内部培训 1.72 万余人次,其中:各类管理与专业人员培训 1.28 万余人次、技能操作人员培训 4450 余人次。与东北大学、北京科技大学合作培养工硕生,招收在职人员攻读工程硕士学位研究生 25 人,109 人完成学业取得工程硕士研究生学位,工程硕士生在读学员 346 人。为首钢总公司审计、会计、统计专业技术人员 1744 人举办脱产继续教育培训。适应企业发展需求,举办"营改增"专题培训、财务主管能力提升培训、风险控制管理知识培训等,325 人参加。以首钢京唐、迁钢、首秦、顺义冷轧等新基地企业和长钢、贵钢、通钢等外埠企业为培训服务对象,适应满足企业管理和生产一线培训需求,完成班组长培训 1006 人次,完成技师、高级技师培训 829 人次,应用远程在线学习系统开展培训与取证考前培训 1083 人次。3 月—12 月,承办首钢总公司新型学徒制试点工作。从京唐、迁钢等首钢 6 家单位招收"钢材轧制与表面处理、焊接加工、电气自动化设备安装与维修"3 个工种学徒 193 人参加试点培训;在管理模式上采取企业主管、学校参与,企校共同制定培训方案、共同管理;在培训模式上组建双导师团队,聘请企业技能操作专家 55 人为企业导师,运用"互联网+培训"模式,校企共同培养;在考核评价上采取学分制评价,将学员日常表现、作业完成情况、学习态度、职业技能鉴定相结合进行综合评价,182 人参加取证考试,171 人合格,通过率 94%。

(徐 励)

【社会教育培训】 首钢技师学院毕业生 1327 人,首钢工学院全日制高职毕业生 1026 人,成人教育本专科毕业生 359 人,合作办学网络教育毕业生 516 人。两校全日制毕业生就业率 99%,保持北京市先进水平。全年完成各类社会培训 7720 余人次。其中:完成北京市焊工、钳工、维修电工、炼钢、轧钢等 5 个工种 8 个班次技师研修培训承办任务,培训 279 人;完成北京市新材料产业发展现状与应用研究专业技术人员 29 人高级研修承办任务;9 月承办市电力总公司智能电表新装及换装操作 2374 人专项培训;4 月—12 月承办多期市安监局系统安全生产执法与专职安全员 2529 人次集中脱产培训;12 月承办市乡镇、街道安全生产专职安全员 1147 人次"职业卫生监管、工业企业安全监管、执法信息化"3 个专题培训。

(徐 励)

【两校教学成果】 两校推进教学改革,申报新教改项目获批。首钢工学院再次申请获得市教委 500 万中央专项经费,用于学校"专业结构调整与建设"职业教育质量提升建设项目。适应产业发展需求,采取调整或停办现有专业以及新专业建设的思路,制定两校新专业开发建设工作方案。首钢工学院申办"学前教育、安全生产管理"两个新高职专业获市教委批准。推进"一体化"教学改革,在机电类、信息类等 6 个重点专业启动专业建设平台化、课程内容项目(载体)化、课程目标综合化、教学手段信息化和教学管理精细化建设,完成 2016 级专业平台化教学计划制定,研究形成项目(载体)化、教学信息化系列教学标准,取得阶段性成果。两校共获全国职教行业和北京市级各类教学成果 80 余项。两校学生参加全国行业和北京市级技能竞赛获奖 44 项,其中:首钢工学院学生在全国大学生数学建模竞赛中获专科组二等奖;在 2016 年全国职业院校技能大赛决赛中,分获三维建模数字化设计与制造、大气环境监测与治理技术两个赛项三等奖。

(徐 励)

【两校学生工作】 学生教育与管理坚持"育人为本,立德树人"理念,坚持全面育人方向。制定两校《"强管理,促学风,提素质,塑形象"学风建设工作方案》,从九个方面推进学风建设工作,注重过程性记载和培养,学生月度出勤率超过 90%。组织 4 次创新创业大讲堂,组织参加首届京津冀创新创业大赛,获特等奖 1 个,一等奖 1 个。选出第五届校级名生 6 人(其中:工学院名生 4 人、技师学院名生 2 人),发展学生党员 75 人。首钢工学院推选出市级优秀班集体 1 个、优秀团支部 4 个、市级三好生 4 人、市级优秀团学干部 4 人,2 人获国家奖学金,106 人获国家励志奖学金。首钢技师学院推选出市级三好学生 7 人,30 人获政府奖学金。举办学生文化艺术节和科技体育节,每月围绕一个主题开展文体活动,组织学生志愿者参加学雷锋、助老助残等社会服务与实践活动;参加市大学生篮球联赛获高职组男篮第三名,参加市职教系统运动会获男篮亚军。

(徐 励)

【人才工作】 年内晋升正高级职称 2 人(其中教授 1 人,正高级讲师 1 人)、副高职称 2 人,招收应届毕业生 2 人(均为女性),其中硕士研究生 1 人。

(徐 励)

【完成市安监技能决赛承办】 11月16日—18日，由北京市安监局和北京市总工会联合主办、北京市职协和首钢技师学院承办的"2016年北京市'职工技协杯'职业技能竞赛检查人员（安全生产专职安全员）比赛"决赛在首钢技师学院举行，来自北京市区级的17支参赛队、专职安全员396人参加了工业、危险化学品、职业卫生3个项目决赛。为保证市级大型赛事顺利进行，技师学院制订了3天的赛程安排和全部参赛选手吃住行安排，设置3个决赛项目安全生产检查考核场景，遴选教师35人进行赛前培训并作为决赛裁判员，抽调师生60余人全程做好赛事服务保障，确保赛事完成。

（徐 励）

【"北京市安全生产管理学院"挂牌】 12月23日，北京市安监局下发《关于成立北京市安全生产管理学院的通知》（京安监发〔2016〕74号）文件，决定依托首钢工学院现有资源成立北京市安全生产管理学院。

（徐 励）

【国家级高技能人才培训基地立项批复】 12月，首钢技师学院申报的"国家级高技能人才培训基地深化建设项目"获得批复立项，获中央财政资金500万元和市级财政资金250万元的专项资金，用于支持学校开展国家级高技能人才培训基地建设项目。

（徐 励）

【完成液压中心厂房改扩建项目建设】 液压中心厂房改扩建项目2015年7月开工建设，2016年底完成。由改造前的1.29万平方米加层扩建到1.83万平方米，净增5400平方米。改建工程共利用市财政资金10180万元、自筹资金753万元，采用屋顶光伏发电、节能空调系统、全自动消防控制系统、节能灯具等新技术。建成后，成为校内北京市公共实训基地的主要部分，可提供15个大项实训，具有竞赛、展览、会议和大型活动多种功能。

（徐 励）

【为师生办实事】 为教职工55人办理困难补助2.8万元，为教职工20人申请办理住院保险赔付、重大疾病理赔、意外伤害款3.9万元；走访慰问离退休人员、困难教职工、劳模等450人次；安排在册教职工体检。组织开展教职工文体活动10次。

（徐 励）

业务支持服务

◎ 责任编辑：车宏卿

财务共享中心

【财务共享中心领导名录】
主　任:王　健
副主任:高　静

（袁　琳）

【综述】　首钢总公司财务共享中心(以下简称财务共享中心)是集团财务核算、会计处理的中心,是为集团和各级子公司战略决策提供财务数据的支持服务部门和共享平台。财务共享中心主要职责:负责编制集团合并报表,完善报表核算体系,出具年度财务报告;更新事务所备选库,组织决算审计;配合内、外部审计,负责非标报告整改追踪及会计档案归口管理;负责收入、成本等账务处理,负责税务核算及纳税申报管理,负责进出口业务核算及共享中心会计档案归档、保管等;负责总公司费用预算编制和控制,负责备用金借款、相关费用核算及报销(核销);负责集团各单位银行账户管理,收付款结算,票据业务,银行日记账的记账和对账,承兑汇票结算,财务费用、内部借款本金及利息,进出口业务结算;负责总公司股权等长期资产核算;负责政府各类支持资金、市政工程拆迁补偿费及园区开发前期费用核算;负责国有资本金及其他权益核算;负责园区停产资产、开发项目工程核算;负责技术研发费核算;负责代管的独立法人单位会计核算;负责集团统计专业的归口管理,组织集团和总公司统计核算,实施各项统计调查,编制及对外披露统计年报和定期统计报表;负责编制集团生产经营指标快报和月度统计公报;按公司要求提供相关管理口径的数据或报表,统计资料管理等。财务共享中心机构设置:总账报表室、会计核算室、费用核算室、资金结算室、资产核算室和数据信息室 6 个业务部门。定员暂编 78 人,主任 1 人,副主任 1 人,部门经理 6 人,专业技术人员 70 人。

（袁　琳）

【承接和拓展业务】　按照集团总部管控体系改革要求,财务共享中心在保证整体业务平稳过渡的基础上,承接原计财部的部分集团管控业务和大量财务核算业务,主要包括:集团财务合并报表和统计业务的归口管理;承担 13 个管控部门、4 个中心以及 5 个战略支撑部门的财务核算业务,园区资产管理和园区开发项目核算;代管 9 家非正常运营法人的核算业务,产权登记业务,工商营业执照备案,总公司住房基金、保险金核算等非共享业务。按照新管控体系要求及职责定位,拓展业务主要包括 22 个工会经费代管单位业务、6 个技协业务、中国职工文化体育协会冶金分会业务、中国职工保险互助会首钢代办处业务、影视文化等委托业务的核算。

（袁　琳）

【信息化建设】　财务共享中心完成报表直报系统解决方案立项、总体计划制定及项目启动,基本形成报表直报系统模型;完成现有报表业务方案梳理,以及总公司各部门对共享指标的需求调研工作。组织集团各成员单位 40 多项费用报销流程的梳理和汇总工作,整理费用报销子流程,拟定费用报销业务方案及共享业务需求,参与组织共享平台信息化项目招投标前期准备工作。优化 ERP 核算业务,完成用户整理及权限配置工作,新增成本中心 21 个。

（袁　琳）

【制度建设】　财务共享中心组织修订《首钢总公司业务活动费用管理办法》并颁发执行。根据北京市和总公司规定和制度,修订《首钢总公司业务活动费用管理办法》,对适用范围、职务职级费用标准等重新规范。与经营财务部共同重申出差费用报销等有关要求,明确管控部门费用列支渠道,取消向受检单位转移等。起草《总公司中介机构管理办法》《首钢总公司会计档案管理办法》《首钢总公司统计管理制度》《首钢总公司统计数据质量控制办法》等办法。强化部门职责,规范费用标准,与行政管理中心共同研究起草《总公司部门处级以下管理人员移动电话费用报销管理办法》,明确按岗位性质和工作需求,统一费用标准,规范处级以下人员移动电话报销问题。

（袁　琳）

【任期目标责任书】　财务共享中心任期目标任务:一是建立标准化核算规则和业务流程。全面梳理核算业务流程,完成总部各非法人单位核算业务流程调研、梳理,启动流程优化、整合规范工作。完成费用报销、职工薪酬及保险发放等业务核算规则和业务流程标准化的制定与实施。建立共享中心网页,公开共享业务流程,提供办事指南。二是搭建高效的财务共享平台。建立财务共享业务系统,建立大数据管理平台,整合完善现有财务软件体系。三是加强财务共享服务人才梯队建设。开展职业技能培训,开展信息系统培训,开展中高层管理团队培训。

(袁 琳)

【优化业务流程和岗位设置】 财务共享中心自成立以来本着精干高效和业务不乱、内容不丢、流程不断原则,持续调整业务范围,优化业务流程和岗位设置。一是通过整合业务职能,调整岗位职责,实现由存量岗位吸收新增职能。通过岗位优化承接人才开发院、发展研究院、新闻中心、影视文化4家单位的会计核算业务,探索和发挥财务共享中心的业务支持服务职能。二是围绕项目管理主体、范围、分类、权限、审批等重点,借鉴科研项目管理流程做法,从项目立项、概算审核、资金结算等环节优化总公司工程项目核算流程;优化园区管理部废钢采购、加工、运输、销售核算流程及废旧物资销售流程;梳理优化人才开发院管理费用、教育经费、固定资产采购等业务,优化报销流程;优化个调税代扣代缴流程。三是优化岗位设置,确保业务平稳运行。在定员不满的情况下,内部优化岗位设置,将存货核算岗与成本核算岗合并,将费用核算室现金出纳岗调入资金结算室,撤顺出纳业务,将银行对账和账户管理合并成一个岗位,将总公司总账和报表业务合并,增加园区资产停产资产和园区开发项目核算人员等。

(袁 琳)

【总账报表】 财务共享中心按照北京市国资委财务决算工作总体要求,组织集团成员单位开展年度财务决算工作。财务报表、提报审计、专项审计报告一次性通过市国资委初审和复审。梳理集团财务报表内容,修订完善集团报表体系、公式,完成国资委监管及内部管理两套、295张报表编制和审核,同时满足中介和审计及对外披露双方面要求,完成向北京市国资委、市财政局和钢协上报275户企业数据。组织相关处室及子公司协助、配合中介机构进行审计,密切追踪审计进度,及时发现和协调解决审计过程出现的问题。对股份重组、永续债等新生业务确定核算方法、列示方式,获得中介审计的认同,并对首钢集团及总部出具无保留审计意见。根据市国资委决算复核小组对集团2015年决算提出的问题,收集整理上报证明材料,并结合会计准则内容逐条分析,形成完整材料上报市国资委。完成集团2015年度财务决算向审计委员会、董事会汇报工作,并落实"交账工作",完成集团2015年度实际经营状况、现金流状况汇报工作。

(袁 琳)

【资金结算】 财务共享中心再造结算往来流程。取消结算往来过渡科目,各岗位收、付款时直接使用银行存款科目,使原来一项业务需要两个室同时操作的重复劳动简化为只需记账一次的方式,简化业务流程、减少重复劳动。根据《首钢总公司关于开展银行账户清理等有关工作的通知》(首发〔2016〕10号)要求,全面完成银企对账、账户清理等工作。做好银企对账,对未达账项及时组织调整。做好银行账户清理、清撤工作,对拟清撤账户重点组织清理,配合财务公司完成对各单位银行账户清理及关闭情况进行监督检查。配合财务公司的资金归集与管理工作,在财务公司直联银行范围内,总公司对全部账户办理银行账户授权,共办理6家银行18个账户的授权。按时限要求完成资金调配工作,合理安排支付进度,保障公司资金需求,完成资金调配任务,提高资金使用效率。开通与财务公司网银业务,制定网银业务办理规定,规范网银业务。做好内部借款核算与管理,建立健全内部借款动态管理台账,月末,及时向经营财务部传递内部借款相关信息,确保经营分析所需数据及时准确。克服授信紧张、资金缺乏等困难,全面完成出口收汇、办理进口原燃料开证及付证等工作。

(袁 琳)

【费用管理】 财务共享中心强化费用预算控制,总公司费用完成计划目标,按照集团实施全面预算管理的要求,组织完成总公司25个管控部门、园区管理部等8个停产单位及供应公司等3个代管单位费用预算编制工作。2016年首次建立分部门预算,对行政办公费用明确提出压缩30%的要求,初步形成总公司部门预算加单项预算的管理体系。强化日常审批,按月向各部门反馈费用完成情况,共同保证预算有效执行。2016年,总公司管理费用预计完成54483万元,比2015年降低4418万元,降低率7.5%;较年计划降低317万元,降低率0.6%。其中行政费用预计完成2630万元,比2015年降低1297万元,降低率33%;比年计划降低102万元,降低率3.7%,超额完成年度降费计划。差旅费、招待费、办公费等降低明显。北京园区费用预计完成59459万元,较年计划降低2741万元。

(袁 琳)

【统计管理及指标体系建设】 财务共享中心完成国务

院国资委、国家统计局、中国钢铁工业协会、北京市统计局、北京市国资委和石景山区统计局等各上级部门所布置的工业、建筑业、商业、服务业以及固定资产投资年度统计年报任务,完成首钢集团、首钢总公司(四地)两套口径年报的编制上报任务。组织申报世界500强。向钢铁工业协会、中国企业家协会、中国企业联合会递交首钢参加中国制造业企业500强材料。2016年世界500强发布,首钢已连续六年入围世界500强,以营业收入1352亿元排在第489位。组织对《首钢集团主要统计指标手册》各项指标进行修订增减,手册涵盖财务效益、产值产量、能源消耗、税收、价格、成本、库存、出口及宏观经济指标等19个方面内容。《首钢集团主要统计指标手册》成为公司领导及时全面掌握公司生产经营状况的"口袋书"。组织收集整理首钢1949年—2015年历史数据资料,确保重要统计指标数据的历史延续性。组织各法人单位自查已上报的2015年统计年报及2016年上半年定期报表报送情况,统计报表各项数据来源、计算依据、数据汇总流程、基础台账及原始记录的设置情况,工业总产值、增加值指标的核算基础及数据上报情况等。

(袁　琳)

人事服务中心

【人事服务中心领导名录】

中心主任:吴　涛

(张英明)

【综述】　首钢总公司人事服务中心(以下简称人事中心)是集团人力资源领域行政事务类工作集中处理和员工服务提供单位,既是集团总部的业务支持服务类部门,同时又具有管理与服务双重职能,是人力资源信息集中管理单位,2015年10月成立。2016年,结合落实总公司"十三五"规划和人事中心确定的三年近中远期三步走目标,围绕提高服务水平这条主线,一手抓基础业务做实,一手抓系统优化提升,重点在系统优化和风控体系建设方面做了大量工作。通过努力,基本完成2016年度的重点任务,在系统优化、风控体系两项基本工作推动下,做到"两个提前":在2015年上半年就提前实现总部机关剥离业务平稳承接,全年实现劳动关系、薪酬计发、个税计算、社会保险、住房公积金、人事档

案、职工信息、劳动统计以及工会互助保险等业务端到端的服务,覆盖总部机关及有关直属单位22家,服务对象12800人;提前启动服务拓展扩面,承接总工室、质量监督站及劳服中心三家单位的人事服务业务。

人事中心下设薪酬统计室、员工服务室、社保业务室、职业资格管理室、退休人员管理室、老干部服务中心、外事办公室7个业务管理服务室。职工71人,其中高级职称10人,中级职称15人。

(张英明)

【持续系统优化】　人事中心在与埃森哲公司和宝钢人事共享中心等先进企业对标基础上,绘制108张业务关系和业务流程图,优化业务流程,制定赶超措施方案。对集团成员单位逐一分析研究,划定两年扩展服务范围,组织开展对接沟通。主动接受首自信公司信息顾问培训辅导,研讨业务环节难点问题,拟定服务分工界面和委托业务协议模板,积极推进HR信息化建设。

(张景森)

【风控体系建设】　人事中心查找并落实好各业务链条业务环节的关键点、风险点、控制点措施,强化内部培训,加强风控体系建设人事,完成了人事中心薪酬、员工退休离职和人事档案等三级流程手册和人事中心权力清单梳理等工作。研讨制定了人事中心权力清单及重点工作落实情况评价考核办法,定期评价推进工作,强化了业务管理工作。

(张凤光)

【满意度评价】　人事中心完善了人事中心满意度评价办法,细化测评内容、实施方式、量化统计及考核,启动试点工作,为下一步全面提升员工满意度体验奠定了基础,探索了经验。同时在人事中心内部开展了"服务之星"评选活动,全年表彰服务之星12名,用典型鼓励和带动全体职工以优质服务为首钢经营生产提供保障。

(郭　伟)

【解决职工切身利益问题】　人事中心针对设结厂医疗保险待遇、京籍农合工工龄认定等问题为代表的群体上访事件,及时提出专业解决意见建议,提供专业政策支持。积极与市区人保部门沟通情况,为基本解决设结厂医疗保险问题奠定了基础,为全面合理解决涉及职工权益的农合工工龄认定、特殊工种待遇诸多维稳问题打基础创造条件。针对首钢矿业公司职工老人在京无子女、迁安矿区子弟台湾高校毕业生在京就业并办理落户、北

京地区解决夫妻分居、人才引进及矿山地区"一家两制"家庭办理夫妻分居等问题,人事中心积极开展工作,组织矿业公司进行调查摸底,向市人社局上报了《关于解决首钢矿区老人在京无子女进京子女为干部身份的情况汇报和工作建议》;迁安矿区子弟台湾高校毕业生在京就业并办理落户问题,首钢总公司关于解决首钢职工夫妻分居工作中有关情况等汇报材料,市人社局来首钢受理并完成了矿山地区第二十二批30户"一家两制"申请解决夫妻分居、老人在京无子女职工人事档案及有关材料的审核工作。

针对2016年迁安矿区子弟毕业生人数剧增(由往年的年均100多人,增至今后每年平均400多人)的情况,积极向北京市人社局请示汇报,并多次反复沟通协调,多方面做工作,得到了市人社局的帮助与支持,使2016届迁安矿子弟毕业生在京就业落户政策得以延续。为做好他们的安置工作,组织有关单位赴迁安矿区服务,举办"首钢迁安矿子弟应届毕业生招聘暨就业咨询会"。全年完成了241名首钢迁安矿子弟应届毕业生在京就业落户"证明"的审核签认工作。

(张英明)

【退休人员社会化管理】 人事中心与市国资委保持密切沟通,寻求政策指导。学习借鉴北汽、京煤和电控集团经验,对61443名首钢退休人员的分布构成进行摸底。完善首钢退休职工实施社会化管理工作方案。与特钢等试点单位就业务办理、档案存放地点等进行沟通,开展先行先试,为推进退休人员社会化管理工作积累经验。

(张连永)

【争取财政资金支持】 人事中心先后获得市财政支持2015年度首钢内退分流安置职工"两家抬"资金273万元、市失业保险支持首钢2015年度稳岗补贴254.9万元和残疾人就业补贴58.8万元、争取企业离休干部医疗费统筹金2115万元。全年共争取北京市政策支持资金2683.7万元,减轻了企业负担。

(张英明)

【考勤信息化】 为全面实施总公司机关职工考勤系统信息化,人事中心从10月启动内部微信考勤试点,完善后台程序,解决运行的数据传输等问题,实现信息实时同步更新,安装测试考勤机等,编写培训教材,完成指纹录入和手机微信关注,为2017年总部机关实施电子化考勤做好了准备,也为下步全面提升人事业务信息化奠

定了基础。

(朱军)

【外事管理】 人事中心持续加强和改进外事管理工作。一方面深入基层单位座谈调研,征求基层外事工作诉求,另一方面主动"走出去",先后到宝钢和中关村管委会等单位,学习先进工作经验,为首钢外事管理创新工作开阔了思路,提出了境外多国连程、分团组合并时段等措施,简化办事流程,提高办事效率,降低了境外办事成本。在APEC商务卡管理、海外领事保护以及首钢海外试验田项目等领域进行积极探索,也取得了显著成效。

(张英明)

【准确发放薪资】 人事中心薪资发放覆盖总部机关及有关直属单位22家,直接服务对象600余人。规范薪酬基础管理,逐一核查工资卡片,更正漏登、错登等问题,按部门分别造册;收集建立享受津补贴人员电子台账;统一研究生津贴起薪时间;严格执行制度规定,规范信访津贴、医疗卫生津贴、保卫干部津贴、独生子女费和婴幼儿补贴以及领导干部车改补贴享受范围及支付标准。2016年上半年,承接13个战略管控部门薪酬计发工作;下半年将服务范围扩大至总工室、新闻中心、博物馆筹、劳服中心和工程质量监督站5家单位,以及总公司聘任的职业经理人、原机构存续人员。完成集团61家单位280名领导人员经营目标责任书2015年度考核兑现工作。配合财务中心开展2015年个人纳税申报工作,提供收入及代扣税额数据。落实国有企业工资内外收入监督检查相关工作,指导24家单位按照北京市通知精神开展内部自检,纠正存在问题,向北京市报送首钢总公司2015年工资内外收入自检报告。

(朱军)

【推进劳动统计全覆盖】 人事中心以建立全人工成本管理体系为目标,规范统计口径,推进劳动统计全覆盖。2016年新增统计单位37家。年末集团在册职工117872人,比2015年净减12108人。规范人工成本项目分类,同人力资源、系统优化、经营财务等部门组织钢铁业各单位开展人工成本分析,赴迁钢调研,组织财务和劳资部门核对数据口径,制定统一的指标解释,结合实际情况规范项目构成范围,为建立规范统一的人工成本统计体系打基础。强化统计数据质量,认真审核,严控数据质量关,维护数据统计严肃性。2016年10月,

在接受石景山区统计局推荐首钢为"北京市诚信企业"的检查中,劳动统计年报原始资料和台账全部顺利通过验收检查。全面完成北京市政府有关部门和中国钢铁协会的劳动工资专业统计报表和专项统计调查任务。主要有:市统计局《从业人员及工资总额年、季报》;市人社局《人才资源统计年报》《人工成本及职工薪酬调查年报》及《北京市单位用人需求调查年报、半年报》。中钢协《钢铁工业企业人事劳资情况统计年表》。分别按北京市人社局和国资委布置精神,组织首钢集团各单位完成了2016年职工薪酬调查工作。

（朱　军）

【数据支撑总部薪酬改革】　人事中心对总公司部门在岗职工收入水平进行测算分析,及时向各部门提供套标测算所需数据,为人力资源部制定《集团职务职级及完善薪酬激励机制的思路方案》提供数据支撑。针对改革后实行岗位工资与绩效工资合并一次发放的问题,与人力资源部、财务中心做好对接,明确业务流程和时间节点,修改系统公式和薪资项目,确保薪酬改革平稳落地。

（朱　军）

【规范集体户口管理】　2016年,集体户口管理业务由生活管理办公室划归人事中心,主要职责有:按照北京市户籍管理规定的要求,建立、健全各项集体户口管理制度,接受公安机关的业务指导和监管;负责办理原钢铁主流程单位集体户口职工和在京外首钢新基地工作的北京籍集体户口职工的相关户籍业务;负责监督在本市其他区县建厂注册、具有人事管理权的单位,到其所在地公安派出所建立集体户口;负责完成公安机关交办的各项任务。人事中心承接此项业务后,多次与古城派出所协商,对其辖区内的53家首钢集体户进行了综合分析,提出了原主流程单位的30家集体户,涉及2045名职工的调整方案。并组织首建公司就涉及的12家集体户进行分析,提出了具体调整方案并上报古城派出所待批复,制定下发了《加强集体户口管理工作的通知》,逐步实现了集体户口规范管理和要求。

（韩立功）

【理顺总部机关公积金管理业务】　2016年,住房公积金业务由计财部划归人事中心集中统一和管理。人事中心首先对管理的新机构及机构调整遗留单位的23个单位逐一核实,对21家原机关部厅封存了2家,销户19家,其中:缴存532人、封存408人。同时与区有关部门

沟通协调,为停缴职工办理了补缴,恢复了职工的正常公积金约转业务,做到了账户平稳接转,不丢人、不漏缴,确保职工利益不受损,做到住房公积金跨年清册基数调整数据准确,零错误。为提高服务质量,确定每月5、15、25三天为住房公积金业务柜台办理日,满足职工提取公积金的需要。

（韩立功）

【代理人事档案结转服务】　2016年,人事中心承担了总部机关的职工解合手续的办理、经济补偿金预算申报、经济补偿计算和审核、经济补偿金支票申领、经济补偿金发放、档案转移等业务。全年共审核各单位解合人员人事档案337份,补充缺失材料280余件,组织转出档案304份,转移地涉及北京市13个区县。人事中心还开展了规范职工人事档案管理工作。开发了在册职工人事档案信息和转出人员人事档案信息的数据库,创建了人事档案"三分四定"管理模式(即分在册、历史遗留、死亡人员档案三类档案,定人、定存放柜号、确定档案编号、按编号定位放置)。完成12934份原下放职工人事档案纸质材料向电子化转化工作,清查遗存档案材料10000余份,涉及人员756人。

（韩立功）

【人员招聘安置工作】　根据总公司确定的"集团四地2016年高校毕业生招聘计划",人事中心组织技术研究院、国际工程技术公司、自动化信息技术公司、京唐公司、股份迁钢公司等单位,参加北京地区高校毕业生"研究生专场招聘会"、"春季就业服务月"、全国13所重点高校毕业生"双向选择"招聘会、举办"首钢专场"招聘会等招聘活动。2016年,组织集团四地各单位招收毕业生共299人(博士研究生9人、硕士研究生119人、本科生156人、专科生15人,其中:北京地区单位253人、河北地区单位46人)。同时,组织北京地区单位办理毕业生入职报到的各种关系接转、行李接运、住宿安置及档案审查等各项事宜,指导各单位对新入职大学生开展入职培训教育。配合人力资源部组织技术研究院等7个单位,对2015年接收并符合北京市选调生条件的17名博士及硕士研究生,推荐参加北京市2015年度选拔选调生笔试和面试。2016年安置退役士兵1人。组织总公司法人范围各单位完成了上年度安排残疾人就业情况审核及核缴残疾人就业保障金工作,安置比例达到3.1%,超额完成北京市1.7%的目标。经石景山地税审

核,首钢总公司免缴 2015 年度残疾人就业保障金。

（韩立功）

【以信息化促服务效率提升】 人事中心编制开发了"首钢社会保险月报生成程序",实现由"北京市社会保险信息系统"直接导出工资数据直接生成保险月报,减少了重复劳动,提高了工作效率。2016 年社保直接服务 640 余人,累计办理保险关系转移 351 人次,累计缴纳社会保险费 2844.58 万元(含企业补医疗保险)。

（郭　伟）

【工伤管理与救助】 根据《首钢总公司关于剥离总部机关实体单位和业务事项的通知》(首发〔2015〕350 号)要求,人事中心承接了原由首钢总公司安全处负责的总公司所属范围职工工伤认定办理业务和原由首钢总公司工会负责的"工会会员会籍管理"和"京卡"办理业务。2016 年,按规定时限完成总公司工伤认定 19 起,确保工伤职工及时享受各项工伤待遇。按市人社局通知要求,完成总公司 1—4 级工伤人员工伤定期待遇的调整,2016 年,总公司共缴纳工伤保险费 89 万元,社保工伤基金向首钢总公司实际支付各项工伤保险待遇 844 万余元(含:伤残津贴、护理费、供养亲属抚恤金、一次性伤残补助金、辅助器具费、工伤医疗费、住院伙食费等)。按《关于对 2015 年参保城镇特困职工给予一次性医疗救助有关问题的通知》(京人社医发〔2016〕17 号)文件精神,组织完成了总公司 2015 年患重大疾病个人医疗费用负担过重、影响家庭生活,特别是因病致困的参保职工一次性医疗救助的初审及申报工作。

（郭　伟）

【倾听诉求,做好维稳】 以设结厂医疗保险待遇、京籍农合工工龄认定等问题为代表的群体上访事件突出,部分职工诉求强烈、情绪激动,维稳形势严峻。总公司党委高度重视,董事长、党委书记靳伟带队赴市人社局沟通情况,总公司党委副书记何巍、副总经理胡雄光组织有关部门多次召开专题会议研究,与部分职工代表召开座谈见面会,通报总公司层面工作开展情况,耐心听取职工诉求。人事中心主动作为,密切与市人社局养老处、医保处、就业处等专业处室就设结厂医保待遇、矿业公司失业保险、京籍农合工工龄认定、改制单位职工特殊工种等一揽子问题沟通情况,及时按市人社局要求提供有关材料,提出建议方案,反映职工诉求;组织专业人员每周定期向职工代表通报总公司、市有关部门等为解决职工诉求所做工作;与总公司维稳办、园区管理部、矿业公司等部门相互配合,认真测算,做好基础工作,先后向总公司报送《稳定工作情况反馈》5 期。

（郭　伟）

【工会会员管理】 人事中心协助总公司工会完成工会会员管理系统中首钢工会体系结构的调整、建立和会员划转,并及时做好系统数据库的维护工作,全年共有 200 多名会员因工作变更、退休等原因,调整会员会籍。为集团 1997 名工会会员办理了京卡。

（杨英旗）

【职业资格管理】 围绕"优秀鉴定所建设"和"首钢技能人才队伍建设",拟发《关于组织做好 2016 年度职业技能鉴定工作安排的通知》,公布北京 80 所(技师考评委)、冶金 20 站技能鉴定许可职业(工种)清单,公开收费标准和申报流程;开展行业题库收集、汇总和规范工作,梳理卷库 500 余套,为鉴定题库建设奠定了基础;修订质量管理体系《程序文件》,梳理 2014 年—2016 年鉴定质量记录,建立了标准的档案柜、档案盒和质量记录清单;利用友G6 软件建立了统一、规范的电子账册,顺利通过市财务审计组验收并受到肯定和表扬。2016 年,北京 80 所参加市人社局和市鉴定管理中心组织的行风诚信建设与业务工作"双百分"评比活动,以"行风诚信"和"鉴定业务"双百分的成绩获"优秀职业技能鉴定所"称号。

以成果为导向,提升冶金职评效率。开发出《职称评审数据处理辅助系统》软件,在信息维护、材料生成和答辩评审等环节实现"一键化"操作,开创"北京、迁钢"两地冶金职评"当天答辩、当天评审"职评新模式;自主研发"一种评定方法及系统""一种页面调用方法及装置""一种表单生成方法及装置"和"一种投票方法及装置"4 项专利技术,解决了评审过程中资格审核、专家抽取、材料生成和答辩评审等环节中工作量大、耗时耗力、易出错、办公软件操作繁琐等问题,被国家知识产权局受理;《构建简洁、高效、规范的冶金职称评审管理平台》获北京市第三十一届企业管理现代化创新成果一等奖。

开展职称评审、技能鉴定和特种取证考核。组织 4201 人参加技能鉴定,其中:初级 1562 人;中级 849 人;高级 971 人;技师 725 人;高级技师 94 人。组织 6973 人参加特种(设备)作业取证、复审和增项。组织技能鉴定考评员 232 人、特种作业考评员 84 人参加继续教育培训和证件换发。完成市工程技术系列冶金专业高、中级职称评审,112人参加高级职评、53人参加中级职评,其中:高级通过49人;中级通过58人。组织23人申报政工专业职务,审定政工师4人,推荐高级政工师人选7人。完成首钢医院、矿山医院、矿业中小学、首钢幼教中心、技师学院、首钢工学院6家单位教师、卫生系列职称外委评审工作,共计132人。

(刘经耀)

【职工互助保险】 2016年,首钢职工互助保险工作的具体操作机构和日常工作由首钢工会划转到人事中心。围绕贯彻落实中国职工保险互助会北京办事处年度工作重点,人事中心立足职工权益,提升互助保障服务水平。秉持"普惠制,广覆盖"原则,组织47982人参加职工住院医疗保险;57817人参加职工意外伤害保险;56355人参加职工重大疾病保险;11694人参加女职工特殊疾病保险。参保金额797.85万元;参保率96%,高于北京办事处参保率80%的要求。强化网络理赔工作。2016年全年共赔付365.67万元,有2366人次参保职工得到赔付。引导职工广泛参与互助保障纪念活动。2016年是北京办事处成立并开办职工互助保险活动20周年,也是首钢代办处成立和开办职工互助保险活动18周年。组织职工参加北京办事处的网络答题,有奖征文活动,获个人一等奖1人,首钢代办处获优秀组织奖。创新开展普惠制服务项目。完成总公司互助互济核对、申报268人23.05万元;职工配偶及子女68户8.3万元。核对、申报2015年度医疗费用超封顶线的职工87人。加强组织、业务、财务基础管理等工作。对一万余名职工京卡赔付基本信息核实,针对京卡赔付基本信息存在的问题,举办首钢职工互助保险专业培训,讲解京卡赔付基本信息核实的方法、步骤及网络操作,确保信息准确,获北京办事处稽核好评。首钢代办处获2015年度中国职工保险互助会先进集体和北京办事处优秀代办处称号。

(付 强)

【退休人员服务和不在岗管理】 人事中心负责总公司范围内43家单位,退休人员11577人、园区范围内各单位及股份公司北京地区不在岗人员491人的集中管理工作。

做好历史遗留问题、工伤、特殊人员的服务工作。围绕职工队伍稳定和特殊群体来访,建立"维稳应急单元"做好职工来访工作,做到神态亲切自然、形态举止得体、语言礼貌周到。对遇到的一些特殊人员做到平稳心态接待,耐心做好解释工作,忍辱负重,避免激发矛盾。对于工伤、精神等原因造成身体残疾、行动不便的人员,完善"特殊人员"基础工作,建立健全特殊人员"一人一档"的资料档案,做到底数清。坚持经常与"特殊人员"及家属电话沟通联系、定期进行家访慰问,勤沟通、勤了解他们的健康情况、生活情况、心理动态,发现问题及时予以妥善解决,耐心做好解释工作。做好"特殊人员"的治疗费、护理费、困补、医疗费等各种补助金的计划安排及发放工作,对于因病住院需要单位出面帮助的及时与医院联系沟通。通过积极工作,保持了"特殊人员"队伍基本稳定。

丰富退休职工文化,提高生活质量。组织召开座谈会,收集意见,举办退休职工象棋比赛,组织完成了2016年四批退休人员510人赴北京职工疗养院休养,丰富了退休职工的文化生活。

优化流程,做好补充医疗报销工作。人事中心负责总公司60个单位近2.3万人的补充医疗报销工作。面对公司机构调整,人员变化较大的困难,采取定期到社保拷取报销信息并导入数据库按照政策进行逐一核准的办法,减化报销流程。为打消退休人员对报销政策不了解而产生的质疑,耐心讲解政策,协助退休人员核查报销信息,做到有疑必解、有问必答,打消疑虑。2016年,圆满完成2015年度的企业补充医疗保险报销工作,为12231人支付费用1466.23万元,其中在职职工2503人、退休人员9017人、家属独子711人。

完善档案管理,达到标准规范。人事中心现管理退休人员档案的档案达一万多份,由于大多数档案形成的年代久远、时间长,受当时历史条件的限制,很多现存档案管理不够规范,部分档案出现历史资料破损或丢失,无法反映退休职工历史真实情况。人事中心对所有档案进行了归档编号,使档案信息趋于完整,为查档创造了有利条件。2016年,共接收新增退休人员档案143卷,公证利用档案372人次、证审利用档案65人次、材料入档578份,现管理档案10431份。配合各政府部门对退休党员837人组织关系进行排查核实。为做好不在岗人员党组织关系管理,组织专业人员对年初接收的不在岗人员511人档案进行详细查阅,逐个与党员名单进行对比,核准党员身份,为不在岗党员管理打基础。

(张连永)

【老干部服务】 人事中心负责首钢总公司离休干部服务管理工作。服务管理总公司级退休老领导及部厅级和总公司机关处级退休干部。2016年，接收总部机关、原供应公司的离休干部18人及去世离休干部遗孀17人划归老干部服务中心统一管理工作。

贯彻中办发《关于进一步加强和改进离退休干部工作的意见》和首钢党委要求，以纪念中国共产党成立95周年、红军长征胜利80周年和开展"两学一做"学习教育为契机，在老干部中开展"讲传统、看变化、话改革、助发展"主题活动。组织参加市国资委举办的老干部为党和人民的事业增添正能量宣讲报告会，首钢老干部翁在青接受了北京电视台《晚晴》栏目的采访。

加强党支部建设，落实老干部政治待遇。组织离休干部党支部书记及时学习上级党委和首钢党委的文件精神。组织离退休老领导举办了"两学一做"学习教育读书班，收看学习教育视频，参加北京市和首钢专题会议，及时了解国家及首钢改革进展。教育引导党员老干部始终牢记党员身份、坚定理想信念，自觉在思想、政治和行动上同党中央保持一致。带头学好党章党规、带头学好系列讲话，带头做合格党员，为党和人民的事业不断增添正能量。为老干部发放《党的十八大五中全会〈建议〉学习辅导百问》《习近平总书记系列重要讲话读本》和《首钢老干部"两学一做"学习教育》等学习资料，订阅报刊杂志，满足学习要求。

落实老干部生活及医疗待遇。利用元旦、春节和中秋、国庆节期间以及"敬老月"走访慰问，对有特殊困难的老干部给予困难补助。传递关爱加深情感，表达党组织对老同志的深情问候。组织了离休干部健康体检。按要求，为老干部升级了急救呼叫器。

开展丰富活动，展现老干部精神风采。组织离退休老干部参观纪念红军长征胜利80周年展览和徒步活动。开展征文和书画摄影作品参展活动。组织参加北京市离退休干部纪念红军长征胜利80周年歌咏大会，首钢老干部合唱团、舞蹈队得到市国资委和市老干部局领导的表扬。老干部合唱团在北京第四届百姓森林公园合唱大赛中荣获三等奖。老干部舞蹈队与首钢京剧协会到迁钢一线慰问演出，发挥余热，受到职工欢迎。

申请争取财政支持。为北京首钢特殊钢有限公司、首钢总公司两家企业申请离休干部医疗费统筹金财政拨款2115万元，为企业减轻负担。

（程金花）

【外事服务】 首钢总公司外事办公室1991年成立，国务院发〔1992〕40号文件《关于进一步扩大首钢自主权改革试点报告的通知》中明确授予首钢总公司外事审批权。首钢是北京市大型国有企业中唯一具有外事审批权的企业。

外事工作坚持求真务实、大胆创新的工作作风，秉承"管理就是服务"的工作理念，变中求新、变中求进、变中突破，探索提升首钢外事工作管理和服务水平新途径，提出由"分团组单独上报"转变为"分团组按时间段合并上报"的建议，已在中首公司试行。将技术研究院纳入科研机构名录，科研人员可享受审护签一体化绿色通道。为运动员出访简化办事流程，确保团组顺利出访。2016年7月参加北京市因公出入境工作会议，首钢作为全市唯一一家企业做典型交流发言。

加强外事管理，严肃外事纪律。首钢外事办与集团23家单位签订首钢外事红线守则及外事工作时限守则，要求各单位切实把工作做在平时、做在前头，牢记"外事无小事"。加强外事监管，坚决杜绝触碰外事红线的行为。

探索建立健全企业境外风险评估和突发事件应急机制。将领事保护相关条款纳入制度中，提升境外人员应急处置能力和风险防范意识，维护人身和财产安全。尝试开展首钢境外机构的外事延伸服务工作，协调解决境外突发事件，加强与当地使领馆的联系，指导并监督境外机构的领事保护机制的建立，定期开展检查工作。2016年，办理临时出国（境）任务团组154批、526人次，其中出国团组132批、460人次，港澳团组14批、51人次，延期团组8批、15人次。加强对海外企业的外事管理和服务工作，为60余人次办理轮换申请工作签证、出境证明、护照换发等手续，保证境外常驻人员顺利出入境。

（郝 玉）

【高校毕业生299人加盟首钢】 2016年，首钢集团四地共招收毕业生299名，其中：博士研究生9人，硕士研究生119人，本科生156人，专科生15人。

（韩立功）

【瞄准先进，启动对标】 按照总公司部署，人事中心在顺稳承接各项业务工作基础上，组织各室学习埃森哲公司和宝钢集团人事共享中心经验，对现有业务进行流程分析，对自身各项服务工作进行数据化量化分析对比，启动对标工作。

（韩立功）

【诚信统计检查获肯定】 2016 年 9 月,为做好首钢迎接石景山区统计局诚信统计单位检查工作,人事中心配合提供 2015 年、2016 年上半年《从业人员及工资总额》统计数据,劳资统计台账及原始凭证,详实、准确的统计数据受到检查组肯定。

（朱 军）

【社会保障与失业保险】 11 月 1 日—2 日,人事中心主任吴涛陪同北京市人社局养老处处长李勇、社保中心主任吴晓军,石景山区人社局副局长田明将等领导,参观调研京唐公司、矿业公司。在京唐公司,领导们参观了指挥中心沙盘及产品展示厅,到炼铁、炼钢、海水淡化及码头实地考察。在矿业公司,查看和听取了人事中心拟联合石景山区、唐山市社保部门成立"首钢唐山地区社会保障事务服务中心"工作筹备情况。12 月 13 日由人事中心与石景山区人社局、唐山市人社局共同推进的《首钢唐山地区企业人力资源和社会保障公共服务发展合作协议》正式签署。首钢总公司副总经理胡雄光和石景山区委副书记、常务副区长文献,唐山市委常委、市政府党组副书记刘建立等领导出席签字仪式,共同为"社会保障事务服务中心"和"巡回仲裁庭"揭牌。人事中心主任吴涛与石景山区人力社保局、唐山市人力社保局领导共同签署《共同推进首钢唐山地区企业人力资源和社会保障公共服务发展的合作协议》。三方各业务领域牵头部门的主要负责人,首钢股份公司、矿业公司等领导也参加签字仪式。

（郭 伟）

【2016 年人事中心大事记】

1 月 26 日 人事中心与系统优化部共同组织机关存续人员及业务划调专题会,明确机关内退和工伤人员、离休人员和遗孀、1962 年精简下放人员集中由人事中心管理。

2 月份 根据《首钢总公司关于剥离总部机关实体单位和业务事项的通知》要求（首发〔2015〕350 号）,人事中心与安全处和工会密切协调配合,平稳接收了原由首钢总公司安全处负责的总公司所属范围职工工伤认定办理业务及原由首钢总公司工会负责的"工会会员会籍管理"和"京卡"办理业务。

机关离退休人员集中管理:随着集团总部机关改革的深入,人事中心接收了原分散在机关各单位和供应公司的离休干部 18 人;接收办公厅、工会等 8 个单位内退及长病长伤人员 13 人。

3 月 28 日 机关党委首机党发（2016）6 号文件,下发"关于组建中国共产党首钢总公司人事服务中心总支、支部的批复"。同意组建中国共产党首钢总公司人事服务中心总支部及下设第一、第二、第三支部,隶属首钢总公司机关党委领导。

3 月 29 日 人事中心在培训中心 8 号楼一楼报告厅召开"季度工作总结暨'服务之星'表彰会,总结人事中心从筹备组建以来的工作,评选表彰"服务之星"3 人。总公司副总经理胡雄光到会讲话并为"服务之星"颁发流动奖杯。

4 月 19 日 北京市因公出入境管理工作试点交流第二组第一次会议在首钢召开。市外办、市国资委领导及国资公司、北控集团、电子控股等 8 家企业单位代表进行交流研讨。市国资委办公室和市外办出入境管理处表示要进一步强化交流,整合优势资源,积极为企业搭建外事互动交流平台。会后代表们参观了陶楼一层展厅和西十冬奥广场。总公司胡雄光副总经理、办公厅杨鹏副主任、人事中心吴涛主任出席会议。

4 月 22 日 总公司召开专题会,人事中心汇报"首钢退休职工实行社会化管理有关情况及工作初步思路汇报"。胡雄光副总主持会议。

4 月 25 日 人事中心抽调专业人员 4 人组成三个调研小组,配合系统优化部到长钢、贵钢、水钢、通钢,围绕外埠钢铁企业转型提效工作推进情况、不在岗人员清理情况、清理压缩劳务和外委外包情况、清理企业办社会工作进展情况、提高全要素生产率工作情况、建立全口径人工成本管理体系等进行深入调研。

北京市首次稳岗补贴到账:北京市为发挥失业保险预防失业、促进就业作用,鼓励企业稳定岗位,2015 年 9 月下发了《关于失业保险支持企业稳定岗位有关问题的通知》。按照通知精神,人事中心立即与区社保沟通联系,组织有关单位开展工作,专业人员加班加点收集整理上报人员信息和相关材料 1800 余份。经过积极争取,北京市对首钢公司首次稳岗补贴 254.9 万元于 4 月到达总公司账户。

5 月 6 日 胡雄光副总经理到人事中心调研,勉励人事中心正确理解工作定位,统一思想理念,继续发扬"细心、耐心、热心"的"三心精神",准确把握政策,加强部门沟通,为上级提供参谋,做好服务工作。

6月7日　首钢总公司思想政治工作人员中级专业职务评审委员会召开会议，总公司党委副书记何巍和工会主席梁宗平两位主任委员等中评委委员共9人出席。会议审定政工师4人，审议并向北京市推荐高级政工师人选7人。

6月24日　胡雄光副总经理带队到北汽资产公司调研交流。围绕退休人员集中管理平台建设的思路及管理模式；企业妥善解决历史遗留特殊问题有关政策及管理方式；社会化管理后政府部门针对统筹外费用有何相应解决政策；集中管理后的维稳问题以及满意度评价体系的建设情况等，与北汽资产公司进行了全方位的沟通交流。

6月29日　人事中心在正式启用的新办公场所院内召开上半年工作暨"服务之星"评比表彰会。总公司党委常委、工会主席梁宗平，副总经理胡雄光以及总公司工会、人力资源部和园区管理部等部门领导到会，为人事中心新办公场所和人事中心党总支揭牌，为"服务之星"颁发流动奖杯。

7月18日　在2016年北京市因公出入境工作会议上，首钢总公司外事办公室荣获"2014—2015年度北京市因公出入境工作成绩突出单位"称号，《首钢总公司2015年度赴美国开展技术合作洽谈出访报告》获"北京市优秀出访成果奖"。总公司副总经理胡雄光参加会议，总公司外事办代表先进企业作典型交流发言。

7月23日　北京市职业技能鉴定管理中心对第八十职业技能鉴定所进行了2015年度财务审计。审计人员对人事中心所属北京市第八十职业技能鉴定所详实规范的财务管理和扎实的基础工作给予肯定和表扬。

8月1日　市国资委同意按2016年的老干部医疗费统筹金计算，首钢离休干部235人（人事中心182人，特钢公司53人）在2017年的医疗费统筹金共计2115万元将由市财政拨款，企业负担减轻。

8月6日—26日　人事中心主任吴涛赴美国参加由北京市外办组织的海外外事工作调研培训交流活动。人事中心选送的部分书法作品被纽约市政府和联合国礼宾司（驻纽约总部）收藏。

8月11日，经石景山地税审核批准，首钢总公司免缴2015年度残疾人就业保障金。2015年度首钢总公司安置残疾人就业比例为3.1%，超过北京市规定1.7%的目标。

9月3日　2016年度北京市工程技术系列冶金高级职称答辩评审工作圆满完成，有112人参评冶金高级职称。

9月8日　市人社局到人事中心审核矿山地区"一家两制"档案，审核矿山地区申报解决"一家两制"户口问题职工的60余份档案和有关材料。

9月23日　北京市人民对外友好协会常务副会长田雁、副会长高双进、苏本生、李盟以及石景山区有关领导，多国驻华使节一行80余人参观首钢。来宾参观了陶楼一层展厅及厂区规划沙盘、首钢静态交通公交立体车库研发基地等。

10月26日　香港特别行政区入境事务组首席入境事务主任郭俊峰、总入境事务主任李冠宇、入境事务主任萧颂恩、陈嘉裕、梁学琛，北京市外办出入境处副处长李玉琳、出入境处调研员、出入境中心常务副主任周军等领导一行到首钢参观调研，总公司副总经理胡雄光、人事中心主任吴涛及外事办接待。

11月4日　北京市双百分考核评估第一小组对八十职业技能鉴定所进行了考核评估。最终以行风100分、业务评估100分的成绩，顺利通过了双百分验收。

11月10日—11日，首钢集团总部改革摸底调研组到人事中心开展摸底调研，调研组对人事中心在改革实践中的创新形式、服务理念、工作方法等给予肯定，并就需要加快完善的工作提出意见建议。

12月26日　人事中心与总工程师室、工程质量监督总站、劳动服务管理中心分别签订服务协议，人事中心业务拓展迈出坚实一步。人事中心将三个单位纳入服务范围后，对服务工作进行规范化、标准化管理，不断积累经验，争取为更多单位提供优质高效的人事服务，确保发展目标实现。

12月30日　第三十一届北京市企业管理现代化创新成果经验交流大会召开，人事中心《构建简洁、高效、规范的冶金职称评审管理平台》项目获一等奖。

（张英明）

资产管理中心

【资产管理中心领导名录】
中心主任：卢贵军

（杨明娟）

【综述】　首钢总公司资产管理中心（以下简称资产管

理中心)是集团有形资产和无形资产的专业管理部门,通过掌握集团资产信息,以资产价值管理为核心,加强资产使用效率分析,深入挖掘资产潜在价值,实现由分散式管理到高效集约的转变、由事务性管理到价值管理的转变,实现资产保值增值目标。负责不动产价值与业务的管理,负责集团新建项目用地专业审核、土地征购工作,办理北京市政及外单位拆迁补偿工作,处理土地权属纠纷和违章占地等。负责指导、监督集团不动产使用和各单位房地产权属、登记、资产产权转移登记等专业管理。负责总公司国有土地纳免税、对外租赁项目管理。负责总图管理。负责资产管理体系建设;负责提出存量资产管理优化建议或方案、配合提出资产证券化和固定资产投资规划建议或方案;负责集团资产数据的收集及持续更新,组织集团资产盘点。负责办理总公司相关实物资产的验收、转固、登记录入等工作,负责总公司运营资产实物资产异动、调配调拨、投资租赁等实物核实和审批工作,配合财务共享中心进行资产核算。负责首钢商标、字号等无形资产管理,负责收集首钢商标、字号等无形资产数据信息。负责集团固定资产处置(集团内部利旧、对外转让、报废等)专业管理。包括:审核资产处置申请备案,组织开展资产处置统计、分析,制定资产处置计划方案,配合建立、更新资产评估机构备选库及资产评估工作,办理在北交所上市交易手续;负责组织总公司权属闲置资产处置工作。资产管理中心设不动产管理室、资产运营管理室和资产处置管理室,职工24人,其中高级职称8人,中级职称7人。

(杨明娟)

【管控体系建设】 按照2015年总公司第十次董事会的要求,资产管理中心通过对国内外优秀资产管理体系进行深入研究,结合定位和主要职责,形成《首钢集团固定资产和无形资产管理体系构建方案》。提出以"追求成本最低,效益最大化"为最终目标的固定资产全寿命周期管理模式和"强化协同管理,整合开发利用,提升无形资产综合价值"的无形资产管理模式。形成固定资产"职责权力、制度流程、运营管理、指标评价、风险防控"五大保障体系和无形资产"系统优化、价值推广、保护机制、整合应用"四个管理模式。与集团成员管理关系紧密结合,制定"全覆盖"的集团固定资产管理职责体系表,形成"管放适度"的适合集团、板块平台、产权单位管理的三级管控框架,同时在部门衔接上,

实现以业务流向为主线的有机整合。编绘集团固定资产全寿命周期管理框架模块图和模块流程图,清晰描述全寿命周期管理的3个管理阶段、14个管理环节、64个管理内容以及"实物流、价值流和信息流"之间的内在联系。搭建资产管理风险防控体系,完成固定资产运营、处置、不动产管理风险点辨识41项;针对风险点制定出分类控制措施52项。设置《首钢集团固定资产和无形资产管控权力清单(试行)》,权力清单涉及固定资产管理、土地房屋管理及无形资产管理等3项关键权力,10项关键管控事项,27项关键管控环节。

(傅建忠)

【制度流程建设】 资产管理中心设计集团固定资产和无形资产管理制度层级树,分为基本管理制度、通用业务制度、板块平台层级制度和产权单位制度四个层级,明确固定资产管理内容、管控深度、制度联动要求等方面与集团成员管理关系的内在联系。通过对资产管理中心所承接的原有六项固定资产管理制度进行梳理,2016年上半年完成《首钢总公司固定资产管理制度》《首钢总公司固定资产管理实施细则》《首钢总公司土地房屋管理办法》《首钢总公司北京地区土地房屋管理实施细则》四项的制(修)定,组织集团范围内59家单位进行体系、制度宣贯。《首钢总公司固定资产管理制度》是集团第一个用于规范固定资产管理的基本制度,《首钢总公司北京地区土地房屋管理实施细则》是集团第一个规范北京地区各单位土地房屋管理的细则。2016年下半年,组织制定《首钢总公司无形资产管理制度》,对《首钢总公司字号和商标使用管理办法》进行修订。

对资产运营、处置、不动产三大主业务流程的15个关键业务点进行梳理,形成关键业务流程30个。

(傅建忠)

【资产清查】 按照总公司"摸清家底"的要求,资产管理中心组织集团364家单位进行资产清查,经清查截至2015年年底,固定资产账面原值2556.21亿元,净值1729.23亿元;无形资产清查账面原值201.68亿元,净值156.74亿元。集团土地总面积16778万平方米,房屋建筑面积1556.36万平方米。此次清查对集团近六年(2011—2016)土地房屋租赁情况、矿产资源、港口、海岸线进行专项统计,初步摸清了集团家底,最终形成了《首钢集团2016年资产清查分析总结报告》。

(傅建忠)

【土地房屋使用管理】 资产管理中心组织首钢石景山地区"两违"治理工作,遵循"与石景山区治理进度同步或稍快于石景山区治理进度"的原则,通过主动融入、借势而为,依靠政府力量,加强政企合作;划清权责范围,严格落实主体责任;共同研究,集体决策,形成自我加压的治乱疏解正循环机制;运用底线思维,坚持超前谋划;注重事前预防,强化过程控制,防范强拆风险;加强规范管理,严格监督问责;守土有责,守土尽责,确保新增"两违"零增长等主要做法,按照一处一策,综合协调推进,解决总公司多年遗留的历史问题,为园区开发创造条件。首钢237处列为重点整治建筑物,已完成184处,占比78%,超出计划18%;完成"两违"拆除面积3.53万平方米,收回土地54.7万平方米,疏解低端人口3008人。其中首钢在北京市"两违"综合治理办公室挂账违建8处,全部完成治理并销账;石景山区挂账首钢系统低端产业聚集人群大院46处,已完成销账39处,占比85%;首钢挂账列为重点整治建筑物183处,已完成137处,占比75%。每一点位拆除后,及时组织采取有效措施,杜绝新增"两违"的产生,创造首钢良好环境。

组织集团土地房屋权属处置积极争取市政占地拆迁补偿费,围绕市、区重点工程和首钢园区开发,争取城市轨道交通S1线占地、刘娘府占地、人民渠改造项目占地、北辛安棚户区改造等市政占地及拆迁补偿费约40.94亿元。

(王 磊)

【资产处置】 资产管理中心将"提高效益、提高效率、提高价值"作为工作思路,开展资产处置相关制度内容修订等管理体系建设,并不断完善基础管理工作。为实现总公司降低京唐二期工程建设投资目标要求,组织相关单位制定京唐公司利旧北京地区原二炼钢、中板厂、首耐公司2号套筒窑等单位停产资产方案和秦皇岛首钢板材公司资产处置方案;配合股份公司制定《首钢钢铁业盘活闲置资产推进方案》,推动钢铁板块加大低效无效资产处置力度,提高企业经济运营质量。通过组织产权单位制定闲置处置计划、深入基层为产权单位提供业务指导和服务等办法,组织完成包括首钢微电子有限公司"前工序闲置设备与备件"对外转让等项目的资产处置工作,全年集团实现闲置低效资产处置累计金额1.96亿元。

(李明霞)

【土地房屋租赁管理】 在组织清理集团土地房屋近六

年(2011—2016)对外租赁情况的基础上,资产管理中心规范集团土地房屋对外租赁管理,建立动态管理台账,强化租赁基础管理。集团土地年均出租面积199.1万平方米,房屋年均出租面积50万平方米,租金累计收入约20.65亿元。采取有效措施降低了租期长租金低的情况,北京地区长期出租由2015年的46项降低到39项;低价出租由2015年的206项降低到50项。采取有效措施杜绝新的租赁问题发生。

组织改制企业签订有偿使用土地房屋协议和土地置换协议,清理改制企业使用总公司土地房屋,组织完成13家改制企业补签2013—2015年土地房屋有偿使用协议,涉及使用费用5716.3万元。按照董事会要求,组织首钢北京地区7家改制企业签订了37宗土地置换与使用协议。

(王 磊)

【资产管理信息系统建设】 资产管理信息系统是总公司2016年信息化建设的重要组成部分,资产管理中心在梳理权力清单、主业务流程的基础上,初步形成资产管理中心信息化需求框架方案,先后完成资产信息化第一阶段计划制定和业务流程梳理、第二阶段规划蓝图设计、第三阶段项目实施路线编制工作,形成资产信息化项目规划子报告。

(傅建忠)

行政管理中心

【行政管理中心领导名录】
主任:韩瑞峰
副主任:陈波 薛伟

(董晓明)

【综述】 行政管理中心是集团总部的业务支持服务类部门,同时具有管理与服务双重职能,直属总公司领导。行政管理中心作为集团总部行政与后勤等专业的职能管理部门,主要是承担政府赋予企业的社会管理职能,管理为总部提供行政办公和后勤保障的服务实体,为员工提供生活服务管理。

行政管理中心设置三室一部即行政管理室、档案管理室(档案馆)、保卫武装部(人民武装部、信访处、维稳办,610办公室)和生活管理室。授权管理北京首钢劳动服务管理中心。至2016年年末,在册135人,管理53

人占39%、操作82人占61%。

2016年,行政管理中心落实首钢"两会"确定的目标任务,树立进取意识、责任意识、机遇意识、危机意识和交账意识,持续优化内部职责业务流程,精干机构编制,提升管理能力,建立完善的行政后勤组织架构和高效服务体系,实现高效服务保障,做好职工家属后勤生活服务保障,推进行政后勤社会化服务,实现服务创造价值,为集团改革发展提供高效后勤服务保证,扎实做好维稳工作,为首钢转型发展护航。

（董晓明）

【公务用车改革】 按照《北京市国有企业公务用车制度改革工作实施意见》要求,首钢要推进行政与后勤服务的社会化、市场化,按需配备并集中管理生产经营和业务保障用车。按照北京市的总体部署,行政管理中心结合首钢行政办公用车运行实际,推进公务用车制度改革,2016年底全面完成总公司公务用车制度改革,进一步规范领导干部公务用车使用,降低公务用车的配备数量,降低企业费用支出。

（董晓明）

【集团公车管理】 按照市国资委《关于统计市属企业国Ⅰ国Ⅱ标准轻型汽油车情况的通知》精神,行政管理中心组织统计总公司及所属单位京牌国Ⅰ国Ⅱ标准轻型汽油车存量情况,按照北京市对国Ⅰ国Ⅱ轻型汽油车淘汰工作的时限要求,12月底前全面完成,总公司及下属25家单位共有国Ⅰ国Ⅱ车226辆,有216辆已交解体厂做报废处置,10辆车有遗留问题已专题与市交管局发函沟通协调,制定处置方案。完成总部机关办公用车集中管理,集团总部行政管理费用大幅降低,企业效益提高、企业转型发展能力提升。归集机关10个单位47辆车,完善下发相关办公用车使用规定,提高用车效率,比原机关日常用车47辆压缩60%。车辆压缩率49.1%,与集中前相比较,集中后年用车费用降低328.76万元。

（董晓明）

【"三供一业"分离移交】 按照国务院颁布《关于加快剥离国有企业办社会职能和解决历史遗留问题工作方案的通知》,根据北京市领导重要批示精神和市国资委指示要求,总公司将"三供一业"剥离纳入到深化改革工作范围,并组织专题会研究部署,要求借好大势,用好政策,统筹谋划,争取一揽子妥善解决"三供一业"问题。行政管理中心抓住国家剥离企业办社会职能政策的机遇期和窗口期,针对首钢"三供一业"现状做好加减法,彻底解决历史遗留问题,使相关产业更加清晰高效,为打造城市综合服务奠定基础。2016年,行政管理中心以首钢家属区（北京地区）为重点,全面梳理供水、供电、供热和物业管理各项业务,研究政策,结合总公司发展战略,分析自身问题,初步形成工作思路。对接市国资委、房地集团了解相关政策、移交程序,组织各自管房单位建立健全"三供一业"各项数据台账,统计北京地区直管家属区和各自管房家属区职工住宅、土地以及供水、供电、供热和物业管理情况,以及家属区水电动力能源各项费用,推进"三供一业"分离移交,做到全面掌握总公司直管和自管单位涉及海淀、东城、朝阳等10个区域的"三供一业"基础数据,为先行推进试点移交奠定基础。

（毛　波、徐建立、董晓明）

【修订制度】 行政管理中心加强制度建设,以制度建设推进管理水平的提升。组织制定印发《总公司机关通讯费用管理规定》,规范处级以下管理人员移动电话费用管理;10月,重新修订《总公司机关通讯费用管理规定》,将通讯费用纳入薪酬补贴,繁杂的报销流程得到简化;规范总公司日常办公用品配置标准、办公设备及办公用品采购目录,制定下发相关制度规定;规范劳保用品领取流程。

（董晓明）

【行政管理室】 2016年,行政管理中心行政管理室围绕总公司的转型发展和集团总部改革做好各项行政管理与服务保障,发挥总公司领导参谋助手作用,为总公司领导、总公司机关和基层单位做好服务,降低各项费用、支出,取得明显成效。提升集团总部大型会议、行政办公、办公用品、办公设备采购、劳保用品等服务能力,保障优化集团总部重大会议、行政办公服务。围绕确保总公司"两会""经营分析会"等重大会议的保障工作,配合制定有效措施并有序实施,确保总公司重大会议圆满召开。工作方式主动求变,完成月季园、陶楼会议室无纸化会议系统升级改造。规范总公司日常办公用品配置标准、办公设备及办公用品采购目录,规范劳保用品领取流程。最大限度利用现有办公用房资源,全力支撑总部管控模式改革,板块化设置办公用房区域,提供高效优质办公环境,调整完成办公大楼内原部厅办公用房,涉及19个部门和单位共468人。完成首钢总公司与北京金隅天坛家具公司签订办公家具采购战略协议。

2016年,首钢总公司各单位通过战略协议采购办公家具803件,采购费用184.52元,节约资金36.9万元。配合办公大楼的腾迁、月季园、陶楼无纸化会议系统改造和办公用房修缮工作等,修缮面积6000平方米,新购办公家具1459件,回收办公家具320件,调剂到各部门120件;完成月季园大会议室会议椅的修旧利废工作,修旧利废会议椅20把,节约资金6800元。全年组织基层无偿献血10次,完成无偿献血732袋,及时为2名职工解决临床用血1200毫升;全年共组织14次卫生清扫活动,共有57250人次参加,出动汽车1917辆、清除卫生死角1397处、清运垃圾4420吨;依法兑现独生子女父母年老时一次性奖励等386人。客车队全面提升职工各项专业技能水平、健全车队各项管理制度、全面提升车队精细化管理水平,形成工作争先、服务争先、业绩争先的工作氛围。2016年,客车队行驶180多万公里,执行长途任务315次,未出现重大安全事故。

(陈丹伟)

【档案管理室】 2016年,行政管理中心档案管理室(档案馆)贯彻执行档案法律法规,完善首钢档案管理制度,做好文件收集归档工作,加强档案安全管理,开发档案信息资源。完成首钢集团机关文件归档工作。面对机关总部人员变动大的情况,档案管理室与29个归档单位沟通、联系,了解部门文件形成情况。上半年对2015年度OA系统14800余件电子文件进行点击归档,对11843份文件进行分类、编号、划分保管期限、录入目录等,部门文件归档率100%。

档案利用服务成效显著。档案利用188个单位,共利用2081件/卷档案。重点做好文书、董事会纪要、首钢日报、专利证书、房地产等档案的查询工作,各级领导、人员对档案馆保管的档案齐全、完整,查询及时表示赞赏,满意度100%。并积极为欧盟委员会热轧反补贴实地核查做好档案资料利用工作,共提供利用2015年首钢董事会、经理办公会会议纪要25份,首钢总公司土地出让合同21份、首钢总公司113块土地证明资料,为首钢应诉欧盟委员会热轧板反补贴调查做好档案利用服务工作。

档案基础管理不断增强。对馆藏936件证书档案进行著录、数字化;完成《首钢日报》3632张照片档案著录和档案管理系统挂接。重点对馆藏的房地产档案进行整理、修复、目录数字化等工作,建立"首钢房地产证档案台账"数据库,档案馆保管的187本首钢房地产证书更换档案装具。

在对馆藏房地产档案整理过程中,档案人员挖掘出来1948年9月编制的"资源委员会华北钢铁有限公司石景山厂房地亩面积分图"一册,包括石景山工厂区各部位图平面图、边界面积图、建筑位置图,及铸造厂、金顶、古城、北辛安、三家店等面积图,弥足珍贵。

丰富档案信息资源开发的内容,宣传首钢企业文化。档案馆以丰富的档案信息资源为依托,完成四期《首钢档案通讯》的编辑工作,尤其是"档案馆日"《档案见证民主》宣传专刊,通过回顾首钢在五十年代恢复生产建设、职工文化生活等方面的发展与变化,追昔抚今,更好地弘扬光大首钢文化、首钢精神。

加强子公司档案专业管控,开展档案专业培训,提高档案人员的业务水平。积极与各子公司档案部门沟通、联系,深入基层,做好档案工作的监督、检查、指导工作,解决工作中的疑难问题。针对首钢北京地区各子公司档案专业人员新上岗人员比较多的实际情况,首钢每季度开展一次档案管理培训讲座,共举办3次,系统讲解文书档案、科技档案、音像档案、实物档案等专业知识和实际应用,帮助新上岗人员跟上专业系统需求。

加强档案安全管理,开展档案库房安全检查,做好防火、防水、防虫等防护措施。

开展档案科研工作,2016年,档案馆完成"建立健全电子档案管理系统,初步探索开展档案市场化管理服务"课题研究。

(武志辉)

【保卫武装部】 行政管理中心保卫武装部是首钢保卫及武装工作管理职能部门,主要负责首钢集团保卫、人民武装、人民防空、双拥等专业管理工作,制定专业管理制度、工作计划和措施;负责治安防范管理,协助公安机关调查处理破坏事故;负责总公司危险物品管理,治安危险人员、重点防范部位、公共场所等治安管理;配合公安机关完成有关重大活动的保卫工作;负责总公司交通安全管理;负责搜集掌握总公司敌社情动态和不稳定因素等信息,制订保稳定工作方案,协助国家安全机关侦破危害国家安全案件和反奸防特工作;负责治保会建设,协助公安机关管理本企业暂住人口和其他外来人员;负责对集团保卫专业工作检查、监督、指导工作;掌握、协调、处置政治保卫、治安防范、交通安全等专业重大事项。

人民武装部是首钢党委的军事参谋部,是首钢民兵、预备役部队、人民防空工作职能管理机构,负责贯彻落实人民武装、人民防空政策法规;负责民兵和预备役部队建设,民兵武器装备的管理和战备工作;负责兵役登记和征兵工作;负责组织民兵完成急难险重突击性任务;同时,负责首钢总公司拥军优属,国防教育领导小组办公室日常工作;组织开展拥军优属、军民共建、国防教育活动;负责人民防空防灾管理工作。

首钢总公司维稳办、信访处行政隶属于首钢总公司行政管理中心管理,与保卫武装部合署办公,是首钢信访维稳主管部门,主要负责总公司信访管理,推进信访问题的调处解决;负责开展维护稳定工作,应急处置突发不稳定问题;负责总公司信访维稳工作领导小组办公室日常管理职能,负责对所属单位信访维稳工作的督导检查和考核考评,推进重点矛盾纠纷的排查化解工作;负责总公司综治管理工作,负责总公司重点决策社会稳定风险评估推进工作;负责总公司防范和处理邪教工作,落实"610"工作各项要求,深入开展反邪教工作;负责"五七"退队家属工保险及后续相关工作,负责劳服中心的管控工作。

保卫武装部现有在岗人员 15 人。

（秦　巍）

【荣誉称号】　2016 年,首钢总公司荣获北京市 2016 年度国家安全人民防线建设工作先进集体、北京市交通安全管理先进单位、北京市交通安全先进系统,石景山区征兵工作先进单位等荣誉称号。

（秦　巍）

【治安管理】　年内,治安工作坚持以群防群治为主,充分发挥人防、物防、技防的"三防"保障能力。在结合不同时期、不同季节的特点,以及公司内部重点部位、易发案部位、公共场所、出租房屋以及危险物品等,开展治安防范大检查 5 次,检查单位 28 家,检查部位 179 处,整改隐患问题 19 项。逐一对 254 名精神病患者制定出切实可行的监护措施,密切掌握每个人的病情,与患者居住地所在的派出所取得联系,以确保不发生出丑闹事的事件。经过努力,在元旦、春节、两会、五一、国庆期间,组织各单位加强防范工作力度,治安、刑事等各类案件发案得到有效控制,公司整体防范能力得到提高。

3 月,表彰 2015 年度治安先进单位 15 个,先进个人 154 人。

（秦　巍）

【基础管理】　年初,针对集团保卫工作形势及机构变化的情况,及时对"首钢总公司社会治安综合治理领导小组""首钢总公司交通安全委员会"进行调整,分别成立了新的以总公司党委副书记为组长,副总经理、工会主席为副组长,公司主要部厅领导为成员的"首钢总公司社会治安综合治理领导小组""首钢总公司交通安全委员会"。完善组织、制度和机制,推动治安、交通工作的开展,为维护公司内部稳定和全面搞好保卫工作提供有力保证,夯实治安基础管理工作。

（秦　巍）

【保障交通安全】　年内,保卫武装部以"保安全稳定"为中心,创建"绿色出行"为载体,宣管结合,强化专业管控、固强补差、创新有为的交通安全保障工作。共召开交通安全大会 1 次,讲授安全课 3 场、组织驾驶员法规培训 2 期、播放交通安全录像、视频 60 场次,组织各单位进行交通安全漫画展板宣传巡展 3 次、召开经验交流会 1 次、悬挂标语横幅 20 条、印发各种宣传材料 2600 份、在首钢日报刊登交通安全提示和交通安全活动通讯 6 次,确保宣传教育全覆盖;组织各单位开展交通安全大检查 6 次,检查机动车 300 辆,督促整改交通安全隐患 50 项、专业管理漏洞 12 项、纠正违章 528 起,交通违法率同比下降 30%。年内,组织《北京市道路交通安全防范责任制管理办法》执法案卷,限改卷 57 份,禁驶卷 9 份,对严重违法单位办理车辆停驶 9 部。全年未发生甲方责任交通伤亡事故,兑现"甲方责任交通死亡事故不超标"的承诺。

（秦　巍）

【国防后备力量政治建设】　年内,不断探索党管武装的工作方法,一是继承传统,发挥表率作用。总公司的武装工作均由总公司的党委书记或副书记担任领导小组组长或副组长,总公司的武装工作向党委负责;二是坚持党管武装具体化,要求各所属单位党委不仅管政治建设方向,而且要管政治教育的具体内容与实施办法,明确党管武装工作责任制;三是明确党委书记是武装工作的第一责任人。

在后备力量建设中,深入学习贯彻习主席关于国防和军队建设的重要论述。组织开展以"改革强军"的主题教育,"两学一做"学习教育,以建党 95 周年、红军长征胜利 80 周年为契机,宣传党领导人民军队建设成就,探究国防教育理论,传播国防基本知识,在全体职工,尤其是各级领导干部中掀起关注国家安全形势,增强国防意识的良好环境。

加强预任军官和专兼职武装干部管理,对超编、超龄、岗位异动、在编不参训、长期不参加活动的预任军官采取职务调整或直接出队。整顿中预任军官留任 12 人,调整 50 人。对预备役入队官兵 593 人进行政治考核。组织开展上年度总结评先工作,对 16 个武装工作先进单位、优秀预任军官 15 人、优秀武装干部 50 人给予通报表彰,激发党管武装、投身国防后备力量建设的责任感和使命感。

(马长江)

【国防后备力量组织建设】 3 月—4 月,开展民兵、预备役部队组织整顿工作。编制《首钢总公司 2016 年整组方案》,细化《首钢民兵队伍预备役部队编制表》,以及整组各种表格。整组前,组织对适龄人员现存情况进行调查摸底,及时掌握适龄青年的分布、数量、质量,为做好年内整组工作打下坚实基础。实施中,采取民兵、预备役整组同时进行方式,将军官和士兵预备役的一、二类复转军人全部编入预备役部队,不足部分由基干民兵补充。并要求预任军官必须是中共党员或共青团员,具有大专以上学历。千余名民兵和预备役官兵分别输入数据库,并且每人有数码照片。圆满完成兵员调整为主的整组工作,实现满编满员,一兵一职无交叉。通过上级军事机关点验和验收。

(马长江)

【国防教育】 年内,自编《国防教育》专刊 24 期 34.71 万字,配图片 333 幅,其中发表国防理论 12 篇,国防讲堂 12 篇,军事要闻推荐 108 篇,军事春秋抗战主题和长征宣传 12 篇,国防参考 21 篇,传播尚武文化 11 篇,军队模范事迹 12 篇,兵器知识 12 篇,专业动态 11 篇,两会专题 2 篇。仅首钢 OA 办公系统浏览量达 11127 人次。受到大家的喜爱和好评。形成具有特色的国防宣传形式和阵地。

(马长江)

【双拥活动】 年内,组织全集团在春节、八一期间开展双拥月活动。与北京卫戍区、38 集团军、北京军区善后办等 6 家单位进行互访和座谈。全年,共召开新春座谈会、联谊会、国防教育报告会 41 场;走访慰问首钢现役军人家庭、烈军属、荣残军人、复员转业军人等优抚对象 196 个,送慰问品价值共计 5 万余元;出资 30 余万元为

部队办实事解难题。

(张 燕)

【兵役工作】 年内,根据北京市和石景山区两级征兵办公室的命令,组织首钢驻区单位开展 2016 年夏秋季征兵工作,从 7 月中旬开始,经过宣传发动,组织适龄青年体格检查,政治审查等准备、实施、总结三个阶段工作,首钢 42 名适龄青年光荣应征入伍。其中:在职青年 5 名,矿业街委 1 名,工学院在校大学生 36 名。占指标的 168%(在校生 180%,职工加待业 120%)。超额完成征集任务。

(马长江)

【军事训练工作】 年内,按照石景山区武装部要求,从首钢 14 个单位抽调民兵 50 人组建应急分队,组织实施应急民兵民防救援分队专业训练,完成队列基础训练、应急防爆队形训练、特种救援装备使用及军体拳等内容训练。

5 月,为配合首钢第三期领导干部特训班军训工作,武装部积极与预备役部队协调,为每名学员配备 07 式林地迷彩作训服、鞋帽、体能服;并抽调 9 名官兵,完成特训班单兵队列动作、集体军体拳、分列式等科目训练。总公司领导、预备役高炮师师长、预备役四团团长及总公司有关部门领导参加成果汇报。

6 月,根据石景山区武装部年度民兵训练工作的安排和要求,抽组首钢民兵 31 人、预备役士兵 24 名,分别参加为期一个月的石景山区民兵双 25 高炮分队训练和预备役四团双 35 高炮训练,7 月组队参加北京卫戍区组织的全市民兵预备役部队实弹射击考核比武任务。

(宋国云)

【防汛工作】 年内,结合首钢北京地区转型发展的变化,对承担永定河防汛任务的单位机构调整。制定《首钢总公司关于做好 2016 年北京地区防雨防汛工作的通知》,组建防洪抢险民兵第一梯队 400 人、二梯队 1120 人,共计 1520 人的抢险队伍。

(宋国云)

【"两防一体化"建设】 年内,结合"国际民防日"及"防灾减灾日"组织开展首钢防空、防灾一体化宣传活动。特邀北京市民防局"平安生活讲师团"到首钢授课,为基层单位职工讲解应急救护知识并进行实操演练。落实石景山区民防局"减少灾害风险 建设安全城市"主题活动,为进一步探索大型企业生产建设中处

置突发安全事故、应对自然灾害的方法,组织由基层单位一线员工参加的民防救援队开展应急演练,从减灾防灾、应急处突等方面,为企业生产、经营、建设顺利进行提供有力保障。

（张　燕）

【民防工程建设】　2016年,为保证首钢区域内各项施工项目的工程建设,保卫武装部克服困难,主动出击,多次与北京市民防局、区民防局等政府部门进行协调,经过不懈的努力均获得批准。特别是针对长安街西延工程、首钢科技大厦工程、丰沙铁路改造工程前期、地铁S1线工程前期、园区开发等重大施工项目中涉及人民防空工程建设的相关工作,提出了人民防空工作的意见。

（张　燕）

【地下空间整治】　年内,按照市、区地下空间综合整治的工作要求,对首钢北京地区所属的人防地下车库、物资库、生产加工车间、娱乐场所、人员住宿场所、人员掩蔽部等189处人民防空工程进行逐一检查。违法使用的人防工程关停3处,人防工程的使用安全获得有效保证,人防工程管理中的安全隐患消除。

（张　燕）

【信访管理】　年内,通过加强规范化、信息化、法制化建设,夯实管理基础,完善机制压实责任,统筹施策扎实化解积案,源头治理切实督导检查,强化动态考评严格落实考核,构建夯实基础、压实责任、扎实化解、切实督导、落实考核"五位一体"的信访工作格局,确保首钢转型发展形势的平稳可控。共受理群众来信来访1895件,其中接待来访312批,办理来信531件,受理热线电话投诉问题1052件。

（王会彬）

【压实逐级责任】　年内,传达落实上级要求,结合实际安排部署信访维稳工作,组织层层签订维护稳定工作责任制,将稳定责任纳入经营指标责任状。坚持重点敏感时期领导值班制度,严格落实敏感时期信访维稳各项要求。首钢总公司在各个敏感时期未发生到北京市重点区域的群体访问题,整体信访维稳工作处于可控状态。

（王会彬）

【落实目标考核】　修订完善领导包案、信访接待日、信访维稳信息报告、隐患排查、处置突发事件应急预案和目标管理考核等六项制度,组织各单位结合实际情况进行具体细化,开展信访维稳督导检查工作,分两个阶段

真督实导,京唐公司、首秦公司、矿业公司、房地产公司、股份公司被评为年度信访维稳目标考核优秀单位。

（王会彬）

【夯实基层基础】　开展"信访基础业务规范年"活动,推进信访规范化、法制化和信息化建设,规范基础工作和信访秩序。运用法制化途径,促进信访工作制度化。推进依法信访、依法维权,将疑难信访问题引入法律渠道解决。运用信息化手段,发挥网上信访信息平台的牵引作用,规范来信来访登记和调查办理程序,促进信访基础业务规范化管理。运用社会资源,引入心理咨询服务,加强源头疏导,促进信访工作专业化,确保企业转型、职工安置的平稳有序。

（王会彬）

【扎实化解积案】　年内,完善重点积案统筹协调、综合施策、逐步化解的责任体系,五项群体性历史积案得到稳控化解,信访存量降低,在化解矛盾、落实责任中促进了企业的和谐稳定。

（王会彬）

【落实源头预控】　严格落实信息排查制度,有针对性开展信息排查16次,排查信息230条,针对排查出的矛盾问题,分门别类进行处理,重大决策落实"应评尽评"要求,从决策源头减少不稳定因素。

（王会彬）

【生活管理室】　行政管理中心生活管理室负责总公司房改实施方案的立项报批和组织实施工作;负责审核子公司、自管房单位的房改方案,指导和协调首钢一业多地相关单位开展房管、房改业务工作;负责组织首钢家属区房屋建筑以及小区设备设施的大修改造等工程项目。负责住房分配、调整及迁出迁入管理,负责公有住房租金管理和租金减免审批工作。负责食品卫生安全、饮用水卫生、各类公共场所卫生管理;负责首钢北京市集体户口职工申请北京市保障房的受理、初审、调查和上报等工作。负责首钢生活区土地和房屋产权产籍等资产管理,办理国有土地使用证书和房屋的公有权属证书,负责总公司生活类设备设施资产的管理,办理资产盘活、调拨、报废手续;负责组织制订并完善职工的餐饮、浴室、物业管理、班车管理办法;对服务单位的服务质量等情况进行监督、检查、考核和评比,做好生活后勤保障。负责家属区有线电视网络运行维护工作。

（毛　波、翟　艳）

【维修改造】 开展 2016 年度首钢家属区项目工程,完成家属区环境综合治理、防雨大修、板缝修漏、电梯更新等 11 个项目的大修更新改造工程和首钢绥中疗养院部分公共设施改造。完成 2017 年首钢家属区 11 个项目的立项申报工作。完成模式口南里 28 号楼通廊加固工程。完成首钢家属区 8 处公厕地上物产权移交石景山区国资委工作,由石景山区市政市容委组织升级改造。

（翟 艳、徐建利）

【生活服务】 开展厂区职工食堂、浴室服务质量监督。完成 2016 年厂区就餐单位 4325 名职工工作餐补助汇集、审核、发放。开展通勤班车管理,通勤班车累计出车 18.12 万车次,安全运送职工 932.85 万人次。全年处理有线电视用户报修 30128 户,上门为用户更换标清、高清盒 2075 台。前端客服电话解决 3813 个,上门为用户更换终端盒、分配器、接线 12696 次。二次安装机顶盒 888 台。网络开通和关断 1665 户。电视机视频转换 3794 次,机顶盒升级及重新启动 5197 次。完成处理歌华光机排噪单 40 张。完成处理干线故障 92 处。配合首钢园区服务公司完成首钢月季园有线电视改造工作。完成处理重大抢修故障 9 处。

（董林迎、张道胜）

【公共卫生管理】 全年共进行食品安全卫生、生活饮用水卫生、各类公共场所卫生检查 306 户次。开展 2016 年度"春季食品卫生达标"活动,对北京及河北地区 108 个食品经营单位进行全覆盖检查验收。对新建、改建、扩建的办公厅食堂、红楼迎宾馆餐厅、西部 1919 餐厅、技术研究院职工食堂、金苹果幼儿园食堂等 8 个餐饮单位、厂区新建生活水泵站、铸造厂新建二次供水泵站、西十冬奥广场高位生活水池等 3 个生活饮用水供水泵站及设施按专业要求进行了预防性卫生审查。协同石景山卫生监督所、石景山食药局对矿业公司的 23 个集体食堂从食品原料采购、加工制作、储存销售,到餐用具洗刷消毒等环节逐一进行监督检查。组织参加石景山区食药联盟举办的"第二届食品安全法知识竞赛"活动,并获得竞赛一等奖。首钢总公司行政管理中心被"石景山区食品药品联盟"评委 2016 年度优秀理事单位。

（宋立宁）

【房管房改工作】 办理各类房改业务 172 件,其中标准价改成本价业务 118 件,首次购买 6 件,房主变更手续 48 件。积极开展金顶街二区集资房个人不动产权证

办理工作。完成首钢公有住房租金减免审批工作,共有 89 户低收入等特殊家庭享受租金减免政策。完成首钢集体户口职工家庭申请保障性住房的初审及上报,已备案家庭的复核、核查和变更工作。配合石景山区住房保障部门组织首钢集体户口申请经济适用房、限价商品房轮候家庭参加石景山区经济适用房、限价房选房,至此,首钢集体户口经济适用房、限价商品房申请轮候家庭住房已全部解决。

（李晓波、时卫东）

【授权管理劳服中心】 深入梳理劳服中心历史演变过程及现状、问题,强化劳服中心管理。一是认真做好内部调研工作,深入到劳服各企业逐一了解企业情况,梳理集体企业情况;二是开展外部调研工作,行政管理中心与劳服中心一同到京煤集团、市国资委、市财政局等单位调研学习;三是查阅总公司档案馆及市档案馆查阅档案,进一步理清集体企业历史变革与发展情况。切实加强劳服中心的管理,查找风险点,堵塞管理漏洞,坚持依法依规经营,做好经营管理各项工作,在日常管理中强化监管力度,加强廉洁教育,确保各实体企业正常经营。

（朱 强、董晓明）

集团财务有限公司

【财务公司领导名录】

董事长:张功焰(1 月离任) 王洪军(1 月任职)

董 事:赵天旸 邹立宾 聂秀峰 张 帆

监事长:刘相玉

监 事:刘同和 李 丹

总经理:聂秀峰(5 月离任) 姜在国(5 月任职)

副总经理:聂秀峰(5 月任职) 朱 挺

总经理助理:王群英

风险管理部经理:朱 挺(12 月离任)

　　　　　　　朱 瑜(12 月任职)

审计稽核部副经理:王群英(12 月离任)

　　　　　　　李 丹(12 月任职)

综合管理部经理:刘 鼎

计划财务部副经理:张 帆(12 月离任)

　　　　　　　赵伟伟(12 月任职)

信贷管理部经理:林凡彬

结算管理部经理:张秀惠

信息管理部经理:董 猛
党群工作部经理:周迎春(12月任职)
支部书记:王群英(11月任职)
工会主席:王群英(11月任职)

(刘 鼎)

【综述】 首钢集团财务有限公司位于石景山区古城路36号院1号楼,于2015年7月经中国银行监督管理委员会批准设立,由首钢总公司、北京首钢建设投资有限公司出资设立的非银行金融机构,初期注册资本金20亿元人民币,经过2016年股东增资后现注册资本为50亿元人民币。公司实行独立核算、自主经营、自负盈亏,具有独立法人地位,行政上隶属于首钢总公司,业务上接受中国银行业监督管理委员会、中国人民银行的指导、监督和稽核。公司按金融监管要求,设立股东会、董事会、监事会,实行董事会领导下的总经理负责制,并建立起"三会一层(经营管理层)"的法人治理结构和内控体系,下设风险管理、审计稽核、预算管理、薪酬管理、利率定价以及信贷审查六个专业委员会以及综合管理部、审计部、信息部、结算部、信贷部、风险部、计划财务部、票据中心、党群工作部等九个职能部门。公司目前定员38人,其中:总经理1人,副总经理3人,总经理助理1人,部门负责人9人,其他人员24人,本科及以上学历37人,高级技术职称6人,中级技术职称15人。

(刘 鼎)

【组织架构】

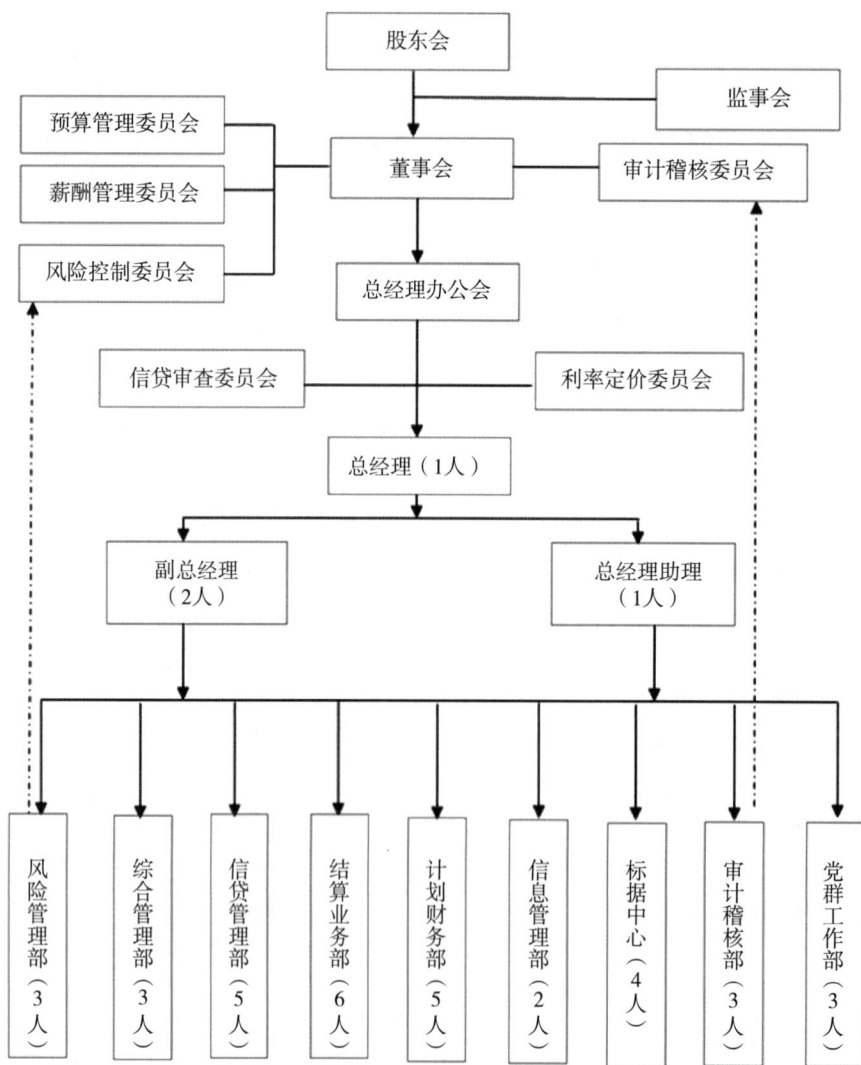

(刘 鼎)

【主要指标】

1. 资产状况

截至 2016 年 12 月末,公司资产总额为 2648369.61 万元,比 2015 年年末的 1758686.60 万元增加 889683.01 万元。其中:存放中央银行余额 138316.72 万元,比 2015 年年末的 21094.59 万元增加 117222.13 万元;存放同业余额 649621.83 万元,比 2015 年年末的 1683225.23 万元减少 1033603.40 万元;贷款余额 1875396.52 万元,比 2015 年年末的 54984.09 万元,增加 1820412.43 万元。

2. 负债及所有者权益状况

截至 2016 年 12 月末,公司负债总额 2136533.09 万元,比 2015 年年末的 1,558,509.86 万元增加 578,023.23 万元。其中:吸收存款 2006888.40 万元,比 2015 年末的 1558205.72 万元增加 448682.68 万元。

2016 年 12 月末吸收存款 2,013,661.91 万元,其中:活期存款 1960955.25 万元、通知存款 7753 万元、定期存款 38180.15 万元。另,收取成员单位保证金 6773.51 万元。截至 2016 年 12 月末,公司所有者权益 511836.52 万元。

3. 盈利情况

截至 2016 年 12 月末,实现利润总额 15552.43 万元,计提减值损失前利润总额 32931.79 万元。其中:利息净收入 34382.20 万元,手续费及佣金净收入 132.28 万元,业务及管理费支出 2031.11 万元,营业税金及附加 551.58 万元,计提贷款损失准备 18753.97 万元。

4. 不良贷款及资产损失准备情况

截至 2016 年 12 月末,公司未发生不良资产、不良贷款。按照信用风险资产余额的 1% 计提减值损失准备,截至 12 月末,各类资产损失准备余额 18753.97 万元,资产损失准备计提充足。

(刘 鼎)

【大事记】

1. 股东会召开情况

2016 年度公司共召开 1 次股东会,召开日期为 5 月 9 日,会议审议并通过如下决议:

审议通过《关于首钢集团财务有限公司 2015 年度利润分配方案的议案》;

审议通过《关于首钢集团财务有限公司 2016 年度财务预算方案的议案》;

审议通过《关于首钢集团财务有限公司增加注册资本的议案》;

审议通过《关于首钢集团财务有限公司修订公司章程——增加同业拆借业务的议案》。

2. 董事会召开情况

2016 年度共召开 3 次董事会,包括 1 次临时会议。

2016 年 1 月 5 日,召开第一届董事会第二次会议,会议审议并通过《关于〈首钢集团财务有限公司风险管理政策〉的议案》《关于〈首钢集团财务有限公司十三五规划〉的议案》等 18 项议案。

2016 年 5 月 9 日,召开第一届董事会第三次会议,会议审议并通过《关于首钢集团财务有限公司高级管理人员任职调整的议案》《关于首钢集团财务有限公司增加注册资本的议案》等 8 项议案。

2016 年 9 月 20 日,以书面表决方式召开第一届董事会第四次会议(临时),会议审议并通过如下决议:

审议通过《关于首钢财务公司变更资产减值准备计提比例的议案》;

审议通过《关于设立首钢集团财务有限公司党群工作部的议案》;

审议通过《关于设立首钢集团财务有限公司票据中心的议案》。

3. 监事会会议情况

2016 年 1 月 4 日,召开第一届监事会第二次会议,会议审阅以下事项:

《关于 2015 年度利润分配方案的议案》;

《关于选择财务年度审计事务所的议案》;

《关于选举首钢集团财务有限公司董事长的议案》;

经营层关于规章制度修订情况、客户信用评级体系建设情况、风险控制委员会委员组成及《首钢集团财务有限公司风险控制委员会工作规则》、《首钢集团财务有限公司审计;员会工作规则》、首钢集团财务有限公司信息化建设情况和公司运营环境建设办公楼改造预算的六项工作报告。

2016 年 4 月 21 日,召开第一届监事会第三次会议,会议审议通过《首钢集团财务有限公司董事履职评价办法》。

4. 总经理办公会会议情况

2016 年 1 季度,公司召开总经理办公会 11 次,主要讨论或审议通过如下事项：

2016 年 1 月 5 日，讨论资金归集工作；要确保成员单位资金归集后的用款需求能得到及时满足；加强资金安全风险防控，做好资金运营；组织好年终决算；

2016 年 1 月 12 日，讨论基础运营管理工作：加强基础结算业务管理；组织信息系统操作培训；做好成员单位信贷支持；提升全员风险防控意识；

2016 年 1 月 20 日，组织全体员工召开安全生产工作会，布置春节期间营业场地安全保卫工作事宜；各部门做好业务管理台账做好监管报表的填写报送；做好资金分析系统的调研立项；研究制定财务公司业务定价机制；

2016 年 1 月 17 日，传达银监会《提升服务实体经济能力调研座谈会》精神；做好 2015 年度审计工作以及 2016 年资金预算编制工作；对于符合集团发展战略的成员单位要加大资金支持力度；

2016 年 2 月 22 日，传达中央政治局委员、北京市委书记郭金龙 2 月 18 日到首钢调研考察指导工作的重要讲话精神；做好业务数据积累，建立风险数据压力以及运营数据分析模型，指导公司在实际运营过程中的资金配置及信贷投放；加强业务宣传；组织好 2016 年第一次职工大会的召开；

2016 年 2 月 29 日，对财务公司的运营管理提出具体要求：尽快组织落实对核心企业的信贷支持方案；加强信息系统的运营维护；组织修订业务管理制度；对基础业务管理台账进行跟踪检查；加大集团银行账户清理工作力度；加强公司内部审计工作；

2016 年 3 月 7 日，对财务公司的相关业务开展情况进行布置：加快推进票据池业务建设；组织 2016 年第一期信息系统操作培训班；做好公司风险监控及运营情况分析；

2016 年 3 月 14 日，传达财务公司董事长王洪军总监到财务公司调研时提出的下一步工作方向和廉政建设要求；

2016 年 3 月 22 日，布置公司近期重点工作：走访成员单位加大宣传调研力度；积极开展同业交流建立业务沟通机制；组织外汇资金集中管理业务资质申请；加强内部廉政教育防范职务风险；突破业务周期限制，利用人民银行再贴现以及商业银行转贴现产品，丰富财务公司业务品种，调节公司资产负债结构；

2016 年 3 月 31 日，审议通过公司资产五级分类结果。

2016 年 2 季度，公司召开总经理办公会 10 次，主要讨论或审议通过如下事项：

2016 年 4 月 5 日，讨论海尔财务公司调研成果；信息系统的建设要快速推进满足业务需求；做好一季度经营活动分析；做好信贷资产匹配；

2016 年 4 月 11 日，协助股份公司做好上市公司信息披露工作，组织好金融服务协议的签订工作；提前启动公司电子汇票信息化建设；积极开展供应链金融业务；充分开发优质信贷客户资源；做好账户清理工作。

2016 年 4 月 18 日，做好对集团核心钢铁企业的信贷资金支持；加强业务防线防范；准备董事会决议议案；继续落实总公司关于账户清理的工作要求；做好"营改增"业务衔接。

2016 年 5 月 5 日，做好"营改增"的衔接工作；完善公司"十三五"规划；准备召开股东会、董事会梳理公司风险控制流程与风险控制体系。

2016 年 5 月 16 日，借助账户清理检查，完善账户授权，全面建立"收支两条线"和资金集中代理支付相结合的资金管理体系；电子银行承兑汇票系统争取年底上线；到成员单位调研，了解产业链金融的需求。

2016 年 5 月 23 日，夯实资金集中管理基础，持续推进银行账户清理巩固走；开展票据业务服务，缓解成员单位资金压力；提交同业拆解业务资格的申报材料；提交高级管理人员变动请示报告。

2016 年 6 月 6 日，确保银行账户清理不留死角；全面了解集团内各单位"供应链"金融业务需求，积极推进供应链金融服务；综合平衡公司资金头寸；开展"两学一做"工作。

2016 年 6 月 13 日，加快内部业务流程审批，以满足成员单位资金需求；多渠道多方式平衡公司资产负债结构；准备对总公司领导专题反馈账户清理结果。

2016 年 6 月 20 日，代理收付款结算模式开始测试；继续落实成员单位账户清理结果，并抓紧与 6 大直联银行办理账户授权上线；稳步推进票据池业务；完成办公系统业务需求调研工作。

2016 年 6 月 27 日，做好贷后跟踪管理工作；加强流动性风险监测；继续推进银行账户清理与授权工作；"营改增"、征信系统、电票项目等陆续启动。

2016年6月30日，审议通过公司资产五级分类结果。

2016年3季度，公司召开总经理办公会13次，主要讨论或审议通过如下事项：

2016年7月4日，会议传达了董事长到财务公司调研的相关指示精神，并对2016年下半年资金归集、"收支两条线"、银企直连等重点工作进行相关部署；

2016年7月11日，加大信贷业务支持力度，满足成员单位资金需求；满足成员单位结算业务需求；加强公司运营业务分析，拓展同业机构合作范围；充分调研业务需求，加强信息系统建设。

2016年7月18日，一是按银监会要求开展党员违法违纪的检查工作，加大"九种人"的案件排查力度，建立相关业务问责机制；二是在全面开展业务风险核查工作，严控不良贷款率的上升；三是积极做好全体员工交通安全教育培训工作，从源头遏制"一牌、两闯、三乱"。

2016年7月25日，会议传达并学习了《首钢党委扩大会暨集团上半年经济活动分析会》的有关会议精神，并要求进一步做好资金归集、票据贴现和承兑、外汇业务资格申请等各项业务；审议《首钢集团资金集中管理办法》的各项规定及材料清单。

2016年8月1日，会议传达首钢总公司产业链金融商票推广专题会议、8月份资金预算专题会的有关会议精神，要求财务公司在为总公司资金预算分析提供数据支持的同时，做好商票业务贷后管理，密切关注商票推广过程中的问题，及时反馈并积极解决；计财部要做好银行保贴、财务公司之间合作等措施，为商票顺利推广提供保障。

2016年8月8日，强调各部门要结合集团资金运营现状，从"确保集团贴现资金需求，增加财务公司商票保贴银行范围，推广财务公司商票使用"等工作入手，全力以赴满足集团运营资金需求。

2016年8月15日，会议审议通过修订后的《印章管理办法》。强调各部门要通力配合，加大存款吸收力度，做好重点公司存款跟踪，保证头寸充裕，确保大额资金使用。

2016年8月22日，完善各单位银行账户管理台账，与各单位沟通确认后，开始进行资金管理系统银行账户留存额度的系统设置工作，协调财务公司承兑汇票推广问题，完成共享中心和财务公司的票据业务对接，

为资金归集率系统准时上线开展相关工作。

2016年8月29日，传达总公司"全面提高风险管控能力，保障企业持续健康发展"的"三创会"会议精神，并要求结合精神，认真梳理各项业务流程，在完善业务流程的基础上，将内控手册编制纳入重点工作，完成资金归集率系统功能的开发与测试，制定上线方案，编写系统功能操作手册。

2016年9月5日，继续推进资金归集的相关工作；继续协调与人民银行沟通电票直联现场验收安排；做好票据中心转移工程中的衔接工作；做好人行再贴现工作；持续推进移动查询平台的应用。

2016年9月12日，传达总公司会议要求，配合经营财务部提出相关实施方案；加快推进外汇业务资格申请；按照总公司交通安全委员会要求做好"两节"期间的安全出行工作宣传。

2016年9月19日，继续对账户管理系统数据进行完善，对各成员单位大额付款情况进行统计，做好资金预估；全力做好资金归集率系统的上线试运行工作，完成北京银行银财直连系统的正式上线，审议下发《首钢集团财务有限公司档案管理办法》等。

2016年9月26日，传达总公司会议精神，要求从"职工动员、组织保障、民主管理、职能服务以及企业文化建设引领"等方面的工作入手，确保集团"十三五"规划中的各项工作得到有效落实。

2016年四季度召开10次，主要讨论或审议通过如下事项：

2016年10月9日，对账户管理系统录入数据进行调整，下发资金归集率数据录入通知；按照总公司境外发债法律尽调协调工作会要求，完成总公司境外发债资料的整理和申报；完成薪酬方案的初步修改。

2016年10月17日，对资金归集率系统录入数据进行审核；持续推进银行直连接口测试工作；正式启动信息科技审计和协同办公两个系统项目；取得北京银监局增资行政许可事项批复。

2016年10月24日，继续开展兴业银行银财直联接口代理付款业务测试；完成北京银行银财直联接口虚拟账户报送工作及授权书报送工作；组织讨论票据贴现（含转贴、再贴）、票据承兑业务制度，并形成管理制度初稿；对于增资事项出具章程修正案。

2016年10月31日，继续开展资金归集率系统录入

数据统计、核实工作,专管人员对所管辖成员单位账户数录入情况进行逐一审核;启动光大银行、招商银行账户授权工作,明确授权流程,下发授权文件;按照总公司战略发展部的有关要求,做好财务公司2017年自有投资项目的备案工作。

2016年11月7日,对资金归集率系统统计、查询功能进行优化;开展招行银财直连系统的小额测试,完成光大银行的直连系统接口测试;完成增资后的工商登记手续变更。

2016年11月14日,传达"首钢党委中心组(扩大)学习会"的有关会议精神,财务公司全体党员紧密结合总公司"两学一做"学习教育要求,确保完成集团深化改革目标和年初"两会"各项重点任务。

2016年11月21日,传达首钢总公司交通安全委员会专业工作会的有关要求,财务公司全体职工以及物业服务人员,要注重培养安全出行意识,防范交通安全风险。

2016年12月5日,传达首钢安全生产视频会议的有关精神,进一步深入开展财务公司办公环境的安全生产隐患排查工作,确保岁末年初整个办公场所的安全稳定。会议做出决议:职工单身宿舍住宿标准为职工负担1/3,单位报销2/3。

2016年12月9日,传达职工代表选举情况,根据相关文件要求,由财务公司全体职工选举姜在国和聂秀峰2人为首钢集团第十九届职工代表大会代表。

2016年12月26日,会议讨论并决定:为与集团各成员单位利息计提方式保持一致,在2016年12月结息后,不再预提存款、贷款以及存放同业等各项业务利息,在实际收到或支出时予以确认;票据贴现、转(再)贴现利息仍按月计提分摊计入收入或成本。审议并通过《首钢集团财务公司2017年金融服务定价管理办法》。

(刘 鼎)

【重大事项】

2015年12月2日,公司召开第二次临时股东会会议,以书面表决的方式审议通过《关于更换、选举首钢集团财务有限公司非职工代表董事的议案》,同意免去现任公司董事长张功焰董事职务,同意王洪军担任公司新董事、并提名公司董事长人选。公司于2016年1月5日召开董事会,审议通过《关于选举首钢集团财务有限公司董事长的议案》,鉴于张功焰不再担任公司董事,

选举王洪军担任公司第一届董事会董事长。2016年1月6日,公司将《首钢集团财务有限公司关于申请核准拟任董事长王洪军任职资格的请示》(首财发[2016]2号)上报北京银监局审批。公司于2016年2月4日接到《北京银监局关于核准王洪军首钢集团财务有限公司董事长任职资格的批复》(京银监复[2016]82号),2016年2月24日,报送《关于王洪军董事长到任履职的报告》(首财发[2016]7号),汇报王洪军正式履职的情况。

2016年5月9日,公司召开董事会,审议通过《关于选举首钢集团财务有限公司高级管理人员任职调整的议案》,姜在国任公司总经理。2016年5月13日,公司将《首钢集团财务有限公司关于申请核准姜在国拟任总经理任职资格的请示》(首财发[2016]10号)上报北京银监局审批。公司于2016年6月15日接到《北京银监局关于核准姜在国首钢集团财务有限公司总经理任职资格的批复》(京银监复[2016]297号),2016年6月20日,向北京银监局报送《首钢集团财务有限公司关于姜在国总经理到任履职的报告》(首财发[2016]14号),汇报姜在国正式履职情况。

2016年7月16日,公司获北京银监局新增同业拆借业务资格的批复。

2016年3季度正式向银监局提交增加注册资本金的申请材料。

2016年10月12日,公司收到《北京银监局关于首钢集团财务有限公司变更注册资本的批复》,北京银监局同意财务公司注册资本从20亿增至50亿元。公司已于2016年10月31日前收到全体股东缴纳的新增注册资本合计人民币300000万元,其中:首钢总公司出资人民币240000万元,北京首钢建设投资有限公司出资人民币60000万元,委托会计师事务所出具《首钢集团财务有限公司增资报告》,随后完成注册资本变更手续以及公司章程的修订。2016年11月8日,财务公司向北京银监局正式上报《首钢集团财务有限公司关于完成注册资本变更手续以及报备公司章程的报告》。

(刘 鼎)

【资金归集】 确保集团上下银行账户清理工作一个目标,即银行账户清理工作系统、全面、不留死角。合理安排工作进度,详细制定银行账户清理工作计划,并将具体的工作目标和完成时限落实到岗、责任到人;精心组

织监督检查,确保工作有序实施,现场检查单位22家,非现场检查单位62家,涉及银行账户2245户,审核账户资料4000余份,提出账户清理意见,明确账户关闭及授权完成时限;持续跟踪落实情况,建立银行账户全流程管理,对银行账户的开立、使用、销户进行全流程管理;搭建集团账户管理系统,完成账户信息初始化维护2000余个,成员单位所有银行账户全部纳入财务公司资金管理系统并进行动态管理。截至2016年年末,集团账户总数2081个,其中财务公司开立账户352个,银行开立账户1729个;已授权账户930户(其中二级单位893户,党政工团37户);全年关闭银行账户626个;全部银行账户已纳入账户管理系统进行资金监管。树立集团上下资金管理一本账意识,强化资金分析,完善资金归集率考核机制。与经营财务部联合发布《关于资金归集管理相关事项的通知》,明确资金归集考核标准,完善日均归集率考核机制,将可归集资金日均归集率及综合日均资金归集率作为今后办理存款、贷款、贴现等业务的利率定价参考依据,充分发挥资金归集率考核指标作为财务公司业务定价的推手作用,切实达到稳定存款、增加来源的资金管理目标;搭建资金归集率统计系统,量化成员单位资金归集情况,实现资金归集信息统计的系统化,树立集团上下资金管理一本账意识。打造集团资金管理一盘棋,建立留存资金及资金定期归集管理机制。发布《关于资金归集管理相关事项的通知》,完善银行账户留存资金管理,明确留存资金用途,对各单位银行账户留存资金额度及原因进行审批,实现直联银行账户资金在每日16∶30通过系统自动归集,留存在银行账户资金减少,吸收存款资金总量稳步增长,为提高集团资金使用效率,实现资金运作整体效益最大化打下坚实基础。

(刘 鼎)

【同业合作】 积极申请人民银行再贴现额度支持,增加财务公司的信贷投放能力和融资能力。2016年5月积极与人民银行沟通申请票据再贴现支持,经全力争取,获得人民银行40亿元再贴现额度支持,是辖内唯一一家拥有再贴现专项额度的金融机构。全年累计办理再贴现业务21笔,金额40.01亿元;已申请待审批2笔,金额2.64亿元。扩大同业机构合作范围的深度和广度,拓展集团资金运用渠道,增加集团资金收益手段。2016年经与各银行争取,同业利率均获得最高水平,尤

其是充分把握下半年市场资金紧张利率走高的机会,与各合作银行开展多轮谈判,提高活期利率,提前锁定2017年活期收益。全年共获得11次银行利率调增机会,将活期利率由最低0.72%调增到最高2.45%,平均利率水平由1.69%调增到2.15%,仅通过利率调增增加当年同业利息收入1220万元,为集团争取到更大的资金价值。同时,在保障成员单位结算和信贷业务的需求下,财务公司与各合作银行办理的同业定期存款,提高了短期闲置资金的收益率。全年同业存放利息收入15443万元,占全年收入的27%。

(刘 鼎)

【风控建设】 完善制度流程建设,构建风控体系基础,加强各类风险监测,确保公司各项业务平稳有序发展。在原有制度体系的基础上,根据公司业务开展情况和行业要求,新增37项制度、修订66项制度、废止6项制度,内容涵盖公司治理、风险管理、业务办理等13大类124个制度;按照监管要求完成《对股东发放贷款超过出资额报告》《2015年度经营报告正式发文》《首钢集团财务公司合规风险管理工作报告》等18类监管报告的起草报送工作;完成银监局1104报表共计314张次的报送(月报12张,季报36张,半年报2张,年报22张)。开展有针对性的业务专项审计,梳理现有业务流程的薄弱环节。针对信息系统权限配置、内控及制度体系建设逐步完善以及财务核算等方面存在的不足,以夯实基础工作、关注业务合规性和完善公司内控体系为工作重点开展专项业务审计,完成对核心业务系统27项用户角色、21个系统模块、806项系统权限的逐一检查,发现存在部门间权限重叠、权限不清、权限不足及不相容岗位权限未分离等4大类审计问题,具体21项审计意见,提出审计建议3项;完成对开业后财务核算情况进行检查,发现问题7类、21项,提出审计建议5项;完成对结算部内部账户开立、对账、大额资金拨付等工作检查,提出审计建议2项。

(朱 瑜)

【企业文化】 在中国财务公司协会网站、首钢集团网站以及首钢日报等新闻媒体发布重点岗位的人员需求,最终共收到应聘人员简历93份,由洪军总监带队,会同经营计财部、人力资源部以及财务共享中心对符合条件的人员进行初试和复试,最终确定13人录取名单,优化现有职工知识文化结构以及员工素质,形成财务公司有

效人才建设梯队;组织各部门重新编制部门职能和岗位手册,共梳理包括董事会、监事会以及职能部门职责11项,岗位手册34个,解决掉"协作关系不清、职责分配不合理、工作任务落实责任人不清"等问题;建立起"分层级、分内容、分渠道"的内外结合、线上与线下融合、管理与专业类培训整合的培训体系,全年共举办公司级培训22次,其中系统操作培训6次,财协新员工教育培训4次,财协专项管理类培训2次,北京银监局专项培训4次,中国人民银行专项培训6次。

（刘　鼎）

【信息化建设】　精细组织实施,全面完善资金管理系统功能。在做好资金管理系统日常运维的基础上,财务公司对网银业务系统、结算业务系统、贷前管理系统、信贷合同管理系统、贷后管理系统、价格管理系统、电子交易系统、财务核算系统、风险日常处理系统等14个子系统进行功能优化完善,并在此基础上又相继开发实现了资金归集率统计、内部信贷(含贴现)、票据承兑、转贴现、营改增、集团账户管理等45项系统业务功能,继开通工、农、中、建、交、华夏等银行系统接口直连的基础上,又新接入北京、兴业和招商银行;在控制风险的前提下,增强了系统操作便利性,持续提高财务公司结算业务效率,全面支撑新业务的顺稳开展。提升增值服务,搭建金融移动业务信息查询平台。为全面提升财务公司多样化金融服务水平,财务公司依托现有资金管理系统,运用移动互联技术,正式启动移动业务信息查询平台项目实施,经过需求调研、架构设计、代码开发等阶段的组织,平台功能框架开发初步完成,实现3大基本功能、8项业务功能,涵盖银行汇总、内外部大额账户支出、贷款合同、内外部账户余额及明细、应还贷款等信息查询,通过移动客户服务平台抽取财务公司现有资金管理系统内业务数据,在数据处理层中进行相关分析挖掘后,将业务数据经云服务平台推送到总公司领导及成员单位移动设备微信端,实现资金管理数据信息的实时掌控。该平台于7月初正式投入运行,平台用户数154人,覆盖38家成员单位。加强票据集中,全面启动电子商业汇票系统的建设。为推进集团产融结合,满足企业支付需要、拓宽融资渠道、降低财务费用,充分发挥财务公司金融平台的服务保障作用,财务公司于2016年5月正式启动电子银行承兑汇票系统的建设,并开展了正式接入的前期准备工作。一是与人行科技司、营管部建立沟通渠道,明确电票业务受理、系统建设和金融城域网直连接入的相关办理流程,并按照监管要求完成业务申请相关材料的编写与报送;二是为确保网络可靠性,按照双运营商专线方式接入,以热备方式运行的要求,与联通、电信两家通讯运营商对接入金融城域网专线路由进行实地勘察,并办理相关专线租用协议;三是结合电票系统设备双机架构要求,参考业内其他公司通用硬件设备配置情况,与三家首钢信息化设备采购备案供货商进行询价;四是为掌握人行电票系统后续验收检查要点,财务公司安排专人赴亿利资源等公司进行调研,实地参观机房、专用设备,明确了下一阶段工作开展方向。由于人民银行要求非银行金融机构的电票业务系统集成在线清算功能,目前监管部门优先组织已接入的财务公司进行系统相关改造和升级工作,作为新申请接入单位,财务公司正全力做好监管沟通和项目推进。强化业务运行连续性,持续深化运维管理。一是初步建立系统运维保障机制,形成财务公司、首自信和九恒星三位一体的运维体系,拓宽首自信公司的业务经营领域,培养首钢自己的金融业务系统实施运维队伍,开拓首钢非钢产业新的经营增长点,形成"你中有我,我中有你"的交叉服务格局,实现双方业务联动与共赢;二是规范IT基础架构库的流程,梳理事件、配置、变更、问题和业务请求等运维管理流程,明确相应处理规范,完善相关管理办法;三是落实运维外包主体实施方,编制运维服务标准,签订运维服务合同;四是通过堡垒机系统强化运维操作管控与审计,对运维人员在运维过程中进行统一身份认证、统一授权、统一审计、统一监控、统一回访,消除了传统运维过程中的盲区,实现运维简单化、操作可控化、过程可视化。

（董　猛）

钢 铁 业

◎ 责任编辑：车宏卿、刘冰清

北京首钢股份有限公司

【首钢股份领导名录】

1.董事、监事和高级管理人员

姓　名	职　务	任职状态	性　别	年　龄	任期起始日期	任期终止日期
靳　伟	董事长	现任	男	44	2014 年 4 月 11 日	2019 年 6 月 21 日
张功焰	副董事长	现任	男	54	2001 年 1 月 9 日	2019 年 6 月 21 日
赵民革	董　事	现任	男	50	2013 年 5 月 16 日	2019 年 6 月 21 日
王洪军	董　事	现任	男	47	2016 年 1 月 7 日	2019 年 6 月 21 日
王　涛	董　事	现任	男	53	2016 年 6 月 22 日	2019 年 6 月 21 日
刘建辉	董　事	现任	男	52	2014 年 9 月 19 日	2019 年 6 月 21 日
邱银富	董　事	现任	男	49	2014 年 9 月 19 日	2019 年 6 月 21 日
唐　荻	独立董事	现任	男	61	2014 年 6 月 27 日	2019 年 6 月 21 日
尹　田	独立董事	现任	男	62	2016 年 1 月 7 日	2019 年 6 月 21 日
张　斌	独立董事	现任	男	43	2014 年 9 月 19 日	2019 年 6 月 21 日
杨贵鹏	独立董事	现任	男	44	2016 年 1 月 7 日	2019 年 6 月 21 日
许建国	监事会主席	现任	男	56	2014 年 9 月 19 日	2019 年 6 月 21 日
王志安	职工代表监事	现任	男	57	2014 年 9 月 19 日	2019 年 6 月 21 日
张福杰	监　事	现任	男	49	2014 年 9 月 19 日	2019 年 6 月 21 日
郭丽燕	监　事	现任	女	41	2016 年 1 月 7 日	2019 年 6 月 21 日
崔爱民	职工代表监事	现任	女	48	2014 年 9 月 19 日	2019 年 6 月 21 日
刘建辉	总经理	现任	男	52	2014 年 8 月 29 日	2019 年 6 月 21 日
邱银富	副总经理	现任	男	49	2013 年 5 月 16 日	2019 年 6 月 21 日
王建伟	副总经理	现任	男	45	2014 年 8 月 29 日	2019 年 6 月 21 日
李　明	副总经理	现任	男	42	2015 年 1 月 27 日	2019 年 6 月 21 日
马金芳	副总经理	现任	男	50	2015 年 1 月 27 日	2019 年 6 月 21 日
魏国友	副总经理	现任	男	46	2015 年 10 月 28 日	2019 年 6 月 21 日
李百征	总会计师	现任	男	51	2015 年 10 月 28 日	2019 年 6 月 21 日
陈　益	董事会秘书	现任	男	49	2015 年 7 月 26 日	2019 年 6 月 21 日
韩　庆	董　事	离任	男	51	2011 年 6 月 28 日	2016 年 6 月 22 日
杨　雄	独立董事	离任	男	51	2009 年 11 月 30 日	2016 年 1 月 7 日
樊　剑	独立董事	离任	男	47	2013 年 5 月 16 日	2016 年 1 月 7 日

2.公司董事、监事、高级管理人员变动情况

姓 名	担任的职务	类 型	日 期	原 因
韩 庆	董事	离任	2016 年 6 月 22 日	因工作原因主动离职
杨 雄	独立董事	任期满离任	2016 年 1 月 7 日	因任期满主动离职
樊 剑	独立董事	离任	2016 年 1 月 7 日	因工作原因主动离职

【综述】 北京首钢股份有限公司(以下简称首钢股份)是由首钢总公司独家发起,以社会募集方式设立,在深圳证券市场上市的股份有限公司。

1999 年 10 月 15 日,经北京市工商行政管理局核准,首钢股份正式设立。12 月 16 日,首钢股份(000959)股票在深圳证券交易所上市。

2010 年年底公司位于石景山区的钢铁主流程停产。2013 年 1 月 16 日中国证监会重组委审核通过了与首钢总公司进行的"北京首钢股份有限公司重大资产置换及发行股份购买资产暨关联交易的相关事项"。2014 年 1 月 29 日,首钢股份收到中国证券监督管理委员会《关于核准北京首钢股份有限公司重大资产重组及向首钢总公司发行股份购买资产的批复》文件。2014 年 4 月 25 日,重组工作完成。

2015 年 4 月 23 日,首钢股份股票停牌,启动重大资产置换。置换方案主要内容:以贵州投资 100%的股权置换京唐钢铁 51%股权,不足部分以现金形式补足。2015 年底,重大资产置换交割完成。2016 年 4 月京唐公司完成董事会改选及章程修订,首钢股份具备合并其会计报表的条件,重大资产置换完成。

首钢股份建立股东大会、董事会、监事会的法人治理结构,现设有董事会秘书室、制造部、设备部、计财部、营销管理部、物资供应公司和人力资源部等职能部门。拥有首钢股份迁安会议中心有限公司、首钢京唐钢铁联合有限责任公司、北京首钢冷轧薄板有限公司等三家重要子公司。

2016 年是"十三五"规划的开局之年。在两级公司党委领导下,干部职工坚持把自身工作做到更好、更到位为目标,把改革创新贯穿始终,把精细管理贯穿始终,把任务交账贯穿始终,抓各项措施高标准落实,经营业绩趋好。全年完成铁 697.2 万吨,钢 690.1 万吨,材 646.5 万吨,销售收入 202.7 亿元,归属母公司净利润 4 亿元,迁顺线实现盈利。

(杨国光)

【主要指标】 2016 年,首钢股份铁产量 697.2 万吨;钢产量 690.1 万吨;钢材产量 651.2 万吨,其中:热卷 459.4 万吨(含供顺义冷轧 163.7 万吨),开平板 6.4 万吨,热轧酸洗板 43.2 万吨,冷轧硅钢 142.2 万吨。入炉焦比 329.86 千克/吨,喷煤比 149.12 千克/吨,转炉钢铁料消耗 1065.10 千克/吨,吨钢综合能耗 561.34 千克标准煤/吨,钢材综合成材率 95.51%。

(叶 迪)

【重要会议】

1 月 19 日,首钢股份召开安全生产大会。

2 月 17 日,中共北京首钢股份有限公司委员会全体(扩大)会议隆重召开。

2 月 18 日,首钢股份召开第一届职工代表大会第一次会议。

3 月 8 日,首钢股份召开 2016 年党风廉政建设工作会议。

3 月 9 日,2016 年首钢电工钢工作年会在首钢迁安会议中心召开。

3 月 22 日,首钢股份举办汽车板销售技术服务人员培训班开班典礼。

4 月 21 日,首钢股份召开风控体系建设项目启动会。

5 月 12 日,首钢股份召开 2015 年度先进表彰大会和"两学一做"学习教育动员会。

6 月 28 日,首钢股份召开庆祝中国共产党成立 95 周年暨先进基层党组织、优秀共产党员表彰大会。

7 月 6 日,首钢股份召开职工创业开发中心启动会。

8 月 3 日,首钢股份召开"协同办公平台"项目启动会。

8 月 4 日,首钢股份召开监事会监督检查专题会议。

8月4日,首钢股份举行光荣属于你——2015年三星颁奖暨高技能人才聘任典礼。

8月23日,首钢股份第一期党支部书记培训班开班。

11月9日,首钢股份召开干部大会。

12月14日,首钢股份召开高层级职务人员聘任暨创新工作室授牌大会。

12月19日,中国共产党北京首钢股份有限公司第一次代表大会隆重召开。

(吴 伟)

【预算管理】 2016年一季度,首钢股份通过对产品边际进行测算,提出主动性经营压产策略,安排1号高炉实施连续70天阶段性检修,累计压减铁产量42万吨,再对产品结构精雕细刻,消化市场减利2.2亿元;二季度,结合市场利好趋势,1号高炉复产,实施产品增量,加强结构调整,效益提高。2016年首钢股份盈利3.11亿元,比2015年增利27.72亿元,比年计划增利15.2亿元,比年目标增利13.31亿元。

(叶 迪)

【资本运作】 首钢股份推进资本运作,完成上市公司2015年财务报告编制,完成收购京唐51%股权2016年中期合并京唐公司会计报表;顺利完成第二期中票发行40亿元工作,发行利率4.01%、4.05%比2015年发行利率(5%、5.08%)下降1个百分点降低20%,年减少利息支出4000万元,5年存续期将共减少利息支出2亿元;梳理公司管理业务,对钢铁板块管理按照证券监管机构的要求,签订管理协议,既满足了上市公司规范化管理集团钢铁企业又合法收取管理服务费,2016年收取管理服务费3.6亿元,公司业绩提升。

(叶 迪、胡革辉)

【技术开发】 2016年,首钢股份开发冷轧汽车板6类28个牌号,并稳定转产批量供应于奔驰、上汽等企业;完成GA板先进高强钢780兆帕级别的首次工业试制;突破产线极限,3.0毫米产品实现对奔驰配套厂小批量供货。酸洗板覆盖310—800兆帕强度,汽车结构酸洗比例达到36%,薄规格比例达到20%,HR800CP在国内钢厂中率先通过奔驰全球工程认证;与首钢东华厂合作开发的X65野战输油专用管线钢,经受实战演练考验;与下游钢管厂合作开发的X70管线钢中标海外项目、X65MO应用于海底管线。

(张卫东)

【用户技术服务】 2016年,首钢股份完成北汽、吉利、长安、小康4家客户4个车型EVI技术支持,完成666个零件设计选材优化,建立与客户共享的85个钢种材料数据库,按照客户车型开发进度同步开展129个零件车身可制造性分析,全年汽车板EVI供货32.1万吨;充分发挥现有客户技术实验室优势,利用EVI电磁仿真分析等方式,服务电工钢客户10家,解决问题36项,参与客户产品设计、质量设计、成本设计能力进一步增强,全年电工钢EVI供货13.5万吨。

(张卫东)

【提升质量水平】 首钢股份聚焦质量瓶颈,管理和技术优化同步推进,供宝马汽车板5个月实现质量零缺陷,累计3个月被评为长城一级供应商。炼钢BH钢过剩碳命中率由50%提升到99.57%,达到宝钢水平;汽车高强钢色差缺陷由13.23%降低到1%;汽车板隆起缺陷由6.35%降低到1.5%;0.35毫米高牌号无取向电工钢S09(2.6)横向厚差从年初7.35微米降低到4.79微米,达到新日铁水平。

(张卫东)

【生产协同、资源共享】 2016年,首钢股份发挥首钢总公司一业四地资源优势,实现多基地资源共享,打破常规组织模式,通过基地协同、资源调拨等方式,提高订单交付能力,降低短浇次冶炼成本。2016年1月—12月份迁钢、京唐间已组织板坯互调41块,2001吨,共计减少短浇次20个(其中迁钢从京唐调用板坯31块,减少短浇次15个;京唐从迁钢板坯10块,减少短浇次5个),顺义从京唐调用热卷原料4卷。在解决汽车板交期短板,提升小订单接单能力及兑现率方面进行拓展和提高,迁钢、京唐无效库存减少,资金占用降低。

(郭同柱)

【设备检修联动协同】 首钢股份形成四地检修协同管理机制,做实钢铁板块管理取得新进展。为适应经济形势要求,积极组织开展2016年检修协同工作。2016年首钢股份制定《首钢四地检修协同管理办法》,同时建立联动机制,分别与顺义冷轧、京唐公司、首秦公司开展检修协同工作,总计项目316项,人数1302人,共计节约外委施工费用811万元,其中首钢股份设备维检节约74.9万元。通过严密组织、精心操作,保证检修施工的有序开展,确保产线稳定。

(郭 浩)

【备件联储、联采工作】 首钢股份从产线及专业角度对京唐公司和首钢股份热轧、冷轧产线进行项目梳理，经过双方专业核对，目前初步确认相同备件项目205项，计9000万元。同时，基于联储备件清单开展联合招标，对双方推荐供应商进行梳理，将双方在用的供应商进行合并，共同整合到"首钢电子商务平台"进行公开招标。备件联合招标涉及计控、非标、通标三个专业，共计146项，金额7565万元，备件单价比历史价格总体降低132万元，降幅8.91%。

（郭 浩）

【设备电子操作牌系统】 2016年，首钢股份组织开发电子操作牌系统，涉及操作牌13040个、班组404个、人员6630人。经过现场的实际使用测试，非计划停机单次领牌时间从原先的2分钟降低为30秒，计划检修领牌时间从原先的2小时降低为0.5小时，并且通过数据记录，可以对操作牌的领用频率、施工单位交叉作业等项目进行分析，为下一步安全管理的决策提供数据依据。

（郭 浩）

【除尘改造项目】 一炼钢厂房屋顶除尘改造（三次除尘）工程，6月28日开工建设，9月21日完工投入生产使用；一炼钢半干法除尘环保改造工程，9月21日完工投入生产使用；二炼钢二次除尘改造工程，9月12日开始施工，12月14日完工投入使用；年内组织烧结机机头除尘材质升级工程，完成1号、2号、3号、5号、6号电除尘器升级；年内组织球团电除尘器改布袋除尘器工程，完成110平、60平。

（杨进许）

【推广余热回收】 2号高炉余热回收二期工程，5月5日开始组织外线管道基础施工，11月10日各厂房供暖系统均投入运行；1号、3号炉余热回收工程，9月13日开始换热站冲渣水管降管改造施工，11月1日3号换热站投入运行、11月3日1号站投入运行。

（杨进许）

【推广美铝安全管理经验】 2016年，首钢股份以硅钢事业部为试点推广美铝安全管理经验，形成体系文件1150份，完成5个区域、26条机组安全改善工作，降低安全风险点位3700处，提升本质化安全水平。迁钢公司获2016年度"河北省安全生产先进单位"称号。

（樊瑞稠）

【重点工程】 炼铁3号高炉热风炉预热管式换热器改板式换热器、3号高炉2号热风炉球顶更换、3高炉2号热风炉燃烧器大修工程，5月20日三个项目同时开工建设，克服工期紧、施工场地狭窄、施工难度大等众多因素，8月30日完工投入生产使用，确保生产顺利进行。

（刘陈刚）

【冷轧配套完善项目立项】 1月28日，迁安市发改局出具《关于报请北京首钢股份有限公司首钢股份公司迁安钢铁公司冷轧配套完善项目备案的请示》，4月1日，河北省发改委颁发该项目备案证。4月8日，迁安市发改局出具《关于北京首钢股份公司首钢股份公司迁安钢铁公司冷轧配套完善项目办理国家鼓励发展内资项目确认书的请示》。10月25日，迁安市发改局再次出具《关于北京首钢股份公司首钢股份公司迁安钢铁公司冷轧配套完善项目办理国家鼓励发展内资项目确认书的请示》。2017年1月16日，国家发改委下发冷轧配套项目引进设备免征关税的批文。

（王铁凝）

【智能工厂】 首钢股份选定硅钢一冷轧进行智能工厂改造，完成包含产品智能设计、质量智能管控与溯源、多源异构的时空数据挖掘等关键智能制造技术的冷轧智能示范工厂蓝图12项，2016年6月通过智能制造专项评审专家组评审，成功入选国家工信部"2016年智能制造新模式应用项目"。

（张 磊）

【信息安全管理体系】 根据信息安全管理体系架构设计和ISO27001标准要求，首钢股份公司设计并合理制定出公司未来三年信息安全建设工作方向和目标。在体系建设和运行方面，新建和修订信息安全管理制度47份，2016年1月正式发布实施；在运行和内审工作中，2016年5月完成体系外审并取得证书。

（马楷禹）

【供应管理】 2016年，首钢股份通过加强供应渠道建设，以"跑赢市场"为主线，以降低库存资金占用为目标，充分研判市场环境，积极应对基地生产变化，完成保供、降成本任务。全年国内原燃料采购价格跑赢市场，完成-11.90%，比计划-4.42%多完成-7.48%。原燃料采购计划共计1599.69万吨（不包括进口炼焦煤），实际到货1568.66万吨，兑现率完成98.06%。供应公司负责采购的原燃料库存（不含进口煤）总计79.07万吨,比 2015 年的 69.13 万吨增加 9.93 万吨。

2016 年组织进口矿转储进货 548.49 万吨,中间物流费用完成 75.26 元/吨,比 2015 年降低 7.16 元/吨,降本 3928.3 万元。内部生产工序降本增效 2917.2 万元,比计划增降 5.4 万元,完成全年计划。其中全年收供废钢 118.02 万吨,渣钢返吃 13.1 万吨,回收渣铁 2.85 万吨,接收处理冷轧泥 1 万吨。

(肖　斌)

【倒逼汽车板结构优化】　汽车板围绕"镀锌、高强、外板、轻量化"持续推进结构调整。全年汽车板完成 245 万吨,其中镀锌完成 90 万吨,比 2015 年增长 45.61%;高强钢完成 76 万吨,比 2015 年增长 51%;外板完成 49.95 万吨,比 2015 年增长 46.31%;合资品牌完成 57.40 万吨,比 2015 年增长 41.54%。2016 年汽车板新产品开发和认证坚持"产品高端化、用户高端化"的推进目标,全年共计开展了七大类、19 个牌号的新产品开发,实现增强塑性双相钢 590DH 国内首发。材料认证和零件认证实现突破,全年获得认证零件机会 2045 个,比 2015 年增长 29%。热轧产品开发新牌号及差异化牌号 30 余个,冷轧产品高端领先产品销售量占总量 24.8%。家电板市场占有率继续保持国内第一;冷轧耐候高强钢 S800NQ 实现全年销售 6500 吨。酸洗汽车钢全年完成 16.50 万吨,比 2015 年增长 76%。压缩机订单全年完成 19 万吨。区域公司共计完成销量 649 万吨,高端领先产品比例达到 33%,累计新开发用户 232 户。

(王京华)

【完善客服体系】　首钢股份制定《首钢冷轧汽车板客户服务实施方案(试行)》,培训销售公司专职技术服务人员 39 人。全年累计走访客户 285 次,接待客户来访 115 次,召开区域座谈会 3 次。坚持月度客服例会制度,研究客户反映问题 153 项,其中 148 项已完成整改;确定周例会制度,进一步提高响应速度。建立典型异议案例库,收集整理案例 36 件,异议处理周期 16.53 个工作日,全年压缩 20% 的目标完成。

(王京华)

【人才队伍建设】　首钢股份实施人才强企战略,营造尊重人才、关爱人才氛围,树立尊重人才的价值取向,优化人才培养体制机制,完善三支人才队伍建设试点实施。建立领导人员中长期激励机制,85 名中层人员实施年薪制改革;完善基层及以下人员职务、职级、工资三位一体的晋升体系,建立以德、能、绩为主的竞争评聘机制,做实薪酬激励标准,突出核心人才培养,引导广大职工把企业战略发展目标与个人职业发展目标有机结合,基层及以下人员 319 人晋升职务,72 人晋升职级,1085 人晋升工资,为在板块单位推行三支人才队伍激励机制工作奠定基础,取得积极效果和可推广经验。

(张建民、种祥浩)

【股份之星评选】　首钢股份充分调动青年人才在技能学习、科研开发、技术创新、生产经营、企业管理中的积极性、创造性,全面提升青年职工队伍素质,营造人才脱颖而出的环境与机制,按照《股份公司第一届"股份之星"评选方案》,公司自下而上组织开展"股份之星"评选活动。本次"股份之星"评选共设三个档次,分别为"股份之星""科技之星"和"希望之星",经民主推荐、基层审核、基层评审、公司审核、结果公示等程序环节,全公司共产生 86 人"股份之星",其中,股份之星 6 人,科技之星 30 人,希望之星 50 人。8 月 4 日,首钢股份公司隆重举行颁奖典礼,对 86 人"股份之星"进行表彰。

(张建民)

【转型提效】　首钢股份制定《首钢股份公司 2016 年度转型提效工作方案》及《企业与富余职工协商一致解除劳动合同或办理退岗休养实施细则》。该《方案》及《细则》于 2016 年 4 月 26 日、27 日分别经首钢股份公司经理办公会、首钢股份公司一届一次职代会团长联席会议审议通过。6 月 3 日首钢总公司批复同意《方案》及《细则》。全年转型分流 3398 人,分流比例 25% 以上,完成总公司下达的转型提效指标。

(张来忠)

【组织机构变动】　为贯彻落实国务院《关于钢铁行业化解过剩产能实现脱困发展的意见》和北京首钢股份有限公司 2016 年转型提效工作方案,首钢股份 5 月 10 日下发《关于调整组织机构及定员编制的通知》(北首股发〔2016〕69 号)。组织机构调整后,首钢股份公司共设置中层机构 33 个,基层机构 199 个。5 月 31 日,成立北京首钢股份有限公司职工创业开发中心。通过培训提素,创业扶持,511 名职工平稳转型。7 月 1 日,将热轧作业部与钢材加工作业部整合成热轧作业部、动力作业部与制氧作业部整合成动力作业部;7 月 25 日,将办公室与后勤保障部整合成办公室,生产部和技术质量部整合成制造部。

（张来忠）

【班组建设】 首钢股份选取 6 个试点班组在规范基础工作、建立指标挂钩等九个方面开展强化班组管理工作,对试点班组建设的做法和经验进行总结。2016 年 7 月开设班组长论坛,组织班组长围绕班组管理分析重点、难点和热点问题,精选刊发交流文章 11 篇,形成相互借鉴和启迪的氛围。2016 年 9 月 8 日首钢股份党委下发《关于开展"基层的精彩"党支部、班组建设成果展示活动的实施方案》后,劳动组织室对各单位活动开展情况进行督查,10 月底,完成作业区级的集中展示;11 月 11 日前,完成作业部级的集中展示;11 月 29 日,选送 30 个班组参加首钢股份组织的集中展示。

（张来忠）

【技能竞赛】 首钢股份打造"工匠精神",加强以全员提素为目标的技能培训、管理培训,累计开展培训项目 2728 个,参训职工 179022 人次,职工在企业转型发展中的快速适应能力全面增强。在北京市第四届暨市经信委第十七届和首钢 2016 年 16 个决赛工种比赛中,首钢股份获得 5 个工种的第一名,16 人获得前三名,13 人获得"北京市行业技术能手"称号,27 人获得"首钢技术能手"称号,在所有参赛单位中名列第一;设备部电工杨海涛在北京市级电工竞赛中获得区复赛第一名、决赛第六名的优异成绩,被授予"北京市安全生产技术标兵"称号;炼钢作业部炼钢工杨欢代表首钢参加"鞍钢杯"全国钢铁行业职业技能竞赛,获"全国钢铁行业技术能手"称号;物资供应公司挖掘机司机王瑞获得《中国大能手》挖掘机比赛冠军,他们都成为新一代首钢工匠代表。

（李 平）

【后勤服务】 2016 年,首钢股份整合小区房源,先后组织三次夫妻公寓分配,共分配夫妻公寓 96 套,全面满足符合租住条件青工的刚性需求和改善住房条件需求;增加职工家属、独子医疗报销次数,由原来的一年报销两次调整为一年报销三次。将每年的职工家属和独子医疗报销次数由两次调整为三次,并及时办理送审和报销;为保证在线运行通勤班车的安全,经与金安源公司协商,投资 420 万元将行驶里程超过 50 万公里的 6 辆班车进行置换,用于四班长途运行,并于 9 月底投入运行;3 月,在职工生活小区新建体育场西侧,开垦出一块

农场供职工种植,命名"职工开心农场"。开心农场占地面积 15066 平米,其中:南北长 162 米、东西宽 93 米,园内建有凉棚 6 个和存放工具的小木屋 2 间,并安装两排浇灌设施。按照首钢股份各部门人员情况,将地块进行详细划分,由职工认养种植,职工及家属利用业余时间在农场种植各式各样的蔬菜,收获诸多农耕乐趣。

（张 欣）

【党群工作】 首钢股份召开两级领导班子"三严三实"专题民主生活会。公司领导班子成员查摆出问题 5 个方面 33 条;联合京唐公司、首钢党校举办基层单位党委书记培训班,分为理论学习、实战案例、现场参观和经验交流三个单元,采取脱产集中学习和到先进企业参观交流培训两种方式。全面推行党员发展公示制、票决制,规范党员发展工作。为党组织输送新鲜血液,注入新的活力,全年发展党员 147 人;向广大职工发放《致石景山区选民的一封信》200 张,制作展板 7 块。依法依规做好选民登记、核实,登记选民 9806 人,在选举日,在公司 12 个投票点分时段组织选民进行投票,总监票人、副总监票人深入到各单位检查指导投票工作,圆满完成人大换届选举工作;6 月新外网正式投入使用,开通股份微信公众号,强化新媒体宣传策划,提升吸引力,7 月 7 日上线运行后共发布信息 110 余条,总阅读量 222138 次、83752 人,关注人数突破 3300 人,首钢股份影响力提高。接待北京电视台、北京日报记者采访两次,北京新闻重点报道首钢硅钢,同时北京电视台制作的专题片采访报道公司产品开发、技术创新、改革发展等情况;加强工会组织建设,指导 11 个基层单位成立工会组织,选举产生第一届工会委员会、经费审查委员会和女职工委员会三个委员会。成立首钢股份公司劳动争议调解委员会和劳动保护监督检查委员会。

（祁卫新）

【专家领导指导工作】

1 月 7 日,河北省环保督查组巡视员宋春婴一行到首钢股份视察。

1 月 20 日,北京奔驰采购部高级经理史孝苹、采购工程师束丽丽一行到首钢股份视察。

4 月 13 日,河北省质监局副局长王普增等 7 人组成的河北省质量兴省和名牌战略工作现场考核组到首钢股份参观。

4 月 23 日,北京市经信委副主任樊健一行 8 人到

首钢股份调研。

5月12日,北京市新首钢办秘书处处长张德明、副处长张安邦等一行10人到首钢股份调研。

5月20日,河北省唐山市海港经济开发区党工委书记、管委会主任宗玉田一行到首钢股份参观。

5月23日,河北省安监局局长刘宝玲一行到首钢股份视察指导工作。

5月31日,本特勒本部全球采购总监Mr.Tonio、本特勒投资(中国)有限公司亚太区采购总监Mr.Shyam等一行3人到首钢股份视察。

6月13日,首钢离退休老领导原首钢总公司党委书记罗冰生、原首钢公司党委副书记高伯聪、原首钢总公司副总经理张燕林、谢有润、原首钢总公司机关党委书记卢本善、原首钢建设指挥部副指挥陈廷璋、原首秦公司总经理王兆镛、原首钢总公司总经理助理杨立宗、原首钢组织部部长郭荣等一行25人到首钢股份调研。

6月21日,长城汽车徐水哈弗分公司总经理张利一行5人到首钢股份参观考察。

6月22日,唐山市法院院长李彦明一行20人到首钢股份参观考察。

6月22日,河北省政协副主席张艳春一行13人到首钢股份参观。

8月29日—9月1日,中国第一汽车集团公司采购中心钢材采购室主任张健红、业务主管高铁奎一行到首钢股份参观。

9月6日,艾默生亚太区钢材采购总监王欢、艾默生苏州工厂质量技术部经理Jason Yang一行到首钢股份司参观。

9月22日,北京市人大代表,石景山区人民法院党组书记、院长高虹一行30余人到首钢股份参观。

10月9日,上海日立公司副总裁彭真义及采购总监、技术部长等一行4人到首钢股份参观。

10月12日,北京市新首钢办领导赵毅、徐金伟等一行4人到首钢股份进行调研。

10月18日,长城汽车天津分公司总经理张国欣一行4人到首钢股份参观考察。

11月4日—5日,首钢总公司党委书记、董事长靳伟,党委副书记、董事、总经理张功焰,党委副书记、董事何巍,党委常委、董事、副总经理赵民革,副总经理梁捷,总经理助理王涛及部分部厅领导一行到首钢股份进行

调研。

11月22日,国务院发展研究中心企业研究所李兆熙研究员一行3人到首钢股份调研。

11月28日,中冠资讯股份有限公司董事长林中义、总经理张世和等一行4人到首钢股份交流考察。

12月1日,安德里茨金属集团总裁Dr.Heinz Autischer一行6人到首钢股份交流。

(吴　伟)

首钢股份炼铁作业部

【炼铁作业部领导名录】

部　　长:马金芳(8月任职)　焦光武(8月离任)

副部长:龚卫民　杨金保　刘占江　焦月生

　　　　毛松林(1月离任)　万　雷(4月离任)

党委书记:邓友旺(8月离任)　康大鹏(10月任职)

　　　　　焦光武(8月任职;10月离任)

(陈俊生)

【概况】

炼铁部于2003年3月开工建设,现拥有三座大型高炉,设计年产铁825万吨。拥有1台360平方米和6台110.5平方米烧结机,烧结矿产能1150万吨。拥有2条氧化球团生产线,设计年产球团矿300万吨。炼铁部下设综合办公室、政工室、生产技术室、资源经营室、成本核算室、安全管理室、设备管理室等7个科室和一高炉、二高炉、三高炉、制粉、冲渣、供料、烧结、球团、动力、白灰、维检等11个作业区112个班组,职工1692人,其中在册职工1652人,外协职工40人;有研究生学历26人,大专以上学历1001人;岗位操作人员1441人,其中高级技师32人,技师109人,高级工704人。

(陈俊生)

【安全管理】

炼铁部落实安全生产责任和措施,全年无因工死亡事故、重伤事故、重大火灾事故、甲方责任交通事故、压力容器爆炸事故,千人负伤率为0。推进安全生产标准化、职业健康安全管理体系建设,完成炼铁区域一级安全生产标准化复审、烧结和球团二级安全生产标准化评审工作。开展六必有、警示标示等作业部级安全检查129次,作业区级检查362次,对12个责任单位及相关责任人落实考核10.3万元。

(赵　坤)

【环保管理】

炼铁部坚持建设环境友好型企业科学理

念,全年环保设备同步运行率 100%,外排合格率 100%,无环境污染事故发生。

(赵　坤)

【高炉技术指标】　炼铁部竭尽全力保障高炉稳定顺行。全年生铁产量 697.21 万吨,烧结矿产量 812.77 万吨,球团矿产量 335.53 万吨。高炉利用系数 2.19 吨/立方米·天,入炉焦比 329.9 千克/吨,煤比 149.1 千克/吨,燃料比 518.2 千克/吨,累计焦炭负荷 4.89,铁水一级品率完成 79.64%。

(贾国利)

【高炉负荷"246"攻关】　炼铁部从高炉基本操作参数入手,建立高炉生产信息数据库、发布炉况周趋势分析、定期召开炼铁技术例会等方式,提高数字化、精细化高炉管控水平。另外,高度重视炉役末期炉体维护工作,水温差长期处于可控状态。生产被动局面逐步得到扭转,三座高炉于四季度达到高炉负荷"246 计划"目标,实现 2016 年铁前生产的圆满收官。

(贾国利)

【炼铁系统检修和恢复】　年内经历世界园艺博览会、中东国家地方领导人会议等 5 次重大活动,炼铁部响应政府环保限产政策,高炉陆续进行停炉检修,连续停产不仅增加检查组织难度,同时影响热风炉系统保温、渣铁沟和鱼雷罐烘烤,增加生产恢复难度。在公司的统一安排和部署下,完成各阶段系列检修任务和高炉恢复工作。

(李君平)

【应对民扰及政策性限产】　炼铁部开辟了首钢股份料场 7 号—9 号线、原 1 和灰 3 系统等多条新上料路由,共计倒运矿粉 28.76 万吨。碱度变限约 40 次,合计安排烧结矿落地储备 20.1 万吨。

(贾国利)

【提高烟煤比例攻关】　炼铁部全厂烟煤配比 54% 以上,为历史最高水平,措施:对给煤机、中速磨改造减少积煤,控制着火源;严控入口温度,结合国家标准制定残氧 3 级报警,确保系统安全。

(贾国利)

【炮泥高效长寿综合技术研究】　炼铁部围绕高炉长寿技术、节能降耗理念,对炮泥材料、炉前使用技术进行专项攻关,并取得初步成果:出铁时间有了明显上升,打泥量由原来的 300 千克—320 千克下降到 240 千克—260

千克,吨铁泥耗从年平均 0.82 千克—0.85 千克下降到 0.58 千克—0.6 千克,钻头、钻杆等耗材下降幅度超过 10%。

(石存广)

【生产含钛、含镁球团矿】　6 月份以来,炼铁部组织在球团配加承德高钛粉,生产钛球 94.61 万吨,并形成专有技术,被首钢总公司评为 2016 年首钢科技三等奖。9 月份在球团二系列配加镁粉,生产镁球 13.86 万吨,镁球中氧化镁含量平均 0.95%。

(刘长江)

【优化球团用煤结构】　炼铁部推进球团优化配煤工艺,通过配煤设施改造、煤仓分类存储、检验高炉各喷吹煤种指标、选择性的进行工业试验等,8 月—12 月,累计消耗精煤 11698.62 吨,降低成本 21.1 万元。

(刘长江)

【高压辊磨磨矿效果研究】　炼铁部组织对球团高压辊磨机辊系总成进行整体更换,12 月 2 日试车,12 月 3 日投入使用,并对辊磨参数进行优化,秘细粉比表面积提高 200 平方厘米/克以上,满足工艺要求。

(刘长江)

【配合硅钢冶炼】　炼铁部对不同牌号的硅钢品种对铁水质量的不同需求,控制好铁水中 Ti、S、Mn 等元素的含量,全年配合冶炼硅钢 7011 炉(约 1472310 吨),其中取向硅钢共 755 炉(约 158550 吨),无取向硅钢 6256 炉(约 1313760 吨)。

(赵京雁)

【烧结工序配加固废】　炼铁部根据不同固废烧结性能,合理匹配一烧、二烧配加品种和比例,瓦斯灰、炼铁灰和轧皮在一烧配加,原料灰在二烧配加,实现固废长周期稳定配加。11 月恢复渣钢粉配加。全年合计配加固废 29.31 万吨(干量)。

(张志东)

【专利技术及科技成果】　炼铁部完成专利申请 16 项,其中发明专利 1 项,实用新型专利 15 项。全年获得专利受理 4 项,发明专利 2 项,实用新型 2 项;授权 8 项,全部为实用新型。完成 4 项科技成果"大型高炉内燃式热风炉燃烧器局部修复技术研究""链箅机—回转窑工艺生产含钛球团矿及高炉使用技术研究""永磁涡流节能技术研究""烧结除尘器防腐技术研究及应用"和 1 项专利成果"一种溜槽装置"的验收评估及科技奖申报。其中"大型高炉内燃式热风炉燃烧器局部修复技术研究""链箅机—回转窑工艺生产含钛球团矿及高炉使用技术研究""永磁涡流节能技术研究"获得首钢科技奖三等奖。

（贾国利）

【科研项目】 炼铁部开展实施"高炉喷吹燃料优化及燃料成本预测""迁钢1、3号高炉炉顶料罐振动检测""炼铁三高炉热风炉自动燃烧项目"等6项科研项目。截至年底，完成3项，2项已提交结题申请，1项办理设备安全标准化认证。

（杨晓婷）

【成本指标】 炼铁部全年累计生铁成本1570.64元/吨（原料费865.25元/吨，冶炼费705.39元/吨），其中一高炉1631.99元/吨，二高炉1539.05元/吨，三高炉1560.34元/吨。烧结矿成本529.34元/吨，其中一烧527.84元/吨，二烧531.98元/吨。球团矿成本567.15元/吨，其中一系列581.20元/吨，二系列560.39元/吨。

（杜丽霞）

【降成本工作】 炼铁部通过降低燃料和动力能源消耗、优化金属料结构、降低可控费用、剔除不合理费用等措施，全年实现内部降本1.15亿元，其中铁区降本3037万元，烧区降本6055万元，球区降本2386万元。

（杜丽霞）

【整合铁前原燃料资源经营业务】 8月，原首钢股份生产部负责铁前资源经营业务的6人成建制划转到炼铁部，成立资源经营室，专业开展铁前资源采购、消耗、结算、结构优化、市场化运作等，实现资源经营业务管理的重大改革。

（赵瑞丰）

【进口矿经营运作取得新突破】 炼铁部开发了秘烧粉、混合粉、阿特拉斯粉、金布巴粉等四种新资源，全年完成贸易矿采购61.17万吨，占进口矿总量的11.40%，对比当期普氏指数降低7.52美元/吨，降低采购成本3083万元。全年进口矿消耗矿价跑赢市场5.4美元，降低消耗成本1.82亿元。

（赵瑞丰）

【工程改造】 炼铁部共组织实施"迁钢三高炉2号内燃炉球顶大修""球团20平电除尘放灰系统改造""球团60平和110平电除尘系统改造布袋除尘器""球团矿

粉料场大棚修建""烧结老系统环境治理""烧结成品仓增加仓储""烧结老系统脱硫烟气深度治理""烧结金属料上料系统""机头200平电除尘器材质升级""烧结老系统2号、5号冷风机永磁涡流柔性传动装置推广"等技术改造工程项目12项。

（张爱东）

【热风炉热管式煤气预热器改型升级】 2月24日，炼铁部启动三高炉热管式煤气预热器改造为板式煤气预热器项目，整体投资824万元。5月10日开始拆除旧预热器，7月14日开始安装烟气盲板圈及煤气出入口管道插板阀，7月25日开始安装板式预热器本体，8月29日预热器气密试验合格。9月21日预热器投入运行，9月28日测试发现煤气预热后最高温度为201摄氏度，正常控制在180摄氏度左右，达到设计要求。风温水平达到了1215摄氏度，较之前提高40摄氏度，经济效益显著。

（崔金钢）

【高炉仓上实现自动灌仓】 5月底，炼铁部完成二高炉仓上4台卸料小车自动化改造，实现了卸料小车的集中操作和自动灌仓。在总结经验的基础上优化改造方案，9月底完成一高炉仓上3台卸料小车改造，10月底完成三高炉仓上3台卸料小车改造。

（薛理政）

【使用电子设备操作牌系统】 炼铁部将4970个设备操作牌、2498名办牌人员纳入电子设备操作牌管理系统，实现生产岗位人员、点检人员和维护单位人员刷卡办理设备操作牌，提高了工作效率。

（薛理政）

【组织活动建设】 炼铁部开展"特色党支部"创建、"基层的精彩"党支部和班组成果展示，2个党支部被评为首钢股份公司优秀党支部，5个班组获优秀班组称号。

（武 煜）

【组织基础建设】 炼铁部组织动力作业区、供料作业区、生产技术室党支部进行换届选举，机关党支部委员进行补选；完成做好2008年4月至2016年6月期间党费补交工作，769名党员补交党费946674.8元；11月15日组织1675名选民参加北京市石景山区人大代表选举，选民投票率100%；完成769名党员信息录入北京市国资委创建的党建工作平台。

（武 煜）

【工会基础建设】 4月12日,炼铁部召开工会第一次会员代表大会,选举产生炼铁部工会第一届工会委员会、经费审查委员会和女职工委员会。

（武 煜）

【企业文化建设】 炼铁部编辑制作《炼铁人》电子杂志12期;组织职工参加在职职工住院医疗、意外伤害和重大疾病三项互助保险,三项保险报销52人次;开展"心系职工,共筑和谐"为主题的送温暖活动,合计捐款64540元;为65名困难职工发放慰问金累计18.01万元,为5名劳模、8名骨干发放了慰问品;举办环厂跑、书画摄影等文体活动20余场,参与人数1200余人次。

（武 煜）

【廉政建设】 炼铁部组织领导班子集体学习14次,制定《炼铁作业部廉政风险监控网络图》《领导干部廉政风险点和防范措施》,建立35个风险防控点位,覆盖14个作业区、7个科室,对16名有业务处置权人员进行岗位轮换;全年组织谈话105人,包含处级5人,科级49人,重点岗位人员51人;结合增加制粉高硫无烟煤使用量、烧结工序增加秘鲁烧结粉配加比例、一高炉负荷攻关等三个效能监察项目进行监察、审核、指导、结项,其中,烧结工序增加秘鲁烧结粉配加比例被总公司党委评为效能监察项目一等奖。

（武 煜）

首钢股份炼钢作业部

【炼钢作业部领导名录】

书 记:张 涛
副部长(主持工作):彭开玉
副部长:黄怀富
首席电气工程师:郝殿国
调研员:吴广丰

（成天兵）

【概况】 北京首钢股份有限公司炼钢作业部(以下简称炼钢作业部)始建于2003年6月,2010年配套项目全面投产稳定运行,具有800万吨的生产能力。设5个专业科室、11个作业区。2016年年底,在册职工1884人(其中处级5人,科级49人,一般管理岗位187人,生产操作岗位1540人)。在册职工中,党员654人、团员58人,党团员占在岗职工的39.98%。

2016年是"十三五"规划的开局之年,是首钢股份面临扭亏减亏巨大压力、实现生存发展突围的苦战攻关之年。在两级公司党委的正确领导下,炼钢作业部以全年工作预算目标为导向,坚持全面部署、多点突破、重点管控的工作思路,较好完成公司下达的各项生产经营任务,尤其在生产成本管控、产品质量提升、提高劳动效率等方面均取得积极成果,作业部全年保持了安全顺稳的良好态势。

（张 琨）

【机构变革】 6月,原钢坯作业区与精整作业区合并为钢坯精整作业区,原动力作业区与除尘作业区合并为公辅作业区;10月,原设备维检中心炼钢作业区并入设备管理室。

（侯友松）

【企业文化】 3月29日,炼钢作业部第一届工会会员代表大会在炼钢综合楼隆重召开,来自炼钢作业部的87名代表齐聚一堂,为作业部工会的建设与发展建言献策,并以无记名投票方式选举产生了炼钢作业部工会第一届工会委员会、经费审查委员会、女职工委员会。7月6日,炼钢作业部第六届主题合唱晚会在迁钢小区多功能厅隆重上演,由各单位组成的14支合唱队伍,来自各个岗位的近四百名干部职工欢聚一堂,共同观看了演出盛况。

（耿 翔）

【企业党建】 2016年,炼钢作业部党委以正向激励为特色,促使广大党员积极投身到作业部的生产经营上来。将"两学一做"学习教育为管理延伸,在作业部范围内开展了"恋钢风采"活动,打通了基层党组织的"毛细血管"。活动活动评选出"七个深入"红旗党支部2个、"阳光党小组"3个、"四有"党员10名。

（耿 翔）

【安全管理】 2016年,炼钢作业部全面落实安全生产责任和措施,持续强化安全基础管理。推进安全生产标准化、职业健康安全管理体系、隐患排查与安全生产预警系统建设。通过国家安监局安全生产标准化达标复审。开展元旦、春节、"安全月"安全大检查、定期组织应急预案演练等活动;开展"转动传动部位、皮带通廊、煤气设备设施、吊运熔融液体天车改造固定钩头安全专项"等整治行动。通过持续的督促检查,提升了生产、检修现场的安全管控能力。积极推进安全文化建设和宣传教育,提升职工安全意识,从"要我安全、到我要安全、我会安全、我能安全"的转变。全年无因工死亡事故、重伤事故、重大火灾事故、甲方责任交通事故、百万工时伤害率为0。

(付苏刚)

【产量和指标】 2016年,炼钢作业部钢产量计划681.6万吨(预算为686.2万吨),全年实际完成690.13万吨。在重点指标的管控上取得了显著效果,钢铁料消耗1076.45千克/吨,比2015年降低了10千克/吨,副枪自动化炼钢命中率平均90.2%,继续保持去年整体水平,恒拉速指标继续保持在97.8%以上。板坯综合合格率99.86%,其中高级别管线一检合格率为99.10%,铸坯O5板判成率为87.02%,汽车外板中包全氧(≤百万分之25)合格率97.69%,BH钢过剩碳合格率达到连续22个月100%。

(张立国)

【降成本工作】 2016年,炼钢作业部围绕迁钢公司年预算安排,为降低炼钢工序成本,炼钢部特制定《2016年炼钢系统降本增效工作方案》,开展优化废钢结构、脱硫渣铁回吃、复吹攻关、降低出钢温度以及渣跨、套筒窑、钢坯精整区域外包降低劳务费等措施,并按照每季度目标稳步推进各项措施,2016年实际降本总额达到8523万元。

(贾毅)

【热轧品种钢生产】 2016年,炼钢作业部热轧品种以管线钢、耐候钢、高强工程机械用钢、专用板等四大产品系列为主。受产品结构限制,热轧品种总量占16%左右。管线钢订单量不足,2016年总产量约20万吨,与年预算30万吨相差较大。新产品方面完成薄规格军工用钢的生产、铁路耐候用钢的换证审核和高强钢的新品种开发。高级别管线钢主要以中薄线18.4毫米X80和出口澳大利亚X70,成功完成独供澳洲622公里天然气管道项目。全年高强钢等累计完成6.9万吨。围绕用户进行市场拓展,针对徐州美驰和陕西汉德客户,重点开发冷成形、热成形600兆帕高强汽车桥壳钢,实现稳定批量供货;针对北汽警用车,推进8毫米以下1000兆帕以上军警用钢和耐磨钢工业试制工作。围绕产品质量开展攻关,高品质钢低倍中心偏析≤C类1.0比例达到92.8%,高级别管线钢夹杂物一检合格率达到99.1%,产品质量实现稳步提升。

(郝丽霞)

【冷轧品种钢生产】 2016年,炼钢作业部汽车板完成产量120万吨,其中全年累计产出外板量32.29万吨,炼成率99.02%,10级坯比例47.91%,铸坯产出率46.01%,汽车外板中包全氧(≤百万分之25)合格率97.69%。2016年BH钢产量7.38万吨,BH钢过剩碳合格率由2015年的91.63%提高到2016年全年的100%。2016年BH钢A级合格率达到98.53%,较2015年提高6.9%。

(刘道正)

【6σ管理】 2016年,炼钢作业部6个六西格玛项目,全部通过审核结题。2名人员顺利通过质量协会注册黑带的审核,正式成为六西格玛注册黑带。

(杨晓艳)

【规程管理】 2016年,炼钢作业部对所有岗位作业规程进行修订,规程增加联系确认制度,由"三规一制"变为"三规两制"。对相关方岗位作业规程进行系统梳理,12月底,所有相关方岗位规程发放到位并正式执行。

(杨晓艳)

【专利、专有技术】 2016年,炼钢作业部申报专利13项,2013年—2015年申报的专利授权18个,其中有10个实用新型专利,8个发明专利;2014年—2015年申报的项目共受理专利6个。通过全员管理创新平台申报专有技术5项。

(杨晓艳)

【取向硅钢生产】 2016年,炼钢部取向硅钢产量15.57万吨,实现了低温HIB取向硅钢的稳定生产。2016年取向硅钢综合炼成率99.09%,较2015年98.33%提高0.76%。窄成分攻关取得进展,HiB取向硅钢铝满足±百万分之10的比例由2015年的90.9%提高至2016年的94.5%,HiB取向硅钢氮满足±百万分之3的比例由2015年的89.7%提高至2016年的90.5%,HiB取向硅钢Ti≤百万分之20的比例由2015年的90.4%提高至2016年的91.67%。

(赵艳宇)

【无取向硅钢生产】 2016年,炼钢作业部生产无取向硅钢138.57万吨,较2015年提高14.8万吨,月均产量达到11.55万吨。2016年无取向硅钢炼成率达到99.67%。在新产品开发方面,2016年根据客户的个性化需求,综合考虑制造成本,将无取向硅钢钢种牌号进行了细分,较 15 年新增 4 个新钢种,提高了市场竞争力。

(赵艳宇)

【转炉复吹效果】2014 年以来,炼钢作业部进行复吹攻关,通过优化底吹元件的类型和布局,调整底吹流量控制,控制合理的转炉炉型,1 号转炉首次实现全炉役复吹同步,转炉复吹 1 号转炉整个炉役终点氧百万分之531,比上个炉役降低了百万分之 234。全炉役实现碳氧积 0.0021%,开创首钢炼钢新纪录。

(郭玉明)

【天车遥控改造】 8 月—9 月,炼钢作业部在股份公司内率先完成 11 台天车的遥控器改造工作,遥控器操作功能完全替代司机室操作,现场的使用要求得到满足,一次性通过唐山市质监局检验;编写、修改遥控天车相关规制,规范遥控天车管理,推进炼钢作业部减员增效工作。

(郑永卓)

【环保除尘系统升级改造】 2016 年 9 月,炼钢作业部对一炼钢三座转炉一次除尘系统进行技术改造,此改造创新性地将原有的 OG 除尘和新的湿法静电除尘器组合,经权威部门检测净化后烟气中粉尘含量<10 毫克/立方米,满足国家和地方的环保要求。2016 年 12 月完成一炼钢 5 号—6 号二次除尘器及二炼钢 1 号—4 号二次除尘器升级改造,排放浓度均<15 毫克/立方米,符合国家新排放标准要求。2016 年 9 月 30 日完成一炼钢增加屋顶(三次)除尘设施技改项目,系统设计总风量 100 万立方米/小时,投产后使用效果良好,转炉生产过程中厂房内多余烟尘全部被捕集。

(刘 勇)

首钢股份热轧作业部

【热轧作业部领导名录】
副部长(主持工作):于洪喜(12 月离任)
党委副书记:陈小伟
副部长:李 彬(2 月离任) 李文晖(4 月任职)
     王 伦(7 月任职) 谢天伟(5 月离任)
     周 阳(6 月任职) 蔡耀清(7 月任职)
首席工程师:兰代旺(7 月任职)
      刘世赤(7 月任职)

江 潇(8 月离任)

(邓海宾)

【概况】 首钢股份热轧作业部拥有两条热连轧生产线。一热轧主体设备是 1 套德国西马克、西门子公司与首钢合作设计制造,辊身长 2250 毫米的半连续热轧带钢轧机(简称 2160 轧机),2006 年 12 月 23 日建成投产;二热轧主轧线设备设计及制造为中国一重集团,主轧线电气自动化系统、高温感应加热炉、边部加热器设计及供货为 TMEIC 公司,加热炉蓄热式烧嘴、燃烧控制系统及二级系统设计及供货为 ROZAI 公司,侧压机设计及供货为德国西马克公司,其他设备及配套设计和供货均为首钢国际工程公司,2009 年 12 月 14 日投产。

热轧作业部下设综合办公室、政工室、生产技术室、设备管理室、安全环保室、一热轧轧钢作业区、二热轧轧钢作业区、精整作业区、生产准备作业区、酸洗板材作业区 10 个科级单位。共有在册职工 783 人,协力职工 152 人。在册人员中,男职工 675 人,女职工 108 人,35 岁以下职工 552 人,占职工总数的 70.5%,全厂职工平均年龄 35 岁。管理岗位 184 人,其中作业部领导 8 人、科级28 人,一般管理 148 人,平均年龄 36 岁;操作岗位 599人,平均年龄 35 岁。现管理岗位聘任高级主任师 1 人、主任师 8 人、主管师 20 人。现操作岗位聘任技师 13人,其中首席技师 2 人、技师 11 人。大专以上学历 596人,占职工总数 76.12%,其中硕士 47 人,占职工总数7.89%;中级职称以上人员 110 人,占职工总数14.05%;持有技能证中级以上 415 人,占操作岗位职工总数 69.28%,其中高级技师 7 人、技师 31 人。党员 298人,团员 66 人。作业部党委下设基层党支部 8 个,党小组 29 个。

(邓海宾、尹海霞)

【主要指标】 2016 年,热轧作业部完成产量 663.1 万吨(计划 662 万吨),其中一热轧 357.8 万吨,二热轧305.3 万吨。截至 2016 年年底热轧已累计轧钢 5628 万吨。平整机产量完成 85.36 万吨,其中 1 号平整线45.47 万吨,2 号平整线 39.89 万吨。重点品种上,硅钢153.78 万吨(其中取向硅钢 15.5 万吨),较 2015 年增加 11.38 万吨,汽车板 117 万吨(其中外板 18 万吨)。

2016 年酸洗产品完成 42.95 万吨,超计划 5.15 万吨,比 2015 年的 39.82 万吨,提高 3.13 万吨,其中 12月份月产达到 4.3 万吨,为酸洗线投产以来的最大月产量。其中汽车结构用钢为 15.3 万吨,占比 35%,比 2015 年提高 14%;家电用钢为 12.6 万吨,占比 29%,比 2015 年提高了 10%。厚度小于等于 2.0 毫米规格 7.55 万吨,占全年产量的 17.59%,比 2015 年提高了 1.55 万吨。

(程艳飞)

【品种钢开发】 2016 年,热轧作业部进行了 24 项新钢种开发及极限规格拓展,包括管线钢、酸洗板、高强钢、外销冷轧基料等。汽车板方面,完成新钢种 65AO1、73AA1、65AO2 开发和 IF 钢铁素体轧制;硅钢方面,一热轧进行了 S30Y 和 S60RC 两个牌号的无取向硅钢试制,二热轧取向硅钢由 2.6 毫米、2.5 毫米厚度规格拓展至 2.3 毫米规格批量轧制,2.3 毫米规格比例由 20% 以下扩展到 70% 以上,其中 Q24G 进行了 2.0 毫米薄规格试制;管线钢方面,进行了 3 次 Q235+304 复合坯和 1 次 X65MO+316L 复合坯的复合板卷试军工 2.6 毫米薄规格 X65 和供番禺出口澳大利亚薄规格 X70 开发;在酸洗板方面,冷凝用管、出口意大利 DD11-P、离合器用钢 SPHC-HC、酸洗高碳钢 55MnBP-P 开发,高扩孔钢 FB60-P 长尺坯轧制;在高强钢方面,完成高冲压集装箱板、欧标花纹板、出口锯片钢 C60E、C75S、高碳锯片钢 SK95 的开发;外销冷轧基料双层焊管用钢、光亮板、家电用高强钢 IF220 以及马口铁 MR-TXL 等。

(张嘉琪)

【酸洗产品开发】 2016 年,热轧作业部累计完成建立低合金高强钢通用牌号、开发 SK95-P、55MnB-P 高强工具钢、开发 1010-P、1022-P 冷凝管用钢、完成出口意大利 DD11-P 订单、哥伦比亚订单生产等品种开发,订单超过 7.5 万吨(包括出口 966 吨)。

(李景庆)

【产品认证】 2016 年,热轧作业部主要针对北京现代、长城汽车、东风日产、北京汽车、一汽轿车、五菱汽车、长丰猎豹、吉利汽车等 8 家汽车主机厂,沈阳华润三洋、松下电器、加西贝拉、艾默生等 4 家家电客户开展认证,涉及 18 个车型、206 个零件开展认证,184 个零件通过试制,试制通过率 93.5%,为产品结构升级奠定基础。

(李景庆)

【技术攻关】 热轧作业部针对薄规格开展了系列工作,开发并投入 FDTC2 模式、投入末机架辊缝抬起功能、推进大凸度以改善轧制稳定性等,1580 产线在薄规格批量生产上取得实质性突破,薄规格日产屡创纪录,4 月 2 日轧出 3602 吨,6 月 4 日又创下 5373 吨。11 月 9 日德系酸洗板(QS500-P)创下新的单张轧制纪录,单张计划单排产 30 块,其中 1.6 毫米轧制 15 块,成功稳定轧制。酸洗板直通率由去年平均 70% 提升到今年 90% 以上。

(武巧玲)

【质量控制】 热轧作业部全面提升产品质量。酸洗工序水印、黑斑开展攻关试验,水印和黑斑发生率由之前的 12.75% 降低到 0.9% 以内;优化 CPC 控制模式及速度匹配调节等方法,停车斑缺陷降低 70%,产品表面质量大幅提升,酸洗直通率由 2016 年年初不足 70% 提高到 88% 以上。美芝的接单能力由原来的 2000 吨/月提升至 6000 吨/月,提高了 3 倍,全年实现美芝交库 4.4 万吨,比 2015 年提高了 3.9 万吨,在产量提高的同时全流程投料比由 2015 年的 1.73:1 降到 1.19:1,降低了 31%,全流程合格率提高 20% 左右。

(李景庆)

【订单兑现】 2016 年,轧线主要以硅钢、酸洗板、顺义汽车板为核心产品,热轧围绕保生产流向、订单兑现等方面开展工作,通过订单管理、优化计划排产、制定控制计划、提高产能等方面提高订单兑现率,2016 年热轧工序外销订单(含顺义冷轧)总体兑现率完成 90.92%,重点客户订单兑现率由 2015 年的 84.3% 提高到 89.22%,其中 9 月份最高完成 97.99%。2016 年酸洗整单兑现率完成 73.16%,重点客户订单兑现率完成 69.69%,汽车结构订单兑现率完成 73.29%。

(王晓平)

【2160 生产线 1 号加热炉蓄热式改造】 2016 年 10 月开始,热轧作业部组织对 2160 轧线的 1 号加热炉进行了蓄热式改造,一级自动化也随之进行了升级优化:1. 一级自动化改进为 DCS 控制模式,新增加烧嘴 PLC 和汽化 PLC 系统;2. 所有空煤气调节阀根据蓄热烧嘴性能进行了再次计算,配套孔板和变送器厂家根据新的工艺参数也是重新计算,保证空煤气流量控制更加稳定;3. 炉本体热电偶改进新尺寸,保证顶部 400 毫米和两侧 200 毫米插入深度,测量温度更加接近板坯表面实际温度。

(周广成、冯树森)

【业务人员整合】 热轧作业部优化再造管理流程,全面提高劳动效率,分别于1月完成销售业务划入、7月与钢材加工作业部整合、10月天车作业区划归职工创业开发中心等整合优化工作。

(尹海霞、赵 阳)

【技能竞赛】 热轧作业部参赛选手19人获得首钢股份级优胜选手,其中黄小兵、赵建宣、孙兵分别获得首钢股份级轧钢工、天车工、机械设备第一名。热轧作业部6人获得北京市前五名,其中轧钢工李春元获得北京市级第一名、天车工赵建宣获得北京市级第二名的好成绩。

(尹海霞)

【主操制试点】 热轧作业部选取一、二热轧轧钢作业区精轧岗位为试点,经过前期严格的资格审核、民主评议与竞聘答辩等环节,张柏元、周海龙、辛光福、秦梅涛、张凯凌、黄小兵、张彭蕾、李春元等8人成为热轧作业部首批聘任上岗的主要操作人员。

(赵 阳)

【提高劳动效率】 2016年年末,热轧、钢加两个作业部合计总人数1283人,其中在册871人,协力412人;公司下达任务在到16年底热轧、钢加总人数控制在946人,其中在册792人,协力154人;2016年共需减少337人,其中在册79人,协力258人。共减少342人,在册83人,协力259人,目前超额完成提高劳动效率任务,在册人员多完成4人,协力人员多完成1人。

(赵 阳)

【三支人才队伍建设】 热轧作业部1人竞聘为高级主任师,8人竞聘为主任师,聘任6人为主管师,1人转为职级晋升。晋升后,热轧作业部高级主任师、主任师占管理比例为5.33%,主管师比例为15.33%。10人符合晋升主管员条件。晋升后主管员比例为73.33%。赵春光等4人职级晋升。新聘技师10名,由厂级操作专家转首席技师1人,2人被聘任为首席技师。操作岗位择优升级66人,一般管理人员择优升级16人,基层人员择优升级3人。

2016年择优升级和职务评聘,热轧作业部涉及增资人员共124人次,占全体人员14.67%,其中:管理47人,占管理人员26.26%;生产操作77人,占操作人员11.56%。增资后人均工资1975元,工资总额为1669050元/月,增长32250元/月,涨幅为1.97%。

(陈小伟、邓海宾、赵 阳)

【"两学一做"】 热轧作业部成立由党委书记任组长的"两学一做"学习教育协调小组、整改督导小组,明确职责分工,确保组织落实到位。从领导班子成员到各党支部、党小组及党员个人均相应制定了学习进度安排和自学计划,进一步明确学习重点和目标要求。为进一步深化"两学一做"学习教育,落实"三会一课"制度,创新党员教育形式和激发党员自我教育意识,举行了"微型党课"竞赛、"两学一做"知识竞赛、"高举团旗跟党走,勿忘国耻中华兴"主题党团日活动。同时,利用作业部政工会议,对各党支部、党小组及党员个人学习记录和学习体会进行交流。

(陈小伟、牛 科)

【党群工作】 2016年评选产生季度"党员之星"22人;全年申报33项"双争"课题,其中有4项课题获评"最佳课题",4项课题获评"优秀课题";通过量化积分,全年评选产生季度"青年创新先锋"26人;成立创新攻关团队19个,承担攻关课题23个;2016年随着与钢材加工作业部的整合,将酸洗、拉矫和开平等纳入小指标范围,共计16个作业区、70个班组、24个岗位参与小指标劳动竞赛,全年共评选红旗作业区53个,红旗班组245个,岗位之星259人,奖励424500元,下发蜗牛牌279个;全年共开展访谈1196人次,入户巡访188户,慰问困难职工21人次,慰问骨干职工29人次,一线劳模2人,退休劳模1人,发放慰问品29份,慰问金45800元;开展"党员无违章,带头查隐患"主题实践活动,累计排查安全隐患795项,其中党员排查558项,党员排查率为70.2%,党内评选出"安全隐患排查能手"25人;强化纪律和作风建设,发布《滴水见太阳——作风透视镜》12期,共有正能量案例80项、负面典型案例96项,通过案例,发现队伍中存在的问题,提出警醒,营造"沟通团结、精细严格、学习创新、拼搏进取"的文化氛围。

(陈小伟、牛 科)

【庆祝热轧建厂十周年】 为纪念和庆祝热轧建厂十周年,先后组织开展拔河、篮球、足球、钓鱼、健步走、台球、征文、献礼等文体活动;并于12月22日在迁钢小区多功能厅举办了"庆祝热轧建厂十周年暨2017迎新年主题晚会",曾经支持和参与热轧产线建设发展的相关领导、专家、维护单位及一线岗位职工200余人欢聚一堂,回顾了热轧十年来的奋斗历程,表达对未来美好前景的无限憧憬,取得较好效果。

(陈小伟、邓海宾、牛 科)

【TPM 管理】 热轧作业部各小组共开展小组活动 743 次,发现及解决不合理问题点 12038 个,制作 OPL 教材 336 份并进行培训,提报改善亮点 859 项。在推进过程中,开展了"现场物品管理专项活动",查找和解决问题 334 项;"液位标识专项治理活动"对现场所有油箱、减速机等液位进行可视化标识,共完成 186 处;"线束专项治理"对四室、检修现场、低压配电柜等所有线束进行梳理、绑扎,规范了现场,提高了工作效率。

(杨春明、韩 瑞)

首钢股份硅钢事业部

【硅钢事业部领导名录】

总经理助理兼硅钢事业部部长:孙茂林(4 月任职)

常务副部长:张广治(5 月任职)

副部长:蒋本君(7 月任职)　齐杰斌(7 月任职)

张连福(6 月离职)　员大保(9 月任职)

首席工程师:赵东林　翁晓羽　白昆军

梁 元　夏兆所　张琼予

部长助理:胡志远(7 月任职)

党委副书记:唐东育

(陈晓明)

【概况】 首钢股份硅钢事业部由原冷轧作业部和硅钢部于 2013 年重组合并而成,是集研发、制造、销售、服务为一体的硅钢产研销基地。2008 年 12 月破土动工,设计硅钢产能 120 万吨。2010 年 6 月成功试制合格无取向硅钢卷,2012 年 1 月取向硅钢试制成功,2013 年全年累计产销量突破 100 万吨,基本达到设计产能。截至 2016 年 12 月底,硅钢事业部下设六个作业区,八个职能科室,实有人员 1150 人,其中核心在册 1112 人(管理及以上 285 人、操作 827 人)、协力 38 人;博士 6 人、硕士 65、本科 387、专科 567,高级工程师以上 18 人(包括 2 个教授级高级工程师),工程师 111 人,助理工程师 78 人。

(赵发益)

【生产情况】 2016 年度克服市场压力大、客户规格多样化的特殊要求,以保证质量、生产顺行为前提,以生产、质量、降成本为主题开展工作,取得较好的成绩。全年硅钢总计完成 1421500 吨,其中无取向中低牌号硅钢完成产量 1006408 吨,无取向高牌号硅钢完成产量

284566 吨(其中二转一高牌号完成 54861 吨),取向硅钢完成产量 130525 吨。

(赵运攀)

【订单兑现】 通过全流程细致组织,推广标准化制造周期,2016 年硅钢平均订单兑现率为 98.89%,其中中低牌号平均订单兑现率为 99.09%,高牌号平均订单兑现率为 98.1%。全流程生产组织以重点客户优先排产为原则,格力、美的、信质电机等重点客户逐月订单兑现率为 98.2%,很好地保障了重点客户订单的按期交货。

(赵运攀)

【降低在产品库存】 2016 年,硅钢开展降低在产品库存工作,其主要目的是通过降低在产品库存达到减少资金占用,加快物流周转,根本是尽可能减少无效库存量,各库在满足生产及订单需求条件下,有效库存合理周转。2016 年一冷区域在产品库存平均控制在 36500 吨,二冷高牌号库存控制在 16000 吨,取向控制在 28500 吨。

(赵运攀)

【技术开发】 2016 年,取向电工钢产品实现 20SQGD070 — 30SQG120 全牌号覆盖,高端牌号 20SQGD075、23SQGD080、27SQGD085 实现批量生产,0.30 毫米规格 1160 毫米—1200 毫米宽规格及 0.20 毫米薄规格产品开发取得突破。完成 35 台 500 千伏变压器产品、3 台 750 千伏变压器产品,完成 1 级能效配电变的试用。完成"首钢高磁感取向硅钢产品及超高压变压器应用成果评审会",专家组一致认为首钢取向产品达到国际先进水平。无取向电工钢开发 8 个新产品,现共 19 个钢种 74 个牌号,完成 18 家用户产品的认证,无取向产品市场占有率国内第一。

(刘 磊)

【新能源汽车用无取向电工钢开发与应用】 成功开发以 35SWH1900 为代表的第二代高磁感系列产品、35SWYS600 为代表的第三代高强度系列产品;设计和制造 2 台最高转速达到 14000 转每分钟的驱动电机;实现首钢新能源汽车驱动电机用产品在上海电驱动的 400 吨应用,在国内顶尖的精进电动、安徽巨一等电机制造企业进入认证阶段。

(刘 磊)

【主要指标】 推进精细质量管控工作,推进经济技术指标提升。2016 年无取向中低牌号成材率 95.33%,高牌号成材率 89.75%,无取向综合成材率 94.31%,取向

成材率 79.51%,无取向中低牌号一检合格率 97.79%,高牌号一检合格率 97.69%,取向一检合格率 83.32%。中低牌号一检合格率提升 0.04%,取向一检合格率提升 1.32%。

(石建锐)

【质量提升】 2016 年,质量一贯室认真贯彻落实两级公司、硅钢事业部工作要求,围绕"强化管控、提升服务"工作原则开展各项工作,在全体员工共同努力下,重点开展了毛边卷、大卷生产模式管控成品质量管控改进包装卷判废量管控等 7 项质量一贯制管理工作,实施了 S23 钢种原料中间浪攻关无取向高牌号缺陷攻关凹坑缺陷攻关等 10 项技术攻关,完成了取消一作业区工艺卡片、酸轧横向厚差自动评审等 3 项流程优化工作。

(石建锐)

【降本增效】 2016 年,首钢股份下达硅钢事业部降本增效任务为 10269 万元,为无取向降本任务。事业部围绕工艺降本、降低辅材及动力能源消耗、降低制造费用等方面全面开展降本工作,全年无取向累计完成降本 10094 万,吨钢降本 78.19 元;取向累计完成降本 -6418 万。

(胡志坤)

【工程节点】 首钢股份冷轧配套完善项目在 2016 年全面展开建设工作。先后完成技术规格书谈判、商务谈判、能评审查、政府备案、概算审查、图纸设计、国内外设备招投标、建安招投标、设备监制等各项工作。工程施工方面,2016 年 3 月 1 日项目正式开工,截止到 2016 年年底已完成土建基础施工并全面转入设备安装阶段,全年度主要完成土方开挖 37900 立方米、地基旋喷桩 19376 米、浇筑混凝土 20012 立方米、钢筋制作安装 2640 吨,完成机械、液压设备制作 196 台(套),合计设备重量约 2058 吨,完成自动化盘箱柜制作 364 台(套)。

(咸合生)

【设备运行】 2016 年设备系统总体运行稳定,相比 2015 年同期运行稳定性明显提高。2016 年设备系统总故停 10511 分钟,与 2015 年 18676 分钟相比下降 8165 分钟,下降比例达 43.7%。对比近两年小时故障,2016 年共发生小时以上故障 34 次,比 2015 年小时故障次数下降 17%,平均停工处理时间缩短 33 分钟。其中 RCM 及 FCL 机组月均故停均小于 50 分钟,且较 2015 年月均故停时间下降比高达 60%以上。

(王 辉)

【余热回收】 APL1 号线余热锅炉项目总投资约 480 万元,总工期约 12 个月,设计蒸汽产量 5.25 吨/小时(其中高压蒸汽 3.75 吨/小时,低压蒸汽 1.5 吨/小时),工程直接经济效益 385.6 万元/年,扣除能源消耗、检修、设备折旧及其他费用,净效益 333.1 万元/年。经过近一年的设备安装及调试工作余热锅炉已于 2016 年 11 月投入试运行,因检修、处理故障等影响 2016 年累计运行约 45 天,累计产蒸汽量约 4000 吨,折合经济效益约 40 万元,实际产蒸汽能力能够达到设计能力,现蒸汽消耗量降低显著。

(李冠良)

【智能工厂】 2016 年,首钢股份选定硅钢一冷轧作为首个智能制造示范项目,并联合北科大、自动化院、仪综所等院所,提报了"硅钢一冷轧智能工厂"智能制造新模式应用项目申报书。6 月通过专家组答辩并公示;7 月财政部、工信部立项。8 月提报了项目任务书。根据项目任务书,智能仓储、智能机器人应用、新产品研发、设备状态诊断等项目陆续开展。

(郭子健)

【抓住机遇增收增效】 2016 年伊始,随着国内无取向电工钢供给量的逐步减少及国内主流的家电企业需求回暖,无取向电工钢产品市场供需矛盾得到缓解,并促使了无取向电工钢品种价格的逐步回升,面对近年来难得一见的市场机遇,硅钢事业部紧扣市场脉搏、抓住机遇,及时调整产、销策略,实现无取向电工钢品种的进一步增收、增效。2016 年无取向电工钢完成 134.55 万吨,完成年计划的 113.06%,比 2015 年增长 13.5%,其中无取向中低牌号完成 104.91 万吨,比 2015 年增长 6.2%,无取向高牌号完成 29.64 万吨,比 2015 年增长 50.5%。2016 年全年无取向电工钢累计盈利 1977 万元,比计划控亏目标 60094 万元多盈利 62071 万元。全年无取向硅钢跑赢大市 1.87%,比计划值高 0.87。

(吴 磊)

【超高压变压器突破】 2016 年,首钢在特变电工、山东电力、西门子等重点客户的 500 千伏及以上电压等级变压器合同量突破 100 台,达到 106 台,其中 500 千伏合同量共计 87 台,较 2015 年增加 82 台,已制造完成 35 台。750 千伏合同量共计 19 台,实现零突破,已制造完成 3 台。

(吴 磊)

【取向进入国网】 2016年1季度国网招标会议正式将首钢取向电工钢产品列入招标体系,并发函要求首钢参加招标会议,首钢成为继武钢、宝钢之后国内第三家国网合格供应商。

（吴 磊）

【用户技术服务】 2016年全年开展用户技术研究15项(包括用户选材问题、加工制造性问题、性能提升等),完善用户档案12份,走访用户353家次,解决用户问题36项,特变沈变、保变天威、无锡普天3家用户联合实验室进入实质运作阶段。

（刘 磊）

【保卫管理体系】 2016年,保卫专业根据首钢股份公司和事业部的安排部署,健全完善规章制度,编写修订完成了《北京首钢股份公司硅钢事业部人员和车辆出入管理规定》《北京首钢股份公司硅钢事业部车辆停放管理规定》《北京首钢股份公司硅钢事业部物品携出证管理规定》《北京首钢股份公司硅钢事业部防火封堵管理规定》《北京首钢股份公司硅钢事业部火灾自动报警、自动灭火系统(装置)管理规定》《北京首钢股份有限公司硅钢事业部安防设施管理规定》《北京首钢股份有限公司硅钢事业部消防安全重点部位管理规定》,共计7个。2016年被评为首钢股份公司级消防安全先进单位。

（张宏旭）

【安全管理体系】 硅钢事业部将安全生产标准化建设纳入2016年安全管理推进重点工作。全员和全职能部门参与,职能部门负责牵头组织开展,形成专业职能部门组织要素资料收集和整改的推行模式。通过一年安全生产标准化推进,硅钢事业部完善修订安全管理制度42个,规范了设备设施和基础安全管理台账的形式。12月22日和23日硅钢事业部迎接国家一级安全标准化评审组评审,最终获得92.5分,取得轧钢单元一级安全标准化评审结果。

2016年硅钢事业部汲取安全先进管理经验,转变安全管理模式。硅钢事业部在加强安全生产职责的落实同时,紧密结合安全模块管理模式,让具备专业背景的部门领导担任模块负责人,让专业的团队去干专业的事。硅钢事业部已经初步完成能源隔离、机械防护、电气安全等九大模块的推进工作,在督促做实行政纵向安全管理的同时,形成了各职能专业的横向管理脉络,有

效落实一岗双责。这些安全管理模式的转变,改变了安全管理只是安全管理人员和单位主要负责人的事情,积极带动了全员参与安全管理、各职能部门认真履行安全职责,专业人员积极参与安全管理的形态。

（刘 畅）

【TPM管理】 硅钢事业部全年共开展清扫活动,1104次,处理不合理问题点,9936个,提报改善亮点1246个,OPL552个,完成焦点课题7个。全年获得公司TPM推进"金牛奖"一次。事业部46个小组,全部进入TPM自主管理阶段,通过全员职责落实,提高了职工自主管理的工作积极性。

（赵发益、张 冶）

【人才培训】 2016年,硅钢事业部进一步完善并加强培训教育体系。共组织在职班组长和后备班组长培训30人次、特种作业取证复审培训219人次、职业技能等级鉴定培训294人次,截至目前事业部共有1406人次考取了职业技能等级证书,其中持有高级技师证5人、技师证15人、高级工证234人、中级工证413人、初级工证739人。2016年硅钢事业部成为美铝先进安全管理经验推广试点单位。事业积极开展组织美铝安全培训,并有计划开展"能源隔离""机械防护""应急管理"等十几个相应模块项目的培训内容,事业部组织安全类培训,其中209场次是美铝安全项目培训,占事业部安全类培训的50.36%;事业部做实与人才通道建设,注重职工培训的针对性与实效性,夯实基础,精细管理,工组织各类培训培训1202场次,共计2490学时,累计参训23353人次。为保证转型发展和经营生产任务的完成奠定坚实的人力资源基础。

（赵发益、王菁建）

【党群工作】 通过创新机制,开展党支部共建、党支部"达晋创"、党支部示范岗等活动,将组织优势转化为推动企业发展的凝聚力;创新理念,开展技能竞赛、课题攻关、走访市场等活动,将队伍优势转化为推动企业发展的引领力;创新文化,组织"建什么样的硅钢厂,做什么样的硅钢人"大讨论,大力宣贯"654321"管理体系,解读硅钢企业文化,将群团优势转化为企业发展的内生动力。凭借首钢硅钢快速取得成功,硅钢事业部党委在2016年获得"北京市先进基层党组织"荣誉称号,受到北京市委表彰。事业部党委提炼经验做法,撰写的《党建助推"创新创优创业"》收录到《榜样凝聚力量》读本,

成为北京市党员"两学一做"学习材料。

（赵发益、李 哲）

首钢股份动力作业部

【动力作业部领导名录】

党委书记：张云山（7月任职）

副部长（主持工作）：毛松林（1月任职）

副部长：洪 君（7月任职；2016年12月离任）

副部长：程 华（1月离任）

部长助理：许国峰

（杨进许）

【概况】 首钢股份动力作业部主要负责首钢股份风、水、气、汽供应工作。动力作业部主要设备有：8000立方米/分钟高炉鼓风机一台、7000立方米/分钟三台、30万立方米高炉煤气柜一座、20万立方米高炉煤气柜一座、15万立方米焦炉煤气柜两座、15万立方米转炉煤气柜一座、8万立方米转炉煤气柜两座、除盐设备两套、二级除盐设备一套、污水处理设备两套、一套23000立方米/小时和四套35000立方米/小时制氧机组等。下设综合办公室、运行管理室、安全管理室、供风作业区、燃气作业区、制氧作业区、一供水作业区、二供水作业区、水处理及管网作业区。

（李志杰）

【主要指标】 全年外购工业新水2497.75万吨，吨钢耗新水完成3.13立方米/吨；处理工业污水1867.4万立方米，生产回用水1716.7万立方米，供出除盐水856.7万立方米；累计耗电9.6亿千瓦·时，吨钢耗电136.18千瓦·时/吨；高炉煤气放散率计划0.28%，实际完成0.23%；高炉鼓风机电单耗计划80千瓦·时/千立方米，实际完成76.65千瓦·时/千立方米；回收转炉煤气6.64亿立方米，吨钢转炉煤气回收96.2立方米每吨。

（谢红艳）

【增收节支】 对各系统加药量进行精准控制，依据水质情况随时调整加药量，节约化药费142万元；与公司相关部室配合降低化药进货单价，降低化药费352万元；开展水泵节能改造，年降低电费60.5万元；组织对各系统冷凝水进行回收处理再利用，提高水资源循环利用率，节约67.5万元。完成精制煤气加压站3号、4号

压缩机主电机更换工作，改造完成后电流降低30安培，节电效果明显。

（谢红艳）

【设备改造】 完成1号、2号污水回用水增加氨氮和COD在线监测装置项目和公司排水系统增加水质水量在线监测装置项目，有利于对各系统外排水指标的管控；完成一联合泵站高压配电室更换综保装置项目，保证联合泵站电气系统的稳定运行；完成2号高炉冲渣水余热回收二期工程项目；完成空压机五站电机增容改造，满足生产需求。

（于俊波）

【机组检修】 2016年，共配合完成10次高炉检修、2次热轧中修，自主组织完成1号8万立方米转炉煤气柜中修、30万立方米高炉煤气柜检修、1号15万立方米焦炉煤气柜中修、2号15万立方米焦炉煤气柜中修、1号制氧机中修等检修任务。组织制定检修安全措施和方案15套，签订安全协议42份。逐步扩大职工自修工作范围，2016年，完成自修项目2888项，施工单位完成检修项目1070项，自修项目占设备维护检修项目72.9%。

（于俊波）

【安全工作】 2016年，从安全风险管控、强化预防措施、建立隐患治理奖惩机制、加强重点领域工程治理、建立完善职业病防治体系五个方面开展工作，获取收集法律法规文件14类，共142个；14类标准规范，共114个；全年修订47个安全管理规定，2016年累计培训156学时，累计教育职工4100余人次；签订安全协议410份，累计培训相关方人员1200余人次；共计整治安全隐患2237项，发放隐患排查奖励5610元；2016年共组织应急救援演练26次，比2015年同期增长31%，累计390人次参加。2016年通过煤气单元一级标准化专家验收。

（曹建成）

【转型提效】 在保证安全生产、顺稳生产的前提下，全面实施操检合一工作，清退大包人员，采用岗位自检自修管理，实际降低外委费1207.5万元；完成动力与制氧两个作业部的整合工作，核减科室机构，精简科室管理充实作业区，点检队伍划归作业区管理，形成作业区内容管理闭环，提高工作效率；推进站所合并、技术革新，截至2016年底，消减部级单位1个、科级单位4个、班组建制11个，优化在册职工74人、劳务用工54人、大

包人员 352 人,整个区域内减员率达 39.6%。

（李志杰）

首钢股份电力作业部

【电力作业部领导名录】

党委书记:杨志勇

副部长（主持工作）:李双全

（杨 佳）

【概况】 首钢股份电力作业部（以下简称电力作业部）主要负责首钢股份发电、供电、供汽工作。电力作业部下辖八座 110 千伏变电站、一台 150 兆瓦燃气蒸汽联合循环发电机组、两台 50 兆瓦燃气蒸汽联合循环发电机组、两台各 25 兆瓦汽轮发电机组、一台 15 兆瓦背压发电机组、一台 30 兆瓦高炉炉顶煤气压差发电机组、两台 15 兆瓦高炉炉顶煤气压差发电机组、两台 6000 千瓦饱和蒸汽发电机组以及一台 26 兆瓦烧结余热发电机组。电力作业部下设生产技术室、设备管理室、综合办公室、供电作业区、热电作业区、压差发电作业区、循环发电作业区共 7 个部门。电力作业部现有职工 425 人,其中操作岗 374 人,管理 34 人,科级 15 人,处级 2 人。作业部共有初级工 29 人,中级工 125 人,高级工 177 人,技师 54 人,高级技师 15 人。2016 年,全厂大专以上学历职工 383 人,具有中级以上职称职工 32 人。

（杨 佳）

【主要指标】 电力作业部全年完成供电量 38.49 亿千瓦·时,11 条外线功率因数累计达 0.97;发电量 204811 万千瓦·时;计划厂用电率 7.12%,实际完成 7.02%,自发电比例为 58.29%（不含焦不含轧）,吨铁发电量计划 37.00 千瓦·时/吨,完成 41.01 千瓦·时/吨,消耗生产新水 439.22 万吨,消耗动力除盐水 114.49 万吨,度电新水消耗计划为 3.0 千克/千瓦,实际完成 2.7 千克/千瓦。

（杨 佳）

【增收节支】 电力作业部在保证生产顺稳的基础上,通过合理安排生产及检修,做好移峰填谷,进一步降低电费开支,全年节省电费开支 359.4 万元;完成 150 兆瓦 CCPP 机组循环水泵节能改造项目,节电率达到 39.78%,每年可节约电费约 427 万元;完成热电低压抽汽一二期管网与三期管网连通,小时增加发电量约

1850 千瓦·时,可多发电 1300 万千瓦·时,年增加效益约 650 万元。

（杨 佳）

【设备改造】 电力作业部完成精轧 SVC 系统升级改造,将精轧 SVC 阀组控制系统由风冷系统改造为水冷系统,既解决精轧 SVC 风冷控制系统频繁故障、跳闸,严重影响热轧生产的问题,又可将精轧 SVC 控制系统接入远控,为下一步的集中监控奠定基础;三总降 35kV 站综保装置升级改造,将鑫坤综保装置更换成四方综保装置,共计 28 条线路（32 套保护装置）,已完成 23 个线路（27 套保护装置）;煤气报警器改造。增加声光报警,改造范围涉及一、二总降隧道、一、二压差和自备电站,彻底解决了以上区域煤气浓度超标时,现场无提示的隐患。

（杨 佳）

【机组检修】 2016 年,电力作业部全年编制检修计划 46 份,安排检修项目 2307 项,其中机械 1270 项,电气 612 项,自动化 425 项。涉及 1 号 5 万 CCPP 年修工作,该机组于 2013 年 12 月 30 日并网投运,等效小时数为 33992 小时后首次检修;2 号 5 万 CCPP 燃机首次检修;完成热电 1 号汽轮机转子修复等检修工作。

（杨 佳）

【安全工作】 9 月 2 日,电力作业部召开安全生产标准化达标评级启动会,正式开展安全标准化达标工作,于 12 月 16 日顺利通过安全标准化验收。落实现场安全管理工作,全年共抽查检修安全措施 143 份,有限空间危险作业审批表 31 份,检查劳保用品穿戴 150 多人次,检查特种作业人员持证上岗 65 多人次,对查出的隐患问题严格落实"三定四不推"整改要求,由责任单位进行了整改。2016 年电力作业部实现安全生产事故为零。

（杨 佳）

【转型提效】 在保证安全生产、顺稳生产的前提下,电力作业部完成热电作业区热电机组、背压机组、压差发电作业区余热发电机组的汽轮机运行岗位与发电运行岗位合并工作;供电系统施行横班制管理,在人员减少情况下,提高了管理效率。全年作业部职工人数由年初的 485 人,减少到 425 人,共减少 60 人,减员比例为 12.6%。

（杨 佳）

首钢股份质量检验部

【质量检验部领导名录】

党委书记兼部长:崔全法

党委副书记:林海涛

部长助理:顾红琴　费书梅

（张凤荣）

【概况】　首钢股份质量检验部(以下简称质量检验部)负责首钢股份进厂原燃(辅)料取制样及检测,热轧产品性能检验及金相、电镜分析、腐蚀试验,炼铁、炼钢炉前自动化分析检验,钢坯低倍硫印检验,水质、油品、耐材、煤气检验以及环保监测,并承担公司新产品研发、技术攻关等试验任务。配有仪器设备916台套,包括原燃料自动取制样装置、全自动矿石冶金性能综合测定仪、全自动分析中心、一炼钢自动化系统、二炼钢低倍自动检测系统、焦炭烧结矿自动制样、Z3自动取样系统等30台套自动化检测设备。下设生产技术室、综合办公室、政工室、原料质检作业区、化学分析室、物理检测室。年末在册职工483人,其中管理人员59人,操作人员424人;硕士研究生22人、大学本科67人、大专154人;高级工程师4人、工程师39人、助理工程师46人;高级技师3人、技师19人、高级工209人、中级工152人;党员184人;团员18人。

2016年,质检部以服务生产为目标,积极做好进厂原燃料和过程产品的质量检验工作;认真做好球烧区域延伸管理后各项检验业务流程梳理,对存在的问题进行反馈、协调、解决,确保各项工作安全顺稳过渡。同时积极做好党风廉政及和谐质检文化建设,持续完善质量管理、设备精度管理、检验过程控制、六西格玛、TPM及精细化体系管理工作。圆满完成了各项工作任务。

（宿忠山）

【机构整合】　为适应公司经营管理及发展需要,保证生产经营正常运转和有关职能业务有序衔接,2016年4月1日,完成球烧区域质检业务延伸管理工作,对各项检验业务流程进行梳理,整合业务相近岗位职责,对原矿业公司和首钢股份的化学分析岗位及取制样岗位进行重组整合,实现分析人员统一集中管理,取消原矿业三个科级单位编制、合并减少球团分析班、烧结分析班及白灰班、综合班等六个班组,实现了机构精简,管理高效。

（张凤荣）

【主要指标】　2016年,原燃料检验19997批,炉前检验391639批,物理性能检验51863批,耐材检验396批,油品2261批,水质检验28613批,煤气检验170批,环保监测1214批,配合公司科研攻关检验36331批,4—12月份烧结球团区域样品40308批。

（王　浩）

【质量扣罚】　严把进厂原燃料质量关,2016年,外购原燃料扣罚共87.2849万吨1404.6733万元。其中,煤扣罚24.6072万吨1319.0287万元,原料扣罚62.6777万吨85.6446万元。进厂原燃料退货5批,其中合金仲裁退货5批,为公司避免了经济损失,维护了公司利益。

（王　浩）

【科技创新】　2016年,组织职工提报合理化建议68项,实现良好的社会效益。提报科技论文15篇。

《一种炉前低氮钢样的氮成分分析方法》《一种电解腐蚀机夹具》《一种消除拉伸试验规定总延伸强度 Rt 测量误差的方法》三项专利获得授权。目前已经授权的专利20个,驳回2个,正在享受专利津贴的7个,2016年最新提报专利共5个。

提高 X-射线荧光熔片分析烧结矿和球团矿中全铁的准确度攻关,X-射线荧光分析烧结矿和球团矿中全铁的误差达到0.17%;提高精矿粉和进口矿仪器分析率的攻关,通过提高 TFe、SiO_2、Al_2O_3 仪器分析准确度,使精矿粉和进口矿仪器分析率达100%;完善 SPC 控制系统,在 LIMS 中开发 SPC 控制单元,一、二炼钢18个元素,共122个过程能力控制指标运行稳定,全年 $Ppk > 1.33$ 的比例为100%。

（费书梅、张希静）

【质量体系建设】　2016年5月28日,理化检测中心顺利通过中国实验室合格评定委员会的监督评审。依据《检测和校准实验室能力认可准则》及《检测方法及方法的确认程序》对《硅钙合金　碳含量的测定　高频燃烧红外线吸收法》YB/T 5316-2016等7个标准进行了查新并组织了方法确认,证实实验室具备新方法的检测能力满足实验室认可要求。认可范围全面涵盖公司检验需要,共10大类83个检测项目123个检测方法。2016年质检部参加中实国金组织的分析测试能力验证工作22项68个元素,检测结果全部为满意。

2016年,参加总公司级季度比对4次48项399个元素,主要包括烧结矿、球团矿、焦碳、萤石、合金等原燃辅料和钢铁样品,检验数据稳定,未出现超差现象。

(张秀丽)

【精益管理】 2016 年,组织申报六西格玛项目 3 项,全部完成预定目标。其中《提高 X-射线荧光熔片分析烧结矿和球团矿中全铁的准确度》项目使荧光光谱法分析烧结矿和球团矿中全铁的检验偏差由 0.69 缩小到 0.20 同时使荧光光谱法分析烧结矿和球团矿中全铁的精密度由 0.36 缩小到 0.063。《提高精矿粉仪器分析率》项目使精矿粉仪器分析率由 0% 增加到 100%。《提高金相岗位人员的检测一致性》项目使金相岗位人员检测一致性由 85.1% 提高到 95.2%。本站专业人员 2 人担任本年度公司六西格玛培训讲师。推进 TPM 管理,查出并整改问题点 4970 项,形成改善亮点 322 个,在公司评比中获得骏马奖两次,参加公司焦点课题评比,获得二等奖。参加标杆小组评比,其中获得二等奖 2 个,三等奖 1 个。

(张希静、陈英杰)

【设备管理】 强化维护、点检、标准化操作,保障设备稳定运行。推动 2016 新版点检标准和点检作业卡在作业部范围内推广和实施,共涉及 5 本点检标准,20 条点检路线,43 张点检作业卡。推动电子操作牌在作业部范围内的实施,共涉及布置刷卡器 33 个,设置操作牌 800 个、相关人员 809 人的信息录入,从执行情况看电子操作牌系统运行良好。推动全优润滑工作,以 TPM 小组为依托全员参与,完成全部 297 台套设备润滑基准书的编制工作,累计 277 台套设备通过公司综合治理验收。2016 年质检部设备运行整体稳定,全年设备完好率保持在 98% 以上,月均完好率为 99.5%,全自动分析中心、Z3 自动取样系统等 25 台套自动化检测设备自动运行率为 99.71%。

(白银锁)

【降本增效】 通过科研试验收费、进口备材国产化、修旧利废等措施开展成本管控工作,2016 年实现增收节支 247.70 万元,其中实验室具备对外承担独立检测能力,科研试验收费 79.46 万元;公司内部临时样品检测收费 78.43 万元;接收外委抗硫化氢腐蚀试验样品收费 32.16 万元;通过样盒国产化及修复、自制标样、铣刀片转国产化等措施累计节约资金 57.65 万元。

(张明超)

【人才队伍建设】 加大人才开发与培养力度,全面提高人才队伍整体素质。2016 年化学分析、取制样、物理性能检验、环保监测 4 个工种报名参加技能等级取证 527 人,其中,高级 11 人、中级 5 人、初级 11 人。1 名职工评选为公司"科技之星",2 名职工评选为公司"希望之星"。

(张凤荣)

【党风廉政建设】 2016 年,质量检验部党委通过突出重点,强化措施,逐步提升基层党建工作水平,坚持质量检验服务生产不偏离,为公司经营生产保驾护航。为巩固拓展党的群众路线教育实践活动和"三严三实"专题教育成果,全面深入开展"两学一做"学习教育工作,党委班子集体学习 33 次,4 个支部集体学习 61 次,确保学习教育取得实效。为增强党支部凝聚力、战斗力,部党委以"一支部一特色"为目标深入开展了特色党支部创建活动。加强党员队伍建设,全年发展新党员 4 人,预备党员转正 5 人。强化党风廉政建设,以科技助廉政,积极推进创建具有质检特色的原燃料取、制、送、化一体化廉政技防体系,做到动态管理,不留死角。全年无违法违纪案件发生,无职工群众信访。

(林宝财)

首钢股份职工创业开发中心

【职工创业开发中心领导名录】
副主任(主持工作):周凤明(7 月任职)
党委书记:张东明(7 月任职)
项目经理:薛允贵(9 月任职) 刘延兵(9 月任职)

(陈 帅)

【概况】 首钢职工创业开发中心(以下简称职工创业开发中心)成立于 2016 年 7 月,下设综合办公室、业务管理室、创业开发室、安全管理室 4 个科室和天车作业区、汽运作业区 2 个作业区,主要负责接收安置转岗职工、新项目开发和天车、汽车运行管理等。12 月末职工总数 906 人,其中在册职工 448 人,外协职工 458 人。

(陈 帅)

【人员接收安置情况】 职工创业开发中心坚持"以安置富余人员为前提、以转岗培训为主要方法、以创业开发为主要渠道、以降低费用和创造效益为主要目标"的工作思路积极开展工作,人员接收、转岗培训、创业开发等工作有序推进。中心成立时原有管理 10 人,2016 年分 8 批共接收转岗人员 511 人;整体划转人员 474 人,其中在册职工 44 人、外协工 430 人;调入 32 人,其中设备部外协库工 10 人、动力作业部水处理及管网作业区除盐泵站操作外协 16 人、在册职工 11 人、外协 2 人,累计进入中心 1027 人。转岗 511 人中通过竞争上岗调入维检中心 21 人、安全管理室安置 1 人、办公室安置 2 人、创业开发室安置 178 人、汽运作业区安置 67 人、天车作业区安置 142 人,解除劳动合同 99 人、退休 1 人。

(陈　帅)

【废次材公开在线销售】　2016 年 8 月,公司决定对废次钢材不再采用炼钢回吃的方法,由职工创业开发中心组织加工销售。中心启动废次钢材加工销售项目,决定采取公开在线竞拍销售模式,依托首钢采购电子商务网,联合智能化应用部、首自信共同开发了具有首钢股份自主知识产权的公开在线销售竞拍平台,制定《废次钢材竞价销售管理办法》,完成废次钢材资源界定、制定工作流程及市场调研等工作,开始开发客户。12 月 29 日,开始留存热轧小卷,完善车辆、人员进出厂、车辆过磅、钢材质量检查等流程,建立公开在线销售平台基础数据和 SAP 系统数据统计,完善平台模块的开发和功能选择、流程梳理、功能模块测试、系统修改标注等工作,为 2017 年 1 月公开在线销售做好准备。

(刘　明)

【金属结构加工】　2016 年 9 月,金属结构加工项目组成立,配备 49 人。承接线材厂房区域栏杆制作任务。共制作安装隔离防护网 600 米,倒运物资 800 吨,并完成封闭天车检修平台及制作废料斗等工作,为公司节约费用 19.5 万元。完成硅钢事业部镁铝栏杆的制作任务。累计制作安装栏杆 600 米,产值 3.6 万元。承接炼钢作业部扒渣板制作任务,11 月 23 日启动,12 月 1 日开始制作,一个月供应 729 块扒渣板,为公司节约费用 14.58 万元。

(刘　明)

【新项目开发调研】　9 月,启动精品调温废钢加工项目,组织中心人员学习培训,相关单位完成图纸设计。开展焊管带料加工项目调研。开展剪刃修复项目调研,完成可行性分析。开展自循环废钢项目调研。

(刘　明)

【运行管理】　2016 年 10 月,职工创业开发中心成立汽运作业区,通过加强管理,全面完成了铁前原料倒运、炼钢废钢配送和热轧板卷运输等车辆配合工作。与 2015 年同期相比降低运输费 985 万元,核减外租车辆运输费用 10%,吨钢成本 8.66 元。推行以设备点检定修为载体的内燃设备管理新模式,加强设备检修过程控制,设备完好率达到 99.26%。持续优化拆炉机、液压镐等单体设备操作方法,完成 1 次高炉检修扒料和 5 次转炉炉役拆炉工作。10 月,成立天车作业区,认真开展职工操作技能培训和设备性能优化,全面完成热轧两条主线轧机的生产、检修配合以及成品库板卷下线、入库和发运等生产任务。

(苏剑鹏)

【安全管理】　2016 年 7 月以来,职工创业开发中心全面落实安全生产责任和措施,持续强化安全基础管理,以整章建制、夯实基础、落实责任为重点,搭建安全管理机构,拓展安全教育深度,夯实安全管理基础,加强安全监督检查,完成了年初制定的安全管理目标。安全生产工作稳步推进,无因工死亡事故、重伤事故,无重大火灾事故、甲方责任交通事故、压力容器爆炸事故,千人负伤率 1.1。

(朱帅帅)

【党群工作】　2016 年 10 月,职工创业开发中心党委组建,接收转岗党员 96 人、调入党员 10 人,发展预备党员 1 人。组建机关、项目组、汽运作业区、天车作业区 4 个党支部和综合办公室、汽运、废钢等 11 个党小组。12 月 28 日组织召开党员代表大会,选举出新一届党委和纪委。中心党委开展"两学一做"学习教育活动,开展困难职工帮扶和文体活动,建立中心网站、微信公众号,增强党组织的核心作用和党员先锋模范作用,企业凝聚力增强。

(张少华)

北京首钢氧气厂

【氧气厂领导名录】

厂　　长:张成群

副厂长:范华刚　赵光明

党委书记:马银川

(韩广军)

【概况】　北京首钢氧气厂(以下简称氧气厂)是具有法人资格的首钢集团成员单位,企业经营范围:工业气体制造;医用氧气制造;标准气配置;气瓶充装、检验;普通货物运输;危险货物运输;施工总承包;工业设备修理;技术开发、技术服务;产品设计;货物进出口;技术进出口;代理进出口等。主要产品包括氧气、氮气、氩气、氦气、氖气、氪气、氙气、氢气、液氧、液氮、液氩、医用氧。氧气厂管理机构设销售部、计财部、设备部、安全保卫部、生产技术部、氧通业务部、人力资源部、党群工作部、经理办公室、顺冷、迁钢、京唐作业区、设备检测中心。在册职工 342 人,在岗职工 338 人,其中研究生 19 人,本科学历 82 人,大专学历 94 人,占在岗职工的 54%;高级职称 14 人,中级职称 26 人,初级职称 22 人;技师和高级工 95 人,占操作人员的 41.6%。持有两种及以上技能证的职工 70 人,占操作人员的 30.1%。

（韩广军）

【主要指标】 2016 年,受市场变化订单减少、内部设备问题和原料气供应不足等因素的影响,氧气厂稀有气体生产氖气 43419 立方米,同比减少 5200 立方米;氦气 11572 立方米,同比减少 2060 立方米;氮气 1752 立方米,同比增加 200 立方米;氪气 61 立方米,同比减少 63 立方米;生产配气 1747 瓶,完成瓶气、杜瓦罐充装生产 26336 瓶,外销氢气充装 136.93 万立方米。委托经营的顺冷作业区全年生产输送氮气 8184 万立方米,同比增加 892 万立方米;输送氢气 177 万立方米,同比增长 2 万立方米。压缩空气生产受冷轧酸轧躲峰限电影响全年输送 11199 万立方米,同比减少 405 万立方米。完成销售收入 25018 万元,同比减少 2133 万元。完成利润 377 万元,同比减少 427 万元。

（韩广军）

【安全生产】 2016 年氧气厂完善制定下发《危险作业安全管理办法》等 8 个制度。按照《氧气厂"把隐患当事故处理"工作方案及实施细则》要求,切实抓好安全隐患治理,共开展各类安全检查 12 次,查处整改隐患 58 项。组织制作各类警示标识、标牌共计 53 块,对全厂室内室外 40 个消防栓、600 具灭火器进行全面检查。对石景山老厂区、顺义基地、顺冷作业区 24 台红外报警器、167 个气体浓度报警仪装置进行了全面检验校对,做到器材灵敏有效。

（韩广军）

【气瓶信息化项目】 氧气厂配合北京市技术质量监督局、安全监督管理局做好氧气厂气瓶数字信息化体系试点建设。按照气瓶全部纳入信息化管理平台的要求,年内完成近 7000 支气瓶标签安装,占全厂总气瓶数量的 80% 左右,达到系统运行的基本条件,完成第一期收发管控、第二期充装管控计划。该系统的运行投用对北京市政府未来搭建的"工业危险品集中管理体系"将起到很好的示范作用,加快政府部门对"工业危险品集中管理体系"建设的周期。

（韩广军）

【外拓检修市场】 氧气厂承揽中国大唐集团内蒙古多伦煤化工六万立方米空分机组检修工作。通过周密部署,科学组织,抽调技术业务骨干,组建精英团队,两名厂领导亲自带队,参战干部职工发挥技术、经验优势,精细缜密,精益求精,甘于奉献,敢于担当,经过 50 余天的拼搏奋战,圆满的完成空分机组的检修任务,受到业主及设备制造商的一致好评,跨出维检工作外拓可喜一步,实现外创 187.3 万元。

（韩广军）

【合同管理】 氧气厂按照合同管理制度认真组织开展法人授权、合同逐级把关审核,年内,完成与外部签订的 336 份合同的授权审核,其中销售合同 142 份,设备检修、设备采购、技术协议等 194 份,涉及合同金额 16980 万元。

（韩广军）

【人才培养】 氧气厂全年共组织医用氧 GMP、国军标质量体系等培训班 16 个。与首钢培训中心,行业协会等单位合作,组织安排 10 名会计、5 名统计、8 名造价员参加了继续教育,4 人参加后备班组长培训,取证。年内完成特种作业新取证 7 人,特种作业复审 131 人。新取得焊工高级技师证 1 人,维修电工技师证 1 人,钳工中级证 3 人。截至 2016 年 12 月底:在岗操作工 229 人中初级工、中级工、高级工、技师、高级技师分别为 66 人、68 人、67 人、26 人、2 人,占比分别为:28.8%、29.7%、29.3%、11.4%、0.9%。高级工及以上比例为 41.6%,持有两种及以上技能证的职工共有 70 人,占操作岗人数的 30.1%。

（韩广军）

【党建工作】 氧气厂以"两学一做"活动为抓手,推进党建工作创新。年内厂领导班子集中学习 9 次,党支部集中学习 30 次,党小组集中学习 90 次。组织中层干部参观中关村国家自主创新示范区,增强学习的紧迫感。

组织党员参观李大钊烈士陵园、纪念长征胜利 90 周年展览,增强政治责任感。广泛开展"深化改革我带头、生存发展敢担当"主题创先争优活动。组织以"提效、减亏、创新"为目标的党支部课题攻关活动,各支部瞄准经营生产中的重点、难点,共确立氢气管排车分装气瓶、安全阀校验系统高容错性探究与改造等 5 项攻关课题。组织全厂有业务处置权人员廉洁自律考试 98 人次。组织学《条例》系列讲话知识竞赛,党员参与率100%。规范了每逢节假日廉政警示谈话制度,重大节日警示谈话 183 人次。

(韩广军)

【企业文化建设】 氧气厂开展第一届职工体育文化节活动,组织健步走、保龄球、游泳、登山等丰富多彩的体育比赛 14 场,840 人次参与。组织送温暖活动,共走访慰问职工 752 人次,对伤病和退休职工发放困补金 63人次 29400 元。开展工资专项集体协商工作,9 月 1 日

正式签订协商专项协议,为依法推动企业和谐发展打牢基础。

(韩广军)

【差距和不足】 氧气厂仍需正视一些问题与不足之处。一是产品单一缺少核心竞争力。稀有气体,配气产品还有待进一步研发,市场拓展还需进一步加大;二是队伍建设还有待加强。当前部分干部、职工本位主义突出,团队意识、协作意识、经营意识、服务意识还有明显差距,大局观缺失,执行力不足;三是基础管理仍须全方位提升。制度建设还没有形成科学有效的体系,个管理方面,办公环境中一些简单性问题仍重复发生,生产现场 6S 管理整体推行工作缓慢;四是"交账"意识有待加强。对照 2016 年确定的重点任务分工责任方案中的53 项重点工作,仍有利润、迁钢医用氧办理、配气产品研发销售等 17 项工作没有实现预期目标。

(韩广军)

首钢京唐钢铁联合有限责任公司

【京唐公司领导名录】

董事长:张功焰

总经理:王　涛

副总经理:曾　立　杨春政　杜朝辉
　　　　　吴　峥(3 月离任)

总工程师:朱国森

总经理助理:周　建　王鹤更(2 月任职)
　　　　　　刘正发(3 月任职)
　　　　　　王贵阳(3 月任职)

党委书记:刘建辉(6 月任职)　顾章飞(3 月离任)

党委副书记:王　涛　王相禹(3 月任职)

纪委书记:邵文策(3 月任职)　顾章飞(3 月离任)

(关 锴)

【综述】 首钢京唐钢铁联合有限责任公司(以下简称京唐公司)作为首钢搬迁的载体,2005 年 10 月 9 日成立。京唐公司位于河北省唐山市曹妃甸工业区,2005年 2 月国务院批准首钢搬迁后,开始围海造地;2006 年

3 月该项目被纳入国家"十一五"发展规划纲要;2007年 2 月,围海造地形成陆域面积 21.05 平方公里;2007年 3 月 12 日正式开工建设;2009 年 5 月 21 日,项目一期一步工程竣工投产;2010 年 6 月 26 日,一期二步工程竣工投产,形成年产生铁 898 万吨、钢 970 万吨、钢材913 万吨的综合生产能力,是具有 21 世纪国际先进水平的钢铁联合企业。

党中央国务院高度重视首钢京唐钢铁基地建设,时任中央领导指示:要坚持高起点、高标准、高要求;要把首钢京唐钢铁厂建设成为"产品一流、管理一流、环境一流、效益一流"的现代化大型企业,成为具有国际先进水平的精品板材生产基地和自主创新的示范工厂,成为节能减排、发展循环经济的标志性工厂;要实现低成本生产高附加值产品。

2016 年年末,京唐公司下设计财部、制造部、设备部、供应管理部、销售管理部、安全管理部、保卫部(武装部)、工程部、人力资源部、运营规划部、信息计量部、

审计部、办公室、党委组织部、党委宣传部(企业文化部)、纪委(监察部)、工会、团委等职能部门18个,供料作业部、焦化作业部、炼铁作业部、炼钢作业部、热轧作业部、冷轧作业部、彩涂板事业部、镀锌板事业部、能源与环境部、运输部、质检监督部、钢轧项目筹备组、中厚板项目筹备组等单位13个。在册职工7755人,其中技术和管理人员2373人;博士26人、硕士617人、本科2410人;高级职称275人、中级职称899人、初级职称632人;女职工594人。

2016年,京唐公司干部职工贯彻落实总公司"两会"精神和各项工作要求,围绕降本增效和提高劳动生产率两大核心目标,深化改革,释放企业发展活力;持续创新,增强企业发展动力;培育市场经营意识,提升经济效益;推进"制造+服务",树立京唐品牌形象;强化基础管理,夯实发展根基;坚持绿色发展,推进生态环境建设;全面从严治党,和谐企业建设焕发新气象,实现"十三五"良好开局。

(石韶华)

【股权投资情况】 京唐公司拥有唐山首钢京唐西山焦化有限责任公司、唐山首钢京唐曹妃甸港务有限公司、唐山曹妃甸盾石新型建材有限公司、唐山中泓炭素化工有限公司、唐山唐曹铁路有限责任公司、唐山国兴实业有限公司等6家合资企业;受首钢总公司委托,代管北京首宝核力设备技术有限公司、首钢凯西钢铁有限公司、北京首钢朗泽新能源科技有限公司、京唐港首钢码头公司、唐山曹妃甸实业港务公司、河北神州远大房地产公司等6家总公司投资建立的合资公司。

(郝文静)

【京津冀协同发展】 4月22日,北京市委副书记、市长王安顺,市委常委、常务副市长李士祥,市政府秘书长、办公厅主任李伟;河北省委副书记、省长张庆伟,省委常委、唐山市委书记焦彦龙,省政府副省长张杰辉,省政府秘书长朱浩文等领导一行,到京唐公司参观调研,看望慰问干部职工。总公司、京唐公司领导靳伟、张功焰、梁宗平、韩庆、王洪军、王涛、王相禹、杨春政、杜朝辉、邵文策、朱国森、周建、刘正发、王贵阳陪同调研。王安顺、张庆伟等领导实地察看公司二期工程项目施工现场,听取项目规划建设和工艺技术情况,对项目坚持"创新、协调、绿色、开放、共享"发展理念、按照"三高、四个一流"目标要求建设最具世界影响力钢铁厂表示赞赏。张庆

伟首先代表河北省委省政府向首钢干部职工致以节日的问候,王安顺代表郭金龙书记,代表北京市委市政府,向首钢职工表示亲切的问候。他指出,建设成国际一流的首钢,要有最先进的技术、最先进的产品,就是要提质增效。围绕实现这一目标,要不断提高首钢职工队伍的素质,不断学习和借鉴国外先进技术和管理经验,结合实际不断创新,引领世界钢铁企业的发展,要有这个决心和志气。首钢和北京疏解非首都功能紧密相连,北京市和河北省将联手共同支持首钢发展。要加强基础设施建设、加强公共服务建设等,为大家创造一个美好的生活和工作环境。相信在北京市委市政府、河北省委省政府的关心和支持下,首钢一定会克服当前经济下行、产能过剩、钢铁行业形势严峻的困难,再创首钢辉煌。

(石韶华)

【京唐二期项目】 京唐公司推进二期工程建设,借鉴一期项目建设经验,不断优化项目设计方案,各项工作进展顺利。发挥集团优势利旧首钢中板厂、二炼钢厂等闲置资产,组织利旧设施修配改及现场施工。推行项目负责制管理模式,推进机构设置(成立钢轧项目筹备组和中厚板项目筹备组)、人员配置、人才储备等工作,基本完成3500中板项目土建及厂房结构施工。

7月5日,京唐公司二期工程MCCR(多模式全连续铸轧生产线)初步设计审查会在指挥中心召开。首钢总公司原副总经理、京唐公司原总经理王毅,首钢总公司顾问王新华,京唐公司领导曾立、杨春政、杜朝辉、朱国森、周建、王贵阳,首钢总工办、首钢技术研究院、首钢自动化信息技术有限公司、迁钢公司、首秦公司、北京首钢国际工程技术有限公司等单位相关领导、专家及各专业设计人员,京唐公司有关部门负责人参加会议,分别就MCCR(多模式全连续铸轧生产线)工程技术的设计提出意见和建议。

(刘志忠、罗伯钢)

【全面深化改革】 京唐公司以提高全要素生产率为核心,以压缩管理层级、去行政化和取消分厂建制为重点,优化管理体系,改革管理模式,实现减员提效。压缩作业部管理层级,撤销分厂建制29个、撤并作业区96个,核减厂级、作业长级管理序列定员146人;去除行政化,职能部门改"管理处"为"专业室",管理体系扁平化。优化劳动组织、扩大岗位职责、实行大工种、跨区域整合,全年办理解合526人,正式职工、劳务用工合计比

2015年减少1892人，超额完成总公司下达的转型提效任务，实物劳动生产率比2015年提高63吨/人·年。实施领导人员职务职级改革，取消行政级别，突出职务功能，规范职务职级管理，强化管理人员配置。发挥"一业四地"协同优势，与迁钢、首秦实现设备维检业务功能互补、人员力量共享，推进备品备件联合储备。推进设备维检体系改革，整合维检单位，优化维检岗位配置，截至2016年底，维检人员由5772人减至3957人。强化"运保+检修"方式，推行设备标准化检修，制定《京唐公司标准化检修现场通用标准》。

（关　锴、王贵阳）

【重要会议】　1月25日，京唐公司召开领导班子"三严三实"专题民主生活会，查摆不严不实的突出问题，开展批评和自我批评。首钢总公司领导顾章飞、王涛，首钢总公司党委第一巡回指导组熊万平、葛士勇，首钢总公司纪委（监察部）党风检查处处长郭晓兵，首钢京唐公司领导班子成员参加。顾章飞主持会议。

2月4日，京唐公司召开第一届职工代表大会第四次会议，审议《首钢京唐公司2016年预算安排》《首钢京唐公司领导班子廉洁自律情况的报告》《首钢京唐公司2015年业务招待费使用情况及公司领导班子成员履职待遇、业务支出的报告》《首钢京唐公司一届三次职代会代表提案受理情况的报告》《首钢京唐公司关于连续生产作业岗位延续综合工时制度的报告》。京唐公司领导顾章飞、王涛、曾立、杨春政、杜朝辉、朱国森、周建，正式代表280人，首钢销售公司、首钢供应公司、首钢技术研究院以及维检、协力、合资单位特邀代表30人出席会议。

4月12日，总公司领导靳伟、张功焰、韩庆一行到京唐公司调研，听取京唐公司一季度生产经营、二期工程进展情况汇报，并召开座谈会。京唐公司领导王涛、王相禹、杨春政、杜朝辉、邵文策、朱国森、周建、王鹤更、刘正发、王贵阳参加。靳伟肯定京唐公司一季度取得的成绩，要求紧抓京津冀协同发展战略机遇，打破思维定式，坚持问题导向，苦练内功，传导压力，标准要更高，工作要更实，管理要更细，全面实现产品一流、管理一流、环境一流、效益一流目标。

4月27日，京唐公司召开股东会2016年第一次会议、董事会三届一次会议及监事会三届一次会议，分别依程序审议批准《首钢京唐钢铁联合有限责任公司章程修正案》，完成董事会、监事会换届改选，选举产生公司第三届董事会董事长、副董事长和第三届监事会主席，审议批准董事会、监事会和经理层议事规则及公司2015年决算报告、2016年预算方案。

6月16日，京唐公司召开物流经营会，展示公司物流经营发展情况，推广物流业务，协调物流社会化经营中存在的有关问题，提升客户服务质量，巩固拓展双方合作。

7月1日，京唐公司召开庆祝中国共产党成立95周年大会。京唐公司领导王涛、王相禹、曾立、杨春政、邵文策、朱国森、王鹤更，京唐公司各单位党政领导、党群部门负责人，先进集体、优秀党员代表共240人参会。王涛主持会议；曾立宣读《中共首钢京唐钢铁联合有限责任公司委员会关于表彰2016年度先进党组织、优秀共产党员的决定》；公司领导颁奖；首钢党校陈姗姗以《认真学习党章，严格遵守党章》为题作党课报告。

10月20日，总公司领导靳伟、张功焰、许建国、赵民革、梁捷、刘建辉一行到京唐公司调研，听取京唐公司工作汇报。京唐公司领导王涛、王相禹、曾立、杨春政、杜朝辉、邵文策、朱国森、周建、王鹤更、刘正发、王贵阳参加。靳伟对京唐公司坚持改革创新，各项工作取得的变化给予肯定，要求各级领导干部强化责任担当，保持昂扬向上的精神状态，围绕深化改革抓落实、抓推进，把工作往实里做、往细里抓，让企业改革深入持久，让党建工作落地有声。一是坚持开拓视野；二是坚持"尺子标准"；三是坚持人才建设；四是坚持协同创新；五是坚持重大技术工艺创新。张功焰对抓好四季度工作落实提出要求。

（王　萍）

【生产情况】　京唐公司产生铁888万吨，比2015年减少10.3万吨；钢坯859.3万吨，比2015年减少9.8万吨；热轧卷843.1万吨，比2015年减少8.8万吨；成品钢材817.6万吨，比2015年减少4.1万吨；自发电61.10亿千瓦·时，比2015年减少0.65亿千瓦·时。主要技术经济指标改善，炼铁焦比完成291.77千克/吨，比2015年降低8.02千克/吨；实物钢铁料消耗1085.08千克/吨，比2015年降低1.24千克/吨；热轧卷成材率97.68%，比2015年提高0.17%。

（林邵峰）

【增收节支降成本】　京唐公司成立降本增效攻关组18

个,制定措施1140项,通过推进技术工艺攻关、优化品种结构、优化资源配置、改进管理方式等实现降本增效。其中,降低带出品增利0.54亿元;降低合金消耗增利0.76亿元;提高板坯质量命中率和成材率,增利0.42亿元;降低外委外包费用1.21亿元;加强资金平衡和支出计划管理,降低财务费6.33亿元;开发高端、高附加值产品增利3.15亿元;国内原燃料、进口矿采购价格跑赢市场8.8亿元;存货资金占用29.1亿元,比2015年9月末降低14.72亿元。

(王鹤更)

【优化产品结构】 京唐公司高端领先产品完成275万吨,比2015年增加68.6万吨;战略产品汽车板完成139.6万吨,比2015年增加28.9万吨;镀锡板完成48.2万吨,比2015年增加17.5万吨。推进产品比例72%,比2015年提高3%;高端、领先产品比例33.6%,比2015年提高8.3%。全年开发钢种56个牌号,截至2016年底,可生产热轧产品14大类、26个类别、202个牌号,冷轧产品6大类、18个类别、178个牌号。热系产品,完成土耳其TANAP项目X70开发,解决带头对应管段水压后胀径和强度偏低问题;成功开发冷压桥壳钢SQK460;与厦门日上合作成功开发600MPa级高强轮辋钢S590LW,开裂率控制水平满足用户需求。冷系产品,突破镀锌产线设计水平,实现高强钢980兆帕及以下级别品种钢接单能力全覆盖;热成形钢试制成功;具备65Mn全流程生产能力;镀锡板具备昇兴露露铁批量稳定生产能力;彩涂板成功开发彩色钝化镀锌产品。全年开展认证项目105项。其中,汽车板完成25家车企共494个零件的认证,宝马X3、福特新福克斯、吉利新帝豪新车型45个零件以先期试模方式通过认证;开展福特、东风小康和吉利汽车3个车企6个新车型EVI服务并首次实现EVI供货;热轧完成厦门日上等多家S590CL认证;家电专用板完成冷轧高强集装箱板S800NQ认证及泰明金属滑轨钢SDG1+Z认证。镀锡板完成昇兴高抗硫八宝粥罐和蛋白饮料罐认证。完善用户服务体系,强化用户沟通和渠道建设,全年共走访客户316家。

(鲍成人)

【工艺稳定攻关】 京唐公司推进工艺过程稳定攻关,梳理重点过程参数30项,主流程工艺稳定性得分由基准分60提高到70分,产品质量稳定性和过程控制能力

提高。推广应用热轧低温出钢技术,热轧烧损率从1.16%降到1.06%,为提高成材率贡献0.13%以上;热轧DP/TRIP汽车双相钢红锈攻关取得成效,降级率从16.9%降到0%,成功掌握高硅DP、TRIP汽车双相钢红锈去除控制技术。马口铁孔洞缺陷发生率由20%降至4.6%。"连续热镀锌钢带""石油天然气输送管用热轧宽钢带""汽车用高强度冷连轧钢板及钢带第2部分:双相钢"等3项产品获冶金实物质量"金杯奖",其中后2项被认定为"特优质量奖"。

(王 莉)

【精益管理】 京唐公司按照规范、真实、有效要求强化基础管理,修订完善规章制度,截至2016年年底共制定专业管理制度341个,其中公司级制度225个,专业级制度116个。推进精益六西格玛管理,实施第四期40个公司级、103个部门级精益六西格玛项目,产生优秀项目16个、良好项目83个。截至2016年年底,取得黑带课程培训合格证97人,绿带课程培训合格证924人,通过中质协六西格玛注册黑带考试29人、注册黑带认证8人。落实总公司安排,完成风控体系建设试点工作,修订公司级制度59项,风控体系评价等级被北京市国资委评为优秀。强化风险防控常态化管理,成立运营规划部和审计部,建立完善对外投资和外派合资公司高管人员管理制度,规范管理流程,强化风险管控。推广精品车间,推进粉尘治理、检修现场标准化、全员素养提升、办公室6S管理达标挂牌。完成6S管理精品车间验收124个,实现主产线全覆盖,挖掘安全改善248项、环境改善353项、效率提升331项、成本降低177项、效益提升126项;治理粉尘点位33个;推进落实"三不见天、三不落地、三条直线、三项要求"的检修现场标准;编发《职工岗位行为规范》,从坐姿、行走、劳保穿戴、文明礼貌及工作规范方面规范职工行为;6S达标办公室验收125间,占全公司办公房间的85%。对1042台套设备开展设备初期清扫小组实践活动,621台套设备通过验收。挖掘现场不合理/缺陷8174项,改善7789项,发现污染发生源1700项,治理1356项,清扫困难源2082项,开发清扫工具899件,制定设备清扫标准938份。推进实施现场精益管理课题8个,创效益2063.85万元。

(刘建华、王晓朋)

【"制造+服务"能力建设】 京唐公司全年新开发产品

65 项,通过产品认证 105 项,产品和用户结构不断优化。其中,汽车板成功开发 980 兆帕级别镀锌复相钢;完成宝马等 24 家车企 474 个零件的认证并实现供货,福特、神龙和通用等合资车企批量供货实现突破。镀锡板向食品包装行业龙头企业批量供货,成功研发超薄 SR 材等新产品。强化供货服务能力建设,合同评审信息化系统上线运行,提高合同评审的规范性和准确率。镀锡板事业部 1420 生产单元信息化系统功能上线,为提高产线能力匹配度、提升产品制造水平提供信息化支撑。建立合同一次通过率和订单到货兑现率指标管理体系,强化交货保障能力。充实用户服务团队,对典型、重大质量抱怨、质量异议实现闭环控制,受理质量异议及处理周期比 2015 年实现降低。

（王　莉）

【安全管理】　京唐公司调整优化安全管理机构,完善安全体系建设。截至 2016 年年底,完成辨识危险源点位 8421 个,现场设置危险分布图 120 个,设立行为观察小组 144 个,制作事故警示看板 104 块,成立各类模块化管理小组 64 个。组织安全管理人员、外协单位班组长 864 人开展年度复审取证培训,38 人接受德国莱茵公司专家危险源辨识专题培训,安全管理理论水平提升。强化联系确认和设备操作牌管理,梳理出生产联系确认 386 项,检修联系确认 3863 项,纳入作业规程。制定《生产系统联系确认工作管理办法(第一版)》《设备检修安全确认管理制度(第二版)》,并纳入日常检查。修订《领导干部安全生产工作量化标准》,促进安全生产责任落实。公司领导每月夜查 2 次,作业部领导不定期检查,全年累计查出问题 226 项并完成整改。学习借鉴美铝公司安全管理经验,结合实际构建安全管理"八大支柱",形成体系框架。把隐患当事故处理,制定隐患排查"一岗一标准",实施事故隐患举报奖励机制。全年职工举报隐患 3571 项,重大隐患 2 项,奖励 358600 元,涉及 3067 人次。

（刘红军）

【节能环保】　京唐公司贯彻落实节能目标责任制,完成政府节能任务。落实国家重大活动期间环保要求,执行唐山市重污染天气应急响应预案,履行国企社会责任,全年共执行空气重污染预警或空气质量保障措施 28 次、167 天,促进区域环境改善。自备电厂 1 号 300 兆瓦机组低氮燃烧器完成改造,通过莱茵公司环境管理

体系外部审核,并取得灰石料场封闭、电厂低氮燃烧器改造和球团烟气脱硫脱硝项目改造三个项目环评批复。全年烟(粉)尘排放量 3647 吨,比 2015 年降低 25.6 吨;二氧化硫排放量 3475 吨,比 2015 年降低 30 吨。

（吴礼云）

【校企合作】　京唐公司实施科技兴企、人才强企战略,培养高素质专业技术与技能人才。2016 年,与北科大、东北大学等高等院校深化教育合作,29 人、140 人分别取得硕士学位和学士学位。

（关　锴）

【项目建设】　2016 年,完成技改项目 113 项。其中,3 号重卷机组改造项目提高汽车外板检查能力。球团烟气脱硫项目,外排粉浓度由 30 毫克/标立方米降到 20 毫克/标立方米、SO_2 外排浓度由 1800 毫克—3000 毫克/立方米降到 50 毫克/立方米、NO_x 浓度由 300 毫克—600 毫克/标立方米降到 100 毫克/标立方米,满足《钢铁烧结、球团工业大气污染物排放标准》(GB28662-2012)要求,同时脱除重金属、二噁英以及粉尘,并回收硫资源。套筒窑增加煤气混合站,CO 回收点由 35% 降到 20%,吨钢转炉煤气回收量增加 8.45 立方米/吨。滑板挡渣改造完成,出钢下渣量减少 50%,钢水质量改善,回磷、回硫减少,脱氧合金化可降低纯铝 0.19 千克/吨,提高钢水洁净度。1 号、2 号高炉富氧管道改造完成,具备高炉富氧率达到 10% 的送氧条件。

（张国龙）

【学习培训】　京唐公司构建全员分层分类培训体系,推进员工素质能力提升工程。全年累计组织专业培训 3078 期次,培训计划兑现率 96.68%,人均培训 89 学时,人均在线学习积分 135.5 分;编发《学习与交流》12 期,刊载论文 313 篇;组织完成技师岗位研修课题 140 个;完成初、中、高三个等级培训和鉴定考试,截至 2016 年年底,技师以上 616 人,占技能人才比例 11.5%。取得北京市和河北省职称申报评审中级和高级技术任职资格分别为 106 人、17 人。全年组织开展 35 个公司级工种的技能竞赛,4361 人参赛;选拔 110 人参加首钢总公司(北京市)15 个工种的技能决赛,22 人获本工种技能竞赛前五名。1 人获中国青年职业技能大赛决赛第 12 名。

（关　锴、张　杰）

【干部人才队伍建设】　京唐公司落实总公司领导人员

管理制度,制定实施《首钢京唐公司职务职级改革管理办法》《首钢京唐钢铁联合有限责任公司作业长管理办法(第二版)》等制度。成立 5 个专项考察组,开展领导班子年度考核,调整优化 11 个基层单位领导班子。安排 7 个单位党政主要领导人员岗位交流 17 人,进行职务调整 65 人,考察合格正式任职 23 人。规范企业法人治理结构,强化对合资公司外派高管人员的选拔任用和交流。深化干部人事制度改革,公开选拔公司设备部运行检修处处长助理等 13 个领导岗位。做好后备领导人员推荐选拔,配备比例达到 1∶1 要求。组织年度"科技标兵"评比,10 人受表彰。

6 月 29 日,首钢股份公司、京唐公司基层单位党委书记培训班在股份公司开班,北方工业大学党委副书记郭玉良、首钢总公司人才开发院副院长兼首钢党校副校长王洪骥出席开班典礼并授课。

12 月 7 日—8 日,京唐公司举办党支部书记培训班,北方工业大学党委副书记郭玉良讲授"加强基层党组织动力、能力、魅力建设"、总公司党委组织部组织处长高党红讲授"加强支部建设,严格组织生活",100 余人参加培训。

年内,举办 2 期新任领导履职能力提升培训班,共 80 人参加;举办 2 期作业长脱产培训班,新任作业长 51 人全部取得资格证书;开展 3 期科技人才专项培训、1 期技术骨干管理能力提升脱产培训。

(关 锴)

【党建工作】 2016 年,京唐公司制定《京唐公司领导班子"两学一做"学习教育重点工作进度安排及中心组集中学习日程安排》,开展学习 20 次,学习兑现率 100%;班子认真反思并征求意见建议,查找出突出问题 8 项,为召开年度民主生活会奠定基础。召开年度反腐倡廉工作会议,总结部署党风廉洁建设和反腐败工作,制定《反腐倡廉主要任务分工方案》。京唐公司党委与 13 个基层单位党委签订党风廉政建设责任状,签订廉洁从业共建协议 815 份。组织举办廉洁从业专题讲座 9 次,开展廉政谈话 336 人次,2864 人参加党规廉政知识测试。各级领导人员讲党课 297 次,其中两级党委 69 次,党支部 228 次。利用京唐公司网络电视,展播反腐倡廉文艺作品。公司各级纪检监察组织开展各层次监督检查 88 次,提出建议 91 条,建立和完善规章制度 13 项。4 个基层党委完成换届改选。全年培训入党积极分子 97 人,发展党员 68 人。开展党内"创先争优"、党支部"达晋创"活动,评选京唐公司先进党支部 4 个、先进党小组 22 个、优秀共产党员 123 人;25 个先进集体、51 名先进个人获总公司表彰。

(关 锴、张延凤)

【企业文化建设】 京唐公司接受新华社、北京日报、北京电视台等重要媒体采访 31 次,社会新闻媒体共刊发京唐公司报道 87 篇,品牌形象得到提升。《首钢日报》刊登京唐公司相关报道 220 篇。搭建"首钢京唐"和"你好京唐"官方微信公众平台,"首钢京唐"微信公众平台编发微信 190 期,用户 8000 人,年阅读量 60 万、比 2015 年增长 91%。设计制作"首钢精神"宣传展板 11 块,开展"首钢精神大家谈"征文活动、第一届"讲京唐故事"活动。首钢京唐电视新闻中心建成开播,形成采编播能力。京唐公司获"'互联网+时代'企业文化创新优秀单位"称号。

(任全烜)

【改善职工生活】 京唐公司深化"家园""心田""鹊桥"工程。组织慰问劳模先进、退休和伤病困难职工 464 人,发放慰问品及补助金 28.53 万元。组织职工参与首钢"献爱心"募捐活动,共捐款 44.31 万元。京唐公司 187 人获保险、帮困基金补助 36.5 万元。组织非京籍职工 4268 人办理京卡,使其享受京籍会员福利。组织开展"健康京唐、艺术京唐、书香京唐"三大模块活动和"敬业八小时,做好今日事——八小时约定"宣传教育实践活动。组织庆"三八妇女节"表彰会暨趣味运动会、"母亲节·感恩生命中有你"家庭教育专题讲座、《女职工劳动保护特殊规定》知识竞赛答题。组织开展"甜蜜采摘、收获真爱"采摘联谊、"爱心红娘""一帮一"青年联谊活动,多渠道解决青年婚恋问题。举办"海誓山盟、京唐之恋"青年集体婚礼,20 对新人喜结良缘。组织团购唐海渤海家园和曹妃甸三加昱海蓝湾、蓝海嘉苑小区住房共 88 套。以"零投入"引进中国移动宽带,完成厂前区浮桥和栈道施工,改善驻岛职工生活环境。严格组织厂区餐厅食材集中采购,确保职工就餐食品安全,提高职工满意度。

(石韶华、王雪青)

【推进全面创新】 京唐公司全年申请专利 197 项,专利授权 62 项,其中发明专利 22 项,实用新型 40 项;申请软件著作权 5 项。9 个项目获行业、北京市、河北省科技成果奖。其中，"镁钛低硅新型球团矿的开发及其在京唐超大型高炉中的应用"项目获冶金科学技术奖一等奖，"京唐高炉氧煤枪富氧技术研究与应用""板坯连铸非稳态浇铸控制技术""钢卷双排式托盘运输系统开发及成套技术研究"3个项目获三等奖。"高品质热镀锌、合金化镀锌汽车板质量性能控制关键技术及应用"获北京市科学技术二等奖。"超宽冷轧高端汽车面板稳定化生产配套技术的开发与应用"项目获河北省科学技术进步奖二等奖；"板带轧机系统振动特性分析与控制""首钢京唐300吨转炉'全三脱'冶炼自动化炼钢技术""京唐热轧厚规格管线钢高效稳定轧制开发与应用"3个项目分获河北省科学技术进步奖三等奖。4个项目获国家、冶金行业、北京市企业管理现代化创新成果奖，其中"钢铁企业循环经济运营体系建设"项目获第22届全国企业管理现代化创新成果二等奖；"大型临港钢铁企业原燃料收发存成本管理的实践与创新"项目获冶金企业管理现代化创新成果一等奖，"大型钢铁企业原燃料'三优'管理体系的构建"项目获三等奖；"基于员工能力提升的岗位嵌入式培训体系构建与实践"项目获北京市企业管理现代化创新成果一等奖。"连续热镀锌钢带""石油天然气输送管用热轧宽钢带""汽车用高强度冷连轧钢板及钢带第2部分：双相钢"共3项产品获冶金产品实物质量"金杯奖"，后2项被认定为"特优质量奖"。

（刘建华、王　莉）

【荣誉称号】 京唐公司获中国工业经济联合会第四届"中国工业大奖表彰奖"。

京唐公司获中国企业文化研究会"'互联网+时代'企业文化创新优秀单位"称号。

京唐公司获企业环保类第九届中华宝钢环境优秀奖，成为唯一获此殊荣的钢铁企业。

京唐公司职工图书室被全国总工会评为"全国职工书屋示范点"。

京唐公司获第四届北京金属学会青年学术演讲比赛最佳组织奖，能源与环境部高飞获二等奖，炼钢作业部王艳军获三等奖，质检监督部齐娟获最佳风采奖。

能源与环境部吴礼云获第一届"中国制水大工匠"第一名。

热轧作业部荣彦明参加"第七批首都市民学习之星"评选，获"首都市民学习之星"称号。

热轧作业部王震、张维中《热轧精轧机CVC窜辊系统技术攻关》项目获"北汽杯"北京市青年微创新大赛决赛铜奖。

（王雪青、任全烜）

【京唐公司部门负责人】
计财部
部　长：王鹤更（兼2月任职）
　　　　黄明启（2月离任）
副部长：李洪波（12月任职）　杨玉芳（12月任职）
　　　　王鹤更（2月离任）
制造部
部　长：周　建（兼3月任职）
　　　　朱立新（3月离任）
副部长：刘建华（12月离任）
　　　　林绍峰（12月任常务副部长）
　　　　王晓朋　王　莉（12月任职）
　　　　鲍成人（12月任职）
设备部
部　长：李　鹏（3月任职）　王贵阳（3月离任）
副部长：刘冀川（3月任职）　秦伍献（3月任职）
　　　　孙连生（12月任职）　李　鹏（3月离任）
党委书记：李春风（3月任职）
党委副书记：李春风（3月离任）
纪委书记：李春风（3月任职）
供应管理部
部　长：周　波
副部长：傅　丁（12月任职）
供料作业部
部　长：王育奎
副部长：宿光清（12月任职）　董维利（12月任职）
党委书记：曾德辉（9月任职）　王明江（9月离任）
纪委书记：曾德辉（9月任职）　王明江（9月离任）
销售管理部
部　长：李　越
副部长：王忠宁（12月任职）　孙立欣（12月任职）
安全管理部
副部长：刘红军（11月任职）　王俊杰（9月离任）
保卫部
部　长：郑　斌（12月任职）
副部长：郑　斌（12月离任）

工程部

部　长:刘志忠(3月任职)　邵文策(3月离任)

副部长:刘天斌(7月任职)　曹　震(12月任职)

　　　　刘庆云(7月离任)　刘志忠(3月离任)

人力资源部

部　长:关　锴(3月任职)　刘志民(3月离任)

副部长:张保光(3月任职)　韩建国(11月任职)

　　　　关　锴(3月离任)

信息计量部

部　长:汪万根(9月任职)　高　莉(9月离任)

副部长:郭　亮(12月任职)

办公室

主　任:石韶华(3月任职)　杜朝辉(3月离任)

副主任:吉　玮(9月任职)　石韶华(3月离任)

党委组织部

部　长:关　锴(3月任职)　刘志民(3月离任)

副部长:于　杰(3月任职)

党委宣传部(企业文化部)

副部长:任全烜(12月任职)

纪检(监察)办公室

副书记:张延风(3月任职)

工　会

副主席:别业武(5月离任)　王雪青(11月任职)

团　委

副书记:张　磊(12月任职)

机关党委

党委书记:王明江(9月任职)

　　　　　于　杰(5月任职;9月离任)

纪委书记:王明江(9月任职)

于　杰(5月任职;9月离任)

运营规划部

部　长:刘建华(9月任职)

审计部

副部长:刘　颖(9月任职)

焦化作业部

部　长:杨庆彬

副部长:王贵题　陶维峰(12月任职)

　　　　纪永泉(12月任职)　闫焕敏(12月任职)

党委书记:韩致洲　(9月离任)

党委副书记:于　杰(3月离任)

曾德辉(3月任职;9月离任)

金亚建(9月任职)

纪委书记:于　杰(3月离任)

曾德辉(3月任职;9月离任)

金亚建(9月任职)

炼铁作业部

部　长:张贺顺

副部长:张保顺　任立军　熊　军

　　　　王长水(12月任职)

党委书记:张贺顺

党委副书记:安　钢

纪委书记:安　钢

炼钢作业部

部　长:张丙龙(12月任职)　李金柱(12月离任)

副部长:曾卫民　袁天祥(12月任职)

　　　　李　勇(12月任职)　高洪斌(12月任职)

　　　　张丙龙(12月离任)

党委书记:李金柱(12月任职)

党委副书记:苏震霆(12月离任)

纪委书记:李金柱(12月任职)

　　　　　苏震霆(12月离任)

热轧作业部

部　长:艾矫健(9月任职)　赵继武(9月离任)

副部长:艾矫健(9月任职)

　　　　张　扬　王晓东(12月任职)

　　　　王文忠(12月任职)　彭振伟(12月任职)

党委书记:吴宝田(9月任职)　焦建峰(9月离任)

党委副书记:赵继武(9月任职)

纪委书记:吴宝田(9月任职)　焦建峰(9月离任)

冷轧作业部

部　长:王松涛(3月任职)

　　　　周　建(兼3月离任)

副部长:周　淳(3月任职)　唐　伟(12月任职)

　　　　肖激杨(12月任职)　王松涛(3月离任)

党委书记:苏震霆(12月任职)

　　　　　孙建民(12月离任)

纪委书记:苏震霆(12月任职)

　　　　　孙建民(12月离任)

彩涂板事业部

部　长:赵继红(11月任职)

副部长:冷艳红(12月任职) 王大川(12月任职)
  袁秉文(12月任职) 赵继红(11月离任)
  汪万根(9月离任)
党委书记:赵继红
纪委书记:赵继红
镀锡板事业部
部 长:尹显东(9月任职)
副部长:张召恩(9月任职) 莫志英(9月任职)
党委书记:孙建民(3月离任)
  尹显东(3月任职;9月离任)
  焦建峰(9月任职)
纪委书记:孙建民(3月离任)
  尹显东(3月任职;9月离任)
  焦建峰(9月任职)
能源与环境部
部 长:吴礼云(3月任职) 刘正发(3月离任)
副部长:王树忠 凌 晨(3月任职)
  王津明(3月任职) 汪国川(12月任职)
  刘玉忠(12月任职) 吴礼云(3月离任)
党委书记:刘正发(3月离任)
  吴宝田(3月任职;9月离任)
  范 军(9月任职)
党委副书记:吴宝田(3月离任)
纪委书记:吴宝田(3月任职;9月离任)
  范 军(9月任职)
运输部
部 长:张海云(12月任职) 范 军(9月离任)
副部长:张海云(主持,9月任职;12月离任)
  张 英 冯 超
党委书记:王 伟(12月任职)
党委副书记:王 伟(主持,7月任职;12月离任)
纪委书记:王 伟(7月任职)
质检监督部
部 长:魏 钢(3月离任)
  朱立新(3月任职;12月离任)
  于学斌(12月任职)
副部长:徐海卫(12月任职) 彭国仲(12月任职)
  于学斌(12月离任)
党委书记:魏 钢(3月任职)
党委副书记:曾德辉(3月离任)

纪委书记:魏 钢(3月任职)
钢轧项目筹备组
组 长:罗伯钢
副组长:郭世晨(11月任职) 潘 彪(11月任职)
党委书记:赵继武(9月任职)
纪委书记:赵继武(9月任职)
中厚板项目筹备组
组 长:王 普(9月任职)
副组长:闫智平(11月任职)

(关 锴)

【首钢京唐2016年大事记】

1月11日,京唐公司召开一届三次职代会第二次团长联席会,审议通过《关于首钢京唐公司第一届职工代表大会顺延一年召开第四次会议的决议》。

1月13日,京唐公司召开2015年度培训工作总结表彰大会。

1月19日,京唐公司召开2016年安全生产大会。

1月19日,京唐公司召开第三期精益六西格玛项目总结表彰暨第四期项目启动大会。

1月25日,京唐公司召开领导班子"三严三实"专题民主生活会。

1月26日—27日,京唐公司领导班子成员分别参加基层单位领导班子"三严三实"专题民主生活会。

2月4日,京唐公司召开第一届职工代表大会第四次会议。

2月18日,京唐公司职工伙食管理委员会正式成立。

2月24日,全国政协常委、中国书法家协会主席苏士澍一行到京唐公司参观。

3月1日,京唐公司组织开展"上市公司控股子公司内幕信息保密与信息披露"培训。

3月2日,北京市委《支部生活》杂志社总编辑邓春富一行3人到京唐公司参观交流。

3月2日,澳洲力拓公司亚太区总裁阿兰·史密斯一行到公司参观考察。

3月10日,京唐公司召开领导班子民主生活会通报会暨民主评议会议。

3月29日,京唐公司召开2016年党风廉政建设工作会议。

3月31日,京唐公司将监察办公室(纪委办公室)

更名为监察部(纪委)。

4月7日,罗伊山矿成功首航中国·首钢,成为京唐公司原料供应商。

4月12日—13日,总公司领导靳伟、张功焰、韩庆一行到京唐公司调研并召开座谈会。

4月19日,京唐公司召开风控体系建设启动大会。

4月22日,北京市委副书记、市长王安顺,市委常委、常务副市长李士祥,市政府秘书长、办公厅主任李伟;河北省委副书记、省长张庆伟,省委常委、唐山市委书记焦彦龙,省政府副省长张杰辉,省政府秘书长朱浩文等领导一行到公司参观调研。

4月27日,京唐公司召开股东会2016年第一次会议、董事会三届一次会议及监事会三届一次会议,分别依程序审议批准《首钢京唐钢铁联合有限责任公司章程修正案》,完成董事会、监事会换届改选,选举产生公司第三届董事会董事长、副董事长和第三届监事会主席,审议批准董事会、监事会和经理层议事规则及公司2015年决算报告、2016年预算方案。

4月27日,北京市银监局党委书记、局长苏保祥,党委委员、副局长逯剑一行到京唐公司调研座谈。

4月28日,首钢包装用钢2016年工作年会在京唐公司召开。

5月5日,京唐公司召开2015年度先进表彰大会。

5月6日,全国政协常委、副秘书长、台盟中央常务副主席黄志贤一行到京唐公司参观调研。

5月10日,京唐公司举办第六届职工文化节开幕式。

6月,京唐公司顺利通过测量管理体系外部审核,继续保持AAA级认证注册资格。

6月12日—13日,京唐公司党委副书记王相禹带领调研小组赴宝钢学习交流。

6月16日,北京金隅集团党委副书记吴东,副总经理郭燕明、王肇嘉一行到京唐公司参观考察。

6月16日,京唐公司召开物流经营会。

6月18日,宝钢集团有限公司董事、总经理、党委副书记陈德荣,宝钢集团有限公司总经理助理侯安贵一行11人到京唐公司参观考察。

6月20日,京唐公司2016年第一期作业长培训班正式开班。

6月29日,首钢股份公司、京唐公司基层单位党委书记培训班正式开班。

7月1日,京唐公司召开庆祝中国共产党成立95周年大会。

7月5日,京唐公司成立中厚板项目筹备组。

7月8日,京唐公司成立重大决策社会稳定风险评估工作领导小组及工作办公室。

7月13日,国家环保部科技标准司裴晓菲处长一行8人到京唐公司开展环保调研。

7月19日,首钢京唐、股份两地热轧系统技术交流会在京唐公司举行。

7月19日,京唐公司职工创新工作室负责人和基层单位工会干部48人赴中车唐山机车车辆有限公司,参观学习全国劳模张雪松、苏健"金蓝领创新工作室"。

7月21日,京唐公司召开工会会员代表大会。

7月21日,首钢青年干部特训班学员到京唐公司现场学习。

8月3日,京唐公司召开第三届科技工作会议。

8月10日,京唐公司党委举办第一届讲京唐故事第一期宣讲活动。

8月15日,京唐公司2016年科技人才管理培训班正式开班。

9月7日,京唐公司印发《首钢京唐钢铁联合有限责任公司关于调整机关职能部门机构编制的通知》(首京唐发〔2016〕188号),将行使职能管理业务的二级管理机构名称统一由"处"更名为"室";成立运营规划部、审计部。

9月19日—20日,北京市证监局局长王建平、副局长陆倩等领导一行到京唐公司参观调研。

9月19日—20日,京唐公司开展职工创新工作室"创新之旅"观摩推进活动。

9月20日,京唐公司举行"海誓山盟·京唐之恋"2016年青年集体婚礼。

9月29日,共青团唐山市曹妃甸区委、京唐公司联合举办"唱响曹妃甸"之首钢京唐之夜暨曹妃甸区2016年企地青年歌手大赛。

10月14日,京唐公司投产以来规模最大的一次系列年修工作正式启动,共涉及检修项目3768项,投入人员5088人。

10月19日—21日,总公司领导靳伟、张功焰、许建国、赵民革、梁捷、刘建辉一行到京唐公司调研。

10月24日—25日,中粮包装投资有限公司副总经理冯萍一行到京唐公司参观考察。

10月24日—25日,宝马集团车身结构零件质量总监蒂尔曼·赫特一行6人到京唐公司参观考察。

11月3日,东风商用车材料采购部部长崔振学一行5人到京唐公司参观考察。

11月8日,京唐公司顺利通过戴尔EICC体系现场审核。

11月10日—11日,台湾中钢到京唐公司焦化参观交流。

11月15日,京唐公司荣获企业环保类第九届中华宝钢环境优秀奖。

11月23日,国务院发展研究中心企业研究所原副所长、研究员李兆熙率《首钢建设具有世界影响力综合性大型企业集团战略研究》课题组成员到京唐公司参观调研。

12月,公司荣获中国企业文化研究会授予的"'互联网+时代'企业文化创新优秀单位"称号。

12月7日—8日,京唐公司党委举办党支部书记培训班。

12月11日,京唐公司荣获第四届"中国工业大奖表彰奖"。

12月15日,京唐公司2号镀铝锌线成功下线第一卷镀铝锌产品,填补首钢镀铝锌产品领域的空白。

12月18日,球团烟气脱硫项目顺利通过唐山市环保局验收。

12月21日,京唐公司召开2016年6S/QTI管理总结表彰暨2017年工作启动大会。

12月27日,京唐公司组织职工选民8801人参加曹妃甸区第二届人民代表大会代表选举。

12月27日,京唐公司举办外派合资公司高级管理人员履职能力提升培训班。

12月29日,京唐公司召开第四期精益六西格玛项目总结暨2017年项目启动大会。

(闵　亮)

首钢凯西钢铁有限公司

【首钢凯西钢铁有限公司领导名录】

董事长:顾章飞(9月离任)　周　建(9月任职)

副董事长:黄亚河

总经理:张庆春(9月任职)

副总经理:叶松仁　李　众　吴　辉

财务总监:钱　伟

(黄紫云)

【概况】　按照国家钢铁产业调整和振兴规划以及国务院关于"海西战略"发展的要求,首钢总公司与福建凯西集团有限公司于2011年5月30日合资设立首钢凯西钢铁有限公司(以下简称首钢凯西公司),公司注册资本15亿元,首钢总公司持股60%,福建凯西集团有限公司持股40%。公司位于福建漳州招商局经济技术开发区,总占地面积1220亩。主要产品为冷轧薄板、镀锡板、镀铬板,产品销售市场以福建、广东为主,辐射江浙、江西、台湾地区及东南亚、欧美等海外市场。产线包括推拉式酸洗生产线2条、八辊五机架全连续冷连轧生产线1条、四辊五机架全连续冷连轧生产线1条、二十辊森吉米尔可逆薄板轧机2套、四辊单机可逆薄板轧机2套、钢带连续光亮退火生产线1条、废酸培烧再生机组1套、光亮罩式退火生产线16套、脱脂1条、拉矫线3条、电镀铬生产线2条、马口铁剪切线1条。部分生产线升级改造,产品结构不断优化,产品质量水平提升,产品市场竞争力提高。与首钢京唐、首钢迁钢等衔接,利用首钢整体优势和凯西公司自身区位优势,做好产业链延伸,发展钢材加工配送,为首钢集团在华南地区战略布局服务。首钢凯西公司设立制造部、经营部、物资管理部、建设工程部、技术研发部、计财部、综合管理部、办公室、新事业部、轧钢二分厂、马口铁分厂,在职职工433人,平均年龄34岁,其中本科及以上学历76人,女职工100人。

2016年,首钢凯西公司面对严峻的市场形势和内部困难,在首钢总公司和京唐公司帮助支持下,干部职工围绕年初制定的经营目标,按照"打造国内有特色有竞争力的镀铬生产基地"要求,在新的历史起点上深化改革,用"五大发展理念"引领转型发展,企业经营形势明显好转,为公司转型升级奠定坚实基础。

(黄紫云)

【主要指标】　2016年,首钢凯西公司继续实现大幅减亏,比2015年减亏7808万元,减亏幅度44.22%。继续推进镀铬精品战略,产品结构调整初见成效,全年完成镀铬产品入库7.04万吨,占自轧产品产量的65.51%,

环比提高 42.65%;完成销量 7.44 万吨,占自轧产品销量的 61.29%,环比提高 41.46%。对国内部分一线制罐厂商实现批量供货,成功进入镀铬高端产品市场。加工贸易工作取得突破,全年销量突破 16 万吨,比 2015 年增长 5 倍,首钢华南地区桥头堡作用逐步显现。

(陈鹏举)

【降本增效】 首钢凯西公司员工眼睛向内,挖潜力,减支出,全年降本增效 462.6 万元。加强资金管理,开展融资工作,转变资金周转方式,财务费用大幅降低,贴息费用比 2015 年减少 50%。加强物资供应商管理,优化物资采购结算方式与供货周期,提高人员专业能力与议价能力,利用公司自有加工能力与资源,降低采购成本 120 万元。回收纸套筒、护角、护板等生产辅料,再次循环利用,节约成本 41 万元;根据物流流向合理调整库区规划,减少物料倒运成本 10.6 万元。技术专业和销售专业合作,调整冷轧产品包装方式,节省包装费用 88.7 万元;优化切边方式,丰富原料采购渠道,降低原料成本 124.3 万元。设备专业南区 3 条供电回路进行变压器减容改造,每月节约基本电费 30 万元。新事业部承接公司绿化管理和原来外委的工作,节约大量费用支出。

(林斐凡)

【新产品开发】 首钢凯西公司发挥京唐公司技术、质量优势,优化生产工艺,创新产品开发体系,高端品种比例提升。全年两片罐、饮料铁、易开盖等高端镀铬板产量 2.3 万吨,占总生产量比例 30% 以上。赢得昇兴、德通、标新等中高端下游客户信任,实现覆膜铁、饮料罐、易开盖等产品稳定、批量供货。0.18 毫米规格鲮鱼罐实现无序毛化工艺,与国内先进水平差距逐步减小;饮料底盖、油墨罐、皇冠盖、覆膜铁、两片罐、易开盖实现工艺固化,稳定供货;啤酒桶、DRD、旋压用、喇叭用等新产品进入试验阶段。

(林斐凡)

【技术攻关】 首钢凯西公司借助京唐公司技术优势与支持,集合公司技术力量,秉承"客户至上、品质第一、持续改进、追求卓越"质量方针,推进 ISO9001 质量体系建设,优化工艺规程与作业指导书,全面推进技术攻关工作。健全技术质量管理制度体系,针对产品质量缺陷,全年制定《工艺辊系管理细则》《质量异议处理规定》《潮湿天气生产控制要求(试行)》等制度 11 项,加强制度执行情况常态化检查,按制度办、按制度执行成为常态,推进规章制度与标准体系的有序衔接。利用技术质量例会平台,推行《技术攻关管理办法》,全年制定 51 项整改计划,其中镀铬蓝边、黄斑得到彻底解决;罩退压边粘结、锈麻点、平整液斑、铬酐印、压印等明显改善。镀铬小黑点质量问题四季度明显改善,得到下游客户认可,为镀铬产品实现新突破奠定坚实基础。

(林斐凡)

【队伍建设】 首钢凯西公司推进三支人才队伍建设,系统建立起生产操作技能、专业技术管理和中层领导干部三支人才队伍绿色通道。设立岗位评估小组,根据工作职责、工作要求、工作复杂程度、对公司整体贡献等因素评价员工工作。组织专项评审会议 12 次,完成全体员工评定工作,评定主任师 11 人,主管师 22 人,主管员 42 人,高级工 21 人,中级工 175 人。按照三支人才队伍重新建立岗位工资体系,合理拉开收入差距。树立"人力资源管理的一半是培训"理念,以自主培训为重点,全年完成内训 65 项、181 课时、2641 人次。坚持引进来和走出去相结合,除组织员工到京唐公司及兄弟企业学习之外,组织完成外训 8 项、58 人次,提高员工职业素养,全年获"首钢劳模"称号 1 人,获"首钢三创标兵"称号 1 人,获京唐公司"优秀员工"称号 10 人。

(林斐凡)

【转型发展】 根据首钢总公司关于研究首钢凯西公司转型发展专题会议和公司董事会会议精神和要求,首钢凯西公司围绕覆膜铁生产、金属包装材料以及食品饮料等下游产业进行大量调研和技术交流,形成以打造国内有竞争力有特色的镀铬板生产基地为近期目标,以盘活老厂区土地资源和加速新区新项目建设为主线的转型发展思路。四季度,老厂区镀铬基板生产机组搬迁改造工程正式启动,企业转型工作全面展开。优化马口铁镀铬板生产工艺布局,提升设备功能精度,提高质量管控能力,增强产品市场竞争力。形成 1 号镀铬线增加覆膜生产设备技术方案,旨在丰富公司产品体系,提高产品档次,增强企业竞争力。

(林斐凡)

秦皇岛首秦金属材料有限公司

【首秦公司领导名录】

董事长：赵久梁（3月任职）　王相禹（3月离任）

副董事长：李少峰　丁汝才

董　事：舒　洪　沈一平（3月任职）
　　　　赵久梁（3月离任）
　　　　刘海龙　姜哲镐

总经理：赵久梁

副总经理：沈一平　周德光　刘海龙
　　　　王相禹（3月离任）

总经理助理：张立伟　王　普

党委书记：王相禹

党委副书记：沈一平（3月任职）
　　　　赵久梁（3月离任）

纪委书记：王相禹

工会主席：沈一平（3月任职）　王相禹（3月离任）

（余永光、何　健）

【综述】 秦皇岛首秦金属材料有限公司（以下简称首秦公司）是首钢总公司、香港首长国际企业有限公司与韩国现代重工业株式会社共同建设经营的一家钢铁联合企业，地处河北省秦皇岛市海港区杜庄。2003年5月3日开工建设，2006年10月20日实现铁、钢、坯、材工艺流程全线贯通，年产生铁255万吨、钢260万吨、宽厚钢板240万吨。首秦公司坚持"节能环保型、循环经济型、清洁高效型"建厂方针，在总体布局上采取紧凑式流程设计，吨钢占地面积仅为0.7平方米，相当于传统吨钢1.5平方米的46%。

首秦公司坚持以打造"专、精、深、强"宽厚板精品基地为目标，形成12大系列、300多个品种，包括造船板（含海工钢）、管线钢、桥梁板、容器板（含合金容器板）、低温容器板、高建钢、高强钢（含耐磨钢）、模具钢、储油罐钢、水电钢、风电钢、核电钢。首秦公司以"让客户满意、让职工满意、让股东满意"为宗旨，确立打造客户"首选之板"核心价值观，致力于软实力建设，打造"专、精、深、强"的宽厚板综合制造+服务商。

首秦公司内设机构11个。其中事业部4个，分别为炼铁事业部、炼钢事业部、轧钢事业部、能源事业部（设备公司）；职能部室7个，分别为制造部、物贸公司、安全部、计财部、组织人事部（办公室）、审计部（董事会办公室）兼创业中心筹备组、实业公司（秦机厂托管）。2016年底在册职工2321人，其中博士4人、硕士195人、本科610人、大专787人；高级职称74人，中级职称256人；高级技师80人，技师239人，高级工695人，中级工381人；职工平均年龄37岁。

2016年，是实施"十三五"规划的开局之年，也是首秦公司深化改革的攻坚之年。在首钢集团领导和技术服务组帮助下，干部职工控规模、降库存、变机制、提效率、增效益，基层改革成果显著，全要素生产率提升，完成年度预算任务。其中，秦皇岛首钢板材有限公司（以下简称"板材公司"）实现"安全、稳定、经济"停产。秦皇岛首钢机械厂转型发展取得重大突破。

（金品楠、游力杰）

【主要指标】 2016年，首秦公司生产基本安全稳定顺行，多项工艺技术指标有升有降。吨全焦指标421.01千克，比2015年提高0.74千克。其中，吨入炉焦比352.18千克，比2015年提高4.05千克；优化炉料结构和生产工艺，吨钢铁料1071.70千克，比2015年降低2.46千克；强化技术展开和现场执行，4300毫米成材率90.32%，比2015年提高0.81%；3300毫米成材率88.16%，比2015年提高0.32%。全年烧结矿、铁、钢、材产量分别为323.99万吨、235.17万吨、232.45万吨和183万吨（含3300毫米钢材产量24.06万吨），烧结矿、生铁、钢坯比计划少完成5.51万吨、1.83万吨、0.25万吨，钢板比年计划少完成2.90万吨。

（刘新红）

【产品市场开发】 首秦公司X80M批量用于海底管线，Q500q用于芜湖大桥，Q370qD+316L用于平潭大桥。开发出Q345qNH耐候桥梁钢等新产品，品种、规格、强度等级国内最全，全年中标国内外重大桥梁工程项目 12 个、19.8 万吨,其中整套中标供货世界第一高桥——北盘江大桥高性能桥梁钢。连续两年被大桥局评为"优秀供应商"。复合板实现批量供货。全年完成 3800 吨,比 2015 年增加 3000 吨。海上风电钢国内领先。先后中标中广核、中交等项目 3.5 万吨,发挥出 400 毫米特厚板坯大单重优势。SA738 核电安全壳用钢研发成功,取得核级钢板合格供方资格证书。

(余永光)

【原料采购】 首秦公司进口矿采购以折扣矿为主,合理选择定价区间,调控库存数量,择机波段采购;集团内统筹协调,提高资源保供能力。全年采购均价 55.1 美元,比市场价低 3.15 美元,吨铁降本 28.9 元。国内原燃料焦炭自采开拓内蒙乌海湿焦、沧州中铁干熄焦渠道,比市场价低 33 元/吨;煤炭尝试期货模式,锁定进口价格规避国内市场涨价,比市场价低 74 元/吨;球团执行多渠道招标采购,比市场价低 17 元/吨;硅锰合金开发新渠道,比市场价低 167 元/吨。合计降本 37.7 元/吨。

(余永光)

【降本增效】首秦公司全年各工序降本 154 元/吨、3.58 亿元。炼铁工序保持经济规模,加强原燃料采购运作,主动适应焦炭质量变化,强化高炉操作管理,结矿落地技改发挥效能,实施鱼雷罐烘烤燃气改造,全年生铁成本 1488 元/吨,比河北文丰钢铁公司缩差 63 元/吨。炼钢工序加强精细化管理、标准化操作,生产稳定性提升,全年工序成本 604 元/吨,比 2015 年降低 61 元/吨。轧钢工序加大工艺攻关降本力度,在极薄、极厚、最大单重上取得突破,全年工序成本 498 元/吨,比 2015 年降低 57 元/吨。能源工序采取优化生产运行方式、错峰用电、实施节能项目改造等措施降本 710 万元,高炉冲渣水集中供热项目供应稳定,年创效益 433 万元。

(张继文)

【安全管理】 首秦公司强化安全责任体系建设。学习推广"把隐患当事故处理"的经验,建立和固化岗位隐患排查清单,以班组为基本单元,识别、排查现场隐患 1153 项。抓住生产检修状态转换、高风险特殊作业管控等关键点,加强联系确认、三牌流转及相关方专项治理。规范检操作业行为,引导相关方单位履行安全责任,强化责任落实,各类事故得到有效遏制。全年千人负伤率 1.04。

(张继文)

【节能环保】 首秦公司落实绿色行动计划,履行社会责任。继烧结 130 平方米电除尘进行电袋改造之后,在烧结机头增加多管除尘,280 平方米电除尘器设备老化、功能失效问题解决。为保障唐山世园会、中东欧国家地方领导人会议等重大活动成功举办,响应地方政府环境质量要求,多次启动Ⅲ级应急预案,履行企业社会责任。全年烟粉尘、二氧化硫、氮氧化物排放量分别比计划降低 0.3%、0.08% 和 4.7%,综合排放合格率达到 98.8%。全年取得环保、节能及退税等政策补贴 1770 万元。

(牟文宇)

【信访维稳】 首秦公司强化主体责任,逐级签订信访维稳责任书;加强制度建设,完善落实重大决策社会稳定风险评估实施细则、重点矛盾纠纷领导包案等四项制度;严细组织,关切职工诉求,妥善分流安置人员,保证板材公司顺稳停产。

(孙娟娟)

【深化改革】 首秦公司精简机构、提质增效。取消设备事业部、物流公司,成立物贸公司,设备公司与能源事业部,办公室与组织人事部实施一个机构两块牌子,审计部、董事办、创业中心筹备组合署办公,精简处级机构 1 个,科级机构 12 个,精简 16.44%;减少管理人员 222 人,精减 33.8%;减少作业人员 1096 人,精减 23.8%。首秦公司、板材公司、秦机厂实现优化 1318 人,提效 25.44%,完成计划的 101.78%。倡导多劳多得、多省多得、多创多得,鼓励各单位通过存量搞活分配。实施维检体系改革。各事业部分别成立检修分厂,扩大自主检修范围;整合各方人员组建以首秦公司为主的检修团队,在首秦公司各事业部、板材公司、秦机厂、首秦加工公司、首秦龙汇公司、首秦嘉华公司、首钢范围内开展检修协同。全年维检大包费和人员分别降低 1515 万元、242 人,降幅 16.52%、22.06%;修理费降低 6449 万元,降幅 21.1%。

(张继文)

【"晓峰"分配法】 2017 年,首秦公司轧钢事业部设备保障中心副主任、"晓峰"分配法发起人李晓峰,针对所管辖的区域内人员身份复杂,包括首秦公司正式工、力源工,板材公司正式工和力源工,社会上招的临时工等五种身份;每种身份的奖励机制不一样,影响一线工人积极性,给工作带来被动,探索推行同岗同酬,不唯身份,不论出处,只要在同一个班组,干同一份活,就实现绩效考评同酬,从分配制度上打破身份束缚。"晓峰"分配法营造出不唯身份、公平公正的氛围,大家主动争活干、抢任务,积极开展备件自修。2016 年备件自修率较 2015 年提高 28.12%。

（张继文）

【板材公司停产】 板材公司落实首钢集团重要战略举措,提早准备,精心组织,协调落实每项工作细节。8 月份,重点轧制薄规格合同并完成全部在手合同;9 月 1 日,3300 毫米产线按时停产,中间库、成品库钢板和废次材于 12 日前清发完毕;9 月 30 日,劳务工 322 人平稳解合离厂。首钢集团、战略管控部门、京唐公司、首秦公司共同制定出科学、合理、充分代表职工利益的人员分流安置政策及方案,10 月 14 日,板材公司职代会全票通过,10 月 28 日,正式职工 424 人全部安置。

（张继文）

【拓展生存空间】 秦皇岛首钢机械厂承接京唐废次材加工、营销,以及 3500 毫米产线的试样加工、火切、修磨等配套业务,转型发展实现重大突破。自主研发 NM400 轧机耐磨板、天车轨道压板等新产品,承揽京唐西山焦化 13 台智能排水器供货等业务,逐步由单一型向多元化发展。秦皇岛首秦加工配送有限公司确立复合板和铁塔为主导产品。宁波天翼俄罗斯石化项目的 A516+410S 复合板、首钢园区直饮水管复合板等产品的成功开发和应用,突破 TMCP 工艺、双相钢热轧复合板等技术瓶颈。陆续上马铁塔生产设备,新增折弯机、内焊机等相关设备,具备通讯塔批量生产能力。推进电力塔取证工作,逐步形成以通讯塔、电力塔相结合的生产模式。

（张继文）

【干部管理】 首秦公司全年交流调整处级 46 人次,科级 70 余人次。从严从实管理干部,约谈存在问题的二级单位党政领导,降职处理履职不到位的处级干部 1 人。强化管党治党责任,落实党风廉政建设主体和监督责任,狠抓廉政风险防控,强化廉洁自律从业,对领导干部、涉外人员进行党风廉政建设谈话教育。

（周 强）

【文化建设】 首秦公司开展"抓基础保稳定"全员大讨论活动;深入思想发动,挖掘、选树典型,总结基层改革经验,组织召开"基层改革经验交流推进会"。创建"从

基层中来,到基层中去"的企业文化,凝聚改革精神,汇聚改革力量;讲述"首秦故事",弘扬首秦精神。钢渣加工线"是党员就要做块好钢"的故事,作为北京市国资委系统唯一一家工业企业代表,参加北京市委"党在百姓心中"巡回宣讲,为首钢赢得荣誉。与客户联合举办《长征组歌》汇演,共同弘扬长征精神,展示首秦人风采。

（张继文）

【职工生活】 首秦公司加强队伍素质建设。针对"操检合一"、岗位复合化要求,强化多技能培训,300 人取得二技能特种作业证;选拔培养高技能领军人才,28 人获得首钢级以上荣誉,其中,国家级 2 人,省市级 9 人。坚持开展送温暖献爱心等走访慰问活动,全年发放困难补助款 14 万元;为职工缴纳住院医疗互助险、女工险等四项保费 13 万元;开展环厂跑、徒步大会、足球赛等文体活动,丰富职工文化生活。职工年人均收入增长 4%。

（张继文）

秦皇岛首钢板材有限公司

【秦皇岛首钢板材有限公司领导名录】
董事长:李少峰
副董事长:丁汝才
董 事:赵久梁 杨俊林 董鸿斌
总经理:董鸿斌

（张建刚）

【概况】 秦皇岛首钢板材有限公司(以下简称板材公司)1992 年成立,是首钢在香港上市公司首长国际企业有限公司全资公司,注册资本 8600 万美元。板材公司生产厚度 5 毫米—60 毫米、宽度 1500 毫米—3000 毫米的普碳、低合金钢板;6 毫米—32 毫米厚船体结构钢板、中低等级管线钢;6 毫米—40 毫米厚锅炉和压力容器板、桥梁板、优碳板等。船体结构钢板获得中国 CCS、美国 ABS、英国 LR、德国 GL、法国 BV、意大利 RINA、挪威 DNV、日本 NK、韩国 KR 九个国家船级社质量认证及中国渔业船舶认可证书。按照首钢总公司统一规划,于 2016 年 9 月 1 日,生产线正式停产,10 月 28 日完成人员分流安置工作,拥有 24 年历史的板材公司实现了安全停产、顺稳停产、经济停产。2016 年 11 月 1 日,板材

公司正式进入留守、转型模式。

（张建刚）

【生产技术】 板材公司生产技术专业适应公司停产带来的各项不利影响,保证产线顺稳运行。配合首秦整体接单,停产前尼日利亚项目极限规格（6×2500×10000毫米,9492片）成功交货。2016年9月底前,完成厂内钢坯、钢板的清发工作,全年完成总公司下达的各项技经指标。

（张建刚）

【设备专业】 板材公司设备系统按照"吃干榨净"原则,保证设备稳定同时达到消耗最低,设备专业始终承担着设备故障中断生产的风险,利用专业知识正确评估,加强日常维护及时修理,使每个备件达到最大极限寿命。停产后完成各类设备的停运及封存工作,完成各类运行介质的切断、封堵工作。京唐公司3500项目利旧板材公司生产线定尺剪、精整区辊道、天车等设备。

（张建刚）

秦皇岛首钢机械厂

【秦皇岛首钢机械厂领导名录】

党委书记:洪　波(1月离任)

厂　长:朱新喜

（宋　金）

【概况】 秦皇岛首钢机械厂（以下简称秦机厂）,始建于1955年,厂名为秦皇岛市通用机械厂。1962年成为国家第八机械工业部农机产品定点配套厂,更名为秦皇岛市拖拉机配件厂。1988年成建制划归首钢总公司,成为首钢总公司全资子公司,更名为秦皇岛首钢机械厂。企业注册资金3000万元。

2016年是"十三五"的开局之年,秦机厂在首秦公司党委指导帮助下,干部职工团结一心,攻坚克难,围绕任务指标和重点工作,通过持续深化改革,加快转型发展,圆满完成全年各项经营生产任务。

（宋　金）

【主要指标】 2016年,秦机厂实现销售收入1.6亿元,比2015年增加11%,首秦以外的业务收入比2015年增加5.2%。实现利润20.86万元,超计划10.86万元,比2015年增加18.86万元。加工公司销售收入8551.66万元;销售公司销售收入2664.9万元;机加公司实现收入及产值3126.08万元;金属制造公司实现收入及产值549.38万元;试样加工公司销售收入984.71万元;华盛环保公司销售收入686.23万元;环能科技公司实现收入及产值128万元;实业公司销售收入771.22万元。

（宋　金）

【服务主业】 2016年,秦机厂废钢处理配送完成25.23万吨,配送完成率100%;完成试样加工11.33万炉;自主研发的布袋查漏系统实现在线应用,完成三次大规模脱硫系统的设备中修任务;4月1日,正式接手首秦炼钢旋流井操检合一任务,人员、操作、维护和安全等各方面做到规范管理、高效衔接,设备运行顺稳;在餐饮配送、绿化美化、住宿接待、设备设施维护等方面,为首秦公司提供可靠的后勤保障服务;3月25日,承接首秦设备库搬迁工作,4月28日,提前完成9200平米设备库整体搬迁任务。

（宋　金）

【产品研发】 2016年,秦机厂研发试用烧结机篦板、NM400轧机耐磨板、轧钢抛丸机布料螺旋等7项备件产品;椭圆形不锈钢体智能防泄漏排水器研制成功,中标京唐公司两个批次计38台供货合同;掌握高炉风口衬套修复技术,填补首钢技术空白,在首秦公司高炉上机试用5件;研制开发耐低温型长寿命除尘布袋,使用寿命延长30%;试制成功京西重工供风过滤装置过滤框,开始上机试用;取得河北省除尘脱硫脱硝二级运行服务资质;完善覆膜砂工艺,定型12台套覆膜砂篦条模具,具备迁钢、京唐、首秦、长钢、九江、邢钢等系列篦条产品生产能力。

（宋　金）

【市场开拓】 2016年,秦机厂中标五矿营钢73根矫直机支撑棍和矫直辊修复、唐山九江钢铁200吨和邢钢80吨篦条的供货等多项社会市场业务的承揽,累计合同金额500万元,社会市场开发实现突破。梳理超市、蛋糕房、奶吧、洗衣房和苗圃种植等对外业务,变更合作模式,实现扭亏;盘活广顺闲置房产40套,扩大对外租赁业务,实现毛利润46万元。

（宋　金）

【新业务对接】 2016年,秦机厂利用废次材处理经验和优势,以加工公司为主,举全厂之力,在充分调研市场和反复查看现场作业情况基础上,制定京唐公司卷材废次材处理业务可行性方案和场地布置调整方案。12 月 20 日,秦机厂正式接手京唐公司废次材加工中心,取得冷、热轧卷板废次材处理和深加工业务,京唐公司钢铁配套业务取得实质性进展;冷、热轧卷板废次材处理业务运营整体平稳顺畅,各类产品销售计 8000 吨,销售收入 2200 万元。

(宋 金)

【深化改革】 2016 年,秦机厂出台《厂内部用工管理办法》,实现厂内用工市场化运作。推进分公司绩效分配制度改革,厂级层面调整绩效系数,指导各公司建立起适合自身特点的考评制度,鼓励多劳多得,鼓励绩效收入拉开差距,分公司实现自主分配。

(宋 金)

【安全和 TPM 管理】 2016 年,秦机厂修订完善安全预案 7 个,编制完成新版岗位安全操作规程 37 个,各岗位安全生产责任制度 85 个;查处职工劳动保护用品穿戴不规范情况 29 人次,自主管理问题 22 个,安全隐患问题 83 个,下达《隐患整改通知单》11 份,《安全管理考核单》8 份。TPM 工作进入"1"阶段,2016 年累计 214 人参加 TPM 小组活动,发现不合理现象 932 处,完成整改 867 处,杜绝浪费亮点 249 项,节约资金 34.17 万元;试样加工公司班组基础管理活动、实业公司洗衣房设备改造、食堂区域划分及小组活动,成为首秦公司学习样板。

(宋 金)

【党建和队伍建设】 2016 年,秦机厂在"两学一做"学习教育工作中突出问题导向,围绕经营生产发挥"关键少数"作用,在基层党支部开展多种形式的"攻坚克难"特色活动;明确"为客户创造价值"的经营理念,开展职工合理化建议征集活动,收集建议 153 条;组织脱硫运维、钳工、电气焊、高低压电气、起重作业培训 105 人次,累计 1954 学时,孙杨获"第十七届北京市工业和信息化职业技能竞赛暨首钢 2016 年职业技能竞赛"机修钳工第二名;组织完成一线职工春节值守、困难职工、党员和职工生日等多项慰问工作;开展"关注心理健康"问卷调查、迎新长跑、羽毛球健身、春季职工踏青和秦皇岛赛区的徒步大会等文体活动,营造团结友善、乐观向上的工作氛围。

(宋 金)

秦皇岛首秦钢材加工配送有限公司

【秦皇岛首秦钢材加工配送有限公司领导名录】
董事长:李少峰
副董事长:赵久梁
董 事:姜哲镐 丁汝才 刘海龙 王建国
总经理:王建国
党委书记:张秋生(3 月离任)
副总经理:高 清(4 月任职)
总经理助理:李文生(3 月离任) 魏延义
高 清(4 月离任)

(康 硕)

【概况】 秦皇岛首秦加工配送有限公司(以下简称首秦加工公司)由秦皇岛首秦金属材料有限公司、香港首长国际康硕公司共同投资建设,2007 年 4 月 27 日注册成立,注册资本 3 亿元人民币。公司位于秦皇岛经济技术开发区东区(山海关),总占地 1165 亩,有 500 米长自主海岸线和 2 个 3.5 万吨泊位码头,具备区位优势和发展潜力。公司一期工程 2009 年 3 月运营,主厂房面积 9.16 万平方米,装备精密数控切割、剪板、自动焊接、抛丸喷漆、热处理等加工设备。板材(型材)年预处理能力 15 万吨,年数控切割能力 8 万吨,年钢结构焊接能力 6 万吨。公司产品应用于造船、桥梁、装备制造、工程机械、风电设备、高层建筑等领域。2016 年,首秦加工公司以不锈钢复合板和铁塔为核心,以环保除尘和备件维修为辅助,开发市场,扩大产能。

(康 硕)

【主要指标】 2016 年,首秦加工公司立足自身转型调整,全年完成深加工产量 1.81 万吨。复合板产量 3073 吨,预处理钢板 11 万吨,热处理 1360 吨,环保滤袋 2.89 万条。实现销售收入 4.57 亿元。

(康 硕)

【产品研发】 首秦加工公司热轧不锈钢复合板取得重要突破。在桥梁模板领域取得较好知名度,产品远销西藏、广东、湖北、贵州等地;宁波天翼俄气项目的 A516+410S 复合板、大桥局平潭桥 Q370QE+316L 复合板、大桥局桥用储水槽 Q370QE+316L(8+4)复合钢板、京唐热风炉 Q345R+904L 复合板及迁钢脱硫 Q235+2205 复合板等系列合同,均属于国内相关领域首次应用,突破 TMCP 工艺、6 倍轧制比限制、对称组坯限制、双相钢热轧复合板等瓶颈问题,达到国内领先水平。与中油宝世顺联合生产的直径 1020、Q235B+304 不锈钢复合管,是使用 8.8 毫米加 1.2 毫米不锈钢复合板卷制而成,内衬食品级 304 不锈钢,外防腐采用双环氧树脂,设计使用寿命超过 30 年以上。首秦加工公司生产的不锈钢复合板首次应用于城市供水项目。

（康 硕）

【行业资质】 首秦加工公司具备通讯塔和电力塔批量生产能力,2016 年取得《220KV 输变电钢管杆产品检验合格证》《500KV 输变电钢管构支架产品检验合格证》,成为铁塔制造商

（康 硕）

【产线升级】 首秦加工公司复合板前端组坯环节增加双丝埋弧焊机、多头压力机、真空泵等前端制坯设备后,工艺流程优化、生产效率提高、设备产能增大;后部处理工序增加九辊矫直机、砂带磨床、油膜拉丝机、镜面研磨机和敷膜机等工艺成型和包装设备后,实现复合板矫直、修磨、包装的流水线生产作业,工人劳动强度降低,加工工序减少,产品整体质量提高。设备能力强化和生产组织模式日趋成熟,带动复合板产能大幅度提升,一季度 287.14 吨、二季度 539.18 吨、三季度 657 吨、四季度 1589.65 吨。铁塔产线配备 3200 吨折弯机、合缝机、矫直机、内焊外焊等设备后,管类塔生产制造能力提升到 8000 吨;下半年增配 4 条数控型钢联合生产线以及清跟、铲背、火曲等设备后,角钢塔生产能力提升到 1.5 万吨。

（康 硕）

【队伍建设】 4 月,首秦加工公司焊工刘鑫参加《中国大能手》全国技能竞赛焊接项目比赛,获得全国第七名,被授予《中国大能手》第二季之"神秘悍将"称号。10 月 27 日,首秦加工公司果志伟代表首钢总公司参加北京市第四届职业技能焊工大赛,获得第一名,被授予"北京市技术能手"称号。

（康 硕）

秦皇岛首秦龙汇矿业有限公司

【首秦龙汇公司领导名录】

董事长:赵久梁

副董事长:余静龙

董　事:刘海龙　刘政群　王　立

总经理:刘政群

党委书记、副总经理:郭湘平

副总经理:洪　波(1 月任职)

（于纳伟）

【概况】 秦皇岛首秦龙汇矿业有限公司(以下简称首秦龙汇公司)由首秦公司、首钢板材公司与龙汇工贸集团共同出资成立合资公司。项目主体为"一厂两矿":即 200 万吨/年球团厂、50 万吨/年宏达铁精粉选厂和50 万吨/年岔沟铁精粉选厂。公司成立于 2008 年 5 月份,注册资本 5 亿元,其中首钢系占股 70%、入资 3.5 亿元(即首秦公司占股 9%、入资 0.45 亿元,首钢板材公司占股 61%、入资 3.05 亿元),龙汇工贸集团占股30%、入资 1.5 亿元(其中现款入资 0.5 亿元,以宏达铁矿采矿权评估入资 1 亿元)。

2016 年,首秦龙汇公司继续推进深化改革和各项处置工作,服务首秦、保产首秦的各项业务获得充分肯定,被授予"首秦公司深化改革试验区"称号。单元管控、多元融合,构建"管操检"一体化体系,全年累计完成钢渣处理量 36 万吨,保障首秦公司炼钢保产任务完成。利用皮带粘结技术和人才,通过传帮带,搭建皮带粘结自主团队,闯出技术品牌。全年先后支援炼铁返料皮带、套筒窑耐高温皮带等 5 次粘结检修任务,外委项目转为自主完成,填补检修技术空白 1 项。组织检修力量,支援首秦公司烧结中修,先后完成 40 套烧结台车的组装上机任务,全部达到运行条件。

（于纳伟）

秦皇岛首秦嘉华建材有限公司

【首秦嘉华领导名录】

董事长:赵久梁

董　事:徐应强　张立伟　张永康(8 月离任)

　　　宋咸权(8 月任职)　王新宇(8 月离任)

　　　肖　阳(8 月任职)　刘丙臣　曹欣荣

　　　许福山　杨　可

总经理:王新宇(8 月离任)　肖　阳(8 月任职)

副总经理:杨　可

（赵　娜）

【概况】 秦皇岛首秦嘉华建材有限公司(以下简称首秦嘉华)是卓桦投资有限公司、秦皇岛首秦金属材料有限公司、北京首钢耐材炉料有限公司 2008 年 5 月 15 日共同投资人民币 6000 万元组建的中外合资公司。合资公司位于秦皇岛市抚宁县杜庄镇秦皇岛首秦金属材料有限公司北侧,占地 50 亩,专业从事绿色环保型建材产品—粒化高炉矿渣粉的生产、销售。主要经营:矿渣微粉生产和销售;水渣加工、销售;提供水渣、矿渣微粉产品的技术咨询、服务。首秦嘉华利用秦皇岛公路网络和港口条件开拓南、北方销售市场,与深圳市海星港口建材有限公司、中交一航局第二工程有限公司等 20 家销售客户及代理公司签订长期稳定的合作关系。首秦嘉华拥有一批高素质的管理及生产技术人员,配备现代化的中心化检验设备,本着"严格管理,持续改进、以一流的产品服务于社会,顾客满意是首秦嘉华人永恒的追求"的质量方针,为客户提供优质产品、完善的售前售后咨询及技术服务。首秦嘉华矿渣粉成为优质产品的代名词。

(赵 娜)

【技术经济指标】 首秦嘉华 2016 年生产量 69 万吨,销售量 81 万吨,年销售额 4845 万元,利润 246 万元。

(赵 娜)

首钢矿业公司

【首钢矿业公司领导名录】
总经理:黄佳强(12 月任职)
副总经理:李鸿泰 黄佳强(主持工作,12 月离任) 郭志辉
总经理助理:张金华 齐宝军(总经理助理级)
党委书记:李鸿泰
党委副书记:黄佳强(12 月任职) 董 伟
党委书记助理:姚永浦
工会主席:李鸿泰
纪委书记:董 伟

(邢建军)

【综述】 首钢矿业公司位于河北省迁安市,1959 年建矿,是首钢的主要原料基地。矿区面积 7.01 万亩,铁路与京山线、通坨线、京秦线相接,公路与京沈高速相连,海运与秦皇岛港、京唐港、天津港相邻。原矿处理能力 2283 万吨,发展机械制造、电气设备修造、建筑安装、重型汽车制造、矿山生产技术服务等相关产业。设计财处、生产处、技术质量处、机械动力处、能源环保处、安全处、技术改造工程处、资源土地管理处、人力资源部(党委组织部)、办公室、党群工作部、纪委(监察处)12 个职能处室。大石河铁矿、水厂铁矿、杏山铁矿、运输部、协力公司、机械制造厂、电力修造公司、物资公司、计控检验中心、保卫处(武装部)、培训中心、实业公司、矿山医院、职工子弟学校、矿山街道居民管理委员会 15 个厂矿级单位。管理北京首钢矿山建设工程有限责任公司、迁安首钢矿业化工有限公司、迁安首钢兴矿物业服务有限公司、北京首钢重型汽车制造股份有限公司、北京速力科技有限公司、迁安首矿建材有限公司、烟台首钢矿业三维有限公司。托管首钢滦南马城矿业有限责任公司、唐山首钢马兰庄铁矿有限责任公司、首钢矿业公司商业处、迁安首钢设备结构有限公司、首钢地质勘查院。2014 年 5 月,北京首钢矿山技术服务有限公司注册成立。年末固定资产原值 87.24 亿元,净值 28.27 亿元,国有资本保值增值率 80.57%,从业人员 8861 人。

(房胜军、栗帅鹏)

【主业生产经营】 首钢矿业公司推进市场化经营和采选一体化管控,加强沟通协调调整供矿节奏,实现效益最大化。水厂铁矿发挥原料核心保障作用,精矿粉实现超产。杏山铁矿克服转段影响,超额完成生产任务。大石河铁矿转变生产模式,优化劳动组织,提升选矿经济效益。唐首马铁矿拓展外部市场,外销精矿粉 25 万吨,占产粉产量的 50%。推进经济用能转变,水厂铁矿、杏山铁矿和大石河铁矿三矿吨精电费同比降低 9.1%、吨精新水消耗降低 20.7%、煤炭消耗降低 50%。利用政

策获政府环保奖补 1049.4 万元、返还生态环境恢复治理保证金 2334.7 万元,修理费降低 7800 万元、外委费减少 753 万元。供北京首钢股份有限公司精矿粉 480 万吨,主业板块同比增利 1.43 亿元。

(房胜军、栗帅鹏)

【相关产业发展】 首钢矿业公司提高相关产业生存发展能力,以打造首钢股份公司综合服务基地为目标发展围钢业务,实现收入 1.8 亿元。拓展北京首钢园区建设市场,创收 608 万元。开发社会市场,中标中铝公司云南普朗铜矿井下有轨运输无人驾驶系统 1.86 亿元 EPC 项目等。建成捆带钢生产线,在股份公司推广使用,打开唐山、天津、湖北及东北市场。全年相关产业社会市场实现收入 2.24 亿元。

(房胜军、栗帅鹏)

【对标挖潜】 首钢矿业公司建立健全技术经济指标对标体系,引入"三个跑赢"激励机制,露采、地采、选矿 41 项同行业可比技术经济指标,13 项进入前三名,其中 8 项排名第一。按照成本要素筛选跑赢同行指标 46 个,实现精矿粉制造成本在规模以上企业中降幅最大,排名第六,比上年前进两名;效益进步指标与市场普氏价格指数联动,实施动态评价考核,实现销售价格和成本降低双跑赢;强化内部对标,117 个技术经济指标中,86 个超上年水平,32 个达到或超过历史最好水平。

(房胜军、栗帅鹏)

【科技创新】 首钢矿业公司实施重点科技项目 20 余项,实现经济效益 3000 余万元。"地面远程遥控井下电机车运输系统研发与应用"获冶金科技三等奖;"首钢水厂铁矿选矿工艺流程和设备优化及应用研究""大型尾矿库尾砂开采后恢复使用技术研究与实践""数据仓库技术在矿山设备管理数据分析系统中的应用研究""矿业行业 MES 系统产品化研发与应用"获首钢科学技术奖;"80 吨矿用洒水车研发与应用""杏山铁矿一期倒段和主溜井封堵设计优化与实践""高阶段运输在超大规模充填矿山的研究与应用"等六项成果通过首钢总公司科技成果验收评价;"一种立井施工方法""一种新型驻车制动控制装置"等八项成果申请专利。

(雷立国)

【"三查"调研】 首钢矿业公司改变"三查"方式,突出对经营管理的引领促进作用,围绕小额投资项目、机关管理费用、外委费用、相关产业市场经营等方面开展调研分析 6 期,查找 20 个方面 75 项管理问题,提出 45 项整改建议和措施。梳理现行规章制度,修订完善 40 项制度草案,废止 64 项规章制度。

(刘 军)

【管理创新体系】 首钢矿业公司组织各单位确立立项课题 104 项,申报总公司管理创新立项 7 项。强化管理创新成果报审奖励,矿业公司评选 2015 年度优秀管理创新成果 20 项,奖励 65 万元,其中《大型露天深凹矿山采矿智能管理系统的构建与实施》和《基于高效安全生产的地采矿山爆破管理模式的构建》分获中钢协一等奖、三等奖。

(刘 军)

【设备管理】 首钢矿业公司按照"全员参与、分级管控、效益优先"的原则,全面提升设备综合管理水平。设备综合故障停机率完成 0.03%,比计划降低 0.09%;设备综合检修停机率完成 4%,比计划降低 2.3%。推行重点备件全寿命管理,实施重点设备精密检测,推广新技术、新材料试验与应用,大力压缩外委施工费用,开展修理费用指标管控,实现修理费用大幅下降和设备的经济运行。

(王春林)

【资源接替】 首钢矿业公司推进矿产资源接替工作,组织马城铁矿采矿证办理,采矿权登记要件全部完成,向国土资源部提交采矿权价款评估申请材料;杏山铁矿勘探报告通过国土资源部组织的专家评审和备案,查明矿产资源储量登记书通过国土资源部审批,完成地质资料汇交,为启动杏山铁矿采矿权变更工作奠定基础。

(闫 伟)

【资源综合再利用】 培育发展资源再利用产业,生产资源再利用产品 120.7 万吨,销售 106.4 万吨。

(栗帅鹏)

【重点工程】 首钢矿业公司推进选矿技术升级,实施完成水厂铁矿尾矿高效浓缩工艺改造、5 号浓密机改造、建筑砂扩能、尾矿干排等项目。组织水厂铁矿西排排岩机转场、东排破碎站下移、D6 皮带机延伸、西排破碎站修改设计及 1 号胶带机地下通廊施工。完成水厂铁矿生产指挥中心南坡加固治理,消除露天边坡生产安全隐患。完成 K2 皮带检修和运输系统改造,方便生产检修运输。建设机械制造厂捆带生产线并投入生产,打造新的经济增长点。实施南区厂区汽改水为厂区正常供暖提供保障,满足生产生活需要。

（邓敢平、代鲁飞）

【数字矿山建设】 首钢矿业公司顺利通过两化融合管理体系贯标评估审核工作,获得两化融合管理体系评定证书。研发运行矿服公司信息管理系统、固定资产实物管理系统、总成件管理系统、隐患排查与安全生产预警系统、无人值守称重系统、医保个人账户持卡实时结算系统等信息系统。"地面远程遥控井下电机车运输系统研发与应用"获中国冶金技术三等奖;"数据仓库技术在矿山设备管理数据分析系统中的应用研究""矿业行业 MES 系统产品化研发与应用"获首钢科学技术三等奖。

（杨慧芳）

【能源环保管理】 首钢矿业公司推进节能管理向经济用能管理转变,吨精电费 53.2 元/吨,同比降低 8.14%,节约费用 2126 万元。协调落实保证金返还 2334.7195万元,争取环保奖补 1049.4 万元。杏山铁矿环评验收取得突破性进展,进入行政许可程序。

（张彦军、贾延来）

【安全管理】 首钢矿业公司创新安全管理模式,组织各单位结合典型事故案例录制安全教育微视频,作为班组安全教育素材,引导职工提高安全防护意识,实现"要我安全"向"我要安全""我会安全""我能安全"的转变。健全完善隐患排查治理体系,从动态隐患、静态隐患、管理缺陷三个方面制定隐患排查标准 19000 余条,为开展隐患排查治理提供支撑;自主开发隐患排查治理信息系统,实现隐患排查治理过程跟踪、全员参与度通报、隐患按时整改完成率等情况的实时反馈,9 月在矿业公司上线运行,11 月通过北京市安监局和国资委的联合验收。推进非煤矿山机械化换人、自动化减人工作,优化完善地采矿山井下电机车远程操作系统,实现 -330 米运输水平电机车分区段定速巡航、全线无人干预、自动到溜井部位待放矿功能,9 月通过国家安监总局试点示范矿山验收,并划拨资金 2400 万元,用于非煤矿山机械化换人、自动化减人综合实验系统建设。

（刘金刚）

【综合治理】 首钢矿业公司制止厂区公物、矿产资源、铁路运输物资被盗 94 起,抓获移交公安机关处理 24人,回收被盗物资价值 20 万元。整改治安防范防火要害部位隐患 1472 项,隐患整改率 100%,无重特大甲方责任交通事故。妥善化解群众来信来访,受理来信来访 360 件次,集体访 57 批次。首钢矿业公司被首钢总公司评为治安防范先进单位、交通安全先进单位和信访维稳工作目标管理考核优秀单位。开展政保和处理邪教工作,收集不稳定动态信息 114 条,收缴法轮功宣传品 180 份,监控重点人 12 名,落实不稳定因素控制措施 71项,逐级控访 121 起,实现防范处理邪教"四个零"指标。

（刘 科、陈革命）

【员工提素】 首钢矿业公司形成"学练赛选"培训体系,陈庆立荣获钢协"鞍钢杯"内燃机车司机第四名和"全国钢铁行业技术能手";于连有、孟凡忠分获矿协"鞍钢矿业杯"金属矿井下开掘工第一、第二名,陈明江荣获获矿协"鞍钢矿业杯"露天矿挖掘机司机第二名,3人均获得"全国冶金矿山行业技术能手"荣誉称号,矿业公司荣获团体亚军;2 名选手进入北京市焊工决赛前八名,15 人获得"首钢技术能手"称号。

（张 华）

【劳动提效】 首钢矿业公司持续开展转型提效工作,推进落实"三定"工作方案,精简处级机构 3 个、科级机构 11 个。实施职工协商一致解合及内退两项分流政策,分流安置,全年转型提效 2382 人,超额完成总公司职工分流 25% 的目标任务。

（张 华）

【人才工作】 首钢矿业公司坚持干部选拔任用标准,调整 12 个基层单位和机关处室的党政一把手 16 人,安排科级以上领导人员岗位交流 178 人次;对 9 个单位的10 名党政主要领导进行问责,约谈单位部门负责人 3人;落实末位淘汰、不胜任现职制度,免职科级领导人员6 人。举办领导干部大讲堂 11 场次;开展"益智·修身·增才"主题读书活动,交流党员干部读书体会 233篇;举办党委书记研修班、党支部书记培训班,培训党务人员 96 名。加强骨干人才队伍建设,组织技术专家、技术带头人完成研究课题 137 个,撰写论文 113 篇,参加安全督查和招标评审 11 次、查找问题 73 项;推荐第八批首钢技术专家、技术带头人 20 名,评选第七批首钢矿业公司技术专家、技术带头人 108 名;联合北京科技大学开办工程硕士研究生班,82 名专业技术骨干参加学位教育;全年有 86 人晋升中级职称,16 人晋升高级职称。加强后备人才梯队建设,推荐 8 名青年干部参加首钢特训班,选拔 12 人到科级以上领导岗位挂职锻炼;举办专业技术骨干培训班、财会专业人才素质提升培训班,106 人参加学习培训;落实"三个一批"后备专业技术人才、市场营销人才培养方案,开展集中培训 28 场次,座谈交流 2 场次,参观考察 2 场次,选拔 19 人上岗锻炼和轮岗交流;16 人被命名为第七批"首钢优秀青年人才"。

(邢建军、李云龙)

【党群工作】 首钢矿业公司开展以"深化改革我带头、生存发展敢担当"为主题的创先争优活动,以"三争两带"(争创党委六好班子、争创品牌党支部、争当党员示范岗和党员带头提建议、党员带头课题攻关)为工作主线,形成党委、党支部、党员三个层面创先争优工作格局,6 个党委(总支)领导班子被评为矿业公司"六好"班子,表彰 1 个北京市国资委先进基层党组织、1 个首钢模范基层党委、5 个首钢模范党支部、10 个首钢先进党支部、28 个首钢先进党小组、9 名首钢模范共产党员、50 名首钢优秀共产党员和 2 个矿业公司先进基层党委、10 个矿业公司先进党支部、31 个矿业公司先进党小组、91 名矿业公司优秀共产党员;落实党员组织关系集中排查、党费收缴专项检查、基层党组织按期换届专项检查和党员信息核查等基础工作,夯实基础管理,促进党组织和党员队伍建设;开展"两学一做"学习教育,聚焦"学、做、改"环节工作,拍摄《地采开路先锋》、《党旗飘扬》专题片,开展"党员读书、知识竞赛、专题党课、主题党日"等活动,营造出浓厚的创先争优氛围。举办以"健康快乐,创新发展"为主题的第二十一届首钢矿山文化节,组织职工运动会、各类球赛、合唱比赛、书画、摄影展、职工健步走等文体活动 30 余项 300 余场次,活跃广大职工的文化体育生活。加强基层团组织建设,开展示范团组织创建,举办基层团干部培训班,组织南北两区青工座谈交流会;开展"学榜样,强技能,当先锋"、"高举团旗跟党走"等主题活动,举办"身边的榜样—矿业公司青年事迹报告会",加强青工思想建设;开展首钢"最美青工"评选活动,10 名青工获首钢第二届"最美青工"称号;开展"青年文明号"创建活动,12 个青年集体被认定挂牌表彰。开展争当"青年岗位能手"活动,举办 2016 年青工技能精英赛,促进青工技能水平提升;开展"青年创新创效"活动,全年评比表彰优秀成果 35 个;举办青年安全管理创新大赛,推进"青安杯"竞赛活动开展,两个青年集体分别荣获全国钢铁行业"青安杯"竞赛青年安全生产示范岗、最佳青年安全监督岗;推荐 3 名优秀青年志愿者参加毛主席纪念堂志愿服务工作,首钢矿业公司团委荣获北京市五四红旗团委。

(邢建军、葛海涛、朱亚娟)

【纪检监察】 首钢矿业公司开展"严守纪律规矩,强化责任作风"主题教育活动,组织党纪党规测试 60 余场次,3000 余名党员参加。归纳总结矿业内部典型案例 15 个,制作警示展板,分批次对 900 名党员干部、有业务处置权人员集中教育。举办"尊崇党章、敬畏党纪"主题书画展,征集矿山书画爱好者作品 200 余幅,精选展出 90 幅作品,其中 6 幅被《劳动午报》整版刊登。组织"纪律教育在身边""清风颂"原创诗词楹联等征文比赛,部分作品被《首钢日报》刊发,16 篇作品在首钢总公司"我身边的好规矩"征文活动中获奖,首钢矿业公司被评为优秀组织单位。积极开展"检企共建",先后 5 次邀请石景山人民检察院检察官来矿讲座。组织 18 家基层单位研究梳理廉洁风险点,排查出共性和个性廉洁风险点 59 个,制定下发《关于开展廉洁风险防控工作的安排意见》,部署廉洁风险防控工作。组织实施效能监察项目 25 项,提出改进管理建议 31 条,健全完善规章制度 12 项,柴油管控效能监察等 3 个项目被评为首钢优秀效能监察成果。全年受理信访 30 件次,受理率 100%,处理 26 人次。《如何提升在执纪监督中发现违纪线索的能力》论文荣获中钢协纪委第 12 次年会优秀奖。围绕暴露的管理问题组织问责调查,对 1 个党委领导班子进行通报批评,对 8 个厂矿、处室的 11 名处级干部分别给予问责处理。首钢矿业公司纪委被评为首钢集团先进纪检监察组织。强化内部控制体系建设审计,全年完成经营目标责任审计 4 项,领导干部离任经济责任审计 3 项,专项调研、内控制度审计 3 项。

(韩绍春)

【"三个彻底改变"大讨论】 首钢矿业公司开展"三个彻底改变"大讨论活动,查找整改案例 900 多项,取得直接经济效益 1916 万元。归纳"三个彻底改变"的方法和路径,提出改变"重延续以往,轻主动加压""重内部市场,轻外部市场""重自己同自己比,轻与同行和市场比""重生产,轻核算""重可靠性,轻经济性""重为打产做加法,轻为效益做减法""重按部就班,轻机制变革""重历史形成,轻组织变革""重传统业务,轻业务转型"的"九重九轻"问题,强化意见建议的征集、分析、答复和采纳,凝聚共识促进改革和转型。

(王宏刚)

【《铁源记忆》出版】 首钢矿业公司完成《铁源记忆》书籍印刷出版。历时两年半,采访千余人,最终成稿 32 篇,版面文字 159 万,图片 2000 多幅,全书共分五册,9 月付梓,成为详细记载矿山发展历程的"史书"。《铁源记忆》挖掘矿山历史,讲述矿山人的故事,回顾首钢矿业公司近 60 年发展历程中生产、生活、文化等方面的重大事件,记录、诠释和解读矿山传统,是首钢精神在矿山落地生根的实践史。

(王宏刚)

【新媒体建设】 首钢矿业公司以构建完善"首矿网微平台"微信公众号为载体,紧盯"二维码时代"风向标,拓展信息传播渠道,发挥新媒体优势,构建以"资讯、文化、服务"三大功能为主旨的微信公众平台,设矿山频道、党建瞭望、矿业青年三大栏目,关注人数达 8000 人,微信传播力指数(WCI)在首钢集团所属单位中名列前茅。

(岳建华)

【全员健康】 首钢矿业公司持续实施全员健康推进计划,职工群体健康素养水平得到显著提升;构建"能操作、可持续、有效果"的职工自我健康管理模式,健康服务得到优化;开展健康食堂、无烟单位创建工作,推动群体干预措施有效落实。首钢矿业公司在第五届中国健康生活方式大会上做了《实施全员健康推进计划,促进职工与企业共同发展》的报告,受到国家卫生计生委、世界卫生组织、国家体育总局等公共卫生与健康促进领域领导和专家的一致好评。

(李富军)

【教育医疗】 首钢矿业公司职工子弟学校共有 108 个教学班,在校学生 3263 人,在册教师 343 人,其中研究生 31 人,中级职称和高级职称 189 人。围绕立德树人的根本任务,完善小、初、高德育课程体系,搭建"悦"课程体系,推进高效课堂建设。参加市、区各类比赛 100 余场次,377 名学生荣获区级以上奖励。在北京市青少年"非常小答客"科普知识竞答活动、石景山区第二届中学生汉字听写大赛、石景山"少年说"系列活动中,高中生辩论赛均获团体一等奖;获石景山区中学生篮球赛高中组季军;在"我的评价故事"案例征文中,11 名教

师、28 名学生分获北京市一、二、三等奖,17 名教师、52 名学生分获石景山区一、二等奖;第一中学和高一年级组分获北京市基础教育学生综合素质评价工作先进单位和石景山区学生综合素质评价先进单位,4 名教师被评为北京市基础教育学生综合素质评价工作先进个人。高考升学率达 97.51%,其中本科率 82.27%,一本率 53.56%,83 名学生超过 600 分;中考升学率 99.17%,其中 550 分以上 34 人,500 分以上 215 人。获得专业教室建设资金 577.7626 万元(不包括土建及装修),全自动录播系统已投入使用,史地教室、语音教室和中心机房改造等项目处在设备安装调试阶段;石景山下拨资产 1831 项。子弟学校先后荣获北京市首批中小学文明校园称号、石景山区课程建设先进单位、石景山区教育学会先进分会、中国地理学会科普教育先进单位、石景山区基础教育系统自制教具优秀组织单位。

首钢矿山医院社会收入 1.47 亿元,较上年增加 4.26%;门诊量 19.04 万人次,较上年减少 2.06%;出院人数 3335 人次,较上年降低 14.29%;综合药占比 77.63%,较上年降低 8.45%。加强设备投入使用,增加 13C-尿素呼吸试验检查幽门螺杆菌、24 小时动态血压监测、肢体动脉检查、经颅多普勒 TCD 等项目检查例数,提高设备使用效率;新开展 CT 血管成像、骨密度检测等技术,引进全自动生化分析仪、全自动凝血分析仪、化学发光仪等仪器设备 8 台套,降低购买仪器及维修设备的费用,提高工作效率;利用化学发光仪开展激素水平测定、肿瘤标记物检查。破除保留原有试剂品牌的惯性思维,开展物资比价采购,对体外诊断试剂及耗材全品种比价;开发体检市场,承接北京首钢股份有限公司科级干部、职工健康体检及女工体检等业务。加强医保专项管理,严格执行实名制就医和履行代开药程序,加强住院参保病人管理,做到依法依规行医;加大医保总额预付管理力度,较好地完成医保总额预付结算任务。加强业务学习,组织高年资医师和青年医师签定师徒协议,选拔技术骨干到北京三级医院进修,提高专科治疗及护理水平。

(高慧平、魏 娟)

【和谐矿山】 首钢矿山街道居民管理委员会提供法律咨询服务 227 件次,指导参与调解 85 起民事纠纷,受理来信来访 216 件 367 人次。完成静远堂骨灰迁移至迁安市殡仪服务中心工作。矿山街委与北京首实教育科

技有限公司达成首钢矿山幼儿园托管协议。办理低保待遇136户，核发低保金170.93万元。"阳光基金"救助173人次，发放救济金8.1万元。为矿区居民办理北京、迁安养老和大病医疗参保2913人次，办理老年优待证、卡261人次，为社区老人办理实施"北京通"1300多人，审核发放高龄津贴671人次20.22万元，审核发放居家养老补助金2516人次25.99万元。开展群众文化活动32场次，组织秧歌表演6场次，在重大节日举办专场演出，丰富居民文化生活。

（王冬冬）

【形势任务】 首钢矿业公司以总公司提出的"三个彻底改变和三个主动"为统领，以"求实求变保生存"为己任，充分激发企业发展动力。坚持增强定力不动摇、坚持既定目标不动摇、坚持持续提高不动摇、坚持转型提效不动摇，凝神聚力，砥砺前行，首钢矿业公司2016年经营生产形势异常严峻，年初进口矿价跌破40美元的历史"冰点"，面对困境和考验，全体职工主动转变观念凝聚共识，增强市场经营意识，深化改革举措，完善体制机制，延伸经营管理的深度和广度，在艰难困境中实现了企业的生存发展。通过全体干部职工共同努力，全年生产精矿粉451.3万吨，超计划4.2%；控亏0.65亿元，比年计划减亏0.65亿元。

（房胜军、栗帅鹏）

【调研交流】
1月，北京市安监局矿山处副处长彭孟长、行政许可处处长多化龙和专家组到首钢矿业公司进行一季度安全督查。

3月，北京市安监局矿山处处长马存金带领专家组到首钢矿业公司审查杏山铁矿安全生产许可证延期工作，调研数字化矿山建设情况。

4月，国家安监总局科技强安专题行到首钢矿业公司，对杏山铁矿金属非金属矿山领域"机械化换人、自动化减人"示范矿山进行调研，专题行人员包括国家安全监管总局规划科技司监察专员施卫祖、国家安全监管总局宣教中心主任何国家、国家安全监管总局规划科技司副司长席文海及来自中国安全生产科学研究院、北京矿冶研究总院矿山分院的专家组成员，以及人民网、新华通讯社等媒体记者。

5月，首钢总公司副总经理赵民革及经营财务部、系统优化部领导到首钢矿业公司调研。

5月，北京市新首钢办秘书处处长张德明、综合协调处处长张望才、规划政策处副处长（主持工作）张莉等一行在首钢园区开发部副主任（主持工作）田希全等陪同下到首钢矿业公司调研。

5月，首钢总公司领导许建国、联合监督检查组成员到首钢矿业公司，召开首钢总公司对首钢矿业公司联合监督检查工作动员会。

6月，北京市安监局副局长贾太保、卞杰成带领专家组到首钢矿业公司进行安全调研督查，首钢总公司总经理助理刘建辉、安全环保部副部长吴光蜀陪同。

6月，长城汽车徐水哈弗分公司总经理张利等一行在首钢总公司总经理助理刘建辉陪同下到首钢矿业公司杏山铁矿参观。

7月，北京首钢体育文化有限公司党总支书记、副总经理、首钢篮球俱乐部理事长吴岩和首钢篮球俱乐部副总经理、男篮主教练闵鹿蕾带领北京首钢男篮一行30余人到首钢矿业公司慰问。

7月，北京大学首钢医院党委书记向平超带领专家组到首钢矿业公司举办健康讲座和大型义诊活动。

8月，国家安监局规划科技司处长郑双忠、监管一司处长杨凌云一行8人组成的验收专家组到首钢矿业公司，对杏山铁矿"机械化换人、自动化减人"试点示范项目进行检查验收。

9月，北京市安监局副局长卞杰成带领专家组对首钢矿业公司非煤矿山进行安全督查，首钢总公司总经理助理刘建辉陪同。

9月，北京市、石景山区两级人大代表一行11人到首钢矿业公司视察首钢矿区巡回法庭，北京市高级人民法院办公室副主任盛蔚，石景山区人民法院党组书记、院长高虹和党组成员、副院长陈石磊，首钢总公司法律事务部部长腾亦农陪同。

10月，石景山区人大副主任高洪雁一行3人到首钢迁安地区视察选民榜公布情况，首钢总公司党委常委、组织部部长吴平陪同。

11月，北京市人力资源和社会保障局养老处处长李勇、社保中心主任吴晓军、石景山区人力资源和社会保障局副局长田明将等一行在首钢人事服务中心主任吴涛陪同下到首钢矿业公司调研。

11月，首钢总公司党委书记、董事长靳伟，党委副书记何巍，副总经理梁捷，首钢股份有限公司党委副书记、总经理刘建辉等总公司领导及有关专业部门领导到首钢矿业公司调研。

11月，总公司领导许建国、监事会工作办公室领导到首钢矿业公司，召开首钢总公司对矿业公司监督检查整改工作通报会，首钢股份有限公司党委副书记、总经理刘建辉陪同。

11月，首钢矿业公司召开《铁源记忆》发行座谈会，中国冶金思想政治工作研究会秘书长张文喆，冶金工业出版社经济室主任姜晓辉以及在矿业公司工作过的部分退休老领导、老同志参加。

11月，北京市安监局副局长李东洲带领专家组到首钢矿业公司检查调研，首钢总公司安环部高级经理叶凯陪同。

12月，北京市石景山区人社局、河北省唐山市人社局、首钢总公司人事服务中心正式签署《首钢唐山地区企业人力资源和社会保障公共服务发展合作协议》，石景山区区委副书记、常务副区长文献，唐山市委常委、市政府党组副书记刘建立，首钢总公司副总经理胡雄光，迁安市委常委、常务副市长韩国强，首钢股份有限公司党委副书记邱银富，参加签字仪式。

12月，首钢总公司总工室副总工陈汉宇，中冶北方（大连）工程技术有限公司副总经理刘召胜及相关设计人员，外部专家一行到首钢矿业公司，参加"杏山铁矿地下开采扩建工程可行性研究"专家评审会。

12月，北京市安监局副局长卞杰成带领专家组专家到首钢矿业公司进行安全督查，首钢总公司安全环保部副部长吴光蜀陪同。

（黄红军、房胜军）

首钢矿业公司大石河铁矿

【大石河铁矿领导名录】

矿　长：赵艳春
副矿长：郭　刚（6月任职）
　　　　闫尚敏（6月离任）　黄建新
党委书记：杨立文（3月任职）　王海军（3月离任）

（梁　庆、李光磊）

【概况】 首钢矿业公司大石河铁矿1959年建矿，拥有设备2902台套，固定资产原值8.33亿元，采剥能力2000万吨/年，原矿处理能力835万吨/年。该矿下设

生产技术科、机动科、计财科、综合管理科、安全保卫科5个科室，选矿车间、尾矿车间、动力车间、二马采矿车间、开发车间5个车间和二马地采筹备组。期末从业人数785人，其中有技术业务职称人员153人。托管迁安首矿建材有限公司。

（梁　庆、李光磊）

【主要指标】 2016年，大石河铁矿全年铁矿石处理量393.76万吨，精矿粉产量完成117.58万吨，超计划5.58万吨。纳入公司年度计划的23项技术经济指标完成22项，5项指标创历史最好水平。

（梁　庆、李光磊）

【降本增效】 大石河铁矿按照市场化原则，在对成本全要素剖析的基础上，抓住"小时产粉、检修费用和职工薪酬"三大突破口，开展降本增效。以小时产粉为核心，加强选矿生产组织，强化源头矿石质量管理，提升选矿经济效益。2016年球磨机小时产粉完成26.21吨/小时，比年计划提高0.47吨/小时，节省物耗251万元。按照"全员参与、分级管控、效益优先"原则，强化设备管理，改进检修组织模式、提升检修效率，最大限度压减修理费用。2016年修理费用完成4228万元，比计划降低782万元。优化劳动组织，调整修理及岗位人员职责范围，推行"操检合一"，提高劳动效率。2016年底，在增加82名维检人员的情况下，选矿劳产率完成15087吨/人，比2015年提高1161吨/人。

（梁　庆、李光磊）

【生产组织】 大石河铁矿加强选矿精益管理，推进"三个转变"，提升选矿经济效益。转变生产组织模式，打满平谷期，最大限度保证选矿生产经济效益。进一步转变劳动组织模式，在三班运转基础上，调整作息时间，提高劳动效率。全年峰谷比完成0.34倍，吨精电费成本完成28.32元/吨精。

（梁　庆、李光磊）

【三供服务】 大石河铁矿强化矿粉输出组织，克服成本紧张、施工难度大等困难，完成2台抓斗更新、抓斗滑线改造等项目。加强应急组织，制定《大石河铁矿保供料系统稳定专项应急预案》，全年启动应急预案5次54天，单日输出矿粉量最高达到1.8万吨，全年共输出精矿粉292.25万吨，输出烧结质量稳定率完成98.95%，超标准8.95%。完善供电系统，提高供电稳定性，利用世园会停产时机，完成大石河总降高压柜改造，实现

"遥控、遥测、遥信、遥视"功能,达到功能综合化、结构微机化、操作视屏化、管理智能化的先进变电站水平。优化供水组织,树立"服务+管理+经营"理念,组织实施厂区供水管道加压改造,解决了因用水量波动影响供水管网稳定运行的问题。

(梁　庆、李光磊)

【选矿建设】　大石河铁矿加强工艺工序改造与治理,完成一二次磁选机、高频筛升级改造。加强设备自动化升级,完善选矿设备集中控制建设,重点研究3系统一键式开停并取得成功。加强信息化应用,提高选矿生产科学性,以生产准备信息化为基础,总结提炼选矿生产组织和操作调整经验,开发生产准备模块。开展"智慧"选矿三个体系建设,建立并完成对破碎、磨矿、选别等8个工序工艺设备管理、工序管理以及工序指标等标准体系建设。

(梁　庆、李光磊)

【资源综合利用】　大石河铁矿推进二马建筑砟生产线建设,完善生产流程,培育新的经济增长点。强化尾砂生产组织,提高工艺设备技术水平,提高尾砂产率。开展悬磁干选机实验,提高甩尾产率,提高选矿经济效益。全年建材产品销售完成37.98万吨,超计划4.98万吨。

(梁　庆、李光磊)

【可持续发展】　大石河铁矿集中组织磁选机、高频筛等工艺工序设备更新改造,推广选矿标准流程建设。加强设备自动化升级改造,生产流程一键式开停试验取得成功。全年累计投入可持续发展资金1350万元。

(梁　庆、李光磊)

【人才队伍建设】　大石河铁矿调整基层班子5个、科级干部20人次。制定"三定"培养措施,组织党员领导干部开展"益智·修身·增才"主题读书活动,撰写读书体会40余篇。推荐11人参加青年专业技术骨干培训班和财务素质提升培训班。管理职能人员完成课题调研42项。根据矿业公司"三个一批"人才培养目标,选拔选矿、采矿、机电专业6人进行轮岗培训。开展职业技能培训鉴定工作,349人取得高级工及以上证书、273人取得中级工证书、582人取得多技能证书。

(梁　庆、李光磊)

【突出工作】　大石河铁矿职工积极参加技能培训,为转岗做好准备。大石河铁矿维护职工切身利益,寻找创收项目,70余名职工参与到屋面防雨、设备检修等内部创收项目,152人实现转岗就业。

(梁　庆、李光磊)

矿业公司水厂铁矿

【水厂铁矿领导名录】

　　矿　　长:傅志峰
　　副矿长:范文利
　　副矿长:闫尚敏(6月任职)　陆云增(6月离任)
　　副矿长:张韶敏
　　党委书记:李　昕(11月任职)
　　　　　　王爱兵(10月离职)

(赵东升)

【概况】　水厂铁矿始建于1968年,有采、选两个生产系统,矿岩采剥能力为6000万吨/年,选矿原矿处理能力为1448万吨/年,是国内最大的露天铁矿之一。设备2393台套,其中有牙轮钻机、电铲、电动轮矿车、排岩机等大型设备83台,破碎机、球磨机、过滤机107台,以及边坡钻机、碎石机、挖掘机、大型推土机、平路机和皮带机、磁选机等,固定资产原值21.549亿元。采矿生产为露天开采,采用汽车运输和汽车—破碎—胶带半连续联合运输方式,有3条半连续胶带运输系统。选矿生产为三段一闭路破碎和阶段磨选,精矿粉1979年、1987年获得国优产品金质奖,累计生产精矿粉1.16亿吨。现设生产技术科、机动科、计财科、人力资源科、安全保卫科、办公室6个科室,有穿爆车间、采掘车间、汽运作业区、西排车间、东排车间、破碎车间、磁选车间、输送车间、尾矿车间、筑路排土车间、动力车间、开发服务车间等12个生产车间,年末从业人数1694人。

(赵东升)

【技术经济指标】　水厂铁矿完成采剥总量5376.89万吨;铁矿石1002.63万吨;输出精矿粉334.61万吨,超计划13.61万吨;输出质量完成67.8%;矿内确立的113项指标,88项超过上年;矿业公司确立的50项指标,37项超过上年,12项创出历史最好水平;26项国内同行业可比指标,9项达到行业前三名,5项排名第一。

(赵东升)

【降本增效】　水厂铁矿坚持市场化核算标准,将成本费用按要素全部打开,通过班组、机台、岗位和工序这些最小核算单元逐项分析构成,透过数据分析经营效果,找准解决问题的发力点,促进成本管理不断强化。严格四级成本核算,运用信息化手段,提高成本的计划及时性、预测准确性、管控严密性。组织多种耐磨材料应用试验,降低了消耗。探索聚氨酯筛片承包经营,降低材料费100余万元。自主承担尾矿浓缩改造和西排排岩机转场部分工程。落实增收节支措施,实现效益7723万元。

(赵东升)

【科技创新】 水厂铁矿加强科技创新,完成团队课题攻关105项,取得经济效益1214万元。组织技术交流与培训30余次,发表科技论文12篇,4篇入选北京金属学会冶金年会论文集。《大型深凹露天矿山采矿智能管理体系的构建与实施》获得中国钢铁工业协会管理创新一等奖,《首钢水厂铁矿选矿工艺流程和设备优化及应用研究》《大型尾矿库尾砂开采后恢复使用技术研究与实践》分别获得首钢科技进步二等奖和三等奖,并通过了中国冶金矿山企业协会科技成果鉴定。自行研制的"矿用大型洒水车控制系统"取得国家专利。

(赵东升)

【转型提效】 水厂铁矿从精简机构、优化岗位设置入手,落实"三定"。合并调整管理职责,专业科室由9个精简到6个。结合维修人员优化重组,调整作业方式,采取机台承包、工序承包、区域承包等方式实施"操检合一",构建车间一体化"使管修"模式,减少维修服务人员,变配电站所实现无人值守。组织技能提升和技能拓展培训,70余名职工考取天车、焊工等特种操作证,矿车司机、选矿工等参加北京市技能比赛取得良好成绩。高树繁、冉志新、陈鹏飞荣获"青年能手",王文超荣获"矿山之星",郭丽卫被评为"青年工匠"。落实"两项政策",分流富余人员94名,职工净减少87人。

(赵东升)

【技术管理】 水厂铁矿加强计划管理,严密生产组织,在全流程停机33天、东排停机30.5天的情况下,保证了稳定供矿。加快北区上盘矿石转运站外侧区域开采进度,完成东排破碎站下移;加快西部大扩帮工程,完成西排排岩机转场坚持"多破少磨"和"提原降尾"方针,入磨原矿品位完成26.6%,同比提高了2.12%;尾矿品位完成6.66%,同比降低0.46%;新、老厂单台时产粉量分别比上年提高了8.51吨和3.31吨。实施尾矿高效浓缩改造,将四级输送泵站减少为一级,结束了因尾矿管道故障不能及时修复而长期制约生产的历史。

(赵东升)

【设备管理】 水厂铁矿坚持计划管理,以预知维修、状态维修、周期化管理为重点,推进设备精密点检和维修标准化,设备技术状况持续改善,破碎设备明显改观。严格落实点检定修标准,完善全员设备管理责任体系,落实"使管修"一体化和"操检合一",管理水平得到提高。组织破碎X3跑车改造,完成15台次大型内燃设备倒修和大修。完善供电系统管理,组织总降变电站110千伏开关更换。

(赵东升)

【资源综合利用】 水厂铁矿投资2300余万元,实施尾砂干排工程,实现废物利用、创造经济效益,减少入库尾矿量,延长尾矿库服务年限。完成建筑砂生产基地扩能改造,达到年产优质建筑砂42万吨以上的能力。加强营销管理,销售建筑砂石料31.79万吨,实现社会收入85.44万元。

(赵东升)

【绿色和谐矿山建设】 水厂铁矿关心职工诉求,落实信访接待日制度,帮助解决实际困难,促进和谐稳定。完成绿地公园和职工活动中心维修,改善健身娱乐环境。推进全员健康工作,在岗职工体检率达到100%。加强生活水管理,保证供水安全。按季开展工作餐满意度调查并督促整改,提高服务质量;丰富职工家属文化娱乐生活,举办篮球、羽毛球、乒乓球等传统联赛,参加矿业公司各项竞技比赛,以总分第一名的成绩获得第二十一届矿山文化节优胜单位。

(赵东升)

首钢矿业公司杏山铁矿

【杏山铁矿领导名录】

矿　长:付振学
副矿长:李新明　李永新(11月任职)
党委书记:付振学
党委副书记:章俊伟

(赵晓杰、葛　堃)

【概况】 杏山铁矿2006年7月11日成立,是首钢矿业公司率先由露天转为地下开采的矿山。杏山铁矿属于鞍山式沉积变质贫铁矿床,保有储量8967万吨,开采范围为-30米水平以下矿体,共分两期进行开采。一期开采范围为-330米以上矿体,年产铁矿石320万吨,服务年限19年。二期开采-330米水平以下矿体,仍按照每年320万吨规模建设。杏山铁矿在账固定资产1104项,固定资产原值8.04亿元。杏山铁矿设生产技术科、机动科、安全保卫科、计财科、综合管理科、开拓作业区、采矿作业区、井巷作业区、碎运作业区、提升作业区、动力作业区,从业人员736人。

（葛堃）

【主要指标】 杏山铁矿完成采出矿石275.2万吨,入选矿石278.7万吨。矿业公司控制的26项主要技术经济指标中,19项较去年实现提升,9项指标创历史最优水平,全年完成吨矿成本74.59元,较上年降低了14.5%。

（葛堃）

【经济运行】 杏山铁矿坚持以经济运行为中心,固化生产经济运行组织模式,强化季节用电和主体设备用电管控,用足谷期、用好平期、少用峰期,突出主体设备效率。规范生产辅助系统运行模式,严密控制副井用罐、渣浆泵、排泥泵、风机及水源热泵等辅助系统运行,持续提高经济用电管理水平,全年峰谷比完成0.7,较年计划降低0.04,实现经济效益14万元。

（赵岩、葛堃）

【工程管理】 杏山铁矿针对一期倒段工程尾工及主溜井封堵工程,重点强化施工安全、施工计划、施工质量、工程与生产协调等方面管理。围绕重点部位工程建设,加强过程组织与协调,完成-255米水平利旧电缆拆除、-330米水平压风自救系统风管接口及-330米水平卸矿站临时平台横梁拆除等倒段工程尾工;完成主溜井封堵工程,比计划提前5天;1月18日开始倒段试生产,比计划提前2天;1月25日完成主斜坡道地坪施工,比计划提前10天;4月29日完成倒段工程剩余项目的安装、验收工作,一期倒段工程全部结束。

（祝自伟、葛堃）

【数字矿山】 杏山铁矿不断完善和优化各信息化平台应用功能,确保软件与业务相符合,运行流畅。以-180米主运输水平倒段下移-330米水平为契机,全面实现-330米新运输水平电机车运行过程全自动控制;推进变电所远程控制,实现-330米中央变电所、35千伏变电站无人值守功能;响应国家安监总局"机械化换

人,自动化减人"目标,提高地采矿山本质安全水平。

（祝自伟、葛堃）

【人才工作】 杏山铁矿组织制定专项培训方案12项,签订师徒协议34份,专业技术人员授课126人次,开展理论与实操考试46场次。年末,一线岗位职工中,初级工306人,中级工217人,高级工79人,技师12人,高级技师2人。中高级以上技能人员比例达到53%。将"出人才"的总要求与团队建设紧密结合,坚持在团队攻关、破解难题中历练人才,全年完成"高分段爆破涉及参数研究"等17项课题,在《矿业科技》发表论文4篇,申请专利2项。

（葛堃）

【安全和谐】 杏山铁矿贯彻"安全第一、预防为主、综合治理"理念,推进"安全·和谐"矿山建设。宣传贯彻新《安全生产法》。制定颁发实施172个岗位《安全生产责任制》。按照"安全生产标准化一级企业"认证的14个要素、202个评分标准,将原有69种制度精简合并为61种,补充条款142条,修订完善371项,剔除废止41条。建立地采安全生产事故应急救援体系,修订现场处置方案8个,新增内容40余项。推行"手指口述",形成单体设备司机、爆破工、变配电工等16个岗位94条操作标准,将作业过程中威胁职工生命安全、身心健康的危险因素纳入操作标准进行规避。提高规章制度执行力,同比上年安全违规数量由51起减少至16起,降低68.6%。

（崔保攀、葛堃）

首钢矿业公司运输部

【运输部领导名录】
主　任:刘建强
副主任:刘　欣　张旭东
主任助理:吕振波
党委书记:刘建强
党委副书记:齐晓辉

（闫　军）

【概况】 运输部主要负责首钢迁安地区、顺义地区铁路运输业务及管理工作。主要承担矿业公司、股份公司、中化公司、顺义冷轧原材料、产成品的铁路运输任务。现掌控内燃机车和电力机车49台;翻车机、挖掘

机、卸车机等装卸设备 8 台套;鱼雷罐车、敞车、翻斗车等铁道车辆 545 辆;铁道线路 290.267 公里,道岔 400 组,信号楼 18 座;解冻库 1 座。设生产经营科、设备科、安全保卫科、人力资源科、财务科、办公室 6 个专业科室,7 个车间(作业队)、67 个班组。年末从业人员 1380 人,其中具有专业技术职称 65 人。

运输部深入贯彻落实首钢"两会"和矿业公司职代会精神,围绕"立足钢铁主业,服务区域经济,拓展业务范围,提升运营质量"功能定位,实施"一体两翼"发展战略,以"经营市场化、指标科学化、生产精益化、安全标准化"为抓手,强化管理基础,降本增效创收,铁路运输经营质量进一步改善。

（闫 军）

【主要指标】 运输部坚持开拓市场打量创收、经济运行降本增效"两手抓",全年铁路运输总量完成 2735 万吨,超计划 16.4%;全员劳产率完成 18436 吨/人·年,超计划 22.9%;迁顺火运比达到 82%,同比提高 8%;迁安地区机车油耗完成 955 千克/万吨,同比降低 5.54%;机车电耗完成 7101 千瓦时/万吨,同比降低 7.9%;峰谷比由上年的 0.9026 降到 0.8012;综合能耗完成 91.29 千克/万吨·公里,创历史最好水平。

（闫 军）

【安全生产】 运输部强化安全责任制落实,贯彻"把隐患当事故处理"理念,全面开展"无隐患单元"建设,围绕法治兴安、宣教兴安和作风兴安,开展班组安全管理达标和推进日检查系统进班组活动。围绕"岗位现场作业、现场单项检修、机加工作业"三条主线开展岗位作业写实及危险因素评估、分级管理,推进检修施工安全标准化,全年无重大行车、设备、操作、质量、火灾等事故。

（闫 军）

【工程建设】 运输部适应市场拓展需求,完成裴庄尾砂翻卸线改移 350 米、新铺 50 米,拆除和新建接触网 200 米;对 104 站北迁出线和接触网改移 202 米、新铺 252 米。提出水曹铁路北区微循环"三步走"扩能改造思路。

（闫 军）

【技能培训】 运输部推进"复合型"岗位建设和"学、练、赛、选"活动,组织岗位练兵 7752 次,技能鉴定 2 批 209 人。年末,操作岗位职工初级工、中级工、高级工、技师以上人员比例为 14%、35%、47%、3%,其中高级工以上 50.1%;取得二技能操作证人员 727 人,占操作岗位职工数的 56.3%。在各项技术比赛中,1 名职工荣获"全国钢铁行业技术能手"称号,4 名青工被授予首钢级"技术能手"称号;5 名职工获得矿业级"技术能手"称号。

（闫 军）

首钢矿业物资公司

【物资公司领导名录】

    经　理:王恩宇
    副经理:王新华　马学兵
    党委书记:王恩宇

（王守政）

【概况】 物资公司 2001 年成立,负责矿业公司生产建设所需的 16 大类原燃材料、7 类备品备件的采购供应及专业管理。设办公室(政工科)、计划科、财务科、经销科、综合管理科、材料采购科、设备备件采购科,总油库、总仓库、北区仓储库、火药加工车间。9 月火药加工车间注册更名为迁安首钢矿业化工有限公司,成为独立法人。12 月设备备件采购科与材料采购科合并成立物资采购科。年末从业人员 263 人,其中研究生 5 人、大学文化 94 人、大专文化 67 人,高级职称 4 人、中级职称 36 人、初级职称 7 人。

（王守政）

【主要指标】 物资公司采购资金完成 6.03 亿元,同比降低 1.72 亿元。采购成本降低 1674.81 万元,超计划 174.81 万元;仓储管理费完成 2469.17 万元,比计划降低 0.83 万元;炸药制造成本完成 3943.3 元/吨,比计划减少 56.7 元/吨;归口流动资金占用 6417 万元,比年初降低 2261 万元;资源再利用产品销售完成 114.88 万吨,超计划 0.88 万吨;废旧物资销售完成 382.67 万元,超计划 12.67 万元。

（王守政）

【采购资金】 物资公司加强采购资金预算管理,建立 ND 型物料采购资金预算体系,预算指标同比降低 20%;压缩 VB 型物料品种和库存规模,采购资金预算计划降低 15%。强化年度分类招标工作,实现采购效益 867 万元;落实分级谈判制度,实现压价效益 302 万元。推进进口物资国产化,实现进口备件国产化204项,节约采购资金744.05万元;实施进口润滑油国产化,节约采购资金50.52万元。

（王守政）

【市场销售】 物资公司加强资源再利用产品销售,建立价格动态调研机制,实现产销平衡;组织废旧物资和报废资产销售,掌握废旧物资市场行情,引入新客户参与竞标,超额完成废旧物资销售计划,报废设备拍卖高出底价17.48万元;拓展炸药销售市场,稳定迁安地区炸药销售,推进与唐山金宇爆破工程有限公司合作,开辟河北钢铁集团滦县司家营铁矿有限公司市场,调研北京密云铁矿、山东鲁中矿业炸药需求,实现炸药销售收入801.36万元,利润14.46万元。

（王守政）

【炸药生产】 物资公司科学规划炸药生产,加强生产工艺控制,生产炸药10348.05吨,实现稳定供应。构建化工公司法人治理结构,健全公司董事会、监事会、管理层,完成公司机构、人员配置,制定化工公司法人经营管理制度。

（王守政）

【转型发展】 物资公司实现由"供应型"向"管理效益型"转变。优化VB物料储备定额,降低库存资金1077.61万元;扩大寄售规模,月均寄售库存1010万元,比年初增加179万元;盘活滞库物资1481.86万元;实施大宗物料控制、定限额物料管理,物料消耗同比降低1.72亿元;加强供应商管理,依规对43户逾期交货供应商追究违约金12.45万元,对4户实施停权,对13户进行警告;加强管筹库管理,调剂使用机旁物料4338万元;严细废旧物资管理,废旧物资回收率完成96.58%;整合库房资源,优化人力配置31人,节约仓储管理费用82.46万元;严格物资质量检验,查出问题308项,落实供应商索赔87.91万元,处罚5.64万元。

（王守政）

首钢矿业公司计控检验中心

【计控检验中心领导名录】
　　副主任(主持工作):李　文(6月任职)
　　党委书记:迟春革(6月任职)

（李中良）

【概况】 计控检验中心由原计控室与原质量检验中心于2016年6月合并成立,设综合管理科、理化管理科、信息化办公室3个科室和信息开发中心、计控科、计衡车间、电信科、质量检验站5个科级实体,托管北京速力科技有限公司。年末从业人员423人(含速力公司23人),其中研究生学历30人、大学学历200人、高级职称17人、中级职称72人、高级技工159人。主要承担矿业公司自动化、信息化、计算机、计量、检验、电信等专业管理及相关设备维护、计量和检验操作、技术开发和项目施工;对外开发社会市场,承担自动化、信息化产品的推介和实施。

（李中良）

【机构变化】 1月矿业公司办公室信息化管理机构、人员及职责划入计控室,计控室代表矿业公司行使信息化管理专业职责。6月,计控室与质量检验中心合并,成立计控检验中心。同时撤销中国共产党首钢矿业公司计控室总支委员会和中国共产党首钢矿业公司质量检验中心总支委员会,组建中国共产党首钢矿业公司计控检验中心委员会和中国共产党首钢矿业公司计控检验中心纪律检查委员会。

（李中良）

【打牢服务基础】 计控检验中心组织完成大石河铁矿、水厂铁矿、杏山铁矿自控设施检修130余项次,检定在用计量器具8300台(件);完成物资计量2079万吨;完成检验数据26万组、试验数据1.3万组;改进和完善矿业公司ERP系统50多项;实施域控与DNS服务分离工作。

（李中良）

【强化专业职能】 计控检验中心完成计量检定管理系统升级,取消34个检定项目手制记录;开展工业实时数据管理,重点自控设备运转率达到99.05%,完好率达到97.46%;组织两化融合管理体系建设和运行,通过工信部评定;完成22个数学模型课题,11个数学模型在生产中得到应用;完成磁翻转考察、秘鲁矿试验,增加溢流水浓度、高频筛粒度等检验项目。

（李中良）

【助推工序提效】 计控检验中心实施主流程工序自动化工程项目42个,完成烧结、球团自动化改造59项;完成矿业公司安全隐患排查整改系统、物资公司一键报警项目等7个信息化项目的开发;推广磨选工艺"一键启动"控制,矿浆自动分离专利技术应用于水厂铁矿原矿制样;实现杏山铁矿井下电机车运输系统、-180米副井信号系统无人值守,提升现场生产工艺流程效率和管理效率。

(李中良)

【驱动创新成果】 计控检验中心推进学习创新团队、创新工作室建设和课题攻关活动,完成攻关课题51项。其中《挖掘数据价值,实现首钢矿业设备精细化管理》获得中国两化融合杰出应用奖;《一种溢流原矿取样装置》获得国家专利;《矿业行业通用 MES 产品研发与应用》《数据仓库技术在设备管理系统中的研究和应用》获得首钢科技成果三等奖;《智能远程集中计量管理系统》获得矿业科技项目成果二等奖;《构建计量信息管理系统推动冶金矿山测量管理体系建设》获得矿业公司管理创新三等奖;《安全管理信息系统》《智能远程集中计量管理系统》通过首钢科技成果鉴定。

(李中良)

【实现市场突破】 计控检验中心加强宣传,优化宣传册,开发英文版网站。参加行业重点会议与展览,拓展项目信息获取渠道;完善、提升相关资质、获取软件著作权及专利,奠定市场竞争基础;组织人员参加社会化培训和考试,提升销售及售后人员素质。多措并举,市场份额实现新高,签订外部自动化及信息化合同26个,总合同额达 2.08 亿元,单笔合同额突破亿元。

(李中良)

首钢矿业公司协力公司

【协力公司领导名录】

经　　理:张保刚(10月任职)
　　　　　何冰(6月任职、10月离职)
　　　　　刘云龙(6月离职)
副经理:陆云增(6月任职)
　　　　　王在成(8月任职)　郭　刚(6月离职)
党委书记:何　冰
党委副书记:王在成(8月任职)

(李浩然、宋光伟)

【概况】 协力公司2003年12月成立,从事设备检修、工程施工和汽车吊装运输等业务,具有冶金、矿山设备检修、大中修改造、结构件制作、安装施工、客货和危险品汽车运输、大型设备吊装等资质能力,固定资产原值

1.65亿元。设办公室、计财科、安全生产科、人力资源科、市场经营科,烧结维检车间、球团维检车间、南区机修车间、北区机修车间、汽运一队、汽运二队、机械安装工程队,从业人员1306人。产值 1.77 亿元,社会市场收入突破1200万元,被评为第二十一届矿山文化节优胜单位。

(李浩然、宋光伟)

【检修施工】 协力公司坚持服务矿业公司内部市场,先后完成水厂铁矿、大石河铁矿、杏山铁矿区域全流程检修49次。巩固北京首钢股份有限公司球烧市场,挖潜内部人力,对接 TPM 管理,先后完成烧结360 平 48小时检修、球团一系列 19 天中修等 19 次全流程检修。首次承揽球团一系列环冷机大修核心项目,掌握了环冷机大修关键技术。首次中标球团高压辊磨机总成更换项目,积累了施工经验。开拓"一业四地"协同检修市场,完成首钢京唐钢铁联合有限责任公司、秦皇岛首秦金属材料有限公司 4 次检修任务。工程施工方面,试行项目部组织模式,完善《单项工程核算管理办法》,先后完成杏山一期倒段、水厂高效浓缩机升级改造、迁钢高炉冲渣水余热供暖改造等 7 项重点工程。

(李浩然、宋光伟)

【市场开发】 协力公司发挥铁前设备维护、技改工程施工、内燃设备修理等方面积累的经验,拓展精密检测、备件总成修复、空调维修、单体设备大修等矿业公司内部市场业务。制定下发《协力公司项目经理管理办法》《项目承包管理办法》《费用结算管理办法》等外部市场开发配套制度,将社会市场金属结构件制作、集团内部围钢业务、园区服务作为突破口,推进外部市场开发。先后承揽了中国交通建设股份有限公司金属结构件制作、北京德达物流股份有限公司钢卷支架制作、唐山市兴安型煤锅炉制造有限公司锅炉制作、首钢园区办公设备维护等业务。社会市场收入完成1212万元。

(李浩然、宋光伟)

【人才工作】 协力公司分流职工 95 人。开展"闯市场、强基础、提技能"职工提素培训活动,推进职工队伍转型提素。选拔各工种技术骨干参加矿业公司、首钢总公司、北京市技能比赛,青工张钊获得北京市技能比赛焊工组第七名,青工王涛获得北京市技能比赛焊工组第八名、首钢总公司技能比赛焊工组第一名。青工杨奕、王鹏飞分别获得首钢总公司技能比赛电工组、钳工组第

五名。开展"学练赛选"活动,职工队伍技能结构持续优化,中、高级工及以上人员占职工总数比例达79.38%,二技能及以上人员占职工总数比例达71.29%。

(李浩然、宋光伟)

【党群工作】 协力公司开展"两学一做"学习教育。党委班子开展专题党委中心组学习,集中学习了《党章解读》《习总书记七一讲话精神》《中国共产党问责条例》《习近平总书记系列重要讲话读本》等内容。各党支部累计开展专题集中学习36场次,交流研讨18场次。加强纪检监察工作,落实党委主体责任,加大纪委执纪、监督、问责力度。开展"双月一查"活动,围绕油料消耗、工程物料消耗、奖励分配等进行效能监察,超前防控廉洁风险。以青春亮"力"为主题,深化党建带团建工作。组织青工骨干参加矿业公司青工技能精英赛,获得电工组、焊工组团体第一、钳工组团体第二名。发挥工会组织作用,为职工申报困补、办理互助保险赔付等事宜,维护职工权益。

(李浩然、宋光伟)

首钢矿山机械制造厂

【首钢矿机领导名录】

副厂长:夏成军(主持工作) 李淑玲

党委书记:崔 勇

(马 威)

【概述】 首钢矿机是集冶炼、铸造、金属结构、机加工、热处理于一体的矿山及冶金机械制造专业厂,具有设计、制造、安装、服务综合能力,拥有较强的耐磨钢球生产能力和技术装备改造能力,新投产的捆带生产线填补首钢集团该项产品的空白。设生产运营科、设计研究所、销售科、财务科、办公室5个专业科室和铸造分厂、机加工分厂、金结分厂、磨球项目部、精铸项目部、技改项目部、捆带项目部7个经营实体,固定资产原值2.9亿元,年末从业人员480人。

(马 威)

【主要指标】 首钢矿机实现产值1.62亿元,社会收入3504.25万元,同比降低16.92%和35.02%;利润控亏217.16万元,比计划减亏112.85万元,同比减亏1761.77万元;全员劳产率34万元/人·年,同比提高28%。

(马 威)

【产品开发】 首钢矿机积极推进备件国产化工作,完成了杏山铁矿诺曼尔特混凝土罐车罐体、威斯特R1300G铲运机3立方米铲斗、山特维克1400E铲运机6立方米铲斗等重点备件的设计制作,经现场使用检验,成功替代了进口备件;组织高硅、高碳合金铸钢球磨机衬板和硬质合金镶嵌颚板试验,耐磨系列新材质衬板通过现场试验,使用寿命提高一倍以上;新开发的B3材质钢球通过工业性试验,球耗比B2钢球降低10%;成功研制2.5吨蓄电池牵引电机车,顺利完成了太原钢铁公司克虏伯动定锥衬板、多灵破碎机躯体和支撑套等重点备件的开发;研发高分子托辊和聚氨酯托辊。

(马 威)

【技改项目】 首钢矿机打造特色技改品牌,提高综合服务能力,先后完成了北京首钢生物质能源科技公司发电机组叶轮和进口液压抓斗修复、迁安中化煤化工有限责任公司水雾除尘器改造、河北津西钢铁集团圆盘给料机改造、迁钢宾馆屋顶钢结构防腐、迁钢会议中心环湖栏杆改造等项目。组织了YZ55钻机大修改造、水厂铁矿西排转场3—1皮带、东排破碎站下移D0和D6皮带机延长等重点工程,全新设计制作了水厂铁矿破碎X3跑车,完成水厂铁矿建筑砂扩能改造工程12台圆筒筛的设计制作。

(马 威)

【降本增效】 首钢矿机通过实施6千伏配电室、空压机设备改造,实现无人值守,减少费用支出75.2万元;调整生产模式,降低电费支出,峰谷比完成0.23;强化车辆管理,提高运输效率,万元产值运费降低40.1元;强化库存管理,严格计划审批,降低材料积压554.4万元,节约材料费用190万元。

(马 威)

【设备管理】 首钢矿机重点组织306台车炉、天车滑线三相四线制、800千瓦特和1200千瓦特电窑台车、10吨叉车等设备的大修改造;完成C516立车等机床的数控化改造;强化起重机械、压力容器等特种设备管理,安装电磁吊逆变装置,整改了液氧罐腐蚀、汽化器歪斜等隐患;完成了电炉布袋除尘器、震动落砂机除尘设施的整备工作。

(马 威)

【队伍建设】 首钢矿机组织后备干部集中培训,推进提素教育;组建学习创新团队,开展课题攻关;开展理论、实操技术培训 100 余次,组织特种作业取证 53 人次,签订"师带徒"协议 36 对。

(马 威)

首钢矿业公司电力修造公司

【电修公司领导名录】

经　理:周新林

副经理:李洪河

党委书记:周新林

(李 伟)

【概况】　电修公司 1991 年成立,具有"中华人民共和国承装(修、试)电力设施许可证"三级资质、"中华人民共和国特种设备安装改造维修许可证(锅炉)"三级资质、"中华人民共和国特种设备安装改造维修许可证(压力管道)"资质及"防爆电气设备安装、修理资格证书"等 17 种资质。承担首钢迁钢电力作业部、北京生物质能源科技公司发电厂、北京首华科技发展公司热脱附区域设备维护检修、矿业公司内外部市场电机修理、变压器检修、线圈制作、电气工程施工、电气产品制作(高低压配电柜、配电箱等)、电气预防性试验等业务。设办公室、经营财务科、生产科,机电工程项目部、迁钢维检项目部、北京维检项目部、电机修理第一项目部、电机修理第二项目部。

(李 伟)

【主要指标】　电修公司计划产值 5000 万元,实际完成 5176.18 万元,完成计划的 103.52%;社会收入计划 1200 万元,实际完成 1524.36 万元,完成计划的 127.04%;利润计划 100 万元,实际完成 103 万元,完成计划的 103%。

(郭秀红)

【资质升级】　电修公司配电柜制作创新团队牵头组织对 XGN 型高压真空开关柜进行研发,4 月上旬取得 XGN 型高压真空开关柜生产型式试验报告。

(张惠泉)

【科技管理创新】　电修公司"南区供浴热源改造"及"YB 系列箱式变电站研制"项目,分别获得首钢矿业公司优秀科技项目科技成果二等奖、三等奖;推进市场化发展管理创新课题,荣获首钢矿业公司管理创新项目二等奖。

(李 伟)

【"3C"证书换版】　电修公司经中国质量认证中心认证,先后取得 5 种低压成套设备强制认证证书。按照国家要求低压成套开关设备执行的国标版本升级,3 月底 JK 型、GGD 型、GGD3 型、XL 型、GCK 型完成换证工作;8 月,XM 型完成换证工作。

(张惠泉)

【机构调整】　电修公司调整部分科级机构及职责。1 月,经销科与计财科合并成立经营财务科。7 月份,取消分公司级建制,实行项目经理制,部分专业管理实施厂级直管项目经理部的扁平化管理模式。撤销机电分公司,成立迁钢维检项目部、北京维检项目部、机电工程项目部;撤销电一分公司,成立电机修理第一项目部(南区);原电一分公司电气试验业务及人员划入机电工程项目部;撤销电二分公司,成立电机修理第二项目部(北区)。

(李 伟)

【两项政策】　电修公司优化人力资源配置,实现降本提效。协商一致解合职工 13 人,内部退岗休养 8 人。全员劳产率较上年提高 3.21 万元/人。

(李 伟)

【技改工程】　电修公司全面完成机械厂捆带钢项目电气安装、迁安首钢设备结构改造电气改造、大石河铁矿总降配电柜制造更换、水厂铁矿尾矿浓缩系列电气工程、首钢迁钢公司及北京首钢生物质能源科技有限公司发电机组检修、热脱附土壤修复电气施工、矿业公司电气设备年度预防性试验等任务,首次完成首钢京唐公司 6400 千瓦特电机检修工作,承揽了云南迪庆有色金属有限责任公司普朗铜矿电气施工工程,新疆呼图壁县西沟煤炭有限责任公司锅炉安装工程。

(张惠泉)

北京首钢矿山建设工程有限责任公司

【首矿建公司领导名录】

董事长:刘贵彬

董　事:刘贵彬　郭会明　马卫国　王方全

　　　　王宏图　陈立伟(10 月任职)

　　　　陈浩永(11 月任职)　张保刚(10 月离职)

监　事:刘颖超　马宏军　路 平

副总经理:郭会明(主持工作)

党委书记:刘贵彬

(刘艳兵)

【概况】 首矿建公司 2005 年注册成立独立法人企业,现为北京首钢矿山技术服务有限公司的独资子公司。2016 年,吸收合并北京首矿工程技术有限公司,取得了冶金行业设计乙级资质,具备了矿山工程设计、施工一体化的服务能力。同时,注册资本增加至 8899.607981 万元。主营:施工总承包,专业承包,劳务分包,建设工程项目管理,工程勘察设计,检修矿山及冶金机械设备,劳务服务,技术咨询、技术服务、技术开发和普通货运。拥有矿山工程施工总承包一级资质,房屋建筑工程施工总承包、冶炼工程施工总承包、钢结构工程专业承包、电子与智能化工程专业承包二级资质,建筑机电安装工程专业承包三级资质和冶金工程设计乙级资质。获得 ISO9001 质量管理体系认证、ISO14001 环境管理体系认证和 OHSAS18001 职业健康安全管理体系认证。设经营财务部、安保部、办公室(政工部)、土建分公司、金结分公司、采矿分公司、井巷分公司、设计研究院,年末从业人员 185 人。全年完成产值 2.64 亿元,实现利润 303.83 万元。

(刘艳兵)

【市场开发】 首矿建公司加快社会市场开发,全年签约各类社会项目 67 项,签约合同金额 1.7 亿元。抓住国家环保形势要求,开发华北地区环保产业市场,先后承揽了石家庄河北煜泰热能科技有限公司脱硫脱硝项目、山西临猗县县城中心区集中供热锅炉脱硝项目、晋城市恒光热力有限公司集中供热锅炉烟气脱硫项目、鲁北集团热力公司烟气除尘项目和迁安九江脱硫项目。推进产业结构升级,开发生产技术服务市场,先后签约了中交集团第三工程局首信秘铁项目、中钢集团公司阿尔及利亚项目、北京首钢园区项目、青海海合煤炭开发有限公司阿力克煤矿项目和北京华大电力设计有限公司廊坊项目的生产技术服务业务。

(刘艳兵)

【重点项目】 首矿建公司落实产业发展规划,吸收合并北京首矿工程技术有限公司,打造矿山工程设计—施工一体化服务商;探索海外市场,申办《对外承包工程资格证书》,加入中国对外承包工程商会,获得海外项目准入条件;推进经营机制改革,实施全面预算管理,分别建立专业部室的管理指标体系和产业实体的经营指标体系,开展管理承包、经营承包和项目承包,实现企业经营管理水平的稳步提升。

(刘艳兵)

北京首钢重型汽车制造股份有限公司

【首钢重汽领导名录】

董事长:郭志辉

副董事长:黄建兵

监　事:罗　维　苏立敏　刘立伟

总经理:梁国强

副总经理:孙立舟　罗东武

财务总监:李大发

销售总监:于晓飞

(莫思文)

【概况】 北京首钢重型汽车制造股份有限公司(以下简称首钢重汽)2006 年 7 月改制成立,2011 年 9 月柳工收购首钢重汽 42% 的股权成为第二大股东,负责重汽公司的经营管理。

首钢重汽主要拥有 SGA3550、SGA3722、SGR50、SGR50C、SGE150、SGE170、SGE190、SGE190Ac、SGE240 等系列矿用汽车及 SGA5650 矿用洒水车、SGA9650 废钢车、SGA92150 矿用拖车等系列产品。公司设财务部、综合管理部、研究所、质量控制部、矿用车营销公司、生产制造部、采购物流部,从业人数 42 人。

(莫思文)

【制约因素】 首钢重汽目前发展存在的制约因素:关联矿用车产业衰退,市场竞争激烈,行业形势严峻,首钢重汽销售收入大幅下降。无自主厂房资产,厂房租赁费用过大,企业运营负担沉重。现金流紧张,无充足的资金加大研发制造投入,研发进度缓慢,加深企业生存发展危机。

(莫思文)

唐山首钢马兰庄铁矿有限责任公司

【马兰庄铁矿领导名录】

董事长:董　伟(兼)

副董事长:刘作利　张　荣

董　　事:刘作利　张　荣　杨金波(8月离任)
　　　　　刘守新(兼)　张立友
　　　　　孔祥会(兼,9月离任)
监　　事:张金刚　张文东　时立新(兼,8月离任)
总 经 理:刘作利
副总经理:张　荣　刘景玉　李廷忠　王云峰
党委书记:张　荣
党委副书记:杨金波(8月离任)

（张海波）

【概况】　马兰庄铁矿由首钢总公司和唐山市人民政府于1997年9月8日共同出资成立,属于国有股份制企业,股权比分别是首钢总公司70%、唐山市政府30%。2002年12月唐山市政府将30%股权委托迁安市政府代管。

马兰庄铁矿实行董事会领导的总经理负责制,设办公室、生产处、技术处、设备物资处、安全处、销售处、计财处、劳人处、基建工程处、地采筹建处、资源土地管理处、武保处、工会,采矿厂、选矿厂、柳选厂、汽车队、实业公司。年末从业人员1211人,其中大中专以上学历439人,专业技术人员224人,中级职称和高级职称64人,职工平均年龄38岁。

（靳洪超）

【主要指标】　马兰庄铁矿主动、快速地应对市场变化及发展中的各种困难和矛盾,全面完成各项目标任务。全年完成采剥总量528万吨,铁矿石271万吨,铁精粉50.5万吨,实现利润550万元。

（张立友）

【安全管理】　马兰庄铁矿坚持"安全第一,预防为主,综合治理"安全生产方针,通过了选矿厂三级安全标准化认证,完成了露天采场和尾矿库二级标准化换证评审工作,被确定为迁安市唯一一家A级诚信等级企业。

（何雨山）

【技术改造】　马兰庄铁矿先后完成选矿厂碎矿Ⅱ系统振动给料机改造、高频振动细筛更新、增加新过滤机等项目的技术改造升级,解决了制约生产流程的瓶颈问题,提高了流程通过能力,铁精粉平均日产由年初2000吨提高到2152吨,创历史最好水平。完成柳选厂碎Ⅰ系统流程优化,增加了三选面砟水洗筛分系统,全年销售综合利用产品100万吨,实现销售收入566万元。

（王树军）

【降本增效】　马兰庄铁矿深化对标工作,改进管理方式,深挖内部潜力,铁矿石、铁精粉成本分别完成58.59元/吨、272.02元/吨,同比降低6.71元/吨、40.94元/吨,比行业平均水平降低23.14元/吨、18.74元/吨,总成本降低946.33万元。

（张立友）

【生态环境治理】　马兰庄铁矿开展绿色矿山建设,完成绿化覆土3.05万立方米,栽种紫穗槐、刺槐、沙棘等苗木29.15万株,播撒紫穗槐、刺槐、火炬种子3750公斤,培育并移栽爬山虎、火炬树苗等绿化苗木8000棵,新增绿化面积300亩。通过了迁安市国土局矿山地质环境恢复治理工程阶段性验收,完成了第三批国家级绿色矿山河北省矿业协会现场评估审查。

（尹占祥）

【地采手续办理】　马兰庄铁矿地下开采工程设计储量8912.2万吨,年产矿石400万吨,服务年限26年,2010年开始手续办理。4月完成《环境影响评价报告》的最终评审,11月取得《矿产资源开发利用方案》备案,地采采矿权已通过迁安市、唐山市、河北省国土资源部门逐级审批,11月开始采矿权价款评估工作。地采立项手续按照首钢总公司立项原则,正在履行内部程序。

（孟令民）

【工程项目管理】　马兰庄铁矿挖掘自身施工潜力,建立内部劳务用工市场,整合优化内部施工力量,减少外委资金费用,全年完成沙河山北帮16米排水导水工程、白马山尾矿管线过路桁架架设、沙河山-86米水泵移位等14项工程施工,节约外委工程费用172万元。

（李　河）

【节电管理】　马兰庄铁矿采矿电耗、选矿电耗分别完成0.843千瓦时/吨、50.27千瓦时/吨,同比同期降低0.014千瓦时/吨、2.67千瓦时/吨,用电结算单价0.498元/千瓦时,同比同期降低0.0114元/千瓦时,全年获电网利率奖励9.36万元,全年停用变压器1台,节约固定电费112万元。

（夏　柱）

【队伍建设】　马兰庄铁矿搭建兴趣小组平台,吸收更多青年职工加入进来,在课题攻关中培育团队精神,提升业务能力,展现个人风采,解决生产难题。选拔品质端正、素质优良、作风过硬、想干事、能干事的人才到重要岗位培养锻炼,4名基层职工走向管理岗位;坚持正确用人导向,通过多渠道推荐、多层次筛选、多角度考察,将德才兼备、业绩突出、群众公认的优秀年轻干部安排到科级岗位挂职锻炼,配强厂队处室领导班子,优化中层干部年龄梯次结构,轮岗交流科级干部15人,选拔3名管理人员到科级岗位挂职锻炼。

(张海波)

【组织建设】 马兰庄铁矿以保经营生产高效、稳定为中心加强和改进党的建设。全年发展党员3人,按期转正3人。组织入党积极分子培训12人。组织208人开展党员民主评议。坚持"三会一课"制度,开展"两学一做"活动。

(靳洪超)

首钢矿业实业公司

【首矿实业领导名录】

经　　理:冀小杰(6月任职)　杨立文(3月离任)

副经理:冀小杰(3月离任,3月主持工作)

党委书记:冀小杰(6月任职)　杨立文(3月离任)

(马海龙)

【概况】 首钢矿业实业公司(以下简称首矿实业)2001年1月由原首钢矿业公司生活服务公司、房产公司、厂容绿化队等后勤单位组建。承担矿区生活区供水、供电、供暖及物业、职工餐饮、住宿、厂容绿化等服务工作。设经营管理科、生活管理科、综合管理科、办公室、物业公司、南区生活服务公司、北区生活服务公司、制水厂、招待所、体育场馆,年末从业人员405人。管理费完成4581万元,超计划81万元;非矿产值完成7625万元,超计划2165万元;社会收入完成1858万元,超计划708万元。

(马海龙)

【后勤保障】 首矿实业完成部分住宅楼屋面防雨大修、暖气改造、室内外上水管网大修、雨排管更换工程,改善居民居住条件。完成滨区、龙山区25栋住宅楼供电主电缆改造、家属区部分电能表更换工程。完成北区锅炉房煤场封闭工程,实施北区锅炉房脱硫系统技术改造。利用烧结厂余热,完善体育馆供热水系统,解决体育馆热源问题。实施污水系统自动化改造,完成72亩地供暖锅炉房、原列电大院变压器、图书馆变压器停运改造工作,完成俱乐部重新投入使用的各项整改及招待

所维修提标工作。实现安全生产零事故,水、电、暖、浴主体设备零故停的目标。

(马海龙)

【减员增效】 首矿实业落实矿业公司转型提效政策,整合机构调整精简富余人员,离职正式职工84人,减员幅度达到17%,合并科级单位1个,精简科级干部4人、一般管理4人。重新组合梳理分公司及科室业务,成立招待所、体育馆、制水厂3个经营实体。

(马海龙)

【开发创收】 首矿实业自行维护家属区摄像监控系统,维修招待所及宿舍设备设施节支费用。利用疏通车、吸污车承揽迁安部分小区业务实现创收。承揽北区生活区、厂区及北京首钢股份有限公司球烧作业区的垃圾清运和烧结厂8000平米厂房防雨、大石河铁矿15吨锅炉的检修工作。改造布袋除尘器卸灰方式,修复除尘布袋,减少费用支出。承揽矿业公司文化中心大门粉刷修复、工人俱乐部围栏修复及水厂铁矿服务项目,积极创收弥补费用不足。完成榨油厂资质申办,产品质量通过政府部门的检测,承接矿山职工福利花生油生产任务。完成首钢兴矿物业服务有限公司执照办理及四个分支机构的注册,组织纯净水产品包装升级,开发生产厂用及家用防冻液产品,广告业务由小型标识牌向橱窗、露天大型广告方向发展,初步取得效果。招待所与美团网、大众点评网联系,通过网络销售增加入住率。

(马海龙)

首钢滦南马城矿业有限责任公司

【马城矿业公司领导名录】

董事长:黄佳强(兼)

副董事长:齐宝军

董　　事:黄佳强　齐宝军

　　　　　刘云龙(6月任职)　田本昌(6月离任)

　　　　　刘守新　阚雅新(职工代表,10月任职)

　　　　　李　昕(10月离任)

监　　事:宋文军　张秋平　刘永晖(职工代表)

总经理:刘云龙(6月任职)　田本昌(6月离任)

(袁　槐)

【概况】 首钢滦南马城矿业有限责任公司(以下简称马城矿业公司)位于河北省滦南县马城镇,矿区面积

9.76 平方公里,矿区范围内资源储量 9.95 亿吨。设计采用充填法地下开采,分为上下两个采区,同时开采;采用主副井斜坡道联合开拓方式,有 3 条主井、3 条副井、2 条进风井、4 条回风井和 1 条主斜坡道,年产铁矿石 2200 万吨;选矿采用单一磁选工艺,年产铁精粉 808.5 万吨。预计 2021 年建成投产,服务年限 39 年。目前处于建设期,设工程部、技术工艺部、机械动力部、计划财务部、安全部、供应保卫部、资源土地管理部和综合管理部,专业技术人员 64 人,电工 35 人。

(袁 槐)

【要件办理】 马城矿业公司完成节能评估、用地预审和社会稳定风险分析工作。采矿许可证办理,因 2015 年国务院取消了国土部采矿权价款评估备案、核准的程序,新办法尚未颁布,采矿权价款评估工作被迫中断暂停。年内围绕降低价款额度,通过采取技术措施,分析价款额度影响因素,详细测算,预计价款额度降至 21 亿元。

(袁 槐)

【工程推进】 首钢总公司"十三五"规划中将马城矿业公司项目整体开发列入重大产业投资项目,并提出马城矿业公司项目要把控投资节奏的要求。按照要求,马城矿业公司统筹考虑,倒排工期,编制了项目一级网络计划,并严格组织落实。严格把控排水、供电、提升、通风等地采矿山基建工程安全管理关键环节,保障工程建设安全顺稳。加强工序过程管控,严格落实入场材料检验,做好隐蔽工程影像资料留存,严格执行奖惩制度,全年落实考核 19.2 万元。科学制定施工计划,开展现场写实,按日检查、分析工程进度,按周讲评,按月总结分析,确保施工计划落实;超前预测、提前布置,合理调整施工工序,克服 2016 年唐山世界园艺博览会等重大系列活动期间政府要求停止火工品供应的影响,累计完成井巷工程掘砌 58.5 万立方米立方米,工程总长度 11.5 千米,完成总基建工程量的 12.8%。

(袁 槐)

【设计优化】 马城矿业公司初步设计 3 月份通过首钢总公司内部专家审查,7 月首钢总公司再次组织初步设计外部专家评审会。按照评审会精神,完善初步设计及概算编制,项目总投资从 169.0112 亿元降低到了 141.3777 亿元,精矿出厂完全成本从 598.90 元/吨降低到了 394.63 元/吨,精矿到股份公司成本为 404.11 元/吨。

(袁 槐)

【科技创新】 马城矿业公司开展大型地下充填矿山需要解决的关键性技术难题研究。围绕安全高效开采,国家科技部批准两个"十三五"国家重点研发计划课题科技项目,一是与北京科技大学、长沙矿山研究院有限责任公司、中国恩菲工程技术有限公司共同开展深部金属矿建井与提升关键技术项目;二是与东北大学、长沙有色冶金设计研究院和鞍钢集团等共同开展超大规模矿山重大灾害预控与充填技术项目。围绕 3 号副井穿过构造破碎带施工遇到水大、流沙复杂地质条件问题,与北京煤科研究总院、中国国际咨询工程公司、河北冀东建设工程有限公司和开滦注浆公司等单位专家开展研究攻关,形成了"一种竖井通过强富水全风化砂质破碎带的施工方法",已申报国家发明专利,该课题获得首钢总公司科技项目二等奖。

(袁 槐)

【节支增效】 完成 8 条井 12 个标段的工程招标,总中标价 17.4906 亿元,较定额价降 31%。实施主变减容,年降低基本电费 189 万元。完成 1 号 10 千伏变电站无人值守改造,减少变电运行岗位 9 人,年节省成本费用约 100 万元。

(袁 槐)

首钢地质勘查院

【地勘院领导名录】

院 长:邓 斌
副院长:王自文(3月任职)
党委书记:赵宪敏

(韩国峰)

【概况】 地勘院是在北京市编办登记的差额补贴的事业法人单位。境内有首钢地质勘查院地质研究所、北京爱地地质勘察基础工程公司、北京金地通检测有限公司、北京首勘金结水暖管道中心等具有法人资质的实体单位,境外独资设立"首勘矿产地质勘查有限责任公司(秘鲁)",控股设立"华夏矿业评估有限公司(香港)"。

地勘院资质:固体矿产勘查与地质钻探甲级资质、地基与基础工程专业承包一级及工程勘察综合类甲级资质、测绘甲级资质、地质灾害治理工程勘查、设计、施工甲级资质,工程地质、水文地质、环境地质调查、区域地质调查、地球物理勘查乙级资质,地基基础与桩基检测专项检测资质及 CMA 计量认证。具有秘鲁能矿部核发的地质勘查资质,国家经贸部核发的在境外进行工程承包的资格,具有香港证券会批准的在香港对涉矿类企业上市进行评估的资格等。

(韩国峰)

【经营指标】 地勘院全年实现销售收入 1.982 亿元、利润 729 万元,分别超年度计划 58.6% 和 12.2%。

(韩国峰)

【市场开发】 地勘院结合产业形势及特点,抢抓项目,取得了良好的经营成效。地研所完成了秘铁 2017 年铜矿普查设计的编制,签订了金额 433 万美元的合同。爱地公司通过守卫首钢市场、开拓社会市场、培育新型市场,项目数量、数额、结构、类别都创出了新高。地灾产业通过与北京市、区国土局深入合作,实现了勘查、设计、施工全覆盖,参与了房山、门头沟、石景山区、迁安矿区等 20 多个项目,其中门头沟田庄村地灾施工项目作为标杆,在全市地灾施工领域通报表扬。测量专业新增地下隧道监测项目,为测量业务拓展开辟了新的方向。检测公司做好社会市场大客户的开发与维护工作,目前合作良好的客户有珠江合生地产、绿地地产、北京勘察院等,与上述合作单位的合同约占公司合同总额的 60%;投标获得京唐二期等检测工作;创新市场开发与网络运营商合作,做好市场推广。

(韩国峰)

【科技成果】 地勘院完成的《三洲能源科技中心基坑支护工程》获得冶金行业部级优秀工程勘察一等奖;《首贵特钢新特材料循环经济工业基地电炉炼钢勘察》《北京昌平恒大城 A10 地块 CFG 桩地基处理工程》获得冶金行业部级优秀工程勘察二等奖;《北京石景山赵山小区 4 号、9 号楼不稳定斜坡地灾治理工程》获得冶金行业部级优秀工程勘察三等奖;《河北迁安铁矿资源调查项目》获得国土资源部国土资源科学技术二等奖。

(韩国峰)

【产业调整】 地勘院对各产业进行调整,按照"骨干有岗位,职工有渠道、重组有政策、安置有秩序"的原则大幅精干地勘从业人员,分流一半地质技术人员充实到工勘施工与检测队伍中。

(韩国峰)

【党建工作】 地勘院推进"两学一做"学习教育,组织开展"重温入党誓词,共建和谐地勘"主题党日、硬笔书法比赛、先进典型交流会等活动。开展创先争优主题实践活动,通过推进"提效、创新、拓展党员课题攻关",创收经济效益 960 余万元。始终坚持以人为本,着力推进民主管理、民主参与、民主监督进程,组织开展职工代表巡视检查工作,强化厂务公开民主管理,推进全员健康计划的实施;完善文体活动场所。开展环境综合治理,院容院貌有了新的改观。通过深入一线慰问职工、组织秋游、补助困难职工、丰富职工文化生活等一系列工作,增强了地勘院的向心力和凝聚力。

(李海锋)

迁安首钢设备结构有限公司

【设结公司领导名录】

董事长:姜　猛(4月任职)　孙成民(4月离职)

副董事长:王海军(4月任职)　刘宗乾(4月离职)

董　事:王海军(4月任职)　姜　猛(4月任职)
　　　　惠庆久(4月任职)　李玉成
　　　　黄军县(4月任职)　李克靖(4月任职)
　　　　王丙涛(4月任职)孙成民(4月离职)
　　　　靳朝阳(4月离职)
　　　　刘宗乾(4月离职)　赵俊敏(4月离职)
　　　　李建设(4月离职)

监　事:韩绍春(4月任职)　金印辉
　　　　马洪智(4月任职)　惠庆久(4月离职)
　　　　张兴华(4月任职)

总经理:姜　猛(3月任职)　李玉成(3月离职)

副总经理:李玉成(3月任职)　黄军县(3月任职)
　　　　　李克靖(3月任职)

党委书记:王海军(3月任职)　孙成民(3月离职)

党委副书记:惠庆久

(张树林)

【概述】 迁安首钢设备结构有限公司(以下简称设结公司)地处河北省迁安市沙河驿镇,占地 140 万平方米,制造厂房 8.2 万平方米,固定资产 2.08 亿元,是一家集科研、设计、制造、安装、检修、服务于一体的大型冶金成套设备专业制作厂家,1996 年通过 ISO9000 国际质量管理体系认证,主要拥有压力容器 Ⅰ、Ⅱ 级制造许可证、

A 级烟罩余热锅炉制造许可证、GC3 级压力管道等资质,能够自主制作炼铁高炉、热风炉、炼钢转炉、托圈、烟罩、钢铁水包、板(管)式换热器、阀门、铁水称量车、鱼雷罐车、600 至 1300 吨混铁炉、盾构机等大批成套设备,产品遍及全国冶金行业。

（张树林）

【主要指标】 设结公司实现控亏 578.41 万元,比年计划减亏 108.59 万元;完成产值 6354.4 万元,超计划 406 万元;全员劳产率完成 9.22 万元/人·年,同比提升 26.27%。

（张树林）

【优化结构】 设结公司整合组织机构,精简科级单位 8 个,形成四部一室+两个后勤单位+六个分公司的组织管理架构,即设经营管理部、市场开发部、计划财务部、综合管理部、总工室,综合治理办公室、物业分公司,热能分公司、重机分公司、动力分公司、迁钢检修分公司、京唐检修分公司、首秦检修分公司。优化岗位设置,科级干部由 42 人减为 24 人,一般管理人员和技术岗位由 102 人减到 59 人。年末从业人数 706 人。

（张树林）

【建立考核机制】 设结公司改变"只管生产不重经营、只管产值不重利润、只管合同不重回款"的做法,建立以利润、产值、货款回收为挂钩指标的考核办法,坚持指标核算,严格贡献效益分配,提高挖潜算账、节支降耗意识。

（张树林）

【建立承包机制】 设结公司改变生活后勤部门经营方式,按照内部市场化、自负盈亏的原则,推进物业公司剥离,签订经营承包协议,实现独立核算多创多得。

（张树林）

【完善薪酬标准】 设结公司按照统一、规范的原则,理顺薪酬分配体系,实现公平分配。评聘技术专家、专业技术(管理)骨干、核心员工 86 名,给予相应津贴,激发员工潜能。

（张树林）

【队伍建设】 设结公司坚持"能者上、平者让、庸者下"的原则,21 名中层干部、50 名管理人员重新竞聘上岗,人力资源得到优化。加强后备干部培养,举办青年后备干部培训班,26 名后备干部接受系统培训。

（张树林）

首钢水城钢铁(集团)有限责任公司

【水钢领导名录】
　　党委书记:卢正春
　　董事长:卢正春
　　党委副书记、总经理:张新建
　　党委副书记、纪委书记:袁国雄
　　党委委员、副总经理:王琳松　常　进　夏朝开
　　　　　　　　　　　何友德　龙　雨
　　党委委员:申　燕(3 月任职)
　　总会计师:杨　荣(12 月任职)
　　总经理助理:戴　鹏　周岁元　申　燕(11 月任职)

（吴 树）

【综述】 首钢水城钢铁(集团)有限责任公司(以下简称水钢)位于贵州省六盘水市,始建于 1966 年,是以钢铁业为主,采矿、煤焦化、水泥制造、机加工、建筑、物流、进出口等配套经营的大型国有控股企业。公司注册资本 341,395 万元,首钢总公司、中国华融资产、中国信达资产、中国长城资产、中国建设银行、贵州省国资委分别占股 61.06%、16.23%、13.15%、0.36%、4.69%、4.51%。钢铁主业具备 500 万吨钢产能,有抗震钢筋、高速线材、棒材等 13 个长材产品 30 多个品种。公司下设公司办公室(直属机关党委)、生产运输部、机动部、安全环保部、规划发展部(欣欣房开公司)、管理创新部(兴源公司)、财务部(交易中心)、组织人力资源部、宣传(企业文化)部、纪委(监察审计部)、公司工会、公司团委 12 个职能管理部门;技术中心、保卫(武装)部、离退休服务中心 3 个复合部门;炼铁厂、炼钢厂、轧钢厂、

煤焦化公司、铁运厂、能源公司、维检中心、自动化公司8个主辅生产单位;销售公司、原材料(进出口)公司2个购销部门;博宏公司、赛德公司、瑞泰公司、总医院(模拟子公司)、职教中心(模拟子公司)5个子公司。2016年底在册人数14300人。

2016年,水钢围绕"保生存"底线,推进铁前降成本、钢后调结构、系统保稳顺、炼钢提产能、非钢闯市场、购销创效益等重点工作,主动适应市场,在经营环境复杂多变的挑战下,实现经营整体"不失血"目标。

(田 甜、李 黔)

【主要指标】 2016年,水钢生产铁330.55万吨,钢334.80万吨,钢材327.24万吨,焦炭138.81万吨。主要技术经济指标,焦比365.73千克/吨,喷煤比144.67千克/吨;钢铁料消耗1053.00千克/吨,钢材综合成材率97.75%;全年铁水单耗985.38千克/吨。

(禹寿荣)

【降本增效】 2016年,水钢形成钢铁主业按实际成本核算和考核、辅业单位以利润为重点指标兼顾收入规模的绩效考核体系。坚持周成本及效益测算,做好月度经营分析,加强预算过程动态管控,确保过程受控。全年水钢实现进口矿石采购跑赢普氏指数0.71美元,创效847万元;钢材销售价格跑赢国内长材指数2%,创效1113万元。全年铁成本与同行缩差36.38元/吨,钢材单利与行业缩差233.36元/吨,内部工作吨钢降成本39.25元。

(周建君)

【科技创新】 水钢组织申报2016年贵州省科学技术奖3项,其中《SWRS82B盘条工艺技术研发与产业化成果应用》获2016年贵州省科学技术成果转化二等奖。该成果推广应用的3年,水钢新增产值77202万元,新增税收13124万元。高强度低松弛预应力钢丝、钢绞线用直径10毫米—13毫米SWRS82B盘条可取代进口盘条,实现大直径高强度钢绞线用盘条国产化。组织申报2016年首钢科学技术奖3项,其中《钢包全程加盖技术的应用与实践》获2016年首钢科学技术奖三等奖。钢包全程加盖技术推广运用三年,钢包盖使用寿命由100炉提高到1000炉,转炉出钢温度降低15℃,钢包加盖运行率98.5%,三年创效1953.85万元。2016年,品种钢创效620万元,合金创效2300万元。

(张东升、叶雅妮)

【节能降耗】 2016年,水钢吨钢综合能耗648千克标准煤/吨,炼焦工序能耗148.89千克标准煤/吨,烧结工序能耗52.03千克标准煤/吨,高炉工序能耗416.07千克标准煤/吨,炼钢转炉工序能耗-18.99千克标准煤/吨,均满足国家限额值标准。自发电率提升到62.56%,转炉煤气回收提高到132.59立方米/吨,最大需量降低到16.91万千瓦·时。全年比计划多发电10218万千瓦·时,创效4,550万元。外购电量降低,全年累计减少外购电费4337万元。2016年推进能源流程再造实施方案6项,其中,6号、7号烧结机系统环保达标综合节能改造项目、煤焦化烟道余热负压蒸氨项目、能源公司1号鼓风机改发电机项目进入施工阶段。

(孟红铭)

【设备管理】 2016年,水钢主要生产设备作业率93.96%,比2015年提高1.70%;故障停机率0.47‰,比2015年降低0.27‰;设备影响生产时间56989分钟,比2015年下降116925分钟,下降67.23%;备件消耗30.63元/吨,比2015年降低4.00元/吨,节约备件消耗1379.83万元。全面计划检修管理水平提高,完成以高炉为中心的同步检修工作和1号转炉、干熄焦年修等,计划项目实际完成4841项,计划完成率102.3%。全年盘活闲置备件、内部调拨(盘活)备件资产等5941.10万元,降低库存17833.50万元。完成干熄炉大修、炼钢3台连铸机150立方米方坯改160立方米方坯、6号、7号烧结机电除尘器大修以及振动筛的改造、4号高炉返渣系统改造等重点项目建设。

(孟红铭)

【安全管理】 2016年,水钢强化监督管理,开展隐患排查和违章查处工作,实现重伤以上事故为零。全年举办安全培训14期,修订安全规程1,328个,修订《煤气安全防护管理》等制度12个。开展安全隐患大排查、安全生产大检查活动和煤气系统、危险化学品运输、汛期等专项安全大检查,全年共检查厂级单位1100次,车间、班组1632次,查出问题582项,下发检查通报50期,排查隐患23718项,整改完成23377项,整改率98.56%。构建"把隐患当事故处理"体系,推进事故隐患排查治理工作。能源公司煤气系统、轧钢厂通过二级安全生产标准化评审,煤焦化公司等危化单元、炼铁厂高炉和烧结机冶炼系统通过安全生产标准化延期复评;3号转炉环保设施升级改造项目,6号、7号烧结机系统环保达标综合节能技术改造项目,6 号、7 号 265 平方米烧结机烟气脱硫工程进行安全预评价;职业健康管理体系通过第三方审核。

(刘 健)

【环境保护】 2016 年,水钢举办环境保护法律法规培训班,开展"六·五世界环境日"宣传活动,修订下发《环境保护管理制度》等环保管理制度 3 个;完成干熄焦皮带输送除尘系统改造项目,实施重建 6 号、7 号烧结烟气脱硫系统项目、3 号转炉环保设施升级改造项目等污染防治措施;获 3 号转炉、重建 6 号、7 号烧结机烟气脱硫等 4 项目环评批复;2014 年公司清洁生产审核验收报告通过环保行政管理部门验收;开展生产过程中污染物排放监察 170 余次,按计划完成常规性监测和核技术应用装置企业自行监测,督促第三方对固定污染源在线监测系统进行维护。2016 年 7 月,环境管理体系通过贵州省 CQC 评审中心监督审核;实现生态污染事故为零。

(黎绪强、丁永芬)

【制度管理】 2016 年,水钢梳理规章制度,全年新建 8 项、修订 31 项、直接废止 8 项。截至 2016 年 12 月底,水钢现行有效规章制度 214 项。通过制度的编制、执行、修订完善,逐步形成适应企业自身发展需求的规范制度体系。

(王志兰)

【企业管理】 2016 年,水钢配合京都律师事务所提供合同类审核法律意见 67 份、参与涉案办理或提供法律意见 92 次、其他综合法务法律处理或提供法律意见 21 次。制定"七五"普法规划。全年信息化系统运行率 98.2%,信息安全事故为零,推进信息化项目建设,《一级核算的开发与应用》获得公司科技创新成果二等奖。将 14 个业务系统维护合同优化整合为 8 个,降低合同费用 140.3 万元。分别选派 7 人到同鑫晟公司等投资企业参与日常经营管理,全年共对 20 家对外投资企业及 3 家集团公司全资子公司的 57 次股东会、董事会、监事会 279 项议案进行审查,确保投资收益;组织策划 ISO9001:2015 质量管理体系、ISO14001:2015 环境管理体系转版方案。通过环境管理体系、职业健康安全管理体系、质量体系、测量体系的监督审核获得证书,能源体系通过再认证审核并获得证书。

(任广陆)

【质量管理】 2016 年,水钢重点对原料管理、打包质量、定支定尺等开展检查,每周通报轧钢厂生产作业区及生产管理部门问题,加大考核力度,提高质量管控能力。全年注册 QC 活动课题 87 个,获得全国优秀 1 个、省特优 1 个、省优 QC 小组 5 个,2 个课题获得行业第二名。2016 年,"水钢牌"钢筋混凝土用热轧带肋钢筋、矿用锚杆钢、优质高碳钢(SWRH82B)热轧盘条获"贵州省名牌产品"称号。申报贵州省首届省长质量奖,并入围现场评审阶段。组织参加贵州省首届"绿色建材博览会"和"企业社会责任报告发布会"。水钢分获第二届"白玉兰杯""兰格钢铁网"优质建筑用钢品牌第一名和第三名。

(王劲松、魏福龙、万国雄)

【销售管理】 2016 年,水钢实现全年跑赢市场 2.07 个百分点;推进销售流程再造,全年直付工程比例 30.73%,比 2015 年提升 8.58%。建立安顺地区直供中心市场和镇宁等县级直供库、遵义地区零售试点和下辖县直供试点,贵阳经营部开展零售业务;建立、修订《合同管理办法》《产品资源配置管理办法》《客户管理办法》《超期库存管理办法》等 11 个营销业务制度,明确管理操作标准,规范流程和程序。

(张童瑶)

【多元发展】 2016 年,水钢制定《水钢非钢提升流程再造方案》。推进城市地下综合管廊工程、新能源产业(充电桩)、大医疗大健康、停车场等循环经济项目建设。全年多元化经营累计实现收入 223996 万元,比 2015 年增加 84423 万元,增长 60%;实现利润 512 万元,比 2015 年增加 3,830 万元。

(刘 虹)

【改革改制】 2016 年,水钢推进医院投资主体多元化,实施医院改革。引进首钢基金,成立六盘水慈烨医院有限公司。推进贵州博宏振兴冶金机械有限责任公司改制,协调安顺市政府、省国资委、安顺市西秀区政府调整土地规划,推进博宏前进公司等劣势企业退出,关闭"失血点"企业。

(任广陆)

【化解产能】 2016 年,水钢化解生铁产能 257 万吨,粗钢产能 150 万吨,关停 450 立方米高炉、788 立方米高炉、1200 立方米高炉、3 台 35 吨转炉,其中,788 立方米高炉申报为贵州省三线工业遗存展区,分别通过市、区两级政府部门、省化解钢铁过剩产能领导小组、国务院化解钢铁过剩产能抽查组验收检查。获国家专项奖补资金 3.7 亿元,依照相关政策法规,计划分流安置职工 10696 人,落实化解产能设备拆除、资产处置、人员安置、奖补政策等系列工作。

（吕智波）

【转型提效】 2016 年,水钢设置处级机构 30 个,比 2015 年减少 1 个;科级机构 280 个,比 2015 年减少 75 个;年末在岗职工 9747 人,净减少 2492 人;多种渠道分流安置职工 2524 人,完成转型提效工作目标。

（杨 芳）

【打假堵漏及治安防盗】 2016 年,控股 35% 以上单位纳入水钢打假堵漏及治安防盗体系,水钢打假堵漏专项治理工作全覆盖。开展日常巡视督察,对生产区域和重点要害部位实施封禁管理。全年累计挽回经济损失 4047.32 万元。

（黄 军）

【党群工作】 2016 年,水钢检查清理、整顿党员党费缴纳情况;组织完成公司两委换届工作,指导和监督基层党组织换届工作;评选发布 2015 年度党建工作创新成果 15 项、党员创新工程项目成果 20 项;3 家基层党组织被省国资委命名为系统企业"先进基层党组织";获"全省优秀共产党员" 1 人,省国资委系统企业"优秀党务工作者" 2 人;获首钢总公司模范基层党委 2 个、模范党支部 2 个、先进党支部 3 个、先进党小组 4 个、模范共产党员 4 人和优秀共产党员 5 人;获公司先进党委 3 个、先进党支部 27 个、优秀共产党员 45 人、优秀党务工作者 17 人。发展党员 43 人;慰问困难党员 146 人,发放慰问金额 121000 元,帮扶困难职工 2846 人次,帮扶金额 171.95 万元;开展"夏送清凉、情注一线"活动;全年组织职工体检 11373 人次;6 篇论文分获全国钢劳联第 32 次年会交流二、三等奖,水钢荣获全国"安康杯"竞赛优胜单位称号。水钢有 7 家单位荣获全国及省市级"模范职工小家"、厂务公开民主管理示范单位、职工教育培训示范点称号。两级团组织组织回收非生产性废钢铁 1097.38 吨,开展突击活动 24 次,开展志愿者活动 8 次,开展青年岗巡检巡查 256 次,青工重伤及以上事故为零。查处各类涉嫌盗窃物资、违规行为计 134 起,案(事)件查处率 100%,收缴各类物资计 61.68 吨,避免和挽回经济损失 71.67 万元。坚持离退休职工"三

必访"制度,为年满 70 周岁、80 周岁退休职工 912 人办理统筹高龄津贴。

（党季鹏、王景刚、李江湖、李泽华）

【"两学一做"】 从 4 月份开始,水钢按照专题教育的总体要求和时间节点,完成"讲政治、有信念""讲规矩、有纪律""讲道德、有品行""讲奉献、有作为"四个专题学习研讨,召开公司领导班子专题民主生活会,制定领导班子民主生活会整改方案,提出 4 个方面、7 条整改措施,领导班子成员制定个人整改清单。

（党季鹏）

【干部人才工作】 2016 年,水钢引进大中专毕业生 5 人、医疗卫生专业成熟人才 2 人。先后选派 10 人到省经信委、省国资委等有关部门挂职,24 人参加省市、全国相关专业举办的培训班。向首钢总公司、贵州省推荐各类先进人物 11 人。56 人通过职称评审,向六盘水市组织部推荐三线先进人物 15 人;获第七批"首钢优秀青年人才"二等奖、三等奖 8 人。

（陈云凤）

【职工培训工作】 2016 年,水钢举办培训班 213 期,培训职工 7,197 人次。举办中层干部培训班 3 期,科级管理(技术)人员培训班 5 期,技能人才提素班 139 期。组织 76 人参加省十三届有色冶金产业职业技能大赛,水钢选手获电工第一、第三名,钳工第一、第二、第三名,焊工第二、第三名。编发《焊工、钳工视频教材》及操作指导手册。启动"职工网上练兵",全公司 3322 人报名参加,参与率 39.4%,活跃度近 25 万次,总榜位列全国 46 家钢厂第五位。开通网上职工图书馆,实现电脑、手机免费阅读。

（陈云凤）

【党风廉政建设】 2016 年,水钢强化党风廉政建设责任制落实,运用"大约谈"方式推进党风廉政建设约谈常态化,加大监督执纪问责力度,查处和追责权利失控、行为失范、以权谋私等行为。全年共计查办案件 14 件,处分(处理) 16 人,责任追究 17 人,移送司法机关 3 人,累计挽回直接经济损失 235.36 万元,避免经济损失 12 万元。水钢纪委、水钢纪委"4.12"案件调查组分获 2016 年度首钢先进纪检监察组织、突破重大经济案件有功集体称号。

（黄 军）

【企业文化建设】 2016 年,水钢召开"十讲十重十做

到""回头看"暨基层故事会宣讲表彰总结大会,全面总结"十讲十重十做到"三年文化实践活动成果,冯江等10人获2016年度"最美水钢人"称号。"十讲十重十做到"企业文化成果,获贵州省第十七届企业管理现代化创新成果二等奖。编辑出版《攻坚之旅——水钢企业文化案例故事集(二)》,举办建厂50周年系列文化活动。开展"传承和发扬首钢精神,为生存而战"解放思想大讨论活动。开展精神文明创建活动,获得"全国青年岗位能手"1人、"全国钢铁行业技术能手"1人,"见义勇为"贵州好人1人,贵州省第五届道德模范提名奖1人,胡亮学获首届"贵州工匠",高辉当选为首钢"担当之星","郭明义爱心团队——水钢总医院'仁爱行'青年义诊服务小分队"获第三届中国青年志愿服务大赛银奖。全年获贵州省"五一"劳动奖章2人、工人先锋号班组4个、六盘水市劳动模范15人、首钢劳动模范3人。2个职工创新工作室被省有色产业授牌命名。3篇论文分获2016年中国冶金政研会二、三等奖。2016年水钢获"互联网+时代"企业文化创新优秀单位称号。

(田　甜、王景刚、李江湖)

【2016年首钢水钢大事记】

1月8日,轧钢厂正式启用新标牌,水钢钢材产品启用新"身份证"。

1月9日,炼钢厂新品种25锰钒矿用钢开发试制取得成功。

1月19日,轧钢厂直径10毫米螺纹钢五线切分产品成功。

2月4日,水钢召开2015年度体系制度工作例会暨质量、环境管理体系换版启动会。

2月6日,水钢动力厂工会委员会荣获全国模范职工之家称号。

2月23日,水钢启动"传承和发扬首钢精神,为生存而战"解放思想大讨论活动。

2月27日,贵州省委常委、常务副省长秦如培在省政府会议室主持召开专题会议,研究协调帮助水钢破解生存发展难题。六盘水市市长周荣、首钢总公司领导赵民革专程赴会,参加会议的还有省市各级政府部门、各银行及成都铁路局等相关负责人,水钢领导卢正春、张新建参会。

3月1日,因市场及资金影响关停近两个月的3号高炉恢复生产。

3月2日,贵州省政府发展研究中心综合处处长吴琛琛、工业处处长曹泽祥到水钢调研工业转型升级和供给侧改革工作。

3月7日,水钢召开庆祝建厂50周年暨纪念"三·八"国际劳动妇女节106周年座谈会。

3月9日,水钢召开《六盘水市关于促进水钢转型升级多元发展的指导意见(讨论稿)》征求意见讨论会。

3月15日,水钢举行领导班子及成员2015年度考评会。

3月15日,水钢通过贵州省万家企业2015年节能目标考核。

3月19日,水钢成立青年志愿者会议服务队。

3月23日,贵州省经信委副主任宛会东调研水钢,帮助协调解决经营生产中遇到的困难。

3月25日,水钢举办多元化经营闯市场单位管理人员企业新三板实务培训。

3月28日,六盘水市市委书记李再勇调研水钢,提出转型升级发展要求。

3月30日,中央电视台综艺频道(三套)"五一乐三天"栏目组走进水钢生产现场,录制"五一"期间特别节目。

3月31日,"共青团六盘水市委员会青少年自闭症康复合作机构"在水钢总医院挂牌成立。

4月1日,水钢组织讨论转型升级优化发展规划方案。

4月5日,水钢"职工网上练兵"活动启动仪式暨"六进建功"班组竞赛表彰会议在水电(氧气)厂举行。

4月8日,水钢组织对《水钢供给侧结构性改革暨转型升级优化发展实施方案》第三次修改稿进行讨论。

4月14日,水钢能源公司正式成立。

4月27日,水钢召开第三次党代会。

5月2日,水钢至湿地公园旅游公交9路专线开通。

5月20日,水钢通过能源管理体系再认证审核。

5月25日,水钢开展党风廉政建设和反腐败工作专题宣讲暨"两学一做"党纪党规专题党课学习活动。

6月1日,新华社记者到水钢采访,水钢党委书记、董事长卢正春接受采访。

6月2日,水钢召开科技大会。

6月3日,首届中国贵州国际绿色建筑装配式技术及产品博览会在贵阳国际会议展览中心举行,水钢参展并与中国建筑股份有限公司签订合作协议。

6月3日,水钢技师学院揭牌;2016年六盘水市中职教研联盟活动在水钢技师学院启动。

6月3日,贵州省环保厅清洁生产审核专家组到水钢开展清洁生产企业审核现场验收工作,水钢通过清洁生产审核验收。

6月16日,水钢总医院与北大首钢医院实现院院合作。

6月17日,首钢总公司李建设当选水钢监事会主席。

6月22日—24日,钟山区摄制组到水钢拍摄三线文化系列微电影。

6月27日,六盘水市人力资源和社会保障局就业局局长廖珉鑫、副局长杨建华一行到水钢,就贯彻落实《关于做好化解钢铁煤炭行业过剩产能中职工安置工作有关安排的通知》进行现场办公。

6月28日,六盘水市常务副市长尹志华携市、区相关部门到贵州瑞泰公司和水钢同鑫晟公司调研,对企业转型发展提出具体要求。

6月30日,六盘水市政府副秘书长吴进及市、区相关单位到水钢,就企业转型升级发展情况进行实地调研。

7月6日,根据水钢党委"两学一做"学习教育工作部署,水钢党委书记、董事长卢正春作专题宣讲。

7月7日,首钢总公司领导靳伟、张功焰、赵民革带领相关部门负责人一行到水钢调研,参观水钢生产现场,听取水钢领导工作汇报,对水钢当前及下半年工作提出具体要求。

7月27日,赛德公司《具有电缆卷筒龙门吊车》、《采用螺栓固定结构》等6项成果获得国家知识产权局颁发的实用新型专利证书。

7月28日,六盘水市委市政府督查室第二督查组邬瑞凡、王江、涂家宽一行到水钢,对供给侧结构性改革工作进行专项督查调研。

7月28日,贵州省有色冶金产业第13届职工技能大赛水钢分赛区开幕式在水钢技师学院进行,水钢公司、贵州铝厂、贵钢公司等8支企业代表队参加。

8月3日,贵州省发改委副主任李作勋一行水钢调研,了解水钢在供给侧改革工作中化解产能情况。

8月8日,贵州省钢铁煤炭行业化解过剩产能实现脱困发展现场推进会在六盘水市召开。省委常委、常务副省长秦如培及省化解钢铁行业过剩产能实现脱困发展领导小组参会人员,到水钢一炼钢35吨转炉平台现场观摩1号、2号、3号转炉炉口水箱的拆除情况。水钢领导卢正春、张新建、夏朝开、龙雨及相关单位负责人陪同。

8月11日,水钢组织召开主体厂区域封禁管理实施协调会,对封禁管理实施方案进行讨论。

8月12日,水钢召开轧钢厂维检队伍划归维检中心管理工作会议,水钢维检队伍整合工作全面完成。

8月17日,中国农业银行贵州省分行行长王青山、总经理罗洪亮等一行7人到水钢调研,就两家单位的合作事宜进行沟通。

8月20日,六盘水市副市长陈华携工作组到炼钢厂了解水钢去产能设备拆除进度,就相关工作进行现场指导。

8月23日,一炼钢3号转炉保护性拆除全部完毕,水钢炼钢厂去产能设备拆除工作任务圆满完成。1号、2号转炉送二炼钢厂进行回炼,3号转炉送到"三线博物"馆作为文物进行保存。

8月24日,贵州省僵尸企业退出策略暨特困企业改革问题研究课题组到水钢调研,省、市相关部门负责人陪同调研。

8月30日—31日,国家煤矿安监局副局长宋元明带队的国家钢铁煤炭行业化解过剩产能工作督查组在省、市领导的陪同下莅临水钢,对水钢去产能相关设备拆除情况进行专项督查。实地查看炼钢厂一炼钢转炉平台1号、2号、3号转炉拆除情况,就职工安置和设备拆除后场地的再利用等进行详细了解,公司总经理张新建及相关人员陪同。

8月30日,水钢测量管理体系监督审核总结会在招待所召开,中启计量体系认证中心贵州分中心审核组通过现场监督审核,同意水钢通过本年度监督审核。

9月1日,六盘水市市长周荣、副市长周宏文、钟山区委书记张涛及相关工作人员,到水月园区就水钢棚户区改造事宜进行调研。

9月7日,水钢召开全员提素工程启动会暨自编视频教材发布会,水钢全员提素工程正式启动。

9月7日,全国人大环资委牵头,新华社、经济日报、中央电视台等13家中央媒体组成的中华环保世纪行新闻采访组,到水钢开展"加强环境治理,改善环境质量"专题采访。

9月9日,钟山区国税局局长陈静、地税局局长石磊为水钢授予2015年度六盘水市"A级纳税信用企业"牌。

9月11日,国务院参事、中国社会科学院研究员徐嵩龄等一行6人到博宏观音山矿,就三线遗产保护和利用情况进行实地调研。

9月21日,水钢党委中心组开展"两学一做""讲规矩,有纪律"专题研讨。

9月20日,钟山区城管局、市场监管局、综合执法局等相关部门全面进驻水钢,对水钢进行创卫帮扶。水钢片区城市管理工作纳入钟山区统筹管理。

9月21日,贵州水钢技师学院与六盘水华栋再生资源利用有限公司签订合作协议。

9月27日,《首钢水钢铁钢系统环保升级改造项目》通过评选,获得省专项补助资金300万元。

10月15日,水钢总医院承办的继续教育项目"2016年北京大学心血管专科医师培训课程"暨"第五届冠心病介入治疗围手术期护理管理学习班"在盘江雅阁酒店举行。

10月20日,水钢组织技术专家到贵州省建筑设计院进行HRB500级高强钢筋生产技术交流。

10月23日,贵州水钢物流有限责任公司新能源纯电动公交车上路行驶,正式替换原水钢内部客运面的车。

10月26日,水钢完成2号高炉本体拆除,比计划工期提前10天,公司化解产能设备拆除工作全面完成。

10月28日,水钢召开4号高炉同步检修确认会,安排部署检修期间的工作。

11月2日,水钢"十讲十重十做到"回头看暨"基层故事会"宣讲表彰总结大会在俱乐部召开。

11月2日,水钢总医院与北大首钢医院普外科签订合作协议。

11月7日—8日,贵州首届"省长质量奖"评审组专家到水钢,对水钢申报贵州省"省长质量奖"进行现场评审。

11月10日,贵州内陆开放型经济试验区跨境投资贸易洽谈会开幕,贵州博宏公司与香港道辉投资集团公司就"凉都观音山旅游合作开发"成功签约。

11月18日,6号、7号烧结机综合节能(EMC)改造项目开工。

11月21日,贵州省发展改革委副主任徐元志携省钢铁行业化解过剩产能实现脱困发展领导小组相关成员到六盘水市开展2016年钢铁行业化解过剩产能验收工作。

11月29日,贵州省高技能人才培养及技工院校发展研讨会在水钢技师学院举行。

12月5日,国家钢铁工业协会办公室主任陈新良带队的国家钢铁行业化解过剩产能验收抽查组到水钢检查化解过剩产能工作。省发改委、人社厅、经信委及六盘水市副市长陈华、市相关部门人员陪同检查验收。

12月6日,水钢召开"适应市场、以快应变、以变应变"经验交流暨深化工作推进会。

12月18日,水钢被授予2016年"白玉兰杯"最受欢迎优质建筑用钢品牌。水钢连续两年获此殊荣。

12月20日—21日,贵州省安监局劳科院专家组到炼铁厂4号高炉,4号、5号烧结机开展安全标准化建设复审工作。

12月24日,水钢召开三届二次党委(扩大)会。

12月25日,水钢召开二届五次职代会。

(张可梁)

水钢公司炼铁厂

【水钢公司炼铁厂领导名录】

厂　长:翟勇强

党委书记:翟勇强

副厂长:吴永康　雷仕江　潘　建

厂长助理:梁健康(8月任职)

主任工程师:肖扬武　顾尚军

党委副书记、纪委书记、工会主席:

　　　　陈　勰(9月离任)

党委书记助理:王大兵(2月任职)

(钟鑫)

【概况】　水钢公司炼铁厂现有车间9个,管理科室3个。2016年,围绕稳顺生产、降低铁前成本、减员20%工作主线,按照安全、环保、经济、高效原则,强化经营、加强管理,依靠科技创新、技术改造,引导职工提素质、强本领、攻指标、降成本,推进优化生产流程、降低成本费用、坚持经济用料、攻打技术指标、夯实设备基础、整合人力资源、提高全员素质、构建花园式工厂等八大重点工作,实现炼铁经营生产稳定顺行。

(陈胜鹏)

【主要指标】 2016 年,水钢公司炼铁厂生铁产量330.55 万吨,烧结矿 557.4 万吨,超产 33.4 万吨;焦比359 千克/吨,较公司增效计划上升 14 千克/吨;煤比145 千克/吨,较公司增效计划下降 13 千克/吨;工序能耗,烧工序 52.06 千克标准煤/吨,铁工序 416 千克标准煤/吨。

(张 越)

【亮点工作】 2016 年,按照水钢公司炼铁厂生铁成本比行业平均水平再缩减 80 吨工作要求,1 月—10 月,水钢公司炼铁厂有 7 个月完成行业缩差目标,其中 6 月、7月、8 月、10 月 4 个月缩差超过 100 元。熟料比达到82%。"冯江工作室"通过技改,解决掉烧结槽存问题,实现烧结与焦炭可同时上料,仅靠 11 号皮带单系统上料成为历史,为 3 号、4 号高炉生产奠定基础。

(杨兆芬)

水钢公司炼钢厂

【水钢公司炼钢厂领导名录】

　　厂　　长:胡友红

　　党委书记:胡友红(8 月任职)

　　党委副书记、工会主席、纪委书记:

　　　　　杨厚忠(8 月任职)

　　副厂长:王 劼　王涤非　伍从应

　　主任工程师:谢 祥

　　挂职中层助理:王 梅

(罗 珊)

【概况】 2016 年年底,水钢公司炼钢厂在册职工 842人,其中,硕士 2 人、本科 47 人、大专 175 人;高级职称 2人、中级职称 24 人;高级技师 13 人,技师 54 人,高级工459 人,中级工 123 人;下设 3 个职能科室,6 个车间,职工队伍稳定。2016 年,炼钢厂坚持问题导向,推进生产提速、停用混铁炉、转型提效、煤气回收、节铁增钢、铸机六流浇注等重点攻关,全面突破作为公司限制性环节的

瓶颈,全年经营生产实现安全稳定顺行。

(沈长松)

【主要指标】 2016 年,水钢公司炼钢厂开展流程再造,停用 900 吨混铁炉,加快铁水周转,减少热能损失。铸坯断面扩径升级,铸机生产周期缩至 31 分钟;转炉冶炼周期缩短,由 36 分钟缩至 32 分钟。全年钢铁料消耗吨钢完成 1053 千克,铸机单包连浇 49.86 炉,转炉吨钢煤气回收 132.59 立方米,工序能耗 - 18.98 千克标准煤/吨。

(郑新泉)

【亮点工作】 2016 年,水钢公司炼钢厂 3 台连铸机从150 方坯升级为 160 方坯,打破生产限制性环节,破除产能瓶颈。实施节铁增钢,吨钢铁耗从 1006 千克降至12 月份的 958 千克,累计多产钢 6.59 万吨,创效 2000余万元。通过优化生产,实施 5 流组织、三炉对两机、铸机全六流浇注等生产模式运行,适应条件变化,提升能力,实现日检修 6 小时、品种生产等交叉条件下产钢10500 吨以上,10 月 17 日乙大班创班产 47 炉建厂记录。3 月、12 月,开展"晒问题,勇担当;赛成绩,敢交账"两季解放思想论坛,为完成全年任务提供思想保障。

(吴向东)

水钢公司轧钢厂

【水钢公司轧钢厂领导名录】

　　厂　　长:刘登其

　　党委书记、纪委书记、工会主席:王和平

　　副厂长:周汝文　蒙世东　张文峰

　　主任师:杨 延　蔡 冬

(陈 彬)

【概况】 水钢公司轧钢厂是水钢公司下属的主体生产厂之一,全厂有棒材生产线 3 条、高速线材生产线 2 条,主要产品有直径 5.5 毫米—20 毫米高速线材,直径 12毫米—直径 40 毫米热轧带肋钢筋及其他优质棒材。设有 3 个科室、6 个作业区。在册职工 840 人,专业技术人员 239 人,其中高级专业人员 1 人、中级专业人员 31人、初级专业人员 207 人。2016 年,水钢公司轧钢厂按照"经济轧钢、高效生产"主基调,围绕目标任务,克服限电、待料、待煤气等外部影响因素,坚持以销定产,以

效定产,满足市场需求和高效益品规生产。

（陈　彬）

【主要指标】　2016 年,水钢公司轧钢厂累计生产合格钢材 327.24 万吨,完成公司目标档的 101.31%,超产 4.25 万吨,完成公司组织档的 100.69%,超产 2.25 万吨;轧钢工序加工成本完成 204.75 元/吨;综合成材率完成 97.78%,比公司考核指标提高 0.16 个百分点;综合合格率完成 99.83%,比公司考核指标提高 0.23 个百分点;定尺率完成 99.06%,比公司考核指标提高 0.06 个百分点;轧机作业率完成 65.34%,比 2015 年同期提高 3.79 个百分点。三棒热送率达到 68.5% 以上,比 2015 年同期 52.4% 提高 16.1 个百分点。备件单耗成本 14.47 元/吨,较 2015 年节约 1.27 元/吨。

（余仁发、彭　辉）

【亮点工作】　2016 年,水钢公司轧钢厂组织 4 条生产线钢坯断面由 150 毫米坯改 160 毫米坯工艺和工艺件设计,解决生产流程的瓶颈问题;多批次组织 22MnCr 合金钢(直径 12 毫米—直径 36 毫米)出口钢筋生产;开发出 25MnV 合金钢直径 18 毫米圆钢生产工艺,产品满足用户使用要求;组织二棒轧后穿水工艺改造,为降低合金量创造条件;通过孔型系统优化,直径 16 毫米×3 热轧带肋钢筋生产长期存在的尾部纵肋尺寸超差问题得到解决;探索 ER70S-6 合金焊丝轧制工艺技术,对存在的问题加以改进;开发直径 14 毫米 KY 82B 矿用钢绞线生产,双高产品品种增加。2016 年 1 月—8 月,平均定尺率指标为 99.00%,9 月—12 月提高到 99.11%,每月平均减少 6 米—8 米非定尺约 290 吨,为公司创造经济效益 1000 万元。杨延劳模示范创新工作室共完成 22 个攻关项目,创效 400 多万元。全年共征集并通报嘉奖各类金点子 122 项,完成修旧利废项目 131 项,创效 1400 万元。

（余仁发、李　勇）

水钢公司煤焦化公司

【水钢公司煤焦化公司领导名录】

党委书记、经理:王为环

党委副书记、纪委书记、工会主席:代　红

副经理:甘国庆

主任工程师:刘　麟

挂任中层助理:陈　军(7 月任职)

（孙　涛）

【概况】　水钢公司煤焦化公司始建于 1966 年,1998 年改制为分公司。1969 年 9 月 28 日第一座鞍 62 型 36 孔焦炉,即 2 号焦炉建成投产,结束贵州省不产机焦历史;1978 年 7 月,第二座焦炉,即 1 号焦炉投产,形成了年产焦炭 40 万吨的生产规模。1990 年 5 月 30 日,50 孔大容积焦炉即 3 号焦炉建成投产;1993 年 12 月 30 日,与年产 90 万吨焦炭相配套的新回收建成投产;2004 年 8 月 50 孔大容积焦炉即 4 号焦炉建成,年生产焦炭能力 140 万吨,跨入全国大中型焦化企业行列。

（孙　涛）

【主要指标】　2016 年,水钢公司煤焦化公司完成焦炭 138.81 万吨,完成生产计划的 104.50%;改质沥青 27227 吨,粗苯 12257 吨,工业萘 3769 吨,分别为计划的 108.22%、111.28%、111.18%;主要产品质量冶金焦 M_{40} 为 84.71%,M_{10} 为 6.61%,水分为 2.09%,灰份为 13.20%;硫份为 0.65%;全年焦炉煤气输出 42598.4 立方米;吨焦耗电月平均 47.3 千瓦·时,吨焦耗蒸汽 0.44 千焦,吨焦耗新水 1.16 吨,吨焦耗焦炉煤气 119 立方米,吨焦耗高炉煤气 693.2 立方米,综合能耗 169.45 千克标准煤/吨,工序能耗 149.3 千克标准煤/吨。全年实现工亡、重大设备事故、重大火灾、重大交通、重大爆炸、重大急性职业危害事故为零的目标。

（孙　涛）

【亮点工作】　2016 年,水钢公司煤焦化公司申报专利技术 2 项,组织实施"降低干熄焦烧损率"项目的施工和调试工作,项目实施后,降低烧损率 0.5%,年产生效益 300 万元。《内分式熔硫釜项目》通过验收,可实现硫泡沫溶液全部回收。全年开展经济技术创新创效项目 14 项,完成 9 项,其中一项获国家专利。赵庆军创新工作室连续两年获"首钢三创先进集体称号"。

（孙　涛）

水钢公司能源公司

【水钢公司能源公司领导名录】

党委书记、总经理:周岁元(4 月任职)

常务副总经理:王冶宇(4 月任职)

党委副书记:王　勇(4 月任职)

副总经理:熊训强 李 庆

副总经理:郑 雄(4月任职)

主任师:封孝成

主任师:马贵云(4月任职)

挂职中层助理:朱瑞芳(4月任职)

（宋 超）

【概况】 水钢公司能源公司成立于2016年4月14日，由原水电(氧气)厂与动力厂合并而成，主要负责水钢生产能源介质供给。主要有氧气、氮气、氩气、高炉鼓风、余热发电、中低压蒸汽、压缩空气、高、焦、转炉煤气、软水、除盐水等能源产品。电系统拥有110千伏电压等级变电站3座、35千伏电压等级变电站10座、6千伏电压等级变电站6座,年用电量为21.5亿千瓦·时。水系统拥有大河水源和深井一座,泵站18个,生活水池4个,工业水池9个,年供水量1.25亿立方米,回收污水0.33亿立方米,净环水0.54亿立方米、污环水0.22亿立方米。制氧系统拥有制氧机组4套,制氧能力30680立方米/小时。动力系统年产电10.95亿千瓦·时、蒸汽1699万吉焦、高炉鼓风480万千立方米、压缩空气50万千立方米、净化处理、输配高炉煤气647万千立方米,焦炉煤气51万千立方米,转炉煤气45万千立方米,具备独立完成煤气带压开孔作业,水质、汽质的化验及处理,润滑油和煤气的化验等工作。

（游 鹏、宋 超）

【主要指标】 2016年,水钢公司能源公司全年累计完成总供电量17.15亿千瓦·时,总供水量5050万立方米,生产氧气3.18亿立方米,输出氮气2.65亿万立方米,蒸汽113.28万千焦。各项经济技术指标完成较好,其中吨钢耗新水完成3.1立方米/吨,保持同行业先进水平;供电功率完成0.97;最大需量完成16.91万千瓦;氧气放散率完成1.22%;自发电全年突破10亿千瓦·时。转炉煤气回收量132.59立方米/吨·钢,月度日均最高转炉煤气回收量139.60立方米/吨·钢,均为建厂最好水平。

（游 鹏）

【亮点工作】 2016年,水钢公司能源公司完成新增DN800管道带压开孔作业,转炉煤气管道置换开孔作业并投运,为提高转炉煤气回收量创造条件。组织完成鼓风循环水泵联锁调试正常,节约外购电费200万元。制定9号锅炉带压堵漏方案,在保障正常生产提前下,确保锅炉带压堵漏成功。组织安装高炉、焦炉、转炉煤气水封伴热管道。编制《能源公司工业煤气加压机供油系统改造方案》并组织实施。开展系列劳动竞赛,刷新发电量指标历史最好水平。

（孟 玮、刘彦丽）

水钢公司维检中心

【水钢公司维检中心领导名录】

主 任:朱中华(5月任职)

党委书记、纪委书记、工会主席:李广武(5月任职)

副主任:卢祖泉(10月任职)

主任师:王 林

挂任助理主任师:黄 异(6月任职)

挂任中层助理:汪 洪(6月任职)

（孔德超）

【概况】 水钢公司维检中心于2015年4月1日成立,对内主要承担水钢各种大型生产设备的维护和检修任务,对外参与各类工程建设、市政服务、特种设备安装、维保等。现有9个车间、2个科室,在册员工1023人。其中,大专以上文化程度256人,高中和中专文化程度568人;高级工程师1人,工程师9人,技师和高级技师52人,高级工499人,是一支专业的维检队伍。

（孔德超）

【主要指标】 2016年,水钢公司维检中心完成公司同步检修11次,完成检修项目3671项;完成计划检修133次,完成检修项目3579项;完成日常维护设备消缺和设备点检消缺20251项;故障停机率0.45‰,比2015年降低0.3‰。

（孔德超）

【亮点工作】 2016年,水钢公司维检中心成立"4号高炉炉顶上升管炸裂焊补攻关组"等相关攻关组,破解各类检修设备瓶颈难题。制定《维检中心持多证奖励办法》,鼓励职工学习技能提高本领。2016年,对持有双证的148人及持有三证以上的27人发放奖励,并举办技能提升培训班16期,培训员工448人次,组织赴外培训96人次。先后整合炼钢、轧钢厂维检人员,集中公司各类设备维护专业人才,实现人员互调、技术共享便利化。

（孔德超）

水钢公司铁运厂

【水钢公司铁运厂领导名录】

厂　长:陈刚

党委书记、纪委书记、工会主席:温培华

副厂长:罗忠一

主任师:王伟林(8月离任)

挂任中层助理:赵红军(9月任职)

（肖永宁）

【概况】 水钢公司铁运厂(原运输部,2015年6月更名为铁运厂)始建于1996年,主要承担水钢进厂原料、燃料及物资、出厂产品和工序间铁水、铁渣、钢渣等铁路运输任务。铁路线路总长约56.6公里,道岔175组、交叉渡线10组、隧道7个,桥梁4座,现有机车21台,年运输能力2120万吨。下设6个车间、2个科室。现有员工443人,其中管理人员49人,专业技术人员61人。2016年,铁运厂适应新常态生产经营模式,深化改革、加强管理,全面完成经营生产任务。

（尚俊宇）

【主要指标】 2016年,铁路运输量完成1329.49万吨,比2015年下降8.6%。修理费254.64万元,节约145.36万元。库存74.46万元,降库37.57万元。3号、4号高炉平均配罐正点率分别为93%、100%,运输环节确保公司生产稳顺。全年实现B类以上责任事故为零。全面完成主要设备检修计划,在线运用设备完好率100%。

（尚俊宇、王延文）

【亮点工作】 2016年,水钢公司铁运厂优化生产组织模式,机车由原来10台减为9台,实现9台在线机车保产目标。利用铁路富余运输能力拓展铁路运输物流,鼓励职工闯市场。全年累计实现收入105.28万元,利润89.83万元,完成年度计划的131.6%。

（尚俊宇）

水钢公司电气自动化分公司

【水钢公司电气自动化分公司领导名录】

经　理:袁永偿

党委书记、纪委书记、工会主席:邓晓强

主任师:刘　丹

挂任经理助理:陈　强(12月任职)

（李霜霜）

【概述】 水钢公司电气自动化分公司(以下简称自动化公司)是由原水钢电器仪表修理制造厂和自动化公司合并而成,主要承担水钢各单位大、中型电机、变压器维护和修理;电话通讯、电视监控系统、对讲指令系统、宽带网、VPN等信息工程的规划、设计、建立及运行维护;进出厂物资的计量、厂际间物资计量,自动化仪表的安装、维护与检修,工业自动化控制系统的设计、施工,办公自动化设备的维护,测量设备检定等工作。下设2个科室、3个生产车间。现有职工232人,其中高级技师1人,技师16人,高级职称2人,中级职称11人,国家二级注册计量师7人,中高级工162人,中级工20人,初级工3人。2016年,自动化公司强化内部管理,持续深化改革,确保经营生产任务如期完成。

（葛晓丽、王思蓉、宋小静、李霜霜、张　霞）

【主要指标】 2016年,水钢公司自动化公司主要技术经济指标:计器计量操作维护不影响公司生产;保持通讯畅通,通讯故障修复4小时内完成;物资量计量误差(贸易秤≤3‰,厂际间物资计量秤≤5‰),厂际间动力量计量误差5%。安全目标:因工人身伤害事故、急性职业病危害事故、技术操作事故、交通事故、设备事故、爆炸事故、火灾事故为零。环保目标:工业固体废物处置(利用)率100%、危险废物(含危化)无害化处理(利用)率100%、生态环境污染事故为零。全年闯市场收入44.36万元,利润41.09万元。

（谢　钦）

【亮点工作】 2016年,水钢公司自动化公司电机、变压器修理做到变“坐修”为“行修”、变被动为主动、变外委为内修、变依赖为进取,通过“四变”开启护航主业生产新模式。自8月份起,开展“保姆式”服务工作,故障率有效减少。建立领导班子联系点制度,领导干部深入一线岗位百余次,发现解决实际问题90件。

（谢　钦、王金生、葛晓丽）

贵州博宏实业有限责任公司

【博宏公司领导名录】

董事长:罗达勇

副董事长:杨安成

董　事:安　伟(4月离任)　魏林斌(4月任职)

李家庆(职工代表,7月离任)

刘银堂(职工代表,7月任职)

程　宁(8月离任)　方定钟(8月任职)

监事会主席:雷兴扬(6月离任)

蒋文全(6月任职)

监　事:蔡　欣　黄东云

总　裁:罗达勇

党委书记:杨安成

副总裁:刘银堂　杨忠学

纪委书记:李家庆(7月离任)　杨安成(7月任职)

工会主席:李家庆(7月离任)　杨安成(7月任职)

财务总监:程　宁(8月离任)

主任工程师:方定钟

总裁助理:徐国东(6月任职)　郑德荣(6月任职)

（尹栋华）

【概况】 博宏公司主要生产经营铁矿石、石灰石、轻烧白云石、白云石粉、活性石灰、冶金石灰、石灰微粉、水泥、矿渣微粉、钢渣铁渣及冷料加工、水渣开发、钢材加工配送、橡胶皮带、阻燃带、乙炔、氧气、炭黑、浓氨水、环保除尘、净水剂、机加工、印刷、煤焦矿石贸易、物流运输、铁路货站、疗养服务、旅游开发等。下辖 12 个分(子)公司、3 个参股公司。在册员工 2346 人(含内退),其中,专业技术人员 323 人,高级专业技术职称 1 人,中级专业技术职称 178 人,初级专业技术职称 144 人。2016 年末资产总额 15.9 亿元。

（李文宏）

【主要指标】 2016 年,博宏公司实现营业收入 9.22 亿元,比 2015 年减亏 4106 万元。全年生产水泥 88.42 万吨,石灰 44.24 万吨,石灰制品 4.48 万吨,石灰石粉 47.33 万吨,白云石 22.81 万吨,轻烧白云石 5.46 万吨,氧气 3.13 万瓶,乙炔 3.72 万 2 瓶,非定尺螺纹 4.4 万吨,中轧废 7.6 万吨,冷固球团 10.24 万吨,渣钢 7.14 万吨,橡胶带 28.86 万平方米。水泥综合电耗 106.55 千瓦·时/吨,熟料实物煤耗 175.04 千克标准煤/吨,活性石灰活性度 321.36 毫升,普通石灰活性度 221.17 毫升。

（荆晓茜）

【亮点工作】 2016 年,博宏公司成立政策研究领导小

组,定位博宏产业发展方向。钢材深加工配送、低温余热发电、利用水泥回转窑协同处理城市污泥、石灰竖窑煤改气等项目进入国家、省市重大项目库。钢材深加工配送打入六盘水市地下综合管廊工程、安六高铁项目。建成投产特种色素炭黑生产线,成为贵州省首条特种炭黑生产线。"钟山牌"炭黑取得国家商标注册证。注册成立"六盘水凉都观音山旅游开发有限公司",项目已纳入市县的相关旅游发展规划。加大宣传和招商引资,出席"贵州内陆开放型经济试验区跨境投资贸易洽谈会"。

（尹栋华）

贵州瑞泰实业有限公司

【瑞泰公司领导名录】

董事长:杨胜刚

经　理:杨胜刚

党委书记、纪委书记、工会主席:潘拥平

副经理:洪　敏(女)

主任工程师:郑克勤

挂职助理:李亮斌　付佳媚(女)

（郭　华）

【概况】 贵州瑞泰实业有限公司(简称瑞泰公司)是集建材产品生产基地、销售贸易、物业管理、民用水电煤气供应(负责收费、管线网安装和维护)、机电制造(备品件加工制作)、重型机械作业、道路修建、环境卫生管理、幼儿教育、餐饮服务、接待服务、工业旅游、工业洗涤、布草洗涤、绿化美化工程施工与维护、双洞山泉饮用水生产销售等多种行业为一体的生产辅助服务及生活后勤服务单位。2016 年,瑞泰公司围绕"提速发展、快速转型"经营方针,闯市场取得显著成效。

（郭　华）

【主要指标】 2016 年,瑞泰公司完成经营收入 5.1 亿元,其中:外部收入占 85% 以上,实现利润 1228 万元,水、电、煤气控亏完成公司目标任务,职工收入在 2015 年基础上增加 10% 左右,安全环保目标全面实现。

（郭　华）

【亮点工作】 2016 年,瑞泰公司对环保建材公司加气生产线、煤改气项目进行升级改造,建成多彩透水砖生产线 1 条,具备年产 60 万平方米产能。建成投产"双洞

山泉"水厂,并被指定为六盘水市第三届旅发大会专用水。升级改造加气块生产线,具备年产 30 万立方米的产能。先后对物业公司洗涤设备、招待所设备设施进行更换,对幼儿园基础设施进行改造。与省、市、区及相关部门沟通协调,争取国家扶持资金 522 万元。幼教中心与北京首实教育科技有限公司成功合作办学。环保建材产品全部外销,成为建材龙头企业。

(郭 华)

水钢公司赛德建设有限公司

【赛德公司领导名录】

董事长:高昭宗

董　　事:周奇荣　谢玉德

外派董事:徐　涛

职工董事:许　琨

董事会秘书:鲁 维(10 月任职)

监事会主席:李明久(7 月任职)

外派监事:蔡　欣(7 月任职)

职工监事:郑昌勇

经　　理:高昭宗

党委书记、纪委书记、工会主席:周奇荣

副经理:谢玉德　伍绍溢

主任工程师:蔡　菲

挂任经理助理:吴崇双

(鲁 维)

【概况】　水钢公司赛德建设有限公司(简称赛德公司)系水钢集团下属的全资子公司,为独立企业法人实体,注册资金 1.02 亿元。具有国家房屋建筑工程施工总承包和钢结构工程专业承包"双壹级资质",同时具备市政公用工程施工总承包、电子与智能化工程专业承包、环保工程专业承包、建筑机电设备安装工程专业承包、冶炼工程施工总承包、管道工程专业承包贰级资质,特种设备安装改造维修许可证(起重机械、压力管道、锅炉、电梯),CQC 工程建设施工组织质量管理体系认证证书、CQC 职业健康安全管理体系认证证书等。现有职工 214 人,专业技术人员 116 人,其中高级职称 10 人,中级职称 45 人;技能人员 171 人,高级技师 5 人,技师 17 人;一级、二级建造师执业资格证 66 人。

(张文锐)

【主要指标】　2016 年,赛德公司按照"联营项目做产值、自营项目创效益"的经营思路。全年实现营业收入 4.85 亿元、利润 668 万元。

(张文锐)

【亮点工作】　2016 年,赛德公司六个项目分获国家知识产权局颁发的实用新型专利证书。建成六盘水市中心区域智能停车场。完成云上六枝落别游客中心建设项目。完成钟山区科技孵化园一、二期等建设项目,贵安新区上海联影、超级充电桩等观摩项目得到贵安新区管委会好评。中标六盘水和赤水智能立体停车库项目、人居环境改造提升工程、垃圾中转站项目、电梯维保业务"一号工程"建设等为全年目标任务完成奠定基础。同时,商砼产品销售、仓储物流运输、检测板块业务等成为多元发展的又一经济增长点。

(张文锐)

水钢公司总医院

【水钢公司总医院领导名录】

院　　长:周兴高

党委书记、纪委书记、工会主席:邵　军

副院长:田景玉　郭炯辉　张　敏　陈冀欣

(文 艳)

【概况】　水钢公司总医院始建于 1966 年 6 月 14 日,由首钢水钢公司投资兴办,是一家集医疗、教学、科研、预防、康复、急救于一体的现代化大型三级甲等综合医院。北大首钢医院医联体成员单位、贵州省人民医院分院、华西医院远程网络医院、多家省内医学类院校教学实习医院。2016 年,总医院克服病人多、人员少、任务重等困难,完成年初提出的 6 个方面共 54 项工作任务。

(文 艳)

【主要指标】　2016 年,水钢公司总院医疗收入 2.09 亿元,收支结余 798.42 万元。其中,职工医疗收入 8280 万元,对外医疗收入 1.26 亿元。实际开放床位数 726 张(不含精神科的 30 张)。门诊 16.30 万人次,急诊 2.49 万人次,出院 1.98 万人次,住院手术 3560 例,病床使用率 86.19%,病床周转次数 27.27 次,平均住院天数 10.17 天,甲级病案率 93.67%,体检 2.18 万人次。

(文 艳)

【亮点工作】　2016 年,水钢公司总医院介入中心、肿瘤综合治疗中心建设完成并投入运营。总医院获贵州省卫计委批准成为贵州省西部、六盘水市唯一一家贵州省助理全科医生培训基地。举办贵州"黔山秀水泌尿论坛暨"2016 年贵州省泌尿外科微创技术专题学习班等国家、省、市级继教项目。腹腔镜膀胱根治性切除术等多项技术获得成功，填补六盘水市空白。建成市内第一家智能化免煎中药房。实现六盘水市首家影像自助取片。自主研发电话回访系统并投入使用。拓展医联体，

与钟山区汪家寨卫生院、关寨镇卫生计生院签署合作协议。探索医养结合新模式，与六盘水市福利院、榆朵养老院等合作，开展义诊、健康咨询、康复治疗等服务。为寻求医院发展新途径，水钢集团公司与首钢基金首颐医疗公司就水钢总医院改革签署水钢总医院战略合作协议。

（文　艳）

首钢长治钢铁有限公司

【长钢领导名录】

董事长：贾向刚

董　　事：崔永康（3 月任职）　张振新
　　　　　王建军（3 月离任）
　　　　　熊万平（3 月离任）　徐建国（6 月离任）
　　　　　陈碧涛（长治市国资委；3 月任职）
　　　　　陈　波（6 月任职）

监　　事：李国庆（长治市国资委）　李秋生

总经理：贾向刚

副总经理：李怀林　高雪生（2015 年 10 月离任）
　　　　　郭新文　李　明（12 月任职）

总会计师：张振新

总经理助理：李　明（12 月离任）　樊建富

党委书记：崔永康

党委副书记：贾向刚（2015 年 10 月任职）
　　　　　　王春生（11 月任职）

纪委书记：高雪生（3 月离任）
　　　　　王春生（11 月任职）

工会主席：崔永康（11 月任职）

（张　玲）

【综述】　首钢长治钢铁有限公司（以下简称长钢）前身为故县铁厂，始建于 1946 年，是中国共产党建立的第一座红色钢厂，曾为新中国的解放和建设事业做出过重要贡献，被誉为"共和国红色钢铁的摇篮"。2009 年 8 月与首钢总公司实现跨地区联合重组，成为《钢铁产业调

整和振兴规划》颁布后国有钢铁企业首例跨地区联合重组的成功典范。主要设备有：200 平方米烧结机 2 座、1080 立方米高炉 2 座、80 吨转炉 3 座、轧钢生产线 5 条、65 孔 6 米炭化室捣固焦炉 2 座，以及动力、发电、制氧等公辅设施。

长钢实行董事会领导下的总经理负责制；设规划发展处、计财处、生产技术处、设备处、安全环保处、公司办公室、人力资源处、纪委/监察处、法务审计处、党群工作部等处级职能机构 10 个；设焦化厂、炼铁厂、炼钢厂、轧钢厂、熔剂厂、检修部、动力厂、运输部、计控室、质量监督站、采购中心、销售中心等钢铁主流程单位 12 个；设锻压机械制造有限公司、瑞昌水泥有限公司、太原办事处、创业服务中心、职工培训中心、离退休管理中心、后勤服务中心、职工医院、武装保卫处、附属企业公司等非钢及后勤单位 10 个。2016 年年底在岗职工 7650 人，其中博士 1 人、硕士 63 人、本科 1216 人、大专 1987 人、中专及以下 4383 人；高级职称 109 人、中级职称 699 人、初级职称 1201 人；高级技师 221 人、技师 749 人、高级工 1905 人、中级工 175 人；职工平均年龄 39.8 岁。

2016 年，钢铁行业依然面对低价格、低效益的局面，铁矿石、煤炭价格下降没有明显转化为产品成本竞争优势。面对制约企业生存的种种压力和挑战，长钢全面完成总公司下达的经营计划和目标任务。

（和凯光）

【主要指标】　2016 年，长钢铁、钢、材产量分别为

219.31 万吨、228.50 万吨、231.57 万吨;实现销售收入50.83 亿元;全年自发电量 3.04 亿千瓦·时,自发电比例 35%,比 2015 年提升 6.03%;吨钢综合能耗 650 千克标准煤,比计划降低 19 千克标准煤;吨钢电耗 384 千瓦·时,比计划降低 9 千瓦·时;吨钢耗新水 2.83 立方米,比计划降低 0.38 立方米。

(宫大卫)

【2016 年大事记】

1 月 5 日,长钢召开 2016 年安全工作会议。

1 月 8 日,长钢召开第三届职工代表大会第一次会议。

1 月 13 日,长钢被列入山西省 2016 年电力直接交易用电企业公示名单。

1 月 26 日,长钢通过北京中安质环认证中心环境/职业健康安全管理体系现场认证审核。

3 月 10 日,长钢召开 2016 年党风廉政建设工作会议。

3 月 16 日,长钢举行庆祝建厂 70 周年暨千人誓师大会活动。

3 月 22 日,长钢召开总公司派出监事常驻长钢公司动员会。

3 月 30 日,长钢举行瑞达工业园区焦化项目一期工程 2 号焦炉点火烘炉仪式。

4 月 5 日,长钢 4 号、5 号烧结环冷机烟气余热发电项目全部并网发电。

4 月 28 日,长钢召开 2015 年度"五一"暨"五四"表彰大会。

5 月 19 日,长钢召开"两学一做"学习教育动员会。

5 月 27 日,长钢召开第三届职工代表大会第二次会议。

6 月 16 日,全国冶金物理测试信息网 2014 年—2015 年学术研讨会暨 2016 年—2017 年工作年会在长钢举行。

6 月 30 日,长钢召开庆祝中国共产党成立 95 周年表彰大会。

7 月 19 日,长钢瑞达工业园区焦化项目一期工程 2 号焦炉投产运行。

8 月 9 日,长钢获山西省企业联合会、山西省企业家协会授予的"2015 年度山西省功勋企业"荣誉称号。

9 月 21 日,长钢 200 万吨焦化项目取得长治市环保局环评批复。

9 月 23 日,长钢被中华全国总工会和国家安全生产监督管理总局授予"2015 年度全国'安康杯'竞赛优胜单位"荣誉称号。

9 月 29 日,长钢取得长治市环保局对新区第一条生产线(4 号烧结机、8 号高炉、6 号转炉)环保验收批复函。

9 月 30 日,长钢取得长治市环保局对 H 型钢生产线环保验收批复函。

10 月 13 日,长钢取得长治市环保局对新区第二条生产线(5 号烧结机、9 号高炉、7 号和 8 号转炉)的环保备案审批。

11 月 8 日,长钢举行瑞达工业园区焦化项目一期工程 1 号焦炉点火烘炉仪式。

12 月 28 日,长钢召开第三届职工代表大会第三次会议。

(姚晓艳)

【"三个跑赢"】 长钢外矿采购、钢材销售"跑赢"市场:将烧结配矿工作前移至港口,建立"港口—料场—料仓"精细化预警管理机制,及时实施"少量多单"现货采购策略,规避市场风险;利用铁运、汽运价格差相互撬动降低运费。生铁成本、钢材单利"跑赢"同行:全年生铁成本比 2015 年降低 38 元/吨,较行业缩差 27 元/吨,生铁成本排名行业第 39 名,比 2015 年前进 1 名;炼钢加强窄成分控制,轧钢实现全定尺生产,加大效益相对较好的 H 型钢生产销售比例;开发合金焊线、含铬光圆盘条等 10 个品种规格 17254 吨新产品,钢材单利比 2015 年好 369 元/吨,较行业缩差 136 元/吨。降本增效"跑赢"自己:经与标杆单位对标,找到 79 项对标差距,3 月下达全年降本增效任务 3.3 亿元。全年内部增效 4.9092 亿元,吨钢增效 214.84 元,超总公司计划 103.84 元。

(张学浩)

【重点技改工程】 长钢瑞达工业园区焦化项目一期工程,包括 2×65 孔 6 米捣固焦炉、配套煤气净化和干熄焦发电系统,投产后年可产干熄焦 140 万吨,焦炉煤气 6.27 亿立方米、焦油 5 万吨、粗苯 2 万吨,年发电量达 2.07 亿千瓦·时。2016 年 3 月 30 日,2 号焦炉烘炉,7 月 19 日装煤,7 月 21 日出焦,9 月实现达产;2016 年 3 月 14 日,1 号焦炉砌筑,11 月 8 日烘炉,2017 年 2 月 26 日装煤、28 日出焦。2016 年 3 月初,长钢烧结环冷机烟气余热发电工程完成汽轮机发电机组冷热态调试、冲转,5 号单台锅炉并网发电;3 月 15 日 4 号锅炉及主蒸汽管道吹扫,4 月 6 日两台锅炉同时并网发电;8 月份机组发电量达 4.26 亿千瓦·时,基本实现达产达效。

(李海波)

【新品种开发】 长钢高线产线开发 780S 水电钢板配套埋弧焊材 43.8 吨,生产 ER70S－M 合金焊线盘条 705.21 吨,ER70S-G3 合金焊线盘条 269.30 吨,制丝用 Q195L 盘条 1218.5 吨,制钉用 HPB300T 盘条 1025.6 吨,含铬 HPB300Cr 光圆钢筋盘条 315.78 吨;型钢产线开发 H300×300×10×15 规格产品 23948 吨,H400×150×8×13 规格产品 277.38 吨,H506×201×11×19 规格产品 287.64 吨;棒材产线承接一轧区直径 28 毫米和 32 毫米大规格螺纹钢、直径 18 毫米和 20 毫米锚杆钢产品、直径 18 毫米—32 毫米优碳圆钢产品,生产直径 12 毫米—20 毫米规格 HPB300Cr 光圆钢筋 644.37 吨,直径 12 毫米—25 毫米多个规格含铬带肋钢筋 783 吨。

(吴明安)

【规范外委外租外包】 2015 年以来,长钢清理规范外租汽车、运输代理、维修业务、卸车、生产办公区域卫生保洁等外委、外租、外包业务。2016 年全年实际发生费用 2444 万元,比 2015 年降低 3087 万元,降幅 56%,6 月底,长钢劳务用工全部清退,实现"零"劳务用工。

(南　伟)

【完善库房管理】 2015 年 9 月—12 月末,长钢整合一级库、二级库,库房实行统一管理,各生产单位负责库房的实物管理,设备处等职能部门负责账务、资金管理。2016 年 4 月投入供应链信息化系统,备材申报、平衡、出入库全部线上进行,实物库存实现全公司资源共享、统一调拨利用;7 月实行电子商务招标,在不增加投入的情况下,采购周期从 45 天缩短至 15 天。年末存货资金占用 6.29 亿元,比 2015 年降低 0.95 亿元,比计划降低 140 万元。

(王玉辉)

【建立电子商务平台】 自 6 月 14 日起,长钢规定 20 万元以下的设备、材料、备品备件、办公用品等通过电子商务招标采购平台进行网上招标比价采购,并逐步扩展到采购金额在 50 万元以下、具备电子商务招标条件的其他项目,流程缩短,成本降低,工作效率提高。

(于　洋)

【人员机构优化】 长钢坚持效率效益原则,推行扁平化管理模式,精简、合并机构,两级机关实行主管负责制,各实体单位实行作业区制,处级机构由 38 个减至 32 个,科级机构由 220 个减至 65 个,班组由 587 个减至 318 个,分别减少 16%、70%、46%;推行多岗合并、一岗多责、操检合一等定员设置模式,竞争上岗,两级机关由 1124 人减至 542 人,职能处室由 584 人减至 270 人,生产作业岗位和其他管技人员由 8512 人减至 6688 人,分别减少 51.8%、54%、21.43%;强化思想引导,确保队伍稳定,多渠道分流安置,推进富余职工二次创业,至 2016 年底在岗职工和劳务用工较 2015 年年底 9759 人减少 2109 人,主业实物劳产率 325 吨/人·年,比 2015 年提高 30%,人工成本同口径降低 6867 万元,比 2015 年降低 9.99%。

(刘井泉)

【三清晰三到位岗位责任体系建设】 9 月,长钢在炼钢厂、生产技术处、党群工作部试点推行"三清晰三到位"岗位责任体系建设,要求任务、时限、标准三清晰,协同、流程、评价三到位,达到"任务无遗留、时限有保障、标准可衡量、协同不扯皮、流程最简洁、评价明奖惩"的工作标准,目的是适应优化提效后多岗合并、一岗多责的需要。

(和凯光)

【安全管理】 2016 年,长钢从公司层面强化安全生产责任体系建设,研究部署安全重点工作 23 次;开展季度、节前、热融金属、煤气设施停送操作、安全规制执行落实、有限空间作业、危险化学品及易燃易爆物品等专项检查,查处违章违制 955 项,处罚金额 228630 元,规章制度执行情况存在问题 47 项,全部完成整改。全年工亡、重伤事故为零;群体性伤害事故为零;急性职业病事故为零;轻伤事故 3 起伤 3 人,千人负伤率 0.32,实现安全生产目标。

(王建军)

【环保自行监测】 1 月,长钢开始环保自行监测,监测范围包括 35 个重点污染源排放口、废水总排口及厂界噪声等,在山西省环保厅指定网站长治市自测平台定期公开监测结果,全年自行监测完成率和公布率达到国家要求。7 月,长钢将环境监测业务从环保处划归质量监督站,质量监督站/环境监测站一套人马两块牌子运行,环境监测力量强化;11 月,环境监测站通过山西省企业自行监测能力认定。

（王建军）

【能源管理】　长钢积极申请争取并享受大用户直供电政策"红利"，2016年大用户直供电交易量6.78亿千瓦·时，全年节省电费支出5196.64万元；调整电力系统运行方式，长钢站停运90兆伏安主变1台，节省基本电费支出2592万元。

（秦建新）

【运输途径市场化】　2016年，长钢利用铁运、汽运价格差相互撬动降低运费，3月汽运优于铁运，全月汽运量占比57%，4月起铁运优于汽运，主要改为火车运输；与铁路部门两次谈判降低铁路运费，最终比基准价降低47.33%，比2015年降低39.84%，全年降低铁路运费1.4亿元。

（牛彦文）

【产品销售】　2016年，长钢钢材销售量228.44万吨，销售收入49.05亿元，直销83.62万吨，直销率36.62%，比2015年提升27.62%，创效1672.6万元；棒材省内销售比例由2015年67%提升至91%；中标太原市政工程和轨道交通2号线，全年供货18.07万吨，比2015年增加16.67万吨；与长临高速、晋蒙黄河大桥、霍永高速、阳蟒高速、大张高铁等50项重点工程开展合作，与山西路桥、中铁建工、中铁物资、四川路桥、宁夏路桥等30家终端用户建立合作关系。

（赵冠鹏）

【群众性质量活动】　2016年，长钢注册开展群众性QC小组活动54个，4月份组织成果发布，选出公司级优秀成果10项，向省、市等上级部门推荐，获山西省优秀QC小组称号6个、冶金行业优秀QC小组称号4个、国家优秀QC小组2个。

（桑海宁）

【金杯奖】　1月，长钢申报的热轧带肋钢筋和热轧H型钢两项产品获"金杯奖"称号，证书编号为CISA-SWZL2015-111、CISA-SWZL2015-112，有效期为三年。5次获"金杯奖"荣誉，表明产品符合国家产业政策和技术发展方向。

（桑海宁）

【质量体系换证审核】　7月25日—27日，北京国金衡信认证有限公司对长钢质量体系运行情况进行审核，认为长钢有力保证现有资源配置满足质量管理体系运行

的需要，体系运行有效，符合GB/T 19001-2008/ISO9001：2008的要求，推荐保持认证注册资格。

（桑海宁）

【MC认证监督审核】　10月，中冶（北京）冶金产品认证中心对长钢热轧带肋钢筋、热轧光圆钢筋、热轧H型钢三类产品进行年度监督审核，认为长钢的人员资质、工艺过程控制、产品质量等符合要求，推荐通过年度审核认证。

（桑海宁）

【星级评价考核】　长钢落实二级单位党政负责人月度和年度绩效评价考核：一个月完不成任务给予警告处分，连续两个月完不成任务给予诫勉处分，连续三个月完不成任务给予调整或免职处分。自3月起，长钢党委对11个主流程单位班子成员试行星级评价考核，全年对9家未完成月度经营任务的单位党政负责人落实问责，全年考核问责279人次，其中副处级以上111人次，科级84人次，普通职工84人次。

（和凯光）

【五小竞赛】　长钢开展群众性"小发明、小创造、小革新、小设计、小建议"竞赛活动，参与职工8000人，经济效益1885万元。2个项目荣获山西省"五小"竞赛二等奖，带头人荣立山西省个人一等功；3个项目荣获山西省"五小"竞赛三等奖，带头人荣立山西省个人二等功；19个项目分获长治市"五小"竞赛一等奖、二等奖和三等奖，4名项目带头人荣获长治市"五一"劳动奖章，15名项目带头人分别荣立长治市个人一等功、二等功。

（赵奎东）

【"两学一做"】　5月19日，长钢启动"两学一做"学习教育。理论学习、主题研讨、问题梳理、民主评议等规定动作结合长钢"深化改革我带头、生存发展敢担当""降本增效我当先"等自选动作展开，做到学习教育与降本增效、优化提效、维护稳定、党风廉政建设结合；公司领导带头讲党课，带头严格执行双重组织生活制度，各级党委中心组集体学习136次，讲党课48次，交流研讨56次，实施基层党建创新项目2个，设立党员课题攻关项目65个、党员责任区152个，创建党员示范岗193个，归纳梳理突出问题12项，制定整改措施37项。

（王晋芳）

【党风建设】　2016年，长钢按照"相对稳定、提高效能、有计划实施"的原则优化中层班子结构，对在同一岗位

任职满六年的中层管理人员27人，分两批调整交流，配齐配强二级单位党组织书记；开展"严守纪律规矩，强化责任作风"主题教育活动，党员干部和有业务处置权人员1970人接受反腐倡廉警示教育；向廉洁风险多发、易发的采购中心、销售中心、设备处、质量监督站派驻纪检组长2人；加强领导干部婚丧事宜报告备案管理，已备案40人次，含公司级领导3人次，中层干部37人次，大操大办之风有效遏制；严格审查和处置党员干部违反党纪政纪、涉嫌违法行为，受党纪处分12人，受党内警告处分4人，党内严重警告处分2人，留党察看一年处分1人，开除党籍处分5人；立项监察24个单位40个项目，其中上报总公司2项，各单位立项项目38项，全年增创1661.8万元，避免经济损失2208.97万元，挽回经济损失0.5万元，提出建议70条，建章立制86项；受理群众来信来访221件次，接待上访人员530人次，5人次以上集体访19件次。

（新　军）

【激活辅业】　1月1日，长钢后勤服务中心、医院、瑞昌公司自主经营，7月长钢宾馆自主经营，8月金长钢自主经营，责任书确定的经营目标全部完成。

（姚晓艳）

【推进战略合作】　长钢协调推进生活垃圾焚烧发电、城市立体车库、旅游合作、环保治理等项目前期工作，12月24日，首钢总公司与长治市政府签署扩大战略合作协议。

（姚晓艳）

【民生工程】　2016年，长钢投入150万元，修整职工住宅楼屋面2.4万平方米，改造28栋住宅楼采暖管网，外墙抹灰修复6000平方米，更换落水管1200余米，改造水管2000余米，确保职工家属正常生活；集中整合长钢区域快递公司，净化环境，方便居民；开展困难职工低保救助活动和"送温暖""夏送清凉""金秋助学"等活动，资助1423人计124万元；参加第九期职工大病医疗互助活动9335人，参保率80%，101人享受补助39.4万元；10月13日，老年大学恢复授课教学，丰富老年人文化生活，职工家属共享企业发展成果。

（刘晓敏）

【人才培养】　2016年，长钢党校举办4期（个）培训班，基层党支部书记、党员骨干、入党积极分子等接受培训人员计172人次，其中基层党支部书记95人次、党员骨干52人次、入党积极分子25人次；开展职工企业内训77项，培训各类职工6420人次，选送职工外出培训101人。

（李宇科）

【企业文化】　2016年是长钢建厂70周年。通过首钢精神与长钢精神深度融合，打造长钢新文化。开展"决胜2016年，向建厂七十周年献礼"10项系列活动，包括"建厂70周年暨千人誓师大会"、"艰苦奋斗、勤俭办企"厂庆座谈会、"二次创业"经验交流暨降本增效动员会、"追寻红色足迹"征文活动、"红色使命"厂庆专题片展播活动、"长钢·责任·担当"先进事迹巡回宣讲会、"红色长钢，鼎立太行"书画摄影展、钢铁主流程单位领导干部星级劳动竞赛、以对标单位为标杆开展挖潜增效全员劳动竞赛、"挺起钢铁脊梁，建设百年长钢"纪念建厂70周年大型颁奖晚会；征集提炼长钢员工誓词，将员工宣誓纳入公司重大活动议程；转岗职工田永集被评选为2015年度"首钢之星"之"担当之星"。11月，中国企业文化研究会授予长钢"互联网+时代"企业文化创新优秀单位称号。长治市红色文化研究会授予长钢厂史馆"2016年度先进集体"荣誉称号。

（王　婷）

首钢贵阳特殊钢有限责任公司

【贵钢公司领导名录】

董事长：赵民革（5月离任）　张　兴（5月任职）

副董事长：张　兴（5月离任）　杨　方

党委书记：张　兴

总经理:侯羽卒(12月离任)　汪凌松(12月任职)

党委副书记:汪凌松(12月任职)　杨　方

纪委书记、工会主席:潘明祥

副总经理:郭蜀伟　汪凌松(6月任职,12月离任)

　　　　　陈卫平

总工程师:汪凌松(6月离任)

党委书记助理:潘昆仑

总经理助理:唐落谦

（肖　阳）

【综述】　首钢贵阳特殊钢有限责任公司(简称贵钢公司)始建于1958年,老区地处贵州省会贵阳市中心城区油榨街,新区位于贵阳市修文县扎佐镇,是国内凿岩用钎钢钎具产品的生产与科研基地,是中国具有区域特色的特殊钢企业;下辖炼钢作业部、轧钢作业部、锻钢事业部、钎钢事业部、能源环保、维检中心等钢业以及职工医院、钢材市场、家居建材市场、花鸟市场、物业管理、幼儿园等非钢业。主要生产与基础设施建设、矿山工程、机械制造、汽车、军工等行业密切相关的特种钢材。具备年产优质特殊钢50万吨,材46万吨生产能力。

贵钢公司经过58年风雨历程,先后进行多次大规模技术、工艺、装备改造,产品结构从生产普通碳素钢调整为生产优质特殊钢,成功实现普转特并发展成为国家重点特殊钢企业。2009年,首钢重组贵钢并启动贵钢城市钢厂搬迁工程,新建新特材料循环经济工业基地,开启贵钢跨越发展新征程。

1月3日,贵钢老区最后一条生产线——中空钢生产线全面停产,在贵阳市区58年的生产历史结束,兑现还贵阳市一片蓝天的承诺。迁建的钎钢、锻钢、轧钢相继在上半年试产成功,钢业努力恢复生产,希望早日实现达产达效目标。

贵钢公司调整机构设置,分为管理部门、钢业板块、非钢板块、园区开发板块、新区工程建设系统等2个管理系统和3个板块。其中管理部门8个、钢业生产系统11个、非钢系统5个、园区开发1个、新区建设系统2个。

（袁昆喜）

【安全管理】　贵钢公司通过开展"联系确认制、设备操作挂牌及相关方管理""评牌竞赛管理""隐患排查专项治理""危险作业审批确认制"及"季、月、周、日"安全隐患排查检查,实现公司制定的安全生产"七为零"的目标,千人负伤率控制在1.3以下,无重伤以上事故发生,被首钢总公司评为"安全生产先进单位"。

（鲍灵高）

【经营财务】　贵钢公司处于边搬迁、边建设、边试产的过渡期。全年产钢5.27万吨,完成年计划的119.77%;生产商品材5.99万吨,完成年计划的118.61%。营业收入6.72亿元,比2015年增长7.9%。扣除房开利润总额597万元。

（童　兵）

【能源环保】　贵钢公司下发并实施《贵钢公司能源管理办法》,完成总公司下达的能源管理及环保指标。电炉钢炼钢吨钢综合能耗计划380千克标准煤/吨,实际完成357千克标准煤/吨,比计划降低23千克标准煤/吨;吨钢新水消耗2016年计划7立方米/吨,实际完成5.26立方米/吨,比计划降低1.74立方米/吨。电炉粉尘、燃煤烟尘、二氧化硫、氮氧化物等污染物实现达标排放;生产废水循环使用,污水零排放,工业固体废物利用率100%。

（邹　磊）

【提高劳动效率】　根据贵钢公司老区搬迁开发、新区建设工作需要,并按照首钢总公司《首钢集团加快转型发展努力提高劳动效率的指导意见》要求,企业与职工协商,职工2000多人选择与贵钢解除劳动合同。2016年,贵钢公司机构调整,压缩层级,部门设置从35个调整为27个,组织机构实现"精干、高效"。

（廖文琅）

【人力资源管理】　贵钢公司与各单位签订《2016年经营目标责任书》,每月结合各单位经营结果进行薪酬挂钩考核。根据首钢总公司关于三支人才队伍建设的战略方针,做好在岗持证高级工、技师、高级技师等高技能人才的津贴发放工作,并按照贵州省人力资源和社会保障厅、贵州省国资委联合下发的《关于下达2016年贵州省高技能人才培训计划的通知》要求,开展操作岗高技能人才培训、技能等级鉴定等。2016年,各二级单位培训并取得高级工技能等级资格证书计28人。

（蒋志勇）

【党群工作】　贵钢公司以党建融入生产经营、从严管理干部、党建带团建、做好宣传工作构筑精神高地。在"保生存、求发展"攻坚战中,党员认真开展"两学一做"学习教育,增强先锋模范意识,发挥先锋模范作用,为生产经营保驾护航。建立工作目标、岗位责任、正向激励保障、负向惩戒约束"四位一体"从严管理干部机制,对基层领导班子季度、年度目标任务排名评价,增比进位。2016年,贵钢公司开展"提质创效求生存·二次创业谋发展"解放思想大讨论、创先争优、"达晋创"、党员组织关系排查、基层党组织换届、"贵钢人的故事"宣讲、"贵钢之星评选"等活动,发出好声音,传播正能量。

(卢伟山)

【科技创新】 贵钢公司围绕科技兴企发展战略,优化冶炼工艺,EA4T 车轴钢坯超声波探伤合格率大幅提高;以"双真空"精炼工艺生产高纯净钢,钢中氧含量降到 6PPm,达到国际高纯净钢先进水平。动车组车轴研发项目取得阶段性成效。借力首钢技研院,解决易切削钢产品表面翘皮等质量问题。6月,获得《一种改善切削性能的优质结构钢及生产工艺》《一种凿岩钎具用中空钢》和《一种可改善易切钢铸坯质量的连铸生产工艺》3 项发明专利授权;12 月 13 日,国家质量监督检验检疫总局、国家标准化管理委员会联合颁布由贵钢公司技术中心组织修订的"GB/T 6481-2016 凿岩用锥体连接中空六角形钎杆"国家标准。

(于嘉君)

【职工之家】 贵钢公司工会围绕公司经营生产目标和各项工作任务开展系列活动,深化、拓展、创新工会工作,被贵州省有色冶金工会授予工会工作优秀单位。在组织建设、劳动竞赛、厂务公开和民主管理、帮扶工作、文体活动等方面开展大量工作,增强企业凝聚力。2016年,1 人被授予"贵州省五一劳动奖章",1 人被授予"首钢劳动模范",3 个单位被首钢总公司授予为"首钢三创先进集体",3 人被授予"首钢三创标兵"。

(舟 群)

【2016 年贵钢大事记】

1 月 3 日,贵钢公司在老区原三轧厂举行最后一条生产线停产暨中空钢搬迁仪式,宣布贵钢油榨街厂区钢铁生产全面停产。

2 月 5 日,贵钢公司召开二届三次职工代表大会。

3 月 18 日,贵钢公司领导班子及成员开展 2015 年度考核暨"一报告两评议"民主测评。

3 月 25 日,搬迁到新区的钎钢生产线热负荷试车,

标志具有国内领先水平的贵钢钎具生产线经过工艺优化及时恢复生产。

4 月 14 日,贵钢公司对"两学一做"学习教育作出部署,围绕中心抓党建,保障目标任务完成。

4 月 14 日,3000 吨快锻成功实现按期试产。

6 月 16 日,贵钢公司启动"提质创效求生存,二次创业谋发展"大讨论,进一步汇聚职工群众智慧,形成"我与企业共成长"共识。

6 月 17 日,贵钢公司召开股东会、二届一次董事监事会。

7 月 1 日,贵钢公司召开庆祝中国共产党成立 95 周年大会,表彰先进党组织和优秀党员。

7 月 8 日,首钢总公司党委书记、董事长靳伟,党委副书记、总经理张功焰一行到贵钢公司调研指导工作。

7 月 19 日,贵钢公司在扎佐新区举行"贵钢中空钢生产线热试成功暨短流程项目搬迁建设完成仪式",新区短流程生产线全线贯通。

8 月 17 日,中车集团株洲中车天力公司专家到贵钢技术交流,双方就 EA4T 车轴钢的质量攻关和动车车轴钢研发相关事宜进行深入探讨。

9 月 27 日,贵州省委书记、省人大主任陈敏尔对贵钢相关工作汇报作出批示。

9 月 30 日,贵钢老区开发棚户区改造接待中心开工仪式在一炼钢厂房原址举行,老区土地进入实质开发阶段。

11 月 7 日,省委副书记、省长孙志刚到贵钢调研,宣讲党的十八届六中全会精神。省委常委、贵阳市委书记陈刚参加调研。11 月 25 日,孙志刚省长要求省市相关部门对贵钢工作"能支持的要尽力支持,促其克服困难,加快发展"。

11 月 29 日,贵钢公司党委开展"贵钢之星"评选活动。

12 月 28 日,贵钢新区铁路与川黔线成功接轨,为钢业降低生产成本和"制造+服务"转型发展奠定基础。

12 月 29 日,总公司党委调整贵钢公司领导班子,汪凌松担任贵钢公司党委副书记、董事、总经理。

(袁昆喜、杨开松)

首钢通化钢铁集团股份有限公司

【通钢集团领导名录】

董事长:王自亭

董　事:王自亭　孙　毅　李志强(1月离任)
　　　　徐景海(1月任职)　杨瑞海　于　锋
　　　　张成武(职工代表)

监事会主席:陈立军(1月离任)

监　事:陈立军(1月离任)　毛长武　徐　明
　　　　李秀平(职工代表)　王海鹰(职工代表)
　　　　于鹏举(职工代表)

总经理:王自亭

副总经理:孙　毅　周宝航

总经理助理:孙利军　曹向葵(5月离任)
　　　　　　马卫旭　陈世雄

党委书记:孙　毅

党委副书记:王自亭

党委书记助理:王海鹰

党委常委:王自亭　孙　毅　王海鹰

纪委书记:孙　毅

纪委副书记:王海鹰

工会主席:孙　毅

(张宝峰)

【综述】　首钢通化钢铁集团股份有限公司(以下简称通钢集团),是吉林省内最大的钢铁联合企业,也是国家振兴东北老工业基地重点支持的企业。始建于1958年6月,2005年12月改制并与民营企业重组,2009年12月民营企业退出,2010年7月与首钢联合重组,成为首钢集团在东北地区主要钢铁生产基地。通钢注册资本181990.85万元,其中:首钢总公司、首钢控股持有通钢集团77.59%股权,中国华融资产公司、吉林省国资委分别持有10.33%、10%股权,其他股东合计持有2.08%股权。

通钢集团总部位于吉林省通化市,现已发展成集采矿、选矿、烧结、焦化、炼铁、炼钢、轧钢于一体的大型钢铁联合企业。下设办公室(党委办公室)、人力资源部(党委组织部、党委统战部)、党群工作部(工会、团委)、纪委(审计监察部、信访办)、生产部、设备部、运营发展部、技术质量部、安全环保部、计财部等10个管理部门,下辖通化钢铁股份有限公司、通钢矿业有限公司、磐石无缝钢管有限公司、四平钢铁制品有限公司4家控股公司;通钢国际贸易有限公司、吉林市焊管有限公司、通钢自动化信息技术有限公司3家全资子公司。所属企业分布在吉林省通化市、白山市、长春市、吉林市、四平市、延边州和辽宁省朝阳等地。截至2016年年末,资产总额356亿元,钢年产能460万吨,在册职工13719人。

通钢集团主要产品有板材、建材、优特钢、型材、管材5个系列。其中,建材产品具有较强品牌影响力,占吉林省市场份额的39%。产品获国家冶金产品金杯奖11个,获冶金行业品质卓越产品4个,获吉林省名牌产品称号7个。热轧卷板获得欧盟标准认证证书,热轧等边角钢和热轧卷板产品通过中国船级社认可。产品主要应用于建筑、交通、电力建设、水利工程、汽车、机械加工、石油开采等领域。

建厂59年来,通钢所属企业在税收缴纳、社会就业、公益事业等方面积极履行企业社会责任,为吉林省地方经济和社会发展作出贡献。

2016年,通钢集团干部职工在资金、资源和经营多重压力下,转观念、强管理、堵漏洞、降事故、扫浮财,改革提效、瘦身强体,各项工作水平大幅提升。

(冯世勇)

【生产经营】　2016年,通钢集团全年产铁292万吨、钢282万吨、坯材291万吨、成品矿117万吨,销售收入79亿元,在岗职工收入实现4.9%的增长,全面完成经营目标任务,实现"十三五"坚实起步。在生产经营中坚持铁前看成本、钢后观利润、辅助保主体、集团重效益。关键工序工艺规程符合率由年初的93%提高到年底的96%。设备故障率由2015年的0.24‰下降至2016年的0.17‰。加大板卷等创效水平高的产品生产,全年3.0毫米以下薄规格产品产量占到板卷总产量的26%。

(杜晓东)

【安全环保】 2016 年,通钢集团按照首钢总公司和各级政府要求,落实《企业安全生产责任体系五落实五到位规定》,构建党政同责、一岗双责、齐抓共管安全责任体系,强化全员安全教育和标准化操作,全年共排查各类隐患 7839 项,隐患整改率 97%。持续推进《通钢集团绿色行动计划(2015—2016 年)实施方案》中污染治理项目的实施。已完成 3 项;正在建设 4 项。

(杜晓东)

【购销工作】 采购,通过调整区域结构、发挥本地资源优势、优化物流等手段,年度跑赢市场 5.95%,创效 9600 万元。主要物料指标行业排名提升,保障铁成本连续位列首钢总公司排序好名次。销售,以保定单和回款为重点,坚持期货现货联动,突出本地化、直供化、省内化。全年本地化完成 89%,比 2015 年提高 23%;省内化完成 39%,比 2015 年提高 10%;直供化完成 52%,比 2015 年提高 7%。销售,由年初跑输 1.5% 到 12 月末跑赢 12.89%,12 月达到历史最好水平的 12.89%。年度跑赢市场 4.43%,同比去年(跑输 0.7%)提升 5.13 个百分点。

(杜晓东)

【降本增效】 2016 年,通钢集团全年累计内部工作实现吨钢增效 186 元,比 2015 年增加 166 元。全年生铁综合成本 1485 元/吨,比 2015 年降低 77 元/吨。年末实际存货资金占用 8.78 亿元,比计划降低 0.07 亿元,比年初下降 1.8 亿元,降幅 17.1%。全年自发电量 52037 万千瓦·时。降低内部费用,采购额、消耗额严格按照吨钢控制。顶替劳务用工、外委外包转自营,劳务费比 2015 年降低 5800;外委费下降 6500 万元;通过网购、利旧等措施,备件费用、油脂等下降 6400 万元,材料下降 8600 万元;通过优化厂内物流、提升工序衔接水平,内部倒运费降低 4700 万元。

(杜晓东)

【转型提效】 通钢集团借助去产能机遇,精简组织机构,优化人员配置。按照"领导干部调整要带头、两级机关压缩要坚决、单位和机构整合要彻底、定编定员确定要合理、富余人员产生要公平、离岗离厂政策要托底"原则,研究制订《通钢 2016 年转型提效实施方案》。本着精干精简、提高效率和突出重点原则,减少管理界面和层级,整合机关部门及部分生产单位组织机构。从处级以上领导改起,通过政策性退出、末位淘汰等措施

减员。通过退休、协商解除劳动合同、内部退养等渠道分流安置富余人员。全年精简人员 5751 人。

(杜晓东)

【"去产能"工作】 按照国家及吉林省"去产能"工作要求,通钢集团 2016 年积极压减炼钢产能 60 万吨,主要装备为 70 吨康斯迪电炉。8 月 2 日开始组织 70 吨康斯迪电炉拆除,8 月 15 日,通钢集团完成 70 吨康斯迪电炉动力装置拆除工作,冶炼装置同时拆除,提前 11 天完成。8 月 22 日,国家去产能专项奖补资金 10559 万元划至通钢集团账户。12 月 16 日,国务院钢铁煤炭行业化解过剩产能第四抽查组到通钢集团开展去产能验收工作。通钢集团通过验收。

(冯世勇)

【党的建设】 通钢集团党委坚持以党建推动生产经营,以党建助力改革发展,确保各项工作在服务经济中靠实落地。开展"两学一做"学习教育,引导党员干部查摆思想、作风和工作问题,强化各级干部的交账意识、大局意识、担当意识。开展"挺身而出、挺住通钢、挺进十三五"主题教育实践活动;开展"学习首秦先进经验大讨论"活动;以"讲奉献、比贡献"为主旋律,引领党组织和党员在争生存、求发展进程中建功立业。围绕转型提效、生产经营两大主题,推进基层党组织标准化建设。发挥报纸、电视、广播、新媒体等内部宣传载体优势,并通过班前班后会、座谈会、研讨会、设立职工接待日等形式,广泛宣传发动,解疑释惑,破解思想难题,营造良好氛围。全年举办"干部大讲堂"50 期。群众路线得到有效践行。通过效能监察,避免和挽回经济损失 802.87 万元。

(杜晓东)

【通钢大事记】

1 月 11 日,吉林省副省长姜有为调研通钢。

1 月 27 日,吉林省总工会副主席孟庆忧走访慰问通钢困难企业、困难劳模和困难职工。

1 月 29 日,通钢集团召开党委全委(扩大)会暨工作会议。

1 月 29 日,通钢集团召开十届十一次职代会暨会员代表大会。

2 月,通钢集团炼铁厂 2 号高炉车间副主任初建军入围 2016 年度 2 月份"中国好人榜"(敬业奉献类)候选人。

3月3日,新华社内参调研组就钢铁产业发展、化解过剩产能、保障劳动就业等问题调研采访通钢集团。

3月8日,吉林省安监局专家组到通钢集团进行煤气安全专项抽查。

3月23日,磐石市市长张静辉、副市长洪管斌一行到通钢磐管公司工作调研。

3月23日,通钢集团召开2016年党风廉政建设工作会议。

3月28日,通化市副市长曹武带领市环保局相关领导到通钢集团调研。

4月21日,通化市副市长蒋海燕一行到通钢集团调研。

4月21日,中国建设银行吉林省分行行长助理王立生一行到通钢集团调研。

5月12日,通钢集团召开干部大会,贯彻落实首钢总公司干部大会精神,对开展"两学一做"学习教育进行动员。

5月16日,通化市人民政府、吉林省高等级公路建设局和通钢集团在通化宾馆举行集双高速集安至通化段建设项目钢材购销战略合作协议签约仪式。

5月18日,通钢集团党委聘请中共吉林省委党校经济管理教研部副主任苏向坤教授做"两学一做"学习教育专题辅导讲座。

6月2日,通钢集团组织转型提效工作调研组各专项调研小组组长到长钢公司学习考察。

6月14日,由省安监局组织的吉林省冶金等工贸企业百日安全整治行动专项检查组到通钢集团检查。

6月16日,国家环保部东北督查中心副主任韩继勇一行到通钢集团进行环保督查,重点了解通钢集团环保设施改造进展情况和超标排放治理情况。

6月21日—22日,方圆标志认证专家组到通钢集团实施三体系外审。

6月22日,通钢集团宣布新机构设置及干部管理调整决定。机关管理部门由13个调整为10个;冶金区各单位处级机构由43个缩减到28个,减少15个。

6月29日,通钢集团召开庆祝中国共产党成立95周年暨2015年度总结表彰大会。

6月30日,吉林省企业联合会常务副会长姜国钧一行6人,就推进吉林省企业转型升级调研通钢。

6月30日,通化市副市长郑文敏带领市环保局、市财政局相关领导到通钢集团调研。

7月6日,通化市副市长蒋海燕到通钢集团,就去产能相关政策进行调研。

7月6日,吉林省文明办及白山市文明办到通钢矿业公司,就板石矿全国精神文明先进单位进行复查。

7月8日,通化市人大副主任田锡军一行到通钢集团视察防风抑尘网项目建设情况。

7月9日,吉林省技术监督局专家组一行3人到通钢集团,对焦化厂粗苯产品现场实地核查。

7月12日,吉林省环保厅检查组一行5人到通钢集团检查环境监测工作。

7月13日—14日,首钢总公司总经理助理赵天旸一行7人到通钢集团调研。

7月13日—15日,首钢京唐公司副总经理杨春政一行到通钢集团考察交流。

7月15日,临江市市委书记钟铁鹏一行到通钢矿业公司大栗子矿调研。

7月21日,方大集团总裁熊建明一行到通钢集团调研。

7月21日,通钢集团召开十届职代会代表团长联席会议,全票表决通过《通钢集团2016年转型提效实施方案》。通化钢铁公司二届七次职工代表大会审议通过《通化钢铁公司职工内部退岗休养实施办法》和《通化钢铁公司与职工协商一致解除劳动合同实施办法》。

8月3日,交行吉林省分行行长刘清军一行调研通钢集团。

8月12日,吉林省就业服务局副局长陈玲一行到通钢集团,就化解钢铁煤炭行业过剩产能职工安置情况进行调研。

8月17日,通化市委常委、常务副市长李平一行到通钢集团,就服务业发展情况进行调研。

8月19日,中国银行吉林省分行行长曹立聪一行到通钢集团调研。

8月22日,水钢公司党委书记、董事长卢正春到通钢集团参观交流。

8月22日,通化市总工会副主席朱文秀一行到通钢集团走访。

9月1日,通钢集团党委书记孙毅、党委书记助理王海鹰一行,就辉南轧钢公司相关问题与辉南县委县政府沟通交流。

9月5日,国家人力资源和社会保障部副部长邱小平率国务院钢铁煤炭行业化解过剩产能第四督查组到通钢集团督查去产能工作。

9月22日,吉林省副省长李晋修率吉林省安委会第一巡视组到通钢矿业公司进行安全检查。

10月24日,首钢总公司副总经理胡雄光就深化改革、转型提效等调研通钢。

11月2日,国务院安委会第八巡查组到通钢板石矿业公司检查安全工作。

11月9日,白山市副市长石新明带领市民政局主要领导到通钢集团,就复员兵接收事宜与通钢集团洽商。

11月20日,国家固定资产投资项目能评监督检查工作组到通钢集团,检查7号高炉节能项目。

11月29日,通化市人民政府退出产能验收组到通钢集团开展去产能预验收工作。

12月14日—15日,首钢总公司与吉林省国资委联合考察组到通钢集团考察部分领导人员。

12月16日,国家环保部、吉林省环保厅和通化市环保局一行14人到通钢集团,针对7号高炉和新2号高炉环境信访行政复议案件进行现场调查。

12月16日,国务院钢铁煤炭行业化解过剩产能第四抽查组到通钢集团开展去产能验收工作。通钢集团通过验收。

12月18日—21日,首钢总公司副总经理王世忠到通钢集团,就转型发展、土地利用等方面进行调研。

12月21日,吉林省政府第五环保督察组到通钢集团进行环保督察,并从大气、废水和固体废物管理方面进行现场检查。

12月22日,吉林省安全生产监督管理局非煤矿山处领导到通钢矿业公司,就安全生产防控机制建设情况进行检查。

(冯世勇)

吉林通钢矿业有限公司

【通钢矿业领导名录】

董事长:吴　波

经　理:吴　波

经理助理:李宜祥(7月离任)

　　　　　张　伟(10月离任)　张　勇

党委书记:张成武

党委书记助理:刘志坚

纪委书记:刘　波

工会常务副主席:刘志坚

(张宝峰)

【概况】　吉林通钢矿业有限责任公司(以下简称通钢矿业)位于白山市浑江区板石街道,是通钢集团主要的含铁原料基地。成立于2007年7月,占地面积1010.2万平方米,注册资本110170.5万元;通钢集团持股93.79%,吉林省国有资产管理有限公司持股6.21%。职工2932人。设有8个职能部门:经理办公室(党委办公室)、人力资源处(党委组织部)、党群工作处(纪委、监察处、工会、团委)、生产技术处(科协)、购销处、财务处、安全环保处、调整运行处,下辖5个控股公司:板石矿业公司、大栗子矿业公司、通钢桦甸矿业公司、建平通钢矿业公司、敦化塔东矿业公司;2个参股公司:通钢营口澳矿加工有限公司、澳大利亚IMX公司。各子公司主要位于吉林省内的白山地区、吉林地区、延边州境内及辽宁省西部、南部地区。

(冯井亮)

【主要指标】　2016年,通钢矿业生产成品矿117万吨,其中铁精粉107.85万吨;生产球团矿122.36万吨;实现利润-3.69亿元,比预算减亏546万元。

(冯井亮)

【生产经营】　通钢矿业全力满足炼铁需求。盘活存量,挖掘自身潜力,提升铁矿石自产能力。加大外采,确保球团原料需求。先后开发小莱河、恒仁等地市场,全年外购铁精粉14.98万吨。调整生产工艺,邀请首钢和延边天池工贸专家现场指导,系统开展球团提产保质攻关。

(冯井亮)

【降本增效】　通钢矿业制定降本增效攻关方案,成立经济运行调控、生产组织优化等6个工作组,确立税收筹划、实物质量提升等21项攻关课题,2.64亿元降本增效任务横向落实到专业处,纵向落实到子公司、直属单位。关停塔东矿、桦甸矿、建平矿、大栗子矿产线。集中智慧降本增效,年初确立6项技术攻关课题,年底完成合同设定目标4项,创效570万元。全年开展群众性技术攻关82项,创效750万元;确立自主管理活动主题97个,全年创效700余万元。运用政策杠杆去成本,全年累计获取政策效益 2279.15 万元。

（冯井亮）

【精简提效】 通钢矿业机关处室数量由 9 个压缩为 7 个；整合职责相同相近、工序衔接紧密的车间、班组；长期停产的子公司重新定岗、定编、定员；实施内退和解合分流安置员工。2016 年，解合 846 人，内退 174 人；年底在册人数 2932 人，比 2015 年底减少 1015 人，其中：在岗精简 966 人，置换劳务工 204 人。

（冯井亮）

【企业管理】 通钢矿业制定完善安全环保制度 26 项，重新梳理各管理部门 133 个岗位、各基层单位 635 个岗位（工种）安全职责，制定安全责任清单，实现轻伤事故以上为零。强化资金管控，完善风险预警机制，注重研究金融政策，掌握新动态和新产品，保住存量授信，降低综合财务费用，全年减少财务费用支出 6633 万元。设备管理严格管控外委维修，主材、备品、备件推行甲供，全年节约大修费用 837 万元，节约日常修理费 511 万元。

（冯井亮）

【非矿产业开发】 通钢矿业"失血"严重矿山关停后，桦甸矿尝试木耳种植项目，种植 28500 段；塔东矿种植玉米 60 亩，轮叶党参 60 亩；栗矿探索饮用山泉水、冷水鱼养殖基地、旅游、餐饮建设等项目；板石谋划尾矿砂制砖项目，争取纳入吉林省第二批海绵城市配套项目。

（冯井亮）

【党的建设】 通钢矿业严格干部考核评价，共计调整处级干部 20 人次，科级干部 75 人次，精简管理技术人员 270 人，精简比例近 50%。党内建功立业活动完成立项 82 项，实现降本增效 140 万元。开展"生存之路在何方"大讨论活动，开展各层级宣讲活动 86 场，干部职工 2600 人参加集中学习。开展"十大星级文明职工"评选活动，选树上青矿 8 号采矿车间电车班、井下矿维修车间综合班等 12 个亮点文化试点单位。通过全国文明单位复查验收。签订党风廉政建设包保责任书和目标责任书 183 份。下发各类检查通报 7 次，约谈 70 余人，考核 3 人，提出巡视监察建议 52 条，堵塞管理漏洞 41 项；建章立制 16 项。实行信访接待日制度，促进信访管理工作规范开展。

（冯井亮）

吉林通钢国际贸易有限公司

【通钢国贸领导名录】

董事长：马春刚

经　　理：马春刚

副经理：赵国惠（7 月任职）　郭建学

经理助理：金永权（7 月离任）　王晓华

党委书记：马春刚

纪委书记：江志伟

工会主席：江志伟

（张宝峰）

【概况】 吉林通钢国际贸易有限公司（以下简称通钢国贸）位于吉林省长春市，是通钢集团全资子公司，2004 年 5 月成立，注册资本 10 亿元，是经营建筑用钢材、型材、板材及国际贸易、仓储物流，兼营煤炭、铁精粉、含铁原料、化工原料、冶金炉料、机电设备、工矿等产品的大型冶金综合贸易企业。职工 130 人。设置 3 个职能处室：综合管理处、营销管理处、计划财务处；4 个业务处室：现货工程处、国际业务处、板材销售处、长材及副产品销售处；7 个钢材现货分公司：长春分公司、沈阳分公司、大连分公司、哈尔滨分公司、宁波分公司、无锡分公司、华南分公司；5 个全资子公司：通化钢铁集团进出口有限公司、吉林通钢（营口）物流有限责任公司、吉林通钢物流有限公司、北京通钢丰易物资有限公司、通钢集团（香港）有限公司；1 个控股公司：长春通钢国贸钢材仓储有限责任公司；5 个参股公司：通钢辽宁板材加工配送有限公司、天津通钢立业钢材加工配送有限公司（2016.12 撤资）、苏州通钢舜业钢材加工配送有限公司、杭州通钢东联钢材加工配送有限公司、浦项通钢（吉林）钢材加工有限公司。

（苑桂佳）

【主要指标】 2016 年，通钢国贸销售坯材 280.14 万吨，其中现货销售 87.72 万吨，出口 15.51 万吨，全年实现产销率 100%。平均单价 2506 元/吨。实现集团考核利润 9077 万元。

（苑桂佳）

【市场营销】 通钢国贸销售价格跑赢市场，全年实现跑赢市场 5.93%，折算价格不含税 109 元/吨，比 2015 年提高 7.92%。重点指标实现突破。全年重点监控 17

项指标任务,计划完成率76.5%。合同兑现率完成94.5%,比2015年提高16.5%;本地化、省内化、直供化分别完成89%、40%和51%,比2015年分别提高23%、12%和10%;推进产品和增效产品分别完成48%和60.7%,比2015年分别提高7%和0.7%;热轧薄规格比例完成27%,比2015年提高6%。渠道开发有所突破。全年区域市场占有率20%;新开发客户20家,其中直供户14家,累计实现新开发用户销量16万吨。创效品种实现增量,全年创效产品销量170万吨。服务质量有所进步全年累计共处理异议168起,比2015年减少477起。客户满意度达到97%。

（苑桂佳）

【现货销售】 通钢国贸把握市场机会提升销售水平,各现货分公司充分抓住市场上涨行情,加快资金回笼,降低周转库存,加大直拨销售力度,全年累计直拨26.85万吨,实现快速回笼资金75180万元。全年累计二次调配资源约9.3万吨,其中北材南下约7.1万吨,外贸转内贸2.2万吨。积极与上海欧冶云商开展合作,推进钢材寄售业务和线上销售业务。全年累计实现寄售业务4.5万吨,实现提前回款约10536万元。全力开发东北地区工程项目,先后开发中庆集团、中铁大桥局、中铁二十五局、中铁二十三局等多家国内知名企业,在市政、水利、铁路、交通等领域实现合作,全年累计开发省内管廊、地铁、轻轨、高架桥、集通高速公路、辉白高速公路、伊开高速公路、长白铁路、引松供水等26个项目。

（苑桂佳）

【国际业务】 通钢国贸把握降本保供的进口矿采购工作宗旨,多措并举实现跑赢市场0.53美元/干吨,全年累计采购进口矿194.15万吨。采取高低品位搭配用料。利用低品位资源的折扣金额平抑溢价部分,形成高低品位资源搭配使用的用料模式,解决了所采资源存在溢价的实际情况。择机采取现货采购。考虑到期货资源采购存在溢价现象,现货资源的采购性价比更优,9月份择机采购了5.5万吨港口现货资源,加权价格低于当期普氏指数3.97美元/干吨,节约采购成本137万元。努力降低进口原燃料的途耗,进口铁矿和焦煤全年途耗率分别为0.57%和1.04%,氧化铁皮涨吨1.58%,各项途耗数据均低于年初计划指标。在推进出口业务方面,深入研究国际市场,全年出口销量15.5万吨。

（苑桂佳）

【物流业务】 通钢国贸通过与铁路谈判议价实现铁路运费的不断下浮以及装载方式的改变,并通过提高火运比例和汽运招标实现物流费用的大幅下降。积极发挥大物流平台的集成作用,努力提高转运效率,降低物流成本。全年吨钢物流成本313元/吨,比2015年降低53元/吨,降幅14.5%。全年销售吨钢物流成本65元/吨,比2015年降低38元/吨,降幅达到37%。

（苑桂佳）

【融资及资金运作】 通钢国贸公司在满额占用银行授信的同时,通过垫资采购国内铁精粉和融资规模调剂来缓解通化钢铁资金压力,全年垫付资金24.74亿元,其中原燃料垫资5.38亿元,其他授信占用19.36亿元。积极寻求社会融资,筹措资金,全年开展贸易融资42421万元。在保证资金安全的情况下,通过优化融资结构、调整授信品种和期限、利用境内外的融资平台,降低融资成本,提高资金收益和使用效率,全年降低融资成本635万元。

（苑桂佳）

磐石无缝钢管有限公司

【磐石钢管领导名录】

董事长:柴文军(10月离任)

执行董事:李太仁(10月任职)

经理:柴文军(10月离任) 李太仁(10月任职)

副经理:吴 涛(10月离任)

党委副书记(主持工作):周 杰(10月离任)

纪委书记:周 杰(10月离任)

工会主席:周 杰(10月离任)

（张宝峰）

【概况】 磐石无缝钢管有限公司(以下简称磐石钢管)位于吉林省磐石市烟筒山镇,是通钢集团的控股公司,1998年10月成立,占地面积39.29万平方米,注册资本18782万元;通钢集团持股87.05%,吉林省国有资产经营管理公司持股12.98%。主要产品为无缝钢管。

（李太仁）

【主要指标】 2016年,磐石钢管产量7.78万吨,其中热轧管6.06万吨,冷拔管1.71万吨,实现工业总产值20520万元(10月份始,磐石钢管推进转型提效,厂房及设备租赁给新企业)。

（李太仁）

【工艺装备】 磐石钢管公司现有四条热轧无缝钢管生产线,一条冷拔无缝钢管生产线。拥有直径 100、直径 108、直径 140Accu-Roll 热轧机组各一套,拥有直径 76 冷拔机组、直径 90 热轧自动轧管机组、管加工机组、精整生产线。拥有系列专业完善的产品检测、试验装备,配置有涡流、漏磁无损探伤机、超声无损探伤、管端磁粉探伤机、高温拉伸试验机、70 兆帕水压试验机、100T 电液伺服万能试验机、光谱分析仪、500 倍金相显微镜、冲击试验机。可按国家标准、API 石油管标准及用户特殊要求生产结构用、输送流体用、低中压锅炉用、金刚石岩芯钻探用、汽车半轴管、液压支柱管、石油套管、油井管等上百组距的无缝钢管,目前具备年产 60 万吨各种规格材质无缝钢管生产能力。

(李太仁)

吉林市焊管有限公司

【吉林焊管领导名录】

执行董事:柴文军(10月离任)
    周　杰(10月任职)
经　理:周　杰
党总支书记:周　杰

(张宝峰)

【概况】 吉林市焊管有限公司位于吉林省吉林市,是通钢集团全资子公司,2004 年 8 月成立,注册资本 8650 万元;占地面积 15.06 万平方米。主要产品为精密焊管、汽车用管、石油管;公司下设 7 个部门,现有职工 32 人。

(张淑梅)

【主要指标】 2016 年,吉林焊管产量 2.26 万吨,销量 2.55 万吨,利润-35 万元。

(张淑梅)

【工艺装备】 吉林焊管拥有直径 219 机组、直径 114 机组、直径 60 机组、直径 76 机组、直径 50 机组、直径 45 机组、直径 32 机组各 1 套,8×1500 毫米纵剪机组 1 套,4×400 毫米小型纵剪机组 2 套,以及钢管矫直机、水压试验机、铣头机、空压机、理化检验检测设备以及其中运输设备等 300 多台套。以生产直缝焊管为主,产品质量满足国家相关标准。年生产能力 15 万吨,产品规格包括直径 12.7 毫米—219.1 毫米圆管、20×20 毫米—

150×150 毫米方管、20×30 毫米—100×150 毫米矩形管、直径 36 毫米—直径 60 毫米去内毛刺管、直径 122 毫米—直径 175 毫米高精度焊管以及异型管等系列产品。

(张淑梅)

四平钢铁制品有限公司

【四平制品领导名录】

董事长:刘力坤
副经理(代行经理职权):范志平
副经理:邱世昆
经理助理:赵国锋
党委书记:刘力坤
纪委书记:刘力坤
工会主席:刘力坤

(张宝峰)

【概况】 四平钢铁制品有限公司(以下简称四平制品)位于吉林省四平市铁东区,是通钢集团控股公司,2001 年 8 月成立,注册资本 29296.8 万元,通钢集团持股 95.57%,吉林省国资公司持股 4.43%。四平公司有四平市铁东区幸福街 599 号、四平市铁东区重工路 83 号 2 个厂区,占地面积 19.88 万平方米,主要产品为冷轧薄钢板、预应力钢绞线;总资产 4.38 亿元。

(孙　健)

【主要指标】 2016 年,四平制品继续处于停产状态。

(孙　健)

【工艺装备】 四平制品公司冷轧生产线由酸洗、轧机、退火、平整、拉矫、纵剪、横切和酸再生机组组成,设计产能 10 万吨,产品规格 0.2 毫米—2.0 毫米冷轧板和冷硬板。钢绞线生产线由 3 套拉丝机组、2 套绞线机组、1 套涂塑机组组成,设计产能 5 万吨,产品规格主要有直径 9.5 毫米、直径 12.7 毫米、直径 15.24 毫米、直径 17.8 毫米、直径 21.6 毫米等钢绞线和无粘结钢绞线。

(孙　健)

吉林通钢自动化信息技术有限公司

【通钢自信领导名录】

执行董事:王树强

经　　理:王树强

副经理:王君海

党委书记:郭延东

（张宝峰）

【概况】　吉林通钢自动化信息技术有限公司（以下简称通钢自信）位于吉林省通化市二道江区，是通钢集团全资子公司。2012年5月，通钢集团在原通钢网航信息技术有限责任公司基础上，重组成立通钢自信公司。注册资本5000万元，总资产7846万元，占地面积460平方米，职工136人。设综合办公室、技术科、市场科、信息科和运行科5个科室。

（侯佳清）

【主要指标】　通钢自信全年累计实现销售收入1611万元，其中:关联交易783万元，工程收入89万元，对外经营收入465万元。全年亏损352万元。

（侯佳清）

【工艺装备】　通钢自信通讯系统核心设备采用华为程控电话交换机，2000年投入使用，为通钢提供通讯服务，固定电话有4000余户。通钢自信有线电视网络系统采用HFC结构，有模拟电视用户1.5万户，正处于数字电视整转实施阶段。计算机网络系统、软件系统方面，采用DDN专线互联，各子公司局域网络采用星型结构，核心CISCO 6513交换机，采用防火墙、上网行为管理，帐号管理等设备进行限制后实现互联网访问，内网有70台物理服务器支撑业务系统，品牌包括IBM、HP。子公司各分厂办公楼设置汇聚层机房，CISCO交换机、光电收发器组成，连接各终端，全集团终端约3500点。

（侯佳清）

首钢伊犁钢铁有限公司

【首钢伊钢领导名录】

董事长:夏雷阁

副董事长:马西波

董　　事:王金波　王浩然　任黎鸿

总经理:王金波

副总经理:王浩然　邵凤金

财务总监:金　昆

副总工程师:陈凯平　冯国华

党委书记:夏雷阁（5月任职）

　　　　　许春明（5月离任）

党委副书记:王　鹏

纪委书记:王　鹏

工会主席:王　鹏（5月任职）

　　　　　许春明（5月离任）

（朱双念）

【综述】　首钢伊犁钢铁有限公司（简称首钢伊钢）原为新疆石油管理局新源钢铁公司，始建于1958年。2006年由河北前进钢铁集团有限公司重组控股成立"伊犁兴源实业有限公司"。2009年首钢控股有限责任公司

整合伊犁地区钢铁企业，与天津前进实业有限公司共同出资成立"首钢伊犁钢铁有限公司"，2010年8月，首钢伊钢项目签约，公司揭牌，注册资本10亿元，首钢控股、前钢集团分别占股75%、25%。公司位于伊犁河谷的巩乃斯草原腹地，距那拉提草原60公里，本部地址在新疆维吾尔自治区伊犁哈萨克自治州新源县则克台镇则新路41号，与宝钢八钢参股的新疆伊犁钢铁有限责任公司毗邻。首钢伊钢下设巴州凯宏矿业（相对控股）、库车县天缘煤焦化（控股100%）、库车县金沟煤矿（控股100%）、乌恰县其克里克煤矿（控股90%）4家企业，总资产62亿元人民币，职工2000余人。公司现有主要装备:高炉206立方米（2016年12月关停）和410立方米各1座、72平方米步进式烧结机1套、80万吨链箅机回转窑球团生产线1条、40吨氧气顶吹转炉2座、方坯连铸机2台、板坯连铸机1台、550轧机带钢生产线1条、年产80万吨850中宽带生产线1条、合计年产30万吨高频直缝焊管生产线6条、每小时6500标准立方米制氧机组1套、气烧冶金白灰窑1座、日产600吨套筒石灰窑、50000立方米转炉煤气柜、日处理12000立方米

污水处理站及焦化厂45万吨焦炉2座。公司已建成集采矿、选矿、采煤、炼焦、炉料、炼铁、炼钢、钢铁制品为一体的产业链，年产铁精粉150万吨、焦炭90万吨、生铁60万吨，钢坯60万吨。上游主要产品有铁精粉、焦炭，下游主要产品有钢坯、热轧窄带钢、热轧中宽带钢、直缝高频焊管及方管等。

首钢伊钢实行董事会领导的总经理负责制，设办公室、计财部、制造部、质检计量部、安全环保部、设备部、原料采购部、经销部、矿产资源部、工程部、人力资源部、企管信息部、审计稽核部、能源管理中心、物资管理中心15个职能部门和炼铁部、钢轧部、焊管厂3个厂矿机构。2016年底，在册职工1799人，其中硕士5人、本科32人、大专56人、中专以下1706人；高级职称5人、中级职称7人、初级职称12人；技师10人、高级工35人、中级工41人、初级工31人；职工平均年龄34岁。

2016年，首钢伊钢坚持"增强发展后劲、深化精细管理、提升运营质量、构建和谐企业"工作思路，适应经济形势、市场环境变化，系统谋划，统筹协调，务实进取。通过系列小改小革，完善工序，满足市场需求，以带钢生产为基础，重点发展方管、圆管产品，实现直径20毫米—219毫米直缝高频焊管型号全覆盖，形成带钢和管材产品规格型号系列化、交货状态多样化的产品集群，新疆市场占有份额提升。按照产品销售"走出去"发展思路，将根据中亚钢铁市场需要，增加适合中亚钢铁市场销售的产品，提升产品质量，满足中亚市场需求。

（朱双念）

【主要经济指标】 2016年，首钢伊钢生铁产量47.34万吨，比2015年降低22.25%，较年计划降低5.32%；钢坯产量46.49万吨，比2015年降低21.51%，较年计划降低7.02%；带钢产量46.82万吨，比2015年降低18.69%，较年计划降低6.36%；钢管产量1059万吨，比2015年降低33.06%，较年计划降低16.79%；烧结矿产量49.47万吨，比2015年降低31.1%，较年计划降低5.77%；球团矿产量34.3万吨，比2015年降低19.78%，较年计划降低2%；铁精粉产量55万吨，比2015年降低35.29%，比年计划降低15.38%；焦炭产量50万吨，比2015年增加8.7%，比年计划持平。

（白 强）

【差异化发展】 2016年，首钢伊钢在细分新疆钢铁市场产品供给结构基础上，坚持走产品差异化道路，形成带钢和管材产品规格型号系列化、交货状态多样化的产品集群，开发出Q345B低合金带钢、电解铝槽阴极扁钢等系列型号产品。

（朱双念）

【成本控制与管理】 2016年，首钢伊钢通过理顺基本业务流程，修订完善管理制度，提升整体管理能力；改变销售体系，激活营销策略，提高产品市场能力，强化产销平衡、盘活沉淀资金，将库存资金占用降到最低，清理历史库存，做到有史以来年末产品零库存；通过改进产品质量，优化品种结构，开发新产品，增加市场宽度，增强产品竞争力和增值力；通过深化降低成本费用核算与管理措施，提升成本控制能力。

（白 强）

【发展循环经济】 2016年，首钢伊钢通过强化能源资源管理，推进资源节约和循环利用，推广应用节能降耗产品，提高能源利用效率。推行连铸坯热装轧制技术，加热炉推行蓄热式燃烧技术，同等条件下节约煤气12000立方米/小时；通过炼钢水封水循环供水，炼钢、轧钢串接用水、串级排污，净循环系统的排水送给浊循环系统作补充水，提高水的重复利用率，生产水复用率达94.3%。各生产工序之间的物质和能量循环提升系统节能水平。

（张志宏）

【重点技改工程】 为丰富产品种类，应对疆内带钢市场同质化竞争逐渐加重的市场形势，2016年冬季，首钢伊钢利用停产检修时间对650粗轧机实施技改，同步增加冷床和锯切、矫直设备，在保证原窄带钢产品规格不减少的基础上增加2个规格阴极扁钢的生产能力。

（王道慧）

【新产品开发】 2016年，首钢伊钢开发出带钢产品Q345B低合金带钢，覆盖850轧线所有规格；开发出电解铝槽阴极扁钢；通过优化铸坯断面尺寸，带钢宽度覆盖更宽，新增590毫米—610毫米、630毫米—645毫米之间的20余种常用宽度；通过3号连铸机和850轧线改造，增加宽度315毫米—335毫米之间10余个规格，其中315毫米、318毫米、335毫米三个宽度的带钢为冷轧原料和直缝焊管的主要原料之一，市场需求量较大。焊管产品，直接增加100毫米×200毫米、80毫米×80毫米、50毫米×100毫米系列三个大类的方（矩）管，每个系列均覆盖厚度2.3毫米—5.5毫米。

（王道慧）

【机构变动】 2016年，首钢伊钢推动管理体制改革，探索建立钢轧一体化综合管理机制，成立钢轧部，整合原炼钢厂、轧钢厂相关职能，下设技术经济办公室、调度室两个职能科室及炼钢、热轧维检三个作业区；打造高效、高素质的销售团队，调整原经销部职能结构，销售体系设计为销售决策层、销售执行层两个层级，公司领导班子组成销售决策层，经销部为执行层，下设市场营销科、客户服务科、物流科三个综合管理科室。

（朱双念）

【人才建设】 3月，首钢伊钢邀请总公司销售部专业人员对首钢伊钢销售及相关人员20人进行为期一周的系统专项培训，旨在强化销售业务管理，提升销售人员业务处置能力；组织两次特种作业人员培训，培训人数130人，其中电工44人、焊工86人、厂内机动车4人，培训考核通过率100%，全部取得国家相关部门颁发的证书；开展"师带徒"培训工作1期，促进青工技能水平提高。

（张　翔）

【机制创新】 首钢伊钢调整原考核机制，对各单位的产量、成本、质量、重点工作四个方面设计考核指标，按不同权重进行绩效考核，坚持减员不减薪原则，实现工资总额与劳产率挂钩，减少富余岗位，提高劳动效率；调整焊管厂绩效考核模式，实行"吨管工资含量"，取消焊管厂按班计资的一级绩效考核管理模式，焊管厂劳动效率和产量有效提升。

（朱双念）

【党群工作】 2016年，首钢伊钢规范党组织各项活动，增强党员意识，提高党支部战斗力。开展党组织关系排查、完善党支部设置等党建基础工作，强化党支部主体作用，整顿软弱涣散基层党组织。组织召开首钢伊钢党员大会，完成换届选举，选举产生新一届党的委员会和纪律检查委员会。

（文　玲）

【"两学一做"专题教育】 首钢伊钢按照总公司部署，坚持从严从实要求，抓好"两学一做"学习教育，党内学习教育从"关键少数"向广大党员拓展、从集中性教育向经常性教育延伸。

（文　玲）

【调研交流】

2月1日，伊犁州总工会副主席谢晓平一行调研首钢伊钢并送来慰问金。

3月2日，浦发银行乌鲁木齐分行、建设银行伊犁州分行、农业银行新源县支行金融专业人员调研首钢伊钢。

3月3日，伊犁州经信委相关领导一行6人调研首钢伊钢。

3月10日，自治区经信委主任胡开江一行到伊犁州开展工业经济运行调研，并调研首钢伊钢。

3月12日，自治区经信委副主任谢青一行6人，伊犁州经信委和新源县相关领导陪同，调研首钢伊钢。

3月30日，伊犁州经信委侯高智委员一行人在新源县经信委领导的陪同下到首钢伊钢调研。

4月9日，伊犁州党委书记黄三平一行调研首钢伊钢调研钢铁企业发展运行情况。

4月11日，新疆环境监察总队、伊犁州环保局相关领导到首钢伊钢进行现场环境监察工作。

4月13日，首钢矿业公司副总经理郭志辉带领一行8人到到首钢伊钢进行考察交流学习。

4月14日，中国冶金工业规划研究院总设计师彭锋携调研组赴自治区开展新疆钢铁产业课题研究调研，在自治区经信委原材料工业处处长汪元智等相关领导陪同下调研首钢伊钢。

4月20日，自治区政协副秘书长努尔泰·叶捷别克一行到首钢伊钢调研。

4月25日，邀请首钢技术研究院专业人员到首钢伊钢考察，研究降低炼铁成本的技术攻关方案，结合实际情况对方案进行调整。

5月20日，自治区经信委信息化推进处处长郭玉峰、机电办副主任王银岐携自治区经信委、机电办的调研组领导及新源县各级相关领导一行11人调研首钢伊钢。

5月20日，自治区、自治州及新源县统计局各级领导一行10人调研首钢伊钢。

6月3日，自治区发改委副巡视员陈永明、产业处副处长刘亚平携伊犁州发改委、经信委的调研组领导，与新源县各级相关领导一行人调研首钢伊钢。

6月17日，新源县人大常委会组成成员、人大代表、乡镇人大主席及县政府相关工作人员一行38人参观、调研首钢伊钢。

7月28日，首钢总公司技术研究院张院长一行对首钢伊钢新产品开发做技术指导。

7月29日，由新源县总工会组织的"送文化，进企业"暨民族团结文艺演出专程来到首钢伊钢公司，送上一台具有浓郁民族风情的文艺晚会。

8月5日，自治区安监局副局长在伊犁州安监局局长及新源县副县长、安监局局长的陪同下，到首钢伊钢对行业企业安全生产执法情况进行检查。

10月11日，伊犁州各行各业劳模共30余人组成的"劳模看发展"观摩团到首钢伊钢参观。

10月12日上午，宝钢集团总经理陈德荣、副总经理张锦刚和新疆八一钢铁集团董事长肖国栋一行到首钢伊钢进行友好访问。

11月25日—27日，首钢伊钢主动邀请客户洽谈合作，同新疆昊合国际、新疆凯明、新疆会兴等9家客户和客户代表10余人座谈产品销售、合作模式等。

（文　玲）

巴州凯宏矿业有限责任公司

【凯宏矿业领导名录】

总经理：王金波

常务副总经理：冉记东

副总经理：赵进学　李学文　周　涛

财务总监：陈永昌

（罗　燕）

【概况】　巴州凯宏矿业有限责任公司（简称凯宏矿业）是一家集矿山开发、矿石加工与销售的大型国有控股矿山企业，为疆内单一磁铁矿最大的生产企业之一，地处新疆维吾尔自治区天山南麓和静县巩乃斯镇乌拉斯台沟，218国道在厂区南侧通过，厂区海拔在2800米—3600米之间，地势由北向南倾斜，属高山寒冷大陆性气候，年最高气温为28.7摄氏度，最低气温为零下48.1摄氏度。凯宏矿业于2007年12月21日注册成立，由新疆凯宏投资有限公司和巴州天山地质矿业有限责任公司两大股东组成。截至2016年年底，凯宏矿业总资产14.1亿元；设预选厂、一选厂2个生产单位；设生产检验部、设备能源工程部、安环部、综合事务部、后勤保障部、采供物资部、计财部、销售部8个职能部室；员工

438人（不含采矿协作方的300余人）；投资建设一座占地面积8000平方米的"职工之家"，丰富员工业余生活。

经过九年实践，凯宏矿业形成"开拓、创造、和谐、无谓"的凯宏精神和以建设富美和谐矿区为目标打造个性的凯宏文化。

（罗　燕）

【主要指标】　截至2016年年底，凯宏矿业累计生产铁精粉642.59万吨，销售铁精粉635.01万吨，销售矿石77.89万吨，实现销售收入34.24亿元以上，上缴利税6.72多亿元，实现利润总额2.64亿元，满足和静当地金特和钢、新兴铸管和首钢伊钢对原材料的需求，促进千人就业，为推动当地政治经济发展做出积极努力。

（罗　燕）

【三要素和谐统一】　凯宏矿业自成立以来，坚持"以人为本，安全第一"的企业安全文化理念，贯彻"关心员工、关爱生命"的人本原则，坚持企业发展、保护环境、保障安全协调统一，实现矿业开发与保护环境、保障安全协调统一，走人、企业、环境三要素和谐统一的发展道路。

（罗　燕）

【凝聚共识】　2016年，凯宏矿业面对铁矿石价格持续下跌、钢铁行业生产持续走低、销售渠道不畅以及生产经营现金流严重匮乏等不利因素，围绕高效降耗开展工作，强化供配矿管理、落实选矿技术改造、实施降本增效；以经济效益为中心，强化生产组织、实施技术革新改造、调整生产组织模式；克服资金异常紧张、人员流动大等具体困难，在应对困难和挑战中强筋骨、练内功，保生存、谋发展，保证各项工作顺利完成。

（罗　燕）

库车县天缘煤焦化有限责任公司

【天缘焦化领导名录】

总经理：姜　涛

副总经理：王寿均　张国立（12月离任）

汪和平（12月任职）

工会主席、党支部书记：张福松

（赵文晨）

【概况】　库车县天缘煤焦化有限责任公司（简称天缘

焦化)是由首钢伊钢控股的股份制公司,公司位于库车县北山矿区,法人代表:刘玉海;企业类型:有限责任公司;注册资金2.6亿元人民币;经营范围:机焦烧炼及附属产品销售、煤焦油回收、提炼及销售,余热废气回收净化,焦炉煤气发电,公司从业人员500余人。

(赵文晨)

【发展沿革】 天缘焦化原为民营企业,隶属于新疆五洲集团有限公司,一期项目于2005年9月投产,占地6.6万平方米,设计规模60万吨/年,现生产能力30万吨/年,总投资1.19亿元。2005年后,随着客户对焦炭需求量加大,天缘焦化适时进行二期90万吨/年捣固焦改扩建项目。2010年9月,为加速企业发展,促进企业转型,新疆五洲集团有限公司自愿将60%的股权转让给首钢伊犁钢铁有限公司,2011年1月24日,天缘焦化完成股权变更,经库车县工商局备案,完成由民营企业向国有控股企业的转型。

(赵文晨)

【经营管理目标】 天缘焦化强化成本意识,抓好产品质量,提高公司信誉,拓宽销售渠道;加强工程质量监管,提高工程质量指标;抓安全生产管理,全年实现安全生产零事故。

(赵文晨)

【二期概述】 天缘焦化二期为年产90万吨焦炭的新工程项目,项目生产能力为:机焦产能90万吨/年、焦油产能50000吨/年、粗苯产能10000吨/年、硫氨850吨/年、硫膏300吨/年。项目采用国内技术较先进的TJL4350D型宽炭化室捣固焦炉,孔数为2×72孔,总体生产规模年产90万吨焦炭,包括配煤炼焦、回收化学产品,焦炉煤气净化,配套建设有完善的环保、劳安、卫生、消防等设施。化产回收和煤气净化采用国内先进的工艺设备,建设有冷鼓、脱硫、硫铵、粗苯工段。利用剩余焦炉煤气发电,做到保护环境,综合利用资源。

(赵文晨)

【主要指标】 2016年,天缘焦化采购原煤76万吨,计划生产焦炭45万吨,实际生产54万吨;计划生产煤焦油2.1万吨,实际生产2.6万吨,销售煤焦油2.58万吨;计划生产粗苯0.5万吨,实际生产0.83吨,销售粗苯0.81吨。

(赵文晨)

【安全管理】 2016年,天缘焦化签订安全生产责任制;开展"人人争当安全生产标兵"、安全月、元旦、春节安全大检查等活动,合计作业部级安全检查52次,作业区级检查121次,跟踪检查隐患整改情况。推进安全文化建设和宣传教育,定期组织应急预案演练,安全生产工作稳步推进。12月,通过自治区"安全标准化"验收,全年无因工死亡事故、重伤事故、重大火灾事故、甲方责任交通事故、压力容器爆炸事故,千人负伤率为0。

(赵文晨)

【企业文化管理】 天缘焦化为活跃职工文化生活,"五一""十一"等节日期间举办各类文体活动,全厂职工踊跃参加。周六、周日晚上举办舞会,夏季举办职工篮球比赛,冬季举办拔河比赛,春节期间举办职工汇演文艺晚会。丰富多彩的节日文化生活,营造出天缘焦化祥和、文明、健康的文化氛围。

(赵文晨)

中国首钢国际贸易工程公司

【首钢国际领导名录】

董事长:张炳成

总经理:张炳成

副总经理:李本海　王春生(11月离任)

总经理助理:朱振财　邱留忠

党委书记:石淳光

党委副书记:王德春(5月离任)

纪委书记:张　箭(11月任职)

工会主席:石淳光(1月任职)

(李　佳)

【综述】 中国首钢国际贸易工程公司(简称首钢国际)1992 年成立,是首钢的工贸公司和跨国经营实体,注册资本 5 亿元,主要经营进出口贸易、海外工程承包、国际经济技术合作、货运代理、物流、物业及国内贸易。首钢国际设矿产资源事业部、钢材贸易事业部、工程设备事业部、服务产业事业部、开发业务事业部计 5 个经营单位;运营管理部、财务部、党委组织部(人力资源部)、法务审计部、党群工作部(企业文化部)、纪委(监察处)、办公室(三办)计 7 个职能管理部门。在境内投资的企业有中都物流有限公司、北京首钢华夏国际贸易有限公司、受首钢总公司委托管理的北京首钢宾馆开发公司等。在境外投资的企业或机构有首钢国际(新加坡)有限公司、首钢国际(马来西亚)有限公司、首钢国际(奥地利)有限公司、首钢国际(加拿大)投资有限公司、首钢国际(印度)有限公司、首钢国际(韩国)有限公司、首钢国际(香港)投资有限公司、首钢控股贸易(香港)有限公司、首钢国际哈拉雷办事处,受首钢总公司委托代管理首钢秘鲁铁矿股份公司和东方联合资源(香港)有限公司等。首钢国际在册职工 348 人,其中高级职称 51 人,中级职称 174 人,初级职称 52 人。

2016 年,首钢国际以"十三五"发展战略为指引,贯彻落实首钢"两会"精神,以服从、服务首钢转型发展为主线,抢抓机遇、开拓市场、拼搏进取、攻坚克难,以新状态适应新常态,以新作为推动新发展,各项工作稳步推进,完成七届一次职代会确定的各项任务,实现"十三五"良好开局。

(李 佳)

【主要指标】 2016 年,首钢国际全年实现利润 9.18 亿元;销售收入 263.88 亿元;出口创汇 7.17 亿美元;钢铁产品出口量 158.26 万吨;集团进口矿量 2110.6 万吨。

(李 佳)

【矿石进口】 2016 年,首钢国际开发定价灵活的资源,结合市场形势做好与基地对接,共同选择最适合的定价模式,有效地规避市场大幅波动带来的价格风险。根据基地需求,开发采购 4 种新资源,确保基地用料优化。2016 年,首钢国际为总公司进口生产用矿 2109 万吨,进口矿采购综合降成本 2.84 美元/吨,共计降成本 4 亿元,进口焦煤 213.64 万吨,采购成本比国内同类煤低 1.02 亿元;进口矿煤合计降低采购成本 5.02 亿元。在秘矿销售方面,首钢国际拓展销售渠道,创新销售思路

和策略,提升盈利水平,现货销售全年 80%以上的货物在市场相对高位时出售,实现效益最大化,2016 年,境内销售创利 10.74 亿元。

(李 佳)

【钢材出口】 2016 年,首钢国际调整出口产品结构,坚持客户的维系与开发,持续加强对当地及周边市场的开发。全年高端领先产品出口量达 51.13 万吨,占总出口量的 32%,比 2015 年增加 11%;其中汽车板签约连续四年快速增长,达到 31.9 万吨,比 2015 年增加 25%,首次进入加拿大、韩国、马来西亚市场;取向硅钢年出口量增长 178%,认证和新开发客户 28 家,无取向硅钢得到国际知名企业认可,用于美国唐氏、美国 Tempel 公司和泰国日立和三菱电机等。做好钢材出口预付款融资服务工作,缓解集团资金紧张局面。全年累计完成预付款融资 29395 万美元,为总公司降低财务费用计 297.77 万美元,吨钢降低 2.76 美元。

(李 佳)

【设备引进】 2016 年,首钢国际设备引进业务比 2015年大幅增长。全年完成新签进口合同 33 个,签约金额约 1.63 亿美元。其中:成套设备签约合同 13 个,签约金额约 1.52 亿美元;单机和备件签约合同 20 个,签约金额约 1088 万美元。全年到货 66 批次,金额 4484 万美元。完成进口代理费收入 70 万元人民币。

(李 佳)

【海外工程】 2016 年,首钢国际新签合同 37 个,金额总计 1.6 亿美元。其中承揽工程项目 3 个,金额 1.59亿美元,承揽备品备件 34 个,金额超过 100 万美元。全年销售收入 1.19 亿人民币,利润 3023 万人民币。新签项目有印度 TATA 无料钟系统项目,印度 SUNFLAG 高炉改造和无料钟项目,首钢秘铁公司 1000 万吨选矿厂项目。

(李 佳)

【综合服务业】 首钢国际整合综合服务业体系,实现板块互动,优势互补,发挥品牌效应,全面完成计划指标。首钢国际大厦获得第十三届写字楼发展论坛 2016年度最具品牌实力写字楼奖。中关村皇冠假日酒店坚持做好服务工作,获评"中国最佳 50 家商务酒店"。渤海国际会议中心实施酒店温泉水综合利用技改、房屋修缮、设备维修,提升资产安全系数,降低企业运行费用,节约费用 48 万元。

(李 佳)

【投资企业管控】 首钢秘铁公司是管控重点。跟踪秘铁老区生产经营情况,做好国内归口管理和协调;组织秘铁公司推进新区建设和海水淡化项目立项进度。加大清理对外投资企业力度,做到对外投资有进有退。为解决首钢与安徽省博文物资贸易有限公司各合作项目及其他事项涉及的历史遗留问题,经过多次谈判沟通,形成整体处置方案,2016年12月27日经总公司董事会2016年第五次会议审议通过;纳入2016年劣势企业退出完成计划的青岛船舶物资公司、秦皇岛首岛贸易公司、澳大利亚熔融还原项目共计3家,全部实现按计划退出,其中青岛船舶物资公司被国资委列入年度考核项目。

(李 佳)

【境外公司职能转变】 2月23日,首钢国际(奥地利)有限公司成功签下2000吨出口合同,2016年实现属地化签约6万吨。首钢国际(奥地利)有限公司由技术服务向属地化签约职能转变,旨在探索将首钢国际(奥地利)有限公司转变为首钢总公司在欧洲的综合性平台。

(李 佳)

【增强企业凝聚力】 首钢国际关心职工生活。按照2016年初职工疗修养计划安排,2016年享受职工疗休养人数共计34人。组织开展职工互助保险和办理京卡,为638人投保职工住院医疗保险、职工意外保险、职工重大疾病互助保险;为25人补办北京银行工会京卡;办理近40人次住院。开展"务实心系职工,多地共筑和谐"为主题的送温暖活动,干部职工计659人参加捐款活动,共捐款83870元。全年为6人一次性困难补助4600元。住院慰问职工20人次,约4000元。开展文体活动,突出团队意识,树立协作精神。举办首钢国际2016年综合表彰暨第十届"情系中首"职工文艺汇演。先后组织职工趣味运动会、乒乓球联赛、健步走比赛、羽毛球比赛、保龄球比赛、爬山比赛、篮球足球比赛、瑜伽公开课等活动,人员参与度累计3700人次。

(李 佳)

【党建和干部队伍建设】 首钢国际坚持专题学习与系统学习相结合、自学研读原文与专家讲课辅导相结合,先后三次组织"两学一做"专题学习;坚持专题教育与外出参观学习调查研究相结合,先后组织党员领导干部走进首钢生物质能源公司、创业公社中关村国际创客中心等企业参观学习。组织观看由国家工信部规划司副司长李北光《中国制造2025》、华彩咨询集团董事白万纲《集团战略管控模式下风险管理经验分享》等视频报告。2016年度,评选出先进基层党组织14个、优秀共产党员25人。

(李 佳)

【教育培训】 首钢国际培训工作因地制宜、求真务实。组织汽车板应用技术、酸洗板、耐候钢、中厚板、中板管线钢产品标准、引进设备和技术招标管理业务程序、规范公文格式、提高写作能力培训以及有业务处置权岗位人员预防职务犯罪等专题讲座。2016年,组织培训20次,其中:专题讲座10次、专业技术人员继续教育8次,高层次人才培养2人,累计参培1232人次。

(李 佳)

【防火防灾】 5月19日,首钢国际在首钢国际大厦办公区举行全员消防演习,按照首钢国际大厦物业公司预先制订的《首钢国际消防应急疏散演习方案》和《消防演习流程》要求,海淀区双榆树消防中队共出动消防车4辆、救护车1辆,现场模拟演练烟雾示警、高空救援、出水等场景,提高职工防火防灾意识。

(李 佳)

【首钢国际2016年大事记】

1月23日,首钢国际领导班子召开2015年度"三严三实"专题民主生活会。首钢总公司领导许建国等参加。

2月4日,首钢国际召开第七届职工代表大会第一次会议。张炳成作《振奋精神,攻坚克难,创造首钢国际"十三五"良好开篇》的工作报告。

3月4日,首钢国际召开2016年党风廉政建设工作会议,传达习近平总书记在十八届中央纪委六次全会上讲话的主要精神。

5月13日,首钢国际召开党委理论学习中心组扩大学习会,组织各单位参加"全面贯彻总公司一季度经济活动分析会精神,精准学习洲际集团先进管理经验,努力提升服务产业管理水平"学习观摩会。

7月8日,首钢国际以"情系中首"文化活动为载体,庆祝建党95周年,将"五一""五四""七一"表彰会融为一体。

7月14日,首钢国际召开党委理论学习中心组扩大学习会,学习贯彻习总书记"七一"重要讲话精神、观看《中国共产党章程》专题辅导讲座视频。

9月9日,首钢国际召开党委理论学习中心组扩大学习会,组织各单位领导及业务骨干集体观看《习近平治国理政思想的基本要义》辅导报告视频。

9月23日,首钢国际召开党委理论学习中心组扩大学习会,传达总公司"三创"交流会精神。

10月14日,首钢国际召开党委理论学习中心组扩大学习会,组织观看学习由宝钢集团风险控制总监刘新宇主讲的《宝钢全面风险管理工作探索与实践》辅导报告视频。

10月28日,首钢国际召开党委理论学习中心组扩大学习会,请首钢财务公司财务总监张帆作金融财务专题讲座。

11月25日,首钢国际召开党委理论学习中心组扩大学习会,观看国务院国资委党建工作局姚焕所作《学习党的十八届六中全会暨全国国有企业党的建设工作会议精神辅导报告》。

11月24日,首钢国际召开风控体系建设启动会,制定《首钢国际开展风控体系建设的方案》,组建首钢国际风控体系建设领导小组和工作小组,首钢国际风控体系建设全面展开。

12月2日,首钢国际召开党委理论学习中心组扩大学习会,观看首钢外部董事、信永中和会计师事务所合伙人刘景伟所作《集团公司对外股权投资的风险控制》视频报告。

(李 佳)

首钢秘鲁铁矿股份有限公司

【首钢秘铁公司领导名录】

董事长:陶仲毅(10月离职) 孔爱民(11月任职)

总经理:孔爱民

副总经理、新区项目总指挥:孟祥春

副总经理:李宝辉(10月离职) 吴忆民

总经理助理:叶宝林 马为民 段明奇

(杜宝岐)

【概况】 首钢秘鲁铁矿股份有限公司(以下简称首钢秘铁公司)是首钢1992年收购的控股子公司,总部在秘鲁首都利马市耶酥玛丽亚区智利共和国大道262号,矿区在利马东南520公里的伊卡省纳斯卡县马尔科纳地区。首钢在秘鲁企业还有首钢秘鲁电力股份有限公司、

首钢阿格纳夫企业集团有限公司、首信矿业公司。截至2016年底,首钢秘铁公司主要设备有:钻机8台、电铲9台、矿车32辆,旋回、鄂式破碎机各1台,中破机4台,细破机6台,棒磨机9台,球磨机10台,过滤机26台,造球机11台,带式焙烧机2台,港口装船设备1套。公司生产球团矿、细精矿粉、粗精矿粉、马尔科纳粗精矿粉、粗粒度矿、大粒度矿,选矿厂年设计生产能力750万吨,产品销往亚洲、美洲等市场,2016年,中国市场占总销量的97%。

公司设生产技术部、工程部、物资部、安全环保部、财务部、人事行政部、办公室、审计室、法律室。员工1834人,其中首钢派驻37人。

2016年,国际铁矿产品价格持续低位徘徊,对企业销售收入和利润完成带来巨大影响;秘鲁政府更迭使当地政治经济环境进一步复杂,劳工及社区矛盾更加尖锐;经营生产任务艰巨,现有设备产能已达瓶颈,降本增效空间有限;新区建设进入攻坚阶段,新选厂、海水淡化项目启动,各项工作交织穿插,工作难度进一步加大;资金紧张矛盾更加突出,给经营及工程建设带来严重影响;等等。秘铁公司贯彻落实两级公司职代会精神,在中首公司领导下,在各职能部门指导和帮助下,认真执行两级公司的专题会、视频会精神及各项决议决定,从转变观念入手,带领中秘职工强化交账意识和责任意识,开展降本增效活动,扎实细致做好各项工作,取得一定成绩。

(杜宝岐)

【主要经营指标】 2016年,首钢秘铁公司矿产量1157万吨;销量1169万吨;在秘企业销售收入4.02亿美元,其中首钢秘铁公司3.65亿美元;在秘企业实现利润1.01万美元,其中首钢秘铁公司9152万美元(以最终外部审计结果为准);完成投资1.45亿美元。

(杜宝岐)

【降本增效】 首钢秘铁公司通过外委方式,降低自采矿成本高的问题;通过局部流程调整改造,扩大细粉生产能力,降低生产成本;提高设备完好率,通过严格设备检修维护、动态管理等方式,主体设备完好率比2015年同期提高,尾矿品位创出好水平;比价采购,通过对外包服务进行压价谈判、扩大寄售合同供应范围、分批量采购与净化等,降低采购成本670万美元;加强精细化管理,通过开展修旧利废、控制检修周期、减少外委检修费

用等,减少费用支出。2016 年,秘铁公司综合产品单位成本由 2015 年的 26.39 美元/吨下降到 23.36 美元/吨,完成中首公司下达的降成本目标。

(杜宝岐)

【新区项目建设】 新区项目抓好破碎运矿系统建设,确保四季度建成投产目标。60 千伏采场变电站、34.5 千伏输电线、马尔科纳变电站、220 千伏输电线及铁变电站完成送电调试,全系统 17 个电气室及配套输电线完成送电和调试;第 2、3、5、6、10 工作包单体试车全面完成,11 月 10 日开始组织重负荷试车,针对第 4 包中破堆场两个转运站的机械振动问题,重新进行分析处理,12 月 7 日再次试车。新区项目推进选矿厂建设。选矿厂区域的平土施工完成总切方量的 74%。选矿厂详细设计,中冶北方陆续提交电气、钢结构和控制系统的技术招标文件,多次与中冶北方及中首工程设备部进行视频联会,协调设备厂家加快提交设备资料,同时要求中冶北方优化设计工作的组织和实施,克服设备资料提交的影响,加快详细设计进度。设备采购招标,定标的 19 种工艺设备中,16 种工艺设备完成签约,设备制造厂家已提交满足设计需要的图纸和资料,各厂家正在进行详细设计和安排生产。

(杜宝岐)

【工资谈判】 2016 年,胡理奥·宾斗再次当选秘铁工人工会总书记,此人民族主义色彩强烈,长期从事工会工作,作风强硬,坚持与秘铁公司对立,2016 年,秘铁公司与工人工会工资谈判形势更加严峻。秘铁公司认真研究、精心准备,从 2 月份开始分别与工人工会、矿区职员新工会和利马职员代表开启本年度工资谈判。与工人工会经过 3 轮谈判,3 月 30 日工会单方面破裂谈判。9 月 2 日,工会再次向劳工局递交罢工申请,得到批准后,从 9 月 12 日早 8 时开始无限期罢工。为降低罢工影响,尽早结束罢工,秘铁公司多次安排专人前往国会、大区政府解释说明,取得他们的理解和支持;组织官员、职员坚守岗位,保持采场基本生产和施工、检修计划正常进行,10 月 5 日上午,伊卡劳工局下达裁决结果,主要内容:增资与一次性补贴与职员完全相同,小吃补、子女学校补贴、大学奖学金、圣诞礼盒及员工培训等 5 项福利条件提高,裁决后 24 小时内复工。裁决后,首钢秘铁公司组织生产恢复工作,当晚 6 时开始装船,9 时从采场向选厂送矿,工人于 10 月 6 日上午恢复上班。11

月 16 日,与利马职员代表签署本年度工资谈判协议,2016 年度工资谈判工作全面结束。

(杜宝岐)

【社区关系】 工程抵税工作取得实质进展。11 月 10 日,首钢秘铁公司与伊卡大区签订伊卡露仁耶稣教堂修复工程合同。该合同预算为 2318 万索尔,合同工期 420 天。11 月 22 日,项目正式启动。秘鲁文化部和伊卡大区对首钢承担该项目给予高度评价,当地媒体大量正面报道。在 11 月 20 日召开的第二届中秘战略经济对话会上,首钢秘铁公司与秘鲁文化部之间签订机构合作协议,主要内容:首钢秘铁将支持和帮助秘鲁文化部在伊卡地区的文物保护和修复工作;为文化部考古人员的培训提供支持帮助;双方联合组织一些中秘文化交流等活动。上述合同和协议的签订,为首钢秘铁更好地融入当地社会,构建更加融洽和谐的社区关系创造了条件,也体现出首钢是一家有着高度社会责任感的企业,树立中国国企在秘鲁的良好形象。机构合作协议的签署,有利于从企业层面加强两国人文交流,实践习主席提出的坚持交流互鉴,增强传统友好。

(杜宝岐)

【队伍建设】 首钢秘铁公司开展"两学一做"学习教育活动,提高领导干部和党员的党性修养,提高执行党纪党规的自觉性。加强班子建设,对经营、管理、生产、建设等重大问题,坚持集体研究、集体决策,统一思想认识,发挥班子集体智慧。结合基层党组织换届工作,坚持民主集中制原则,树立交帐意识和责任意识,提高班子的整体执行力和战斗力。提高团队整体素质,加强中方人员对秘鲁法律、企业制度和语言的学习,提高管理水平,建设一支懂管理、会经营、业务强、人人能独当一面的中方管理团队;加强秘方团队特别是管理团队的阶梯层次建设,实现人力资源的合理配备。加强企业文化建设,培育具有首钢秘铁公司特色的"目标同向、措施一体、作用互补、利益相连"的企业文化,增强企业凝聚力。

(杜宝岐)

【首钢董事长秘鲁行】 11 月 19 日—23 日,首钢党委书记、董事长靳伟一行到秘访问;靳董事长先后参加 APEC 峰会、发改委组织的在秘企业座谈会、第二届中秘战略经济对话会并见证首钢秘铁公司与秘鲁文化部之间的机构合作协议的签订;参加习近平主席接见秘鲁华人华侨、留学生、中资企业代表和使馆工作人员,聆听习主席在秘鲁国会发表的重要演讲;参加秘鲁总统库琴斯基欢迎习主席的晚宴。分别拜会国家发改委领导及中国驻秘大使贾桂德和商务参赞郝沁梅;与中铝、五矿、中石油和三峡集团领导进行会谈交流;应邀与秘鲁著名的布雷西亚企业集团进行会晤。22 日,靳董事长到马尔科纳矿区考察指导工作,实地考察新区项目建设和生产经营情况,听取首钢秘铁班子汇报后做重要讲话。首钢秘铁公司领导陶仲毅、孔爱民陪同。

(杜宝岐)

【境外审计】 11 月 30 日—12 月 18 日,北京市审计局、首钢审计部一行 10 人组成审计组,赴首钢秘铁审计陶仲毅董事长任职期间秘铁公司经营生产及工程建设等情况。审计组查阅大量基础资料,与秘铁人员谈话,针对相关问题进行专门交流。审计组对秘铁方面的工作配合表示满意。

(杜宝岐)

【视察与交流】

1 月 16 日,秘鲁中资企业协会分别召开第二届八次理事会和会员大会。大会选举首钢秘铁公司为中企协第三届会长单位,孔爱民当选为中企协会长。中国驻秘鲁大使贾桂德、商务参赞郝沁梅参加大会并作讲话。

1 月 19 日,首钢总工室陈汉宇副总工一行 6 人,1 月 21 日首钢原副总经理王毅及首钢国际工程公司董事长张福明等一行 8 人,到秘铁矿区与新区指挥部,就新区选厂、海水淡化、淡水洗矿等项目和现场专业技术人员进行技术交流;考察扩产项目施工现场。首钢秘铁陶仲毅董事长陪同。

1 月 28 日—30 日,中国浙江省婺剧团应文化部的委派,在中国驻秘鲁大使馆文化参赞朱晓燕陪同下赴首钢秘铁马尔科纳进行"欢乐春节"慰问演出,中央电视台和新华社记者随行报道。首钢秘铁陶仲毅董事长陪同并在演出前发表欢迎讲话。期间,中央电视台、新华社记者参观首钢秘铁生产和建设现场,采访报道春节期间坚守工作岗位的首钢职工和来秘探亲家属。

2 月 8 日—10 日,中国驻秘鲁大使贾桂德、商务参赞郝沁梅、武官宣克祥及使馆工作人员 10 余人到首钢秘铁矿区考察慰问,大使一行详细考察矿区生产建设现场和马尔科纳社区情况,听取首钢秘铁和首信公司的项目情况汇报。2 月 8 日晚,与首钢秘铁、首信等单位在秘中方人员一起欢度春节。

5 月 25 日,中国驻秘鲁大使贾桂德应邀到首钢总公司考察,集团总经理张功焰、副总经理韩庆及中首公司总经理张炳成陪同参观陶楼展厅、西十筒仓冬奥会组委驻地等,座谈交流秘鲁大选、经营环境、中资企业在秘发展情况等;首钢秘铁公司总经理孔爱民陪同考察。

6 月 21 日—26 日,中首公司党委书记石淳光及首钢组织部一行 5 人到首钢秘铁公司,全面考察生产建设现场和周边环境,同全体中方员工当场交流,到宿舍走访慰问部分员工。

8 月 8 日,首钢总公司总经理张功焰一行 2 人到首钢秘铁进行访问,听取工作汇报,首钢秘铁公司董事长陶仲毅、总经理孔爱民陪同实地考察新区破碎运矿系统建设情况及首信公司工程建设情况。

9 月 8 日—10 日首钢总公司副总经理赵民革等 4 人来首钢秘铁访问,听取工作汇报,首钢秘铁公司董事长陶仲毅、总经理孔爱民陪同实地考察马尔科纳矿区。

9 月 14 日—20 日,首钢副总经理韩庆等 2 人及北京市国资委 5 人,检查首钢秘铁公司相关工作,首钢秘铁董事长陶仲毅、总经理孔爱民陪同并做工作汇报。

10 月 10 日—20 日,接首钢总公司通知,首钢秘铁董事长陶仲毅和总经理孔爱民回国谈话、参加秘铁专题工作会。

10 月 25 日—30 日,首钢总公司党委副书记何巍及北京市发改委一行 8 人到首钢秘铁公司考察生产施工现场;何书记组织召开秘铁公司班子会,宣布总公司任免决定,听取班子工作汇报,提出具体工作要求。

11 月 6 日—7 日,新华社北京分社记者肖春飞一行 3 人,到首钢秘铁矿区采访。

11 月 21 日,国家发改委一行 9 人到首钢秘铁矿区进行工作考察,秘铁公司领导陶仲毅陪同并作情况介绍。

(杜宝岐)

北京首钢鲁家山石灰石矿有限公司

【首钢鲁矿领导名录】

董事长:张竞先

董　事:彭开玉　唐锡鹏　王金波　郭金保

总经理:王金波

副总经理:郇红星　王海　倪任付

党委书记:张竞先

纪委书记:张竞先

工会主席:张竞先

（柳　岩）

【综述】　首钢鲁矿始建于1951年,2006年改制注册成立"北京首钢鲁家山石灰石矿有限公司",公司注册资金3600万元,资产总额5亿元。2016年1月按照首钢总公司文件精神,正式列入钢铁板块,划归股份公司管理。同时,托管北京首钢耐材炉料有限公司,秦皇岛首钢黑崎耐火材料有限公司。

首钢鲁矿主要生产经营石灰石、白云石、石灰及消石灰等产品。在露天矿山设计、开采,新型节能环保石灰竖窑和氢氧化钙生产线的整体设计、制造、安装方面,具有较强实力。同时,拥有全国通用营业性爆破作业资质,可承揽爆破工程设计施工。此外,还经营机械制造、普通货物运输、生产建筑材料、内燃设备维修、会议服务及销售建筑材料等业务。

首钢鲁矿总部设在门头沟石龙开发区石龙高科大厦,下设7个部室、1个车间,分别是:党群部、经理办、人力资源部、财务部、经营部、技术开发部和安全部,以及鲁采车间。下辖5个全资子公司、1个合资控股子公司,分别是:首秦石业、京唐石业、卢龙白云石矿、唐县石灰石矿、龙世源度假村,建昌石灰石矿。2015年末企业在册职工169人,其中:在岗职工165人,内退职工2人,其他人员2人。

（柳　岩）

【主要指标】　全年实现经营收入2.12亿元;利润总额1761万元,超计划20.6%;上缴投资回报378万元。全年完成产品销售:石灰石147.21万吨,白云石34.32万吨,生石灰8.29万吨,轻烧白云石1.04万吨,建筑料79.3万吨,氢氧化钙2.17万吨,废土6.5万吨,熔渣剂3856吨,高钙铝渣球1765吨,污泥处理0.45万吨,重钙粉0.19万吨,总销售量280万吨。京唐制备站加工量80万吨。

（柳　岩）

【建设污泥无害化处理项目】　2015年年初,首钢和门头沟区约定,门头沟污泥由首钢负责处理,生物质公司经过2个月试烧后,现有的处理工艺无法满足要求,造成门头沟污泥无法处理,一直在生物质公司露天堆放。面对这个困局,鲁矿公司顾全大局,勇于担当,决定建立一条应急污泥干化试验线。该项目自6月12日动工建设,9月19日试运行至今,运行平稳效果良好,至年底已累计处理污泥0.45万吨,预计实现收入143万元。同时,积极跟踪国内外污泥处理先进工艺、技术并开展可行性研究和论证工作。先后考察了江苏宜兴金山环保公司的太阳能低温复合膜污泥干化项目和山东福航公司太阳能地热资源干化项目,并深入了解了香港联合水务蒸汽、燃汽干化干馏项目,下一步将根据需要通过升级或新建方式,运用最新工艺和技术实现对生活污泥的资源化处理,力争做精做优,牢牢站住北京西部市场,实现新的经济增长点。

（柳　岩）

【资源考察】　抓住企业生存根本,下大力气考察资源。今年以来,由公司领导带队,先后考察了承德小平台、柳家庄、辽宁本溪、阜新、凌源等地的石灰石资源,基本做到了心中有数,为应急保供提供了备选方案。为实现高钙灰石进京唐的目标,一年来公司领导和专业人员先后考察了山东济宁、平邑、淄博渭二、安徽池州等地的石灰石资源,通过现场取样,化验分析,初步锁定了山东渭二、安徽池州高钙灰石资源,并与安徽池州当地企业进行了深入接洽,探讨通过战略合作和合资办矿等方式供应京唐高钙灰石的方式,下一步将加快协商落实工作。

（柳　岩）

【实现供应迁钢目标】 超前谋划,实现了全部供应迁钢三座套筒窑灰石、白云石的目标。自 2012 年以来,迁钢 3 号套筒窑就一直被本溪高钙灰石以其质量优势所占据,首钢鲁矿多次试图将建昌优质灰石打入都未成功。2016 年 2 月,在得知本溪高钙灰石资源出现问题后,公司领导立即前往迁钢,经过上下沟通,最终以建昌灰石成本低、稳供应等优势,在经过多次小批量试用并取得较好效果基础上,于 2016 年 6 月正式实现向 3 号套筒窑供应建昌灰石的目标。

为确保对 3 号套筒窑的顺稳供应建昌矿,首先是稳定质量,做到批批对 S 进行检测,从源头进行控制,尤其是严防生产过程中混料问题的发生,并采用 1 号生产线专门生产低硫供应 3 号窑。同时积极与迁钢化验室对标,使用同一检测方法和同一单位生产的标样,确保数据一致;其次是稳定供应,由鲁矿先后租用了 3 个应急料场,始终保证有 10 万吨以上的储备存量,在稳定供应中发挥了应有的作用。

(柳 岩)

【矿山资质延续工作】 北京矿山采矿证变更和爆破资质延续工作顺利完成。年初完成采矿证变更所需地质环境恢复治理和开发利用方案的编制,通过专家评审后,于 8 月份完成采矿证变更所需的全部资料,12 月 2 日上报北京市规划和国土资源管理委员会,市规划和国土资源管理委员会于 12 月 22 日核准发放了新的采矿许可证。首钢鲁矿爆破资质的延续工作,也按期完成,新的爆破资质有效期至 2019 年 9 月。

建昌矿于 2016 年 8 月取得安全生产许可证,有效期至 2019 年 7 月。白灰窑和破碎线的环保验收工作取得积极进展。采场林业手续的办理也取得突破,历时近两年时间,缴纳费用 381 万元,设计费 35 万元,于 12 月 14 日正式取得林地征用相关手续。卢龙矿完成安全生产许可证的续证工作,11 月底取得安全许可证。

(柳 岩)

【安全管理工作】 安全管理得到提升,获得北京市二级企业安全标准化资质认证。为提升安全管理水平,于 2015 年 5 月与北京中安科创科技有限公司签订技术服务合同,开始标准化取证准备工作。2015 年 9 月整理完毕开始试运行,2016 年 2 月申请二级标准化评审,3 月 8 日通过专家评审,4 月正式取得北京市二级企业安全标准化证书。在此基础上,6 月 24 日定稿编制了《北京首钢鲁家山石灰石矿有限公司隐患排查清单》,实现了企业隐患排查治理工作的具体化、岗位化和规范化。全年共接受市、区级安全监察部门检查 27 次,检查范围涵盖生产现场、安全生产标准化文件、应急管理相关文件、应急演练、职业卫生等各个方面。各级检查部门对首钢鲁矿的安全工作均给予了充分肯定,将首钢鲁矿评为北京市"B 级风险企业",即市安监局放心企业。

(柳 岩)

【新产品开发】 新产品开发工作取得了积极进展。高钙铝渣球和熔渣剂成功进入了京唐公司。全年共销售熔渣剂 3856 吨,高钙铝渣球 1765 吨,实现销售收入 1591 万元。

(柳 岩)

【党群工作】 一是按照总公司和股份公司党委的部署要求,在两级班子和全体党员中深入开展了"两学一做"学习教育活动。从两级班子到全体党员都制订了具体的学习计划,保证了学习进度和效果。特别是在引导党员重温党章的基础上,首钢鲁矿党委对全体党员提出了人人学习党章、人人抄写党章的要求,并从 9 月中下旬开始,组织包括首耐公司在内,以支部为单位对党员抄写党章笔记进行评比,两单位分别评出一等奖 3 名、二等奖 5 名、三等奖 10 名共计 32 名获奖党员笔记进行集中 1 个月的集中展示,分别召开党员大会进行大张旗鼓的表彰奖励,进一步推动和促进了全体党员认真地学习党章、准则和总书记系列讲话的活动。

二是认真履行抓班子、带队伍的主体责任,保证了基层组织和党员队伍作用的发挥。主要包括:配合上级及时完成对公司领导的考察鉴定;根据首耐实际,及时对首耐党委班子成员进行调整;顶住压力,凝聚党员队伍正能量,圆满完成首耐党委、纪委"两委"班子换届选举工作。完成首钢鲁矿、首耐出席股份公司第一次党代会代表选举工作;配强黑崎公司领导班子,对黑崎公司拟提职 6 人进行集中考察和批复;以及对部分干部进行履职审核,对发挥作用不好或履职不利的及时进行约谈,其中约谈领导干部 2 人,约谈中层干部 4 人,调整岗位 4 人。

三是认真开展了党员信息核查、党费核查和党费补缴以及党员竞赛评比表彰和困难职工慰问等工作。共组织党员补缴党费 10 余万元;组织 164 名在册职工中的 163 人参加工会三种保险,为参保职工办理保险赔付 47 人次 11389.72 元;慰问困难职工 52 户,发放困难补助金 9000 元;组织职工开展扶贫帮困捐款 13060 元,为 8 名特困(困难)职工的 6 名子女办理帮困助学金 27000 元。

(柳 岩)

销 售 公 司

【销售公司领导名录】

总经理:李 明

党委书记:王传雪(1 月离任) 刘志民(3 月任职)

副总经理:王中华(3 月离任) 邹 召

郄 钊 赵 鹏(10 月任职)

总经济师:赵 炬

总经理助理:肖京连

(王京华)

【综述】 首钢总公司销售公司(简称销售公司)是首钢钢铁产品的主要销售机构,负责市场拓展、销售、发运、收款工作;下设 10 个处级机构,5 个区域销售分公司。在册职工 537 人,其中在岗管理人员 463 人、操作人员 38 人。大学本科以上学历 406 人,大专学历 86 人;高级职称 33 人,中级职称 113 人;高级营销师 34 人,营销师 19 人;高级物流师 11 人,物流师 12 人。

(王京华)

【主要经销指标】 2016 年,首钢四地产品销量 1800.31 万吨,销售公司负责的板材产品销量 1272.11 万吨,比计划增加 37.09 万吨,占四地总销量的 70.66%。其中,销售公司高端领先产品销量 361.50 万吨,比 2015 年增加 85.50 万吨,占四地高端领先产品销量 66.7%。全年汽车板完成 245 万吨,比 2015 增长 20%。

(王京华)

【提高跑赢水平,实现增收创效】 销售公司发挥产品"效益优先"及销售价格"跑赢大势"的导向作用。加强出口与内销协同;根据不同地区价格的变化,及时调整高价位地区产品流向及订货比例;在汽车板产品增量,冷轧、热轧产品资源减量的情况下,各销售部门服从大局,主动适应生产要求,相应调整营销策略,加大产线资源向优质客户集中;抓市场机遇,尝试正品现货市场化运作及钢坯锁价销售,增收 1200 多万元,经济效益较好。

(王京华)

【坚持效益优先,倒逼结构优化】 汽车板围绕"镀锌、高强、外板、轻量化"持续推进结构调整。全年汽车板完成 245 万吨,其中镀锌完成 90 万吨,比 2015 增长 45.61%;高强钢完成 76 万吨,比 2015 增长 51%;外板完成 49.95 万吨,比 2015 增长 46.31%;合资品牌完成 57.40 万吨,比 2015 增长 41.54%。2016 年汽车板新产品开发和认证坚持"产品高端化、用户高端化"的推进目标,全年共计开展了七大类、19 个牌号的新产品开发,实现增强塑性双相钢 590DH 国内首发。材料认证和零件认证实现突破,全年获得认证零件机会 2045 个,比 2015 增长 29%。热轧产品开发新牌号及差异化牌号 30 余个,冷轧产品高端领先产品销售量占总量 24.8%。家电板市场占有率继续保持国内第一;冷轧耐候高强钢 S800NQ 实现全年销售 6500。酸洗汽车钢全年完成 16.50 万吨,比 2015 增长 76%。压缩机订单全年完成 19 万吨。区域公司共计完成销量 649 万吨,高端领先产品比例达到 33%,累计新开发用户 232 户。

(王京华)

【继续推进 EVI,提升技术服务能力】 销售公司负责的 EVI 供货量完成 52.40 万吨,其中汽车板 32.10 万吨,超计划 19.10 万吨。

(王京华)

【完善客服体系,团队作用日益突出】 销售公司制定《首钢冷轧汽车板客户服务实施方案(试行)》,拥有专职技术服务人员 39 人。全年累计走访客户 285 次,接待客户来访 115 次,召开区域座谈会 3 次。坚持月度客服例会制度,研究客户反映问题 153 项,其中 148 项已完成整改;确定周例会制度,提高响应速度。建立典型异议案例库,收集整理案例36件,异议处理周期16.53个工作日,完成全年压缩20%的目标。

(王京华)

【完善管理机制,提升物流服务能力】 物流运输工作强化服务意识,保障能力有效提升。迁钢汽运准时到达率提升至97.1%,比2015年提高1.4个百分点;顺义冷轧准时到达率保持在99.9%的较高水平;迁顺汽运重点用户交货率100%。迁钢产品上海流向平均海运周期比2015年缩短1.2天,至江苏、宁波过驳运输周期比2015年分别缩短2.4天和1.1天。强化精确发货控制,全年分别组织长城汽车、宝马汽车、现代海斯克JIT供货共计28.30万吨。

(王京华)

【落实改革举措,提高运营效率】 物流运输业务从实际需要出发压缩定员编制,由原来定员108人减至68人,减员率37.04%。完善首钢钢贸治理体系,成立经营财务部,强化专业管控,提高服务能力和运营水平,努力做实钢贸。完善绩效工资分配办法,制定"产品提升增效"奖励考核管理办法。

(王京华)

【加强党的建设,引领营销转型发展】 销售公司获首钢模范基层党委、首钢先进纪检监察组织和全国"互联网+时代"企业文化创新优秀单位等荣誉。开展"两学一做"学习教育,抓好党员学习交流研讨;全年举办党委中心组学习14次,制作"学先进精神,做合格党员——销售公司2016年度先进基层党组织、优秀共产党员风采录",在首钢营销微信公众号上展示。在北京钢贸经营财务部定岗工作中,实行全员竞争上岗,2人竞聘落选;在物流整合中,打破岗位界限,优秀操作人员11人竞聘到专业管理岗位。2016年全年调整交流科级

以上干部48人次,减员分流人员57人。上海分公司创建特色党支部。制定《销售公司反腐倡廉主要任务分工方案》,将7项32条反腐倡廉重点工作分解落实到班子成员和相关部门,强化"一岗双责";组织处级以上领导干部38人签订廉政承诺书;与192个客户和24家承运车队签订廉政共建协议。围绕跑赢市场、降低物流费用等营销重点任务开展效能监察。

(王京华)

【重要会议】

1月25日,销售公司召开2016年安全工作会议。

1月28日,销售公司召开领导班子"三严三实"专题民主生活会。

2月22日,首钢销售公司召开四届四次职代会。

3月21日,首届"山东首钢热轧酸洗品种钢座谈会"成功召开。

3月22日,销售公司召开领导班子述职测评会议和党风廉政建设工作会。

5月10日,销售公司组织首届营销体育节开幕式暨"奔跑吧!首钢营销健步行"活动。

7月7日,销售公司党委开展"缅怀先烈、学先进精神、做合格党员"主题党日活动。

9月1日,首钢哈尔滨加工中心建成投产。

9月1日,靳伟、张功焰等总公司领导到上海销售分公司指导工作。

9月5日,销售公司机关党支部组织开展"两学一做"主题党日活动。

10月24日,销售公司营销体育节圆满闭幕。

11月14日,首钢被评为杰出钢板供应商。

11月15日,首钢销售公司荣获"互联网时代"企业文化创新优秀单位称号。

(王京华)

股权投资管理

◎ 责任编辑：刘冰清

北京首钢国际工程技术有限公司

【北京首钢国际工程技术有限公司领导名录】

董事长:侯俊达(7月任职)

副董事长:刘宗乾

董　事:袁文兵　李长兴　张　建(7月任职)

李国庆　马东波

总经理:袁文兵(7月任职)

副总经理:李长兴　张　建

生产总监:邓少泉(2月任职)

财务总监:戴　军

党委书记、纪委书记、工会主席:侯俊达(7月任职)

党委副书记:袁文兵(7月任职)

（陈伟伟）

【综述】　北京首钢国际工程技术有限公司(简称首钢国际工程公司)始创于1973年,是由北京首钢设计院改制成立、首钢集团相对控股的国际型工程公司,注册资本1.5亿元。首钢国际工程公司是国家重点高新技术企业和北京市设计创新中心,拥有工程设计综合甲级资质,主营冶金、市政、建筑、节能环保等行业的规划咨询、工程设计、设备成套、项目管理、工程总承包等业务,综合实力和营业收入排名全国勘察设计企业前列。作为钢铁全流程工程技术服务商,为钢铁企业工程建设、环保搬迁、升级改造、挖潜增效、节能减排等提供技术服务;将传统优势技术升级应用于城市市政工程、建筑设计、节能环保等领域,为建设生态宜居城市和信息智慧城市提供技术服务。5年间完成200余客户近800项优质工程,完成国家"十一五"重点项目首钢京唐钢铁厂的总体设计。注重技术研发和自主创新,有300多项专利和专有技术,承担多个国家级重大科技课题的研发工作,主编或参编多项国家和行业标准规范,获国家科学技术奖和全国优秀设计奖近100项,获冶金行业和北京市优秀设计及科技进步奖300余项,连获全国建筑业企业工程总承包先进企业、全国冶金建设优秀企业、中国企业新纪录优秀创造单位、全国企业文化优秀单位、全国建筑业信息化应用示范单位、北京市"守信企业"等

称号。

首钢国际工程公司设战略运营部、国际市场部、冶金工程设计管理部、建筑市政设计管理部、项目管理部、采购部、人力资源部、财务部、科技质量部、办公室、党群工作部、信息网络部12个管理部门,焦化、烧结、炼铁、炼钢、轧钢、工业建筑、民用建筑、总图、能源环保、电气自动化、技术经济、工业炉、测绘13个事业部,有中日联、考克利尔、山西首钢国际、贵州首钢国际等11家投资公司。在册职工974人,平均年龄41岁,其中,博士3人、硕士248人、本科614人、大专81人;教授级高工56人、高级工程师278人,工程师293人。

（陈伟伟）

【转型发展】　年内,首钢国际工程公司在总公司"一根扁担挑两头"战略的指导下,公司领导班子坚持顶层设计和企业实际相结合,统一思想,凝聚共识,明确"双轮驱动"战略定位,构建"1+4"产业板块,加快推进转型发展。做优做强钢铁板块,做好首钢钢铁业的支撑服务,把首钢内部当做市场来精心维护,坚定不移"走出去",全方位开发国内、国际市场。大力拓展非钢板块,以首钢两大园区的开发建设为契机,整合优质资源,快速提升能力,着力打造园区开发、能源环保、钢结构住宅、城市地下综合管廊四个产业,加快拓展社会市场,培育新的经济增长点。

（陈伟伟）

【运行机制】　年内,首钢国际工程公司全新定位事业部功能,全面梳理各部门职责,进一步明确责权利,给予事业部更多的用人权和经营权。9月下发全面按照事业部运行的通知及修订后的部门职责说明书,各事业部正式按照新的职责和使命运行。按照稳步推进的原则,结合公司实际和管理工作的需要,坚持继承、发扬和创新,以现有制度体系为基础,梳理和规范工作流程,健全和优化规章制度,逐步完善运行管理体系,提高事业部机制的运行效率。

（陈伟伟）

【党建工作】　年内,首钢国际工程公司党委深入组织开展"两学一做"学习教育,加强企业党建与经营生产有机结合,发挥党组织的核心保障作用。加强党风廉政建设,推进落实"两个责任",促进领导干部落实"一岗双责",加强廉洁从业教育和管理。修订领导干部选拔任用系列制度,进一步调整优化领导干部队伍结构。加强思想文化建设,引导干部职工树立转型发展的信心、攻坚克难的决心、敢于担当的责任心和求真务实的耐心。组织开展"大干四个月,全面完成经营生产任务"主题劳动竞赛活动,通过"比作风、比绩效、比质量"岗位竞赛,激发职工干事创业的激情。

（陈伟伟）

【钢铁板块】　年内,首钢国际工程公司把2016年定位为京唐二期的设计年,成功签订总体设计合同,全力组织推进各项设计工作。完成全部初步设计,按计划开展施工图设计,满足现场施工需要;紧盯国内市场重点项目,锲而不舍,加强运作,先后签订济钢铸管烧结、华夏特钢烧结等总承包合同,涟钢高炉大修、冀南钢铁高炉改造等设计合同。国际市场深化与大型央企的合作,签订加拿大熔融还原项目可研合同,紧密跟踪哈萨克斯坦综合钢厂项目。

（陈伟伟）

【非钢板块】　年内,首钢国际工程公司全方位服务首钢两大园区。发挥首钢筑境的带动作用,快速提升自身的服务能力,全面参与北京园区开发建设工作,努力成为北京园区项目实施的支撑主体。积极参与曹妃甸园区有关地块的勘察测绘、总体规划和建筑创意设计工作,开展生态城先行启动区部分配套住宅、道路、管线的施工图设计。加快培育和打造能源环保、钢结构住宅、城市地下综合管廊等新产业。积极开展综合管廊市场营销。与社会企业开展战略合作,加强对PPP等模式的规则研究,拓展市场开发的渠道。全年承揽非钢项目合同115项。

（陈伟伟）

【资金管控】　年内,首钢国际工程公司建立工程项目资金支付管理制度,以"量入为出、以收定支、资金平衡、全面统筹"为原则,加强资金收支管理,确保资金流良性运转。强化交账意识,制订资金回收目标,明确责任主体,制定有效措施,加大催款力度。项目资金收支的有效管控,对公司存量资金、运营安全起到了至关重要的保障作用。

（陈伟伟）

【科技开发】　年内,首钢国际工程公司全年科技开发课题立项71项,直接经费投入1050万元,同比增加5.6%。承担市级以上科技开发课题3项,获得国家科研经费支持890万元。申请专利106项,授权专利56项,其中发明专利11项。参编行业标准3项。获冶金科技进步奖三等奖2项,获北京科技进步奖三等奖1项,获北京测绘科技奖三等奖1项,获首钢科技进步奖5项;获行业优秀设计奖7项、优秀勘察奖1项、优秀总承包奖4项,获奖等级和数量继续保持国内先进企业行列。"基于钢铁流程余热利用的海水淡化研发及示范"课题获得科技部批准,同时开展2项国家级重点专项海水淡化课题研究。

（陈伟伟）

【人才管理】　年内,首钢国际工程公司以人才为企业最大资本,为职工成才创造条件。制定职工职业通道发展优化方案,拓展人才的发展路径,构建多元化的发展通道,破除人才晋升的"天花板"。结合年度绩效考评,对199人进行了岗位、薪酬晋升调整,4名员工由项目制转为合同制。根据新产业发展需要,优化人力资源配置,择优录用应届毕业生26人,招聘社会成熟人才46人。开展多种形式的公司级学习培训23次,参培人数达1600人次。

（陈伟伟）

【企业文化】　年内,首钢国际工程公司坚持典型引路,弘扬主旋律,组织开展"光荣与梦想"先进表彰会、温馨部室创建、春节联欢会等特色主题文化活动。坚持民主管理,凝聚智慧,组织职代会、青年座谈会,倾听职工心声,引导职工为企业发展献计献策;关爱职工职业健康,开展职工体检和体育比赛、特色健身等系列文体活动。落实发放雾霾口罩、发放生日蛋糕卡等为职工办实事活动,组织为困难职工送温暖329人次。关注青年成长成才,在创意挑战赛中展示才华,在参观交流中扩大视野,在公益活动中提升社会责任感。紧抓安全稳定不放松,营造平安和谐的工作环境,实现了全年零事故。公司荣获"北京市构建和谐劳动关系先进单位"光荣称号。

（陈伟伟）

北京首钢建设集团有限公司

【北京首钢建设集团有限公司领导名录】

董事长：徐小峰

副董事长：刘宗乾

董　　事：李国庆　杨　波　张志忠　苏宝珍　张永祥

副总经理：杨　波（主持工作）　苏宝珍　武阔君　张永祥（2016年12月离任）

总会计师：张桂芬

总工程师：谢木才

总经济师：任立东

总经理助理：徐　磊

党委书记：徐小峰

党委副书记：杨　波　张志忠

（戴道明、赵秀英）

【综述】 北京首钢建设集团有限公司（以下简称公司）成立于1956年，是首钢总公司所属子公司，从事建筑施工行业。公司于2008年初改制成为股份制企业；改制后新公司注册资本金4亿元。公司拥有工程技术、经营管理和项目管理人员4000余人，下设22个专业分公司，12个子公司，6个直属单位和5个控、参股公司。公司是首批中国工程建设企业社会信用评价"AAA"企业；连续10年获得全国优秀施工企业和北京市诚信企业，中国工程建设诚信典型企业，北京市级技术中心和市级专利试点企业。

公司拥有60余年丰富的工程施工经验，具有冶金工程施工总承包特级；建筑工程、市政公用工程、机电工程施工总承包壹级、钢结构工程、建筑装饰装修工程专业承包壹级；输变电工程、起重设备安装工程、环保工程专业承包贰级资质；公路工程和矿山工程施工总承包叁级资质；冶金行业、建筑装饰工程设计专项甲级和建筑行业（建筑工程）乙级设计资质；特种设备安装改造维修许可（锅炉、压力管道、压力容器、起重机械）等资质。

公司近年来获得国家级科技奖1项，获得省部级科学技术奖22项；拥有国家级工法6项，部级工法22项，企业级工法115项；拥有授权专利124项，其中发明专利35项；主编国家标准2项，参编国家和行业标准17项；获得鲁班奖或者其他国家级工程质量奖5项，省部级工程质量奖85项。

公司以京津冀协同发展、国家"一带一路"发展战略为契机，明确以建筑业、产品制造业、建筑/设备维检综合服务业和国际工程为主要业务，不断向装配式住宅产业化、被动房建筑、PPP承包模式拓展，形成以建筑为主业，多种业务并行的综合性建筑企业集团。

公司以"求实创新、担当执行、标准规范"为企业准则，以"业主满意就是我们的标准"为服务理念，以"打造城市综合服务商"为发展目标，争创具有国际竞争力的建筑集团。

（郝大伟）

【主要指标】 2016年，公司营业收入50亿元，同口径完成总公司计划的104%；利润7318万元，完成总公司计划的102%；新签合同额72.5亿元，完成总公司计划的104%，其中：首钢外部项目签约26.9亿元，占签约总量的37%。获省部级优质工程奖3项、冶金行业部级工法2项。2016年生产安全死亡事故零；重伤事故零；轻伤事故1起1人，负伤率0.097‰。

（吕英瑞）

【科技创新】 2016年，公司加大技术成果的转化和应用。将成熟的冶炼技术成果应用到京唐二期工程建设中，确保3500毫米中板及5500立方米高炉基础两大工程的质量创出高水平。建立BIM施工综合协同管理平台，利用BIM技术对冬奥广场项目综合管线的布置进行优化。通过研发二维码管理系统，促使公司在装配式建筑和工业建筑拆改移方面进入大数据时代。一等奖3项，长城杯金奖1项，三峡杯优质结构工程奖1项。获得国家专利21项，其中发明专利6项。省部级科技成果奖1项。参编行业标准4项、部级工法2项；发表论文12篇。较好地完成了年初制定的创优创新计划。

（李建辉）

【市场开发】 2016年,公司先后签约合同额为7.12亿元的首钢贵钢老区开发棚户区改造项目11号地块1—8号楼地下室及商业工程、6.23亿元的首钢二通厂南区棚改定向安置房项目以及5.45亿元的首钢老工业区改造西十冬奥广场等大项目。全年在京津冀地区签约合同额达53.76亿元,占签约总量的74.19%,同比去年增长27.39%。市政基础设施领域签约10.77亿元,同比去年增长73.43%,增速明显。民生工程签约24.75亿元,超计划10亿的147.5%。同时全面做好首钢两大园区及京唐二期建设,全年累计签约20.44亿元;其中:京唐二期中标额为8.35亿元;首钢园区项目签约11.66亿元。在此基础上,开拓了以钢结构住宅、立体车库等为切入点的新兴产业市场,成功签约1.08亿元的首钢总公司集资建房(铸造村)4号、7号钢结构住宅项目、北京地铁16号线P+R自动化立体停车场项目。充分利用集团现有设计资质,以EPC模式拿下迁钢料场项目。以"一带一路"的建设为契机,拓展海外市场,全年在海外共签约10个项目,总签约3.11亿元。积极探索新的合作模式,在芦台经济开发区承揽了首个PPP项目,合同金额为2.5亿元。

(丁利霞)

【工程管理】 一是大力推进重点工程建设。结合北京市新的规划安排和首钢集团转型发展方向,以首钢"北京""曹妃甸"两个园区建设为龙头,发挥自身优势,促进两大工程取得阶段性成果。二是狠抓"节点兑现率、项目标准化、工程专项清理"等基础管理工作,强化工程的全过程管理。三是强力推进管理创新,不断完善工程专业的环节管理。强化工程开工评审制度,建立起项目风险提示预警机制;完善民用工程一级节点编制细则,保证节点制定的科学性。四是加强检修管理,推动检修服务业可持续发展。在打造三个层次的复合型人才队伍的同时,增加装备投入,研发专项技术,优化劳动组织,提升检修区域协同能力,为拓展检修、备件市场及检修服务业持续发展提供了有力支撑。五是下力气抓好文明施工。唐山凤城国贸南区、万筑凤凰新城、迁安市金融街等民用工程,因现场文明施工标准化优秀,先后获得2016年"市级样板文明工地""市级文明工地""河北省安全文明工地"等荣誉。

(张永革)

【企业管理】 2016年,首建集团围绕"十三五"发展规划总目标,一是组建深化改革领导机构。由集团党委牵头,成立首建集团总部深化改革领导小组,与外部咨询机构一同深入研究如何优化集团管控体系、理顺权责界面;完成了集团总部深化改革的方案设计,细化了深化改革的各阶段的工作重点,为确保集团实现"十三五"规划目标创造了有利条件。二是进行总部管控体系改革。成立运营管理部,完善专业管理体系,实现了对项目经营管控从"入口"到"出口"的全过程管理;成立集团直属的住宅产业化工作组、立体车库工作组,积极推进新兴产业发展。三是实施"三个调整"促进规划落地。以战略为导向,深化全面预算管理。调整预算编制及分解思路,围绕"十三五"规划提出的在国际、市政、新产业、检修服务业等重点领域取得突破的战略目标,进行全面布局与落实,重点产业发展取得显著成效;调整指标考核导向,强调签约质量,增加新业绩积累、科技装备投入、前期风险消化、应用型人才培养等指标,助推各项战略措施落地;调整预算分析纠偏机制,从季度分析向月度分析转变,建立运营质量"红绿灯"动态预警机制,紧盯重点项目、紧盯重点单位,促进基层单位运营质量不断提升,确保集团全面完成了年度经营任务。四是实施"两个构建"提升项目运营质量。以激发活力为目标,以降低成本为中心,构建完善的项目承包体系,制定下发《项目股份制管理办法(试行)》,修订、完善《项目承包管理办法》《总承包项目管理办法》以及《项目经理分级管理办法》,深化项目承包机制,充分调动项目管理团队的积极性;构建统一的成本价格控制体系,围绕物资采购、设备租赁、劳务分包、专业分包四大主要成本要素,规范合同及招投标管理,试点推行大宗物资集采、吊运设备集中租赁,夯实项目成本管控基础,把好项目出口关,推动整体项目运营水平再上新台阶。五是采取强力措施防控经营风险。强化结算过程管控、强化索赔意识,制定《工程结算管理办法》,明确工程各阶段结算要点及索赔签证标准,从根源上降低已完未结项目形成比率;强化结算主体责任、强化项目统筹策划,制定下发《2016年已完未结项目结算承包方案》。六是全力培育新兴产业。实现市政领域的市场突破,成立了专业的市政分公司,在首钢北京园区承揽了长安街西延、晾水池东路等工程,在首钢二通园区承揽了园区道路工程,为打造城市综合服务商找到突破口。装配式建筑实施取得阶段性进展,聘请专家团队共同编制了《首钢集团钢结构住宅产业化实施方案》，建设了"首钢装配式建筑研发展示基地"。牵头组织了北京市科委《绿色装配式高层钢结构住宅产业化设计与建造》科研项目工作，跨行业合作研发"箱板装配式钢结构住宅"技术，参编住建部2项装配式建筑行业标准。静态交通产业技术研发成绩喜人。按总公司要求，牵头组织相关单位完成公交立体车库样机的研发工作，成功取得国家质监总局颁发的特种设备生产许可证，使首钢成为拥有自主知识产权的国内大型立体停车设备制造企业。成功完成了北京静态交通展示基地的建设工作，为首钢培育新产业作出积极贡献。

（吕英瑞）

【人才建设】 为首建集团可持续发展打造一支素质精良、结构优化、布局合理、创新创业能力强的建设人才队伍。全年招收土木工程、给排水、工程造价、电气工程自动化等专业的应届大学本科毕业生36人；开通社会人才引进的管理渠道，引进10名具有特殊技能和专长的专业骨干人才；与西安建筑科技大学联合办学，为45名80后青年技术业务骨干开展为期一个月的全脱产项目经理培训；对在电工、焊工和吊车三个工种技能竞赛、取得前三名优异成绩的7名劳务派遣员工给予转正，调动广大员工提高技能水平的积极性。

（张学平）

【党群工作】 2016年，集团党委以落实"求实创新、担当执行、标准规范"为指导，围绕"内增凝聚力，外增竞争力"来开展党建和思想政治工作，做到全年有目标、季度有主线、月月有活动。坚持正确的舆论导向。通过每两周一次的集中理论学习，在全体党员中围绕抓动员、抓学习、抓检查、抓舆论、抓落实，开展"两学一做"教育。利用首钢报、首钢电视台等媒体宣传集团改革发展先进事迹和典型人物；在《首都建设报》等社会媒体发表各类新闻70余篇。开通了"首钢建设"微信平台，发布各类正面、实用信息，聚集首建转型发展正能量。坚持党风廉政教育。开展"严守纪律规矩，强化责任作风"主题教育活动，以"不忘初心、忠心履职"为题开展了党课教育。全年围绕集团重点工作开展效能监察6项，总结典型事例32件，发现企业管理上存在问题24条，提出建议意见28条，被各级采纳23条，建章立制11项，增加经济效益279万元，避免经济损失172万元。

（康京山）

【大事记】

1月15日，公司所属唐山分公司凤城国贸项目、万科凤凰新城项目新城居住项目获得2015年度河北省结构优质工程奖。

1月27日，中国驻安哥拉大使崔爱民莅临公司所属国际工程公司负责承建的本格拉卢洪沽地块2000套项目。

3月8日，公司与中航技公司签订了合同额超亿元的阿联酋海景大厦项目。

3月31日，国家住建部总工程师陈宜明莅临集团所属门头沟钢丝厂1号楼钢结构住宅楼施工现场进行检查指导工作。

4月20日，国家住建部科技与产业化发展中心领导莅临公司，对《首钢钢结构住宅产业化实施方案》课题进行调研。

5月18日，公司取得由北京市石景山区安全生产协会颁发的安全生产标准化三级企业标牌和达标证书。

6月18日，公司与河北省冀州市签署战略合作协议仪式，冀州市委书记刘占强、市长石英俊等领导出席了签约仪式。

7月4日，首钢总公司党委书记、董事长靳伟，总经理张功焰等领导一行莅临集公司承建的3500毫米轧机拆除运输工程现场检查指导工作。

7月8日，公司召开第二届董事会第十次会议和第九次股东大会。公司全体董事会成员、股东代表、监事会成员及总公司有关部厅领导参加了会议。

8月18日，由公司承建的京唐二期3号高炉（5500立方米）工程举行开工仪式。

8月28日，公司承建的河北衡水市冀州区"双创大厦"项目举行奠基仪式。衡水市市长、副市长，冀州区区委书记、区长等有关领导参加了奠基仪式。

8月31日，由公司所属东北分公司承建的哈尔滨首钢武中钢材加工配送中心工程于举行了竣工投产剪彩仪式。

9月21日，安徽省六安市委副书记、市长毕小彬率领六安市委常委、常务副市长付新安、市政府秘书长王琢，裕安区委书记陈社教等领导，视察了公司开发建设的首建·一品铭城住宅小区。

9月27日，在北京建筑业人力资源协会召开的第三届第二次会员大会上，公司被北京建筑业人力资源协会授予 2015 年度首都建筑业劳务分包企业施工作业队及作业班组市场资信考核评价工作优秀单位和 2016 年度劳务作业班组长培训工作优秀单位称号。

10 月 18 日，尼泊尔客人 Rahul 先生、Biswas 先生和中绿能委员会徐国武、张述鑫等客人一行到公司考察交流。

10 月 18 日，北京建筑大学校长张爱林一行莅临公司考察交流。

11 月 16 日，公司承揽施工的"华为环保园 J01、J05 地块数据通信研发中心"工程喜获 2016 年度北京市建筑长城杯金质奖。

11 月 29 日，在中国施工企业管理协会 2016 年"工

程建设诚信企业推介大会"上，公司荣获中国施工企业管理协会信用评价工作委员会授予的社会信用等级为"AAA"及"2016 年度工程建设诚信典型企业"荣誉称号。

12 月 12 日，公司与香港双龙集团签署战略合作协议书。香港双龙集团董事长蒋建民、双龙集团董事总经理蒋韬、安徽省安庆市侨联副主席李松柏、安徽星红文化艺术有限公司董事长疏火星等一行人员参加签字仪式。

12 月 14 日，公司收到中国船级社认证公司发来的通知书，同意批准公司保持管理体系认证注册。

（王金辉）

北京首钢自动化信息技术有限公司

【首自信公司领导名录】

董事长：张宗先

副董事长：刘宗乾（兼）

董　事：董　钢（兼）　兰新辉（兼）　佘国平
　　　　胡丕俊　李腾

党委书记：张宗先

总经理：佘国平

副总经理：胡丕俊　李　腾　李振兴　许　剑

（梁志强）

【综述】　北京首钢自动化信息技术有限公司（简称首自信公司）位于北京市石景山区石门路 1 号院，2008 年 8 月完成改制新公司登记注册，是首钢集团旗下唯一的自动化信息化专业性公司，是集信息化规划实施、自动化系统设计、软件开发、系统集成、技术服务于一体的高新技术企业。多年来，首自信公司培养造就了一支专业配套齐全、熟悉工艺、经验丰富的专业化队伍，在自动化控制、数学模型、MES、ERP 等领域具有强劲实力，拥有国家重点实验室和二百余项专利技术、软件著作权及注册软件产品。具备承担大型企业一至四级自动化信息化"交钥匙"工程的整体实力。首自信公司结合新业态、新形势，凭借近 40 年技术经验积累，积极向"工业智

能化和智慧城市"两大领域转型发展。在工业智能化领域将重点发展"智能装备""智能工厂""智能物流"和"智慧服务"等产业；在智慧城市领域将重点发展"智慧园区""智能建筑"等产业。

首自信公司实行集中领导下的专业事业部制，设有运行事业部、首迁运行事业部、首秦运行事业部、京唐运行事业部、信息事业部、自动化事业部、传动事业部、工程事业部、电信事业部和自动化研究所，共计 10 个事业部（所）；公司机关设战略管理部、经营部、智能工业销售部、智慧城市销售部、生产部、业务部、计财部、供应部、党群部、人力资源部、保密办公室、总工程师办公室、办公室和审计室，共计 10 部 4 室；公司投资设立秦皇岛首信自动化系统工程有限公司、迁安首信自动化信息技术有限公司、唐山首信自动化信息技术有限公司、北京首冶仪器仪表有限公司计 4 个全资子公司；对外投资控股北京中关村华夏科技有限公司、北京华夏首科科技有限公司、天津首钢电气设备有限公司计 3 家企业；对外投资参股天津贝思特电力电子有限公司、北京首泰众鑫科技有限公司、深圳首实科技有限公司、北京首新电子有限公司计 4 家企业。2016 年年末，全公司（含全资子公司）在岗职工 3503 人，大专及以上学历人员占在岗职

工总数86%,其中博士12人,硕士143人。高级技术职称89人,中级技术职称337人,高级技师43人,技师46人,平均年龄35岁。

2016年,是首自信公司"十三五"规划开局之年。首自信公司全年销售收入完成84294.9万元。

（李 琴）

【"十三五"规划】 1月,根据总公司意见和建议,对公司"十三五"战略规划进行第三版修改。规划重点阐述首自信公司转型发展实施策略,强调要向"科技型公司转型",要借势北京园区新定位等机遇,聚焦创新发展。5月,对公司"十三五"战略规划进行第四版修改,并对各年度主要指标的测算依据和过程进行分析,对首自信利润增长趋势做了预测和说明。6月,首钢总公司召开董事会战略委员会扩大会,审议了首钢集团"十三五"规划及集团各板块子规划。首自信公司"十三五"发展规划评议得分89.89,总排名3/38,非钢产业规划排名1/18。8月,对首自信"十三五"规划要点进行梳理,并根据当前经济形势,结合计财部测算数据,对今后五年首自信公司经营指标进行了调整。10月18日,首钢总公司董事会审议通过了首自信公司"十三五"规划要点,首自信"十三五"规划报总公司备案。12月29日,经首自信公司董事会、股东会审议,一致表决通过了"十三五"规划。首自信公司"十三五"发展战略:"321"战略,以"借力首钢发展平台、构筑产融结合平台、建立运营服务平台"为三大抓手;聚焦"工业智能化和智慧城市"两大产业;培育一个变革创新的文化体系。

（张 琳）

【科技创新水平】 截至2016年年底,首自信公司累计申请专利185项,取得专利授权94项,申请软件著作权138项,注册商标4项,注册域名3项,被中国工业软件产业发展联盟授予"2016年度中国工业软件优秀企业"称号。结合首自信公司科技创新"十三五"规划,2016年科技攻关与集团产业板块深度融合。在钢铁主业方面,重点开展了智能化单台无人天车控制系统、工业机器人的多样化配套控制系统、京唐烧结智能控制系统等核心技术研究;深入迁钢一冷轧智能工厂示范项目建设。在新产业培育方面,完成机械式智能公交立体车库自动控制系统和综合管控平台的设计与开发;首批自主研发的二代30KW直流充电桩实现批量生产并投入运营;"倒班助手""E中医"等移动应用上线运营,形成

"平台+服务"的商业模式创新;优化形成《冬奥组委办公楼总体技术需求》信息化解决方案、智慧建筑管控平台的产品原型。承担国家863计划课题—《面向可循环流程钢铁企业的多目标优化与智能决策MES开发及应用》通过科技部专家评审和技术验收。

（刘佳瑜）

【科研成果】 首自信公司取得12项科技开发成果并获得省部级及首钢总公司级科技成果奖项,其中"首钢京唐300吨转炉'全三脱'冶炼自动化炼钢技术"荣获河北省唐山市一等奖,"迁钢公司全流程能源智能化协同管控系统"荣获石景山区科学技术三等奖,2项成果获得首钢科学技术一等奖。流程行业MES解决方案、实验室信息管理系统(LIMS)两款产品被评为"2016年度中国工业软件优秀产品奖"。

（刘佳瑜）

【知识产权】 2016年度申请专利39项,其中发明专利29项,实用新型专利3项,外观设计专利7项,外观设计专利实现零的突破;取得专利授权17项,注册软件著作权23项。截止到2016年年底,首自信公司累计申请专利185项,取得专利授权94项,申请软件著作权138项,注册商标4项,注册域名3项,企业知识产权保护布局逐步展开。运用各级政府对企业知识产权工作的优惠政策,取得北京市专利资助金、石景山区知识产权奖励金、中关村创新能力建设专项资金等共计6.415万元。参与首钢总公司牵头的"大型及超大型智能立体车库停车设备"标准制订、中国电子技术标准化研究院牵头的国家标准"智能制造评价指数系列标准"制订工作。

（刘佳瑜）

【成果转化】 2016年,首自信公司实施多项科技成果。长材MES产品在首钢通钢实施;大宗物料管控系统在台塑河静钢铁原辅料及资源管理项目中得到推广应用;公交车立体车库平台应用于首钢公交车样机项目;充电运营服务平台应用在中关村充电站、西十筒仓冬奥广场充电站、特钢南区充电站;企业ERP云平台项目应用在京冀曹建投公司信息化一期建设项目中。

（闫秀萍）

【钢铁主业科研开发】 2016年首自信公司开展了烧结智能控制无人操作技术研究、工业机器人的多样化配套控制系统研发、基于APQP的汽车板产品质量策划系统

的研发和应用、KR 脱硫二级控制模型开发等多项科研项目,其中:通过开发 KR 脱硫二级控制模型,形成 KR 智能自动控制系统,实现了 KR 搅拌开始到结束的一键式自动控制,2016 年 4 月,首钢京唐公司 4 套 KR 系统全部上线运行,整体替换了原有系统功能。

（闫秀萍）

【拓展领域研发】 首自信公司开展"倒班助手"APP 开发;Dollama("到啦吗")以"F2C（工厂到消费者）"模式打造境外自由行的"旅游天猫平台";E 中医项目经多次升级优化,全新的 3.0 版本已于 2016 年 9 月 9 日在 12 个应用市场上架。

（闫秀萍）

【新产业研发】 首自信公司从智慧城市规划、智能楼宇、公交立体车库、充电运营服务四个产业方向开展科研项目的研究与开发,自主研发了智能楼宇管控平台、公交立体车库管控平台、充电运营服务平台,完成新能源汽车充电桩产品的定型设计及形式试验,形成了系列化产品及批量生产规模。

（闫秀萍）

【论文及学术交流】 首自信公司先后组织科技人员 40 人次参加"第二十一届全国自动化应用技术交流会"、大数据与钢铁工业智能制造高级研修班、2016 年国家机器人发展论坛等学术交流活动。全年共有 36 篇科技论文被《控制工程》《钢铁》、冶金自动化等核心期刊录用。在第九届冶金年会论文评选活动中,首自信提报的论文"UCMW 六辊冷连轧机刚度测定方法研究"等 40 篇论文获奖,其中一等奖 3 名、二等奖 8 名、三等奖 12 名、优秀奖 17 名。

（刘佳瑜）

【产业联盟与政府支持】 通过产业联盟、参与合作,进入优势企业行列。2016 年先后加入工信部指导创立的"智能制造系统解决方案供应商联盟"并成为理事单位,加入北京市住房和城乡建设委员会创立的"北京市智能建筑协会",成为副会长单位。通过整合内、外资源,扩大产、学、研合作和对外技术交流,多渠道争取政府资金支持:与迁钢公司联合申请"2016 年智能制造综合标准化与新模式应用"项目,北京首钢股份有限公司硅钢一冷轧智能工厂获得工信部资金支持;"面向职工健康管理系统的研究及应用"申请 2016 石景山科技项目计划,获得补贴;与电子信息标准研究院联合申请

"2016 年智能制造评价指数标准研究与试验验证平台",重点参与"生产"和"系统集成",参与"设计"和"信息融合"专题;配合贵钢申报 2016 年度贵州省工业和信息化发展专项资金（大数据产业、信息化）,"基于大数据云计算的大宗物资交易物流管理平台"、"智能化数控车间协同管控平台"2 个项目先期启动,取得政府支持。

（刘佳瑜）

【充电产业】 新能源汽车充电设施为首自信公司的战略目标之一,公司进行直流充电桩的研发和生产制作、首自信充电运营服务平台的研发和充电站建设运营工作。截至 2016 年年底,已在建成的充电站 8 座,分别是首钢冬奥组委停车场充电站、首特绿能停车场充电站、特钢南区（西客站）停车场充电站、玲珑路充电站、中关村创业公社充电站、贵州六盘水物流充电站、首自信超级充电站、首自信后院充电站。共建设直流快充桩 47 台,慢充桩 41 台。充电站运营销售收入 160024.13 元。签订充电桩销售合同直流快充桩 55 台,慢充桩 9 台。顺义冷轧厂、首钢生物质能源公司、昌平乐多港商业中心、首钢篮球中心、佳木斯桦南县等地达成合作意向;钢钢充 APP 上线应用,充电运营平台搭建完成并投入使用。

（冯 斌）

【立体车库产业】 2016 年,首自信公司完成了公交立体车库样机的自动控制系统、车辆引导系统、车牌识别系统、视频监控系统、消防系统、充电桩系统、光伏系统和综合管控平台的系统设计和研发,完成了设备的空载、带载的联合测试,完成了公交车的入库、出库、移库试验;完成了提升机、梭车、梳齿搬运车的超载试验;完成了公交立体车库的型式试验相关资料的整理和技术监督局对车库的型式试验检查,一次通过验收,并取得了资质证书。借助首钢园区公交立体车库样机项目,首自信公司承接了六盘水凤凰山小型车立体车库项目。积极推进公交场站的立体车库项目的进展和实施,完成了北京二通公交场站、小营公交场站、深圳南山中心区公交场站、深圳南山科技园公交场站、深圳福田区下沙公交场站等公交立体车库项目的初步方案和报价。参加了首钢园区静态交通示范基地的建设,完成展示基地的展示任务。完成了静态交通示范基地的光伏系统、大屏展示系统、VR 展示系统、网络通讯系统、视频监控系

统、智能灯杆系统设计、现场施工及调试工作。

（张国强）

【首钢云平台管理中心建设】 为全面落实首自信"十三五"规划，加快推进首钢云平台管理中心建设，首自信向首钢总公司提交了《首钢云平台管理中心项目立项建议书》及《首钢云平台管理中心项目可行性研究报告》；经总公司经理办公会审议，认为首钢现有数据中心建设标准较低，核心系统设备设施陈旧，空间已经饱和，不能满足未来信息化发展的需求，会议同意该项目立项；12月29日，首自信公司董事会、股东会经过研究与讨论，同意对项目进行投资；该项目得到了北京市国资委的支持，拨付国有资本经营预算金1500万元用于云平台管理中心的建设。目前，该项目正按计划进行推进，预计2017年9月底完成建设，交付运营。

（张　琳）

【大数据、云计算产业】 云计算、大数据产业研究结合首钢园区自身情况与特点，对国内外先进云平台、大数据服务提供商进行了有针对性考察和调研。重点分析了数据吞吐量大、物联网准实时数据量大、云平台资源合理分配与稳定运行、大数据与人工智能等指标，充分吸收、归纳、总结相关技术与应用场景，并且结合自身能力，初步设计出了一套适合于首钢园区的，且具有高可用、高弹性、高效率性的云平台架构，预计在2017年采用集成+自主实施的方式应用到首钢园区建设期与运营期。

（王树成）

【物联网+互联网拓展】 在智能家居领域，首自信公司联合小艾科技以创新的商业模式与技术成功联合研发互联网净水机，实现废水比1∶0.8、APP一键控制水机、不做传统销售只做净水服务，产品于当年10月底下线，11月至12月开展市场推广活动，目前在北京市，除怀柔、通州外各区均拥有应用用户，客户评价良好。随后，北京军区总后、链家地产、神美选型等商家得到成功应用，目前已推广到北京、天津、辽宁、山东等省市地区。

（王树成）

【移动互联产业】 2016年持续在面向蓝领阶层的互联网产品、互联网+旅游、互联网+中医领域进行市场实践，在商业模式创新、业务模式创新、对商业合作伙伴的影响力、产品快速迭代能力上得到了目标用户、资本市场、商业伙伴的高度认可，已具备产业突破的基本条件。初步建成"移动互联网+"服务能力，具备"互联网+"输出条件。实施了具有首自信特色的完整孵化体系。提出了移动互联产业变现路径。初步形成移动互联网产业核心技术能力。

（王树成）

【倒班助手】 2016年，累计用户量从17万增长到60万，每日新增用户量从500人增长到2000人，日活跃用户量突破5万人。产品在2015年的基础上，实现了质的提升，进一步巩固了行业龙头的地位。并受京西资本邀请参与在8月31日录制北京电视台财经频道《创业北京》栏目。倒班助手的目标是"成为蓝领阶层的移动互联网入口"。倒班助手着手进行商业化探索，9月与上海诱梦网络科技公司签署通过开屏广告合同。

（王树成）

【智慧建筑产业】 12月完成平台产品原型的研发。平台内容包括多专业数据集成、集中监视与管理、运行监控、联动控制、报表统计分析等功能，解决了楼宇内各个弱电系统的多种通讯协议无法兼容等问题。计划在首钢园区内的冬奥广场办公区及脱硫车间先行启动，目前在冬奥广场办公区内完成了弱电系统接口通讯测试，2017年二季度完成平台部署与调试；在脱硫车间改造项目中，完成设计、预算、审查等工作。

（王树成）

【北京首钢园区工程项目】 2016年，首自信公司全力配合首钢总公司"新首钢高端产业综合服务区"的建设计划，并出色完成各项任务。5月，冬奥组委正式入驻冬奥广场区域，该项目共涉及10个建筑单体，包含网络通信（红机电话系统、政务网、公安网、歌华有线、中国联通、中国移动、中国电信）、信息安全、数字会议、一卡通、安防监控、信息展示、智能楼控、智能照明、充电桩等信息化系统，是首自信公司由工业向智慧城市设计、施工、安装调试、运行维护转型迈出的第一步。配合首钢总公司景观及市政项目的规划设计，按计划完成晾水池东路、秀池北街、秀池东路、料仓街等道路工程的施工，包含管线拆除、管线恢复、道路照明、景观照明等。同时，按计划推进脱硫车间改造、红楼报告厅改造、综合管廊等项目的方案制定及设计图纸转化，并完成公交立体车库管控平台研发。首自信公司领导对园区项目高度重视，抽调各事业部骨干人员组建专项团队，并亲自带队夜以继日的工作，保证项目顺稳推进。

（张丹珣）

【自动化重点工程】 首钢京唐二期工程,仓储设施成品码头5号仓库电信工程于9月10日开工,工程进行中;3500毫米中板电气自动化工程、燃气设施自动化电信工程、检化验工程电信自动化工程、综合管网电信工程于11月1日开工,工程进行中。首钢冬奥广场项目,西十筒仓改造项目一炉料仓工程和1—6号筒仓工程2016年8月10日开工,目前已具备交工条件;首钢老工业区改造西十冬奥广场项目员餐厅工程、一炉原料主控室工程、N3-3转运站工程、停车设施工程于8月20日开工,工程进行中;首钢老工业区改造西十冬奥广场项目能源设施及综合管线工程、N3-2转运站及会议中心工程、N1-2转运站工程、职工倒班公寓工程于11月开工,工程进行中。

(于宝明、齐　勇、曹培培)

【劳动管理优化工作】 首自信公司以运维合同额减少为出发点,在一业多地开展提高劳动效率工作,颁发《加快转型发展努力提高劳动效率指导意见》,放假(离岗)待岗165人,离岗待退16人,共离岗181人。在新产业、新需求中为职工创造新岗位,设立内部职位交流平台,内部招聘38人。外部招收相关专业毕业生和人员128人,其中招聘高端和紧缺人才4人。与北方工学院、首钢工学院签订合作协议,实践临近毕业学生的毕业设计与实习同步进行,逐步建立实习的人力资源池,招聘实习生18人。新办理北京市工作居住证8人。为2015届毕业生办理大学生进京落户15人。成立园区建设项目指挥部、京唐二期建设项目指挥部。首迁运行事业部与顺义运行事业部合并为首迁运行事业部。成立保密办公室。调整总工程师办公室和自动化研究所的机构编制与职责分工。全年制定制度12个,修订制度22个,废止制度16个。

(王　帅、田文娟)

【薪酬奖励机制】 首自信公司完善薪酬分配体系,配合事业部利润中心绩效管理体系推行,颁布《工资总额管理细则》,修订《薪酬管理办法》和补充规定,《基本工资与津补贴管理细则》、《绩效奖与专项奖励管理细则》,鼓励事业部根据行业特点采取符合行业规律的薪酬水平与绩效管理机制。

(郭学永)

【员工培训】 首自信公司举办培训班468个,培训16802人次;岗前培训率100%;在岗职工参培率100%;人均培训68.9学时;特殊工种人员取证及复审培训584人;高技能人才占操作岗位职工人数比例18.7%。组织开展职业技能鉴定培训,382人取得新的职业资格;在北京、京唐和迁钢组织5期班组长培训班,共280人参加。组织自动化专业、传动专业、计量专业融合性培训,共计30人参加,累计培训258学时。组织ORACLE(初级)培训,共计30人参加,累计培训1200学时。组织ORACLE(中、高级)培训,共计20人参加,累计培训800学时。组织转岗人员技术规程和知识培训,共计28人参加,累计培训2436学时。组织电信行业各大系统培训,共计485人参加,累计培训2881学时。组织《如何成为一个高赢率的IT服务商》培训,共计36人参加,累计培训576学时。举办《科技创新和协同创新有关知识》讲座,公司全体领导和机关各部室、部分事业部及联营公司领导共计130人参加,累计1040学时。组织《项目管理实战与应用专题》讲座,公司部分处级领导、项目管理人员及联营公司领导共计90人参加,累计720学时。组织《北京市"十三五"时期经济和社会发展热点问题》公共知识培训,专业技术和管理人员共计167人参加,累计培训7014学时。组织《eplan绘图软件电气自动化设计》讲座,共计32人参加,累计培训256学时。组织《城市供排水系统技术》讲座,共计30人参加,累计培训390学时。组织自动化仪表传动基础知识及迁钢各产线工艺知识培训,共计89人参加,累计培训1424学时。参加"鞍钢杯"第八届全国钢铁行业职业技能竞赛,1人获得"全国钢铁行业技术能手"荣誉称号。承办北京市第四届职业技能大赛暨第十七届北京市工业和信息化职业技能竞赛"网络管理员"比赛,4人获得"北京市工业和信息化高级技术能手"荣誉称号,其中1人获得一等奖,另有1人获得传承奖。16人取得职业资格证书,其中高级技师3人,技师4人,高级8人,中级1人。承办北京市第四届职业技能大赛暨第十七届北京市工业和信息化职业技能竞赛"信息安全员"比赛,5人获得北京市荣誉证书。承办首钢2016年首钢职业技能竞赛,3人获得首钢"技术能手"称号,2人获得首钢"青年创新先锋"称号。举办"自动化维护工"职业技能竞赛,6人获首自信公司级"技术能手"称号。

(郭学永)

【荣誉称号】 1月,首自信公司被评为北京市智能建筑协会副会长单位。6月，首自信公司获"中兴通讯智慧城市合作伙伴"授权。10月，被评为2016年度中国工业软件优秀企业。10月，实验室信息管理系统（LIMS）、流程行业 MES 解决方案均荣获"2016年度中国工业软件优秀产品奖"。11月，被评为北京通信信息协会副理事长单位。12月，再获"高新技术企业"称号。

（李 琴）

【企业文化建设】 首自信公司相继举办第八届"步步高"团队登山比赛、职工卡拉 OK 比赛、职工摄影讲座、庆"七一"表彰大会、"金秋·爱·首自信"青年集体婚礼等系列文化活动。精心策划并举办"首钢人的故事"演讲报告会，共有10人进行演讲。开展主题党日活动，组织党员参观"长辛店1921红色党课"主题教育活动展览，赴革命老区《没有共产党就没有新中国》歌曲诞生地——房山区霞云岭乡堂上村，接受爱国主义教育。开展"强基础、保运行、创效益"运维劳动竞赛，评选出60名"运维之星"。信息事业部赵云霞获得"首钢之星入围奖"称号。开展"送温暖"，走访慰问职工210户。关注困难职工生活，为323名职工发放困难补助17.18万元。

（关福生）

【"两学一做"学习教育活动】 首自信公司以开展"两学一做"学习教育为契机，全面从严治党，强化基层党组织建设，强化组织生活正常化，带领和引导广大干部职工破解企业转型发展难题。6月3日，首自信公司召开"学党章党规、学系列讲话、做合格党员"学习教育动员大会，制定下发了《关于在首自信公司全体党员中开展"学党章党规、学系列讲话、做合格党员"学习教育的实施方案》（简称《实施方案》）等工作安排。各级党组织所属党员按照《实施方案》，开展"两学一做"学习教育工作，搭建党员红色教育主题党日活动平台，组织党员参观"长辛店1921红色党课"主题教育活动展览、《长征胜利80年周年展览》《喜峰雄关大刀园》等爱国主义教育基地参观学习，增强广大党员的宗旨意识。开展党支部建设规范和合格党员行为规范大讨论，坚持问题导向，明确合格党支部建设规范要求，着力形成"建强支部、严管党员"长效机制。通过持续学习教育，推动了公司全面从严治党向基层延伸，进一步解决了党员队伍在思想、组织、作风、纪律等方面存在的问题，收到了较好学习效果。

（梁志强）

【战略合作】 建立完善战略合作伙伴关系，2016年首自信公司新签战略合作企业10家，其中：3月份与中兴通讯股份有限公司签订新能源汽车及相关产业战略合作协议；5月份与北京中关村国际创客中心签订地下充电站合作协议；6月份与浪潮（北京）电子信息产业有限公司签订浪潮硬件产品合作协议；10月份与北京天诚同创电气有限公司签订智能微网及动力电池梯级利用项目战略合作协议等。

（孙 萍）

【对外宣传】 2016年首自信公司通过网站、报刊、展会、微信平台等载体加大公司对外宣传力度。年内，组织完成首自信公司外部网站改版工作，完成首自信公司宣传册、智慧城市宣传册的设计与制作；组织主办"迁安市工业自动化协会授牌暨新技术研讨会"，协办"第二届智慧北京合作发展论坛"，参加北京、山西、河北等地国际新能源汽车展览会；微信平台累计发布信息28条，计控信息报刊登专题广告33期、专版介绍2期。

（王甜蕊）

【首自信2016大事记】

1月14日，标准计量站2项新建企业最高标准和9项企业最高计量标准复核顺利通过北京市质量技术监督局组成的专家评审组现场评审。

1月15日，首自信公司团委组织团员青年参加了由首钢总公司团委举办的"37°公寓"开幕式及参观活动。

1月21日，首自信公司与浪潮集团签订战略合作协议。

1月22日，首自信公司党委下发《关于刘涛同志职务变动的通知》（首自信党发〔2016〕3号）文件，经研究决定：刘涛为北京首钢自动化信息技术有限公司总经理助理人选，建议解聘其北京首钢自动化信息技术有限公司智能工业销售部部长职务。

1月23日，首自信公司党委召开2015年度领导班子"三严三实"专题教育民主生活会。首钢总公司党委副书记何巍出席会议并作重要讲话，首钢总公司党委第五巡回指导组组长于节、党委组织部党建管理处处长高党红等出席会议并指导工作。首自信公司党委书记、董事长张宗先主持会议。首自信公司领导余国平、胡丕俊、李腾、李振兴、许剑参加生活会。公司有关部门负责人列席会议。

1月26日，首自信公司下发《关于刘涛同志职务变动的通知》（首自信发〔2016〕22号）文件，经研究决定：聘任刘涛为北京首钢自动化信息技术有限公司总经理助理，解聘其北京首钢自动化信息技术有限公司智能工业销售部部长职务。

1月25日—27日，首自信领导到一线及家庭进行慰问。

1月28日，首钢总公司与中兴通讯股份有限公司签署战略合作协议。此举为首钢带来良好的发展契机，同时给首自信在新能源汽车领域的发展带来更大的发展空间，为促进公司向新产业转型发展创造了条件。首自信公司总经理佘国平、副总经理李振兴出席仪式。

1月29日，首自信公司下发《关于苏凤春等两名同志职务变动的通知》（首自信发〔2016〕32号）文件，经研究决定：解聘苏凤春北京首钢自动化信息技术有限公司计财部副部长职务；解聘陆建伟北京首钢自动化信息技术有限公司经营部副部长职务。

1月29日，首自信公司召开安全生产大会。

2月4日，首自信公司召开干部大会，传达首钢第十八次党代会和十八届四次职代会精神。

3月3日下午至4日，首自信公司召开第三届职工代表大会第一次会议，首钢总公司副总经理胡雄光出席会议并作重要讲话。首自信公司党委书记、董事长张宗先作总结讲话，首自信公司党委副书记、总经理佘国平作题为《建功新常态，抢抓新机遇，全力打造首自信公司转型发展升级版》工作报告，与会代表进行认真讨论。

3月6日，首钢总公司校准实验室（首自信运行事业部标准计量站）顺利通过了中国合格评定国家认可委员会（CNAS）专家组的定期监督评审。

3月11日，为庆祝"三八"国际劳动妇女节，首自信公司女工委员会组织公司女工开展"捕捉精彩，发现美丽"摄影采风活动。

3月14日，首自信团委发起"绿色环保梦想在路上，我是首自信志愿青年"公益志愿活动，活动主题内容以宣传绿色环保为主题。

3月18日，首自信公司召开2016年党风廉政建设工作会议。

3月21日，首自信公司举办科级后备干部培训班暨开班仪式。首自信公司党委书记、董事长张宗先做开班动员。来自首自信公司各单位共计46名学员参加培训。

3月22日，首自信公司党委下发《关于陈思骏等十六名同志职务变动的通知》（首自信党发〔2016〕6号）文件。

3月22日，首自信公司下发《关于陈思骏等十四名同志职务变动的通知》（首自信发〔2016〕46号）文件。

3月25日，首自信公司领导班子接待了总公司新成立的股权投资管理公司全体班子成员（顾章飞、刘宗乾、刘燕、雷日赣、袁新兴、朱从军）。会上，总公司领导（投资公司党委书记）顾章飞、投资公司总经理刘宗乾介绍了该公司组建以来相关情况以及下一步思路，首自信公司张宗先、佘国平介绍了首自信公司有关情况以及"十三五"发展设想。会议指出，股权投资管理公司将从管干部、投资管理、风险管控三方面发挥其职能，在管理股权方面改制企业是重点管理对象。成立股权投资管理公司，使各成员单位之间更加协同更加高效。首自信公司表示：会全力以赴支持管理公司的工作，同时也希望管理公司给予首自信更多、更好的指导和帮助。针对首自信公司在股本结构上的遗留问题，希望管理公司给予指导和帮助；在立体车库项目的整体协调上，希望平台公司给予更多的帮助。

3月29日，首自信公司接待上海宝信党委书记朱湘凯等人，公司党委书记张宗先等参加了接待。会上，两公司就营销系统管理平台的合作进行了深入交流。

3月31日，张宗先组织召开奥组委进驻首钢园区项目动员会。

4月7日，董事长张宗先携办公室、战管部前往中关村（上地）软件园，拜访北京北变投资有限公司相关领导，该公司常务副总经理王永谦进行了接待。双方首先介绍了各自企业改革发展情况，其后针对企业改制、股权管理等进行了深入交流。

4月12日，作为首钢信息化建设的重点项目，首自信公司营销服务平台在以"创新引领、协同共赢"为主题的首钢无取向电工钢用户技术研讨会上向广大客户进行了系统展示。

4月19日—21日，首自信公司迁钢地区第一期党支部书记培训班成功举办。首自信公司党委书记、董事长张宗先出席会议并作重要讲话。

4月26日，首钢总公司副总经理白新，总经理助理顾章飞,股权管理公司总经理刘宗乾,副总经理朱从军等莅临首自信公司指导工作。在集体参观公司院内"超级充电站"及充电桩建设后,听取了首自信公司经营工作及相关产业汇报。其后,白总和顾总作了重要讲话。

4月26日—28日,首自信公司举办了京唐地区第二期党支部书记培训班。首自信公司党委书记、董事长张宗先出席开班仪式并作重要讲话。

4月29日,首自信公司党委下发《关于金洪军同志职务变动的通知》(首自信党发〔2016〕9号)文件,经研究决定:建议解聘金洪军北京首钢自动化信息技术有限公司首迁运行事业部副部长职务。

4月29日,首自信公司下发《关于金洪军同志职务变动的通知》(首自信发〔2016〕58号)文件,经研究决定:解聘金洪军北京首钢自动化信息技术有限公司首迁运行事业部副部长职务。

5月4日,首自信公司团委一行人参加了在首钢基金公司组织开展的"改革创新 青年先行"主题团日活动。

5月5日,首钢总公司校准实验室顺利通过中关村管委会审核,成功挂牌为中关村开放实验室。

5月10日,由首自信公司承建运营的北京中关村创客中心电动汽车充电站正式投入使用。

5月13日,首自信公司团委成功举办"青年五月、活力绽放"主题团日活动。

5月27日,北京市经济和信息化委员会副主任毛东军,北京市安全生产监督管理局副局长卞杰成,北京市行政副中心工程建设办公室信息化建设部部长刘海峰,冬奥组委规划建设和可持续发展部技术处处长贾力等领导一行10人,在总公司领导白新、顾章飞的陪同下来到首自信公司参观调研,受到了张宗先、佘国平等公司领导的热情接待。

5月27日,首自信公司党委下发《关于关文文同志职务变动的通知》(首自信党发〔2016〕10号)文件,经研究决定:建议解聘关文文北京首钢自动化信息技术有限公司信息事业部副部长职务。

5月27日,首自信公司下发《关于关文文同志职务变动的通知》(首自信发〔2016〕69号)文件,经研究决定:解聘关文文北京首钢自动化信息技术有限公司信息事业部副部长职务。

5月28日,首自信公司工会、团委举办了第八届首自信公司卡拉OK大赛。

6月3日,首自信公司召开"学党章党规、学系列讲话,做合格党员"学习教育动员大会。首钢股权投资公司负责首自信公司"两学一做"学习教育巡回督导副组长蒋瑞耘出席会议。首自信公司党委书记、董事长张宗先作题为《深入开展"两学一做"为全力打造转型发展升级版提供坚实保障》动员报告。

6月16日,首自信公司召开了第三届董事会第四次会议。会议由董事长张宗先主持,副董事长刘宗乾及董事董钢、兰新辉、佘国平、李腾出席了会议,胡丕俊董事委托李腾董事参加并进行表决。本次会议听取并审议通过了总经理佘国平向董事会所做的工作报告,审议并通过了向公司第十一次股东会提交的董事会工作报告、2015年度财务决算报告、2016年度财务预算方案、公司章程修订案、2015年度利润分配方案等多项议案,并同意提请公司第十一次股东会审议批准,会议一致审议通过了董事会决议。首钢总公司股权投资管理公司及有关部门负责人列席了会议。

6月16日,首自信公司召开了第十一次股东会。本次股东会应出席股东17人,实际出席股东12人,股东授权委托代表5人,出席会议的股东或授权代表共代表公司100%股权。会议由副董事长刘宗乾主持,董事长张宗先出席会议。参加会议的股东人数、所持股比和资格符合公司章程有关规定。会议听取并审议批准了张宗先所作的董事会工作报告和刘章英所作的监事会工作报告,审议并批准了2015年度财务决算报告、2016年度财务预算方案、公司章程修订案、2015年度利润分配方案等多项议案,会议一致审议通过了公司第十一次股东会决议。公司监事会成员、首钢总公司股权投资管理公司及有关部门负责人列席会议。

6月27日,首自信公司党委下发《关于高雷同志职务变动的通知》(首自信党发〔2016〕12号)文件,经研究决定:高雷为北京首钢自动化信息技术有限公司总工程师办公室(简称总工办)主任人选,建议解聘其北京首钢自动化信息技术有限公司自动化研究所所长职务。

6月30日,首自信公司下发《关于高雷同志职务变动的通知》(首自信发〔2016〕78号)文件,经研究决定:聘任高雷为北京首钢自动化信息技术有限公司总工程师办公室(简称总工办)主任,解聘其北京首钢自动化信息技术有限公司自动化研究所所长职务。

6月30日，国家保密局正式授予首自信公司涉密信息系统集成资质（甲级）。

7月1日，首自信公司组织党员参观"长辛店1921红色党课"主题教育活动展览。

7月4日，首自信公司召开庆祝中国共产党建党95周年暨表彰先进大会。首钢总公司总经理助理、首钢股权投资公司党委书记顾章飞出席会议并讲话。首自信公司党委书记、董事长张宗先致辞，首自信公司党委副书记、总经理佘国平主持会议并作总结讲话。

7月8日，首自信公司召开党政联席会暨上半年经济活动分析会。

7月15日—17日，2016北京国际新能源汽车及充电设施展览会在中国国际展览中心隆重揭幕。首自信公司携首钢新能源汽车充电服务及APP运营平台亮相展会。

8月9日，首自信公司董事会下发《关于李炬等两名同志职务变动》（首自信董发〔2016〕1号）文件，经研究决定：聘任李炬为北京首钢自动化信息技术有限公司董事会秘书；解聘苏凤春北京首钢自动化信息技术有限公司董事会秘书。

8月12日，首自信公司与中国首钢国际贸易工程公司共同签署战略合作协议。

8月17日，贵州省六盘水市钟山区副区长陈先兵、能源局局长黄大勇等领导，在水钢副总经理王琳松、规划发展部副部长刘俊杰的陪同下来到首自信公司参观考察，受到了张宗先、佘国平、李腾等首自信公司领导的热情接待。

8月30日，首自信公司党委下发《关于师昌禄同志职务变动的通知》（首自信党发〔2016〕16号）文件，经研究决定：免去师昌禄北京首钢自动化信息技术有限公司工程事业部党总支书记职务，建议解聘其北京首钢自动化信息技术有限公司工程事业部部长职务，并办理退休手续。

8月31日，首自信公司党委下发《关于程国强同志职务变动的通知》（首自信党发〔2016〕17号）文件，经研究决定：程国强任北京首钢自动化信息技术有限公司工程事业部党总支书记职务。

8月31日，首自信公司下发《关于师昌禄同志职务变动的通知》（首自信发〔2016〕99号）文件，经研究决

定：解聘师昌禄北京首钢自动化信息技术有限公司工程事业部部长职务。

9月1日，北京市石景山区质量技术监督局局长韩洪亮，副局长魏志强等一行九人，来到首自信公司参观考察，受到了李腾副总经理的热情接待。

9月18日，首自信公司召开"2016年石景山区人大换届选举首自信公司分会工作动员暨培训"会议，公司党委书记、董事长张宗先出席会议并作重要讲话。

9月19日，首自信公司党委下发《关于北京中关村华夏科技有限公司第五届董事会、监事会成员任职的通知》（首自信党发〔2016〕18号）文件，经研究决定：李腾为北京中关村华夏科技有限公司第五届董事会董事、董事长人选；覃可风为北京中关村华夏科技有限公司第五届董事会董事、总经理人选；王鹏南为北京中关村华夏科技有限公司第五届董事会董事人选；独长芹为北京中关村华夏科技有限公司第五届监事会监事人选；李淑敏为北京中关村华夏科技有限公司第五届监事会监事人选；王一宁为北京中关村华夏科技有限公司第五届监事会监事人选。

9月23日，贵州省黔东南州人大副主任吴明，在贵州侗乡大健康产业示范区管委会常务副主任郑泽林、副主任石俊远等领导的陪同下，率领贵州侗乡大健康产业示范区管委会、招商局及贵州省科学与健康协会等主要负责人一行6人考察调研首自信公司，首自信公司党委书记、董事长张宗先、总经理佘国平等领导接待。

10月10日，首自信公司召开2016年第三季度党政联席会。

10月18日，首自信公司举行青年集体婚礼。

10月20日，总公司副总经理刘桦和园区开发部、规划设计部相关领导以及清华、中建、清尚等设计院领导莅临首自信公司智能照明产业的样灯布展现场共同对参展的样灯情况进行审定。

10月21日，首自信公司与新疆金风科技股份有限公司全资子公司北京天诚同创电气有限公司签订智能微网及动力电池梯级利用战略合作协议。

11月10日，首自信公司出席北京首钢股份有限公司（简称股份公司）炼钢技术创新提升协同机制签约暨启动仪式，并与股份公司领导共同出席了签字仪式。

11月1日，首自信公司党委下发《关于李腾等两名同志职务变动的通知》（首自信党发〔2016〕20号）文

件,经研究决定:李腾为天津首钢电气设备有限公司董事、董事长人选;建议免去陈志天津首钢电气设备有限公司董事、董事长职务。

11月29日,首自信公司召开安全生产会议,传达首钢11月28日召开的安全生产大会精神,对首自信公司近期安全生产工作进行全面部署和安排。

12月13日,首自信公司党委下发《关于姜纪人等两名同志职务变动的通知》(首自信党发〔2016〕24号)文件,经研究决定:建议免去徐量北京首钢超远电子有限公司董事、董事长职务;姜纪人为北京首钢超远电子有限公司董事、董事长人选。

12月15日,首自信公司总经理佘国平与中国国际经济交流中心国经咨询有限公司业务总监、业务二处处长张晋就双方开展合作进行会谈,探讨建立合作机制。

12月16日,由北京市智能建筑协会、北京科技协作中心主办,首自信公司协办的第二届智慧北京合作发展论坛在北京首钢体育大厦成功召开。

12月19日,中国国际经济交流中心国经咨询有限公司业务总监、业务二处处长张晋率领富鼎和基金执行总裁张辉等一行5人,莅临首自信公司考察调研,并就池州项目对接的有关事项同首自信公司党委书记、董事长张宗先等领导进行了接触洽谈。

12月22日,首自信公司顺利通过高新技术企业评审。

(李 琴)

【先进集体和先进个人】

首都劳动奖章
    赵云霞
    首钢劳动模范
    米 岩
首钢三创标兵
    王洪月　京唐运行事业部
    张文宝　首迁运行事业部
    谢 军　传动事业部
    赵 兆　信息事业部
    郭立伟　自动化研究所
首钢三创先进集体
    京唐运行事业部二冷酸轧班
    传动事业部李洁创新工作室
    首自信公司先进单位

京唐运行事业部
首迁运行事业部
传动事业部
信息事业部
天津首钢电气设备有限公司
首自信公司先进集体
首秦运行事业部生产科
首迁运行事业部顺义生产安全科
首迁运行事业部炼钢作业区
首迁运行事业部冷轧作业区
京唐运行事业部炼铁作业区
京唐运行事业部热轧作业区
传动事业部设计室
自动化事业部计算机室
信息事业部ERP应用技术中心
信息事业部办公室
工程事业部项目五部
电信事业部迁钢分部
电信事业部技术开发中心
自动化研究所轧钢研究室
首自信公司经营部综合办公室
首自信公司先进班组
运行事业部生物质维护班
首秦运行事业部炼钢作业区
首秦运行事业部炼铁作业区
首迁运行事业部冷轧作业区冷轧三班
首迁运行事业部炼钢作业区二炼钢班
首迁运行事业部炼铁作业区炼铁班
首迁运行事业部热轧作业区一热轧班组
首迁运行事业部顺义镀锌班
京唐运行事业部炼铁作业区料场班
京唐运行事业部炼钢作业区连铸班
京唐运行事业部能源计量作业区风机班
京唐运行事业部修理作业区能源计量班
传动事业部设计室项目二班
自动化事业部系统室调试二组
信息事业部MES应用技术中心台塑项目组
信息事业部迁钢分部IT运维组
信息事业部移动互联创新中心倒班助手项目组
工程事业部项目二部电工班

电信事业部京唐分部轧钢班

电信事业部维护车间通信维护班

电信事业部首秦分部维护五组

自动化研究所研发中心连铸项目组

首自信公司先进职工

运行事业部	付　祥		
首秦运行事业部	陈　伟	王海信	杨栋梁
首迁运行事业部	王凤杰	高启涛	杨　跃
	张秀明	全利军	苗春亮
	张　托	郭英彪	李文光
	高雪忠	颜廷举	周　伟
	张洪伟	郑广鑫	高英雄
	倪志鹏	王　磊	王　钢
	金　峰	沈志勇	张　亮
京唐运行事业部	周德谋	王向义	施雪松
	张　锐	张士胜	田爱心
	刘　峰	王　涛	李军国
	刘禹辉	韩贵德	陈　虎
	李　淘	户少华	马学著
	张红梅	刘鹏国	董润胜
	赵宗棠	赵跃进	
传动事业部	任　玲	彭　宇	
自动化事业部	张建勇	许恩全	
信息事业部	王璐璐	张子元	段相举
	沈　楠	张　维	李　婕
	牛　巍	侯利明	郑军辉
	丁宝林		
工程事业部	师昌禄	赵建军	王立山
	曹宏伟		
电信事业部	高炳志	黄金舫	梁二宝
	张殿阁	丁明安	梁　昆
	孙　磊	魏　斌	向　捷
	许卫红	饶铁军	李　军
	孙克鹏		
自动化研究所	马利友	杨伟强	
公司机关	于海臻	刘　萍	卢玉峰
联营总支	陈松叶		

首钢模范党总支

首钢模范党支部
　京唐运行事业部党总支

首钢模范党支部

首迁运行事业部顺义分部党支部

传动事业部设计室党支部

首钢模范共产党员

京唐运行事业部	李长龙
电信事业部	周海伦
党群部	段红斌

首钢先进党支部

自动化事业部第二党支部

信息事业部迁钢分部党支部

工程事业部项目二部党支部

电信事业部迁钢分部党支部

首钢先进党小组

运行事业部标准计量站检定室党小组

首秦运行事业部轧前支部炼钢党小组

首迁运行事业部炼钢作业区二炼党小组

京唐运行事业部炼铁作业区球团党小组

电信事业部京唐分部党支部第三党小组

信息事业部智慧城市党小组

天津首钢电气设备有限公司党小组

首钢优秀共产党员

运行事业部	李志明
首秦运行事业部	杨栋梁
首迁运行事业部	贾懋君
首迁运行事业部	朱　清
首迁运行事业部	李海英
京唐运行事业部	李晓军
传动事业部	赵智滔
自动化事业部	王　鑫
信息事业部	刘　聪
信息事业部	兰海斌
工程事业部	赵建军
电信事业部	李建民
自动化研究所	陈　丹
审计室	独长芹
北京首冶仪器仪表有限公司	李清华

首自信公司六好班子

京唐运行事业部党总支

首自信公司先进党支部

首秦运行事业部机关党支部

首迁运行事业部炼铁作业区党支部

京唐运行事业部炼钢作业区党支部	京唐运行事业部	张艳旗	孔令杰
天津贝思特电力电子有限公司党支部		韩景辉 田爱心 宋海明	
计财部、审计室党支部		张 鑫 杜思光 王新华	
首自信公司先进党小组		宋 凯	
首迁运行事业部顺义分部处理线党小组	传动事业部	赵德文 刘拥军	
京唐运行事业部冷轧作业区彩涂涂镀班党小组	自动化事业部	何志龙	
传动事业部设计室党支部第二党小组	信息事业部	宫雪飞 肖俊杰 陈国兴	
工程事业部项目一部电工班党小组		计 松 温 建 兰红玉	
电信事业部机务车间第一党小组	工程事业部	齐宝利 李茂生 刘 彤	
自动化研究所科研管理党小组	电信事业部	于春祥 梁晓强 邢 斌	
生产部党小组		王贵利 茅春琴 候会山	
首自信公司优秀共产党员	自动化研究所	刘丹妹	
运行事业部　韩 磊	联营党总支	李金星 王 飞	
首秦运行事业部　张 雷 温爱三	机关党总支	孙立明 黄文春 封瑞祥	
首迁运行事业部　张世凯 高胜波 王松山		张四海 文湘青 冯 斌	
刘国伟 张建国 孙里见			

（梁志强）

北京首钢机电有限公司

【首钢机电公司领导名录】

董事长：张满苍

董　　事：刘宗乾　李建设　张满苍
　　　　　刘　强　张秀怀　王三恒

监　　事：韩春林　徐国生　郭军杰　王信书
　　　　　刘丽虹

总经理：张满苍

副总经理：刘　强　张秀怀　王三恒

党委书记：刘　强

纪委书记：刘　强

工会主席：刘　强

（郭鑫鑫）

【综述】　北京首钢机电有限公司（以下简称首钢机电公司），首钢机电公司始建于1986年。企业总资产34.6亿元。具有设计、制造、安装调试、服务、技术咨询、设备供应总承包综合能力，具有机电设备安装专业承包等资质。拥有各种大型金属切削设备，其中精密机床、大型数控化机床300多台，拥有设备结构、热处理等配套工艺，有完善的理化检测手段和先进的检测设备，可满足各种用户对不同质量的要求，具有ISO9001（或ISO9002）国际质量保证体系认证和美国ASME认证。经过多年发展，形成了中高端成套设备制造加服务和钢铁服务业两大板块主业，主要产品包括冶金成套设备、焦化设备、城市道路安保设备、城市垃圾处理设备、机械式停车设备、电动汽车充电桩、管片模具及自动化生产线、住宅产业化生产线、散料（自卸）设备、桥梁施工转体设备、海水淡化设备及电机、开关柜、变压器和液压产品等。

机电公司下设大厂首钢机电公司、首钢机电设研院、成套设备分公司、电机厂、液压中心、迁安机械修理分公司、曹妃甸机械修理分公司、秦皇岛机械修理分公司、创业中心，职工总数2700人，工程技术人员461人。2016年底在册职工1217人，其中硕士4人、研究生5人、本科222人、大专377人、中专及以下609人；高级职称27人，中级职称70人；高级技师47人，技师51

人,高级工 206 人,中级工 153 人、初级工 66 人;职工平均年龄 43 岁。

2016 年是机电公司"十三五"起步之年,也是机电公司全面推进转型发展的关键之年,面对错综复杂的外部环境和艰巨繁重的转型发展任务,机电公司坚持"1+2"战略引领,强化能力建设,提高管控水平,不断提升钢铁服务和城市综合服务能力,不断扩大"四大板块"的经营成果,实现转型发展的新进步、新突破,为继续深化改革,加快转型,实现减亏控亏目标和"十三五"规划目标奠定坚实的基础。

(郭鑫鑫)

【主要指标】 机电公司实现销售收入 5.6 亿元,实现工业总产值 4.3 亿元,从业人员销售收入劳产率 22.17 万元/人·年,同比提高 4.1%,全年杜绝死亡和重伤事故,在岗职工月收入 5400 元,与去年基本持平。可以看出,2016 年主要经济技术指标的完成与计划相比存在一定差距,实现销售收入和工业产值相对较低,虽然控亏指标完成计划,但连续两年亏损,保生存、求发展的形势依然十分严峻。

(郭鑫鑫)

【重要会议】

1 月 22 日,机电公司召开 2016 年安全生产大会。

1 月 25 日,机电公司召开领导班子 2015 年度"三严三实"专题民主生活会。

2 月 26 日,机电公司七届一次职代会审议通过张满苍所作《坚定信心 攻坚克难 奋力实现自我生存和转型发展新突破》工作报告。

4 月 25 日,机电公司组织召开 2016 年度党风廉政建设和反腐败工作会议。

4 月 30 日,机电公司召开一季度经济活动分析会。

6 月 4 日,机电公司召开"两学一做"学习教育动员会。

6 月 18 日,机电公司召开所有领导参加的党委中心组学习会议,集中学习《中国共产党纪律处分条例》和《中国共产党廉洁自律准则》。

7 月 9 日,机电公司召开所有领导参加的党委中心组学习扩大会议,认真学习贯彻习近平总书记"七一"重要讲话精神。

8 月 5 日,机电公司召开上半年经济活动分析暨先进表彰会。

8 月 19 日,机电公司党委在大厂基地召开了"两学一做"现场交流会。

10 月 8 日,机电公司召开钢铁服务板块经营例会,听取下属三钢检修基地和电机厂工作汇报。

12 月 23 日,机电公司胜利召开第三次党代会,选举产生了机电公司第三届两委委员。

(郭鑫鑫)

【市场承揽】 2016 年,机电公司深耕市场经营,狠抓市场承揽。冶金板块,三个检修基地和电机厂贴身服务首钢内部市场,全年机电液备件及检修维保承揽合计 3.3 亿元,经营部和成套分公司积极主动开拓外部市场,先后承接 6 套转炉和炉顶装置等社会冶金成套设备和备件 7000 余万元,大厂机电公司较好完成 4 套转炉、长治焦化三大机车项目和 KOCKS 轧机出口项目的制造任务,为市场承揽提供了保障;城市基础设施设备服务板块取得较快进展,先后承揽长安街和首钢园区、内蒙古自治区政府等护栏项目共计 32 公里,升降路桩、阻车路桩全年实现产销 5500 余套;隧道工程板块,全年承揽管片模具 123 套、管片流水生产线 2 套,实现承揽 6587 万元;能源环保板块,全年承揽翻抛机、膜组架、炉排等设备项目 4500 余万元,市场承揽整体稳步增长。

(郭鑫鑫)

【产品转型】 2016 年,围绕"十三五"规划确定的战略目标,各单位持续加大产品转型和产品推广力度,在深化传统转型产品的同时,依托城市基础设施、隧道工程及能源环保板块的构建,不断丰富产品序列,着力打造产品系列和集群。一是深化传统产品转型升级,开发了结晶器铜板新制备件和结晶器总成,实现了结晶器铜板制作的首钢化;二是城市基础设施制造服务板块,先后开发了锈板和雕刻板、公交站亭和智能站牌、交通标志杆、阻车器及监控设施,形成了城市基础设施的系列化产品,具有多种功能的智能公交站牌已经批量组织生产;三是能源环保板块,通过与中科院、北排、中天环能等公司展开积极合作,在环保堆肥、污水处理、黑臭水体处理、垃圾焚烧发电等四个环保领域内,开发了系列新产品,开拓了新的市场;四是隧道工程板块,开发了 13.1 米等规格的大直径管片模具、箱涵模具、翻转架及专用吊具等,大直径管片模具的设计与制造,完善机电公司的管片模具产品系列。

(郭鑫鑫)

【工艺技术推广】 2016年,围绕产品升级和技术进步,在新技术新工艺推广应用、加工工艺装备更新升级等方面寻求突破,为产品转型提供有力支撑。一是推广应用管板焊接技术、多点真空吸盘吊装技术、烤漆工艺技术、自动化生产线喷涂新工艺新技术,提高功效,初步实现护栏流水化涂装,解决了冬季喷涂的技术难题;二是加工工艺技术手段逐步升级,对现有装备、设备进行了更新升级,新增1台精细等离子切割机、8米数控折弯机、2000KW激光切割机等大型设备,进一步提高了劳动效率,满足了新形势下的生产任务需求;三是稳步提升钢铁服务能力,曹妃甸分公司自主开展开卷卷取主轴修复业务,逐步提升备件和检修修复能力,形成了新的备件和修复核心业务优势,提升钢铁服务能力。

(郭鑫鑫)

【资质取证】 2016年,机电公司取得三体系5个资质证书,取得10项发明和实用新型专利技术,管片模具设计和制造技术获得首钢科技奖。ASME资质证书的取得,为海水淡化装置的专业化制造打开了通道。

(郭鑫鑫)

【科研成果】 2016年,机电公司加大与高等院校和科研院所的合作力度,参与科技部重点专项"基于钢铁流程余热利用的海水淡化技术研发及示范"项目,并作为课题牵头单位,承担课题"海水淡化关键设备加工制造技术"的科研任务。

(郭鑫鑫)

【控本增效】 2016年,大力开展转型提效工作,大厂机电公司克服困难解除退休返聘人员36人,迁安机械分公司结合实际裁减自招人员46人,取得了实效。全年公司在册职工合计减少65人,退休返聘人员减少51人,劳务派遣、当地自招人员减少569人。同时,积极开展转岗培训、大胆创新用工方式,130人转到新的岗位;240人劳务外包。2016年工资总额同比月均减少80万元。

(郭鑫鑫)

【内部改革】 加快机构调整和业务整合。在京唐基地完成机、电、液专业的整合;在大厂机电公司设立了研发分支机构;将技术质量部与设研院进行了整合;把市场服务职能从经营部划归大厂机电公司,不断提升服务钢铁市场能力,进一步推进研发和生产单元的相互支撑和配合。成立了创业中心,积极创收、创业,实现了内部资源的有效整合。

(郭鑫鑫)

【管控体系建设】 建立和加强风控体系建设。开展对标找差,严格落实总公司监事会监督审查意见,推行规范的季度和年度经营活动分析。加强以财务管理为中心的风控体系建设,成立合同评审委员会,切实发挥审计、纪检监察部门的监督效力,及时发现和控制风险要素,推动企业健康良性发展。

(郭鑫鑫)

【学习教育】 扎实开展"两学一做"学习教育,组织召开动员会和现场交流会,成立协调督导组,制订实施方案和党委学习计划,组织党委理论中心组学习和专题讨论,各单位先后开展了党课宣讲、主题研讨、知识竞答、"星级党支部创建"等多种形式的主题活动。大厂机电公司四季度开展了大干50天劳动竞赛活动,通过现场观摩的形式和丰富的实例成果,展示了基层单位"以学促做"的新面貌。全年,机电公司党委共开展集体学习7次,党委中心组交流研讨9次,组织开讲党课6次,学习期间建立"两学一做"微信群16个,制作微视频32个,发布新闻稿数55篇,营造积极浓厚的学习氛围。

(郭鑫鑫)

【党风廉政建设】 一是全面落实廉政建设责任,印发反腐倡廉主要任务分工方案和纪检监察工作要点,组织处级以上领导干部修订完善党风廉政建设责任制,签订领导班子党风廉政建设目标责任书,聚焦主体责任,推进目标管理。二是积极开展反腐倡廉宣传教育,组织参观反腐倡廉警示教育基地,举办"以案说纪"学习交流研讨,开展任前廉政测试。三是围绕转型发展重点任务,加强效能监察,切实发挥监察职能和落实监督监察责任。

(郭鑫鑫)

【队伍建设】 加强基层单位领导班子建设和干部队伍建设,调整和健全了大厂基地、电机厂、经营部和京唐检修基地等单位的领导班子,强化责任担当,为各项工作的完成提供了组织保障。加强后备干部队伍建设,在年底对机电公司后备干部队伍进行了重新梳理整顿,逐步扩大选人用人的渠道,为机电公司转型发展储备了力量。

(郭鑫鑫)

【企业文化建设】 加强企业文化建设,丰富职工文化生活。一是关心和支持工会、共青团开展活动,先后组织了环厂跑、健步走、看话剧、忆长征等文体活动,参加人次150余人。二是掌握群众疾苦,有的放矢的制订了"送温暖"计划,为24户符合条件的家庭建立了困难档案,筹措资金12万元,走访困难户95人次。年底为各单位生活困难病伤职工发困补5万余元。三是帮助职工解决各种困难,并按照特殊困难特殊处理的原则,及时解决职工生活中存在的困难,做好股债权的返还工作。四是进一步完善和强化风险评估机制,把所有重大事项和重大决策纳入维稳风险评估机制,进行常态化管理,实现"应评尽评",避免了因决策不当产生新的矛盾纠纷。

（郭鑫鑫）

【党群工作】 加强宣传思想工作,凝聚深化改革和转型发展正能量。常态化《基层党委书记汇报制度》和《宣传简报》的编发,加强工作总结和问题梳理,宣传机电公司工作动态和基层单位典型工作成果;积极借助首钢报和电视台,大力发掘转型发展和生产经营活动中先进事迹和先进典型,全年共计报道了10篇来自机电公司宣传报道;在机电公司内部推广运用"首钢新闻中心微信公众号"和"首钢集团微信矩阵",规范公司网站、二维码等新媒介的使用,利用新媒体的独特传播优势,转发和报道机电公司最新成果和重大决定;聚焦转型发展任务,有效开展宣传思想政治工作和"首钢精神"的宣传,涌现出一批党员骨干和职工的先进典型,机电公司职工郑国清被评选为首钢2016年度15名"首钢之星"之一,北京电视台先后两次报道了首钢机电公司转型成效的专题新闻,在职工当中产生了较大影响。

（郭鑫鑫）

【突出工作】 管片模具作为隧道工程类的代表产品,连续两年创下年承揽100套以上的优秀业绩。在2015年管片模具市场开拓和加工制造取得历史性突破的基础上,2016年,市场承揽进一步持续增长,全年承揽了管片模具123套、管片流水生产线2套,全面完成了上届职代

会确定的120套的目标任务,实现承揽6587万元。

（郭鑫鑫）

【重大突破】 2016年,机电公司在超大直径管片模具制造上取得新突破,三套盾构直径达13.1米的管片模具在机电公司大厂基地制造完成并交付发运,填补了首钢在大直径管片模具设计制造领域的空白。此外,为确保产品质量,机电公司还组织了产品的实际应用浇筑,以验证13项工艺改进方案的先进性。为管片模具的批量化、高效化生产积累了宝贵经验,形成了完整的制造技术,丰富了首钢优势产品的规格种类。

（郭鑫鑫）

【年度亮点】 机电公司迁安机械分公司在不断进行技术积累,成功开发结晶器铜板修复技术后,通过不断地研究、摸索和试制,开发了结晶器铜板新制备件和结晶器总成,实现了结晶器铜板制作的首钢化,并在巩固迁钢和首秦结晶器铜板修复的基础上,成功进入京唐市场。

（郭鑫鑫）

【专家领导指导工作】

4月19日,总公司领导顾章飞率机电公司参加交通服务专场座谈会,与中关村企业、科研院所展开对接。

6月23日,举办水环境治理专题讲座,邀请北京工业大学教授李平和中国水工业网CEO张颖夏现场授课。

7月7日,股权投资公司"两学一做"巡回督导组一行3人到机电公司督导检查工作。

9月14日,总公司领导白新到机电公司调研听取工作汇报。

9月22日,总公司领导顾章飞到机电公司调研,进一步落实今年任务及明年指标预算。

11月22日,首钢集团总部改革摸底调研组到机电公司展开调研。

12月22日,总公司领导白新带领2016年首钢党风廉政建设责任制重点检查组第七小组来机电公司进行现场检查,听取机电公司领导班子集中汇报。

（郭鑫鑫）

北京首钢实业有限公司

【首钢实业领导名录】

董事长：刘　刚

副董事长：杨　鹏

副总经理（主持工作）：陈四军

副总经理：王立新　汤　红（女）

财务总监：王丽君（女）

总经理助理：王树芳　陈　尚

党委书记：刘　刚

纪委书记：刘章英（11月任职）

　　　　　刘　刚（11月离职）

工会主席：刘　刚

（许之沛）

【综述】　北京首钢实业有限公司是经营服务业的企业法人，2008年由首钢实业公司（首钢生活服务管理中心）改制成立，首钢总公司持有股份35%，经营团队和员工持有股份65%，公司地址在石景山区八角西街85号。公司机关设办公室、党群工作部、财务部、规划发展部、培训部、审计部、监事会办公室、市场部、法务部、运营部，管理17家全资子公司、9家控参股公司。员工1380人，其中有研究生46人，大学专科以上学历851人；高级职称11人，中级职称74人；国家认定的技师58人；高级工119人；女职工617人。员工平均年龄41岁。

2016年，首钢实业公司实现"十三五"规划发展目标，全年营业收入23.0046亿元，盈利6071万元。

（许之沛、王兆丰）

【深化改革】　坚持深化体制机制改革，实业公司经过广泛调研，经实业公司股东会、董事会审议通过制定一系列试点改革方案。初步完成股权结构调整和规范员工持股载体的改革工作；完成实业公司及二级法人单位的外聘董事试点工作；在广泛征求股东意见的基础上，首钢变更改制成本支付方案经实业公司全体股东审议后落实；为进一步提升企业形象，打造投资型集团公司，推进实业公司增资扩股实施方案和更名为"集团公司"的预名登记工作；完成迁包公司对鼎盛成公司的全资收购和首饮公司增资工作。

（许之沛）

【开拓市场】　全年市场开发跟踪的项目达到299个，同比增长27.78%，跟踪项目领域涉及写字楼、工商企业、教育领域、医疗系统、政府机构、部队后勤及高科技园区等。洽谈项目达到106个，同比增长53.62%。新签约项目27个，同比增长68.75%，其中：物业服务14个、餐饮服务10个、劳务服务3个。新增项目签约额4516.14万元，同比增长1.53%。截止到2016年12月末，实业公司共有社会市场运行项目85个，服务类别构成为：物业服务53个、餐饮服务19个、幼教3个、劳务派遣4个、集成服务6个。

（史明媚）

【信息化建设】　在全面调研和交流的基础上，与北科大共同完成《迁钢冷轧包装示范线框架设计方案》，并组织论证，完成与首钢股份公司智能工厂的衔接和改造前期工作，为2017年进行试点改造奠定基础；与专业公司合作研究制定物业2.0体系建设方案，以天兆家园为试点完成报修服务、秩序管理、设备巡检等系统的使用，以展示中心为试点制定设备集中管理改造方案，为全面进行物业2.0升级建设奠定基础。

（许之沛）

【科技创新】　践行"科技兴企、技术强企"战略，进一步加大科技创新力度，提升实业公司的核心竞争力。2016年，按照《实业公司2016年科技项目安排》，共有8个科技项目列入公司计划安排，全年计划安排科研资金1380万元，其中统筹资金1000万元（含科研350万元、信息化428.1万元、预留221.9万元），各单位自筹资金380万元。统筹资金主要用于冷轧包装信息化管理平台建设、供水系统能源管理建设、老北京特色产品研发、旅游信息化平台等8项重点项目的研发。《幼儿园园本美术课程开发与实践》获得2016年度首钢科技三等奖。

（孟令玺）

【培训体系】 按照实业公司"151"人才开发战略规划要求，开展高管人员培训、项目经理培训、新员工入职培训等多层次、多范围的培训工作，举办各类培训班560个，其中重点培训班共17个，包括高管人员培训班3个，项目经理培训班8个，校企合作培训6个；生产岗位各类培训班共382个，包括主技能培训班8个，特培取证复审1个，三规一制培训班99个，新上项目、转岗培训5个，技术业务讲座159个，其他培训班110个；管理岗位培训班161个，包括专业业务培训班59个，资格取证培训3个，继续教育8个，其他培训91个，共计培训人员两万人次。

（戴　欣）

【人才晋升】 实业公司制定中长期人才发展规划，确定"151"人才工程阶段性工程目标。以《"151"人才工程暨中长期人才发展规划》为指导，从用人机制、梯队建设、结构优化三个方面开展工作，不断优化人力资源结构，通过考察、培养、选拔、挂职锻炼等方式，完善企业骨干队伍的配备。2016年通过招聘、选拔、培养等工作，高层管理人员人数达到68人，中层管理人员达到187人，专业技术业务骨干人才队伍达到843人。组织实业公司各单位和机关职能部门5名具有较高学历、强烈事业心和责任感的年轻专业技术管理骨干进行挂职锻炼。

（李　楠）

【提升软实力】 扎实开展"注重细节、追求完美"和"彰显首钢服务、铸就实业品牌、争创示范项目"劳动竞赛活动，不断提升服务品质。丰富"注重细节、追求完美"服务理念内涵，通过优化流程、梳理关键点，制定实业公司全产业岗位服务标准，全面提升服务水平。全面动员、全员参与，开展"彰显首钢服务、铸就实业品牌、争创示范项目"劳动竞赛活动，极大地焕发了基层项目的劳动热情和竞技精神，实业公司评比产业"年度示范项目"十个，对项目经理和服务团队给予奖励。

（许之沛）

【首欣物业】 按照实业公司"四个一批"、向高端高效项目迈进的市场开发要求，2016年跟踪项目110个，洽谈项目75个，新签约太原幼儿师范学校、唐山世园会、泰康医院、西山麓园等项目14个，年签约额3400万元。截至12月底，在管总面积1414万平方米，其中外部市场总面积1094.64万平米。

定中长期人才发展规划，确定了先后组织完成首钢家属区环境综合治理、家属区防雨大修、家属区板缝修漏、家属区电梯更新、家属区室内上水管道更新等11项福措大修工程项目，共计投资3314万元。积极与政府及各街道办事处沟通，大力争取政府资金。其中，在首钢住宅区已实施的便民项目有6大类31项工程，总投资约6000万元，改造范围涵盖首钢19个小区。

综合实力跻身"2016中国物业服务百强企业"，排名由2015年的第54位上升至第44位，并获得"中国物业服务年度社会责任感企业TOP10"荣誉称号第6位，企业综合实力赢得行业认可，品牌影响力进一步提升。

（王　扬）

【首钢饮食】 发挥实业公司食品卫生安全专业的管理职能作用，组织对实业公司各相关单位的食品卫生、生活用水进行监督和检查，全年共组织检查20余次，并组织对幼教中心、敬老院、曹首实公司餐饮从业人员进行食品安全知识培训。在年度春季卫生达标中，饮食公司服务首钢系统的40个单位中有34个单位获得优秀（红旗）称号，无不合格单位，优秀率达到85%，比2015年提高了3个百分点。

2016年，面对不利的大环境，坚持主要领导、主要精力、主要资源投入到市场开发工作中，全年跟踪项目106个，考察、洽谈项目37个，投标、竞标项目20个，签约、进驻项目13个，签约收入1021万元，社会市场收入同比增加824万元；社会市场收入占总收入的比例由2015年的39.45%上升到44.84%，提高5.39个百分点。同迁安市爱上食品有限公司开展迁安食品加工中心糕点生产线的合作，盘活了现有资产，释放了产能，提高了效益。

先后组织完成北京市、河北省领导到曹妃甸调研考察、全国"大众创业、万众创新"活动周、第十一届中国法学青年论坛等重大接待服务工作，通过以上活动，展示了首钢饮食的服务水平，彰显了首钢服务品牌。

在产品营销方面，在原有内、外部市场的基础上，通过建立健全公司产品营销体系；开展与门头沟区社区服务中心、互联网经济发展商会、石景山区工会等合作；组织开展首钢食品进社区巡展活动；充分利用假日经济，加大产品营销力度等措施，全年实现产品销售收入736万元。

（马来、吴丽娜）

【首融汇】 迁安首实包装服务有限公司(简称首实包装公司)是隶属于北京首钢实业有限公司的独资子公司,公司于2010年3月份注册成立,注册资金5000万元,具有独立法人资格。公司位于河北唐山迁安市西部工业区,占地面积69.93亩,厂房面积16704平米,办公楼、宿舍楼、食堂等办公生活区建筑面积13000平米,拥有现代化成套生产设备。下设北京首成包装服务有限公司、唐山曹妃甸工业区首瀚鑫实业有限公司、北京鼎盛成包装材料有限公司等工业服务类公司,主要承揽工业产品包装、金属和非金属材料生产及销售业务,可加工生产非金属包装材料11类、金属包装材料3类,形成工业包装服务和包装材料生产为一体的产业链。同时公司所属包装材料实验室,致力于非金属制品包装材料的研发、检测和包装工艺的改进,为企业包装材料的研发创新提供技术服务。全年完成包装量105.08万卷898.27万吨。

(张志凯)

【幼教中心】 首钢幼儿保教中心(简称幼教中心)隶属于北京首钢实业有限公司,始建于1953年,2003年7月至2016年8月与知名教育企业合作办园。现有19所幼儿园(北京市11所、河北省4所、山西省3所、贵州省1所),在园幼儿6500余名;1所培训学校,一校三址,学员7000余名。其中:4所北京市一级一类幼儿园、2所城市一类园、1所省一类园、6所二级二类幼儿园、4所早教基地、国家级考试点20个,是一个集早期教育、教育科研、信息咨询以及教育培训、幼教产品为一体,跨省市、跨区域的资本化、规模化、品牌化的教育集团。2016年"六一"国际儿童节,幼教中心举办为期5天的原创童话歌舞剧《幸福鸟》展演活动,230名幼儿参加演出,儿童剧创作紧紧围绕贯彻落实《3—6岁儿童学习与发展指南》精神,与五大领域教育目标融为一体,以儿童身心和谐发展为出发点和落脚点,形成原创主题歌舞剧表演,汇集幼儿常态化的教育活动,通过民乐合奏、合唱、舞蹈、跆拳道、儿童游戏和现代舞等多种艺术表现形式,充分展示孩子们快乐发展的风采,赢得各级领导、媒体及社会各界的广泛好评,凸显首钢幼教教育特色和品牌。

通过不断加强卫生保健工作,2016年幼教中心全年幼儿传染病发病率为1.0%,低于北京市5%的标准,比去年降低1.47个百分点,手足口发病率0.9%,比去年降低1.3个百分点,整体防病工作有明显成效。开展《幼儿园园本美术课程开发与实践》课题研究,对实践过程中归类整理的优秀案例编写成稿,《幼儿园园本美术活动案例集(小、中、大班)》分别于2016年3月、7月和8月由清华大学出版社正式出版。培训学校共开设培训课程22大类,其中,自有课程17项,占65.38%,合作课程9项,占34.62%;开办教学班451个,培训学员6984人次。

(张立建、孙丽凤、李小文)

【老年福敬老院】 北京市石景山区老年福敬老院隶属于北京首钢实业有限公司。敬老院现有2所机构,分别位于西井小区和模西小区,入住率80%以上。2011年11月与苹果园、金顶街街道联办居家养老日间照料室,2012年、2013年连续两年获得北京市居家养老三等奖,苹果园、金顶街街道居家养老一等奖。2014年获得苹果园、金顶街街道居家养老三等奖。

2016年开展题为"建设标准体系打造养老服务品牌"的管理创新研究工作,课题荣获第三十届北京市企业管理现代化创新成果二等奖、首钢管理创新成果二等奖;编制服务标准体系,涵盖各项管理和服务工作包括通用基础、服务保障、服务提供和26个岗位手册四个子体系在内的共161项标准,于2016年三季度以90分"优秀"的成绩顺利达标验收,在新项目管理运营当中实现可复制,达到持册上岗的条件。

为贯彻落实总公司《关于调整首钢医疗健康产业投资公司机构编制的通知》(首发〔2016〕4号)和首钢总公司2016年2月25日经理办公会会议精神(首办发〔2016〕2号),实业公司与医疗健康公司、股权投资公司就老年福敬老院整合增资、管理移交等工作达成一致意见,并开展相关工作,组织多次移交工作专题会,自2017年1月1日起由医疗健康公司对老年福敬老院全面履行管理职责。

(康瑶)

【首钢国旅】 北京首钢国际旅游有限公司(简称首钢旅游)是经国家旅游局、北京市工商行政管理局批准设立的独立法人企业,注册资本1000万元,特许经营中国公民出境、入境、国内旅游业务(经营许可证号:L-BJ-CJ00222),公司拥有IATA国际航空协会一级代理资质(资质号:B08321950)。公司连续多年被北京市消费者协会评为"诚信服务示范企业"。目前公司在上海、美国、欧洲、日本、澳新等地区均设有分、子公司和合作公司,公司现有专项业务部门68个、门市30个。公司旗下的综合产品网站(www.sgts.cn)为市场提供丰富多彩的产品信息;旗下专项品牌专注于海外自助旅行服务,为游客提供海外自由行相关的机票预订、酒店预订、签证服务、目的地信息等一站式服务内容。2016年进一步充实国内分支机构的力量完成山西长治分社的设立工作,顺利完成航空客运销售结算担保各项工作(BSP担保),为继续扩大航空票务业务的发展奠定良好基础。继续加大华悦航服与国内外主流航空公司合作力度,完成与中国国际航空公司、卡塔尔航空公司、德国汉莎航空公司、香港国泰航空公司、肯尼亚航空公司的大客户合作协议续签工作。完成了与携程公司的业务合作升级工作、与园区服务公司合作对接,同时完成美国合资公司SGTS USA的ARC航空票务资质审核工作,有效提高了美国合资公司的航空票务销售能力。通过实地考察调研,与巴尔干地区最大的旅游航空票务企业——飞翔黑山公司正式签署战略合作框架协议。

2016年主要针对网站、微信端同用户及开发商进行后台信息层面进行沟通,对系统功能持续设计以及需求持续调研开展工作。目前,门户网站和微信营销系统都已完成研发设计阶段工作,内部管理运营系统完成上线测试并使用。

(白雪明)

【先进集体和先进个人】

首钢劳动模范

实业公司副总经理:王立新

幼儿保教中心曹妃甸渤海幼儿园园长:谢臣文

饮食公司顺义冷轧项目部经理:田翠平

物业公司天兆家园项目部经理:闫淑清

首实包装公司包装车间副主任:张瑞雪

首钢先进集体

幼儿保教中心金苹果幼儿园

首实包装公司生产加工车间

饮食公司国家检察官学院集成项目部

北京首钢实业有限公司先进单位

总部分公司

规划发展部

北京首钢实业有限公司先进车间

物业公司老山项目部

物业公司中关村展示中心项目部

物业公司裕泽园项目部

饮食公司顺义冷轧项目部餐厅

饮食公司惠新东街项目部

首实包装公司首瀚鑫包装三车间

首实包装公司包装车间

曹首实公司配餐中心

幼儿保教中心老山东里幼儿园

北京首钢实业有限公司先进科室

物业公司市场优化部

饮食公司计财部

首实包装公司供应部

首钢国旅办公室

北京首钢实业有限公司先进班组

物业公司	苹果园项目部电工班
	古城项目部电工班
	模式口项目部管工班
	二通项目部综合班
	京唐分公司电梯部
饮食公司	北京今时宾馆客房部
	展示中心项目部后厨班
	迁安分公司冷轧餐厅
首实包装公司	包装一车间乙班1#线班组
	首成公司包装车间镀锌丙班
	首瀚鑫包装四车间镀铝锌线唐佳班组
幼儿保教中心	渤海幼儿园教师组
	老山西里幼儿园青年教研组
曹首实	物流采购中心
老年福敬老院	西井护理班

北京首钢实业有限公司先进职工

物业公司	邢尧	陈心	龙志强
	李艳红	张颖	夏芳芳
	孙丹	刘勇	董文通
饮食公司	何宁	张永隽	周凤兰
	李欣睿	王作奇	黄金桥
	刘庆生	吴子杰	
首实包装公司	李宝旭	王海涛	毛春光
	陈卫东	崔玲	刘世伟
	周洪佳		

| 幼儿保教中心 | 李　潮　马宝丽　孟淑香 |
| 贾磊鑫 |
| 首钢国旅 | 刘　毅 |

老年福敬老院　　李　梅
实业公司机关　　郭计东　赵　钧　杨　旭

（李慧民）

北京北冶功能材料有限公司

【北冶公司领导名录】

董事长：董　哲
副董事长：徐镜新
董　事：降向冬　赵书田　陈自力
监事会主席：张　荣
监　事：刘章英　黄　建
总经理：降向冬
副总经理：吕　键　赵书田　薛轶青
党委书记：董　哲
工会主席：刘淑波（2016 年 3 月离任）
　　　　　赵书田（2016 年 3 月任职）

（刘翠莺）

【综述】　北京北冶功能材料有限公司的前身北京冶金研究所始建于 1960 年 1 月 18 日，2005 年由北京首钢冶金研究院改制成立公司，地址在北京市海淀区清河小营东路 1 号。公司注册资本 5000 万元，首钢总公司、公司经营团队、公司员工分别占股权 35%、40%、25%。北冶公司是国内专门从事金属功能材料研发和生产的基地之一，软磁合金、永磁合金、弹性合金、膨胀合金、双金属、电阻电热合金、高温合金、特种不锈钢等材料及制品的研发生产达到国内领先水平，部分新材料填补国内空白，达到国际水平，产品用于航空航天、能源、石化、计算机、通讯、自动控制、交通、家电等领域。公司先后被认定为北京市科技创新企业、银行信誉 AA 级企业、北京市高新技术企业、国家高新技术企业、中关村科技园区创新型企业试点单位、中关村科技园区企业信用 A 级单位、国家火炬计划重点高新技术企业。北冶公司现有材料研究所、理化研究室，有特冶分厂、冷加工分厂、热加工分厂、大兴分厂 4 个生产分厂，以及铁芯、磁钢（拔丝）和元器件部等制品部门，一个全资控股子公司：北

京首冶磁性材料科技有限公司。有技术先进、配套齐全的生产、试验装备和较齐全的理化检测手段。有高精度特种金属材料冷轧带材生产线、特种金属材料棒材生产线、软磁铁芯及制品生产线、铸造高温合金生产线、磁钢精密铸造中试线、特种材料丝材中试线、复合金属材料生产线等 7 条生产线。2016 年：公司在岗员工 712 人，其中，有大学本科及以上学历 169 人，大中专学历 176 人；高中级职称 50 人；高中级技工 350 人。

（邵林增）

【主要指标】　2016 年北冶公司实现收入 44987.68 万元，实现利润总额 3602.18 万元。钢锭产量 5220.08 吨，高温合金产量 1807.68 吨，精密冷带产量 2465.29 吨。子公司北京首冶磁性材料科技有限公司实现收入 3068.74 万元，利润 105.39 万元。

（赵书田）

【科技创新】　水冶公司"4J72 锰基合金冷带批量生产研究"项目获得北京市科学技术三等奖；"核电站反应堆压力容器 C 型密封环用合金材料国产化研制"项目获得首钢科学技术奖三等奖。"一种镍基合金及其制造方法"等 2 项获得发明专利授权；"一种高温合金母材真空铸造装置"等 2 项实用新型专利授权。完成"一种电渣重熔用渣系"等 10 项专利实质审查过程的意见陈述。"超硬坡莫合金"等 3 项国家项目按可行性研究报告和合同书要求完成全部研制内容，研制产品的技术指标全部达到要求

12 月 29 日，水冶公司召开科学技术奖励大会，7 个项目获得科技成果与技术进步奖，10 项专利获得专利奖，6 项标准获得标准制修订奖，21 篇科技论文获得发表论文奖。

参加 2016 年北京金属学会第九届北京冶金年会论

文评选,"固溶退火对 GH738 合金组织和力学性的影响研究"等 3 篇论文获得了金属材料专业论文三等奖,"铸造高温合金 Mar-M246 相析出的热力学计算研究"等 4 篇论文获得了优秀奖。

(李占青)

【科研新产品】 2016 年公司在研科技项目共计 73 项,其中 6 项上级配套研发项目;1 项国家重大仪器专项科技项目;1 项国军标标准修订项目;2 项北京市人才资助项目;2 项上级环措项目;2 项横向委托的项目;18 项公司级研发项目;29 项新产品研发项目;9 项一般研发项目;1 项 C 类工艺项目;2 项专家工作法科技项目。

2016 年共组织签订 38 个牌号新产品,产值 817.44 万元;特殊产品、新产品、试制产品完成入库产值 8431.13 万元。

(高春红)

【技术改造】 2016 年新建项目 9 项:扁坯修磨除尘设施升级改造、冷带中间修磨机组、变压器更新改造项目、3 号轧机电控 PLC 改造、钢锭扒皮车床、高温合金带材专用高温连续退火炉机组、高真空感应冶炼炉 M 炉升级改造、小锻搬迁改造、冷加工高温热处理厂房。其中:扁坯修磨除尘设施升级改造、变压器更新改造项目、3 号轧机电控 PLC 改造和冷加工高温热处理厂房等 4 项已经完成。

(信 飞)

【管理创新】 1 月份实施管理评审,制定调整质量目标、完善耐火材料的采购标准、提高冷带表面质量共 3 项年度改进计划。对供应商实施第二方现场审核 10 家。3 月 14 日—17 日,南德认证北京分公司对公司 TS16949 质量管理体系进行复评,3 月和 5 月份分别组织接受 TS16949 监督审核,GB/GJB 复评。内部审核:6 月—9 月份实施产品审核,7—9 月份实施过程审核,10 月—11 月份实施内部质量体系审核体系审核。二方审核:接受中国电子科技集团公司第四十三研究所等 4 家顾客现场审核。

2016 年度质量改进跟踪计划的实施,在收集 2015 年质量信息及上期改进项目效果的基础上,分析、确定出包括高温母合金表面质量、冷带表面质量、软磁合金磁性能等在内的七项产品质量改进需求,相关部门制定、实施专项改进方案,并结合市场部反馈顾客使用情况进行阶段性跟踪验证。

(高 勇)

【环保工作】 2016 年公司北冶接待环保检查,事项分类有:环保执法监察 4 次(3 次例行监察,1 次被举报监察),辐射例行监察 4 次(市区联合 1 次,区 3 次),其余检查都属于例行检查。针对危险废物的执法检查,区级 1 次。空气重污染停限产检查 10 次。

"高温修磨和复合线除尘器升级改造项目",海淀区环保局验收完成,绩效考核工作结束。2016 年公司环保治理项目有两项,扁坯修磨线除尘器技改项目和油改气技改项目,油改气技改项目暂时延缓实施。公司分别组织了"固体废物中的危险废物管理和辐射管理"的培训。

(李占青、郭彩芬)

【安全生产】 1 月 13 日,降向冬总经理代表北冶公司与首钢总公司签订《首钢 2016 年安全生产责任状》。1 月—2 月两次组织公司员工观看"2014 年—2015 年度首钢生产安全事故典型案例电视片《血的教训》"。3 月 2 日,公司 2016 年安全工作会议召开,表彰 2015 年"安康杯"竞赛优胜单位暨模范班组和先进个人,授予大兴分厂"安康杯"竞赛"优胜单位"称号,授予 4 个部门"安全 365 日无事故"先进单位称号,授予 12 个班组"安康杯"竞赛"模范班组"称号,授予 21 人为"安康杯"竞赛"先进个人"称号。4 月 6 日西三旗街道安办及中国地方煤矿总公司安全评价中心一行来公司进行安全隐患排查、清单编制的培训与咨询。5 月 17 日组织接触职业危害因素岗位员工岗中健康体检 163 人次。6 月 16 日海淀区民防局来公司检查人防地下工程情况,并与公司签订了《早期人防工程安全管理责任书》。7 月 4—6 日、14 日,安保部在月季园会议室、文体馆,先后对来公司实习的 530 名北京科技大学实习生进行安全教育,组织学习公司《员工安全守则》《安全规程》。7 月 21 日北京市疾病预防控制中心来公司进行现场职业卫生环境检测。10 月 24 日,海淀区安监局监察科对公司涉粉尘涉爆炸工作进行调研检查。11 月 9 日公司组织"119"消防演习,暨灭火实战演练和接消防水带演练,全公司共有 16 个部门 40 名员工参加了活动。11 月 10 日北京市安监局、海淀区安监局、西三旗街道安办以及首钢总公司安全处专家及领导等来公司调研安全、职防工作,特别关注冶炼与粉尘防爆措施的落实情况。12 月 12 日,北京市安全生产委员会进驻海淀区进行安全生产大检查综合督察的第八督察组,到公司进行安全生产大检查企业层面检查,重点在安全生产管理、"11.24"后企业开展安全生产自查与隐患整改情况以及涉爆粉尘管理等。

（吴学锋）

【职工培训】 1月29日,北冶公司在月季园教室开展关于归档细则的培训,相关人员60人参加培训。4月21日,公司在月季园教室举行职防知识培训。5月19日,公司举办"参与社区消防、建设平安家园"为主题的消防知识培训讲座。8月11日,在月季园教室举办"专家系列讲座之七——电力行业用热强材料的发展"的讲座。11月1日,公司在月季园教室举办中国知网网络基础知识及使用的培训。11月17日,公司举办主题为"消除火灾隐患,共建平安社区"消防知识培训讲座。11月23日,公司在月季园会议室举行"金相实验在功能材料制作中的应用"讲座。11月24日,人力资源部和维修分厂联合召开2016年度"师带徒"活动总结验收会。12月10—11日,公司在实创西山科技培训中心举办工会干部培训班。12月21日,公司举办新员工安全培训,收看了系列教育片《新工人入厂安全生产教育》。

（赵书田、丁 彤、吴学锋）

【工会工作】 3月7日,北冶公司召开庆"三八"国际劳动妇女节暨表彰,"三八红旗手"座谈会。11名女工被评选为2015年度北冶公司"三八红旗手"。材料研究所科研员张静和铁芯制品部员工孔丽文荣获海淀区"三八红旗手"荣誉称号。3月10日,北冶公司工会召开第三次代表大会,海淀区总工会副主席马廷波和组织部长郑春芳应邀出席了大会。选举产生北冶公司工会第三届工会委员会委员、第三届北冶公司工会经费审查委员、第三届北冶公司工会女职工委员会委员。赵书田和鄂志英分别当选为第三届北冶公司工会正副主席,鄂志英当选为第三届北冶公司工会经费审查委员会主任和工会女职工委员会主任。7月14日,公司膳食委员会人员突击检查了员工餐厅,并约谈食堂管理方。10月26日,公司召开三届一次职代会,审议并通过了北冶公司《集体合同书》《女工专项集体合同》《北京北冶功能材料有限公司员工请假考勤管理办法》草案、提案工作小组建议名单、安全生产监督检查小组建议名单、民主评议工作小组建议名单、厂务公开工作小组建议名单和合理化建议评审小组建议名单五个专门工作小组。并举行了北冶公司《集体合同书》和《女工专项集体合

同》签字仪式。

（赵书田、鄂志英）

【党的建设】 1月29日,公司党委召开"三严三实"专题生活会。首钢总公司资本运营部改制处处长徐镜新和干部管理专业员李佳参加了会议。4月22日,公司颁发文件:《关于落实党风廉政建设党委主体责任和纪委监督责任的实施办法(试行)》(北冶党发〔2016〕3号)。5月13日,公司党委组织全体党员开展党员民主评议及2016年度党内"创先争优"先进集体和优秀共产党员的推荐评选工作。7月1日,北冶公司召开庆祝中国共产党成立95周年暨表彰2016年度党内"创先争优"活动先进集体、优秀共产党员大会。公司党委班子被授予首钢总公司模范班子称号,表彰首钢总公司模范党员1名,首钢总公司优秀党员1名,首钢总公司先进党小组1个;北冶公司先进党支部1个,先进党小组3个,优秀党员7人。组织党员参观在军事博物馆举办的《英雄史诗:不朽丰碑——纪念中国工农红军长征胜利80周年主题展》。7月20日,首钢股权投资管理公司党委"两学一做"活动第三督导组来公司检查"两学一做"活动,听取了公司党委书记董哲的活动汇报,检查了活动计划实施情况。9月3日,公司党委组织党员71人参观《明镜昭廉明代反贪尚廉历史文化园》。9月14日,公司纪委转发上级纪委下发的《关于中秋国庆期间严防"四风"问题确保廉洁过节的通知》。11月21日,公司党委组织集中学习国务院国资委党建工作局局长姚焕,围绕"学习党的十八届六中全会和全国国企党建工作会议精神"所作的专题辅导报告视频。开展党费收缴的自查自纠工作,做好党员党费(2008年4月—2016年6月)的补交工作。做好退休党员组织关系的筛查工作。2016年公司发展新党员3人,预备党员转正3人。

（刘翠莺、邵林增）

【企业文化】 1月20日,公司员工第十届摄影展在员工餐厅举办,展出了16个部门68名员工的154幅摄影作品。5月7日,《2016年北京市职工"和谐杯"乒乓球比赛》在公司文体中心举办,公司团体代表队获得优秀组织奖。7月1日,公司党办邵林增同志提交的论文《坚定走创新发展中的文化强企之路》荣获2015年度北京市"丹柯杯"优秀研究成果三等奖。10月15日,公司70名职工参加了2016北京·平谷第八届国际户外

健身大会开幕式活动,并完成了15公里的盘山路健步走。10月22日,公司组队参加北京市第十届"和谐杯"乒乓球总决赛,获得了团体第八名的好成绩。 12月15日,公司材料所科研员牛永吉被评为2016年度海淀区"知识型职工标兵"提名。12月,北冶公司新闻:"首钢制造"助力长征五号成功飞天,入选"首钢股权投资杯"2016年首钢十大新闻。公司材料所科研员、博士徐明舟被评为首钢总公司"2016年度首钢之星"。全年出版宣传橱窗11块,出版发行公司《新北冶》报6期。

(赵书田、邵林增)

【北冶公司2016年大事记】

1月5日,首钢总公司资本运营部党委下发《关于中共北京北冶功能材料有限公司第二次代表大会选举结果的批复》。

1月6日,海淀区职工技协"师带徒"活动总结表彰大会在公司文体中心举行,海淀区总工会党组书记、主席李国祥,市职工服务中心(市技术交流中心)主任高金诚等领导出席。大会表彰了30对优秀师徒。

3月4日,北冶公司和首钢工学院共同举办的2016级冶金技术大专班在公司月季园教室举行开班仪式。

3月11日,公司举行党委及领导班子测评会,首钢投资管理部干部管理专业员到会。公司50名员工代表听取并审议了党委书记董哲代表公司党委、总经理降向冬代表公司领导班子所作的工作报告,现场进行了打分测评。

4月25日,公司颁发《新能源车用车管理办法(试行)》,以规范公司新能源车的管理。

4月29日,公司在文体中心召开庆祝"五一"国际劳动节暨表彰2015年度先进集体、优秀管理者和优秀员工大会。大会表彰北冶公司先进单位1个、优秀班组13个、优秀管理者3名、五星级优秀员工1名、四星级优秀员工9名、三星级优秀员工8名和二星级优秀员工8名。表彰优秀团支部1个、青年先锋号3个、优秀团干部3名、优秀团员10名、优秀青年员工12名。

5月6日,公司退休老同志30余人来访,收看了公司的宣传片,参观了主要生产分厂及生产线。公司党委书记、董事长董哲,总经理降向冬、副总经理吕键热情接待老同志,并介绍公司几年来的创新发展。

5月12日,公司颁发《北冶公司贯彻落实"三重一大"决策制度实施办法》(北冶党发〔2016〕7号)和《北京北冶功能材料有限公司2016年反腐倡廉主要任务分工方案》(北冶党发〔2016〕8号)。

5月17日,北京国济中医医院来公司,在月季园会议室和理化楼前组织2016年职业健康体检,163名从事有关职业危害岗位的员工参加体检。

6月27日,中国航天科技集团公司第六研究院第十一研究所给公司发来贺信,为公司产品助力长征七号运载火箭发射圆满成功点赞。

7月14日,公司召开了第四届二次董事会、第四届二次监事会、第十二次股东会,审议并通过了2015年度公司董事会工作报告、2015年度公司监事会工作报告、2015年度公司财务决算方案、2015年度公司利润分配方案、2016年公司财务预算方案、2016年公司生产经营计划、2016年公司投资(对内)计划、股东代表变更方案、股权转让方案、关于2016年度公司对外融资的方案十项议程。

7月21日,北京市疾病预防控制中心来公司,对相关职业病危害岗位及设备场所进行检测。

9月5日,海淀区西三旗街道安办一行三人,来公司调研柴油罐及油改气工作情况。

11月9日上午,北京市疾病控制中心对公司放射源及射线装置进行了年度检测。

11月15日,海淀区选举委员会西三旗街道选举分会第四选区北京北冶功能材料有限公司投票站正式开始投票,公司700多名职工参加了区人大代表的选举投票。

11月19日凌晨0:30,海淀区区长于军来公司,检查应对"雾霾橙色预警"措施落实情况。公司党委书记兼董事长董哲、副总经理吕键和薛轶青汇报了公司雾霾预警措施制定与落实情况,以及公司整体环保治理工作。

11月21日,海淀区选举委员会公告:北冶公司副总经理吕键当选为海淀区第十六届人民代表大会代表。

12月1日,北京市常务副市长李士祥、海淀区区委书记崔述强、区长于军、北京市政协、经信委、环保局、安监局、建委及海淀区相关部门等一行20余人到公司检查工作,参观了特冶分厂VIDP真空炉、冷加工分厂复合币生产线。李市长评价北冶公司为"科技创新、科技创造、绿色环保、军民融合、国企改革的典范企业"。

12月12日,西三旗派出所来公司开展便民活动,为应办理居住证(卡)的外埠员工解答了办理居住证(卡)的相关问题,并安排两晚专场在西三旗派出所户籍办事大厅为公司员工办理相关手续。

(邵林增)

北京首钢吉泰安新材料有限公司

【吉泰安新材料公司领导名录】

党委书记、董事长:王彦杰

副董事长:徐镜新

董　事:张连生　李　刚

　　　　李耐松(2016年2月离职)

董事会秘书:刘祥鹏

监事会主席:张　毅

监　事:高和平　李洪立

副总经理(主持工作):李　刚

副总经理:顾建忠(2015年4月离任)

　　　　李耐松(2016年2月离职)

调研员:赵小平(2016年6月离任)

总经理助理:张　毅(2016年2月任职)

　　　　李洪立(2016年7月任职)

纪委书记:李小旗(2015年12月任职)

(刘祥鹏)

【综述】　北京首钢吉泰安新材料有限公司始建于1956年,2008年由北京首钢钢丝厂改制成立,公司设在昌平区沙河镇富生路9号,主营加工电热合金丝、带材、易切钢、高温合金钢丝、盘条、不锈钢丝材、非晶和微晶带材等。产品用于家电、工业炉窑、汽车、试验设备、电力化工等行业。产品销往比利时、日本、美国、德国等20余个国家。吉泰安新材料公司设技术开发部、质量部、制造部、市场部、计财部、企管部和炼轧、拔丝、非晶、冷轧四个作业区,在岗职工540人,技术人员31人,其中有中级职称5人。

2016年面对经济发展新常态,公司党委认真分析研判新常态,有效应对国内外经济下滑的不利局面,组织带领广大员工确保市场份额,紧抓产品质量,降低成本消耗,推行清洁生产,在钢铁业面临经营困境情况下,保持经营生产稳定的局面,全年公司实现产品销售4173吨,实现销售收入14579万元,超计划1079万元,实现利润1411万元,超计划61万元。

(刘祥鹏)

【主要指标】　全年实现产品销售量4173吨,同比增加716吨,增长20.7%。全年开发大客户9家,增加销售额335万元;全年销售细丝1735吨,同比增加415吨,增加率31.4%;全年粗丝商品实现销量1331吨,同比增加19%;HRE销售131吨,比上年度增加14.9%,21-6Nb销售623吨,比上年度增加21.25%;一举签下城市清洁供热蓄能材料488吨的大订单,增加销售收入1400万元以上;非晶作业区全年保持产销两旺的良好态势,超额完成新增124吨指标,全年完成销量434吨,销售收入突破1500万元,同比增长374万元,为公司完成年度指标任务做出突出贡献;冷轧产品实现了重点客户的稳定供应,1吨大卷重带的试用效果良好,质量和效率双提升,全年销售219吨,同比增长39%;扩大产品出口销量,新开发了土耳其等7家客户。全年出口销售额2716万元,占全年销售额的18.63%。利用广州展会、网络加大产品宣传力度,取得较好效果。

(刘祥鹏)

【降成本能耗】　面对产品制造成本不断提高,产品市场价格竞争激烈的不利局面,公司进一步加大降成本、降能耗、降费用的工作力度,制定降成本3.72%的目标。一是从源头抓成本。降低原料采购费用,以较低价格争取到迁钢纯铁方坯供应,采取招投标促使铬铁采购价格大幅降低,关注镍价走势,实施低点购入,非晶生产原料价格明显下降,各种原辅料价格大部分低于往年,全年采购降成本174万元,超额完成计划;二是研究制定两批节能措施,完成七个节能改造项目。2016年万元能耗258公斤标煤,比2015年万元能耗285公斤标煤下降27kg标煤,下降幅度9.48%。2016年万元水耗

2.701 吨,比 2015 年万元水耗 2.981 吨下降 0.28 吨,下降幅度 9.4%;三是严格控制"三费"。努力压缩管理费支出,保持销售费用不超上年水平,财务费用控制在计划之内,"三费"比上年度降低 20 万元。2016 年公司共实现降成本 643 万元,降低 5.17%,超计划 1.45%。

（刘祥鹏）

【产学研用】 公司努力践行创新驱动的发展理念,坚定走"产学研用"转型发展道路,高度重视新产品、新工艺和新技术的开发和利用,努力推进工艺技术和产品的创新,实现公司转型升级。一是公司党委高屋建瓴,准确研判,果断决策,确定研发试制"圆珠笔头用超易切不锈钢"研发项目,公司领导亲自牵头组织,公司上下齐心协力,技术人员砥砺拼搏,经过六个轮次的试验,攻克了一系列技术难题,确定全流程的生产工艺,经过客户多次试用,达到用户的使用标准,在 12 月 6 日的专家鉴定会上,得到与会专家的高度认可的国际先进水平,填补了国内空白,20 多家媒体进行宣传报道;二是非晶钴基纳米晶新产品研发实现了突破。非晶作业区与北京科技大学合作,经过半年时间潜心试验,破解技术难题,成功研制出用于单只抗直流互感器的钴基纳米晶带材,为非晶生产高品质软磁铁芯奠定了良好的基础;三是积极推进,实现了 1 吨提纯大钢锭提纯、锻造、热轧、酸洗、开卷、开坯等流程工艺的贯通,为提高带材质量和生产效率奠定了坚实的基础;四是开展钢丝免酸洗抛光工艺试验,取得了初步效果,为减轻环保压力,替代酸洗的工艺升级提供方向;五是积极开展"产学研用"对外合作。与北京科技大学冶金学院开展了提高电热合金品质的合作研究,与金锐笔业、爱好笔业等客户开展材料试用合作,与钢铁研究总院签定了环保型无铅易切钢的技术合作协议,为长期合作打下良好的基础。

（刘祥鹏）

【生产组织】 2016 年吉泰安公司生产组织面对的国家政治活动多,雾霾预警天数多,停限产次数多等多重困难,极大增加了生产组织的难度。生产制造系统努力克服困难,提早预判,超前组织,坚持统筹调度,快速平衡生产组织方式,优化作业区生产组织运行,保障物料及时周转,保障产品合同按期交付,为满足市场客户需求提供了有力支撑。全年完成钢产量 4658 吨,钢材产量 4678 吨,钢丝产量 3782 吨,商品产量 4573 吨,满足了市场合同的需要。一是强化生产过程控制。按周统计发布各工序班产日产进度,落实客户合同兑现情况,对重点合同定制生产,实施每天跟踪,较好保证了月度产品销售计划落实,产销率达到 97% 以上;二是各工序强化生产组织,试行集中生产,使轧钢工序、粗丝工序、细丝工序创下了单月 509 吨、289 吨、202 吨的历史最高产量纪录;三是针对个别大单内部产能不足,积极寻求邢台和唐山拉丝厂,部门协同联动,理顺流程,打通工艺,开辟了外加工的通道,做出了有益的尝试;四是工序备料平衡能力不断提高,生产计划编排细致,镍铬产品的生产交货周期能够控制在 20 天之内;五是非晶生产销售保持快速增长,坚持狠抓质量不放松,按客户需要精心排产,产销平衡达到 100%,全年销售量 434 吨,销售收入 1504 万元,均大幅度超过上年度水平。

（刘祥鹏）

【设备管理】 应对市场细丝增量变化,拔丝作业区一手抓设备挖潜改造,一手抓新增产能释放,完成成品退火炉等 4 项设备改造任务,确保了 8/350 拔丝机等 3 项新增设备顺利投产,细丝月商品量一举跃上了 200 吨的台阶,实现了细丝深加工产量翻倍的目标。设备安全运行状况得到改善。一是对拔丝设备进行大面积修配改造,提高了十三模设备生产效率和成品退火能力;二是加强轧线运行维护,与首自信签定设备维保协议,强化设备电气控制,轧制废大幅降低;三是对环型加热炉运行实施特护,三次自行组织炉体检修,保障了下半年轧钢高负荷运转。全年安排多次设备考察,为设备改造和管理积累了经验。

（刘祥鹏）

【环保治理】 随着雾霾天气频发,国家环保法规陆续出台,公司贯彻"绿色"发展理念,采取一系列环保减排措施,坚决贯彻政府下达的停限产指令。一是公司领导高度重视,亲自组织制定节能环保工作方案,组织召开节能环保会议,布置安排节能环保工作,建立完善了《北京首钢吉泰安新材料有限公司空气重污染日应急预案》并落实执行;二是组织生产工艺转型升级,从源头减少排放,试验了丝材的抛光工艺,为免酸洗明确了减排方向。试验了钢水直接铸锭,减少了钢水二次提纯,缩短了工艺流程,减少了污染物排放;三是保障环保设施正常运行,改造完善了重点工序环保设施,新增大号除尘设备,加大了工业废物的合规处理,坚持环保检查督导常态化,检查发布定期化,严格考核经常化,得到市区两级的环境督查肯定和认可。

（刘祥鹏）

【安全管理】 安全生产上注重安全设施和防护用品资金投入。2016年安全资金投入92万元，消除了一批设备安全隐患，重新修订、新增2个安全管理制度。完成"一企一标准 一岗一清单"的标准制定和审定，加强了重点隐患部位的应急预案演练，全年实现安全事故控制目标。

（刘祥鹏）

【人才队伍培养】 2016年组织班组长以上干部专项培训6次，公司专业管理制度培训10次，员工质量环保节能专门培训12次，培训近2千人次。精心组织开展第六届"钢花杯"技工比赛，促进了员工队伍整体素质全面提升。在2015年精简调素工作基础上，实现净减员30人，调素20人的目标，非晶、冷轧作业区呈现减员提效的良好局面。公司修订人才培养使用管理办法和加强技术工人队伍建设意见，开辟了技术人员职级晋升通道，搭建了技术工人提高操作技能的平台，年底已进入晋级申报考试阶段，为企业人才队伍的发展和扩大奠定了坚实基础。

（刘祥鹏）

【企业文化建设】 积极开展送温暖和家访慰问工作，为公司困难职工发放了生活救助金、医疗救助金、帮困款合计64114元，走访慰问生产一线骨干、劳模先进、伤病职工40人。开展"帮困基金"的募捐活动，共收到职工捐款13220元。另外，公司爱心基金为解决职工困难，对5名职工进行了帮扶，支出爱心基金8000元；开展健康向上的文体活动。举办了员工五月鲜花歌咏比赛，开展了学雷锋活动日与纪念三八妇女节活动，组织了迎新春台球比赛，举办了第二届管理论文评比活动，组织全体员工进行体检和带薪休年假，全面提高夜班津贴和高温费标准，员工收入增长10.89%。

（刘祥鹏）

【党建工作】 公司党委认真学习习近平总书记系列重要讲话精神，深入开展"两学一做"专题学习教育，并以此为指导，引领公司经营生产稳定增长，促进企业党建工作取得新进步。一是认真深入开展"两学一做"专题学习教育。按照首钢党委要求，认真制订工作方案和学习计划，党委中心组理论学习8次，深入进行交流研讨，积极开展主题党日活动，全体党员上好党课，领导班子

成员过好双重组织生活，广泛征求员工意见，召开民主生活会和专题组织生活会，进行深刻批评与自我批评，使全体党员得到一次党性教育，更加坚定了战胜经营困难的信心和决心，增强了交账意识；二是公司党委围绕经营生产重点指标任务，抓支部班子建设。针对急难新重任务先后找班子集体和主要领导谈话20余次，坚定战胜困难信心，鼓励工作大胆担当有为，提出改进工作要求；三是围绕经营生产管理问题，制定"亮红灯、举黄牌"问责机制，采取约谈、问责、考核、调整单位领导班子等措施，督导促进重点任务指标完成；四是组织开展"扛压力 保市场 创效益"党内立功竞赛活动，全体党员立足岗位，节约开支，创造效益，全年实现创效454万元；五是加强干部队伍建设和加强廉政建设工作。为打造一支有信仰、有信念、守纪律、敢担当的干部队伍，公司党委专题研究干部队伍建设，全年三次调整、配备加强基层班子。开展干部交流工作，提拔使用年轻干部，开展了人才推荐自荐工作，共推荐出后备人才19名；六是认真履行廉政建设主体责任，组织开展党风廉政建设工作，召开了纪监工作会议，签订了"一岗双责"党风廉政建设责任书。组织开展了全体党员参加的廉政建设知识竞赛活动，结合公司实际，组织了三管六外人员专题培训，进行廉洁从业专题考核，提出了"管理风险防控手册"，从源头防止腐败现象发生。

（刘祥鹏）

【重要会议】

1月20日，公司召开安全暨清洁生产大会。

1月26日，公司召开2015年度领导班子"三严三实"专题民主生活会。

1月22日，公司召开人才工作会。

2月23日，公司召开第二届第三次职代会。

3月25日，公司与各行政单位一把手签订任期责任书。

3月24日，公司举行2016年党委制中心组第一次学习，班子全体成员参加。

3月31日下午，公司组织召开2016年纪检监察工作会议。

4月7日，公司召开一季度经济活动分析会。

4月8日，公司举行北京首钢钢丝厂（吉泰安新材料公司前身）建厂60周年的庆典大会。

4月20日，公司召开了质量工作会。

4月26日，公司召开了清洁生产工作会。

4月29日，公司召开党支部书记会。

6月2日，公司召开2016年"安全生产月"动员会。

7月1日，吉泰安新材料公司召开庆七一暨表彰先进大会。

7月8日，公司召开2016年上半年经济活动分析会。

8月1日，公司第三届二次董事会、第十一次会股东会在公司会议室举行。

8月25日，公司组织开展上半年安全文明生产总结会。

10月11日，公司召开1—9月经济活动分析会。

10月26日，公司举办供给侧结构性改革学习培训班。

11月23日—28日，召开2017年经营指标措施落实专题会。

12月6日，公司在首钢技术研究院召开"圆珠笔头用超易切削不锈钢材料"项目鉴定会。

12月20日，公司召开业务骨干学习座谈会。

（刘祥鹏）

北京首钢微电子有限公司

【首钢微电子公司领导名录】

总经理：杨树琪

副总经理：冯新华

总经理助理：萧楚凡　严　安（2017年1月离任）

党委书记：聂　涛（3月离任）　付庆来（5月任职）

董事会秘书：王廷麟

（高伟月）

【综述】　北京首钢微电子有限公司（BSMC）原名首钢日电电子有限公司（SGNEC），成立于1991年12月31日，位于北京中关村科技园区石景山园，占地面积约100,000平方米。2013年12月，首钢总公司收购瑞萨电子株式会社所持首钢日电电子有限公司的全部股权，公司更名成为首钢总公司的全资子公司，资本金12.77亿元。主营业务为集成电路产品的封装、测试加工，生产能力年产集成电路3亿块。

公司下设经理办公室、经营管理部、技术制造部、系统保障部、人力资源部、创新发展部6个职能部门。2016年底在册人数355名。

（高伟月）

【建立微型消防站】　按照公安部公消〔2015〕301号文件《关于印发〈消防安全重点单位微型消防站建设标准〉的通知》和北京市消防总队石景山消防支队要求，首钢微电子于2016年1月22日筹建、成立微型消防站。该站设站长1人、副站长1人、保安员6人担任消防员。首钢微电子投资1.7万余元，购置消防头盔6顶，灭火服6套，消防手套6付，腰带6根，防护靴6双，空气呼吸器2具，防爆照明灯6个，呼救器6个，安全绳6根，腰斧6把，防毒面具6具。该站制定并悬挂《微型消防站管理制度》《微型消防站岗位职责》《微型消防站应急处置预案》等规章制度。

（王树育）

【通过安标认证】　2016年6月，经过北京市安监局公示，首钢微电子圆满通过北京市安全标准化二级企业换证审核，并颁发二级企业安标证书（有效期：2016年—2019年）。

（王树育）

【完成碳排放第三方核查】　2016年3月2日，方圆认证对首钢微电子进行全天碳核查。当天核查全部顺利完成，首钢微电子完成北京市碳排放报告第三方核查工作。

（赵晓农）

【节能改造项目获批】　2016年5月12日，首钢微电子申请的《清洁生产节能改造项目资金申请报告》得到北京市发展和改革委员会同意批复。批复项目总金额514.98万元，市财政补助总额154万元，分两次拨付，第一次拨付108万元已于5月13日入账，剩余46万元待项目验收后拨付。

（赵晓农）

【通过的体系认证】 2016年8月29日—1日首钢微电子通过ISO9001/14001质量环境管理体系监督审核，并获得SGS颁发的ISO9001/ISO14001证书。2016年9月20日至21日首钢微电子通过ISO50001/GBT23331能源管理体系监督审核，获得方圆标志认证集团颁发的ISO50001/GBT23331的证书。

（陈顺喜）

【获得土地使用权】 2016年1月，首钢微电子启动土地使用权出让具体申办手续工作。通过与相关主管部门沟通和协调，2016年6月完成"核城规""查违建""改附图""清单宿""行公文"等五个"要件"，正式进入土地使用权出让申办程序。具体申办程序包括"窗口报件""土地评估""联合审查""专家审核""地价终审""签订合同""价款核实""登记取证"八大环节，预计到2017年6月份才能完成。2016年6月13日，总公司领导就微电子公司土地权属办理工作提出明确节点要求，

在公司党政领导班子的领导和相关部门及经办人员的共同努力下，最终于11月30日取得了土地使用权《不动产权证书》。比原计划提前7个月，圆满完成土地使用权申办工作，为首钢总公司及微电子公司的进一步发展奠定基础。

（王廷麟）

【闲置资产处置】 2016年10月，首钢微电子在相关部门的不懈努力下，将闲置的设备和备件，委托北交所挂牌转让，最终北京华进创威电子有限公司以4800万元获得受让权，设备的拆运工作已于2017年1月完成。

（萧楚凡）

【组织机构调整】 2016年11月1日，BSMC新的组织机构正式启动。组织机构由原来的经理办公室、业务部、市场部、技术部、制造部、动力部、品质保证部、人事总务部、财务部、安全环境中心和党群工作部11个职能部门，变更为经理办公室、经营管理部、人力资源部、技术制造部、系统保障部、创新发展部6个职能部门。

（刘曙光）

园 区 管 理

◎ 责任编辑：刘冰清

北京首钢建设投资有限公司
（首钢总公司园区开发部）

北京首钢建设投资有限公司

董事长：王世忠（6月任职） 孙永刚（6月离任）

副董事长：刘 桦

董　　事：邹立宾　马东波

　　　　　朱启健（8月任职）

　　　　　周大沆（1月离任）

监事会监事、主席：丁建国（8月任职）

监　　事：王保民　刘振英（8月任职）　张清暖

总经理：马东波

副总经理：兰新辉　王达明　金洪利

财务总监：尹雪梅

总经理助理：胥　延

总规划师：白　宁

首钢总公司园区开发部

部　长：马东波

副部长：兰新辉　王达明　金洪利

财务总监（副部厅）：尹雪梅

（李思慧、冯尧刚）

【综述】　北京首钢建设投资有限公司（以下简称首建投公司）2010年6月21日注册成立，是首钢总公司的全资子公司，承担首钢北京地区搬迁腾退土地的开发任务。主营项目投资与管理、土地开发、房地产开发、施工总承包、专业承包、商品房销售、房地产经纪、房地产价格评估、物业管理、物资销售、技术咨询与服务，承担新首钢高端产业综合服务区的开发建设。2013年1月23日，首钢总公司印发《首钢总公司关于完善园区和新产业开发管理组织架构的通知》（首发〔2013〕18号），整合首建投公司和管委会办公室（高端产业开发部）有关业务，设立园区开发部，与首建投公司一套机构两块牌子，按总公司授权承担和推进园区土地开发工作，负责组织收集、研究、分析国家和地方政府有关园区开发政策和规定等，园区土地开发规划、实施方案、办理授权等

园区开发管理与实施组织。代表管委会牵头组织与市区有关部门对接工作并协调园区开发工作；负责园区开发招商合作管理工作，传达和组织落实管委会决定、决议，督促、检查、反馈、考核有关工作事项落实情况。2016年4月，首钢总公司下发《关于成立首钢总公司与冬奥组委工作对接组织领导机构的通知》（首发〔2016〕97号），工作小组日常办公设在园区开发部；6月，下发《关于进一步明确对接冬奥组委工作小组成员的通知》（首办发〔2016〕5号），工作小组下设办公室为日常工作机构，设在园区开发部，负责首钢总公司与冬奥组委沟通协商会议的安排组织，会议材料准备，拟定会议纪要并负责沟通协商会议确定事项的督办落实工作。

首建投公司（园区开发部）按照总公司《深化集团总部管控体系改革思路框架》，成立市政基础设施部和法务审计部，注册成立北京首侨创新置业公司，合并招标采购部与合同预算部设立招标预算部，将三个项目部并入工程管理部。现共设有9个专业管理部门和1个项目筹备组，分别是办公室、计划财务部、开发部、规划设计部、招商政策部、工程管理部、招标预算部、市政基础设施部、法务审计部和首侨公司筹备组。

首建投公司（园区开发部）定编172人，2016年底在编员工150人，其中博士研究生3人，硕士研究生53人，本科84人；高级职称16人，中级职称53人。

（冯尧刚、刘玉川）

【政策争取】　首建投公司（园区开发部）对接市发改委等相关单位，将冬奥广场等16个项目纳入市政府扩大内需绿色通道审批范围，确立园区重点项目适用"一会三函"审批模式；全年获得政策性补贴资金批复25556万元，其中，已拨付到账12688万元，含冬奥广场办公区1875万元、配套区4800万元、晾水池东路5500万元、"绿色生态示范区"奖励资金300万元、中关村示范区生态园区建设专项支持资金213万元；收到基金公司基

金融资款 15 亿元。

（王 馨、吴芳芳）

【专项规划】 首建投公司（园区开发部）按照服务冬奥优先改造建设北区的要求，在 2012 版控规基础上深化长安街以北区域规划，形成北区多规综合规划设计要求；园区绿色生态、城市设计导则、地下空间及人防结建工程专项规划通过市规划国土委组织的专家评审；与 C40 国际组织合作，在首钢园区内建设国内首个正气候近零碳排放示范区；与美国绿色建筑委员会合作制定关于工业区改造项目的 LEED 新标准，实现园区项目 LEED 认证全种类覆盖；联合石景山区政府，申报国家级绿色生态示范城区；综合管廊规划取得中期成果；园区竖向高程规划完成初步成果；交通专项、轨道交通、自行车、步行及公共交通专项规划通过专家评审并取得最终成果，轨道交通规划通过石景山区政府审议并获纪要批复。

（袁 芳、赵德程）

【场评环评】 首建投公司（园区开发部）取得主厂区规划环评批复意见（京环函［2016］342 号），编制完成晾水池东路、二型材、焦化厂等区域的场地修复方案，取得二型材项目环评批复。

（陶抒远）

【招标预算】 首建投公司（园区开发部）制定《首钢园区开发建设采购平台实施方案》，修订《北京首钢建设投资公司合同管理办法（试行）》，建立《首钢园区评标专家库》，共组织 69 项采购工作，采购总金额约 1 亿元，其中，公开招标 13 项、邀请招标 6 项、比选工作 13 项、询价或其他方式 37 项，考察供应商 103 家；审核并签字盖章生效合同 147 份，其中总公司 96 份，首建投公司 34 份，首侨公司 6 份，预签合同 10 份，赞助支持合同 1 份；开展价格谈判 138 次，节约资金 3528 万元；全年共下达资金编号 29 个。

（何 萌）

【服务保障】 首建投公司（园区开发部）全年共处理各级各类文件 1841 件，汇总报送总公司领导及有关单位动态和信息 95 期，组织召开园区开发例会 42 期，协调组织各类会议 10440 人次，反馈和办理冬奥组委提出的各类需求；按照总公司工会的统一部署，为职工购买电影票、办理公园年票，开展"送凉爽""送温暖"活动；组织完成工程管理部人员整体搬迁至铁厂办公楼；办理出

访团组手续 6 次，涉及 22 人次。

（杜美会）

【党建工作】 按照总公司党委的指示，开展"两学一做"、"严守纪律规矩，强化责任作风"、创先争优主题实践活动、"三严三实"专题民主生活会等多项专题活动；按照总公司纪委工作要求，制定了首建投公司（园区开发部）2016 年度反腐倡廉主要任务分工方案，在全体党员中开展党纪党规廉政知识测试活动；与总公司纪委联合成立"西十冬奥广场项目"效能监察工作组。

（杜美会、陆 卿）

【招商推广】 首建投公司（园区开发部）与市、区两级投促局联合举办"驻京中外知名企业首钢行"活动，利用首届国际冬季运动（北京）博览会、中国国际冬季体育产业大会、第四届中国（北京）国际服务贸易交易会、2016 中国写字楼发展峰会、京港会专场活动筹备会、北京国际设计周活动及微信公众号等平台对园区项目进行推介；收到深圳市关山月美术馆关于首钢参展作品的收藏函；完成《首钢园宣传册》设计、制作，完成西十筒仓宣传片拍摄；考察调研写字楼等项目 40 家；接待市人大代表、香港新世界集团等重点访客团体 50 批；接待调研考察客户 200 余组，并收到多家公司的租赁意向书。

（徐 静）

【基础设施】 首建投公司（园区开发部）完成五一剧场、制粉车间、城市织补创新工场（结构、锻造、特重车间）周边道路规划方案；世界侨商创新中心项目周边道路方案设计通过市规划国土委审查会审查，取得道路方案批复；完成秀池西路、秀池南街、四高炉南路、四焦炉北路、修理厂西路、规划纵六路、规划横九路道路方案设计，并通过市规划国土委审查会审查。晾水池东路主路全线贯通；长安街西延首钢段主辅路通车；完成轨道 S1 线管线改移、M6 西延工程涉迁资产评估工作；完成北辛安路北段涉迁资产评估及赔偿、旧围墙拆除、新围挡建设、树木移植及小东门以北（含小东门）西半幅道路粗油施工；完成丰沙线临时占地范围内建构筑物拆除、管线改移及树木移植；完成二型材东路北段涉迁资产评估工作。与国家电网北京电力公司签订协议启动电站规划建设；编制完成首钢水厂地质灾害评估报告、控规选址调整方案并取得专家评审意见，依据市政府 2016 年第 142 号文件，暂缓首钢水厂建设；完成晾水池东路和冬奥广场周边燃气部分工程施工；完成晾水池东预埋

热力过街管线设计及西十冬奥广场换热站二期换热站设计,调整优化北区供热规划。

(赵德程)

【安全环保】 首建投公司(园区开发部)成立安全生产工作委员会,完善7项安全管理台账,编发17期园区工程建设安全简报和21期《首钢园区安全生产隐患(问题)通报》;建立定期安全巡检制度,全年开展施工现场安全检查315次,查处各类事故隐患和问题1108项,把隐患当事故处理2项,下达停工令4项,《隐患整改通知书》22份,《安全生产处罚通知书》12份。加强园区环境治理,成立扬尘治理工作管理小组,制定了《首钢园区工程建设扬尘污染治理方案》和"五个百分之百"的管理标准,全年开展环保专项检查26次,查处各类环保问题73项,问题整改率达到100%,实现园区工程建设施工扬尘污染零通报、零处罚。

(赵 斌)

【协调管理】 首建投公司(园区开发部)为所管辖内、外部单位开具物品携出证,办理施工车辆、办公车辆以及施工人员进场手续。开具物品携出证6755张;审批车辆备案5740份,合计备案车辆54205车次;审批车辆期限证262份,合计1711车次;审批施工人员期限通行证434份,合计4490人次。

(赵 斌)

【项目建设】 首建投公司(园区开发部)以冬奥组委入驻西十筒仓为契机,集中力量加快实施重点项目改造建设。西十筒仓一、二期项目完成室内精装修并于5月13日交付北京冬奥组委入驻办公;西十冬奥广场项目完成主要建筑单体一二次结构改造和外部装修。北七筒项目完成屋面钢结构、筒外热力管线拆除施工和筒内混凝土锥体凿除。石景山景观公园项目完成概念方案、景观方案和主要区域种植专项施工图设计。红楼改造项目完成报告厅及附属用房主体结构施工。脱硫车间改造项目取得用地预审意见和立项核准,完成原厂房屋面及外围护结构的拆除、地下车库区域土方开挖和基础底板施工。厂东门复建项目完成主体工程施工。秀池项目完成清淤工作。3号高炉改造项目完成钢构件消隐拆除约546吨,并完成炉顶系统钢梯制作、新建电梯井、楼梯基础施工。金安桥站交通一体化项目完成立项申请报告初稿,并报市发改委初审。焦化厂生态修复公园项目完成规划及景观概念方案设计,并确定现存建筑及设备的保留与拆除范围。二型材项目取得立项核准初审意见、规划设计条件和用地预审意见,完成第二阶段厂房拆除。世界侨商创新中心项目完成项目公司注册登记及资本金注入,取得房地产暂定资质、项目规划设计条件和立项核准初审意见。东南区收储项目的收储请示已通过市政府审批。冬奥广场(五一剧场、制粉车间改造)项目、冬奥广场(氧气厂改造)项目、城市织补创新工场(结构、锻造、特重车间改造)项目、城市织补创新工场(精密车间改造)项目、产业服务配套(二烧结车间改造)项目完成立项申请报告初稿编制,报市发改委初审。

(刘辛酉、吴芳芳)

北京首钢园区综合服务有限公司

【园区服务公司领导名录】

董事长:孙永刚(6月离任)
　　　　胡雄光(6月任职)
董　事:李国庆　周光磊　戴利
专职董事:周大沇(1月离任)
监　事:王志坤(10月离任)
党委书记:戴　利

总经理:戴　利
副总经理:汪　兵　张立新
经理助理:石宗砚

(郑焕红)

【综述】 北京首钢园区综合服务有限公司(以下简称园区服务公司)是为适应首钢园区开发工作需要,加快园区资产处置、拆迁步伐,引导留守职工转型发展,于

2013 年 6 月 6 日注册,7 月 1 日正式挂牌成立。注册资本金 900 万元,是首钢集团有限公司下属全资子公司。园区服务公司按照市场化运行机制,实行自主经营、独立核算,纳入园区开发平台体系。下设经营财务部、工程运行部、人力行政部、安全环保部、党群工作部、信息化办公室 6 个职能部门;园区建设事业部、仓储物流事业部、培训部、汽车租赁分公司、京西一九一九、冬奥物业事业部、物业公司、绿化公司、代管单位首钢疗养院 9 个实体单位。2016 年底在册职工 1090 人,其中硕士 7 人,本科 187 人,大专 246 人;高级职称 11 人,中级职称 34 人;高级技师 1 人,技师 23 人,高级工 385 人,中级工 234 人。

（李　亮）

【经营指标】　2016 园区服务公司全年实现收入 22159 万元,完成年度计划 21250 万元的 104%。其中:公司本部和物业公司 13682 万元,绿化公司 8477 万元。全年实现控亏 3144 万元,比年度计划控亏 3700 万元,减亏 556 万元,减亏幅度达 15%。其中:公司本部和物业公司完成控亏 3599 万元,比年计划控亏 4550 万元减亏 951 万元,减亏幅度达 21%。绿化公司实现利润 455 万元。

（赵　新）

【业态多样】　2016 年,园区服务公司围绕园区开发建设与运营,在承接园区设备设施拆除维护、库房值守任务的同时,开展物业服务和酒店管理业务。通过涉足物业服务、酒店管理、园林绿化、园区建设、文化旅游、汽车租赁等领域,为园区开发运营提供综合服务。做好冬奥组委入驻前期准备工作。

（赵　新）

【经营生产】　园区服务公司完成红楼改造龙烟项目提升、冬奥过渡餐厅改造、西十冬奥广场冬奥组委大门、警卫室、接待室、邮局的建造、办公家具布置工作、空调和电梯的维保工作,完成核心区 7000 平方米绿地养护和秀池西路 200 余株苗木移植、景观小品、停车场改造等工作,绿化面积近 1.6 万平方米,为冬奥组委顺利入驻创造了条件。北辛安路围挡 1400 米直线段钢结构加工安装提前完工。长安街西延线首钢段工程围挡制作安装 2107 米,广告铺装 6119 平方米,为园区的正常运营提供有力保障。

（赵　新）

【物业服务】　园区服务公司负责首钢体育大厦、静态交通示范基地、环境公司、股权投资公司、城运公司等物业项目。体育大厦项目为北京世界园艺博览会事务协调局、中国职业篮球联赛提供多起重要的会议接待服务,静态交通示范基地项目已成为首钢的名片,多次接待过重要客人的参观考察。

2016 年 6 月,北京冬奥组委入驻首钢西十筒仓,将冬奥组委的物业、餐饮、交通等后勤保障服务工作交给了服务公司。为满足冬奥服务需求,服务公司成立了冬奥物业事业部,与招商局等强手开展深度合作,借力提升专属服务能力。为提高服务水平和质量,先后到哈尔滨等地招聘高素质院校实习生 38 名,并对新上岗员工进行了礼仪规范、专业标准、现场实操等方面的培训。自冬奥组委入驻以来,在完成日常物业、餐饮、交通保障服务外,还完成各类会议接待服务 562 次,8018 人次;参观接待 149 次,共计 2586 人次;接驳班车共发 1350 班次,接送 10279 人次。

（赵长亮）

【园林绿化】　隶属园区服务公司的绿化公司完成各级绿地日常养护 100 多万平方米,道路清扫 34.6 万平方米;石景山、红光山、松林公园的日常看护及护林防火;路灯、园林灯、彩灯等维护管理和节假日及日常花卉布置、养护;厂区占地树木伐移和道路、绿地的清理清整;筒仓项目各区域的绿化设计、施工、养护及道路修缮、标识设计、轧钢路苗地建设、陶楼周围、财务公司绿地完善;承担首钢西十冬奥广场景观绿化和晾水池东路的景观绿化任务,办公厅绿化改造;迁钢、顺义冷轧、京唐钢、首钢工学院、首钢生物质公司、首自信公司等地绿地管养、设施维护等工作。

（彭燕艳）

【市场开发】　2016 年,服务公司积极探索实践,加大市场开发力度,为公司增效提质、职工转型提效创造了有利条件。拓展了门窗加工业务,与合肥达美建筑装饰工程有限责任公司公司合作,引进了年生产能力 4.3 万平方米的断桥铝加工生产线;开发京西 1919 大酒楼,开办网上团购和外卖业务。红楼迎宾馆在服务冬奥组委和集团餐饮、住宿的同时,开辟外部市场,在美团、携程等网上销售也取得突破。2016 年 9 月 1 日,首钢工业游划入服务公司,首钢工业游先后接待社会各界人士和中小学生 15411 人次。首钢工业旅游区成为北京市第一批红色旅游景区。被东城区教委和海淀区教委分别认定为"蓝天工程教育基地"和"青少年学生校外活动基地";首钢疗养院实施差异化经营战略,新添空中水滑道漂流项目,实现增收45万元。

(于德宏)

【教育培训】 为提高职工队伍技术业务素质,服务公司培训部举办了以提高管理水平为目标的青年骨干培训、以提升职工技能为目标的岗前培训、以冬奥服务为目标的奥运礼仪培训等多层次、多内容的培训班。全年参加培训总人次5077人次,培训总学时78182学时。其中,参加取证培训76人次,内容涉及中控、电梯安全管理、压力容器操作等。经过技术业务培训,广大干部职工的思想观念和行为规范产生较大的转变,转型的能力自信大为增强。一年来,51人重新走上服务岗位,5人走入社会从事保安、中控服务工作,实现了职工走入社会零突破。

(郝占永)

【对外合作】 园区服务公司对外合作取得实效。一是实行派驻经理制,合作单位戴德梁行、国宾酒店、高力国际三家公司派驻经理长期在服务公司现场工作,对业务进行专业指导;二是业务考核,每月组织对合作单位及经理工作表现进行评定打分。先后引进戴德梁行物业服务方面制度标准85个,国宾酒店餐饮业务及岗位标准125个,格力空调安装维护业务流程23个。

(于德宏)

【信息化】 为了迎接2022年冬奥组委会成功入驻首钢新园区,园区服务公司互联网信息化办公室根据首钢总公司、园区服务公司制定的迎接冬奥组委会成功入驻的发展战略和计划,全力开展了冬奥组委会入驻前的相关准备工作,全面展开了红楼、龙烟酒店管理系统部署、无线网络及音响覆盖、冬奥组委行政服务中心数字有线电视光缆接入和入网、冬奥食堂刷卡系统、班车系统等工作,为冬奥组委的入驻提供便捷。

(武元龙)

【运营品质】 冬奥餐饮服务中,为及时解决餐饮工作中存在的问题和不足,与冬奥组委建立了沟通协调会制度,每周就菜品改进和调整进行沟通,确保工作人员吃得放心、吃得满意。与社会优质供餐企业开展合作经营,取得较好效果,职工的满意度有了较大幅度提升,扭转了过去亏损的局面。结合服务公司点多面广的实际,

探索实践了"流动早会"的管理模式。坚持问题导向,工作中的问题出现在哪里,早会就到到哪里。2016年以来,先后在工学院、体育大厦、红楼、筒仓、物业办公楼等多地召开现场会,促进了各种矛盾的有效解决,提升了服务质量和管理水平。

(王新堡)

【党建文化】 按照中央、北京市和首钢总公司党委要求,2016年,服务公司在企业文化建设中,结合"两学一做"学习教育具体要求,以党建引领企业文化建设,推进了各项工作的深入开展。一年来,共评选出10个党员示范岗、10个党员责任区和10个党员服务窗口,全年共表彰优秀共产党员15名、三创标兵28名。服务公司党委班子连续两年被评为首钢"六好"班子。党风廉政建设方面,开展了"严守纪律规矩,强化责任作风"的主题教育活动,与科级以上干部签订了《党风廉政责任制》,与领导班子成员签订了《领导干部廉洁承诺书》。组织有业务处置权的重点岗位人员参观了反腐倡廉教育基地。坚持把执纪监督"四种形态"体现在日常工作中,做到早提醒、早发现、早处理,确保了干部队伍的清正廉洁,全年未发生违纪违规行为。

(董立勋)

【企业文化】 坚持内抓管理,外树形象,坚持以先进文化为引领,为高端、智慧服务提供思想保证、精神动力和智力支持。服务公司党委结合实际先后提出了一系列符合企业实际和发展方向的精神理念、行为理念、管理理念、服务理念、用人理念等,这些理念与已有的企业精神、宗旨、核心价值观、责任使命等把客户、员工、企业的发展三个方面联系一起,使员工能够在企业价值观的引导下为客户提供满意、贴心的服务,从而实现企业的健康发展。加大对外宣传力度,树立企业良好形象。一年来,中央人民广播电台、中国冶金报、首都建设报、支部生活杂志、中外企业文化研究杂志、北京电视台等二十多家中央及地方媒体都对服务公司带领职工转型发展的情况进行了报道。2016年,出现在首钢级以上媒体的新闻报道有50余篇。

(秦俊彪)

【安全保卫】 针对冬奥组委入驻的新形势对安全工作提出的新要求,服务公司组织完善了筒仓办公区、红楼分公司消防安全责任制等相关制度14个,制定了重要宾客、重大活动安全保卫等应急预案26个,重新修订了

中控室消防员安全操作规程等16个服务岗位规程。同时,制订了《冬奥组委入住筒仓办公期间安全保障工作实施方案》,从人员政审、证件办理、治安防范、技防联动、防恐防爆、消防安全等方面进行了周密安排,确保万无一失。组织了"元旦""春节""五一""十一"节前和特殊重点时期的安全检查46次,日常专业检查119次。对46个班组的基础管理以及红楼分公司、重点检查了513名岗位职工安全操作规程的执行情况。对文馆、红

楼餐厅、龙烟专家楼,开展专项安全大检查12次,检查集气间、燃气系统3处,液化气罐18个,拆除不规范临时电源线12处,更换、加装漏电保护器8个,下发"隐患整改通知书"54份,下发"处罚通知书"5份,对5个责任单位和7名责任者落实罚款4100元,对54项隐患逐一进行整改后复查,全部按时限、按标准整改完成。

(潘庆军)

北京首钢特殊钢有限公司

【特钢公司领导名录】

董事长:李兵役

董　事:焦亚伏　王　敏　段武涛

总经理:焦亚伏

副总经理:王　敏　段武涛

总经理助理:梁玉洁　许　良

党委书记:李兵役

纪委书记:李兵役

工会主席:李兵役

(乔春海)

【综述】　北京首钢特殊钢有限公司(以下简称特钢公司)是首钢集团下属独立法人子公司,位于北京市石景山区杨庄大街69号,总占地面积89.87公顷,特钢厂区已纳入北京市中关村科技园区石景山园南区。经北京市规划委员会批准,特钢公司先期启动15号、16号地项目开发,吸引有发展潜力的高新技术企业入驻。特钢公司下设开发部、招商运营部、工程部、15号地项目部、园区管理部、投资管理部、经营部、办公室、计财部、人力资源部、党群工作部、生活管理部12个职能管理部门。全资及控股子公司8家、参股改制公司4家、对外投资企业8家。2016年,特钢公司在册职工677人,其中在岗490人;大学本科及以上学历112人,大中专学历114人;中高级职称87人;技师、中高级技工199人。

2016年是特钢公司实施"十三五"规划的开局之年,也是特钢深化改革、打好转型发展基础的关键之年,

干部职工面对特钢生存发展的新任务、新挑战,全面深化改革,企业发展动力得到增强;应对政策调整,首特钢园区开发取得新进展;努力创收增效,超额完成年度经营指标计划任务;落实主体责任,治乱疏解及园区整治初见成效;搭建平台,职工队伍建设和物质文化生活水平进一步提升。

(郝占起)

【主要指标】　2016年,特钢公司实现利润25万元,比计划增加25万元;销售收入34337万元,比计划增加13337万元;资金归集率99%,完成计划;挖潜增收1058万元,比计划增加58万元。全年未发生安全、环保、火灾等事故,职工队伍稳定,经营环境良好。

(徐　剑)

【工作思路】　2月18日,特钢公司召开十一届四次职代会,审议通过焦亚伏总经理所作《全力以赴,攻坚克难,实现特钢"十三五"良好开局》工作报告。会议明确2016年工作思路:深入贯彻首钢十八次党代会和十八届四次职代会精神,按照特钢公司第五次党代会提出的工作重点和任务目标,坚定必胜信心,深化改革,全力以赴完成园区开发进度计划,提升经营质量和效益,加强人才队伍建设和企业管理,促成企业和职工共同转型发展,实现特钢"十三五"良好开局。

(郝占起)

【深化改革】　特钢公司结合实际制定并实施转型提效工作方案,开展岗位标准修订及工作写实,修订完善标

准 233 份,对在岗职工进行为期一个月的岗位工作写实,开展职工分流安置意向调查,结合新项目需求进行转岗培训,做好劳务用工的清退及替换工作,超计划完成全年转型提效任务目标。领导人员职务职级改革,制定特钢公司直接管理的中层干部薪酬待遇及考核管理办法,按规定调整领导人员有关待遇的发放方式。深化干部人事制度改革,提拔年轻干部 3 人担任主要部门领导。薪酬分配制度改革,完善绩效考核分配方案,围绕园区开发重点工作节点和经营指标任务增加绩效分值;开展专业技术管理系列职务评聘,专业技术人员 35 人被聘为主管师,修订完善招商团队提成工资办法;对引进的专业技术人才,按照目标责任书进行管理和考核。

(刘爱民、乔春海)

【首特钢园区开发】 2016 年,首特钢园区开发主要围绕首特绿能港科技中心 15 号、16 号地项目及周边道路,园区控规调整、融资及物业管理调研来开展内外部工作。

首特绿能港科技中心 15 号地项目,2 月与北京市规划和国土资源管理委员会签订《国有建设用地使用权出让合同》;3 月取得项目《建设用地规划许可证》;4 月取得项目《建设工程规划许可证》;11 月取得项目用地不动产权证书。

首特绿能港科技中心 16 号地项目,3 月光大项目立项等事宜上报首钢总公司董事会审议并原则通过;5 月取得北京市规划委员会核发的《关于首特绿能港科技中心 16 号地项目设计方案的审查意见》;6 月项目公司与中国光大银行股份有限公司签订《中国光大银行研发中心和云计算中心开发建设框架协议书》,取得总公司出具的保证担保函;12 月取得项目《建设用地规划许可证》。

首特钢园区 15、16 号地周边道路,1 月取得北京市规划委员会《关于石景山区首特钢园区 15、16 号地外部道路设计方案的会议纪要》;6 月石景山区人民政府同意特钢公司作为首特钢园区内特钢中街等五条道路的实施主体;7 月取得五条道路的《建设项目选址意见书》;11 月取得北京市规划和国土资源管理委员会《关于石景山区首特钢园区 15、16 号地项目市政工程规划方案综合的会议纪要》。

首特钢园区控规调整,1 月中关村科技园区石景山园管理委员会同意特钢公司开展首特钢园区进行整体控规调整;2 月得到首钢总公司同意启动首特钢园区的整体控规调整工作。

内部前期准备工作,完成 15 号地项目建筑信息模型实施应用,建筑夜景照明初步方案、幕墙招标图设计、消防审查、民防全部四个阶段审查,施工图强审、第三方基坑监测单位开标评标和防雷审查。16 号地项目初步编制完成定制建设合同。

园区融资及物业管理调研,借助园区重点建设项目,争取国家专项建设基金贴息贷款 5000 万元。对北京市主要商圈的写字楼物业及物业管理公司进行调研,探讨适合首特钢园区发展的物业管理模式,按照高标准、高起点选定物业服务合作方,并签署物业服务合作协议,启动首特钢园区开发战略咨询、物业服务体系标准化、物业团队培训等工作,为提升物业管理服务品质奠定基础。

(尹海娟、杨威、黄河)

【创收增效】 特钢公司以挖潜增效和租赁经营为重点,创收增效,促进经营指标计划任务完成。挖掘土地房屋等存量资产潜力,完善管理制度,落实资产管理责任,提升服务质量和物业管理水平,全年资产租赁收入 4785 万元,其中汽车园区 1563 万元,创业大厦 A 座 1743 万元,创业公寓 408 万元,厂内办公楼及厂房 841 万元,子公司 230 万元,土地房屋资产出租收费率均达到 95% 以上。加大厂区内废旧闲置资产盘活力度,回收资金 104 万元。对南区停车场进行扩建改造,全年实现收入 66 万元。结合"治乱疏解"清理出的空闲场地及房屋,启动位于八角南路的两个项目改建工程。

(徐剑、张娜、孙涛)

【钢材加工及贸易】 特钢公司面对跌宕起伏、复杂多变的钢材市场形势,以降低经营风险、压缩库存、调整结构、拓宽贸易为重点,及时调整营销策略,努力开发新客户及新产品,做好技术和产品质量服务,拓宽经营渠道,钢材库存比年初下降 426 吨,回收资金 211 万元。全年钢材外委加工及贸易销售量 54081 吨,比计划增加 23081 吨;销售收入 11748 万元,比计划增加 5998 万元。

(郭建刚)

【投资企业运营】 特钢公司加强对所属投资企业的运营管理,跟进检查企业经营情况的动态分析及相关事项,以抓好投资质量和投资回报为重点,确保国有资产保值增值,全年收取投资回报 53 万元,超计划 3 万元。

按照有进有退原则,优化投资结构,2016 年,纳入股权退出的改制参股企业计 3 家。

(马瑞杰)

【环境治理】 特钢公司落实主体责任,推进"治乱疏解建高端"工作,在首钢总公司统一领导和石景山区相关部门支持下,按照标准不降、任务不减、倒排工期要求,精准确定每一处点位的治理方案,通过艰苦工作,取得阶段性成果,承担责任区域的 13 项治乱疏解工作,完成治理 10 项并通过验收,完成当年计划任务。提升企业形象,制定并实施首特钢园区环境整治方案,协调拆除各式标识标牌 10 处,设置公司铭牌 2 座,主要路口设置标识牌 6 座,改造"首钢特钢公司"标识,制作"首特钢园区"可发光字体牌;划分绿化责任区,对主要绿地区域铲除杂草,清理垃圾死角;加强园区内门禁、车辆疏导管理,根据需要制作交通提示牌、开辟两个停车场。

(张　娜)

【党建工作】 特钢公司党委注重加强党的建设,坚持党建工作紧密融合企业中心任务,把从严治党落在实处,发挥基层党组织的引领和保障作用,调动职工积极性,为推进园区开发建设和经营各项工作提供坚强保证。制定实施开展"两学一做"学习教育方案。加强党组织建设,完成特钢公司所属 3 个党委、2 个党总支的换届选举。组织完成 20 个党支部"达晋创"等级评定和党员民主评议工作,经考评 12 个党支部评定为一级,8 个党支部评定为二级;参加评议的在岗党员 376 人全部评议为合格党员。组织开展创先争优主题实践活动,基层党组织 8 个和党员 17 人受到两级公司党委表彰。完成党员发展工作,发展中共党员 2 人,预备党员按期转正 3 人。

(乔春海)

【队伍建设】 特钢公司加强职工队伍培训,制定并实施职工培训方案。以强化园区开发板块和项目物业管理力量为目标,抓好职工队伍的转岗培训和新项目的前瞻性培训,为职工搭建再就业平台,促进职工与企业共同转型。围绕园区开发建设进度和节点要求,强化开发系统供配电、洽商种类及审批流程、幕墙等专业培训 25 次、1200 人次参加。以引进的专业人才作为培训教师力量,开展施工工程相关专业知识培训 38 次、440 人次参加。加快职工转型,为项目建成后储备操作人才,组织职工 25 人开展消防中控取证培训工作。开展领导干部及后备人员集中培训 13 次。

(刘爱民、乔春海)

【职工生活】 特钢公司关心职工生活,为职工办实事、办好事,加快职工房产证的办理,全年完成 187 户,并发放到职工手中。投资 252 万元,完成福措工程项目 11 项,改善职工生活环境。继续实施职工互助保险工作,完善职工健康管理,实施职工体检,提高职工医疗保障和健康水平。落实各项保障政策,调整落实离岗各类群体的待遇及标准。开展送温暖活动,加大帮困救助力度。开展丰富多彩的群众性文化体育活动,结合特钢建厂 60 周年弘扬首钢精神,开展征文、摄影等系列活动。

(孙　涛、刘爱民、郭建辉)

【泰康医院扩大服务项目】 特钢泰康医院利用原病房通过改造筹建体检中心,9 月取得营业许可证,10 月开始正式运营,年内体检人数 1804 人,收入 115 万元。完成眼科筹建工作,引进主治医生 1 人,副主任医师 1 人,8 月份开诊,填补专职眼科医生空白。成立中医传承工作室,配备相应物资,并举行拜师仪式。全年完成门诊量 23.7 万人次,实现营业收入 8278 万元,上交投资汇报 110 万元。

(李　梅)

园区管理部

【园区管理部领导名录】

　部　长:王云平(12 月任职)

副部长(主持工作):王云平(12 月离任)

副部长:付庆来(5 月离任)　张永祥(11 月任职)

党委书记、工会主席:李小平

纪委书记:闫广顺

党委副书记:闫广顺

（孙文学）

【综述】 园区管理部 2013 年 3 月 14 日成立,负责园区停产资产处置、拆迁和新建工程组织、合同预算、动力能源、房地产、设备材料采购、废旧材料回收加工、厂容绿化、安全、保卫、防火以及铁、钢、轧、动力、运输、一线材管理处管理等。2016 年,建设工程管理部设备处划归园区管理部管理,园区管理部下属钢区管理处、轧区管理处、运输管理处合并为南区管理处。共有 11 个专业处室、5 个实体单位。

截至 2016 年年末,在岗职工 2652 人（含各管理处）,其中男职工 2165 人、女职工 487 人,专业管理人员 552 人、操作岗位 2100 人,平均年龄 44 岁,研究生及以上学历 33 人、本科 433 人、大专 620 人,中共党员 1120 人。

（孙文学）

【资产处置】 2016 年,园区管理部处置资产 41 项,涉及资产原值 41.11 亿元,净值 12.50 亿元。其中,各基地利旧 8 项,资产原值 21.51 亿元,净值 7.19 亿元;对外盘活 2 项,资产原值 0.04 亿元,净值 0.02 亿元;报废 31 项,资产原值 19.57 亿元,净值 5.30 亿元。

（孙文学）

【拆迁工作】 园区管理部完成二线材、中板厂、古城南街综合管网等 31 项拆迁工程,完成二炼钢利旧拆除前期准备工作。全年拆除建筑物面积 6.41 万平米,拆除回收废钢 2.61 万吨,加工废钢 3.71 万吨,调拨废钢 4.45 万吨。

（孙文学）

【工程建设】 开展了长安街西延线首钢段规划管线和拆改移、丰沙线入地首钢段管线拆改移,北辛安路首钢厂区围墙拆建、自备井水质改善二期以及功碑阁、月季园、陶楼、文馆修缮等 12 项建设和修缮项目,全部按照工程节点顺利推进和完成。

（孙文学）

【两违治理】 结合石景山区“治乱、疏解、建高端”工作要求,园区管理部根据园区的实际情况,制定了《首钢园区治乱、疏解、建高端工作方案》《园区管理部两违治理实施方案》,成立专项治理领导小组和工作小组,定期召开“两违”例会,督促检查指导两违治理工作。全年共完成治理任务 12 项,拆除房屋 106 间,拆除面积 6980 平米,收回首钢土地 16529 平米,疏解人口 402 人。

（孙文学）

【转型提效】 2016 年通过转型输出、解除劳动合同、内退、置换外聘保安等方式超额完成全年转型提效任务。全年完成转型安置职工 637 人,其中退出企业 474 人（解合 399 人、退休 50 人、内退 25 人）、调出 38 人、内部安置和服务输出 125 人。

（孙文学）

【费用节降】 园区管理部加强全面预算管理,深入挖潜,反复算账,剖析每项支出,挤干指标水分,实行计划管理。完善审批程序,制定费用支出标准,细化降费措施,大力开展费用节降工作。2016 年总公司下达的园区管理部预算为 62200 万元。其中人工费计划 35609 万元,管理费计划 26591 万元。园区管理部实际发生费用 54135 万元,比计划降低 8065 万元,降低率 12.97%。

（孙文学）

【冬奥服务】 园区管理部围绕冬奥组委入驻,全力做好服务保障工作。加强园区供水、供电、供热等基础设施运行维护,开展园区绿化、交通、环境等综合治理,做好园区安全、防火、保卫、治安等专业工作,确保国际奥委会冬奥协调委员会新闻发布会、冬奥组委主席会等一系列重要会议的成功召开。为提升园区影响力、吸引世界目光,作出贡献。

（孙文学）

直 管 单 位

◎ 责任编辑：刘冰清、车宏卿

首钢环境产业有限公司

【环境公司领导名录】

董事长：白　新（兼）

董　事：白　新（兼）　朱伟明

监事会：张福田　曹　阳（8月离任）

　　　　宛　贞（职工监事）

党委书记：李　浩（12月任职）

党委副书记、总经理：朱伟明（12月任职）

纪委书记：史玉琢（11月任职）

副总经理：贾延明　王向安　马刚平

工会主席：李　浩

（郭宝全）

【综述】 首钢环境产业有限公司（以下简称环境公司）2014年1月成立。环境公司下属单位包括北京首钢生物质能源科技有限公司、北京首钢资源综合利用科技开发公司、北京首华科技发展公司、唐山曹妃甸盾石新型建材有限公司、北京首科兴业工程技术有限公司、北京首同致远节能环保科技有限公司、首钢总公司环境监测中心。环境公司职能部门包括市场开发部、财务部、运营管理部、人力资源部、工程管理部、办公室（党群工作部）、设计技术中心（技术部）。年末在岗职工454人，其中硕士研究生36人，本科148人，大专161人；高级职称19人，中级职称45人，初级职称37人。

按照首钢发展城市综合服务商战略，近年来环境公司一是建设实施首钢生物质能源项目，作为世界单体一次投运规模最大的垃圾焚烧发电厂，以"绿色、环保、创新"的先进设计理念，整合了世界上先进的垃圾焚烧技术，2013年底投产试运行，2014年并网发电，2016年实现垃圾进场量120万吨，发电量3.76亿度，全面超越设计产能；二是拓宽建筑垃圾循环利用途径，通过自主研发和集成创新，在北京市率先建成首座建筑垃圾资源化处置项目，满足首钢北京园区建设需求，产品成功用于长安街西沿线等重要市政工程中；三是实施首钢污染土壤修复项目，2016年7月首钢热脱附土壤修复项目实现试生产，处理后的土壤全部达到北京市《污染场地修复后土壤再利用环境评估导则》标准；四是加快推进"北京市鲁家山循环经济（静脉产业）基地"园区建设，2013年8月获批成为首家国家级城市固废处理循环经济示范园区以来，不断推进园区开发建设，在生物质一期项目建设运营后，2016年12月相继开工建设了残渣暂存场项目、餐厨垃圾收运处一体化项目，为园区发挥集聚效应打下基础；五是坚持"走出去"发展战略，2016年12月环境公司、长钢公司组成的联合体投标长治生物质能源项目，该项目是环境公司走出去发展的第一个，对首钢环境产业发展具有里程碑的意义。

（李　佳）

【主要指标】 2016年，环境公司实现利润计划1760万元，实际完成2218万元，比计划超458万元，超26.02%。销售收入计划4亿元，实际完成3.7亿元（合并），比计划欠3000万元，欠7.5%。

（李　佳）

【大事记】

1月22日，福州市人民政府副市长胡振杰到鲁家山基地参观。

2月25日，环境公司召开2016年工作会议。

2月26日，阿根廷科尔多瓦省科尔多瓦市政府市长Ramon Javier Mestre到鲁家山基地参观。

3月8日，吉林省人民政府副省长姜有为到鲁家山基地参观。

3月24日，环境公司召开党风廉政建设工作会议。

6月30日，总公司召开七一表彰大会，环境公司获得六好班子荣誉称号。

11月22日，北京市人民政府代市长蔡奇到鲁家山基地参观。

12月13日，环境公司召开干部大会，总公司党委宣布环境公司干部调整。

12月26日，中央环境保护督察组组长马驭到鲁家山基地检查。

12月27日，环境公司召开中国共产党首钢环境产业有限公司第一次代表大会,选举产生了中共首钢环境产业有限公司第一届委员会委员和中共首钢环境产业有限公司第一届纪律检查委员会委员。

12月30日,残渣暂存场项目、餐厨垃圾收运处一体化项目举行开工仪式。

12月30日,环境公司、首钢长钢公司组成的联合体投标长治生物质能源项目。

12月30日,北京市委常委、宣传部部长李伟到鲁家山基地参观。

(李 佳)

【生物质项目】 生物质能源项目是首钢承接的北京市重大民生工程,也是首钢发展城市综合服务商的标志性项目。全年完成生活垃圾进厂量120万吨,发电量3.76亿度,吨入炉垃圾发电量402.8度,分别比2015年提高14.8%、27.9%、10.9%,先后17次打破日、月生产记录。破解历史遗留问题,先后取得生物质项目土地证、开工证等手续,解决了困扰多年的难点问题。参与CCER自愿碳减排项目,通过出售减排配额收益202万元,取得良好的社会和经济效益。提升对外窗口形象,鲁家山宣教基地全年接待参观人员222次、6101人,接待四批次发展中国家政府官员培训,被国家环保部授予"环境保护部宣传教育中心培训教学实践基地"。

(李 佳)

【污染土修复项目】 2016年7月,首钢热脱附土壤修复项目实现试生产,全年处理污染土1.4万吨,处理后的土壤全部达到北京市《污染场地修复后土壤再利用环境评估导则》标准;配合首钢北京园区建设,完成晾水池东路和特钢15、16号地块污染土壤清挖、运输、暂存工作,共计倒运土约6.7万立方米;坚持走出去闯市场,承揽了贵钢老厂区地块污染土治理工程,拓宽了污染土处置的市场;统筹协调飞灰的处置,做好京津冀三省市环保部门的工作,打通了飞灰异地处置渠道,取得了天津市环保局关于异地处置飞灰4万吨的批复文件。

(李 佳)

【建筑垃圾资源化利用项目】 环境公司全面满足首钢北京园区建设需要,全年累计接收建筑垃圾25.6万吨,处理21.5万吨;密切跟踪市政项目,在满足首钢北京园区建设的基础上,产品成功应用于长安街西沿线、西十冬奥广场、中国建筑设计研究院等重要市政工程中,得到

了市场认可,积累了客户资源。

(李 佳)

【鲁家山基地和新项目】 首钢鲁家山残渣暂存场项目、首钢餐厨垃圾收运处一体化项目取得北京市住建委《建设项目施工登记意见书》,并于2016年12月30日开工;编制完成生活垃圾焚烧发电项目二期方案并报送市城管委;对外开拓市场取得实质性突破,12月30日发布中标公示,首钢环境为"长治市主城区生活垃圾无害化处理特许经营项目"第一中标候选人;开展贵钢老厂区污染土修复项目前期工作,11月《首钢贵钢老区开发项目污染场地修复工程实施方案》在贵阳市生态委备案。

(李 佳)

【企业运营管理】 环境公司申报的"北京市高新技术企业"认定、"北京市工业污染场地工程技术研究中心"通过公示;首科公司获得"环保工程专业承包三级资质";环境监测中心通过环境监测计量认证(CMA)复评审和北京市环保局环境监测社会化资质认定;成功收购北科大所持首科公司50%股权,为进入环保工程领域打下坚实的基础。

(李 佳)

【劣势企业清退】 迁安首环公司清撤工作被市国资委列入2016年劣势企业退出计划,环境公司全力组织协调迁安首环公司清撤注销工作,先后完成资产处置、债权债务、人员遣散等各项工作,最终于12月22日取得工商局出具的"准予注销登记通知书"。

(李 佳)

【企业宣传】 环境公司围绕产业发展,强化宣传工作,编制宣传册、建立微信平台、完成环境公司Logo设计、编制下发《首钢环境产业公司视觉识别系统使用规范》、完成环境公司网站的搭建,对外宣传工作取得阶段性成果。

(李 佳)

【技术创新】 环境公司组织申报专利10项,发表论文5篇,参与住建部、工信部、北京市住建委3项指南、规程编制工作。生活垃圾焚烧发电成套工艺技术、污染场地修复技术2项科技成果,分别达到国际先进、国内领先水平。建筑垃圾资源化处理技术获得石景山区科技二等奖。《构建首钢环境产业发展体系的路径与实践》获得北京市管理创新一等奖。

(李 佳)

【党群工作】 环境公司开展"三严三实"专题教育,党建工作取得新成绩;加强学习型班子、学习型企业建设,完善了党委中心组理论学习制度;加强党风廉政建设工作,落实反腐倡廉任务分工方案和党风廉政建设责任书;围绕产业发展,强化宣传工作,多次接待国家、市级媒体采访,在社会媒体及首钢内部宣传报道量达20余篇,提升了"首钢环境"的影响力;组织爱国主义教育基地参观、职工联谊会、登山、球类、歌咏比赛等数项活动,丰富职工活动,企业活力增强。

(李 佳)

首钢控股有限责任公司

【首钢控股领导名录】
　　董事长:韩 庆
　　董 事:何 巍 赵天旸 邹立宾
　　　　　徐景海 李志强
　　　　　许春明(5月离任) 王德春(5月任职)
　　总经理:徐景海
　　副总经理:任黎鸿(5月任职)
　　财务总监:周一萍
　　总经理助理:罗 虹(12月离任)
　　　　　　　李 猛(5月任职)

(宿海文)

【综述】 首钢控股公司是首钢总公司下属的国有投资控股公司,本部位于北京市石景山区石景山路乙18号院国际资源大厦,现注册资本22.6亿元。公司成立于2004年12月,2005年7月正式运营,2015年5月完成股权结构调整,首钢总公司成为公司唯一股东。2016年实现利润2066万元,完成收入3.68亿元。(不含通钢、伊钢)。

　　公司本部设运营管理部、发展与审计部、计划财务部、人力资源部(组织人事部)、综合办公室(党群工作部),60%以上的员工拥有博士、硕士学位。

(宿海文)

【首旺煤业项目】 2005年首钢控股公司通过拍卖方式全资收购地方国有山西临汾翼城牢寨煤业有限公司全部股权,2009年更名为山西翼城首旺煤业有限公司。该公司矿区井田面积12.52平方公里,煤炭地质储量1.78亿吨,可采储量1.35亿吨,设计可采储量1.05亿吨,煤炭品质优良,包括特低硫、低中灰、高热值贫煤,是优质气化、动力用煤;9号、10号煤层为高硫、中灰、高热值的优质气化、动力用煤。公司铁路公路交通便利。首钢控股公司引进设备,对该矿进行现代化改造,由炮采转为机械化综采,产能从60万吨提高到120万吨,成为山西临汾地区单一最大矿井。首旺煤业公司依托120万吨坑口洗煤厂提升煤炭附加值,利用租赁经营的铁路专用线拓宽销售半径,成为临汾市翼城唯一正常经营的煤矿。2016年安全目标考核达到要求,生产原煤85.28万吨、实现销售收入2.72亿元、利润约5662.72万元。

(宿海文)

【西沟煤矿项目】 2008年,首钢控股公司收购重组新疆昌吉呼图壁县小西沟煤炭有限责任公司。该矿始建于1993年,井田面积0.9平方公里,煤炭储量2亿吨,可采煤层有4层,总厚度21米,煤种为长焰煤,灰分少,含硫量低,发热值高。2009年,首钢控股公司收购重组与该矿毗邻的地方国有大西沟煤炭有限公司。大西沟煤矿始建于1958年,2003年改制成有限责任公司,矿区井田面积6.25平方公里,资源储量约1.2亿吨。2016年,成立新疆西沟项目协调指挥部,积极推进西沟项目运作。

(宿海文)

【华兵矿业项目】 丰宁华兵矿业有限责任公司位于承德西部丰宁满族自治县,主要生产矿产品。2008年,首钢控股公司收购该公司绝对控股权。2011年12月,华兵矿业更新采矿许可证,矿区面积扩大到8.99平方公里。公司注册资本8100万元,首钢控股公司占股97.25%。华兵矿业落实发展规划,当地投资建设年产60万吨铁、30万吨磷、10万吨钛的综合加工项目。

2015 年,华兵矿业公司尾矿砂选铁钛项目试生产,生产顺稳。2016 年,公司以财务管理为中心,加强内部管理,依法依规对历史遗留问题进行梳理并处理,稳步推进钛铁车间联动生产。

（宿海文）

【宜昌铁矿项目】 2007 年,首钢控股公司开发湖北宜昌长阳土家族自治县火烧坪乡的高磷铁矿项目,注册成立全资子公司长阳新首钢矿业有限公司,完成高磷铁矿选矿工业化试验,设计一期项目年采选高磷铁矿 60 万吨。2015 年,公司完成矿山建设,进入试运行阶段。2016 年,公司积极盘活闲置资产,适时调整矿山开采工作面,稳步推进强磁干选技改工程项目,为下一步"止血"减亏、跑赢市场奠定基础。

（宿海文）

【村镇银行项目】 南阳村镇银行是中国银监会试点的首家地市级村镇银行。2010 年 8 月,天津市政府、首钢控股公司提议并协调,启动南阳村镇银行筹建工作。9 月,首钢控股公司作为发起人之一,向南阳村镇银行出资取得 10%的股权。加上首钢控股公司已投资的关联方河南天冠集团、南阳天利酶制剂有限公司持有南阳村镇银行 15%的股权,实际控制权 25%。2010 年 12 月 30 日,南阳村镇银行总行、宛城支行、淅川支行挂牌营业。是中国第一家地市级总部的村镇银行。2011 年上半年,邓州、新野、镇平、内乡、社旗、西峡 6 家支行相继营业,当年底实现南阳市 13 个区县全覆盖。2012 年年初实现盈利。南阳村镇银行项目是首钢控股公司实施"以金融为先导"战略的重要举措。2016 年年底,南阳村镇银行存款余额 51.62 亿元、贷款余额 35.65 亿元、实现净利润 7898.93 万元。

（宿海文）

【江苏首控项目】 首钢控股 2012 年 3 月在镇江新区投资成立江苏首控制造技术有限公司,注册资本 1 亿元。2013 年底,为脱离 FMS 工程迟迟无法产生效益的困境,公司适时进行了产品结构的调整,启动了蝙蝠无人机项目的研发工作。2015 年,江苏首控公司获得"江苏省企业信用管理贯标"荣誉称号;自主研发的无人机产品获得 13 项专利,"蝙蝠"军用级无人机获得中国设计红星奖金奖,并荣获公安部"2015 年全国公安科技创新成果"奖。2016 年,"蝙蝠"、"山野"、"黑鸢"、"游隼"、网售轻骑兵无人机相继研发完成,产品的市场销售推广工作顺利开展,2016 年实际完成销售总额为 35.05 万元。

（宿海文）

【首控物业项目】 北京首控物业管理有限公司于 2009 年 11 月 27 日注册成立,注册资本为 100 万元,是首控公司的全资子公司,主营业务为物业管理。在首控公司授权下,该公司负责国际资源大厦租赁和物业监管等工作,经过多年的悉心经营,国际资源大厦现已发展成为石景山区写字楼的地标性建筑。2016 年末,在写字楼租赁市场整体发展放缓、周边同档楼宇大面积入市的环境下,该公司累计完成出租面积 9100 平米,除上交首控的租金收入 1545 万外,实现销售收入 186 万元,资产总额达 1045 万元。

（宿海文）

【首钢伊犁项目】 2008 年 11 月,新疆维吾尔自治区、伊犁州政府与首钢签订战略合作框架协议,支持首钢对伊犁河谷的钢铁产业进行整合,以达到 500 万吨产能。2009 年 8 月,首钢控股公司落实战略合作协议重组伊犁兴源实业有限公司,更名为首钢伊犁钢铁有限公司。

首钢伊钢本部位于伊犁州新源县,公司注册资本 10 亿元,首钢控股公司占股权 75%。经过前期运作,公司本部初步形成煤矿、铁矿、焦化、烧结、炼铁、炼钢、轧钢的产业链,产品以热轧窄带钢为主,钢材综合产能 60 万吨,并控股经营巴州凯宏矿业、库车天缘煤焦化、库车金沟煤矿、乌恰其克里克煤矿等资源性子公司。首钢伊钢具备年产 70 万吨铁、120 万吨钢、60 万吨带钢生产能力,原料配套具备 70 万吨烧结矿、150 万吨铁精粉、70 万吨焦炭生产能力。

（宿海文）

【首钢通钢项目】 通钢集团是有 50 多年历史的吉林省大型企业,国务院振兴东北老工业基地重点支持的企业,主营铁矿采选、钢铁冶炼、焦化、冶金设计等,钢铁产能 560 万吨,资产总额 300 亿元,职工 2 万余人,2009 年排名中国企业 500 强第 203 位。2009 年 7 月 24 日,发生通钢"7·24"事件。2010 年 7 月 16 日,吉林省政府与首钢签订战略合作框架协议,支持首钢以增资扩股方式重组通钢集团,持有通钢 77.59%股权,其中首钢控股持有通钢 53.36%股权。首钢通钢集团总部位于长春市,有通化钢铁、通钢矿业、磐石钢管、四平制品、通钢国贸、通自信等控股参股公司。

（宿海文）

【人才队伍建设】　首钢控股公司优化人才队伍结构,加强项目公司的干部队伍建设。做好二级单位领导班子考核、干部考察、后备干部选拔工作,加大本部与二级单位的干部交流、挂职力度。开展多样化培训,组织本部全员培训30次,配合各专业部门的法律、会计、审计、统计、写作外部继续教育培训32人次,鼓励员工参加业务培训和在职攻读博士、硕士学位,提高员工队伍的素质和能力,通过春季游园、秋季健步走、室内运动会等活动,丰富员工业余文化生活,密切党群关系、增强凝聚力。

(宿海文)

【荣誉称号】　首钢控股公司评选首钢先进集体1个,首钢劳动模范2人。首钢控股公司评选首钢控股模范单位3个,首钢控股先进集体10个,首钢控股先进个人37人。

(宿海文)

北京首钢房地产开发有限公司

【首钢地产领导名录】

董事长:吴　林

董　事:吴　林　李　斌　陈国立　侯锦山
　　　　韩俊峰(5月任职)

监　事:张　焕　宗民胜

总经理:韩俊峰(5月任职)

副总经理:缪双林　李　斌　陈国立
　　　　　侯锦山　王　坚(7月任职)

总经理助理:马　滨

副总工程师:刘顺全

党委书记:吴　林

党委副书记:张　焕

纪委书记:张　焕

工会主席:吴　林

(张晓丹)

【综述】　北京首钢房地产开发有限公司(简称首钢地产)是房地产开发、商品房销售、家居装饰、房地产咨询专业化公司,具有房地产开发一级资质。公司设有12部1室1个项目部,分别为办公室、党群工作部、人力资源部、计划财务部、市场拓展部、营销管理部、审计部、规划设计部、成本合约部、招标采购部、市场开发部、工程管理部、协调管理部、资产管理部、一线材项目筹备组。现有分公司2家,分别为北京首钢房地产开发有限公司新北分公司、北京首钢房地产开发有限公司南戴河分公司;全资一级子公司5家:北京首房商业管理有限公司、北京首钢二通建设投资有限公司、重庆首金房地产开发有限公司、首钢宝泉(天津)投资有限公司、北京首钢创意产业投资有限责任公司;全资二级子公司6家:秦皇岛首房物业服务有限公司、天津首凯房地产开发有限公司、天津京首置业有限公司、重庆美利山物业服务有限公司、成都首钢房地产开发有限公司、重庆首恒房地产开发有限公司;控股公司4家,分别为安徽省首钢房地产开发有限公司、吉林蛟河市首钢房地产开发有限公司、福建首鑫建设发展有限公司、秦皇岛市江盟房地产开发有限公司;参股子公司2家,分别为唐海国际专家服务中心有限公司、北京万年花城房地产开发有限公司。

截止2016年12月31日,首钢地产在册人员786人,北京区域在册员工181人,京外项目公司在册员工258人,所属物业在册347人。北京区域在册员工本科以上学历174人(研究生19人),中级以上职称81人(高级职称21人),平均年龄39.5岁。

(罗超湘)

【主要指标】　首钢地产全年实现销售收入51.34亿元,实现利润21.48亿元,完成新开工面积99.10万平方米,竣工面积40.62万平方米。

(南志国)

【重要会议】

2月16日,召开首钢地产第二届职工代表大会第四次会议。

2月23日,召开首钢地产2016年第一次董事会。

3月21日,召开首钢地产党风廉洁建设工作会。

4月27日,召开首钢地产2016年第二次董事会。

5月5日,召开首钢地产领导班子扩大会。

5月23日,召开首钢地产2016年第三次董事会。

6月29日,召开首钢地产2016年第四次董事会。

7月1日,召开首钢地产庆祝中国共产党成立95周年大会。

7月18日,召开首钢地产上半年经济活动分析会。

8月11日,召开首钢地产2016年第五次董事会。

8月19日,召开首钢地产2016年安全生产专题会。

9月9日,召开首钢地产党风廉洁建设专题会。

10月31日,召开首钢地产风控体系建设项目启动会。

11月4日,召开首钢地产2016年第六次董事会。

11月22日,召开首钢地产2016年第七次董事会。

11月25日,召开"贯彻中央环保督察工作精神"专题会议。

(南志国)

【老工业园区建设】 首钢地产为推进二通园区市政基础设施建设,6条道路全面开工。张仪村东四路、东五路基本完成道路管线施工,取得市发改委投资3500万元。张仪村东一路、东二路、东三路、二号路道路工程完成所有管线施工总量的30%。北区615地块"北京市四中院建设审判业务用房项目"完成合作框架协议签订。

首钢贵钢园区开发项目,接待中心于9月开工建设;一期住宅区域12月19日开工建设;全年开工73万平。完成规划方案调整,通过南明区政府、贵阳市规划局和贵阳市专家会审批。完成厂区内159.06亩未获取土地的一级开发方案编制。签订红星美凯龙拆迁安置意向框架协议,并正式启动家居MALL区域方案设计。炮台山公园纳入贵阳市千园工程示范园建设,争取到政府出资50%(约1800万元)。首钢贵钢老区开发项目纳入贵阳市棚改项目立项。与万科签订"睿服务"合作意向框架协议。

(南志国)

【政策房项目建设】 首钢地产的二通南区棚改定向安置房项目取得销售价格批复、项目立项核准、土地划拨批复等手续,实现土地收益24亿元。10月项目土方、基坑支护工程开工建设,12月底完成工程量的80%。与西城区建委、丰台区建委签订销售对接协议,完成销售回款4.4亿元。

铸造厂南区限价房取得规划方案复函、施工许可证等手续;完成地下结构施工。组织完成2261套房源的选房工作,合同总额22.45亿元。铸造村三期集资房1号、2号、3号、5号、6号、8号楼及地库完成竣工验收备案,4号、7号钢结构住宅楼和11号公建楼9月取得施工许可证,完成地下结构施工。

一线材项目获北京市住建委主体授权批复,纳入"十三五"期间昌平区为西城区提供的棚改定向安置房指标。

铸造村一区建设自住型商品房项目通过市住保办联审会。控规已编制完成,报市规土委。

二通东区620、625地块自住型商品房项目,通过市住保办联审会。

(南志国)

【市场化项目布局】 首钢地产跟踪京津冀、黔渝成、合肥、武汉和厦漳等区域重点城市的土地项目,形成可研报告11份。在总公司下放投资决策权之后,研究建立了土地获取评审决策新机制。成功竞得成都华区项目地块,净用地面积78.47亩,计划总建筑面积25.89万平。

推进低效资产盘活。福建首鑫公司完成紫云嘉苑项目收尾工作。与国内多家有实力的公司进行接触洽谈。天津宝坻项目,完成唐泉尚苑一期一栋写字楼、两栋酒店式公寓销售及地下车库使用权转让,总面积3.37万平,总额2.14亿元。与政府协调,推动项目用地性质及规划条件调整。开展招商引资,与碧桂园等3家公司的谈判进入实质性阶段。南戴河公司盘活F1酒店资产,暑期正式营业,当年收支基本平衡。

6月完成邢台中基太业公司及首钢中基太业公司清撤。完成万年花城项目整体资产清理。

按首钢总公司要求,全面梳理苹果园交通枢纽项目,与区住建委及燕金源公司进行多轮谈判,使该项目整体补偿由原值3.78亿元增加到7.13亿元并收回全部资金。

(南志国)

【在手项目开发建设】 首钢地产重庆公司当年开盘的

美利山六期二高层去化率达到97%,美利花都二期别墅去化率达到93%。全年完成销售签约额8亿元。

安徽公司3号地高层去化率达97%,2号地洋房去化率达90%。全年完成销售面积13.72万平,完成签约额7.73亿元。2016年1月—8月蝉联宿州市销售冠军。全年销售回款6.67亿元。

秦皇岛江盟公司实施诚品696、首府一期、首府二期三个项目清盘策略,整体去化率达96%。引进碧桂园公司合作开发首府三期,项目前期报建用时不到五个月,在当地创造了新纪录。

南戴河分公司多种渠道加强销售,A19号楼实现当年开盘并基本售罄,项目全年实现销售签约2亿元。提升物业服务水平,年度业主满意度达98%,物业费收缴率95%。首钢鸥洲社区被秦皇岛市委宣传部评为"秦皇岛市最美社区"。

商业管理公司和创投公司加强商业出租管理,商业面积出租率达到95%,实现租赁收入2179万元。

(南志国)

【管理改革】 制定《贯彻落实"三重一大"决策制度实施办法》。变更二级子公司法人代表,由首钢地产公司主要领导担任。建立《党政联席会议事规则》,修订《董事会工作规则》,完善投资决策管理。规范项目公司股东会、董事会管理。10月底启动风控体系建设。聘请专业律师事务所作为法律顾问,防控法律风险。

强化总部集中管控能力,推进成本、营销、产品、运营"四个中心"建设。成本中心、营销中心组建完成。对项目公司成本合约、招标采购、营销、财务等专业人员实施集中管控。

建立市场化的人才流动机制。制定《中层管理人员职务管理改革实施办法(试行)》,实施取消现有中层管理人员行政级别、简化选拔任用程序等配套改革。在干部人才管理上,坚持向一线倾斜。加强中层管理人员考察考核管理,调整中层管理人员59人次。市场化引进专业人才31人,中层职业经理人3人。内部竞聘选用了7名专业岗位人员。

改革和规范薪酬管理。制定下发《薪酬(福利)管理办法》,对全公司的薪酬和福利进行规范。调整经营目标责任书,将项目公司的绩效薪酬与重点工作直接挂钩,加大了考核力度。将重点项目前期工作分成重大时间节点,挂钩不同金额绩效奖励,体现市场化收入与业绩的匹配度,树立挣工资理念。

(南志国)

【强化专业管理】 首钢地产招聘优秀毕业生14人,安排有经验的专业人才开展师带徒活动。加强青年骨干培训,选拔学员33人,举办脱产半脱产相结合的培训班。选派青年业务骨干10人到秦皇岛、贵阳、成都等公司上岗锻炼。

加强融资和资金管理。全年新增授信119亿元,新签订贷款合同60亿元,实际使用37.33亿元。完善月度资金预算、资金分析和资金日报制度。探索建立资金集中管理体系,统筹资金使用,调剂余缺,提高了资金使用效率。

推动首钢总公司债权转股权,将对首钢地产的24亿元债权转为股东出资,首钢地产注册资本由6亿元增加至30亿元,提升了综合实力。

推动信息化建设,提升管理水平。完成OA系统升级,实现OA系统与销售、成本、招采系统单点登录和OA系统移动审批。建成招采系统并投入运行。建立微信办公平台,实现销售、招采、成本等系统的移动审批。完成销售、成本系统"营改增"功能调整,实现价税分离。

推动钢结构住宅与住宅产业化。钢结构住宅研究课题通过市科委立项审查。《4号、7号楼钢结构住宅产业化实施方案》通过市建委组织的专家评审,项目纳入北京市住宅产业化试点工程。二通南区定向安置房3号地块,成片区钢结构高层住宅及配套项目方案,通过市建委专家会评审。积极参与市规土委组织的箱板式钢结构住宅研发设计。

顺利完成公司ISO9001质量管理体系内、外审核和换证工作。

加强安全生产管理,自上而下建立健全以安委会为核心的安全管理体系。取得北京市三级安全生产标准化企业证书。全力应对空气重污染,严格落实各项环保措施。

(南志国)

【廉洁建设】 首钢地产完善廉洁风险防控体系。制定反腐倡廉分工方案。逐级签订廉洁建设责任书、责任制、廉洁从业保证书、廉洁风险点和防控措施明示表。建立廉洁档案,加强对中层以上人员的监督管理,实行廉洁"一票否决"。

深化廉洁宣传教育。对中层以上和有业务处置权人员进行集中培训辅导。开展了"严守纪律规矩,强化责任作风"主题教育和"我的家规家训家风"征集宣传教育活动,组织200余人进行廉政测试。

严格监督检查和执纪问责。建立监督工作联席会制度,成立联合检查组,对各单位进行监督检查,发现各类问题38个并督促整改。对提职、交流的69人进行任职廉洁谈话。对中层人员4人进行约谈,对重庆公司的骨干人员进行了集体廉洁约谈。对涉及违法违纪的5人作出处理。

制定《效能监察管理办法》,确立并实施11个效能监察项目,确保政令畅通、决策落实。

（南志国）

【文化建设】 举办中层以上管理人员研讨班,邀请外部专家和总公司领导讲解供给侧改革,分析房地产发展趋势,进一步统一思想,增强了落实发展规划的责任感

和使命感。建立首钢地产官微,交流公司发展动态及各单位落实重点工作的经验做法。坚持典型引路,开展"弘扬首钢精神,作敢于担当的表率"主题征文和"首钢地产人的故事"演讲比赛,营造了崇尚先进、争当先进的良好氛围。关心职工生活,利用二通园区旧楼改造职工单身宿舍并加强日常管理,改善了北京地区单身职工居住条件。慰问劳动模范和困难职工,开展扶贫帮困募捐活动。参加"唤起长征记忆、传承长征精神、再创首钢辉煌"文艺汇演,组织"发现身边的美"主题摄影比赛、永定河公园健步走等文化体育活动,创建健康向上的首钢地产文化。完善信访维稳体系,建立领导包案、隐患排查、信息报告等制度,坚持化解和稳控"两手抓",积极应对、组织完成苹四区13号楼"三联供"系统改造,解决了长期困扰企业的信访问题。

（南志国）

北京大学首钢医院

【首钢医院领导名录】
院　长:顾　晋
党委书记:向平超
副院长:向平超(7月离职)　雷福明
　　　　张祥华(7月离职)　王海英(7月任职)
　　　　杨布仁(7月任职)　王宏宇(7月任职)

（吴妍彦）

【综述】 北京大学首钢医院是一所集医疗、教学、科研、预防保健于一体的综合医院。职工总数1863人(其中在编职工数1073人、合同制人数790人),其中:卫生技术人员数1496人(不包括职能处室卫生技术人员)(含正高级职称42人,副高级职称96人,中级职称461人,初级师504人,初级士169人,无职称224人)。

医疗设备固定资产总值28760万元,2016年新购置医疗设备总值1807.02万元,其中10万元(含)以上设备17台(套),100万元(含)以上设备3台(套)。

（吴妍彦）

【机构设置】 经1月19日医院院务会议研究决定:成立北京大学首钢医院内、外、妇、儿教研室;经8月12日医院院务会议研究决定:撤销慢性病研究所机构及职能;经9月27日医院院务会议研究决定:成立北京大学首钢医院普通外科肝胆胰病区。

（吴妍彦）

【改革与管理】 7月4日,首钢总公司党委在首钢医院召开干部大会。总公司党委组织部负责人宣布首钢总公司党委关于院领导班子成员调整的决定。经首钢总公司党委常委会议研究:向平超担任北京大学首钢医院党委书记、纪委书记、工会主席;顾晋担任北京大学首钢医院院长;雷福明、王海英、杨布仁、王宏宇担任北京大学首钢医院副院长,并按有关规定履行任职程序。8月31日,首钢医院召开第十八届三次职工代表大会。会上,顾晋院长作了题为《创新求实　科教兴院　努力实现医院"十三五"良好开局》的工作报告,各位副院长分别作了专项工作报告。党委书记、纪委书记、工会主席

向平超作了大会总结讲话。

开展多种形式的廉政教育；制订《中共北京大学首钢医院委员会关于成立北京大学首钢医院反腐倡廉建设领导小组的通知》《北京大学首钢医院党风廉政建设约谈制度（试行）》和《北京大学首钢医院 2016 年反腐倡廉主要任务分工方案》等文件。

首钢医院作为医联体核心医院，下属 13 家成员医院。医院的 4 个社区卫生服务中心人财物隶属医院管理，是紧密型的医联体，另外 9 家是松散型的模式。响应国家鼓励医师多点执业的相关政策，2016 年度依据《中华人民共和国执业医师法》和《北京市医师多点执业管理办法》中的受理范围，共有 5 位符合条件的外院医师在首钢医院办理多点执业，壮大了院医师队伍，以更好地为百姓提供服务。

（吴妍彦）

【医疗工作】 全年门急诊量 1127531 人次，编制床位 1006 张，实际开放 907 张，出院患者 28749 人次，较 2015 年增长 10.59%；手术量 6910 例；病床使用率 91.1%，出院患者平均住院日 10.57 天；全院患者药占比 52%，其中住院患者药占比 36%。上报试点临床路径病种 26 个，实施临床路径的科室 14 个，入径管理人数 2158 人，入径率 52.61%，完成率 86.01%。

全年用血量：红细胞悬液 5369 单位，血浆 4494 单位，血小板 810 单位，自体输血 144 例，自体输血量 440 单位。

预约挂号管理。采取网络预约、窗口预约、电话预约、诊间预约、手机 APP 预约和社区转诊预约等多种形式，开放号源比例 70%，预约挂号人次占门诊比例约 3%。门诊患者预约挂号、预约诊疗比例比 2015 年增长 29.5%。

全年开展新技术、新疗法情况。全年新技术、新项目 19 项，其中，普通外科二病区的"3D 腹腔镜镜下右半结肠癌并直肠癌根治切除术"获得第一名。

药物管理。加强抗菌药物处方点评，强化医师合理用药的意识，促进抗生素临床用药安全，2016 年门诊抗生素使用率 12.07%，急诊抗生素使用率 32.48%，住院患者抗生素使用率 54.58%。

医院感染管理。医院感染发生率为 1.06%。

医保工作。全年医保出院人次 19339 人，同比增长 7.95%；出院医保病人总费用 423583876 元，出院医保病人次均费用 21901 元。

医疗支援。医院组织 17 名医务人员赴内蒙古自治区丰镇市医院、组织 18 名医务人员赴内蒙古包头一机医院、组织 26 名医务人员赴北京市大兴区中西医结合医院进行对口支援活动，主要开展临床诊疗、教学培训和查房、疑难病例讨论、学术讲座等。医院每月安排各科室医务人员对口支援社区卫生服务工作，保证古城、苹果园、老山、金顶街四个社区卫生服务中心每天都有医院主治医师以上人员出诊。

3 月 4 日，首钢医院肿瘤科医生赵聪作为第八批第三期援疆干部，前往新疆和田开启了为期一年的卫生支援工作。4 月 23 日，北京大学首钢医院与内蒙古一机医院共同启动"京蒙省际医院对口支援项目"。6 月 30 日和 7 月 1 日，首钢医院党委组织医院党员专家为首钢京唐公司、股份公司、矿业公司为一线干部职工和家属进行健康讲座和健康咨询。7 月 8 日，由中央统战部、国务院侨办、国家卫计委指导，中国西藏文化保护与发展协会和中国红十字基金会、北京市红十字基金会联合主办的，以"重走长征路，共铸中国心"为主题的 2016 "同心·共铸中国心甘孜行"大型公益活动在四川省甘孜藏族自治州康定县正式启动，为期 10 天，首钢医院五位专家共同参加了此次活动。医疗纠纷处理。2016 年参加医疗保险 1530 人，2015 年度保险缴费 796942.58 元，保险赔付 43 万元。发生医疗纠纷 15 起，经北京市医疗纠纷人民调解委员会调解 7 起；经法院判决 8 起。

（吴妍彦）

【护理工作】 护士数 720 人，注册护士数 674 人、合同护士数 550 人，医护比例 0.60：1，重症监护床位数 45 张。本科 277 人，研究生及以上 10 人。

开展优质护理情况。不良事件上报率 98.85%、整改率 100%。

护理管理新举措。"基于护士核心实践能力发展的分层级管理体系建设"获医院管理创新奖。"构建医院—社区一体化延续护理模式研究"，获石景山区卫计委资助 7 万元。

科研工作。在统计源期刊发表的护理论文数 6 篇。

护士培训工作。外送护士进修 4 人，接收进修护士 4 人。血透室护士 2 人、急诊室护士 2 人、静疗护士 5 人、骨科护士 1 人、肿瘤科护士 1 人、老年护士 1 人、造口护士 2 人和手术室护士 2 人，共 16 人参加专科护士取证培训。承担北大方正软件技术学院护理专业临床课教学共 4 门课 300 学时。

（吴妍彦）

【科研工作】 新增课题 12 项，其中国家重点研发计划 3 项，医院首次获批国家级重点研发计划项目，实现国家级重点项目零的突破；市科委"首都临床特色应用研究"专项 1 项；北京市委组织部人才项目 1 项；北京市中医局"北京中医药科技发展资金项目" 1 项。发表论文 122 篇，其中 SCI 文章 9 篇，核心期刊 73 篇，非核心期刊 40 篇。召开"科研沙龙"系列讲座 18 场，邀请到包括中国工程院院士、北京大学医学部主任詹启敏，北京大学医学部公共教学部副主任丛亚丽，香港大学教授罗伟伦，日本大阪医学中心教授 Masayuki Ohue，韩国延世大学教授金南奎等十几位专家教授。

2 月 27 日，由首钢医院顾晋院长倡导成立的"京津冀大肠癌医师联盟成立大会暨第一届京津冀大肠癌国际研讨会"在石家庄市召开。5 月 20 日，首钢医院在泌尿大楼八层报告厅举办"2016 年北京西部医学论坛"，自 2004 年以来，医院已连续成功举办了 12 届北京西部医学论坛。5 月 21 日，由石景山区卫生计生委主办、首钢医院承办的"2016 北京西部医院院长论坛"成功召开。6 月 8 日，由首钢医院院长顾晋教授领衔负责的北京市科委首都特色基金重点项目——《有效提高北京地区大肠癌整体防治水平的关键技术研究》启动会在首钢医院召开。6 月 15 日，北京市卫生计生委"建设基于社区—家庭—三级医院的恶性肿瘤联防联控示范项目"在首钢医院启动。9 月 29 日，由首钢医院与北京石景山区影像质量控制办公室共同主办的"第五届北京西部医学影像论坛"研讨会在首钢医院举行。10 月 13 日，第二十七届长城国际心脏病学会议英语演讲比赛在北京国家会议中心隆重举行。首钢医院心内科青年医师孟越之以《Preliminary Study on the Effectiveness of a Novel Left Atrial Appendage Occluder Specially Designed for the Left Atrial Appendage with Two Lobes in Canine Modele》为题，获得本次演讲比赛第一名。11 月 1 日，首钢医院举行我国首个血管医学二级学科教研室揭牌仪式。12 月 1 日，由首钢医院与北京乳腺病防治学会宣传与发展工作委员会共同主办的"乳腺癌多学科病例研讨会"在医院举行。12 月，北京大学首钢医院协办的

中日韩大肠癌国际会议在北京成功举办。

（吴妍彦）

【医学教育】 本科教育方面，顺利完成北医 2012 级生物医学英语专业教学任务和 2013 级海外口腔专业教学任务，共 37 人，935 学时；完成 2012 级西藏大学医学院临床教学实习任务，共 20 人；完成 2012 级三峡大学医学院临床教学实习任务，共 26 人；完成 2012 级内蒙古民族大学医学院临床教学实习任务，共 11 人；完成 2012 级山西医科大学晋祠学院临床教学实习任务，共 6 人；完成 2012 级华北理工大学临床教学实习任务，共 2 人；其他学校学生 87 人。在加强本科教学的同时，医院培养硕士研究生 8 人、博士研究生 2 名。

2016 年医院参加北京市卫生局专科医师规范化培训的住院医师共 98 人，其中一阶段 49 人，二阶段 49 人。参加继续医学教育的人员 977 人；接收来院进修生共 27 人。举办短期学习班 26 次，参加人数 5000 人次。为职工举办学习班 120 次，参加人数平均 150 人/次。本年度脱产学习 116 人次。到院外进修 10 人，出国进修 1 人。2016 年度录取研究生 14 人，其中硕士研究生 13 人、博士研究生 1 人。

12 月 22 日—23 日，北京大学第十六届青年教师教学基本功比赛（医科类）在北大医学部楼举行。首钢医院心内科青年医师王硕荣获一等奖以及最佳演示奖，骨科青年医师唐冲获二等奖以及最受学生欢迎奖，心内科唐强主任获优秀指导老师奖。组织院内师资培训 11 次，从授课示范、教学指导和教学查房等多方面，增强了医院师资力量。召开《医学大家》系列讲座 24 次，邀请到北医三院、同仁医院和人民医院等多家医院的专家教授。

（吴妍彦）

【学术交流】 国际交流。11 月 9 日，意大利 Humanitas 医疗集团国际事业发展总负责人蒙杜威·让·卢卡先生到访首钢医院。12 月 14 日，中国疾控中心主任王宇、美国国家癌症研究中心 Matthew Brown 博士、中科院肿瘤医院范金虎研究员一行十人来首钢医院进行科研交流活动。

国内交流。到台湾考察和参加国际学术会议人 3 次。8 月 1 日西藏大学谭欣副校长来首钢医院访问；8 月 15—29 日，首钢医院一行三人赴台湾马偕医院进行安宁疗护观摩学习；9 月 8 日，西藏大学医学院江泳院

长一行访问首钢医院;9 月 30 日,医院王宏宇副院长一行四人访问西藏大学医学院;12 月 30 日,宁夏回族自治区人民医院院长田丰年带队一行 7 人来首钢医院考察学习,首钢医院院长顾晋,副院长王海英、王宏宇等一同接待并进行友好交流。

(吴妍彦)

【信息化建设】 为方便患者预约查询,开展了医院 APP 移动服务。推进门诊就诊流程一卡通自助服务建设项目,项目建成后将提高挂号缴费自助服务能力。新建纸质病历数字化扫描系统,实现临床病历电子化存储,引入临床数据科研平台,为科研统计需求搭建基础平台。制定了首钢医院信息化建设"十三五"发展规划,积极参与申报的"北京大学首钢医院构建三级医院同社区卫生服务中心医联体信息化建设项目"获得国资委扶持资金 210 万,实现历史性突破。

(吴妍彦)

【后勤与基建】 医院新门急诊医技大楼项目积极推进中,核医学楼改造项目处于前期审批工作中。完成肿瘤安宁疗护病房改造、制冷站改造、职工之家和教学培训用房整体功能布局及施工改造工作。实施了门急诊楼功能布局调整、装修改造和流程优化工程,对住院大楼病区照明设施进行改造。与中华社会救助基金会医基金联合启动"心音坊"公益项目,营造了温馨舒适的诊疗环境,显著改善患者就医感受。进一步明确"党政同责、一岗双责、齐抓共管、失职追责"的安全生产责任制。开展经常性安全生产大检查,把隐患消灭在事故发生之前。完善警医联动机制,强化人防、技防、物防措施,加强消防安全"四个能力"建设。完善交通设施,规范停车秩序,方便患者就医。通过加强医院的治安、消防、交通等各项安保工作,消除安全隐患。制定《关于北京大学首钢医院行政职能处室领用办公用品定额管理办法》及《北京大学首钢医院预算管理评价考核实施办法》。为调动科室负责人的工作积极性,改进作风,提升执行力和管理效率,制定《北京大学首钢医院科室负责人任期年度指标考核办法》,有力推进医院管理运营工作的制度化、规范化、精细化建设。

(吴妍彦)

首钢控股(香港)有限公司

【香港首控领导名录】
　　董事长:张功焰
　　副董事长:李少峰(6 月离任)　韩　庆(6 月任职)
　　董　事:赵天旸(6 月任职)　李少峰(6 月任职)
　　　　　　丁汝才
　　总经理:李少峰
　　副总经理:丁汝才　徐　量(12 月任职)

(宋清秋)

【综述】 首钢控股(香港)有限公司(简称香港首控)是首钢总公司全资子公司,1992 年 10 月依照香港法律注册成立,公司法定地址在香港湾仔告士打道 56 号东亚银行港湾中心 7 楼。香港首控设计财部和综合管理部。香港首控除全资持有首钢国际贸易(香港)有限公司外,还控股首长四方,参股首长国际和首长宝佳,间接持有香港上市公司首钢资源、环球数码和澳洲上市铁矿石公司 Mount Gibson 股权。2016 年,香港首控未经审计营业收入 182.55 亿港元,经营亏损 13209.18 万港元;年末总资产 99.54 亿港元,年末净资产 9.72 亿港元,归属母公司所有者权益 3.4 亿港元。

(宋清秋)

【持续为总公司融资】 2016 年,香港首控继续推进首长四方向总公司提供融资租赁等金融服务工作。全年,首长四方通过其子公司南方租赁为总公司提供资金人民币 2.5 亿元,其中通钢 1 亿元、长钢 1.5 亿元。

(宋清秋)

【收购首长国际秦皇岛业务】 10 月 3 日,在总公司董事会授权下,香港首控与首长国际签订协议,打包收购秦皇岛钢铁业务,首长国际摆脱拖累,为早日恢复融资功能和实现业务转型打下坚实基础。

（宋清秋）

【制定"十三五"发展规划】 10月25日,香港首控审议

通过经总公司批复同意的《首钢控股(香港)有限公司"十三五"发展规划》。

（宋清秋）

北京京西重工有限公司

【京西重工领导名录】

董事长:韩 庆(6月离任) 蒋运安(6月任职)

副董事长:张耀春

董　事:蒋运安　张耀春　王 中(4月离任)
　　　　王中华(4月任职)　韩 庆(6月离任)
　　　　祁 京(6月任职)　韩卫东

总　裁:蒋运安

副总裁:汤姆·古德　祁 京　赵子健
　　　　费 凡(10月离任)

助理总裁:阿兰·李　约翰·比尔斯
　　　　　黄 彦(8月任职)　王 进(8月任职)

党委书记:王 中(4月离任)　王中华(4月任职)

纪委书记:张耀春

工会主席:张耀春

（李 梦）

【综述】 北京京西重工有限公司(以下简称京西重工)成立于2009年3月23日,股东分别为首钢总公司和房山国有资产经营管理公司;注册资本金13.2亿元,其中首钢出资7.32亿元,占股比例55.45%,房山国资公司出资5.88亿元,占股比例44.55%。2016年,京西重工在全球有6个工厂、6个技术开发中心,主营减震器和制动器两项业务。减震器主要产品:磁流变减震器、主动式稳定杆、磁流变发动机悬置、被动式减震器、单双筒减震器等;制动器主要产品:电子稳控系统、防抱死装置、制动角模块、转向节等。京西重工下设京西重工(香港)有限公司和京西重工(北美)有限公司二级法人单位2个,三级及以下法律实体15个,全部下设在京西香港。截至2016年底,京西重工全球员工4969人,其中管理人员1823人,操作岗员工3146人。

（李 梦）

【主要指标】 2016年,京西重工全年实现销售收入55.7亿元,比2015年的54.1亿元增加1.6亿元,增幅2.96%。实现利润1.64亿元,比总公司下达的1.17亿元增加4600万元,超幅39.7%;比2015年的9920万元增加6480万元,增幅65.3%。完成新订单13.5亿美元,比总公司《经营目标责任书》下达的10亿美元,增加了3.5亿美元,超幅35%。

（李 梦）

【海布新工厂投产】 2016年10月19日,京西重工海布工厂举行生产启动仪式。海布工厂在厂房设计、现场布局、设备选型、工艺流程、运营管理体系等方面实现历史性突破。全流程授权操作系统实现生产数据实时上传,通过与工厂人力资源系统无缝隙对接,安全生产和生产工人技能成长曲线的科学化跟踪管理加强。每周7×24全时运转的KTL电泳线应用全球移动通信(GSM)技术,设备出现故障时第一时间自动通过短信方式将问题发送给维护人员,问题处理效率大幅提高。

（李 梦）

【产融结合新成果】 2016年,京西国际注资京西上海实施方案获首钢、房山两股东批准,京西国际董事会和股东大会通过;10月27日,取得北京市国资委核准批复文件。12月31日,完成京西国际对京西上海的注资工作。京西重工对京西北美2012—2015年经营情况和财务数据进行分析,了解京西北美悬架和制动部门的北美业务情况,探讨京西北美业务如何增加资产价值,研究北美税务有关情况,全面开展北美资产上市前期准备工作。

（李 梦）

【产品技术研发】 2016年,京西重工技术研发主要集

中在双驾乘模式减震器技术、车辆前盘高度调节系统、集成式空气管理模块（IAMM）和空气悬架产品的开发。成功研发第4代磁流变减震器、双模态减振器和新一代空气悬架产品，2016年赢得并确认12亿美元新业务订单，京西重工核心竞争力得到大幅提升。专利方面，2016年，京西重工提出发明专利申请38项，其中制动12项，悬架26项；获得授权专利39项，其中制动16项、悬架23项。

（李　梦）

【研发业务本土化】 2016年，京西重工房山研发中心测试实验室完成第二批减震器性能测试设备、疲劳测试设备、盐雾试验箱、计量设备及样件中心若干台设备的采购和安装，已具备可拆卸式减震器的加工制作能力，满足本土客户样件组装要求，实现样件总装生产100%国产化。上海工厂控制制动所有软件设置与更改已完成本地化转移，轻型车制动防抱死系统算法完全由上海工厂软件算法团队负责，软件团队已参与到核心新产品的开发中。2016年，上海研发中心新增加电气和软件团队工程师8人，全程参与负责EPB工艺准则、新制造设备的标准制定，独立完成控制系统测试和工具开发，长期限制上海技术中心基础制动测试分析能力的短板问题得到解决，北美制动研发团队支持人数减少21人。

（李　梦）

【党建工作】 2016年，京西重工搭建"两学一做"微信学习平台，规范"三会一课"制度，组织系列中心组学习、教育宣传活动。通过组织开展北京地区3个党支部和上海工厂3个党支部等级评定工作，强化党组织和党员队伍建设。深化用人机制改革，建立科学的人员选拔用人机制和考核评价机制，将人才放到合适的岗位，让人才发挥最大作用，高管2人因政治素质好、工作能力强、业绩突出获得提职。完成"两委"班子调整和换届，完成补交党费，领导班子"三严三实"民主生活会等重点工作。

（李　梦）

【党风廉政建设】 2016年，京西重工党委、纪委严格履行"一岗双责"，全面强化责任意识，把全面从严治党责任纳入到对各级领导干部的目标考核。建立起以党委书记、总裁为第一责任人的党风廉政建设责任制，制定并下发《京西重工年度反腐倡廉主要任务分工方案》，明确分工和部署主体责任、监督责任。强化作风建设，做好监督执纪，针对国际化运营特点，境内纪检监察和境外内控结合，全球各团队费用控制、投资风险分析、财务制度执行和授权落实等实现有效管控。

（李　梦）

【企业文化建设】 京西重工是一家跨国公司，业务遍布全球14个国家和地区，面对多语言、多文化、多法律、多政治环境等特点，注重寻找彼此融合点，强化对员工的思想引领，利用各种有效形式、方法宣传贯彻首钢精神、京西重工企业愿景和发展目标，通过树立统一的企业发展目标和愿景，努力打造具有京西重工特色的全球企业文化，增强员工对企业的认同感和归属感。

（李　梦）

【京西重工大事记】

3月25日，京西重工总部会议室召开领导班子会议及干部大会，首钢总公司党委组织部部长吴平参会并宣布总公司党委关于北京京西重工有限公司领导班子成员调整决定。

8月3日，首钢总公司党委书记、董事长靳伟调研京西重工，要求京西重工充分发挥首钢国际化发展"试验田"作用，全面激发市场主体活力。

10月17日—19日，宝马对房山工厂进行为期三天的审核工作，最终审核结果为绿色。

10月19日，京西重工在捷克西部城市海布投资设立的工厂举行开工典礼。中华人民共和国驻捷克大使馆商务参赞、捷克海布市市长、房山股东代表和首钢总公司有关领导参加启动仪式。

11月30日，沃尔沃集团在三亚举行2016年度供应商大会，京西重工参会，获评"优秀供应商"称号，被授予质量卓越奖VQE奖。

（李　梦）

北京首钢基金有限公司

【基金公司领导名录】

董事长：靳 伟（兼）

董　事：张功焰（兼）　王洪军（兼）

　　　　赵天旸　郭 为

监　事：邹立宾

总经理：赵天旸

副总经理：梁衡义　游文丽

（陈智慧）

【综述】 北京首钢基金有限公司（简称基金公司）2014年12月成立。2016年，按照总公司战略部署，首钢基金稳步推进各项工作，圆满完成年度目标任务。截至2016年末，公司管理基金数量为12支，基金管理规模（承诺出资）达到480亿元，获得"中国双创母基金第一名"、"中国私募投资机构二十强"和"母基金十强"等称号。

2016年，基金公司充分发挥基金的杠杆放大作用，持续加大对两个园区建设的支持力度。一是发挥基金融资功能，园区基金撬动外部资本共计104.34亿元。二是支持曹妃甸园区建设，一期基金投资唐曹高速；二期基金投资曹妃甸工人医院，规模5亿元，列入财政部第三批PPP示范项目；三期基金投资首钢朗泽公司，吸引河北省冀财基金4166万元。三是支持北京园区建设，一期基金与农银汇理合作，规模24亿元（已完成15亿元出资）；二期基金与中国人寿合作，规模72亿元；拟与交行等合作设立三、四期基金（规模120亿元）。

2016年，基金公司设立区域和行业子基金，不断拓展资金来源。除母基金资金外，吸引33.13亿元社会资本设立子基金，进行多地多业布局。管理迁安市新兴产业基金，规模5亿元；联合吉林创投等设立首钢东北振兴基金，规模10亿元；计划设立成都首钢一带一路基金，规模10亿元。联合市经信委等设立新能源汽车并购基金，规模10亿元；联合硅谷银行设立京西—硅谷基金，规模6亿元。成立改制企业发展基金。

2016年，基金公司大力布局细分产业，助推集团产业转型升级。根据集团"一根扁担挑两头"的战略部署，围绕重点细分领域进行产业布局。与中集集团合作成立首中投资，规模4.45亿元，中标北京新机场停车楼项目；与国寿投资等合作设立首颐医疗，规模10亿元；直接投资猎豹机器人，尽力吸引同类企业落地北京园区；过会欧冶云商和找钢网E轮投资项目，探索"互联网+钢铁"的发展模式；过会中网项目，规模7.7亿元。

2016年，基金公司依托FOF布局前瞻性领域，为直接股权投资奠定坚实基础。以FOF为切入点，与顶级投资机构合作，广结友军并拓展项目来源，为公司股权投资和细分产业布局打下坚实基础。

2016年，基金公司进一步加强子公司管理，企业运营初见成效。经过两年发展，形成2个基金管理公司、6个业务单元、2个行业协会、2个地方子公司的初步生态格局。创业公社营业收入过亿，持续两年盈利。

2016年，基金公司加强风险管控，稳步推进市场化改革。把风险管控放在首位，优化投资流程，推动风险管理前移，新设合规审计部；聘请外部专家参与投资决策；稳步推进市场化改革，全面启动内控建设，重构公司"8+4"的组织结构，进行全面预算管理，完善职级薪酬体系和考核机制。

2016年，基金公司扎实做好党建工作，以党建促业务发展。在集团党委和金融党委的支持下，成立首钢基金党支部，持续开展"两学一做"活动、党费补缴等工作，在活动组织、团队建设等各种场合发挥党组织的核心作用，以党建促业务发展。

（张 浩）

【主要指标】 截至2016年年末，首钢基金管理基金数量为12支，基金管理规模（承诺出资）达到480亿元。立项项目累计124个，召开预审会累计80次，召开投委会累计13次。已过会项目累计38个，决策金额累计105.9亿元；签约项目累计27个，签约金额累计68.09亿元。从管理口径看，首钢基金母基金及其管理的子基金2016年对首钢总公司合并报表的税前利润贡献为

6.08亿元。

（陈智慧）

【重要会议】

1月5日，基金公司召开2016年第一次董事会。

1月13日，基金公司召开年度绩效考核方案研讨会。

1月18日，基金公司召开全年工作安排及执行方案研讨会。

1月26日—27日，基金公司召开全员述职大会。

3月7日，基金公司召开改制企业基金设立专题研讨会。

3月9日，基金公司接待靳伟董事长一行，并召开专题座谈会。

4月7日，基金公司召开2016年第一次投资决策委员会及2016年第二次董事会。

4月8日，基金公司召开上半年工作研讨会。

5月20日，基金公司召开2016年第二次投资决策委员会。

6月2日，基金公司召开2016年第三次投资决策委员会。

6月22日，基金公司召开2016年第四次投资决策委员会。

7月8日，基金公司召开上半年工作总结会。

8月16日，基金公司召开2016年第五次投资决策委员会。

8月31日，基金公司召开创业公社专题讨论会。

9月2日，基金公司召开2016年第六次投资决策委员会。

9月21日，基金公司召开第一次内控阶段性汇报会。

10月19日，基金公司召开第二次内控阶段性汇报会。

10月30日，基金公司召开项目讨论会。

11月1日，基金公司召开2016年第三次董事会。

11月16日，基金公司召开第三次内控阶段性汇报会。

12月2日，基金公司召开2016年第七次投资决策委员会。

12月24日，基金公司召开第四次内控阶段性汇报会。

（陈智慧）

【曹妃甸工人医院签约】　3月16日，北京首钢基金有限公司与曹妃甸区人民政府签署《曹妃甸区工人医院政府与社会资本合作（PPP）项目框架协议》。该项目是首钢集团落实《京津冀协同发展规划纲要》、破解京冀医疗资源不均衡的难题、促进两地医疗对接的重大举措。首钢基金主动作为，积极联合北京市相关部门和单位，通过"PPP+管理合作"的模式，努力把曹妃甸工人医院打造成推进我国医疗改革和促进京津冀协同发展的示范性民生工程。10月，其列入财政部第三批PPP示范项目。

（张　浩）

【首中投资成立】　5月26日，首中投资管理有限公司由首钢基金公司、中集集团（A+H）共同联合发起设立，投资规模10亿元，一期注册资本4.45亿元。首中投资以城市停车综合体的投资运营为核心业务，集停车、充电、便民设施多种经营为一体，为用户提供一站式停车综合服务。首中投资专业从事政府、企业、医院、交通枢纽等客户的智能停车设施、智慧停车云平台的投资运营，提供规划设计、投资建设、运营管理的一体化解决方案。

（张　浩）

【北京新机场停车楼项目中标】　7月8日，首钢基金、首中投资与公联安达组成的联合体在60多家顶级公司参与的北京新机场停车楼经营权转让项目中脱颖而出，以商务和技术分双冠的优异成绩一举中标。北京新机场停车楼经营权转让项目是我国机场停车领域首个PPP项目，也是首个由产业基金牵头的基础设施PPP项目。本次成功中标，标志着首钢基金在智能停车投资运营领域迈出坚实一步，在解决城市发展中的重点、难点问题方面实现重大突破。

（张　浩）

【智投汇成立】　9月20日，首钢基金旗下京冀资本在首钢基金会议室签署投资协议，设立北京智投汇文创科技有限公司（简称智投汇），以品牌管理为核心切入点，打造品牌运作生态，为投资机构和创业公司提供全方位品牌管理服务，迈出首钢基金布局大文创的重要一步。

（张　浩）

【首钢东北振兴基金成立】　11月14日，首钢基金旗下京冀资本独资的首钢东北振兴产业基金管理有限公司在吉林长春注册成功，与吉林省政府和当地的知名投资机构共同设立东北振兴产业基金,基金总规模将达到100亿元,一期基金规模为10亿元,于12月落地。

（张 浩）

【首颐医疗成立】 12月26日,首颐医疗健康投资管理有限公司(简称首颐医疗),由首钢基金公司联合中国人寿等战略合作伙伴共同出资注册成立。首钢集团目前全面实施新的转型发展战略,在加快做优做强钢铁业的同时努力打造新型城市综合服务商,养老服务、医疗健康为重点发展产业之一。首颐医疗将通过重组、改制现有资源,在服务上创造差异化的竞争优势,在医疗健康领域实现全产业化运营、规模化发展。

（张 浩）

【获奖情况】 11月6日的中国私募基金峰会上,首钢基金获得"中国双创母基金第一名"称号。

12月10日,在中国PE/VC行业评选颁奖典礼上,首钢基金入围中国私募投资机构二十强和母基金十强。公司副总经理游文丽荣获2016年中国股权投资行业杰出青年投资人称号,并获颁"2016北京股权投资基金协会特聘优秀讲师"。

首钢基金旗下京西商业保理有限公司荣获"2016年北京市优秀商业保理企业"荣誉称号。

2016年,创业公社被国家科技部授予"国家级科技企业孵化器",成为国家级众创空间,国台办授牌"2016年度海峡两岸青年就业示范点",创业公社总裁刘循序荣获"国企楷模·北京榜样"优秀人物称号。

（张 浩）

【内控建设】 为支撑业务迅猛发展,提升公司核心竞争力,基金公司从2016年上半年开始全面启动公司治理和内控建设工作。通过优化组织结构、实施全面预算和内部市场化管理、强化子公司管控等措施,激发整体发展活力,夯实公司可持续发展基础。其中,设立三个办公会分解权利,提升效率。增设"业务推动办公会""营运管理办公会""风险管理办公会",分别承接总经理办公会在公司行使业务推动、营运管理、风险管理等职能,代总经理办公会行使部分决策权。新构建服务部门和业务平台,形成"8+4"的组织结构。业务开发与拓展平台,专注于投资业务的开发与拓展,是"一线"。服务与技术支持平台,肩负向"一线""提供服务"和"监督管理"2大职能。两大平台之间将通过"垂直管理,内部结算"协同运作。

（张 浩）

【党群工作】 基金公司2016年按照习总书记对国有企业党的建设的相关指示精神,在总公司党委的指导下,首钢基金借金融党委成立之机扎实开展党建工作,以党建促发展。积极推进党支部设立工作。在金融党委指导下成立首钢基金党支部,共有党员50人,其中创业公社共有党员26人,实现对全资和控股子公司党组织的全覆盖,确保党的绝对领导。

基金公司扎实开展各项组织活动。积极按照总公司要求持续深入推进"两学一做"学习教育工作,完成党费补缴工作,在党组织的指导下开展石景山区人大换届选举工作。

基金公司把提高企业效益、实现国有资产保值增值作为党支部工作的出发点和落脚点,不忘初心,在活动组织、团队建设、企业年会等不同场合,发挥党组织的核心作用,加强团队凝聚力,着力提升员工思想高度,促进公司各项业务开展

（任 维）

【领导指导工作】 3月10日,首钢总公司董事长靳伟、总经理张功焰、财务总监王洪军及相关部厅一行至首钢基金视察指导工作。

3月21日,时任北京市市长王安顺、河北省省长张庆伟等一行在曹妃甸工人医院调研,首钢基金公司副总经理梁衡义进行现场介绍。

9月10日,中央政治局委员、时任北京市委书记郭金龙到首钢基金创业公社调研,首钢总公司董事长靳伟、总经理张功焰等陪同。

11月8日,时任北京市市长蔡奇视察首钢基金创业公社。

11月23日,北京市副市长隋振江出席首钢基金联合体中标的北京新机场停车综合体项目签约仪式,首钢总公司总经理张功焰等共同出席。

（张 浩）

北京首钢文化发展有限公司

【文化公司领导名录】

　　副董事长、经理：撒元智

　　副经理：张亚男

　　　　　　　　　　　　　　　　（孙会冬）

【综述】　北京首钢文化发展有限公司（简称文化公司）是首钢总公司下属全资子公司，承担首钢文化创意产业资源整合、项目开发、招商引资、合资合作、项目投资与实施等业务。许可经营项目为零售国内音像制品、公开发行的图书、电子出版物；演出经纪（机构）。一般性经营项目为组织文化交流活动；承办展览展示；影视策划；摄影摄像服务；资料编辑；租赁影视器材；会议服务；技术培训；销售工艺美术品；设计、制作、代理、发布广告；公园管理。公司注册资金4180万元。文化公司下设剧本孵化部、创意制作部、财务部、办公室。在册职工29人，其中大学本科以上学历21人，高级职称3人。

　　　　　　　　　　　　　　　　（孙会冬）

【"十三五"规划】　2016年是文化公司进行文化产业培育的起步之年，在总公司领导下，修订完善文化公司"十三五"规划，确立了"内容＋渠道＋衍生品的循环增值"的基本经营模式，明确了以"剧本孵化产业基地"为基础，以影视话产业为核心聚焦业务，以数字内容业为延展机会业务，以广告品牌运营为联动发展业务的企业架构。文化产业培育需要一个过程，文化项目大投入、大产出、周期长、见效慢的特性，要求文化产业发展建设需要不断积累，持之以恒推进，经过努力，一年来各项工作取得了一定的突破和进展，初步完成了影视话业务、手游业务、广告及品牌运营业务布局，步入文化产业并对相关业务领域进行了项目尝试，为企业进一步发展奠定了扎实基础。

　　　　　　　　　　　　　　　　（孙会冬）

【部门机构】　1月18日，结合文化公司发展要求和工作重点转型转向实际情况，经周工作会议明确，确定具体业务部门为：剧本孵化部，负责人金霖辉；创意制作部，负责人丁蕊；经营部业务一部，负责人王晓东；经营部业务二部，负责人刘路光；影视制作部，负责人孙清源；创作部，负责人强振民、李四平。

　　9月1日，工业旅游业务及相关人员由文化公司划归园区服务公司。8月23日，系统优化部组织召开协调会，落实总公司调整工业旅游业务工作指示，明确业务划转，同时，将爱国主义教育基地、国家旅游示范点、国家3A级旅游风景区和中小学生科普教育基地4个工业旅游业务权属资质一并划归园区服务公司。

　　　　　　　　　　　　　　　　（孙会冬）

【重点工作】　影视话业务成功孵化话剧《实现》。话剧《实现》是文化公司转型发展、向影视话行业迈进的首部作品，于7月28日至8月3日在北京天桥剧场进行了首轮演出，约7600余人次到场观看，票房156万余元。该剧得到政府主管部门和总公司领导充分肯定，中央电视台、《人民日报》等200余家媒体和微信公众号进行了深入报道，形成了较大的影响力。按照总公司指示，积极推进巡演等相关工作。

　　孵化网络大电影《怒放的豆芽》。是文化公司布局影视业务的一次探索和创新，于8月立项，由文化公司与梓悦星宇公司联合总投资100万元，9月19日开机，2017年4月份上线。该项目既拓展了影视业务发展，也为拍摄制作大型电视剧《铁哥们》积累经验。

　　剧本孵化产业基地线上平台完成了一期平台开发及二期开发方案设计。线下项目"＋工厂"咖啡厅于5月在中关村创业公社试营业，先后举办了众筹沙龙交流讨论会、老鹰基金及所孵化企业沙龙、创业公社联谊会、二次元动漫讨论会、电影观影交流会等35场次活动，在社会上形成了一定影响。

　　电视剧《铁哥们》是总公司明确文化公司重点任务。工作中结合实际，通过对市场进一步深入分析研判，逐步完善了项目计划安排，巩固编剧、导演、创作组、剧本等基础，计划2018年实现播出。

　　　　　　　　　　　　　　　　（孙会冬）

【影视拍摄】　全年接待影视、平面拍摄剧组60余家，先后接待《与青春有关的日子》《幻城凡世》《功夫机器侠》《父子魂斗罗》等影视剧组拍摄。

（周公望）

【广告及品牌运营】 广告是文化公司从零起步新开展的业务,由客户不认识到高度认可,形成并锻炼了一支召之即来、来之能战、战之能胜的品牌团队。先后承揽了首自信公司电动车及充电设备展会,城运公司2016世界机器人大会,首建投、城运、体育三家公司国际冬季运动博览会的参展展位设计搭建工作;北京静态交通研发示范基地整体品牌运营,基地一期、二期外围环境设计、AGV展厅设计装饰改造及衍生品设计等品牌包装、氛围提升等工作,并与城运公司达成了立体车库整体品牌运营的合作意向。

（丁蕊）

【政策支持】 文化公司重点项目话剧《实现》申报国家、北京市文化艺术基金及北京市惠民低价票补贴资金等,获得167万元市财政补助。完成2015年度承担市科委课题《废旧钢铁资源创意利用系列互动科普展品研发》结项,通过了结题验收及审计。通过市文资办2015年度市文创资金支持项目儿童剧《马超超铁皮王国历险记》的绩效中期检查。

（强振民）

【党建工作】 扎实开展"两学一做"学习教育。按照总公司党委《关于在首钢全体党员中开展"学党章党规、学系列讲话,做合格党员"学习教育的实施方案》的部署和要求,把抓好"两学一做"学习教育作为一项重大政治责任,成立领导小组,制订工作计划,提出明确要求。结合文化公司实际和学党章党规、学系列讲话情况组织开展党建党纪问卷答题,确保每名党员都参加学习教育,把"两学一做"学习教育活动抓常、抓实,真正让"两学一做"学习教育推动文化公司转型发展。

6月24日召开党员大会,进行新一届党支部委员会换届选举,召开支委会,撒元智当选文化公司党支部书记。

开展党员组织关系集中排查工作,及时办理组织关系转出转接。

根据《总公司党委组织部关于开展党费收缴专项检查工作的通知》精神,开展党费收缴专项检查工作,核对党员2008年4月至2016年6月收入和党费实际交纳情况,补缴31325.30元,按要求完成党费补缴工作。

开展党员信息核查专项工作,通过查阅党员档案等工作,对全体党员信息进行核查,进一步完善党员信息管理。

（孙会冬）

大事记

◎ 责任编辑：刘冰清

2016 年首钢大事记

一 月

1月7日，首钢举行党委中心组学习扩大会，邀请国务院发展研究中心资源与环境政策研究所副所长李佐军作"党的十八届五中全会、中央经济工作会议精神"的专题辅导讲座。总公司全体领导，平台公司、直管单位党政一把手及党委中心组学习秘书，总公司各部门负责人及部门管理人员等200余人在文馆主会场参加会议；股份公司、京唐公司、首秦公司、矿业公司、水钢公司、长钢公司、通钢公司、贵钢公司等单位党员领导干部通过视频会议系统参加会议，何巍主持会议。

1月8日，总公司党委召开2015年度领导班子"三严三实"专题民主生活会。北京市委第8巡回指导组第3分组组长刘春芳、总公司领导班子成员参加会议。党委组织部、党委宣传部、纪委、办公厅负责人列席会议，靳伟主持会议。

1月12日，交通银行副行长王江，总行公司业务总监吕本献，北京分行行长尹兆君，北京分行副行长杨丽一行到首钢访问，总公司领导张功焰、王洪军及有关部门负责人接待并座谈。

1月15日，首钢召开安全生产大会。总公司领导靳伟、张功焰、许建国、何巍、梁宗平、赵民革、白新、胡雄光、韩庆、刘桦、顾章飞、王涛、刘建辉，总公司各部门负责人，各单位党政一把手、分管安全工作的领导和专业部门的负责人在文馆主会场参加会议；外埠企业通过视频方式参加会议。靳伟作重要讲话，张功焰主持会议。

1月18日，招商局集团副总经理、招商局蛇口工业区控股股份有限公司董事长孙承铭，招商局蛇口工业区控股股份有限公司副董事长杨天平一行访问首钢，总公司领导张功焰、孙永刚、韩庆、刘桦以及有关部门负责人接待并座谈。

1月22日，美国郎泽科技首席执行官郝珍妮女士，唐明集团董事长董燕女士一行访问首钢，总公司领导靳伟、张功焰、王涛、赵天旸接待并座谈。

1月22日，总公司召开领导班子专题集体学习研讨会，围绕学习贯彻习近平总书记在中央政治局"三严三实"专题民主生活会上的重要讲话精神进行深入学习交流。总公司领导班子成员参加。总公司党委书记、董事长靳伟主持会议。

1月27日，北汽集团副总经理蔡速平一行访问首钢，总公司领导张功焰、赵民革、刘建辉以及相关部门负责人接待并座谈。

1月27日，中冶南方工程技术有限公司总经理臧中海、总经理助理王玉君访问首钢，总公司领导张功焰及有关部门负责人接待并座谈。

1月28日，首钢总公司与中兴通讯股份有限公司签署战略合作协议。首钢总公司领导靳伟、张功焰、白新，中兴通讯股份有限公司董事长侯为贵，副总裁祖荫长、孙枕戈、弓though中，以及双方相关部门负责人、新华社、北京青年报、北京晚报、首都建设报等媒体记者出席签约仪式，张功焰主持签约仪式。

1月28日，北京军区善后办副政委马誉炜、军事组副组长左中燕、政工组副组长刘长金、保障组副组长朱斌等首长一行到首钢访问，与总公司领导张功焰、何巍、胡雄光及总公司有关部门负责人座谈，并走访慰问首钢退休转业军人和干部、困难职工代表。

1月28日，2016年首钢"献爱心"募捐活动在首钢文馆举行。总公司领导靳伟、张功焰、许建国、何巍、梁宗平、赵民革、白新、胡雄光、韩庆、刘桦、赵天旸，以及来自机关各单位的干部职工代表参加现场捐款。

1月29日，首钢召开"首钢之星"表彰暨演讲报告会。总公司领导张功焰、许建国、何巍、梁宗平、赵民革、白新、孙永刚、胡雄光、韩庆、王洪军、顾章飞、王涛、刘建辉，首钢十八次党代会代表，总公司各部门负责人，各平台公司、直管单位党政一把手、宣传部长，基层支部书记和职工代表，共计300人在文馆参会。股份公司、京唐公司、首秦公司、矿业公司、水钢公司、长钢公司、通钢公司、贵钢公司等单位通过视频形式组织干部职工参会。

张功焰作重要讲话。15名"首钢之星"受到表彰。

1月,中国钢铁工业协会发布2015年度冶金产品实物质量认定结果,首钢产品1项获"特优质量奖"16项获"金杯奖"。

1月,2015年度国家科学技术奖评选结果揭晓。京唐公司参与完成的《高效化微合金化钢板坯表面无缺陷生产技术开发与工程化推广应用》、首钢矿业公司参与研发的《露天转地下高效型建设大型数字化地下金属矿山的研究与实践》项目荣获2015年国家科学技术进步二等奖。

1月,"刘宏首秦工作室"被河北省总工会授予"工人先锋号"荣誉称号。

1月,首钢总公司申请的"一种减少渣量的转炉炼钢法(ZL201110146021.0)"在第十七届中国专利奖评选中,荣膺本届中国专利优秀奖。

二 月

2月1日,在首钢文馆,中国共产党首钢总公司第十八次代表大会开幕。总公司领导靳伟、张功焰、许建国、何巍、梁宗平、赵民革、白新、孙永刚、胡雄光、韩庆、王洪军、刘桦、顾章飞、王涛、刘建辉、赵天旸;中共首钢总公司第十八次代表大会正式代表出席会议,中共首钢总公司第十八次代表大会列席代表列席会议。北京市国资委党委副书记赵林华到会并讲话,市国资委派驻首钢监事会主席刘春芳。靳伟代表中共首钢总公司第十七届委员会作题为《全面深化改革加快转型发展为建设有世界影响力的综合性大型企业集团而奋斗》的工作报告,张功焰主持会议。

2月2日,在首钢文馆,中国共产党首钢总公司第十八次代表大会胜利闭幕。总公司领导靳伟、张功焰、许建国、何巍、梁宗平、赵民革、白新、孙永刚、胡雄光、韩庆、王洪军、刘桦、顾章飞、王涛、刘建辉、赵天旸;中共首钢总公司第十八次代表大会正式代表出席会议,中共首钢总公司第十八次代表大会列席代表列席会议。北京市国资委派驻首钢监事会、市国资委企领一处、党群工作处有关负责人到会指导。靳伟主持会议并作总结讲话。大会选举产生中国共产党首钢总公司第十八届委员会委员和中国共产党首钢总公司第十八届纪律检查委员会委员。表决通过《中国共产党首钢总公司第十八次代表大会关于第十七届委员会报告的决议》和《中

国共产党首钢总公司第十八次代表大会关于中共首钢总公司纪律检查委员会报告的决议》。

2月2日,中国共产党首钢总公司第十八届委员会第一次全体会议在月季园二楼大会议室召开。靳伟主持会议。中国共产党首钢总公司第十八届委员会委员参加会议。北京市国资委企领一处、党群工作处有关负责人也参加此次会议。全会分别投票选举产生中国共产党首钢总公司第十八届委员会常务委员会委员、中国共产党首钢总公司第十八届委员会书记和副书记。全体委员以举手表决的方式,通过中国共产党首钢总公司纪律检查委员会第一次全体会议选举产生的中国共产党首钢总公司纪律检查委员会书记、副书记。

2月3日,首钢第十八届职工代表大会第四次会议暨集团工作会议在首钢文馆召开。324名首钢正式职工代表出席会议。总公司领导靳伟、张功焰、许建国、何巍、梁宗平、赵民革、白新、孙永刚、胡雄光、韩庆、王洪军、刘桦、顾章飞、王涛、刘建辉、赵天旸出席会议。北京市国资委派驻首钢监事会主席刘春芳出席会议。集团控股、参股企业的党委书记、董事长、总经理、工会主席,首钢的市、区人大代表、政协委员,市党代会代表共69人作为特邀代表出席会议。靳伟主持会议。张功焰作题为《坚定信心保生存攻坚克难求发展奋力实现"十三五"良好开局》的工作报告。

2月4日,总公司召开外埠企业座谈会。总公司领导靳伟、张功焰、许建国、梁宗平、赵民革、胡雄光、王洪军、刘建辉,通钢公司、水钢公司、长钢公司、贵钢公司、伊钢公司、首黔公司主要负责人,以及股份公司、中首公司、总公司有关专业部门的领导参加会议,赵民革主持会议。

2月5日,唐山市委副书记、曹妃甸区委书记王立彤,唐山市委常委、副市长、曹妃甸协同发展示范区管委会筹备组组长税勇,唐山市发改委党组副书记、副主任、唐山市重点项目办公室主任张贵宝等一行访问首钢,总公司领导靳伟、张功焰、韩庆、赵天旸以及有关部门负责人接待并座谈。

2月5日,迁安市委书记李忠,市长张淑云,市委副书记、副市长冯涛,副市长王学龙等一行访问首钢,总公司领导靳伟、张功焰、赵民革、刘建辉及有关部门负责人接待并座谈。

2月8日,总公司领导靳伟、张功焰、赵民革、顾章

飞、刘建辉及有关部门负责人参加农历新年总公司第一个生产经营早调会,向全集团干部职工致以新春的问候与祝福。早调会由股份公司生产部负责人在迁安地区通过视频主持,会议分别在北京地区、京唐公司、首秦公司、矿业公司、中首公司、水钢公司、长钢公司、通钢公司、贵钢公司设立视频会场,靳伟作重要讲话。

2月18日,首钢举行党委中心组学习扩大会,邀请中国城市规划设计院绿色城市研究所所长、高级城市规划师董珂作中央城市工作会议精神解读的辅导讲座。总公司全体领导,各平台公司、直管单位党政一把手,总公司各部门负责人,以及部分相关管理人员200余人在文馆参加会议。股份公司、京唐公司、首秦公司、矿业公司、水钢公司、长钢公司、通钢公司、贵钢公司、首黔公司、香港首控公司主要领导和相关人员通过视频会议系统参加学习,何巍主持会议。

2月18日,北京市委书记郭金龙到首钢调研并作重要讲话。北京市委副书记、市长王安顺,市领导陈刚、张工、张建东、隋振江,市政府秘书长李伟等领导一同调研。总公司领导靳伟、张功焰、梁宗平、孙永刚陪同调研。

2月20日,首钢举行党委中心组学习,传达学习习近平、刘云山在省部级主要领导干部学习贯彻党的十八届五中全会精神专题研讨班的重要讲话,传达学习郭金龙2月18日到首钢调研时的重要讲话。总公司全体领导,总公司有关部厅和有关单位负责人参加学习。靳伟主持学习。

2月26日,首钢召开干部大会,总公司党委书记、董事长靳伟,党委副书记、总经理张功焰分别作重要讲话。总公司领导许建国、何巍、梁宗平、白新、孙永刚、王世忠、韩庆、王洪军、刘桦、顾章飞、王涛、刘建辉;基层单位主要领导,总公司战略管控部门、战略支撑部门、业务支持服务部门负责人,评干委成员、北京市第十一次党代会一线代表、市区人大代表等在文馆主会场参会,通钢公司、水钢公司、长钢公司、贵钢公司、首控(香港)公司通过视频会议系统参加会议。

2月26日,首钢召开2016年党风廉政建设工作会议,深入推进首钢党风廉政建设和反腐败工作。总公司党委书记、董事长靳伟作重要讲话,总公司党委副书记、总经理张功焰主持会议。总公司领导梁宗平、白新、孙永刚、王世忠、韩庆、王洪军、刘桦、顾章飞、王涛、刘建

辉;总公司纪委委员,总公司各战略管控部门、战略支撑部门、业务支持服务部门负责人,各平台公司、直管单位党政主要领导、纪委书记、纪委副书记、组织部长、宣传部长,受表彰的先进纪检监察组织和优秀纪检监察干部代表在文馆主会场参加会议。通钢公司、水钢公司、长钢公司、贵钢公司、首控(香港)公司通过视频会议系统参加会议。

2月29日,首钢召开干部大会。总公司党委书记、董事长靳伟作2015年度工作总结,总公司党委副书记、总经理张功焰主持会议。总公司领导许建国、梁宗平、赵民革、白新、王世忠、胡雄光、韩庆、王洪军、刘桦、顾章飞、王涛、刘建辉、赵天旸;基层单位主要领导,总公司战略管控部门、战略支撑部门、业务支持服务部门的负责人,首钢职代会民主评议干部委员会成员等参加会议。

2月,京唐公司《钢铁企业循环经济运营体系建设》管理成果获得第22届全国企业管理现代化创新成果二等奖。

三 月

3月4日,北京市委常委、副市长陈刚,市政府副秘书长张维,以及市发改委、市国土局、市环保局、市规划委、市住建委、市交通委、市重大办、石景山区、门头沟区主要负责人到首钢调研。总公司领导张功焰、王世忠陪同调研。

3月5日,首钢党委中心组集体学习,深入学习习近平在全国党校工作会议、十八届中央纪委六次全会上的重要讲话精神,刘云山在全国组织部长会议上的重要讲话精神。总公司全体领导,总公司有关单位和相关部厅领导参加学习。

3月8日,北京首钢女篮荣膺2015—2016中国女子篮球联赛(WCBA)总决赛冠军。北京市副市长张建东为北京首钢女篮颁发2015—2016中国女子篮球联赛总决赛冠军奖杯。邵婷荣膺总决赛MVP奖(最有价值球员)。

3月8日,北京冬奥组委秘书长韩子荣等领导到首钢调研,总公司领导靳伟、梁宗平、孙永刚、王世忠及有关部门负责人接待并陪同调研。

3月9日,首钢举行党委中心组学习扩大会,邀请北京协同创新研究院王茑祥院长作题为《工之道实为本新为上北京协同创新研究院创新实践》的专题讲座。

总公司全体领导参加学习。何巍主持会议。各平台公司、直管单位党政一把手,总公司各部门负责人及相关管理人员共200人在文馆现场参加学习;股份公司、京唐公司、首秦公司、矿业公司、水钢公司、长钢公司、通钢公司、贵钢公司、首黔公司、首控(香港)公司等单位主要领导和相关人员通过视频会议系统参加学习。

3月10日,总公司领导到首钢基金公司调研。总公司党委书记、董事长靳伟,党委副书记、总经理张功焰分别作重要讲话。总公司领导王洪军、赵天旸一同调研。

3月11日,首钢召开2016年产品推进工作启动会。张功焰作重要讲话,赵民革主持会议。总公司领导顾章飞、王涛、刘建辉参加会议。中首公司、销售公司、技术研究院、总工室、经营财务部、系统优化部等相关部门负责人在北京会场参加会议;股份公司、京唐公司、首秦公司通过视频参加会议。

3月11日,大兴区委副书记、区政府副区长,北京经济技术开发区工委副书记、管委会主任梁胜,大兴区委常委、管委会常务副主任王合生等领导到首钢参观调研,总公司领导靳伟、张功焰、何巍、梁宗平、白新及有关部门负责人接待并陪同调研。

3月16日,总公司在首钢篮球中心为北京首钢女篮举行庆功活动。北京市体育局党组书记、局长孙学才,总公司领导靳伟、张功焰、梁宗平,北京首钢女子篮球队运动员、教练员出席庆功活动。

3月16日,北京首钢基金有限公司与曹妃甸区人民政府签署《曹妃甸区工人医院政府与社会资本合作(PPP)项目框架协议》。

3月23日,贵州省国资委党委书记、主任黄秋斌等一行访问首钢,总公司领导张功焰、赵民革以及有关部门负责人接待并座谈。

3月26日,首钢举行党委中心组学习扩大会,国家工业和信息化部规划司副司长李北光作题为《中国制造2025》的专题讲座。总公司全体领导参加学习。各平台公司、直管单位党政一把手,总公司各部门负责人及部分相关管理人员共200人在文馆参加学习;股份公司、京唐公司、首秦公司、矿业公司、水钢公司、长钢公司、通钢公司、贵钢公司、首黔公司等单位主要领导和相关人员通过视频会议系统参加学习,何巍主持会议。

3月28日,首钢召开党的群团工作会议、干部大会

和首钢科技大会。靳伟作重要讲话。总公司领导许建国、何巍、梁宗平、赵民革、韩庆、王洪军、王涛、刘建辉,总公司各部门负责人,总公司所属全资子公司、控股子公司和相对控股子公司党政主要领导、党群部门负责人,受表彰的科技、管理和优秀人才代表,部分科技人员代表在文馆主会场参加会议;股份公司、京唐公司、首秦公司、矿业公司及各外埠企业的相关负责人通过视频参加会议,何巍主持会议。

3月28日,北京市发改委副主任王英建等领导到首钢调研,总公司领导靳伟、王洪军及有关部门负责人接待并座谈。

3月29日,全国人大常委、全国人大外事委员会副主任委员、民革中央副主席修福金,全国政协委员、民革中央宣传部部长吴先宁等领导一行,以及贵州兴贵恒远新型建材有限公司董事长邓兴贵、总经理邵斌到首钢参观调研,总公司领导靳伟、何巍及有关部门负责人接待并座谈。

3月31日,首钢与埃森哲公司签署《战略合作协议》。总公司领导靳伟、何巍,埃森哲公司全球成长型市场总裁孔嘉辅,全球副总裁、大中华区副主席丁民丞参加《战略合作协议》签署活动,并就加强相关合作事宜进行座谈交流。

四 月

4月1日,北京市发改委副主任燕瑛等领导一行到首钢调研,总公司领导靳伟、梁宗平、王洪军及有关部门负责人接待,双方就共同关心的话题进行座谈交流。

4月8日,首钢总公司与北京住总集团共同签署新一轮合作协议。总公司领导靳伟、赵民革、王世忠,北京住总集团党委书记、董事长、总经理王宝申,党委副书记、纪委书记、董事胡美行,副总经理贾朝福、潘伟出席签约活动。王世忠、潘伟分别代表双方签署战略合作协议。

4月16日,首钢召开一季度经济活动分析会暨转型提效动员会。系统优化部、人力资源部分别宣讲了集团2016年转型提效工作方案和2016年钢铁板块工资总额管理情况;首秦公司、贵钢公司分别作题为"实施内部市场化改革,提高全要素生产""劣势企业退出及关闭止血点"经验介绍;股份公司汇报了钢铁板块一季度经济活动分析;京唐公司汇报了一季度经济活动分

析;长钢公司简要汇报了一季度经济活动分析,重点作"内部降低铁成本"经验介绍;水钢公司作"经营止血及转型提效"的工作经验介绍,股份公司汇报了一季度钢铁板块降库存工作进展情况;技术研究院汇报了一季度产品推进工作进展情况;总公司经营财务部汇报了一季度"三个跑赢"完成情况。靳伟、张功焰分别作重要讲话。总公司领导许建国、何巍、梁宗平、赵民革、白新、王世忠、胡雄光、韩庆、王洪军、刘桦、顾章飞、王涛、刘建辉、赵天旸参加。

4月18日,北京市副市长张建东向北京首钢男子篮球队运动员斯蒂芬·马布里颁发中华人民共和国外国人永久居留证(即"中国绿卡"),马布里成为体育界目前唯一获得"中国绿卡"的外籍人士。北京市政府有关部门领导,首钢总公司领导梁宗平等出席颁发仪式。

4月20日,北京市交通委主任周正宇及市交通委相关部门负责人到首钢调研,听取有关工作汇报。首钢总公司领导靳伟、张功焰、白新、顾章飞,石景山区副区长富大鹏参加。

4月20日,太原重型机械集团有限公司董事长王创民、总经理张志德一行来首钢访问,总公司领导靳伟、张功焰及相关部门负责人接待,并进行座谈交流。

4月20日,华夏银行行长樊大志一行访问首钢,总公司领导张功焰、王洪军及有关部门负责人接待。双方就共同关心的话题进行座谈交流。

4月21日,首钢职工王瑞在"中国大能手"栏目中获得挖掘机比赛项目全国第一名。

4月21日—23日,北京市委副书记、市长王安顺,市委常委、常务副市长李士祥,市政府秘书长、办公厅主任李伟,与河北省委副书记、省长张庆伟,省委常委、唐山市委书记焦彦龙,省政府副省长张杰辉,省政府秘书长朱浩文等领导,到首钢京唐公司、曹建投公司调研,看望慰问干部职工。首钢总公司领导靳伟、张功焰、梁宗平、韩庆、王洪军、王涛陪同调研。

4月27日,北京银监局党委书记、局长苏保祥一行到首钢京唐公司调研,总公司领导张功焰、王洪军及相关部门负责人接待并座谈。

4月29日,首钢召开干部大会,总公司党委书记、董事长靳伟作重要讲话,总公司总经理张功焰主持会议,总公司领导及总公司各部门,总公司所属全资子公司、控股子公司和相对控股子公司主要领导、党群部门

负责人,受表彰的劳动模范、三创标兵和优秀青年代表,部分服务北京冬奥职工代表参加会议。

4月,秦公司加工配送中心焊工刘鑫入围"中国大能手"焊工十强。

4月,京西西重工被授予"北京市专利示范单位"称号。

4月,首钢京唐公司荣彦明获得了由全国总工会授予的"全国五一劳动奖章"。

五 月

5月4日,总公司领导靳伟、张功焰、梁宗平、白新、王世忠、胡雄光、刘桦、顾章飞到西十冬奥广场项目现场和公交立体车库项目现场调研。

5月5日,总公司领导靳伟、张功焰、梁宗平、王洪军、赵天旸到中关村创业大街参观考察。

5月10日,2016年首钢青年干部特训班开学典礼在文馆举行。总公司党委书记、董事长靳伟代表总公司党委向2016年首钢青年干部特训班授旗并作重要讲话。总公司领导张功焰、许建国、何巍、梁宗平、赵民革、白新出席会议,何巍主持会议。

5月11日,北京市新首钢高端产业综合服务区发展建设近期重点工作部署会召开,贯彻落实郭金龙、王安顺等市领导关于首钢工作的重要指示精神,以及新首钢高端产业综合服务区发展建设领导小组第三次会议精神,部署安排近期工作任务,积极有序推进新首钢高端产业综合服务区(简称新首钢地区)发展建设。市发改委副主任张国洪主持并讲话,首钢总公司副总经理王世忠出席会议。新首钢高端产业综合服务区领导小组成员单位联络处室、市有关委办、区相关部门、市新首钢办有关负责人,以及首钢总公司相关部门负责人参加会议。

5月11日,唐山市副市长李钦峰一行访问首钢,总公司领导靳伟、韩庆以及总公司相关部门负责人接待,双方进行座谈交流。

5月11日,北汽集团党委副书记、总经理张夕勇,副总经理叶正茂,副总经理孔磊等领导到访首钢,总公司领导张功焰、白新、王洪军、顾章飞及有关部门负责人接待。双方就共同关心的话题进行座谈交流。

5月12日,中国人民银行营业管理部主任周学东、副主任刘玉苓一行到首钢调研,并与总公司领导靳伟、

张功焰、白新、王洪军以及有关部门负责人进行座谈交流。

5月13日，位于新首钢高端产业综合服务区的北京冬奥组委办公地首次向媒体开放。

5月18日，中国侨商会科技创新委员会考察团30余人到首钢园区考察，进一步推动世界侨商创新中心项目建设。国务院侨办副主任王晓萍，国务院侨办经济科技司司长左志强、副司长夏付东；北京市政府副秘书长徐志军，市政府侨办主任刘春锋，市政府侨办副主任严卫群、李长远，石景山区副区长司马红及市相关委办局领导；首钢总公司领导靳伟、王世忠、刘桦参加考察活动，并就进一步推动世界侨商创新中心项目建设座谈交流。

5月20日，首钢青年干部特训班举行军训成果汇报。总公司领导靳伟、张功焰、何巍、梁宗平，北京预备役高射炮师师长张洪波、四团团长郝大亮、参谋长齐建农及总公司有关部门领导参加。

5月25日，中国驻秘鲁大使贾桂德一行访问首钢，总公司领导张功焰、韩庆及相关单位负责人接待。双方就共同关心的话题进行座谈交流。座谈前，贾桂德大使一行还先后参观陶楼一层展厅及厂区规划沙盘、西十冬奥广场。

5月28日，首钢举行党委中心组学习扩大会，邀请海尔金控海尔财务公司经销商金融部、供应链金融部总经理康继强作题为《产业金融的发展》的专题讲座。总公司全体领导参加学习。何巍主持会议。总公司各部门负责人，直管单位、平台公司党政主要领导，以及部分相关管理人员和首钢青年干部特训班学员300余人参加学习。

5月27日，北京市财政局局长李颖津一行到首钢调研，并与总公司领导靳伟、张功焰、王洪军、顾章飞、赵天旸进行座谈交流。

5月27日，北京市发改委党组书记、主任卢彦等领导来首钢调研，并与总公司领导靳伟、张功焰、王洪军、刘桦、顾章飞、赵天旸进行座谈交流。

5月28日，首钢高磁感取向硅钢产品及超高压变压器应用成果评审会召开，中国机械工业联合会、中国钢铁工业协会共同组织专家对"首钢高磁感取向硅钢产品及超高压变压器应用"成果进行评审并一致同意通过，首钢跻身变压器材料供应商世界第一梯队。中国

工程院院士朱英浩、王国栋，国家工业信息化部、国务院三峡办、国家电网公司、南方电网公司、国家核电技术公司、中国金属学会、沈阳变压器研究院及西变、特变、保变等科研院所、变压器制造企业共25名专家代表，首钢总公司领导张功焰、赵民革、刘建辉及相关部门负责人参加会议。

5月30日，首钢召开干部大会，深入学习中央城市工作会议精神，传达学习中共北京市委十一届十次全会精神，市委书记郭金龙、市长王安顺重要讲话精神。总公司党委书记、董事长靳伟主持会议并讲话。总公司领导张功焰、许建国、何巍、白新、王世忠、胡雄光、韩庆、刘桦、顾章飞、赵天旸参加会议。总公司战略管控部门、战略支撑部门、业务支持服务部门主要领导，园区开发建设相关单位党政主要领导、班子成员及相关项目负责人参加会议。

5月31日，浦项（中国）投资有限公司董事长、总经理韩成熙，副总经理宋容三等一行来首钢访问，总公司领导靳伟、张功焰与客人就共同关心的话题进行了座谈交流。

5月，首钢总公司校准实验室（北京首钢自动化信息技术有限公司运行事业部标准计量站）成功挂牌为中关村开放实验室。该实验室具有北京市企业最高标准34项、CNAS认可项目27项、北京市强检授权项目1项。

5月，水钢公司钢包盖"增寿"攻关获"国家专利"。

六 月

6月4日，参加第八届世界华侨华人社团联谊大会京津冀线参访嘉宾、来自30多个国家和地区的100余名侨团负责人到首钢园区考察，走进北京"侨梦苑"，助力世界侨商创新中心，支持冬奥会。国务院侨办国外司司长张健青，北京冬奥组委总体策划部部长徐达，北京市侨办主任刘春锋、副主任严卫群、李长远，天津市侨办副主任陈永义，石景山区委常委、常务副区长文献，首钢总公司领导靳伟、王世忠参加。

6月6日，首钢园区开发建设工作部署会召开，总结前阶段主要工作，部署下阶段工作任务。总公司领导张功焰、梁宗平、赵民革、白新、王世忠、胡雄光参加会议，王世忠主持会议。

6月6日，首钢总公司与中信集团举行《战略合作

框架协议》签约仪式。首钢总公司领导靳伟、张功焰、赵民革、王世忠;中国中信集团有限公司党委书记、董事长常振明,党委委员、执行董事、中信股份副总经理蒲坚,中信银行副行长杨毓,中信重工机械股份有限公司董事长俞章法,中信泰富有限公司副总裁、中信泰富(中国)投资有限公司总经理刘勇,中信建设有限责任公司总经理陈晓佳,中信环境投资集团有限公司副董事长兼总经理郝维宝,中信金属有限公司总经理吴献文,业务协同部副总经理唐万元,集团办公厅副主任黄骧,泰富资源贸易有限公司董事、总经理胡宇清出席签约仪式。赵民革、蒲坚分别代表双方签署《战略合作框架协议》。首钢总公司办公厅、战略发展部、园区开发部、环境公司、首建集团以及中信集团相关部门负责人一同参加。

6月7日,京津冀协同发展专家咨询委员会来首钢调研。第十届全国政协副主席、中国工程院院士、中国工程院主席团名誉主席、京津冀协同发展专家咨询委员会组长徐匡迪,北京市副市长隋振江以及市有关委办局领导,先后参观考察了首钢静态交通公交立体车库研发基地、西十冬奥广场。京津冀协同发展专家咨询委员邬贺铨、张军扩、谢克昌等十几位专家;北京市发改委党组成员、市能源与经济运行调节工作领导小组办公室专职副主任王英建,市国资委党委委员、副主任杨秀玲,市规划委党组成员、总规划师兼市规划院院长施卫良;北京冬奥组委秘书长韩子荣及秘书行政部部长郭怀刚;北京市城市规划设计研究院总体所副所长鞠鹏艳,北京市建筑设计研究院有限公司副总建筑师吴晨等参加调研。总公司领导靳伟、张功焰、何巍、梁宗平、赵民革、胡雄光、韩庆、刘桦、顾章飞、王涛陪同调研。

6月8日,在第二届中美气候智慧型/低碳城市峰会上,首钢总公司与C40城市气候领导联盟签署认证证书,首钢正气候发展项目被正式纳入C40正气候项目发展计划中,成为中国第一个、全球第19个正气候项目。

6月15日,首钢总公司与北京公交集团公司签署战略合作协议。首钢总公司领导靳伟、白新、顾章飞,北京公交集团公司党委书记、董事长、总经理王春杰,副总经理朱凯、高明,总经理助理、总法律顾问、规划发展部部长季朗超出席签约仪式。白新和朱凯分别代表双方签署《战略合作协议》。

6月18日,宝钢集团有限公司董事、总经理陈德荣,唐山市委常委、副市长李忠娟和有关部门领导,来首钢京唐公司参观考察,总公司领导张功焰、王涛及相关单位负责人陪同参观京唐公司指挥中心、高炉主控室、首钢朗泽煤气制乙醇试验基地、海水淡化及成品码头,并就共同关心的话题进行交流。

6月20日,北京市副市长隋振江,市政府副秘书长刘印春,市国土局副局长谢俊奇,市环保局总工程师于建华,市规划委总规划师施卫良,石景山区区委常委、常务副区长文献,市发改委主任助理欧阳勇,市园林绿化局规划发展处处长刘明星等领导来首钢调研,总公司领导靳伟、张功焰、王世忠、刘桦及有关部门负责人陪同调研。

6月21日,四川省泸州市委副书记、市长刘强,市政府秘书长姚福康,国机重工集团董事长、总经理吴培国一行到首钢参观考察,总公司领导靳伟、张功焰、白新、顾章飞接待并座谈交流。

6月23日,总公司领导张功焰、赵民革、王世忠、胡雄光带领相关部门负责人,分两组对冷轧公司、氧气厂、动力厂以及西十冬奥广场新增项目施工现场的安全责任制落实、规章制度健全完善及严格执行情况,开展隐患排查治理工作,联系确认、操作牌、防触电、危险化品管理等工作进行检查。总公司办公厅、安全环保部、园区管理部、园区开发部、行政管理中心等部门负责人一同参加检查。

6月25日,新首钢高端产业综合服务区北区建设方案设计学习研讨会在陶楼举行,总公司党委书记、董事长靳伟作重要讲话,总公司领导许建国、何巍、梁宗平、赵民革、白新、王世忠、胡雄光、韩庆、王洪军、刘桦、顾章飞、赵天旸参加会议,并围绕北区建设方案设计进行讨论,提出建设性意见和建议。

6月29日,北京首钢筑境国际建筑设计有限公司(简称首钢筑境公司)正式揭牌成立。中国工程院院士、全国工程勘察设计大师程泰宁,中国勘探设计协会副理事长王树平,中国建筑学会副理事长周畅;首钢总公司领导靳伟、张功焰、白新、王世忠、刘桦、顾章飞;筑境设计公司总经理、首钢筑境公司总经理胡新,筑境设计公司总建筑师王右芬、周旭宏,副总建筑师薄宏涛出席揭牌仪式。首钢总公司有关部门、筑境设计公司、首钢筑境公司相关领导参加揭牌仪式。

6月30日，首钢召开庆祝中国共产党成立95周年大会，落实管党治党主体责任，组织基层党建工作述职评议，表彰2016年度先进基层党组织和优秀共产党员，交流党建工作经验。总公司领导靳伟、张功焰、许建国、何巍、梁宗平、白新、胡雄光、韩庆、王洪军、顾章飞、王涛、刘建辉；首钢各单位党政主要领导、党群部门负责人及总公司机关各部厅负责人；来自一线的北京市人大代表、北京市党代表、石景山区政协委员和首钢党代表；受表彰的先进集体、优秀个人代表；部分基层党支部书记、党小组长、一线党员代表参加会议。

6月30日，市发改委党组成员、市能源与经济运行调节工作领导小组办公室专职副主任王英建，市交通委党组成员、副主任、市交通委运输管理局局长王兆荣一行到首钢调研智能停车设施建设等相关工作。总公司领导靳伟、白新、顾章飞陪同调研。

6月，北京首钢生物质能源科技有限公司被评为第七届"母亲河奖"绿色团队，成为北京市唯一获此殊荣的集体。

七 月

7月1日，总公司领导张功焰、赵民革来长钢公司调研，听取长钢公司领导班子工作汇报，并提出具体工作要求。

7月1日，总公司领导张功焰、赵民革拜会了长治市领导，与长治市委书记席小军，市委副书记、市长卢建明，市委常委、秘书长梁克昌，市政府副秘书长杨鸿斌等座谈交流。

7月7日—9日，总公司领导靳伟、张功焰、赵民革来水钢公司、贵钢公司调研，了解企业生产经营及职工生活情况，听取工作汇报，并提出具体工作要求。

7月11日，河北省协同办副主任张国洪、交通运输厅副厅长王普清、省政府驻北京办事处副主任周健、工信厅副厅长段润保、商务厅副厅长奚献军、教育厅副厅长韩俊兰、农业厅副厅长吴更雨、文化厅副厅长李新平一行到首钢调研，总公司领导靳伟、白新、韩庆、顾章飞接待，并座谈交流。

7月13日，首钢总公司与北京城建集团签署战略合作协议。首钢总公司领导靳伟、张功焰、赵民革、白新、刘桦、顾章飞，北京城建集团党委书记、董事长陈代华，总经理郭延红，党委副书记李卫红，副总经理彭成均，财务总监李莉，经理助理兼园林绿化集团董事长马立强，经理助理魏中华，副总工程师兼生产部部长刘新，副总经济师兼企管部部长吴东慧出席签约仪式。张功焰和郭延红分别代表双方签署《战略合作协议》。

7月18日，2016年北京市因公出入境工作会议召开，首钢总公司外事办公室荣获"2014—2015年度北京市因公出入境工作成绩突出单位"称号，《首钢总公司2015年度赴美国开展技术合作洽谈出访报告》获得"北京市优秀出访成果奖"。总公司领导胡雄光参加会议。

7月20日，北京市政路桥集团有限公司党委书记、董事长郝志兰，党委副书记、常务副总经理李军，党委常委、副总经理陈贺，副总经理石银峰、王健中一行来访首钢，总公司领导靳伟、张功焰、赵民革、白新、王世忠接待，双方就共同关心的话题进行座谈交流。

7月20日，《财富》世界500强排行榜发布，首钢集团以21513.7百万美元(约1352亿元人民币)的营业收入列第489位，连续第六次上榜。

7月23日，首钢党委扩大会暨集团上半年经济活动分析会召开，总结上半年集团经济运行情况，研究部署下半年工作。总公司党委书记、董事长靳伟作重要讲话。总公司领导张功焰、许建国、何巍、梁宗平、赵民革、白新、王世忠、胡雄光、韩庆、王洪军、顾章飞、王涛、刘建辉、赵天旸出席；战略管控部门、战略支撑部门、业务支持服务部门、钢铁板块管理平台、股权投资管理平台、北京园区开发管理平台、曹妃甸园区开发管理平台、直管单位党政主要领导参加。张功焰主持会议。

7月27日，北京市委副秘书长、市委宣传部副部长严力强，北京电视台新闻中心副主任刘民一行到首钢调研，总公司领导靳伟、何巍接待，并座谈交流。

7月28日，北京市投资促进局、石景山区政府与首钢总公司联合举办的"驻京中外知名企业投资石景山·首钢行"活动举行。北京市投资促进局局长周卫民、副局长苏宏；石景山区委副书记、区长夏林茂，区委常委、常务副区长文献，副区长司马红；澳门特别行政区政府驻京办主任康伟；唐山市曹妃甸委常委、常务副区长于广秋；首钢总公司总经理张功焰出席活动。来自大型央企、国企、跨国公司、民营企业，国内外股权投资机构，国际国内商会、协会等291家机构和企业的385名高管参会。周卫民、夏林茂、张功焰分别致辞。

7月，首钢京唐公司职工吴礼云获得"中国制水大工匠"荣誉称号。

7月,首钢股份公司质量体系通过中国船级社质量认证公司专家的审核并获取证书。

7月,水钢公司两项QC成果喜获"冶金质量联盟杯",QC小组竞赛二等奖。

7月,首钢取得由国家质量监督检验检疫总局颁发的"PPY-GJ型三层及以下平面移动类机械式停车设备"制造许可证,成为国内首家研发制造公交车等大型车辆机械式立体停车库的企业。

八 月

8月1日,总公司领导靳伟、张功焰、梁宗平、王世忠、刘桦到首钢西十冬奥广场调研,并对有关工作提出具体要求。

8月3日,总公司领导靳伟、张功焰、何巍、韩庆、王洪军到首钢京西重工房山工厂调研,并对有关工作提出具体要求。

8月6日,首钢举行党委中心组学习扩大会,邀请国家科技部政策法规与监督司副司长包献华作题为《创新驱动与科技体制改革》的专题讲座。总公司全体领导参加学习。何巍主持会议。总公司各部门负责人,平台公司、直管单位党政一把手及相关人员参加学习。

8月10日,总公司领导靳伟、王世忠、刘桦及相关部门负责人一行参加石景山区区委常委会,共同研讨新首钢高端产业综合服务区北区设计方案。石景山区委书记牛青山主持会议。

8月11日,里约奥运会乒乓球女子单打决赛,首钢乒乓球俱乐部队员丁宁夺冠,北京市委市政府发贺电祝贺。

8月12日,西安建筑科技大学党委书记苏三庆,校长刘晓君一行到首钢访问,总公司领导靳伟、何巍及相关部门负责人接待。

8月15日,中国钢铁工业协会常务副会长顾建国,副秘书长王颖生、王德春到首钢调研,总公司领导靳伟、张功焰、何巍及有关部门负责人接待,并座谈交流。

8月19日,太原重型机械集团有限公司副董事长、总经理张志德一行到首钢访问,总公司领导张功焰及有关部门负责人接待。双方就共同关心的话题进行交流。

8月24日,西马克集团执行董事罗森涛、全球商务销售执行副总裁史大福、西马克中国中央销售高级副总

裁茆丽华等来首钢访问,总公司领导张功焰、赵民革及有关部门负责人接待。双方就共同关心的话题进行座谈交流。

8月25日,首钢总公司与国网北京市电力公司签署合作协议。首钢总公司领导靳伟、张功焰、何巍、赵民革、王世忠、胡雄光;国家电网公司副总工程师兼国网北京市电力公司总经理李同智,国网北京市电力公司党委书记杨新法,副总经理刘润生、安建强、唐屹峰,总经理助理兼重大项目协调办公室主任马林峰参加。胡雄光、安建强分别代表双方签署合作协议。

8月27日,为期两天的2016年首钢"创新创优创业"交流会圆满闭幕,本次会议以聚焦风控体系建设为主题。总公司领导靳伟、张功焰、何巍、赵民革、白新、王世忠、胡雄光、韩庆、王洪军、顾章飞、王涛、刘建辉、赵天旸出席会议;北京市国资委派驻首钢监事会主席刘春芳受邀出席会议;总公司各部门负责人,各平台公司、直管单位党政主要领导及部分相关管理人员,德勤公司有关领导和顾问团队首钢项目组成员,首钢党的十八大代表,北京市第十一次党代会代表参加会议。总公司党委书记、董事长靳伟,北京市国资委派驻首钢监事会主席刘春芳分别作重要讲话;首钢外部董事、信永中和会计师事务所合伙人刘景伟作题为《股权投资风险管理》的经验分享。张功焰主持会议。

8月29日,中国光大银行行长张金良、公司业务部总经理孙强、同业机构部总经理宁咏、基建办总经理杨俊川、太原分行行长王琳一行到首钢调研,总公司领导靳伟、张功焰、王世忠、韩庆、王洪军,以及经营财务部、特钢公司相关负责人接待。双方就共同关心的话题进行座谈交流。

8月,长钢公司获山西省功勋企业称号。

8月,国家知识产权局下属中国专利技术开发公司发布"中国企业专利奖排行榜",首钢总公司以16件获奖专利位列第十,居钢铁行业首位。

九 月

9月8日,首钢举行党委中心组学习扩大会,邀请著名经济学家、清华大学魏杰教授作题为《中国经济新常态与发展战略的重新定位》的专题报告。总公司全体领导,总公司各部门负责人和各平台公司、直管单位党政一把手及部分管理人员,首钢青年干部特训班全体

学员参加学习。何巍主持会议。

9月10日，中央政治局委员、北京市委书记郭金龙来首钢总公司和石景山区调研供给侧结构性改革和经济发展情况。市委常委、常务副市长李士祥，市委常委、秘书长、副市长张工，副市长张建东、隋振江等市领导，中国工程院院士、中国电子科技集团公司党组成员、总工程师吴曼青一同调研。首钢总公司领导靳伟、张功焰、梁宗平、白新、顾章飞、赵天旸陪同。

9月12日，景山教育集团理事长范禄燕、景山学校副校长吴鹏等来首钢访问，总公司领导靳伟、张功焰、韩庆及有关部门负责人接待。双方就共同关心的话题进行座谈交流。

9月14日，首钢举行党委中心组学习扩大会。邀请中国工程院院士、钢铁研究总院名誉院长、原冶金部副部长殷瑞钰作题为《智能化钢厂雏议》的专题报告。总公司全体领导，总公司各部门负责人和各平台公司、直管单位党政一把手及部分管理人员参加学习，何巍主持会议。

9月19日，北京市副市长张建东、市城市管理委员会副主任韩利一行到首钢建筑垃圾处理项目现场调研。总公司领导张功焰、白新陪同。

9月19日—20日，北京市证监局局长王建平、副局长陆倩一行到首钢京唐公司调研，总公司领导张功焰、王涛、刘建辉、赵天旸，以及首钢京唐公司相关负责人接待。

9月21日，北大医学部主任詹启敏，副主任段丽萍、王维民，副主任、两办主任肖渊一行到北大首钢医院调研，总公司领导张功焰、孙永刚及首钢医院领导和相关部门负责人接待，并座谈交流。

9月23日，首钢总公司工会第十七次代表大会召开。中国机械冶金建材工会主席江南，北京市总工会党组成员、副主席张青山，北京市工业（国防）工会主席周玉忠，首钢总公司党委书记、董事长靳伟，党委副书记、总经理张功焰，党委副书记何巍，党委常委、工会主席梁宗平，首钢总公司工会第十七次代表大会正式代表出席会议。江南、张青山、靳伟分别作重要讲话；梁宗平代表首钢总公司工会第十六届委员会作工作报告；选举产生新一届首钢总公司工会委员会和经费审查委员会。水钢公司、通钢公司、长钢公司、贵钢公司、伊钢公司以及北冶公司的工会领导，总部相关管控部门负责人参加会

议。梁宗平主持会议。

9月23日，国家发改委副巡视员李明传、市发改委有关领导到首钢，对西十筒仓改造二期工程项目进行实地督查，总公司领导张功焰、刘桦及有关部门负责人接待。

9月24日，首钢举行党委中心组（扩大）学习会，邀请冬奥组委总体策划部部长徐达、总体策划部项目专家杨占武，埃森哲公司战略高科技及可持续业务董事总经理李广海、战略咨询经理陈珊、战略咨询总监马新安作专题辅导。北京市新首钢办有关领导，总公司全体领导，及总公司各部门负责人和各平台公司、直管单位党政主要领导参加学习。靳伟主持学习。

9月28日，交通银行北京管理部（集团客户部）常务副总裁、北京市分行行长尹兆君，北京管理部（集团客户部）副总裁严文兵一行到首钢访问，总公司领导张功焰、王洪军及相关部门负责人接待。双方就共同关心的话题进行座谈交流。

9月29日，2016年首钢青年干部特训班结业典礼举行。总公司领导靳伟、张功焰、许建国、梁宗平，以及有关部门负责人，青年干部特训班学员，人才开发院骨干教师参加。靳伟作重要讲话，张功焰主持结业典礼。

9月，由首钢总公司牵头承担，首自信公司、冶金自动化研究设计院、中国科学院软件研究所、北京科技大学、东北大学共同参与研发完成的《面向可循环流程钢铁企业的多目标优化与智能决策 MES 开发及应用》课题，通过国家科技部高技术研究发展中心组织的验收专家组的技术验收。

十 月

10月8日，总公司领导靳伟、张功焰、梁宗平、白新、梁捷、顾章飞到北京静态交通研发示范基地调研。

10月9日，总公司召开经理办公会，审议首钢园区北区服务冬奥重点项目及景观改造项目立项等事项。会议强调，要认真贯彻落实北京市新首钢高端产业综合服务区发展建设领导小组第三次会议精神，集中力量加快推进北区重点项目相关工作抓紧做好深化、优化、细化方案等工作，高标准、高质量地建设好首钢园区。总公司总经理张功焰主持会议。

10月11日，北京市发改委委员崔小浩到首钢调研，总公司领导靳伟、白新、顾章飞及有关部门负责人接

待,并就有关情况座谈交流

10月18日,总公司召开董事会,总公司党委书记、董事长靳伟主持会议。审议了首钢集团二级单位"十三五"发展规划要点,会议强调,要持之以恒地抓好"十三五"发展规划的贯彻落实,将规划与年度计划、目标、评价、考核等紧密结合起来,让规划实施的过程成为企业提高核心竞争力的过程,确保规划落实兑现,补齐战略管理短板。

10月19日—21日,总公司领导靳伟、张功焰来京唐公司、曹建投公司调研,听取京唐公司、曹建投公司工作汇报,并提出具体要求。总公司领导许建国、赵民革、梁捷、王涛、刘建辉一同调研。

10月19日,京西重工在捷克西部城市海布投资设立的工厂举行开工典礼。中华人民共和国驻捷克大使馆商务参赞程永如,捷克海布市市长纳瓦迪尔,房山区政府副区长赵军,房山区国资委党委书记柴林峰,首钢总公司领导韩庆及京西重工股东、董事会、管理层和参与海布工厂建设的各方代表参加启动仪式。赵军、韩庆代表京西重工股东在启动仪式上讲话。

10月26日,TMEIC公司CEO山脇雅彦、全球冶金业务顾问土屋古人、冶金及系统业务副总裁西能彻哉、中国总经理尹小虎、中国冶金销售总经理张慧等一行来访首钢,总公司领导张功焰、赵民革,以及京唐公司、中首公司等有关部门负责人接待,并座谈交流。

10月27日,以"育精益求精工匠,圆创新创业梦想"为主题的北京市第十二届全民终身学习活动周开幕式在清华大学举行,首钢京唐公司荣彦明、首钢矿业公司马著荣获2016年度"首都市民学习之星"受到表彰。

10月,首钢首秦公司桥梁板成功中标长安街西延永定河特大桥项目,该项目钢箱梁、钢塔所用钢板将全部由首钢制造供应。

10月,首钢长钢公司捧回由全国钢劳联推荐、中华全国总工会和国家安全生产监督管理总局授予的"2015年度全国'安康杯'竞赛优胜单位"奖匾。

10月,首钢技术研究院和首秦公司共同开发的核电安全壳用钢SA738通过国家核电山东核电设备制造有限公司的企业认证,标志着首秦公司成为核电企业非核级以及核级材料的合格供方。

10月,首钢工业遗址入选北京市100家红色旅游景区。

10月,首钢焊接实验室获得福特全球认证授权。

十一月

11月2日,总公司党委常委会召开会议,认真学习党的十八届六中全会公报,深刻领会全会精神。总公司党委书记、董事长靳伟主持会议。

11月2日,北京市委常委、组织部部长姜志刚,副部长张革,部务委员、组织处处长徐颖一行来石景山创新平台、首钢创业公社,就非公党建推动企业创新发展情况进行调研。石景山区委书记牛青山,区长夏林茂,区委常委、常务副区长文献,区委常委、组织部部长晋秋红;总公司总经理张功焰、副总经理梁捷陪同调研。

11月2日,国家发展改革委基础司副司长任虹、铁道处调研员田艳杰,北京市发展改革委委员崔小浩一行到首钢调研,总公司领导张功焰、白新、顾章飞及城运公司等有关单位负责人陪同调研。

11月2日,首钢召开第十八届职工代表大会第一次团长联席会议,总公司领导、首钢职代会各代表团正、副团长、各专门委员会正、副主任、总公司部门负责人和部分职工代表参加,股份公司、京唐公司、首秦公司、矿业公司、冷轧薄板公司、通钢公司、贵钢公司的代表通过视频参加会议。会议审议通过《首钢总公司公司制改革方案》及决议,总公司党委书记、董事长靳伟作重要讲话,党委常委、工会主席梁宗平主持会议。

11月2日,中国国民党主席洪秀柱率领中国国民党大陆访问团参访北京创业公社中关村创客中心。北京市委常委、秘书长、副市长张工陪同参访。

11月3日,由石景山区人民政府、北京市徒步运动协会、首钢总公司共同主办的"徒步石景山奔向2022"全民健步走活动成功举办。北京市徒步运动协会会长史绍洁,北京冬奥组委体育部副部长王艳霞,石景山区委常委、区委组织部部长晋秋红,石景山区副区长左小兵,总公司领导靳伟、梁宗平,石景山区体育局局长李劲挺,国际越野行走联合会主席阿迪等出席活动,共同为全民健步走活动鸣枪开赛,并参与徒步健身活动。

11月4日—6日,总公司领导靳伟、张功焰到股份公司、矿业公司调研,听取了股份公司、矿业公司工作汇报,并提出具体要求。总公司领导何巍、赵民革、梁捷、王涛、刘建辉一同调研。

11月7日，由中国海洋工程咨询协会主办、首钢总公司协办的"海洋发展曹妃甸论坛"在首钢渤海国际会议中心举行。中国海洋工程咨询协会名誉会长、国家海洋局原局长孙志辉，中国海洋工程咨询协会会长、国家海洋局原纪委书记周茂平，国家海洋局高级顾问、中国工程院院士高从堦，北京市发改委副主任洪继元，首钢总公司党委书记、董事长靳伟，中国海洋工程咨询协会副会长兼秘书长、国家海洋局海洋咨询中心主任屈强，唐山市委常委、副市长于学强，国家海洋局信息中心纪委书记刘小强，国家海洋局减灾中心副主任张义钧，国家海洋局海洋出版社党委副书记牛文生，首钢总公司副总经理韩庆，唐山市曹妃甸区区长梁振江；以及中国海洋工程咨询协会各会员单位代表，北京市、唐山市、曹妃甸区政府相关部门负责人，相关企事业单位代表，首钢总公司相关单位负责人出席论坛。屈强主持大会。本届论坛坚持深入推进海洋科技进步与海洋经济发展，围绕海洋科技进步助推京津冀协同发展、关注海洋经济与区域产业布局及城市建设进行高层次的探讨与交流，为助推京津冀协同发展献计献策。靳伟作题为《携手开创京津冀协同发展的美好未来》的主旨演讲。

11月8日，意大利德兴集团国际事业发展总负责人蒙杜威·让·卢卡，特诺恩波米尼执行副总裁保罗·葛博阿帝，特诺恩工业技术（北京）有限公司副总经理里维·塔卡尼、高级商务经理叶青一行来首钢访问，总公司领导靳伟、孙永刚及相关部门负责人接待。双方就共同关心的话题进行座谈交流。

11月9日，秦皇岛首钢长白机械有限公司股权转让暨转型发展启动仪式在北京瀚丰联合科技公司举行。首钢总公司副总经理白新，北京瀚丰联合科技公司董事长赵美光，以及首钢股权投资公司、北京瀚丰联合科技公司、长白公司相关部门负责人参加启动仪式。

11月10日，海淀区区委书记崔述强，区委副书记、区长于军，区委常委、区委办公室主任傅首清，区委常委、常务副区长孟景伟，副区长陈双等到首钢调研，总公司领导靳伟、白新、王世忠、梁捷、顾章飞、赵天旸及有关部门负责人接待。双方就共同关心的话题进行座谈交流。

11月10日，中集集团CEO兼总裁麦伯良、副总裁李胤辉等一行来首钢访问，总公司领导靳伟、王世忠、梁捷、刘建辉、赵天旸及相关部门负责人接待。双方就共同关心的话题进行座谈交流。

11月11日，总公司党委下发通知，《首钢总公司职务职级改革试点管理办法》正式实施。

11月12日，首钢举行党委中心组（扩大）学习会，邀请国务院国资委党建工作局（党委组织部）局长（部长）姚焕围绕学习党的十八届六中全会和全国国有企业党的建设工作会议精神作专题辅导报告。总公司全体领导参加学习。何巍主持会议。总公司各部门负责人，各平台公司、直管单位党政一把手及纪委书记、组织部长、宣传部长、部分基层党组织负责人等参加学习。

11月14日，2016年首钢集团基层党委书记、董事长培训班在首钢人才开发院（党校）开班。总公司领导张功焰作动员讲话，何巍主持。党委组织部、党委宣传部、人才开发院负责人，党委书记、董事长培训班学员，首钢人才开发院骨干教师等参加。

11月15日，新一届区、乡镇人大代表换届选举投票日，首钢选举分会登记选民50517人，参加投票的选民50473人，投票率达99.91%。选民分别在11个选区、122个投票站投票，行使民主权利。

11月15日，首钢举行《公司财务报告分析与决策》专题培训，邀请清华大学经管学院会计系主任、教授肖星作题为《财务信息与企业决策》的专题培训讲座。总公司全体领导，各二级单位主要领导及专业相关领导，总公司部门高级经理以上领导人员，首钢基层党委书记、董事长培训班学员，人才开发院骨干教师等参加学习。

11月22日，"北京新首钢高端产业综合服务区—正气候项目"荣获2016年环保建筑大奖赛研究及规划类别最高级别奖项GRANDAWARD大奖。

11月23日，首都机场集团公司与首钢在京共同签署"京津冀一体化重大交通枢纽战略合作暨北京新机场停车综合体项目"合作协议，正式转入落地实施阶段。

11月28日，首钢召开安全生产视频会议。深入贯彻落实习近平总书记等中央领导的重要指示、批示精神；传达贯彻国务院安委会通报、国务院安委会安全生产电视电话会议、北京市安全生产电视电话会议精神；对首钢当前安全生产、环保工作进行全面部署和安排。总公司领导张功焰、赵民革、王世忠、王涛、刘建辉参加会议。赵民革主持会议。总公司各单位主要领导参加会议。

11月29日，长治市委常委、市纪委书记马彪，市委常委、平顺县委书记吴小华一行到首钢考察，总公司领导靳伟、张功焰、顾章飞及有关部门负责人接待。双方就共同关心的话题进行座谈交流。

11月30日，星展银行(香港)有限公司行政总裁庞华意，中国区首席执行官葛甘牛，大中华区信贷总监、香港高级风险总监、董事总经理刘罗少红一行来首钢访问，总公司领导张功焰、王洪军，以及相关部门负责人接待，并就双方关心的话题进行座谈交流。

11月，在北京市青年微创新大赛中，技术研究院"提高热连轧凸度控制精度的带钢断面形状分配技术"项目获得大赛金奖，京唐公司"热轧精轧机CVC串辊系统技术攻关"和技术研究院"组合式钢锭模在真空冶炼试验中的应用"获得铜奖。

11月，首钢股份公司刘建斌荣获"北京市有突出贡献的高技能人才"称号；京唐公司张维中、机电公司刘琪、生物质能源公司杨海廷荣获"北京市政府技师特殊津贴"奖励。

11月，首钢集团获惠誉A-及大公香港A国际评级，这是目前国内钢铁企业所获得最好等级。

十二月

12月3日，首钢党委中心组开展"两学一做"学习教育集体学习交流研讨，深入学习习近平总书记在全国国有企业党的建设工作会议上的重要讲话、党的十八届六中全会精神等，并围绕"务实担当，做合格党员"主题进行集中交流研讨。总公司全体领导、首钢"两学一做"学习教育协调小组办公室各工作组及巡回督导组组长，有关部门负责人参加学习。总公司党委书记、董事长靳伟主持学习。

12月6日，首钢鲁家山生物质能源公司宣教中心被授牌《环境保护部宣传教育中心培训教学实践基地》。国家环保部宣教中心主任贾峰，首钢总公司领导白新及相关部门负责人出席揭牌仪式。

12月6日，首钢吉泰安新材料公司研制的"圆珠笔头用超易切削不锈钢材料"通过由中国制笔协会、中国钢研集团和北京金属学会组成的专家组鉴定。专家组认为首钢吉泰安新材料公司攻克中国圆珠笔头生产技术难关，该材料"工业技术和实物质量"均达到国际先进水平。目前，产品已投放国内重点笔业公司实现批量生产，打破该材料长期被发达国家垄断的局面，标志着首钢在圆珠笔头用材料领域走在国内最前列。

12月6日，在北京市国资委系统举办的2016年"国企楷模·北京榜样"主题活动颁奖会上，首钢创业公社总裁刘循序获得"国企楷模·北京榜样"优秀人物荣誉称号。

12月13日，C40城市气候领导联盟主办，首钢总公司合办，北京市城市规划设计研究院、北京大学城市规划设计中心协办的"C40正气候发展计划、新首钢高端产业综合服务区正气候项目研讨暨技术培训会议"在首钢陶楼召开。国家发展和改革委员会振兴司副司长杨荫凯，北京市规划和国土资源管理委员会总规划师、北京市城市规划设计研究院院长施卫良，C40城市气候领导联盟城市发展与规划主任扎卡里·托菲厄斯，首钢总公司副总经理王世忠、梁捷，北京市发展和改革委员会新首钢办、北京市规划和国土资源管理委员会、北京市住房和城乡建设委相关委办局及相关部门负责人参加。

12月13日，总公司领导靳伟、张功焰、赵民革、梁捷、刘建辉及有关部门负责人到中国长江三峡集团公司，与三峡集团董事长、党组书记卢纯，党组成员、副总经理张诚等进行座谈交流。

12月13日，由北京市石景山区人力社保局、河北省唐山市人力社保局、首钢总公司人事服务中心共同推进的《首钢唐山地区企业人力资源和社会保障公共服务发展合作协议》正式签署。签字仪式在首钢矿业公司体育馆多功能厅举行。石景山区委副书记、常务副区长文献，唐山市委常委、市政府党组副书记刘建立，首钢总公司副总经理胡雄光，三方各业务领域牵头部门的主要负责人，首钢股份公司、矿业公司领导等参加签字仪式。

12月15日，山西翼城县县委书记杨春权，县委副书记、县长高永贤，县人大常委会主任李殿梁，县政协主席李伦，县委常委、常务副县长许拥军等来首钢访问，总公司领导张功焰、韩庆及相关部门负责人接待。双方就共同关心的话题进行座谈交流。

12月19日，总公司领导靳伟、张功焰、赵民革及有关部门负责人前往浦项(中国)，与浦项集团首席信息官、浦项ICT总部社长崔斗焕，浦项(中国)董事长韩成熙等领导进行座谈交流。

12月23日，首钢与北京景山学校合作签约仪式在景山学校举行。首钢总公司领导张功焰、韩庆、梁捷，景山学校理事长范禄燕、校长邱悦、党总支书记陈茹珊，以及北京市政府教育督导室专职督导处、市教委发展规划处、东城区教委，北京市发改委协同办，首钢总公司办公厅，京唐公司、曹建投公司，曹妃甸区政府等相关单位及部门负责人参加。韩庆、邱悦分别代表双方签署合作协议。与会领导们就相关议题进行座谈交流。

12月24日，首钢总公司与长治市人民政府签署扩大战略合作协议。总公司领导靳伟、张功焰、白新、顾章飞、赵天旸，长治市市委书记席小军，市委副书记、市长卢建明，市委常委、市纪委书记马彪，市政府秘书长于川，市委副秘书长杨勇，以及双方各相关单位负责人出席签约仪式。张功焰和卢建明分别代表双方签署了扩大战略合作协议。

12月26日，中央环境保护督察组马骏、佟羽，北京市市委常委、秘书长、副市长张工，北京市环保督查工作协调联络组有关人员，门头沟区委书记张贵林，区委副书记、代区长付兆庚，区委常委、副区长张永，副区长张满仓及门头沟区环保局、区政府办有关人员一行来首钢鲁家山循环经济（静脉产业）基地调研指导工作，首钢总公司领导张功焰、白新陪同。

12月26日，台湾中华青年企业家协会理事长、中国国民党青年部主任张渊翔，台湾中华青年企业家协会荣誉理事长、中国国民党组织发展委员会副主任委员刘灿树，台湾中华青年企业家协会顾问、中国国民党中央委员会常务委员曾文培，台湾中华青年企业家协会副理事长、东雷管理顾问有限公司董事长骆明裕等一行，在中国青年企业家协会副秘书长张华、中华全国青年联合会台港澳联络部部长陈芃、中华全国台湾同胞联谊会联络部交流处处长张荟、中华全国青年联合会台港澳联络部副部长韩晓、陆召瑞的陪同下，来首钢参观交流，总公司领导靳伟、赵天旸及首钢团委、创业公社等有关部门负责人接待。双方就两岸青年深化交流等共同关心的话题进行座谈交流。

12月26日、27日，总公司召开2016年第五次董事会，审议公司章程和董事会工作规则修订、首钢集团2017年经营计划、首钢集团2017年投资计划、首钢集团2017年预算安排、首钢集团2017年融资预算安排、首钢集团2017年企业退出和闭合"失血点"计划安排、首钢集团2017年转型提效工作实施方案、对二级单位2016年经营目标责任书完成情况预考核评价等事项。

总公司党委书记、董事长靳伟主持会议。

12月28日，总公司领导到房地产公司调研。党委书记、董事长靳伟强调，要以更解放的思想、更务实的作风，扎实推进改革，激发内生动力和活力，实现更全面、更协调、更可持续的发展。张功焰指出，要紧抓机遇、勇于创新、敢于担当，大胆闯、大胆试，建立完善市场化用人机制，狠抓各项工作落实，切实肩负起加快首钢房地产业发展的责任，尽快做大做强。总公司领导何巍、王世忠一同调研，并对房地产公司下一步工作提出要求。

12月28日，总公司召开经理办公会，审议《首钢总公司经理层工作规则》修订情况、首钢云平台管理中心项目申请立项及相关事宜、首钢钢铁产销一体化经营管理系统项目申请立项等事项。总公司总经理张功焰主持会议。

12月28日，市审计局总审计师石铝一行到首钢调研，总公司领导靳伟、张功焰、韩庆、赵天旸，以及相关部门负责人陪同。

12月29日，国家发改委副主任连维良、产业司副司长卢卫生、财金司副巡视员田原；北京市副市长隋振江、市政府副秘书长刘印春、市发改委副主任洪继元、市经信委副主任樊健、市规划国土委副主任周楠森等到首钢调研，总公司领导靳伟、张功焰、白新、王世忠、梁捷、顾章飞及相关部门负责人陪同调研。靳伟汇报了首钢深入推进供给侧结构性改革、积极推进两大园区建设等相关工作进展情况。

12月，首钢京唐公司荣获企业环保类第九届中华宝钢环境优秀奖，是唯一获得此奖项的钢铁企业，被誉为绿色转型发展的先锋。

12月，首钢二代直流充电桩通过最新国际认证。

12月，全球最具影响力的智能信息服务机构ClarivateAnalytics（原汤森路透旗下知识产权与科技事业部）在全球范围内首次发布"2016年中国大陆创新企业百强"榜单，首钢跻身百强之列。

12月，中国钢铁工业协会发布2016年度冶金产品实物质量认定产品名单，首钢京唐公司"石油天然气输送管线用热轧宽钢带""汽车用高强度冷连轧钢板及钢带第2部分：双相钢"和首秦公司"石油天然气输送管用热轧宽厚钢板（高强度）"三项产品获得"特优质量奖"和"金杯奖"；首钢京唐公司"连续热镀锌钢带"获"金杯奖"。

荣誉表彰

◎ 责任编辑：刘冰清

北京市国资委系统先进基层党组织

北京首钢股份有限公司硅钢事业部党委
北京首钢生物质能源科技有限公司党委

首钢水厂铁矿汽运作业区党支部

北京市国资委系统县级基层党组织

北京首钢股份有限公司硅钢事业部党委
北京首钢生物质能源科技有限公司党委

首钢水厂铁矿汽运作业区党支部

北京市国资委系统优秀共产党员

周立武　北京首钢股份有限公司炼钢作业部二炼钢炼
　　　　钢作业区炼钢作业长
李　勇　北京首钢冷轧薄板有限公司热处理作业区镀
　　　　锌技术质量管理工程师
王　莉　首钢京唐公司制造部技术管理处副处长
李晓峰　秦皇岛首秦金属材料有限公司轧钢事业部设
　　　　备保障中心副主任
青格勒吉日格乐　首钢技术研究院球团首席工程师
庞　宏　北京首钢机电有限公司大厂首钢机电有限公

司重装分厂厂长
高　磊　中国首钢国际贸易工程公司矿产资源事业部
　　　　部长助理
张　洋　北京首钢房地产开发有限公司协调管理部副
　　　　经理
刘　银　北京大学首钢医院内科临床部第四党支部书
　　　　记、内科临床部总护士长
何　磊　首钢总公司园区管理部安全保卫处警卫队
　　　　队长

北京市国资委系统优秀党务工作者

曹连成　北京首钢股份有限公司物资供应公司党委书

记、纪委书记、工会主席、副总经理

孙建民　首钢京唐公司冷轧作业部党委书记、纪委书记、工会主席

郑　军　首钢总公司党委组织部（人力资源部）统战管理干事

2016 年度首钢先进党组织

首钢"六好"班子

首钢环境产业有限公司

北京首钢矿业投资有限责任公司

北京首钢建设集团有限公司

北京首钢园区综合服务有限公司

首钢模范基层党委

首钢销售公司党委

股份公司物资供应公司党委

股份公司炼钢作业部党委

股份公司北京首钢冷轧薄板有限公司党委

首钢氧气厂党委

鲁家山石灰石矿有限公司党委

京唐公司炼钢作业部党委

京唐公司焦化作业部党委

首秦公司炼铁事业部党委

首钢水厂铁矿党委

北京北冶功能材料有限公司党委

首自信公司京唐运行事业部党总支

实业公司北京首融汇科技发展有限责任公司党委

园区管理部轧区管理处党委

长钢公司炼铁厂党委

长钢公司机械运输公司党委

水钢公司炼钢厂党委

水钢公司煤焦化公司党委

贵钢公司锻钢作业部党总支

通钢集团炼铁厂党委

首钢模范党支部

股份公司

炼钢作业部二炼钢作业区党支部

设备维检中心维检硅钢作业区党支部

冷轧薄板公司热处理作业区党支部

首钢上海销售分公司党支部

京唐公司

炼铁作业部烧结作业区党支部

热轧作业部 2250 热轧作业区党支部

冷轧作业部机电设备运维作业区党支部

首秦公司

炼钢事业部精炼党支部

轧钢事业部设备保障中心党支部

矿业公司

大石河铁矿选矿车间党支部

水厂铁矿磁选车间党支部

杏山铁矿开拓作业区党支部

运输部机务段党支部

物资公司火药加工车间党支部

长钢公司

轧钢厂一车间作业区域党支部

采购中心直属党支部

水钢公司

炼铁厂原料车间党支部

博宏公司石灰矿业分公司矿山生产联合党支部

贵钢公司

人力资源党支部

通钢集团公司

第一钢轧厂轧钢车间党支部

矿业公司板石球团厂生产区党支部

中首公司

钢材贸易事业部第一党支部

股权投资公司

国际工程公司工业建筑所党支部

首自信公司首迁运行事业部顺义分部党支部

首自信公司传动事业部设计室党支部

机电公司大厂机电公司结构分厂党支部

实业公司首欣物业公司外管项目部第二联合党支部

实业公司首钢饮食公司顺义区域党支部

首建集团二冶建分公司第一设备安装检修项目部党支部

首建集团国际工程分公司非洲区项目部党支部

首建集团唐山分公司党支部

机关党支部

北京大学首钢医院

外科临床部第二党支部

环境产业公司

首华科技发展公司党总支

特钢公司

开发部党支部

园区管理部

动力厂供水作业区党支部

安全保卫处机关党支部

人才开发院

技师学院学管综合党支部

首建集团唐山分公司党支部

机关党支部

2016 年度首钢先进共产党员

首钢模范共产党员

单位				单位			
					崔世举	任延军	
股份公司	孙茂林	吴桂辑	闵常杰	中首公司	周俊		
	刘德勇	刘飞宇	王峰	股权投资公司	陈志新	段红斌	李长龙
	杨泉	张云山	崔爱民		周海伦	赵书田	李京
	任金鹏	郑天然	李亚威		崔永旺	张素洁	闫小军
京唐公司	王相禹	朱国森	代爱国		李广勤	张瑞生	曹国银
	司海兵	郭佳宇	张建华	房地产公司	王成		
	吕剑	刘连凯	龙芝亮	京西重工	蒋运安	楚长友	
首秦公司	齐凤平	皮福生	李金柱	北京大学首钢医院	赵期康		
	王仁立			环境产业公司	李成宜	胡琳	
矿业公司	郝壮	武书育	王飞	特钢公司	乔春海	刘振坤	
	王利	李文明	牟贡波	园区综合服务公司	李刚	李增良	
	王宏图	庄立朝	李永贵	园区管理部	任文华	闫立青	
长钢公司	贾向刚	曹钦	郭伟	技术研究院	缪成亮		
	焦忠强			人才开发院	靳文才		
水钢公司	卢正春	胡友红	吴梅	总公司机关	许春明	聂秀峰	宗宪荣
	马永相				郭庆	刘同合	亢天明
通钢集团公司	兰绍卿	刘凯	彭文华				

2016 年度首钢先进党支部

股份公司	炼铁作业部一烧结作业区党支部	长钢公司	检修部炼铁检修车间党支部
	炼铁作业部三高炉作业区党支部		党委办公室党支部
	热轧作业部一热轧轧钢作业区党支部		安全处党支部
	硅钢事业部一作业区党支部	水钢公司	能源公司化学车间党支部
	动力作业部供风作业区党支部		铁运厂炼铁站党支部
	质量检验部机关党支部		水钢总医院临床一支部
	物资供应公司废钢供应作业区党支部	贵钢公司	贵阳东方现代公司（铁运）物流配送中心党支部
	氧气厂销售部党支部	通钢集团公司	烧结厂烧结一车间党支部
	鲁家山石灰石矿建昌县融成钙业有限公司党支部		高速线材厂轧钢车间党支部
			磐石钢管公司热轧三车间党支部
京唐公司	焦化作业部化工作业区党支部	伊钢公司	炼铁部炼铁党支部
	炼钢作业部连铸作业区党支部		矿产资源事业部第二党支部
	能源与环境部技术设备党支部		国际大厦物业管理公司党总支
	供料作业部球团供返料党支部	股权投资公司	国际工程公司工业炉事业部党支部
	质检监督部原料检查站党支部		首自信公司自动化事业部第二党支部
	人力资源部党支部		首自信公司信息事业部迁钢分部党支部
首秦公司	炼钢事业部设备党支部		
	能源事业部（设备公司）气体分厂党支部		首自信公司工程事业部项目二部党支部
	制造部生产调度党支部		首自信公司电信事业部迁钢分部党支部
	首秦加工公司深加工事业部党支部		吉泰安公司拔丝作业区党支部
矿业公司	水厂铁矿筑排车间党支部		机电公司设研院设计开发党支部
	运输部车务段党支部		机电公司经营部冶金承揽开发党支部
	机械制造厂精铸项目部党支部		实业公司老年福敬老院党支部
	矿建公司金结分公司党支部		实业公司迁安首实包装服务有限公司党支部
	计控室计控科党支部		
	实业公司北区生活服务公司党支部		实业公司财务部党支部
	职工子弟学校第一中学党支部		北京首宇工贸有限责任公司机关办公室党支部
	矿山医院药械党支部		
	党群工作部党支部		首建集团一分公司一线材项目党支部
	地质勘查院爱地基础工程公司党支部		首建集团二分公司二通棚改定向安

	置房项目部党支部		园区管理部机关党支部
	首建集团三分公司西十冬奥项目部党支部	园区综合服务公司	北京首钢物业管理有限公司物业事业部党支部
	首建集团一冶建分公司首钢园区建设服务专业公司党支部	园区管理部	运输管理处运转作业区党支部
	首建集团钢构分公司重钢分厂党支部		一线材管理处机关党支部
			设备材料处废钢回收加工作业区党支部
	北京首建设备维修有限公司顺义维护检修项目部党支部	技术研究院	薄板研究所党支部
	首建集团党群党支部	人才开发院	工学院经济管理系党支部
			培训中心总务处第二党支部
	微电子公司品质保证党支部	总公司机关	总公司园区开发部党支部
北京大学首钢医院	内科临床部第一党支部		总公司审计部党支部
	医技部第一党支部		总公司人事管理中心老干部管理中心古城八角地区离休干部第二党支部
环境产业公司	资源综合利用科技开发公司机关党支部		
特钢公司	计财部党支部		

首钢先进党小组

股份公司

炼铁作业部二焙烧作业区乙班党小组

炼铁作业部一高炉作业区甲班党小组

炼铁作业部二烧结作业区丁班党小组

炼钢作业部一炼钢精炼作业区乙班党小组

炼钢作业部板坯精整作业区丁班党小组

热轧作业部精整作业区一热轧党小组

硅钢事业部机关二支部营销管理室党小组

硅钢事业部二作业区甲班党小组

动力作业部燃气作业区干法除尘党小组

电力作业部热电作业区丙班党小组

制氧作业部制氧作业区空分丙班党小组

质量检验部化学分析室白班党小组

设备维检中心维检炼钢作业区白班一区炼钢党小组

钢材加工作业部酸洗板材作业区开平党小组

计财部第四党小组

技术质量部冷轧产品室党小组

物资供应公司生产物流党支部储运管理室党小组

冷轧薄板公司酸轧作业区丙班党小组

冷轧薄板公司成品罩退作业区乙班党小组

氧气厂顺冷作业区空分制氮党小组

首钢天津销售分公司冷轧部党小组

销售公司迁安派驻站管理科党小组

鲁家山石灰石矿机关经理办党小组

耐材炉料公司高陶公司党小组

京唐公司

焦化作业部干熄焦作业区第一党小组

炼铁作业部矿选作业区第一党小组

炼钢作业部炼钢作业区丁班党小组

热轧作业部1580热轧作业区第一党小组

冷轧作业部自动化设备运维作业区酸轧运维党小组

镀锡板事业部质量管理室党小组

彩涂板事业部酸轧作业区酸洗党小组

运输部铁运作业区翻车机党小组

能源与环境部能源运行中心党小组

供料作业部供返料党小组

设备部资材处化杂金属党小组

质检监督部轧钢分析中心丁班党小组

计财部第二党小组

制造部热轧板处党小组

首秦公司

炼铁事业部1号高炉制粉党小组

炼铁事业部烧结作业区配料党小组

炼钢事业部炼钢作业区炼钢转炉党小组

轧钢事业部3300毫米作业区调度乙班第一党小组

轧钢事业部设备保障中心综合党小组

能源事业部（设备公司）检修分厂党小组

秦皇岛首钢机械厂制造检修分厂党支部销售党小组

矿业公司

大石河铁矿尾矿车间供料丙班党小组

大石河铁矿动力车间维检电工党小组

水厂铁矿动力车间白班党小组

水厂铁矿西排车间运转丙班党小组

水厂铁矿采掘车间机长班党小组

杏山铁矿采矿作业区第二党小组

运输部车辆修理段选矿列检党小组

运输部冷轧作业队运转乙班党小组

运输部迁钢段丁班党小组

机械制造厂铸造分厂造型党小组

电修公司机电分公司循环发电班党小组

矿建公司土建铝业党小组

协力公司烧结维检车间综合班党小组

协力公司球团维检车间钳工二班党小组

物资公司计划科党小组

计控室信息系统软件开发中心党小组

质检中心水厂检验站检验一班党小组

实业公司物业公司滨东物业党小组

职工子弟学校第四中学初二党小组

矿山医院内科第二党小组

矿山街委龙山居委会龙中党小组

矿山街委水厂居委会第三党小组

保卫处护卫队门卫党小组

纪委党小组

生产技术处矿山技术党小组

首钢地质勘查院金地通检测中心第一党小组

迁安首钢设备结构有限公司热能分公司第三党小组

迁安首钢设备结构有限公司迁钢检修分公司炼钢党小组

长钢公司

动力厂电力党支部变电党小组

焦化厂炼焦车间党支部出炉党小组

长钢医院内科党支部第一党小组

宣传部党支部第一党小组

职工培训中心党支部第一党小组

水钢公司

自动化公司自信车间现场党小组

轧钢厂一高作业区丙班党小组

赛德公司第二联合党支部工装党小组

直属机关财务部第二党支部第二党小组

贵钢公司

贵阳钢厂职工医院临床一支部内科党小组

通钢集团公司

矿业公司板石选矿厂供排水车间总砂泵站党小组

国贸公司综合管理部第一党小组

自信公司运行科第一党小组

焦化厂化工车间第一党小组

烧结厂成品车间第二党小组

动力厂检修车间第二党小组

运输处车务段第一党小组

机电修造公司电气车间第一党小组

首黔公司

杨山煤矿党支部机关党小组

首矿大昌公司

第二党支部钢轧党小组

中首公司

工程设备事业部第二党支部第二党小组

东湖别墅第三党支部第一党小组

股权投资公司

国际工程公司轧钢所党支部板带党小组

国际工程公司民用建筑所党支部第一党小组

首自信公司运行事业部标准计量站检定室党小组

首自信公司首秦运行事业部轧前党支部炼钢党小组

首自信公司首迁运行事业部炼钢作业区二炼党小组

首自信公司京唐运行事业部炼铁作业区球团党小组

首自信公司信息事业部智慧城市党小组

首自信公司电信事业部京唐分部党支部第三党小组

天津首钢电气设备有限公司党小组

北京北冶功能材料有限公司特冶党小组

吉泰安公司企管部党小组

微电子公司业务财务党支部财务党小组

机电公司大厂机电重装分厂党支部第四党小组

机电公司电机厂北京机关党小组

机电公司秦皇岛分公司生产党小组

机电公司曹妃甸检修分公司综合党支部加工党小组

实业公司首欣物业公司展示中心项目部党小组

实业公司首钢饮食公司沙河项目部党小组

实业公司首瀚鑫实业有限公司党支部生产党小组

实业公司规划发展部党小组

实业公司首钢大地老山东里幼儿园第一党小组

实业公司总部分公司市场部党小组

首建集团二分公司西安姬家乡集中安置区工程项目部
　党小组

首建集团三分公司经营部党小组

首建集团二冶建分公司第三设备安装检修项目部党
　小组

首建集团物资分公司采购供应党支部第一党小组

首建集团内蒙古分公司党支部第一党小组

首建集团宁夏分公司银川永泰城项目部党小组

首建集团秦皇岛分公司汤河铭筑党小组

首建集团山东分公司机关党小组

首建集团人力资源部劳动组织党小组

房地产公司

二通党支部协调管理部党小组

北京大学首钢医院

血液免疫党小组

组宣工纪团党小组

科研教育党小组

环境产业公司

生物质能源科技有限公司接待中心党小组

特钢公司

招商运营部运营办公室党小组

园区综合服务公司

园区建设事业部北区维护班党小组

园林绿化公司工程部、市场部党小组

园区管理部

铁区管理处人力资源科党小组

钢区管理处二炼护厂作业区白班党小组

轧区管理处中板作业区三班党小组

一线材管理处安保科党小组

运输管理处检修作业区电工班党小组

动力厂供电二作业区钢轧区党小组

安全保卫处交通科党小组

设备材料处党小组

技术研究院

冶金过程所党支部热轧和仿真党小组

人才开发院

工学院信息工程系第一党小组

技师学院基础学部数理化党小组

总公司机关

总公司财务共享中心数据信息室党小组

首钢篮球俱乐部女子篮球队党小组

总公司党委组织部领导人员管理党小组

首钢优秀共产党员

股份公司	姚春天	左　健	吕金华		田　鹏	李　杰	王晓力
	蔡景春	王宗仁	康　宇		郑永卓	荣　慧	胡卫东
	凌为民	欧书海	王雪玮		李金保	孙慧林	耿　岩
	谢双新	王尉平	唐伟杰		司良英	王　浩	刘利伟

	黄海波	刘运涛	黄　健		李建强	陈　杰	张立坡
	崔宁宁	邓　忠	王万礼		杨　彪	吴登亮	韦长滨
	杨志勇	张宗友	肖　卓		王伟亮	刘英春	聂洪杰
	马　猛	史坤标	杨志强		李　志	王洪雷	谭　红
	剧卫凯	张林华	彭增权		李万友	孙宏彬	吉玉良
	曲　海	马朋亮	高洪波		刘志强	杨文九	周天智
	李东风	张景坡	于海龙		沈虎庄	杜秋杰	王宏伟
	姬海超	张永生	王福江		牟宗波	魏天生	赵　伟
	普刚领	潘沂勇	毛宇锋		迟春革	胡志刚	刘柱艳
	梁长武	赵　鹏	曹　华		刘　杰	王贵刚	高长明
	赵裔冰	丁　彦	徐立新		刘兴堂	郭建军	李立波
	王　海	谢桂忠	黄振军		韩绍春	陈革命	
	刘子龙	刘　坤	亢小敏	长钢公司	陈秀江	韩卫兵	赵攀峰
	李保海			水钢公司	余　宁	蒋建国	张　欣
京唐公司	董　恒	谷友新	邸贺龙		卢利国	王　挺	
	康海军	杜建华	卫传林	贵钢公司	周海生		
	李金柱	关顺宽	郭　冬	通钢集团公司	庞洪涛	孙立伟	李利锋
	刁　华	孙月钢	赵继武		姜道凯	王金波	包海波
	张建峰	李　威	张　双	伊钢公司	孙　浩		
	王　维	张学斌	赵永明	首黔公司	曹建军		
	赵兴华	郑晓飞	刘晓青	首矿大昌公司	王建新		
	王东林	姜海军	黄兆勇	中首公司	杨新娥	张亚萍	刘　博
	石长武	杨桂雨	葛　枫		于海丰	杨　军	张忠才
	焦英豪	马占朋	刘继云	股权投资公司	袁新兴	任福全	马兵波
	牛子洋	陈朝明	王永忠		曹铁林	李贺祥	郭志伟
	朱立新	王　耕	周　波		杨雄英	蹇军强	胡长松
	王　萍	石　兵	董艳华		刘　雷	赵俊明	王兆村
	李　鹏	高文芳	付建新		李志明	杨栋梁	贾懋君
首秦公司	苏志翔	王　伟	曹　宇		朱　清	李海英	李晓军
	韩宝剑	谢翠红	王海军		王　鑫	赵智滔	刘　聪
	刘增钱	韩义安	葛　鑫		兰海斌	赵建军	李建民
	孟冬立	马春起	刘晓飞		陈　丹	李清华	独长芹
	王洪志	李广双	高　翔		张承刚	吴文忠	秦建坤
	邵进超	李　洋	白玉波		于　槐	黄亚楠	王美英
	王之勇	孔艳荣			刘永明	马文有	王　剑
矿业公司	刘世龙	赵金江	李　刚		吕艳春	刘国超	王立新
	霍志超	安　雄	陈玉国		刘　勇	王作奇	李华新
	李向前	刘海民	刘玉林		杨国庆	连景润	李　婧
	史胜利	王红杰	陈全平		白雪明	郭计东	刘延钢
	章俊伟	杨建军	陈　英		邓恩兵	吴　巍	高建志

	徐秀峰	赵圣强	赖祥军	园区管理部	李小平	蒋克尧	陈世春
	陈丙友	王国勤	赵志新		徐国勇	吕晓蓓	马广利
	孙国良	周铁军	吴卿		王占峰	宋铁成	张富强
	张镇海	张同信	刘铁		陈曦	杜瑞林	宋宝元
	王瑞川	许胜利	戴道明		李咏唯		
	宁永顺	李婧		技术研究院	杨建炜	于洋	李少坡
房地产公司	张焕	刘文广			刘斌	罗志俊	
矿投公司	杨超群	刘小东		发展研究院	孙勇		
京西重工公司	张春梅			人才开发院	段宏韬	陈姗姗	张万龙
北京大学首钢医院	王海英	梁好琴	张红梅		张青石		
	王义	张滨	王炯	香港首控公司	苏凡荣		
	赵励			总公司机关	周迎春	张焕友	吴刚
环境产业公司	杨森彬	杨婷婷			李岩岩	陈汉宇	傅建忠
特钢公司	段武涛	彭有杰	黄河		兰新辉	王建民	石乐波
	李云祥	张传文			宇文龙	王军军	赵新文
园区综合服务公司	脱晓欧	李志军	董升飞		王伟	徐园园	张愉娇
	李峰	王建忠			王根奎		

2016年度首钢先进单位

首钢先进单位
首钢京唐钢铁联合有限责任公司
首钢矿业公司
中国首钢国际贸易工程公司
首钢水城钢铁（集团）有限责任公司
首钢长治钢铁有限公司
首钢贵阳特殊钢有限责任公司
北京首钢建设投资有限公司
首钢环境产业有限公司
北京首钢矿业投资有限责任公司
北京大学首钢医院
首钢先进集体
北京首钢股份有限公司
炼铁作业部三高炉作业区
炼铁作业部烧结作业区
炼钢作业部一炼钢板坯作业区

炼钢作业部品种质量提升攻关组
热轧作业部设备管理室二热轧点检白班
硅钢事业部三作业区
能源环保部供电作业区
能源环保部制氧作业区
质量检验部生产技术室
设备部硅钢维检作业区
人力资源部薪酬室
北京首钢冷轧薄板有限公司酸轧作业区
物资供应公司废钢供应作业区
营销管理部冷轧销售处冷轧专用板科
北京首钢氧气厂设备检测中心
北京首钢鲁家山石灰石矿有限公司技术开发部
京唐公司
焦化作业部干熄焦作业区
炼铁作业部球团作业区点检班组

炼钢作业部精炼作业区
冷轧作业部镀锌作业区
设备部运行检修室
运输部陈万忠创新工作室
人力资源部劳动组织室
计财部预算管理室

首秦公司
能源事业部（设备公司）运行维护中心
组织人事部 TPM 推进办公室
轧钢事业部 3300 毫米作业区（板材公司）
秦皇岛首钢机械厂京唐钢材加工中心
首秦加工公司复合板事业部
首秦钢渣加工作业区

首钢矿业公司
大石河铁矿选矿车间
水厂铁矿磁选车间
杏山铁矿采矿作业区
运输部机务段
协力公司烧结维检项目部
矿山机械制造厂捆带项目部
实业公司北区生活服务公司

中首公司
矿产资源事业部贸易室

水钢集团
炼钢厂连铸车间甲班
能源公司化学车间运行站
维检中心焦检车间炼焦班
安全环保部安全技术管理室
铁运厂安朝斌创新工作室

长钢公司
轧钢厂型钢作业区
炼铁厂八高炉作业区
运输部铁路运输一区（厂内）
采购中心矿石业务区
销售中心棒材组

贵钢公司
炼钢作业部生产技术科
钎钢事业部钎具作业区
维检中心维检站
园区管理部控、拆违队

通钢集团
矿业公司板石井下矿维修车间电气班
第一钢轧厂连铸车间板坯甲班
动力厂制氧一车间检修班
炼铁厂一号高炉车间
国贸公司板材销售处

伊钢公司
炼铁部球团工段
巴州凯宏矿业有限责任公司磨选车间生产三班
天缘煤焦化有限责任公司化产车间

股权投资公司
转型发展部
北京首钢吉泰安新材料有限公司非晶作业区
北京北冶功能材料有限公司市场部
北京首钢城运控股有限公司投资拓展中心
北京首钢微电子有限公司技术制造部
北京诚信工程监理有限公司北京首钢园区分公司

国际工程公司冶金工程设计管理部

首建集团
第一建筑工程分公司西十冬奥项目部
第一冶金建设工程分公司京唐原料供应维检专业公司
第二冶金建设工程分公司安自强创新工作室
市政工程分公司长安街西延项目经理部
实业分公司退休托管部

首自信公司
京唐运行事业部冷轧作业区彩涂涂镀班
首迁运行事业部热轧作业区二热轧维护班
信息事业部 IT 技术中心智能多媒体部

机电公司
大厂首钢机电有限公司结构分厂
设研院公交立体车库产品开发部
经营部三分部

实业公司
首钢幼教中心金苹果幼儿园
迁安首实包装公司生产加工车间
首钢饮食公司国家检察官学院项目部

首建投公司
市政基础设施部

园区服务公司
冬奥物业事业部

北京首钢物业管理有限公司首钢体育大厦项目部

北京首钢园林绿化有限公司第一经理部月季园班

特钢公司

招商运营部招商科

园区管理部

"两违"专项治理工作组

铁区管理处资产设备科

南区管理处中板作业区

安全保卫处警卫队冬奥班

一线材管理处转型项目作业区废钢巡护一分队

曹建投公司

地产开发部

环境产业公司

北京首华科技发展公司市场开发部

首矿投公司

审计处

首控公司

山西翼城首旺煤业有限责任公司安全科

房地产公司

贵阳首钢房地产开发有限公司

北京大学首钢医院

妇产科

儿科

经营管理处

京西重工

计财部

京西重工(上海)有限公司控制制动标定团队

医疗投资公司

北京首钢医药有限公司

金融党委

北京创业公社投资发展有限公司

首钢集团财务有限公司结算业务部

体育文化公司

首钢篮球俱乐部女子篮球队

信息新闻部

文化发展公司

办公室

技术研究院

用户技术研究所汽车板 EVI 技术团队

发展研究院

科研处

人才开发院

内训管理部

培训中心职业教育培训处

技师学院安全工程系安全与冶金教研室

总公司机关

总公司系统优化部

总公司审计部

总公司新闻中心

总公司监事会工作办公室

总公司资产管理中心

总公司行政管理中心生活管理室网络班

2016 年度首钢先进职工

首钢劳动模范

股份公司	张广治	郑宝国	赵志军	首秦公司	王海楠	薛勇强	王志聪
	王林章	王东华	赵瑞丰		赵久梁	刘国友	刘广峰
	王东民	郭玉明	王宇栋		杨 光	李 群	曹云祥
	彭亚宣			矿业公司	张 达	史永超	杨小海
京唐公司	周 建	周 明	王正新		张 钊	尹东林	张宇峰
	陈 香	魏福顺	贾欣凯		刘春平	易广生	王广成
	宋旭通	赵 彤	邢文革		李贵斗	苗海波	贺诗选
					王爱兵	陈立伟	

中首公司　陶仲毅　高磊　　　　　　　　　　马家骥
鲁矿公司　王金波　　　　　　　京唐公司　焦建峰　王树忠　张保光
销售公司　郗钊　　　　　　　　　　　　　崔延国　程宝得　余斌
水钢公司　杨胜刚　陈华　蔺以兴　　　　　　曹盛　边可萌　孙利恒
长钢公司　周剑波　燕旭东　包连栋　　　　　梁韬　闫洪伟　张森建
贵钢公司　张小林　　　　　　　　　　　　张永国　孙宇　刘恩辉
通钢集团　张晓波　薛喜权　姜健　　　　　　丁国一　刘洋　杜国兴
　　　　　郭修伟　黄玉松　臧海涛　　　　　干体森　丁光普　李敬
伊钢公司　王道慧　　　　　　　　　　　　万方潜　吴相彬
国际工程公司　向春涛　　　　　首秦公司　陈士俊　武胜利　曹磊
首建集团　张志忠　吴江　胡占锋　　　　　　韩承良　樊立松　蒋奥银
　　　　　李成龙　　　　　　　　　　　　高晓刚　黄金宇
首自信公司　米岩　　　　　　　矿业公司　付振学　李军　范鲁丰
机电公司　郑琦　　　　　　　　　　　　王利　张东升　蔡成福
实业公司　谢臣文　李欣睿　　　　　　　　李开建　田秀清　王东伟
首建投公司　陈傲　　　　　　　　　　　景继红　浦晓洪　张英杰
园区服务公司　王利军　　　　　　　　　关东兴　黄宏科　王会来
特钢公司　史添华　　　　　　　　　　　曹伟　崔向东　张春雨
园区管理部　高俊朴　　　　　　　　　　张彦东　王庆双　李彦娟
环境产业公司　顾虹　　　　　　　　　　刘兴强　马波　王守然
首矿投公司　冯国庆　　　　　　中首公司　徐俊　曲博
北京大学首钢医院　骆勇　祝振忠　鲁矿公司　王凡良　宋嘉喜
京西重工　祁京　　　　　　　　销售公司　陈连峰　吴昊
医疗投资公司　王凯　　　　　　水钢集团　陈黔湘　肖卫东　赵洪
基金公司　田刚　　　　　　　　　　　　张国波　黄敏　代安明
体育文化公司　许利民　丁宁　　　　　　黄云凯　李敬　张文波
技术研究院　邱冬英　刘琨　　　　　　　陈伟　江金东　陶昌德
培训中心　李东军　　　　　　　长钢公司　王宏兵　侯树庭　郭林
总公司机关　邹立宾　　　　　　　　　　江路平　刘井泉　任俊杰
　　　　　　　　　　　　　　　　　　秦建新　张江宏　崔红满
首钢三创标兵　　　　　　　贵钢公司　丁石　王志　曾竞
股份公司　张涛　陈凌峰　杨宝山　通钢集团　黄福栋　邢家义　杜长友
　　　　　韩士洋　王承刚　闫伟利　　　　陈洪旻　亓长河　靳旭
　　　　　梁全喜　王贵玉　董德忠　　　　孙永胜　张百文　徐利骞
　　　　　黄维国　马兵智　王永光　　　　孔庆洋　侯立宽　郭丽竹
　　　　　王占林　陈瑾　张来忠　　　　　陆晓光　于洋　厉战波
　　　　　张志东　齐典旭　肖二平　伊钢公司　阚焱生　陆旭
　　　　　王金彦　周海龙　张华文　首矿大昌　邱战立
　　　　　姜东友　王海涛　黄东红　国际工程公司　张孝轮　何云飞
　　　　　李永强　赵立杰　卢金鹏　首建集团李伟波　李千　王晓峰　周亚新

	李广勤	李占魁	张 伟	曹建投公司	史锡强		
	金福民			环境产业公司	孟凡筑		
首自信息公司	赵 兆	谢 军	郭立伟	首钢控股	杨 英		
	张文宝	王洪月		房地产公司	李 斌		
机电公司	魏志明	何 俊		北京大学首钢医院	左晓霞	刘津灵	李步满
实业公司	张瑞雪	闫树清	周天雪		王闻博		
首钢新钢联	刘冬红			首控（香港）公司	杨俊林		
吉泰安公司	肖晓锋			京西重工	付守森		
铁合金公司	谢学斌			体育文化公司	郑红露		
首运物流公司	安洪涛			文化发展公司	丁 蕊		
首钢微电子	郭 强			技术研究院	冯 军	王彦锋	林志峰
股权投资公司	徐镜新	李国清		发展研究院	郭 锋		
首建投资公司	周 婷			首钢党校	师 兵		
园区服务公司	杨长林	陈红波		培训中心	黄吴兵		
特钢公司	窦卫东			财务公司	刘 鼎		
园区管理部	李红继	陶礼华	侯有仁	总公司机关	张建军	赵进平	李四京
	王立新	邵理政	马国祥		范宝龙	韩 乐	刘振英
	李建强				马力深	刘瑞霞	

2016 年度首钢"三创"先进集体

股份公司

炼铁作业部烧结原料作业区生产丙班

炼钢作业部钢坯作业区钢坯精整甲班

炼钢作业部炼钢天车作业区二炼钢天车乙一班

热轧作业部二热轧轧钢作业区轧钢丙班

硅钢事业部设备管理室焊机点检班

动力作业部燃气作业区二柜区加压站

电力作业部压差发电作业区二炉压差班

制氧作业部设备管理室刘硕创新工作室

物资供应公司储运管理室生产物流组

质量检验部原料质检作业区丙班

设备维检中心维检炼钢作业区质检维护班

钢材加工作业部酸洗板材作业区酸洗丙班

北京首钢冷轧薄板有限公司连退作业区丁班

北京首钢氧气厂京唐作业区制氧检修班

首钢京唐钢铁联合有限责任公司

焦化作业部干熄焦分厂干熄焦作业区

炼铁作业部设备工程室余斌创新工作室

炼钢作业部炼钢区转炉作业区

热轧作业部张维中精轧创新工作室

冷轧作业部自动化设备运维作业区电气自动化创新工作室

能源与环境部安全质量处气体防护作业区

运输部物流管理创新工作室

质检监督部杨皓珅创新工作室

彩涂板事业部轧机作业区

秦皇岛首秦金属材料有限公司

炼铁事业部一高炉作业区

炼钢事业部生产科

轧钢事业部维检中心

能源事业部电力分厂 35MW 发电站

办公室 TPM 推进办公室

秦机厂华盛环保公司脱硫作业区维修班

首钢矿业公司

水厂铁矿汽运作业区赵新民创新工作室

杏山铁矿李文明职工创新工作室

计控室马著创新工作室

大石河铁矿尾矿车间供料甲班

协力公司烧结维检车间钳工三班

机械厂铸造分厂电炉班

运输部车务段选矿站丁班

矿建公司采矿工程项目部

实业公司南区生活服务公司杏山食堂

中首公司

矿产资源事业部贸易室

北京首钢鲁家山石灰石矿有限公司

鲁采车间消石灰班

北京首钢耐材炉料有限公司迁钢一区域

销售公司

迁安派驻站调运科调运班

水钢集团

优化配煤配矿攻关组

品规创效攻关组

煤焦化公司赵庆军创新工作室

炼钢厂二连铸车间 2 号机座

轧钢厂一棒作业区丁班

水电(氧气)厂供电作业区铁前变电所

长钢公司

炼钢厂连铸车间工艺乙班 8 号武佳机组

炼铁厂烧结车间乙班

轧钢厂二车间棒材区域加热炉作业区

检修部轧钢检修车间型钢工段液压组

动力厂热电车间运行作业区丙班

质量监督站化学分析车间炼钢测试作业区

贵钢公司

轧钢作业部轧钢甲工段

炼钢作业部连铸作业区

金吉运输有限公司物流保障部

通钢公司

矿业公司板石球团厂生产区生产二班

炼铁厂 3 号高炉车间值班室

烧结厂烧结一车间丁段

焦化厂检修车间综合班

第一钢轧厂炼钢机械车间板坯维护钳工班

机电修造公司检修车间修复班

伊钢公司

炼铁部运转工段

首矿大昌

设备部

首建集团

第一冶金工程建设分公司园区项目部张建勇综合管理班

第二冶金工程建设分公司徐涛精密检测组

维修公司顺义维护检修部何涛天车维修甲班

机械运输分公司张自豪 300T 履带吊机组

首自信公司

传动事业部李洁创新工作室

京唐运行事业部冷轧作业区二冷酸轧班

机电公司

设计研究院工程机械设计部

大厂首钢机电有限公司护栏分厂

实业公司

物业公司海淀分公司

饮食公司国家检察官学院项目部

首钢新钢联

天津分公司

首钢吉泰安

拔丝工序

首钢铁合金

迁安分公司经营部

首运物流公司

迁安分公司

首钢微电子

技术部设备技术科

园区服务

北京首钢物业管理有限公司高端物业部陶楼服务接待班

北京首钢园林绿化有限公司市场部

北京首钢特殊钢有限公司

计财部资金管理科

首钢总公司园区管理部

铁区管理处三高炉班

钢区管理处工学院保洁项目队

轧区管理处冷轧镀锌薄板厂清撤小组

运输管理处运转作业区

动力厂供电一作业区

安全保卫处警卫队国旗班

环境产业公司

北京首钢生物质能源科技有限公司发电作业部

北京大学首钢医院

急诊科

风湿免疫科

京西重工

综合管理办公室

体育文化公司

场馆管理部

篮球俱乐部女子篮球队

技术研究院

薄板研究所镀锡板课题组

培训中心

首钢工学院继续教育学院

总公司机关

纪委（监察部）

统 计 资 料

◎ 责任编辑：刘冰清

2016 年首钢集团主要工业产品产量完成情况

指标名称	计量单位	2016 年实际
1. 采剥总量	万吨	4549.94
2. 铁矿石	万吨	1591.87
3. 铁精矿	万吨	615.35
4. 烧结矿	万吨	3581.24
5. 球团矿	万吨	935.43
6. 焦炭	万吨	330.93
7. 生铁	万吨	2708.34
8. 粗钢	万吨	2679.66
9. 成品钢材	万吨	2518.25
其中:棒材	万吨	16.30
钢筋	万吨	527.92
线材	万吨	77.33
特厚板	万吨	36.93
厚钢板	万吨	75.12
中板	万吨	92.07
中厚宽钢带	万吨	612.52
热轧薄宽钢带	万吨	166.22
冷轧薄宽钢带	万吨	351.92
镀层板(带)	万吨	304.99
10. 耐火材料总量	万吨	0.95
11. 铁合金总量	万吨	1.42
12. 钢丝	万吨	0.39
13. 发电量	万千瓦时	1033359
14. 煤气	万立方米	4680191

2016 年首钢集团主要综合效益指标完成情况

指标名称	计量单位	2016 年实际
一、综合指标		
1. 现价工业总产值	万元	8389671
2. 实现利润	万元	50550
3. 实现利税	万元	225766
4. 销售收入	万元	13487099
5. 资产总计	万元	44610872
6. 流动资产	万元	13681248
7. 长期股权投资	万元	4306341
8. 年末固定资产原值	万元	25027941
9. 年末固定资产净值	万元	16796795
10. 所有者权益	万元	12057268
11. 资产负债率	%	72.97
12. 资本保值增值率	%	99.98
二、能源消耗指标		
1. 综合能源消耗量	万吨标煤	1071.25
2. 吨钢综合能耗	千克标煤/吨	601.19
3. 吨钢耗新水	立方米/吨	3.03
4. 吨钢转炉煤气回收	立方米/吨	104.00
三、环保及绿化指标		
1. 综合考核评价环保指标合格率	%	100
2. 工业粉尘排放合格率	%	100
3. 工业废气排放处理率	%	100
4. 工业废水排放处理率	%	100
5. 绿化面积(北京厂区)	万平方米	162
6. 绿化覆盖率(北京厂区)	%	39.07

2016 年首钢主要技术经济指标完成情况

指标名称	计量单位	2016 年实际
一、铁矿生产（矿业公司）		
1. 采剥比	吨/吨	2.89
2. 铁精矿品位	%	67.42
3. 选矿金属回收率（实际）	%	81.79
4. 选矿比（实际）	吨/吨	3.09
二、烧结生产		
1. 烧结矿合格率	%	98.87
2. 烧结机有效面积利用系数	吨/米 2.台时	1.21
3. 烧结矿品位	%	56.26
4. 烧结从业人员实物劳产率	吨/人·年	29471.51
三、高炉炼铁		
1. 生铁合格率	%	99.94
2. 高炉有效容积利用系数	吨/米³·日	2.20
3. 入炉矿品位	%	58.93
4. 入炉焦比	千克/吨	314.16
5. 喷煤比	千克/吨	170.37
6. 综合焦比	千克/吨	500.89
7. 炼铁从业人员实物劳产率	吨/人·年	12730.07
四、转炉炼钢		
1. 钢铁料消耗	千克/吨	1076.36
2. 转炉日历作业率	%	62.64
3. 转炉日历利用系数	吨/吨·日	21.64
4. 转炉从业人员实物劳产率	吨/人·年	5528.62
五、连铸		
1. 连铸坯合格率	%	99.84
2. 连铸坯钢水收得率	%	97.69
3. 连铸机日历作业率	%	71.08
4. 连铸坯台时产量	吨/时	259.45
六、轧钢		
1. 钢材合格率	%	99.81
2. 综合成材率	%	94.78
3. 轧机日历作业率	%	79.11
4. 轧材工序单位能耗	千克标煤/吨	81.96

注：数据资料由财务共享中心提供。

2016 年首钢专利申请项目

序号	专利申请号	专利名称	申请日	专利类型
1	201610146106.1	一种易卷取且低温性能优异的厚规格管线钢热连轧钢带及其制造方法	2016/3/15	发明
2	201610009847.5	一种退火炉净环冷水硬度自动控制系统及其方法	2016/1/6	发明
3	201620013751.1	一种基于 TCP/TP 协议的通用型控制器通讯接口装置	2016/1/6	实用新型
4	201610007364.1	一种立式退火炉燃烧段温度自动控制系统及其方法	2016/1/6	发明
5	201610009810.2	一种冶金煤气综合动态平衡调度系统及方法	2016/1/6	发明
6	201610006870.9	一种提高转炉终点残锰含量的控制方法	2016/1/4	发明
7	201610004008.4	生物发酵法制燃料乙醇所产生废水的回用方法及设备	2016/1/4	发明
8	201610024148.8	一种多规格高温合金母材真空铸造装置及使用方法	2016/1/14	发明
9	201610051403.8	一种信息化钢板质检系统	2016/1/26	发明
10	201610034740.6	一种变行程变步长窜辊方法	2016/1/19	发明
11	201610038892.3	一种提高冲压模具对于电工钢材料冲压叠片通用性的方法	2016/1/20	发明
12	201610038754.5	一种提高厚规格带钢超快冷后温度控制精度的方法	2016/1/20	发明
13	201610037104.9	一种回转窑氧化球团配加秘细粉的结圈控制方法	2016/1/20	发明
14	201610040198.5	热风炉燃烧器抢修的修复方法	2016/1/20	发明
15	201620050526.5	一种环形炉钢卷温度均匀性提高装置	2016/1/19	实用新型
16	201620051310.0	一种改善环形炉钢卷底部透气性的装置	2016/1/19	实用新型
17	201620051639.7	一种 RH 炉顶枪密封通道气囊压紧装置	2016/1/19	实用新型
18	201620056551.4	一种螺旋式机械手样品传输装置	2016/1/20	实用新型
19	201620050738.3	一种工业精密探头储存箱	2016/1/19	实用新型
20	201620050741.5	一种防护装置	2016/1/19	实用新型
21	201620051325.7	一种钢包精炼炉导电横臂连接装置	2016/1/19	实用新型
22	201620051913.0	一种风口衬套	2016/1/19	实用新型
23	201620050545.8	一种硅钢环形炉内罩保护装置	2016/1/19	实用新型
24	201610077093.7	超深冲无间隙原子钢及其生产方法	2016/2/3	发明
25	201610076772.2	一种冷轧薄板钢渣的改质方法	2016/2/3	发明
26	201610077000.0	一种高强度浆体输送管线用热轧卷板及其制造方法	2016/2/3	发明
27	201610080506.7	一种天然气输送管线用热轧卷板及其制造方法	2016/2/4	发明
28	201610077770.5	异钢种连浇成分预报方法	2016/2/3	发明
29	201610077349.4	一种无取向硅钢生产控制方法及系统	2016/2/3	发明
30	201610077331.4	一种结晶器漏钢处理方法	2016/2/3	发明
31	201620115468.X	一种烧结矿环冷机布料装置	2016/2/4	实用新型
32	201610369711.5	一种集成电路的电镀方法	2016/5/30	发明

序号	专利申请号	专利名称	申请日	专利类型
33	201610369715.3	封装料盒检查治具	2016/5/30	发明
34	201620508583.3	一种通讯电路板	2016/5/30	实用新型
35	201620507735.8	QFN塑封异常叉印治具	2016/5/30	实用新型
36	201620509039.0	一种集成电路引线框架	2016/5/30	实用新型
37	201610124329.8	一种板带钢缺陷收集方法	2016/3/4	发明
38	201610121331.X	一种冷轧厂废水处理工艺	2016/3/3	发明
39	201620163797.1	一种横切剪滑板润滑装置	2016/3/3	实用新型
40	201620163874.3	一种除尘装置	2016/3/3	实用新型
41	201620163886.6	一种连接件	2016/3/3	实用新型
42	201620168319.X	一种磁力皮带衬板固定装置	2016/3/4	实用新型
43	201620164684.3	一种转向夹送辊翻板	2016/3/3	实用新型
44	201620163873.9	一种拉矫机辊盒支撑块	2016/3/3	实用新型
45	201610127121.1	一种利用侧导板辊缝值进行宽度模型控制的方法	2016/3/7	发明
46	201610133623.5	一种辊缝动态设定方法	2016/3/9	发明
47	201610133335.X	一种钢卷取样方法	2016/3/9	发明
48	201610129956.0	一种冷轧连续退火工序双相钢氧化色控制方法	2016/3/7	发明
49	201610133380.5	一种消除零位误差的方法	2016/3/9	发明
50	201610485464.5	一种定宽机出口夹送辊的抛钢方法	2016/6/28	发明
51	201610133376.9	一种加热炉自动出钢的控制方法及装置	2016/3/9	发明
52	201610133548.2	精炼过程中成分控制方法	2016/3/9	发明
53	201610134906.1	钢包顶渣改制方法	2016/3/9	发明
54	201610130524.1	一种输配电线路功率因数控制分析方法	2016/3/7	发明
55	201610133547.8	一种含磷、硼钢的氧化铁皮的控制方法	2016/3/9	发明
56	201610483203.X	一种高炉炉料筛分控制方法	2016/6/28	发明
57	201610127274.6	一种冷轧酸轧机组中酸槽和酸罐的漏酸处理系统及方法	2016/3/7	发明
58	201610128009.X	轧机硬空过装置	2016/3/7	发明
59	201610130029.0	一种避免厚规格带钢在精轧机机架间划伤的方法	2016/3/8	发明
60	201610127123.0	一种预测加热炉内后续钢坯温度和加热炉温度的方法	2016/3/7	发明
61	201610127232.2	一种低碳铝镇静钢边部氧化铁皮的热轧控制方法	2016/3/7	发明
62	201620176095.7	一种带钢浪高在线测量装置	2016/3/7	实用新型
63	201620179519.5	一种监测装置	2016/3/9	实用新型
64	201620179495.3	一种封水装置	2016/3/9	实用新型
65	201620181921.7	一种油膜轴承	2016/3/9	实用新型
66	201620180887.1	一种密封装置	2016/3/9	实用新型
67	201620181666.6	一种锁紧装置	2016/3/9	实用新型
68	201620180886.7	一种热轧机组定宽压力机加工模块	2016/3/9	实用新型
69	201620181830.3	一种用于冷轧开卷机芯轴的防尘机构	2016/3/9	实用新型
70	201620175276.8	一种氧煤枪富氧喷吹监控系统	2016/3/7	实用新型

序号	专利申请号	专利名称	申请日	专利类型
71	201620181922.1	一种焙烧机台车更换装置	2016/3/9	实用新型
72	201620172483.8	一种加热炉水封槽液位测量装置	2016/3/7	实用新型
73	201620179450.6	一种双层卸灰阀用压轮及双层卸灰阀	2016/3/9	实用新型
74	201610179090.4	一种高强度耐候钢用实心焊丝	2016/3/25	发明
75	201610179964.6	控制铁素体—马氏体非调质钢高强螺栓低保证载荷的方法	2016/3/25	发明
76	201610180418.4	一种硬度低于200HBW合金钢棒材的生产方法	2016/3/25	发明
77	201610180333.6	一种测试轧制过程中钢坯内部金属变形量的方法	2016/3/25	发明
78	201610180093.X	一种碳钢与双相不锈钢复合钢板及其生产方法	2016/3/25	发明
79	201610180116.7	一种马氏体不锈钢复合板及其生产方法	2016/3/25	发明
80	201610195828.6	一种转炉出钢使用铝矾土矿渣洗工艺的方法	2016/3/30	发明
81	201610195800.2	一种宽厚板轧机生产极限规格管线钢的轧制工艺	2016/3/30	发明
82	201610201680.2	一种LNG输气干线用低温管线钢及其制备方法	2016/3/31	发明
83	201620239709.1	一种钢渣分离组合型漏斗	2016/3/25	实用新型
84	201620269778.7	一种多功能钢锭模	2016/3/31	实用新型
85	201620241201.5	一种用于标准扩孔试验的预制孔模具	2016/3/25	实用新型
86	201620241229.9	一种焊接接头冷裂试验装置	2016/3/25	实用新型
87	201620261147.0	一种落锤冲击试验用夹具平台	2016/3/30	实用新型
88	201610166339.8	一种低硫钢的冶炼方法	2016/3/22	发明
89	201610166048.9	一种提高KR搅拌头使用寿命的方法	2016/3/22	发明
90	201610166049.3	一种复吹转的炉底控制方法	2016/3/22	发明
91	201610166344.9	一种控制连铸结晶器液面波动的方法	2016/3/22	发明
92	201610166546.3	一种热浸镀钢及其制造方法	2016/3/22	发明
93	201610166145.8	一种转炉高效脱磷的冶炼方法	2016/3/22	发明
94	201610166088.3	一种中间坯的确定方法	2016/3/22	发明
95	201610173797.4	超低碳钢的冶炼方法	2016/3/24	发明
96	201610178946.6	一种消除带钢表面辊印的方法及装置	2016/3/25	发明
97	201610178941.3	一种预还原含铁炉料的生成方法及系统	2016/3/25	发明
98	201610178876.4	一种模拟高炉炉料实际分布的熔滴试验布料方法及系统	2016/3/25	发明
99	201610178704.7	一种高炉废油脂喷吹装置	2016/3/25	发明
100	201620241067.9	一种烧结机环冷台车下部侧密封装置	2016/3/25	实用新型
101	201610184844.5	一种LF精炼炉钢包车系统	2016/3/28	发明
102	201610183832.0	一种钢渣超细粉生产工艺	2016/3/28	发明
103	201610183562.3	一种向高炉喷吹废油脂的装置	2016/3/28	发明
104	201610184854.9	一种应用于烧结机球团工程的电机配电方法	2016/3/28	发明
105	201620246993.5	一种高炉水冲渣蒸汽排汽筒防爆装置	2016/3/28	实用新型
106	201620245488.9	一种向高炉喷吹废油脂的装置	2016/3/28	实用新型
107	201610201868.7	一种利用卷扬机倒装式安装转炉的方法	2016/3/31	发明
108	201620223717.7	一种弯管辅助装置	2016/3/22	实用新型

序号	专利申请号	专利名称	申请日	专利类型
109	201620224604.9	一种大直径超长钻孔灌注桩后压浆直管注浆阀	2016/3/22	实用新型
110	201620202136.5	一种开孔装置	2016/3/16	实用新型
111	201620202140.1	一种梳齿梁加工装置	2016/3/16	实用新型
112	201620274171.8	一种测量含泡沫液体液位的系统	2016/4/5	实用新型
113	201610185036.0	一种生活垃圾焚烧炉渣改性复合矿物掺合料及其制备方法	2016/3/29	发明
114	201620247198.8	生活垃圾焚烧炉渣资源化利用系统	2016/3/29	实用新型
115	201610232747.9	一种立式多流真空高温合金连铸装置及使用方法	2016/4/14	发明
116	201610232749.8	一种高温合金母材真空铸造装置及使用方法	2016/4/14	发明
117	201620313777.8	一种立式多流真空高温合金连铸装置	2016/4/14	实用新型
118	201620313821.5	一种高温合金母材真空铸造装置	2016/4/14	实用新型
119	201610237392.2	一种评定方法及系统	2016/4/15	发明
120	201610237549.1	一种投票方法及装置	2016/4/15	发明
121	201610237389.0	一种表单生成方法及装置	2016/4/15	发明
122	201610237672.3	一种页面调用方法及装置	2016/4/15	发明
123	201610273640.9	一种板材质量检测实时计算系统及其方法	2016/4/27	发明
124	201610272753.7	一种用于料仓的旋转溜槽进料装置	2016/4/27	发明
125	201610274551.6	一种正压气力输送的喷吹罐泄压装置	2016/4/27	发明
126	201610272148.X	确保膜结构中支撑网架上弦为纯压或纯拉杆件的装置	2016/4/27	发明
127	201620372724.3	一种用于料仓的旋转溜槽进料装置	2016/4/27	实用新型
128	201620370623.2	一种正压气力输送的喷吹罐泄压装置	2016/4/27	实用新型
129	201620372765.2	确保膜结构中支撑网架上弦为纯压或纯拉杆件的装置	2016/4/27	实用新型
130	201620370781.8	用于转炉一次湿式电除尘工艺抑制火焰传播的装置	2016/4/27	实用新型
131	201620372703.1	一种焦炉烟道气余热利用和焦化废水预处理系统	2016/4/27	实用新型
132	201620335472.7	一种可回收式土钉	2016/4/20	实用新型
133	201620401833.3	一种预充电装置	2016/5/5	实用新型
134	201610294906.8	一种焦炉集气管压力调节器及其方法	2016/5/5	发明
135	201610320117.9	一种双流板坯自动换水口控制方法	2016/5/13	发明
136	201610323924.4	一种轧机主传动系统万向接轴扭矩检测系统及其方法	2016/5/16	发明
137	201610292755.2	冷轧冷硬卷单边浪控制方法及控制系统	2016/5/5	发明
138	201610291850.0	一种提高精轧机弯辊缸块更换速度的方法及装置	2016/5/3	发明
139	201610292807.6	一种钢包精炼炉精炼渣脱氧剂及其使用方法	2016/5/5	发明
140	201610292677.6	一种冷连轧机甩机架的控制方法及装置	2016/5/5	发明
141	201610294140.3	一种轧机乳化液系统加水方法及轧机乳化液系统	2016/5/5	发明
142	201610286478.4	冷连轧机动态变规格轧制的厚度控制方法及控制系统	2016/5/4	发明
143	201610293882.4	一种冷轧带钢切边宽度设定方法、装置及系统	2016/5/5	发明
144	201610286512.8	一种转炉全三脱工艺方法及降低总渣量的方法	2016/5/3	发明
145	201610293676.3	一种酸轧剪切后带钢头部增厚的控制方法及装置	2016/5/4	发明
146	201610294136.7	一种防止带钢跑偏的方法及装置	2016/5/5	发明

序号	专利申请号	专利名称	申请日	专利类型
147	201610293677.8	一种位置标定方法、系统及自动监控方法	2016/5/4	发明
148	201610290356.2	一种电能质量监测与计量装置	2016/5/4	发明
149	201610292752.9	一种降低镀锡板边降的方法	2016/5/5	发明
150	201610294139.0	一种含铜连铸板坯加热方法及热轧工序加热炉	2016/5/5	发明
151	201610334904.7	一种耐候钢钢卷表面质量控制方法及热轧工序加热炉	2016/5/19	发明
152	201620401537.3	一种回转布料机用布料小车及回转布料机	2016/5/5	实用新型
153	201620401538.8	一种焦炉推焦机头尾焦捕雾装置及推焦机	2016/5/5	实用新型
154	201620396212.0	实时监测、记录电机轴承温度的无线监测系统	2016/5/4	实用新型
155	201620396213.5	一种热镀锌锌锅区域带钢抖动测量装置及热镀锌轧制线	2016/5/4	实用新型
156	201620400848.8	一种具有压力控制的辊涂机	2016/5/4	实用新型
157	201620401026.1	一种运输皮带	2016/5/4	实用新型
158	201620401536.9	一种环冷机台车密封装置	2016/5/5	实用新型
159	201620400242.4	一种粉料配料设备防堵塞装置	2016/5/5	实用新型
160	201620401540.5	一种数显压力检测装置	2016/5/5	实用新型
161	201610340724.X	一种处理村镇生活污水的一体化系统及工艺	2016/5/19	发明
162	201610340757.4	一种小型轨道槽移台车固定和对准结构及其使用方法	2016/5/19	发明
163	201610340791.1	轴向定位精准且具有极高刚度的短应力线轧机	2016/5/19	发明
164	201620468823.1	一种自动对中式钢包盖	2016/5/19	实用新型
165	201620468869.3	轴向定位精准且具有极高刚度的短应力线轧机	2016/5/19	实用新型
166	201630210255.0	引线框架	2016/5/30	外观设计
167	201630227171.8	通风井	2016/6/7	外观设计
168	201630227163.3	门卫	2016/6/7	外观设计
169	201630227167.1	水塔	2016/6/7	外观设计
170	201610340722.0	一种方坯中心宏观偏析的定量评价方法	2016/5/19	发明
171	201610332860.4	一种连铸辊堆焊用焊丝	2016/5/18	发明
172	201610341866.8	一种高碳钢铸坯浇注末期的控制方法	2016/5/20	发明
173	201610340702.3	一种冷轧高强孪晶诱发塑性钢及其生产方法	2016/5/20	发明
174	201610341858.3	一种板坯连铸结晶器表面流速测量装置及方法	2016/5/20	发明
175	201610341800.9	一种连铸中间包充氩的方法及装置	2016/5/20	发明
176	201610341778.8	热轧高强钢汽车板除鳞方法	2016/5/20	发明
177	201620468280.3	一种浇注液态保护渣用的结晶器盖板装置	2016/5/20	实用新型
178	201620469828.6	用于风口取样样品的自动筛分装置	2016/5/20	实用新型
179	201620468276.7	一种锅炉大气式热力除氧器余热回收装置	2016/5/20	实用新型
180	201610369718.7	一种提高换钢种或规格首块钢板形质量的优化方法	2016/5/30	发明
181	201610371361.6	一种热轧平整机组防卷断裂辊及其使用方法	2016/5/30	发明
182	201620509065.3	冷轧板带钢不平度测量装置	2016/5/30	实用新型
183	201620509105.4	一种密封垫圈	2016/5/30	实用新型
184	201620507712.7	一种软管拖链	2016/5/30	实用新型

序号	专利申请号	专利名称	申请日	专利类型
185	201620507732.4	一种辊道轴承座固定装置	2016/5/30	实用新型
186	201620507713.1	接近开关安装装置	2016/5/30	实用新型
187	201620507233.5	一种退火炉内罩边部清扫装置	2016/5/30	实用新型
188	201620509118.1	一种夹具	2016/5/30	实用新型
189	201610405119.6	一种仿古建筑部件及其制造方法	2016/6/8	发明
190	201620557061.2	一种混合集热供热水系统	2016/6/8	实用新型
191	201620251325.1	一种用于梳齿式平面移动立体停车库的穿梭车	2016/3/29	实用新型
192	201620251879.1	专用于梳齿式平面移动立体停车库的升降机	2016/3/29	实用新型
193	201620251355.2	一种梳齿式平面移动立体停车库的纠偏机构	2016/3/29	实用新型
194	201620251344.4	一种梳齿式平面移动立体停车库	2016/3/29	实用新型
195	201610445587.6	一种控制结晶器液面波动的方法	2016/6/20	发明
196	201610438785.X	一种抗拉强度1000兆帕的双相钢及其生产方法	2016/6/17	发明
197	201610440085.4	一种塑性增强的冷轧热镀锌双相钢及其生产方法	2016/6/17	发明
198	201610440189.5	一种利用硅铁合金中残余钙进行钢水钙处理的生产方法	2016/6/17	发明
199	201610445921.8	一种高强度钢的处理方法	2016/6/20	发明
200	201610439217.1	一种控制带钢卷取张力的方法及装置	2016/6/17	发明
201	201610439055.1	一种镀锌双相钢及其生产方法	2016/6/17	发明
202	201610440244.0	一种提高顶底复吹转炉底吹寿命的控制方法	2016/6/17	发明
203	201620609401.1	一种用于烧结杯试验的进气装置	2016/6/20	实用新型
204	201620609426.1	取样装置	2016/6/20	实用新型
205	201620609404.5	一种矿用洒水车控制系统	2016/6/20	实用新型
206	201620668401.9	一种钢梁加固专用装置	2016/6/28	实用新型
207	201620668404.2	一种预制砼箱梁梁垫安装装置	2016/6/28	实用新型
208	201620662946.9	一种水平旋转的吊装架	2016/6/28	实用新型
209	201620690634.9	一种防止合金锭产生铸造缩孔的复合模具	2016/7/1	实用新型
210	201610515664.0	一种防止合金锭产生铸造缩孔的复合模具	2016/7/1	发明
211	201610515890.9	一种镍基合金中析出相体积分数的测量方法	2016/7/1	发明
212	201610450519.9	一种热轧带钢折叠缺陷的在线判定方法	2016/6/21	发明
213	201610451076.5	退火炉排烟风机控制方法及控制系统	2016/6/21	发明
214	201610450930.6	酸轧机组断带控制系统及控制方法	2016/6/21	发明
215	201610450929.3	一种SLED结构用钢的加工方法	2016/6/21	发明
216	201610450518.4	一种冶炼非镇静钢水的方法	2016/6/21	发明
217	201610451390.3	一种铁水的增碳处理方法	2016/6/21	发明
218	201610450410.5	一种钢水钙处理的方法	2016/6/21	发明
219	201610451147.1	一种制备杀菌剂的方法及装置	2016/6/21	发明
220	201610450516.5	一种判定海水淡化设备故障的方法	2016/6/21	发明
221	201610451388.6	一种海水淡化的系统及方法	2016/6/21	发明
222	201610451389.0	一种供水方法系统	2016/6/21	发明

续表

序号	专利申请号	专利名称	申请日	专利类型
223	201610450517.X	一种淡化海水的系统及工艺方法	2016/6/21	发明
224	201610450928.9	一种粗轧节奏控制方法	2016/6/21	发明
225	201610451386.7	一种立辊辊缝标定的方法	2016/6/21	发明
226	201610450520.1	一种非镇静钢RH冶炼方法及温度补偿方法	2016/6/21	发明
227	201610450922.1	一种非镇静钢水的冶炼方法	2016/6/21	发明
228	201610451461.X	一种RH顶枪化冷钢的控制方法	2016/6/21	发明
229	201610450415.8	一种轧辊冷却的方法及装置	2016/6/21	发明
230	201610459521.2	一种柱塞泵的冲洗系统及冲洗方法	2016/6/22	发明
231	201610457269.1	一种更换焙烧机台车的装置及方法	2016/6/22	发明
232	201610457291.6	一种降低脱脂机组清洗用除盐水和蒸汽消耗的方法和设备	2016/6/22	发明
233	201610459310.9	一种吹扫高炉炉顶料罐的方法	2016/6/22	发明
234	201610457267.2	一种液压控制方法及装置	2016/6/22	发明
235	201610457225.9	一种飞剪切尾精度控制方法及装置	2016/6/22	发明
236	201610457224.4	一种辊筛控制回路	2016/6/22	发明
237	201620625462.7	一种稳定辊装置	2016/6/22	实用新型
238	201620622697.0	一种精除鳞挡水装置	2016/6/22	实用新型
239	201620622696.6	一种手持式热轧钢卷卷形缺陷测量工具	2016/6/22	实用新型
240	201620625340.8	一种转炉滑板挡渣装置	2016/6/22	实用新型
241	201620625339.5	一种组合吊装架	2016/6/22	实用新型
242	201620625337.6	一种环冷机跑偏及回转框架变形在线检测装置	2016/6/22	实用新型
243	201620624111.4	一种粘料清理装置	2016/6/22	实用新型
244	201620622670.1	一种落料清理装置	2016/6/22	实用新型
245	201620622668.4	一种轧辊轴承座卡板缸	2016/6/22	实用新型
246	201620623955.7	卷取机助卷辊液压缸	2016/6/22	实用新型
247	201620622647.2	一种热轧精轧机出口下导板	2016/6/22	实用新型
248	201620622666.5	热轧卷取机夹送机构及上夹送辊摇臂装置	2016/6/22	实用新型
249	201620625463.1	一种粗轧立辊对中测量装置	2016/6/22	实用新型
250	201620625464.6	一种除鳞水防溅装置	2016/6/22	实用新型
251	201620623954.2	一种供电装置	2016/6/22	实用新型
252	201620623953.8	一种活塞式点火爆发筒	2016/6/22	实用新型
253	201620622783.1	冷却装置、齿轮箱恒温系统及齿轮箱	2016/6/22	实用新型
254	201620623952.3	大型传动柜抽屉式功率单元检修工具	2016/6/22	实用新型
255	201620622646.8	冷轧酸洗线双切剪剪刃位置检测机构	2016/6/22	实用新型
256	201620622580.2	一种钢卷套筒圆度检测装置	2016/6/22	实用新型
257	201610526306.X	一种码盘标定方法	2016/7/5	发明
258	201610539596.1	一种保障防弹钢板焊接接头防弹性能的焊接工艺	2016/7/8	发明
259	201610539537.4	一种改善锚杆钢心部异常组织的控制方法	2016/7/8	发明
260	201610539753.9	一种冶炼硅钢的中间试验方法	2016/7/8	发明

序号	专利申请号	专利名称	申请日	专利类型
261	201610538979.7	一种800兆帕级的船舶用钢及其制备方法	2016/7/8	发明
262	201610539660.6	一种耐腐蚀爆炸复合板用基材管线钢板及其制备方法	2016/7/8	发明
263	201610539843.8	一种采用RH单联工艺生产保探伤低合金中厚板的冶炼工艺	2016/7/8	发明
264	201610538966.X	一种板坯连铸机基础辊缝工艺的制定方法	2016/7/8	发明
265	201610539018.8	一种结构钢棒材带状组织级别快速预报方法	2016/7/8	发明
266	201610539628.8	一种提高连铸板坯生产Q245R钢抗氢性能的方法	2016/7/8	发明
267	201610538978.2	一种钢脱碳层深度的测定方法	2016/7/8	发明
268	201610539647.0	一种耐候结构钢板及其生产方法	2016/7/8	发明
269	201610539804.8	一种屈服245兆帕级抗氢致裂纹容器钢的冶炼方法	2016/7/8	发明
270	201610562841.0	一种控轧控冷钢筋在线阻锈生产方法	2016/7/16	发明
271	201620722734.5	一种用于腐蚀评价实验的封样装置	2016/7/8	实用新型
272	201620722760.8	一种铝合金试片电阻点焊装置	2016/7/8	实用新型
273	201620790533.9	一种可控温的腐蚀电化学测试用三电极装置	2016/7/25	实用新型
274	201610533692.5	一种预测配合煤冶炼焦炭中硫分的方法	2016/7/7	发明
275	201610534832.0	一种调整带钢凸度自适应值的方法	2016/7/7	发明
276	201610533831.6	高炉前热风生成装置和方法、铁的冶炼装置和方法及铁	2016/7/7	发明
277	201610533976.4	一种高炉开炉配料方法	2016/7/7	发明
278	201610533675.1	一种用于检测煤气中氯含量的系统及其使用方法	2016/7/7	发明
279	201620715366.1	一种造球盘装置	2016/7/7	实用新型
280	201610567255.5	一种钢包自动加揭盖装置	2016/7/18	发明
281	201620757764.X	一种炼钢钢包全程加盖用包盖	2016/7/18	实用新型
282	201620758251.0	一种钢包自动加揭盖装置	2016/7/18	实用新型
283	201610654346.2	一种炉底碳砖砌筑上料的施工方法	2016/8/10	发明
284	201610654730.2	一种钢筋混凝土楼板后浇带模板支撑方法	2016/8/10	发明
285	201610654692.0	一种处理带式焙烧机台车跑偏的方法	2016/8/10	发明
286	201610680468.9	轧机牌坊吊装自动调整中的提升装置及使用方法	2016/8/16	发明
287	201620757825.2	一种可重复利用的外架拉结件	2016/7/18	实用新型
288	201620757738.7	一种悬挑工字钢成品锚固件	2016/7/18	实用新型
289	201610475072.0	一种金相样品化学抛光溶液及其使用方法方法	2016/6/24	发明
290	201610455160.4	一种局限区域内烧结大烟道的安装方法	2016/6/21	发明
291	201610652805.3	一种生物发酵用陶瓷膜的清洗系统及使用方法	2016/8/10	发明
292	201610586558.1	一种制造双相钢的方法	2016/7/22	发明
293	201610586430.5	一种屈服强度340兆帕级热镀锌烘烤硬化钢制备方法	2016/7/22	发明
294	201610590084.8	一种冷轧带钢表面亮线缺陷控制方法	2016/7/25	发明
295	201610595903.8	一种冷轧带钢表面乳化液痕迹的控制方法	2016/7/26	发明
296	201620793506.7	一种活套摆门导向机构	2016/7/26	实用新型
297	201620782811.6	一种试样锁紧装置	2016/7/22	实用新型
298	201620783951.5	一种虎钳装置	2016/7/22	实用新型

序号	专利申请号	专利名称	申请日	专利类型
299	201620783934.1	一种开卷机芯轴镶块拆卸装置	2016/7/22	实用新型
300	201620783935.6	连续热镀锌生产线炉鼻子摄像系统吹扫装置	2016/7/22	实用新型
301	201620783933.7	一种激光焊机焦点调整行走装置	2016/7/22	实用新型
302	201620792365.7	一种拉矫机氧化铁皮吹扫装置	2016/7/26	实用新型
303	201610697565.9	一种下料精度的控制方法	2016/8/20	发明
304	201610697667.0	一种铸机浇注大包剩余钢水控制优化方法	2016/8/20	发明
305	201610712787.3	一种高炉炉顶布料精度的控制方法	2016/8/23	发明
306	201610783155.6	一种多轴振监测点风机轴振波动判断与处理的方法	2016/8/30	发明
307	201610782549.X	一种在线自动保养热轧层流冷却集管的方法	2016/8/30	发明
308	201610782054.7	冷轧包装机组防翻卷优化控制系统及其方法	2016/8/30	发明
309	201610799579.1	一种变频器多机主从控制系统及其方法	2016/8/31	发明
310	201610798370.3	基于热轧钢卷生产流程的在线实时预测机械性能的方法	2016/8/31	发明
311	201610797913.X	基于TCP-IP协议控制器通信接口应用系统及方法	2016/8/31	发明
312	201620133326.5	一种可组合便携式可编程序控制器培训实验装置	2016/8/31	实用新型
313	201610755854.X	一种Hismelt工艺熔融还原炉内衬的保护方法	2016/8/29	发明
314	201610757562.X	一种高炉炉顶均压放散煤气回收装置及其使用方法	2016/8/29	发明
315	201610757598.8	高炉出铁场除尘管道任意转换连接装置及其使用方法	2016/8/29	发明
316	201610757639.3	一种确保平整度的预埋件	2016/8/29	发明
317	201610786898.9	一种焦炉烟道气低温脱销脱硫装置及工艺	2016/8/30	发明
318	201620978573.6	一种棘爪式止动装置	2016/8/29	实用新型
319	201620979069.8	一种侧轴悬挂式布料溜槽及动臂装置	2016/8/29	实用新型
320	201620980091.4	一种高炉炉顶均压放散煤气回收装置	2016/8/29	实用新型
321	201620978626.4	一种高炉出铁场除尘管道任意转换连接装置	2016/8/29	实用新型
322	201620979693.8	一种确保平整度的预埋件	2016/8/29	实用新型
323	201620979865.1	一种紧凑型直角转向器	2016/8/29	实用新型
324	201620979728.8	一种旋转运输叉车	2016/8/29	实用新型
325	201621017279.5	一种炉顶设备布料溜槽悬挂臂更换装置装置	2016/8/30	实用新型
326	201610718026.9	一种回收发酵尾气中乙醇的系统	2016/8/24	发明
327	201610769997.6	一种发酵系统	2016/8/30	发明
328	201610780423.9	改善羽抛处理后Fe-Ni合金带材封接性能的方法	2016/8/30	发明
329	201610779447.2	一种局限空间下的天车安装方法	2016/8/30	发明
330	201620912971.8	一种配合钢管柱混凝土顶升施工的卡具	2016/8/21	实用新型
331	201620929791.0	一种圆形塑料保护层卡具	2016/8/23	实用新型
332	201621009214.6	一种降板组装定型模板	2016/8/30	实用新型
333	201620946415.2	逆向旋转传动机构及使用该机构的冷轧活套链传动装置	2016/8/26	实用新型
334	201620946411.4	电气柜检修安全锁	2016/8/26	实用新型
335	201620984903.2	一种轴承座组装设备	2016/8/30	实用新型
336	201620987448.1	一种热轧生产线去除锈蚀物的装置	2016/8/30	实用新型

续表

序号	专利申请号	专利名称	申请日	专利类型
337	201620973726.8	一种检修装置	2016/8/29	实用新型
338	201620969815.5	一种助力装置	2016/8/29	实用新型
339	201620963353.6	一种烧结机台车栏板侧密封装置	2016/8/29	实用新型
340	201620963352.1	一种取样机	2016/8/29	实用新型
341	201620969705.9	一种拆装工具	2016/8/29	实用新型
342	201620984301.7	钢包底吹支撑装置	2016/8/30	实用新型
343	201620986830.0	一种钢包底吹砖吹扫装置	2016/8/30	实用新型
344	201620984144.X	钢包包沿起吊装置	2016/8/30	实用新型
345	201620974598.9	一种切边废料回收系统	2016/8/29	实用新型
346	201620963534.9	一种渣罐	2016/8/29	实用新型
347	201620963351.7	一种清理车	2016/8/29	实用新型
348	201620968634.0	一种四辊破碎机滑道装置	2016/8/29	实用新型
349	201620968619.6	一种梭车篦子清理机	2016/8/29	实用新型
350	201620984902.8	一种热轧循环冷却水稳压控制系统	2016/8/30	实用新型
351	201620969665.8	一种抑尘装置	2016/8/29	实用新型
352	201620986720.4	一种抽屉式锅炉暖风器	2016/8/30	实用新型
353	201620946285.2	可调节式喷梁	2016/8/26	实用新型
354	201620946751.7	清洁装置	2016/8/26	实用新型
355	201610728120.2	卷取机的张力控制方法	2016/8/26	发明
356	201610749590.7	一种粗轧压下负荷分配控制方法及粗轧控制系统	2016/8/29	发明
357	201610743685.8	一种用于减少热轧带钢表面红锈的热轧方法	2016/8/29	发明
358	201610749404.X	一种降铅装置及工艺方法	2016/8/29	发明
359	201610749756.5	一种镀锡溶液过滤系统	2016/8/29	发明
360	201610753571.1	一种甲基磺酸电镀锡的预电镀系统	2016/8/29	发明
361	201610743684.3	一种回收利用脱硫渣的方法	2016/8/29	发明
362	201610748305.X	一种飞剪锁紧装置及其安装检测方法	2016/8/29	发明
363	201610728807.6	沿带钢全长设定变目标卷取温度的方法	2016/8/26	发明
364	201610728116.6	提高带钢宽度控制精度的方法	2016/8/26	发明
365	201610729966.8	提高热轧薄带轧制稳定性的负荷分配方法	2016/8/26	发明
366	201610729135.0	降低连铸过程换水口坯长度的生产方法	2016/8/26	发明
367	201610748427.9	一种应用于炼钢厂天车上的吸灰方法及系统	2016/8/29	发明
368	201610748400.X	一种脱硫渣再利用的方法	2016/8/29	发明
369	201610743423.1	热镀锌退火炉带钢入锅温度控制方法	2016/8/29	发明
370	201610760909.6	一种热镀锌带钢出锌锅后抖动测量及方法	2016/8/30	发明
371	201610748387.8	一种应用在连续立式退火炉中的防瓢曲报警系统	2016/8/29	发明
372	201610748333.1	一种热辊模式的应用方法	2016/8/29	发明
373	201610749702.9	一种冷轧薄板连续退火的方法及装置	2016/8/29	发明
374	201610753734.6	一种热膜耦合自循环海水淡化方法及系统	2016/8/29	发明

序号	专利申请号	专利名称	申请日	专利类型
375	201610743683.9	一种钢铁厂低品质余热利用系统及其使用方法	2016/8/29	发明
376	201610750794.2	一种退火产线活套张力控制方法及控制系统	2016/8/29	发明
377	201610750792.3	一种轧制带钢焊缝的方法及装置	2016/8/29	发明
378	201610749540.9	一种退火炉内张力控制方法及控制系统	2016/8/29	发明
379	201610748250.2	一种高炉鼓风机富氧系统及方法	2016/8/29	发明
380	201610743682.4	一种降低乳化液铁粉含量的系统及其使用方法	2016/8/29	发明
381	201610729134.6	利用平整机平整冷轧镀锌带钢的工艺方法	2016/8/26	发明
382	201610821382.3	一种生产冲压用无取向带钢的方法	2016/9/13	发明
383	201610818434.1	一种确定板带材轧制方向的系统及方法	2016/9/12	发明
384	201610847626.5	一种穿带控制方法	2016/9/23	发明
385	201610819618.X	一种避免带钢涂层脱落的方法及装置	2016/9/12	发明
386	201610818348.0	一种提高取向电工钢氧含量稳定性的系统及方法	2016/9/12	发明
387	201610819697.4	一种退火炉内导热板	2016/9/12	发明
388	201621051536.7	一种带尾卷取设备及穿带导板	2016/9/12	实用新型
389	201621051358.8	一种板坯辊道电机的更换装置	2016/9/13	实用新型
390	201621051538.6	一种拉伸试样标距测量装置	2016/9/12	实用新型
391	201621052229.0	一种拆装装置	2016/9/12	实用新型
392	201621059184.X	高炉洗气塔内部检修可调施工作业平台	2016/9/14	实用新型
393	201610800103.5	垂直升降式立体车库的回转装置	2016/8/31	发明
394	201610800086.5	垂直升降式立体车库的升降装置	2016/8/31	发明
395	201610799287.8	齿轮齿条传动式车辆抱夹搬运器	2016/8/31	发明
396	201610797844.2	一种巷道堆垛式立体车库	2016/8/31	发明
397	201610798696.6	垂直升降式立体车库	2016/8/31	发明
398	201621035654.9	垂直升降式立体车库	2016/8/31	实用新型
399	201621035655.3	垂直升降式立体车库的回转装置	2016/8/31	实用新型
400	201621034608.7	垂直升降式立体车库的升降装置	2016/8/31	实用新型
401	201621033891.1	垂直升降式立体车库的横移装置	2016/8/31	实用新型
402	201621033924.2	垂直升降式立体车库的导向柱	2016/8/31	实用新型
403	201621035673.1	垂直升降式立体车库的安全装置	2016/8/31	实用新型
404	201621033169.8	齿轮齿条传动式车辆抱夹搬运器	2016/8/31	实用新型
405	201621032816.3	一种巷道堆垛式立体车库	2016/8/31	实用新型
406	201621032163.9	一种巷道堆垛式立体车库的行走机构	2016/8/31	实用新型
407	201621032438.9	一种巷道堆垛式立体车库的装配框架	2016/8/31	实用新型
408	201621035155.X	一种巷道堆垛式立体车库的轿厢	2016/8/31	实用新型
409	201621033315.7	一种巷道堆垛式立体车库的升降传动机构	2016/8/31	实用新型
410	201621032753.1	一种巷道堆垛式立体车库的堆垛机配重	2016/8/31	实用新型
411	201610822024.4	用于大型客车的立体车库	2016/9/13	发明
412	201610821796.6	用于车辆的搬运设备	2016/9/13	发明

序号	专利申请号	专利名称	申请日	专利类型
413	201610821780.5	用于车辆的升降装置	2016/9/13	发明
414	201610822023.X	一种纠偏对中装置	2016/9/13	发明
415	201621053862.1	用于大型客车的立体车库	2016/9/13	实用新型
416	201621054196.3	用于车辆的搬运设备	2016/9/13	实用新型
417	201621053847.7	用于车辆的升降装置	2016/9/13	实用新型
418	201621053850.9	一种纠偏对中装置	2016/9/13	实用新型
419	201621054197.8	一种防坠落装置	2016/9/13	实用新型
420	201621053848.1	升降同步装置	2016/9/13	实用新型
421	201610798517.9	升降机构的双码值行程限幅方法及装置	2016/8/31	发明
422	201610798877.9	立体车库中梳齿搬运车的走行控制方法及装置	2016/8/31	发明
423	201610798520.0	立体车库的控制指令分解方法及装置	2016/8/31	发明
424	201610798979.0	一种监控方法及系统	2016/8/31	发明
425	201610800097.3	升降机构的控制方法及装置	2016/8/31	发明
426	201610798505.6	升降机构的防扭转控制方法及装置	2016/8/31	发明
427	201630397620.3	带图形用户界面的充电桩	2016/8/17	外观设计
428	201630459049.3	用于移动终端的图形用户界面	2016/8/31	外观设计
429	201630455419.6	用于移动终端的图形用户界面	2016/8/31	外观设计
430	201630453692.5	电脑的图形用户界面(1)	2016/8/31	外观设计
431	201630454033.3	手机的图形用户界面(2)	2016/8/31	外观设计
432	201630455002.X	手机的图形用户界面(1)	2016/8/31	外观设计
433	201630453499.1	电脑的图形用户界面(2)	2016/8/31	外观设计
434	201610875012.8	一种热膜耦合海水淡化进水调配系统	2016/9/30	发明
435	20161087557.08	捣固焦炉装煤除尘一二次联合捕集装置	2016/9/30	发明
436	201621102322.8	一种立式卷芯架装置	2016/9/30	实用新型
437	201621102093.X	一种耐高温的立式卷芯架装置	2016/9/30	实用新型
438	201621101366.9	一种双唇密封圈安装工具	2016/9/30	实用新型
439	201621101546.7	捣固焦炉装煤除尘一二次联合捕集装置	2016/9/30	实用新型
440	201621102409.5	捣固焦炉装煤除尘捕集罩与集尘干管的对接联通装置	2016/9/30	实用新型
441	201610876018.7	一种立井的施工方法	2016/9/30	发明
442	201610875008.1	一种齿轮钢20CrMnTiH等温正火处理方法	2016/9/30	发明
443	201610874749.8	一种非晶态软磁材料用工业纯铁的生产方法	2016/9/30	发明
444	201610876019.1	一种中间坯来料凸度的控制方法及装置	2016/9/30	发明
445	201610874062.4	一种壳体生产方法	2016/9/30	发明
446	201610875377.0	一种机械搅拌法脱硫水模型实验的模拟装置及模拟方法	2016/9/30	发明
447	201610875078.7	一种碱性球团矿制备方法及制备及所用矿粉混合料	2016/9/30	发明
448	201610875064.5	助生球脱落装置及压球机	2016/9/30	发明
449	201610872294.6	一种宽厚板连铸机干式封顶方法	2016/9/30	发明
450	201610871227.2	一种采用硬质高纯钙线的钢液钙处理工艺	2016/9/30	发明

序号	专利申请号	专利名称	申请日	专利类型
451	201610871228.7	一种高碳当量连铸板坯堆垛缓冷的方法	2016/9/30	发明
452	201610871527.0	一种提升空气冷却器冷却效果的方法	2016/9/30	发明
453	201610873940.0	一种管道漏点的修补工艺	2016/9/30	发明
454	201610871526.6	一种正火态镍钒合金高强容器钢及其生产方法	2016/9/30	发明
455	201610871669.7	一种抗拉强度800兆帕水电钢的生产方法	2016/9/30	发明
456	201610874054.X	一种利用在线淬火工艺生产储罐用钢的方法	2016/9/30	发明
457	201610929425.X	一种加热炉的炉门位置检测装置及方法	2016/10/30	发明
458	201610926459.3	高炉铁口紧急状态下堵铁口装置及制备和使用方法	2016/10/30	发明
459	201610925386.6	高压水除鳞蓄势罐内壁在线除锈防腐的方法	2016/10/30	发明
460	201621113288.4	一种钢包、钢包精炼炉及其顶枪密封装置	2016/10/11	实用新型
461	201621114089.5	一种控制灌砂量的投砂桶	2016/10/11	实用新型
462	201621112344.2	一种带钢标签检测装置	2016/10/11	实用新型
463	201621112343.8	一种应力测量系统	2016/10/11	实用新型
464	201621112329.8	一种环形炉机组的回气管弯头	2016/10/11	实用新型
465	201621112326.4	一种活套跑偏检测装置	2016/10/11	实用新型
466	201621112311.8	一种新型喷嘴清理装置	2016/10/11	实用新型
467	201621116508.9	一种取向硅钢钢卷内圈支撑装置	2016/10/12	实用新型
468	201621116521.4	一种薄壁套管内径检测装置	2016/10/12	实用新型
469	201610886264.0	一种冷轧乳化液智能配置方法	2016/10/11	发明
470	201610887091.4	一种法兰盘连接部位泄漏修复方法	2016/10/11	发明
471	201610913168.0	一种钢卷塔形自动检测及控制装置	2016/10/19	发明
472	201610913166.1	一种周向相位线性调整联轴器	2016/10/19	发明
473	201610913862.2	一种基于转炉二级控制系统的自动出钢控制方法	2016/10/19	发明
474	201610907571.2	一种KR法脱硫冶炼过程搅拌转速的控制方法	2016/10/18	发明
475	201621139737.2	一种钢卷塔形自动检测及控制装置	2016/10/19	实用新型
476	201621139982.3	一种氨水蒸氨稳压装置装置	2016/10/19	实用新型
477	201621139972.X	一种长寿导槽装置	2016/10/19	实用新型
478	201621140585.8	一种周向相位线性调整联轴器	2016/10/19	实用新型
479	201610941953.7	一种钢渣处理工艺	2016/10/26	发明
480	201610943599.1	一种提高C-Mn钢板抗SSCC性能的热处理方法	2016/10/26	发明
481	201610942619.3	一种抗酸性海底管线钢及其制备方法	2016/10/26	发明
482	201610947453.4	一种固定段压下连铸机压下模式的设定方法	2016/10/26	发明
483	201610950232.2	连铸坯大壁厚深海管线用热轧钢板及其生产方法	2016/10/26	发明
484	201610947414.4	一种抗氢致裂纹容器钢的轻压下控制方法	2016/11/2	发明
485	201610965177.4	一种解决薄带钢在卷取穿带过程中产生褶皱的方法	2016/11/4	发明
486	201611047306.8	一种烧结原料仓下料成分实时跟踪方法	2016/11/23	发明
487	201611019679.4	一种汽车充电桩管理方法和装置	2016/11/17	发明
488	201611019001.6	一种汽车充电桩管理方法和装置	2016/11/17	发明

序号	专利申请号	专利名称	申请日	专利类型
489	201611024105.6	一种铝电解阳极的全生命周期管理方法及一种铝电解阳极	2016/11/17	发明
490	201610921770.9	一种低碳当量高强度 X70 管线钢热轧卷板及其制造方法	2016/10/29	发明
491	201610932536.6	一种轧辊温度模型控制精度的优化方法及装置	2016/10/31	发明
492	201610942158.X	一种移动式输送管用低碳低硅热轧卷板及其制造方法	2016/10/31	发明
493	201610943185.9	一种翻边性能优良的热轧复相钢及其生产方法	2016/10/31	发明
494	201610964439.5	一种罩退镀锡板及其制备方法	2016/10/28	发明
495	201610963796.X	一种控制热浸镀钢板边部镀层厚度的装置及方法	2016/10/28	发明
496	201610971912.2	一种减少带钢横向跑偏的方法、及连续退火炉区纠偏系统	2016/10/28	发明
497	201610974021.2	一种油气井膨胀管用钢的冶炼方法	2016/10/28	发明
498	201610973985.5	一种 RH 快速脱碳及减少钢液温降的方法	2016/10/28	发明
499	201621196367.6	一种铁水脱硫喷枪	2016/10/28	实用新型
500	201611137555.6	一种冷轧板表面防锈油涂覆量的控制方法	2016/12/9	发明
501	201610978781.0	一种均压煤气的除尘装置及方法	2016/11/7	发明
502	201610982457.6	一种避免烧结边缘箅条烧损的方法及装置	2016/11/8	发明
503	201610982181.1	一种降低烧结废气中 CO 和氮氧化物含量的方法及系统	2016/11/8	发明
504	201610982185.X	一种提高烧结燃料燃烧效率的方法及装置	2016/11/8	发明
505	201610978739.9	一种烧结矿均匀性的检测方法	2016/11/7	发明
506	201610978738.4	一种 IF 钢及其制备方法	2016/11/7	发明
507	201621199691.3	蒸汽蓄热器充热装置	2016/11/7	实用新型
508	201621205565.4	一种加湿装置	2016/11/8	实用新型
509	201621202162.4	一种生球抗压强度检测系统	2016/11/7	实用新型
510	201621202105.6	一种炉缸径向温度测量装置	2016/11/7	实用新型
511	201621202324.4	一种风口焦炭样品冷却装置	2016/11/7	实用新型
512	201621202976.8	一种微观检测样品的干燥装置	2016/11/8	实用新型
513	201611093104.7	一种热镀锌双相钢表面处理方法	2016/12/1	发明
514	201611095115.9	一种改善中高锰钢可镀性的方法	2016/12/1	发明
515	201611100618.0	一种消除镀锌双相钢表面粗糙缺陷的方法	2016/12/2	发明
516	201611087915.6	一种汽车钢圈材料的匹配方法及装置	2016/12/1	发明
517	201621165682.2	一种离合器组装装置	2016/10/25	实用新型
518	201621165684.1	一种自动给料机	2016/10/25	实用新型
519	201621165683.7	一种输送皮带扒口装置	2016/10/25	实用新型
520	20161097461.0	一种下线钢卷直径测量方法及系统	2016/11/4	发明
521	201610978545.9	一种带钢边部缺陷位置的检测方法	2016/11/7	发明
522	201610976136.5	一种 RH 精炼过程的增氧方法	2016/11/7	发明
523	201610978740.1	一种退火炉燃烧的控制方法及装置	2016/11/7	发明
524	201621199508.X	一种带钢精整装置	2016/11/7	实用新型
525	201621202161.X	一种高炉送风初期风口测温装置	2016/11/7	实用新型
526	201621202325.9	一种连续退火炉加湿器保护气体露点提升装置	2016/11/7	实用新型

续表

序号	专利申请号	专利名称	申请日	专利类型
527	201611055575.9	一种旋转式退火炉台车位置的动态跟踪方法及系统	2016/11/25	发明
528	201611055730.7	一种硅钢氧化镁涂层卷取塔形的控制方法	2016/11/25	发明
529	201611063417.8	控制汽车板钢包顶渣钙铝比1.2—1.8的方法	2016/11/25	发明
530	201611062613.3	一种旋转式退火炉下部轨道在线修复方法	2016/11/25	发明
531	201611066838.6	一种降低酸洗冷连轧带钢的带头上翘的方法	2016/11/25	发明
532	201611075316.2	一种复合脱硫剂及单吹颗粒镁铁水复合脱硫方法	2016/11/28	发明
533	201621276304.1	一种钢卷占位检测装置	2016/11/25	实用新型
534	201621286563.2	一种用于液力偶合器的拆卸装置	2016/11/25	实用新型
535	201611039846.1	一种激光焊接的方法	2016/11/11	发明
536	201611041673.7	一种激光焊接方法及激光焊接装置	2016/11/11	发明
537	201610997866.3	一种板形数据测量系统,数据修正方法及装置	2016/11/11	发明
538	201610998667.4	一种优化活套张力的方法及装置	2016/11/11	发明
539	201611013306.6	一种消除带钢氧化色的方法及装置	2016/11/11	发明
540	201611005555.0	一种连退机组IF钢产品再启车控制方法	2016/11/11	发明
541	201611024864.2	一种密封装置	2016/11/11	发明
542	201621261317.1	一种轧辊驱动工装拆装装置	2016/11/11	实用新型
543	201621226992.0	手动升降水平检查设备及重卷机组	2016/11/11	实用新型
544	201621254492.8	一种步进梁鞍座	2016/11/14	实用新型
545	201611153875.0	一种取向硅钢的制造方法及取向硅钢氧化镁涂层的喷涂方法	2016/12/13	发明
546	201611152479.6	一种减少轧机轧辊轴向窜动的方法	2016/12/14	发明
547	201611152157.1	一种消除无取向电工钢表面裂纹缺陷的方法	2016/12/14	发明
548	201611152172.6	一种延长转炉底吹寿命的方法	2016/12/14	发明
549	201611153929.3	一种定宽机中间坯头尾宽度控制方法以及装置和定宽机	2016/12/14	发明
550	201621370637.0	一种吹扫冷却装置	2016/12/14	实用新型
551	201621370679.4	一种带钢输送装置	2016/12/14	实用新型
552	201621371702.1	一种检修平台	2016/12/14	实用新型
553	201621370680.7	一种均压放散阀压板螺栓拆除装置	2016/12/14	实用新型
554	201621376955.8	擦拭组件及冷轧机擦拭辊	2016/12/14	实用新型
555	201621375771.X	一种电能表的校验装置	2016/12/14	实用新型
556	201611101408.3	一种利用污染土壤和餐厨垃圾制备园林绿化土的方法	2016/12/2	发明
557	201611117757.4	后浇带超前止水方法	2016/12/7	发明
558	201621341541.1	一种企口式钢带加固木制圆模装置	2016/12/7	实用新型
559	201610980359.9	一种钢化玻璃炉用电热材料及其制取方法	2016/11/8	发明
560	201611031624.5	一种钢卷卷径测量方法,系统及上卷小车	2016/11/18	发明
561	201611034452.7	一种防止平整机工作辊划伤的控制方法及装置	2016/11/18	发明
562	201611034454.6	一种快速获取带钢镰刀弯大小的方法及装置	2016/11/18	发明
563	201611026377.X	一种提高铁素体热轧节奏的方法及装置	2016/11/18	发明
564	201611026687.1	一种提升带钢粗轧节奏的方法	2016/11/18	发明

续表

序号	专利申请号	专利名称	申请日	专利类型
565	201611026376.5	一种开卷机的张力控制方法	2016/11/18	发明
566	201611036990.X	一种对连续热镀锌入口段的立式活套的处理方法	2016/11/21	发明
567	201611039589.1	一种控制锌锅温度的方法	2016/11/21	发明
568	201611040910.8	一种控制镀锡板表面黑灰程度的方法	2016/11/21	发明
569	201611039422.5	一种铁素体轧制方法	2016/11/21	发明
570	201611036989.7	一种降低冷轧低合金高强钢带状组织的方法	2016/11/21	发明
571	201611040906.1	一种降低冷轧双相钢色差的方法	2016/11/21	发明
572	201611040898.0	一种维护炉缸的方法	2016/11/21	发明
573	201611036820.1	一种IF钢在铁素体轧制的加热方法	2016/11/22	发明
574	201611044089.7	一种在半连轧生产线上轧制IF铁素体的方法	2016/11/21	发明
575	201611044532.0	一种提高KR脱硫工艺中脱硫剂利用率的方法	2016/11/22	发明
576	201611036988.2	一种提高铁素体温度均匀性的方法	2016/11/22	发明
577	201611047996.7	一种通讯方法及系统	2016/11/22	发明
578	201611047924.2	一种检测生铁中元素含量的方法	2016/11/22	发明
579	201611047900.7	一种入口活套机构、系统及连退线活套控制方法	2016/11/21	发明
580	201611048086.0	脱磷转炉吹炼控制方法	2016/11/22	发明
581	201611046992.7	一种运输链旋转平台旋转控制方法及旋转控制装置	2016/11/22	发明
582	201611046207.8	一种检漏装置及方法	2016/11/22	发明
583	201611042025.3	一种脱磷压渣剂及其抑制钢渣泡的方法	2016/11/22	发明
584	201611046091.8	一种应用于轧辊托肩的防锈蚀装置	2016/11/22	发明
585	201611042024.9	一种退火炉内温度控制方法及系统	2016/11/22	发明
586	201611046991.2	一种生产IF钢的工艺方法及装置	2016/11/22	发明
587	201611046206.3	一种尾气的处理方法及其系统	2016/11/22	发明
588	201611103020.7	一种转炉辅原料上料控制方法及控制系统	2016/12/5	发明
589	201611059348.3	一种铁素体轧制工艺的精轧控制方法及装置	2016/11/22	发明
590	201611059350.0	一种连续热镀锌入口活套张力控制及控制系统	2016/11/22	发明
591	201611033251.5	一种锌层厚度的控制方法及装置	2016/11/18	发明
592	201621246599.8	一种乳化液反冲洗过滤装置	2016/11/17	实用新型
593	201621246380.8	一种连轧机组,侧导板装置及其开度液压锁紧控制装置	2016/11/18	实用新型
594	201621248201.4	一种冷轧机组,冷轧压辊及压辊转动液压控制装置	2016/11/18	实用新型
595	201621262126.7	一种乳化液配液装置	2016/11/21	实用新型
596	201621262147.9	一种推钢机过载保护系统	2016/11/21	实用新型
597	201621255643.1	一种机械手夹爪机构	2016/11/21	实用新型
598	201621263465.7	一种转炉炉后除尘装置	2016/11/22	实用新型
599	201621269149.0	一种卸尾卷吊车	2016/11/21	实用新型
600	201621267371.7	一种热轧卷取机卸卷小车位移检测装置	2016/11/22	实用新型
601	201621268191.0	一种镀锌带钢钝化装置及钝化机	2016/11/22	实用新型
602	201621269373.X	连退机组立式清洗段及其膨胀节	2016/11/22	实用新型

序号	专利申请号	专利名称	申请日	专利类型
603	201621267394.8	一种皮带撕边堵槽报警装置	2016/11/22	实用新型
604	201621267569.5	一种运输带防撕裂装置	2016/11/23	实用新型
605	201621263464.2	一种具备余能回收功能的海水脱硫系统	2016/11/22	实用新型
606	201621269246.X	一种带钢对中装置	2016/11/22	实用新型
607	201621267372.1	一种热轧板坯炉生氧化铁皮收集装置	2016/11/22	实用新型
608	201621281124.2	一种锌灰清理装置	2016/12/2	实用新型
609	201610968003.3	一种湿熄焦过程中颗粒物排放的收集方法	2016/11/5	发明
610	201611132338.8	一种顶燃热风炉的布置方法	2016/12/9	发明
611	201611131473.0	一种渣罐隔板蒸养窑	2016/12/9	发明
612	201611131021.2	一种可伸缩式高炉出铁主沟钢结构	2016/12/9	发明
613	201611131268.4	一种轴密封器	2016/12/9	发明
614	201611147973.3	KR脱硫渣热态回吃方法	2016/12/13	发明
615	201621190744.5	一种湿熄焦过程中颗粒物排放的取样装置	2016/11/5	实用新型
616	201621198381.X	步进式加热炉步进机械气压平衡装置	2016/11/5	实用新型
617	201621190891.2	一种坯料相位转换辊道输送装置	2016/11/5	实用新型
618	201621350033.X	一种渣罐隔板蒸养窑	2016/12/9	实用新型
619	201621350742.8	一种飞剪入口转辙器装置	2016/12/9	实用新型
620	201621350745.1	一种用于橡胶密封气柜导向轮的支承装置	2016/12/9	实用新型
621	201621350780.3	一种轴密封器	2016/12/9	实用新型
622	201621367729.3	一种双工位坯料运输辊子装置	2016/12/13	实用新型
623	201621365738.9	一种分段加热复热式捣固焦炉	2016/12/13	实用新型
624	201621365534.5	一种转炉烟气除尘的复合装置	2016/12/13	实用新型
625	201621365739.3	一种转炉干法除尘粗灰直接入炉回用输送装置	2016/12/13	实用新型
626	201621365771.1	一种用于VD真空设备的钢水罐自动加揭盖装置	2016/12/13	实用新型
627	201621367782.3	一种用于废钢预热的汽化冷却烟道	2016/12/13	实用新型
628	201621365788.7	一种渣罐隔板堆垛机构	2016/12/13	实用新型
629	201621365748.2	苦味酸法脱除焦炉煤气中硫化氢的三塔式装置	2016/12/13	实用新型
630	201621366275.8	一种脱硫渣热态加渣装置	2016/12/13	实用新型
631	201630540405.4	水塔	2016/11/7	外观设计
632	201630592205.3	格子砖	2016/12/5	外观设计
633	201611211286.3	具有优异腐蚀性能的400兆帕级建筑用钢及生产方法	2016/12/24	发明
634	201611211331.5	屈服强度415兆帕高强正火容器钢及热处理方法	2016/12/24	发明
635	201611212708.9	一种金属结构件激光再制造方法	2016/12/25	发明
636	201611212766.1	一种无全脱碳的弹簧钢棒材生产方法	2016/12/25	发明
637	201611216632.7	一种钢板水冷过程头尾过冷区长度计算的方法	2016/12/25	发明
638	201611212864.5	一种表征材料表面元素分布的XPS成像分析方法	2016/12/25	发明
639	201611212887.6	一种轧制厚规格复合钢板的生产方法	2016/12/25	发明
640	201611213724.X	一种连铸坯枝晶偏析的定量分析方法	2016/12/25	发明

序号	专利申请号	专利名称	申请日	专利类型
641	201611220831.5	一种钢用电焊条	2016/12/26	发明
642	201611220803.4	一种构建金属薄板成形极限应力图的方法	2016/12/26	发明
643	201621429299.3	一种挡渣机快速定位装置	2016/12/24	实用新型
644	201621439835.8	一种用于板材胀形试验的模具	2016/12/25	实用新型
645	201621430199.2	一种气电立焊焊枪摆动装置	2016/12/25	实用新型
646	201621430221.3	一种金属打标机用网格模板夹具装置	2016/12/25	实用新型
647	201621439831.X	一种不锈钢复合板晶间腐蚀试验夹具	2016/12/25	实用新型
648	201621439536.4	一种差厚板检测平台装置	2016/12/26	实用新型
649	201621439037.5	一种防止螺纹损伤的凸焊螺母	2016/12/26	实用新型
650	201621439069.5	一种耐磨试验装置	2016/12/26	实用新型
651	201611207788.9	一种带钢卷取控制方法及装置	2016/12/23	发明
652	201611207753.5	一种65Mn钢板的制造方法	2016/12/23	发明
653	201611207779.X	一种1000兆帕级热镀锌双相钢及其制备方法	2016/12/23	发明
654	201611205703.3	一种热风炉炉壳整带更换方法	2016/12/23	发明
655	201611206929.5	一种焊丝钢的冶炼方法	2016/12/23	发明
656	201611205721.1	一种双联工艺生产低碳焊丝钢的方法	2016/12/23	发明
657	201611205702.9	一种降低钛微合金化高强钢加工硬化效果的冷却工艺	2016/12/23	发明
658	201611207778.5	一种高碳含硼钢板坯连铸方法	2016/12/23	发明
659	201611218702.2	一种含钛炉料中Ti元素分散度的评价方法	2016/12/26	发明
660	201611226991.0	热镀锌板及其生产方法	2016/12/27	发明
661	201611195841.8	一种套筒移出回收装置	2016/12/22	发明
662	201611195887.X	一种改善连退线启炉卷氧化色差缺陷的方法	2016/12/22	发明
663	201611195884.6	一种硅钢氧化镁涂层的压力控制方法及装置	2016/12/22	发明
664	201611195836.7	一种辊道更换辅助装置及辊道更换方法	2016/12/22	发明
665	201611195885.0	一种平整机工作辊在线自动窜辊方法及控制装置	2016/12/22	发明
666	201611198724.7	一种控制高氮钢中氮含量的方法	2016/12/22	发明
667	201621413241.X	一种活套车带钢跑偏检测装置	2016/12/22	实用新型
668	201621422900.6	一种测定高炉煤气中氯离子的取样装置	2016/12/22	实用新型
669	201611185124.7	一种横向穿越铁路线地下管道顶进施工方法	2016/12/20	发明
670	201611185194.2	一种预留洞PVC套管模具构造及施工方法	2016/12/20	发明
671	201611212532.7	一种中厚板轧机粗轧纵轧道次压下量分配方法	2016/12/25	发明
672	201611212587.8	一种钢包浇余渣转炉回收操作的方法	2016/12/25	发明
673	201611212626.4	一种高磷铁水冶炼低磷钢的转炉操作方法	2016/12/25	发明
674	201611212690.2	一种特厚板坯尾坯质量控制的方法	2016/12/25	发明

序号	专利申请号	专利名称	申请日	专利类型
675	201611210852.9	一种单蓄热烧嘴装置	2016/12/24	发明
676	201611210983.7	一种连续退火炉入口处的密封装置	2016/12/24	发明
677	201611211044.4	一种高位水塔中支撑水箱的装置	2016/12/24	发明
678	201611211121.6	一种摆动式液压缸固定装置	2016/12/24	发明
679	201611211131.X	一种确定综合管廊天然气舱室机械排风口位置的办法	2016/12/24	发明
680	201611212054.X	一种钢渣磁选粉提纯协同制备钢渣微粉的生产工艺	2016/12/25	发明
681	201611216631.2	一种干熄焦与推焦除尘系统的改造方法	2016/12/25	发明
682	201611209667.8	步进式加热炉步进机械自充气方法	2016/12/23	发明
683	201611209676.7	步进式加热炉步进机械气压平衡方法	2016/12/23	发明
684	201611209680.3	一种内置双螺旋轴向旋风除尘器	2016/12/23	发明
685	201611209695.X	一种生活垃圾飞灰去除重金属的装置及其使用方法	2016/12/23	发明
686	201611225442.1	轮缘润滑装置涂油导轨	2016/12/27	发明
687	201611225759.5	一种大型钢包热修倾翻位除尘方法	2016/12/27	发明
688	201621439804.2	一种单蓄热烧嘴装置	2016/12/24	实用新型
689	201621439817.X	一种连续退火炉入口处的密封装置	2016/12/24	实用新型
690	201621439819.9	一种高位水塔中支撑水箱的装置	2016/12/24	实用新型
691	201621429201.4	一种摆动式液压缸固定装置	2016/12/24	实用新型
692	201621429208.6	一种用于转炉干法除尘煤气管道内防止粉尘堆积的装置	2016/12/24	实用新型
693	201621429231.5	一种降低转炉煤气洗涤水中一氧化碳气体浓度的装置	2016/12/24	实用新型
694	201621429832.6	一种矿热炉炉顶预热料仓布料装置	2016/12/25	实用新型
695	201621429842.X	一种薄壁炉衬高炉炉腹结构	2016/12/25	实用新型
696	201621430048.7	一种组合式辊轮	2016/12/25	实用新型
697	201621436602.2	步进式加热炉步进机械自充气装置	2016/12/23	实用新型
698	201621426786.4	一种内置双螺旋轴向旋风除尘器	2016/12/23	实用新型
699	201621427724.5	一种生活垃圾飞灰去除重金属的装置	2016/12/23	实用新型
700	201621445577.4	一种液压压力油自动泄压通断装置	2016/12/27	实用新型
701	201621444706.8	一种湿法熄焦中粉焦沉淀池挥发性物质的封闭装置	2016/12/27	实用新型
702	201621445258.3	轮缘润滑装置涂油导轨	2016/12/27	实用新型
703	201621444571.5	一种用于塔外氧化亚硫酸盐溶液的反应器	2016/12/27	实用新型
704	201621454242.9	一种适用于低温多效海水淡化系统的闪蒸供气装置	2016/12/27	实用新型
705	201611228313.8	易切削合金、合金丝、其制备方法、笔头、笔芯及笔	2016/12/27	发明
706	201611232202.4	一种具有高扩孔性能的热轧酸洗带钢及其生产方法	2016/12/27	发明

2016年首钢专利授权项目

序号	专利申请号	专利中文名称	申请日	专利类型
1	201210142261.8	一种高磁感变频压缩机用无取向硅钢及其制备方法	2012/5/9	发明
2	201210405615.3	一种含硼冷轧用钢热轧氧化铁皮的去除方法	2012/10/22	发明
3	201210317082.3	非接触式倾角测量装置及方法	2012/8/30	发明
4	201210458672.8	一种镍基合金及其制备方法	2012/11/15	发明
5	201210566805.3	获取烧结高温带宽度和迁移速度的方法	2012/12/24	发明
6	201210549527.0	一种高磁感应强度 FeNiCo 耐蚀软磁合金	2012/12/18	发明
7	201310009390.4	一种测量热轧板卷规定总延伸强度 Rt 值的方法	2013/1/10	发明
8	201310064496.4	一种带钢表面结垢灰压入缺陷的消除方法	2013/2/28	发明
9	201310064053.5	一种 400 兆帕级以上镀锌高强结构钢及其生产方法	2013/2/28	发明
10	201310117547.5	一种炼钢厂钢包的选配方法	2013/4/7	发明
11	201310136225.5	一种提高含 Nb、Ti 钢洁净度的方法	2013/4/18	发明
12	201310156846.X	深冲压双相钢及其生产方法	2013/4/28	发明
13	201310156899.1	用于热浸镀锌的铜强化低合金高强钢	2013/4/28	发明
14	201310183429.4	一种用于能源中心的能源二级管理平台	2013/5/17	发明
15	201310184484.5	一种采用动态查询语言的快速查询方法	2013/5/17	发明
16	201310228660.0	一种面向行业应用的解释型业务组件动态构建方法	2013/6/8	发明
17	201310232563.9	一种冷连轧动态变规格时的动态辊缝补偿方法	2013/6/13	发明
18	201310224573.8	高强度汽车用钢板及其生产方法	2013/6/6	发明
19	201310200367.3	一种统计板带表面缺陷密度的方法	2013/5/27	发明
20	201310201201.3	冷轧薄板 45 号钢及其生产方法	2013/5/27	发明
21	201310229032.4	用于检查镀锌机组锌锅辊体状态的装置	2013/6/8	发明
22	201310232145.X	一种超低碳钢用钢包包底的砌筑方法	2013/6/9	发明
23	201310238906.2	一种冷轧停车斑的酸洗轧制方法	2013/6/17	发明
24	201310239415.X	一种炉前低氮钢样的氮成分分析方法	2013/6/17	发明
25	201310275049.3	一种测量钢板镀锌层厚度的方法	2013/7/2	发明
26	201310283593.2	一种冷固球及其制备方法	2013/7/5	发明
27	201310247497.2	透射电镜碳萃取复型样的制备方法	2013/6/20	发明
28	201310244342.3	一种热轧板氧化铁皮压入程度的表征方法	2013/6/19	发明
29	201310277244.X	一种酸再生文丘里后负压降低的处理方法	2013/7/3	发明

序号	专利申请号	专利中文名称	申请日	专利类型
30	201310279450.4	一种冷硬带钢厚度超厚的处理方法	2013/7/4	发明
31	201310301638.4	一种 Nb、Ti 复合微合金化高温渗碳齿轮钢	2013/7/18	发明
32	201310329675.6	一种改善厚规格船板表面质量的生产方法	2013/7/31	发明
33	201310311418.X	一种熔融还原炼铁炉及其炼铁工艺	2013/7/23	发明
34	201310334640.1	一种带钢成品厚度精度的检测判断系统及其方法	2013/8/2	发明
35	201310334277.3	一种提高高硅无取向电工钢轧制成材率的方法	2013/8/2	发明
36	201310335490.6	一种热卷箱设备双联锁保护装置及其控制方法	2013/8/2	发明
37	201310329164.4	一种铁水包内衬砌筑方法	2013/7/31	发明
38	201310349728.0	一种用于多段冷床的同步控制方法	2013/8/12	发明
39	201310410048.5	高炉喷煤系统喷吹量实时在线统计方法	2013/9/10	发明
40	201310356113.0	转炉少渣冶炼模式下的转炉控氮方法	2013/8/15	发明
41	201310423244.6	SPHC 冷轧边裂的消除方法	2013/9/17	发明
42	201310412944.5	适用于高频感应焊的汽车轴管用钢及其生产方法	2013/9/11	发明
43	201310479363.3	CR4 热镀锌汽车板用钢及其生产方法	2013/10/14	发明
44	201310552072.2	检测钢奥氏体粗化温度的方法	2013/11/7	发明
45	201310553221.7	连退硬质镀锡基板及其生产方法	2013/11/7	发明
46	201310552073.7	抗拉强度 700 兆帕级热镀锌相变诱发塑性钢制备方法	2013/11/7	发明
47	201310520262.6	热轧开平板翘曲变形的控制方法	2013/10/29	发明
48	201310540920.8	汽车板连铸用超低碳钢、低碳钢结晶器保护渣及其制备方法	2013/11/5	发明
49	201310547116.2	无取向电工钢的生产方法	2013/11/6	发明
50	201310553983.7	热轧带钢镰刀弯的快速测量方法	2013/11/8	发明
51	201310553943.2	滚筒洗衣机电机涡轮用钢及其生产方法	2013/11/8	发明
52	201310554352.7	一种冷连轧机带钢板形的调整方法	2013/11/8	发明
53	201310554250.5	一种连续退火炉内张力计标定的装置及其方法	2013/11/8	发明
54	201310596898.9	预防启车断带的方法	2013/11/22	发明
55	201310521681.1	一种用于热轧作业的窜辊控制方法及装置	2013/10/29	发明
56	201310603645.X	低温大壁厚 X80HD 大变形管线钢生产方法	2013/11/25	发明
57	201310676293.0	一种水电站压力容器钢用特厚板坯的连铸生产工艺	2013/12/11	发明
58	201310682394.9	一种 65MnTiB 钢及其热轧钢板制造方法	2013/12/12	发明
59	201310681210.7	一种对等温时间不敏感的含铝复相钢及其生产方法	2013/12/12	发明
60	201310714979.4	基于测厚仪测量厚度的辊缝设定值自适应控制方法	2013/12/20	发明
61	201310682805.4	一种粗轧机组变加速度轧制控制系统及方法	2013/12/13	发明
62	201310730751.4	一种 X65 热煨弯管用热轧平板及其生产方法	2013/12/26	发明
63	201310731628.4	连铸坯生产高等级厚规格管件用热轧平板及其制造方法	2013/12/26	发明

续表

序号	专利申请号	专利中文名称	申请日	专利类型
64	201310733706.4	一种有效控制钢板甩弯的末道次轧制参数设定方法	2013/12/26	发明
65	201310744068.6	一种控制低碳钢盘条三次渗碳体的热轧方法	2013/12/28	发明
66	201310741800.4	一种薄规格高强韧性管线钢板及其生产方法	2013/12/28	发明
67	201310741632.9	一种具有良好凸缘焊接性能的冷轧钢板及其生产方法	2013/12/27	发明
68	201310753302.1	汽车侧围外板用热镀锌钢板及其生产方法	2013/12/31	发明
69	201310753357.2	板材耐湿热性能检测用夹具及检测方法	2013/12/31	发明
70	201410028835.8	采用 EBSD 表征热轧钢板截面氧化铁皮微观结构的方法	2014/1/21	发明
71	201410027676.X	一种低碳 ER50-6 铸坯枝晶的热腐蚀和显示方法	2014/1/21	发明
72	201310753257.X	用于烧结的节能添加剂及其应用	2013/12/31	发明
73	201410070276.7	一种控制精轧机架穿带中间浪的方法	2014/2/28	发明
74	201410070152.9	一种 UCMW 冷连轧机毛化辊轧制系统及方法	2014/2/28	发明
75	201410070151.4	异钢种连浇自动插铁板的装置和方法	2014/2/28	发明
76	201310750002.8	终轧温度的控制方法与装置	2013/12/30	发明
77	201410032546.5	一种转炉高磷出钢冶炼耐候钢的方法	2014/1/23	发明
78	201410031209.4	一种预判钢包水口自开率的检测方法	2014/1/23	发明
79	201410044510.9	部分返矿不经制粒参与烧结的烧结方法	2014/1/30	发明
80	201310559600.7	一种具有自适应支架的非接触式供电运输车	2013/11/12	发明
81	201410067354.8	一种钢包底吹透气砖拆除装置及其工作方法	2014/2/26	发明
82	201410067022.X	高炉炉体分段式软水密闭循环冷却系统	2014/2/26	发明
83	201410079573.8	一种高炉料面测量装置	2014/3/5	发明
84	201410078544.X	一种用于消除边折印的平整优化方法	2014/3/5	发明
85	201410079237.3	一种连续热镀锌线柔性预氧化装置及方法	2014/3/5	发明
86	201410078541.6	一种冷轧碳素结构钢生产方法	2014/3/5	发明
87	201410079122.4	焦炭在高炉上部劣化程度的评价方法	2014/3/5	发明
88	201410082996.5	一种连退镀锌冷轧钢卷的生产方法	2014/3/7	发明
89	201410087913.1	一种卷取机夹送辊"咬钢"瞬间控制方法及其装置	2014/3/11	发明
90	201410102641.8	一种电、热、水联产方法及系统	2014/3/19	发明
91	201410102590.9	浓海水再浓缩装置	2014/3/19	发明
92	201410102608.5	一种热轧机的运行参数的确定方法及系统	2014/3/19	发明
93	201410102948.8	提高烟气二氧化碳浓度的烟气循环冷却设备及方法	2014/3/19	发明
94	201410136515.4	球团矿抗压强度检测装置	2014/4/4	发明
95	201410136826.0	屈服强度 700 兆帕以上汽车大梁用钢及其制造方法	2014/4/4	发明
96	201410133758.2	碱蒸气发生速率调控装置	2014/4/3	发明
97	201410137050.4	无取向电工钢及其生产方法	2014/4/4	发明

序号	专利申请号	专利中文名称	申请日	专利类型
98	201410136870.1	热轧百事泰表面检测系统花纹板破豆缺陷的检测装置及方法	2014/4/4	发明
99	201410133681.9	一种冷轧热镀锌双相钢及其制备方法	2014/4/4	发明
100	201410154374.9	一种捆带钢的激光焊接方法	2014/4/16	发明
101	201410131317.9	一种快节奏出钢方法及装置	2014/4/1	发明
102	201410128278.7	一种热轧卷取夹送辊压力调平设备及控制方法	2014/4/1	发明
103	201410130820.2	一种定宽机夹送辊"板坯跟踪"的建立装置及方法	2014/4/2	发明
104	201410178212.9	一种分离高炉干法除尘灰中碱锌等有害元素的装置和方法	2014/4/29	发明
105	201410178193.X	一种脱氯剂脱氯性能检测装置及方法	2014/4/29	发明
106	201410203451.5	Ti 微合金化中厚板及其生产方法	2014/5/14	发明
107	201410176094.8	一种出钢前加入改质剂的操作方法	2014/4/29	发明
108	201410210169.X	一种高炉煤气干法脱氯化氢的装置及方法	2014/5/19	发明
109	201410210362.3	一种高强度热轧防弹钢板的制造方法	2014/5/19	发明
110	201410239091.4	一种 X90 管线钢宽厚板及其生产方法	2014/5/30	发明
111	201410240349.2	低屈强比低裂纹敏感性 Q550CF 调质钢及生产方法	2014/5/30	发明
112	201410247308.6	一种 5Cr 耐腐蚀用钢及其生产方法	2014/6/5	发明
113	201410247160.6	环焊缝性能优良的 X90 管线钢及其生产方法	2014/6/5	发明
114	201410056931.3	高炉冲渣水余热实现低温多效海水淡化生产的系统及工艺	2014/2/19	发明
115	201410218432.X	一种取样系统及方法	2014/5/22	发明
116	201410222478.9	一种转底炉处理冶金含锌尘泥工艺烟气系统防粘结方法	2014/5/23	发明
117	201410223236.1	炼铁高炉熔渣水淬粒化过程的余热回收利用方法及装置	2014/5/25	发明
118	201410226412.7	一种预弯机用的导钢装置	2014/5/24	发明
119	201410225622.4	一种三孔式半剖导槽装置	2014/5/24	发明
120	201410253592.8	辉光放电光谱仪用自动夹样机构及方法	2014/6/9	发明
121	201410251479.6	一种导轨用冷轧连续退火带钢及其生产方法	2014/6/9	发明
122	201410254245.7	冷轧废水处理方法	2014/6/10	发明
123	201410270137.9	一种防止特厚板坯窄面鼓肚的分节足辊	2014/6/17	发明
124	201410265730.4	一种圆柱模制作安装方法	2014/6/13	发明
125	201410271541.8	一种通廊分组空中组对安装方法	2014/6/18	发明
126	201410281822.1	一种压力容器用调质高强度钢板及其生产方法	2014/6/21	发明
127	201410239998.0	一种干熄焦炉的升温方法及系统	2014/5/30	发明
128	201410317547.4	一种适合倒角结晶器稳定生产的连铸工艺	2014/7/4	发明
129	201410316873.3	一种延长二冷风机风门使用寿命的方法	2014/7/4	发明
130	201410318084.3	一种扇形段喷淋系统在线与离线清理装置及制作方法	2014/7/4	发明
131	201410320701.3	一种石灰石冶炼低磷钢的转炉操作的方法	2014/7/4	发明

序号	专利申请号	专利中文名称	申请日	专利类型
132	201410268118.2	热连轧粗轧机中间坯镰刀弯的自动控制方法及系统	2014/6/16	发明
133	201410268119.7	控制高牌号无取向硅钢精轧穿带板形稳定性的方法及装置	2014/6/16	发明
134	201410268624.1	防止带钢在平整机平整过程中产生划伤缺陷的方法及装置	2014/6/16	发明
135	201410268120.X	控制微合金钢板坯角部横裂纹的二次冷却方法	2014/6/16	发明
136	201410268835.5	一种热风炉系统热态维护用泵压送缓冲填料	2014/6/16	发明
137	201410337631.2	为套管喷煤枪提供浓度可调氮氧混合气的富氧工艺及装置	2014/7/16	发明
138	201410337369.1	一种 RH 快速脱碳方法	2014/7/15	发明
139	201410345155.9	中深孔凿岩台车用油管布置结构	2014/7/18	发明
140	201410337712.2	观测高炉炉料熔滴过程的方法及系统	2014/7/16	发明
141	201410337905.8	一种高 r 值厚规格 IF 汽车用钢及其生产方法	2014/7/16	发明
142	201410334194.9	一种加热炉热负荷分配方法及装置	2014/7/14	发明
143	201410336797.2	一种板带轧机 E1 立辊	2014/7/16	发明
144	201410345595.4	报警装置及报警方法	2014/7/18	发明
145	201410336596.2	一种薄宽规格 IF 钢炉内瓢曲的处理方法	2014/7/15	发明
146	201410336076.1	一种热连轧板形二级工艺模拟方法	2014/7/16	发明
147	201410340510.3	一种厚度≤1.6毫米的热轧酸洗带钢的生产方法	2014/7/17	发明
148	201410363676.7	降低轧钢加热炉钢坯氧化烧损的装置及其方法	2014/7/28	发明
149	201410336403.3	一种镁质含钛球团矿的制备方法	2014/7/15	发明
150	201410333704.0	一种高碳低合金锯片钢及其热轧钢板生产方法	2014/7/14	发明
151	201410338917.2	无铜镍抗酸管线钢 X52MS 及其热轧板卷的制造方法	2014/7/16	发明
152	201410359032.0	一种利用 KR 脱硫二次除尘灰进行铁水冶炼方法	2014/7/25	发明
153	201410336328.0	一种顶燃式热风炉流场模拟装置及其模拟方法	2014/7/15	发明
154	201410253885.6	一种控制带钢宽度波动的方法	2014/6/10	发明
155	201410334024.0	一种解决卷取机钳口卡钢的控制方法	2014/7/14	发明
156	201410354282.5	一种焊缝拉伸弯折实验仪	2014/7/23	发明
157	201410340009.7	一种立体卷铁芯变压器用无取向电工钢及其生产方法	2014/7/17	发明
158	201410379418.8	一种不对称板坯连铸倒角结晶器用窄面铜板	2014/8/4	发明
159	201410410159.0	一种转炉少渣冶炼的自动控制方法	2014/8/19	发明
160	201410397024.5	一种超厚规格 X70 热轧板卷的制造方法	2014/8/12	发明
161	201410397120.X	一种 IF 钢、其冶炼方法、冶炼炉和冶炼系统	2014/8/12	发明
162	201410395241.0	一种步进式加热炉炉底固定梁布置改造方法	2014/8/12	发明
163	201410399754.9	一种液压平衡回路	2014/8/14	发明
164	201410400689.7	一种减少高炉中碱金属富集的方法	2014/8/14	发明
165	201410364724.4	一种消除无取向电工钢表面黑线的方法	2014/7/28	发明

序号	专利申请号	专利中文名称	申请日	专利类型
166	201410364743.7	一种冷连轧动态变规格时的控制方法	2014/7/28	发明
167	201410394368.0	一种含磷含硅含锰 IF 钢的制备方法	2014/8/12	发明
168	201410418928.1	一种使用间歇式喷淋提高特厚板坯表面质量的二冷工艺	2014/8/22	发明
169	201410431306.2	提高高表面等级 IF 钢延伸率的方法	2014/8/28	发明
170	201410432117.7	降低冷轧过程非焊缝断带发生率的生产方法	2014/8/28	发明
171	201410432234.3	一种 600 兆帕级汽车桥壳钢及其生产方法	2014/8/28	发明
172	201410470097.2	防止含硫齿轮钢 SAE8620H 堵塞水口的方法	2014/9/15	发明
173	201410470076.0	一种顶吹转炉采用高磷铁水生产合金焊线钢的脱磷方法	2014/9/15	发明
174	201410467811.2	一种改善超薄带钢取穿带的工艺优化方法	2014/9/15	发明
175	201410468841.5	一种热轧 TRIP 钢及其制备方法	2014/9/15	发明
176	201410490394.3	一种无取向电工钢的冶炼方法	2014/9/23	发明
177	201410490388.8	一种自动切断阀的泄露检测方法及 RH 循环气阀装置	2014/9/23	发明
178	201520278296.3	一种拉矫机辊缝标定工具	2015/9/14	实用新型
179	201520280246.9	用于夹持金相镶嵌试样的夹具	2015/9/14	实用新型
180	201410482250.3	一种冷轧处理线产品卷号预生成的方法及系统	2014/9/19	发明
181	201410479003.8	一种酸轧生产高强度 IF 钢的工艺控制方法及其装置	2014/9/18	发明
182	201410513819.8	一种高磷含量钢的冶炼方法	2014/9/29	发明
183	201410538999.5	一种搅拌头防粘渣涂料	2014/10/13	发明
184	201410543403.0	一种应用于平整机的辊形配置方法及平整机	2014/10/15	发明
185	201410554081.X	一种平整机带头板形轧制参数的控制方法及平整机	2014/10/17	发明
186	201410523134.1	一种混凝土烟囱拆除平台	2014/9/30	发明
187	201410466890.5	一种预制外墙板之间拼接缝施工方法	2014/9/12	发明
188	201410465703.1	一种预制外墙板与钢结构框架柱拼接缝施工方法	2014/9/12	发明
189	201410641712.1	一种高炉炉缸活跃性定量评价的方法	2014/11/13	发明
190	201410709638.2	一种消除超低碳钢表面麻点缺陷的方法	2014/11/28	发明
191	201410708307.7	一种低碳铝镇静钢热镀锌板及其生产方法	2014/11/28	发明
192	201410708344.8	一种热轧 1580 毫米平整机辊形配置方法	2014/11/28	发明
193	201410689982.X	一种转炉喷吹除尘灰铁水脱磷方法	2014/11/25	发明
194	201410690420.7	一种铁水喷吹预处理生产高纯生铁的冶炼方法	2014/11/25	发明
195	201410693932.9	一种焦化脱硫废液过滤脱色系统	2014/11/26	发明
196	201410710665.1	实现将高温铸坯按序直接装炉柔性生产装置	2014/11/28	发明
197	201410730204.0	降低炼钢环节钢水氮的方法	2014/12/4	发明
198	201410725879.6	一种消除机清条纹的方法	2014/12/3	发明
199	201410742142.5	一种断带穿带的方法	2014/12/5	发明

续表

序号	专利申请号	专利中文名称	申请日	专利类型
200	201410765337.1	一种特厚板坯结晶器足辊预紧力的检测装置及方法	2014/12/12	发明
201	201410787810.6	一种基于来料厚度和压下量的轧制线调整方法	2014/12/17	发明
202	201410787327.8	一种蓄热式加热炉出料炉门的节能控制方法	2014/12/17	发明
203	201410787329.7	一种高强韧性特厚低合金调质钢及其制备方法	2014/12/17	发明
204	201410817554.0	一种控制板坯加热的方法	2014/12/24	发明
205	201410586304.0	一种高炉料罐状态监测系统及方法	2014/10/26	发明
206	201410648431.9	一种基于多定尺、多铸流的浇铸终点控制装置及其方法	2014/11/14	发明
207	201410770558.8	一种高炉上料系统节流开度的方法	2014/12/12	发明
208	201410836105.0	一种抗氢致开裂容器钢的冶炼工艺	2014/12/27	发明
209	201410832202.2	一种用于钒氮微合金化钢种在连铸过程中的增氮方法	2014/12/27	发明
210	201410836163.3	一种深拉拔用高碳钢盘条夹杂物的控制方法	2014/12/28	发明
211	201520028369.3	泡沫玻璃颗粒复合石膏板	2015/1/15	实用新型
212	201510031599.X	一种热轧高强耐磨钢板的制造方法及热轧高强耐磨钢板	2015/1/22	发明
213	201510031207.X	一种高钛铁水的渣铁分离方法	2015/1/21	发明
214	201510031622.5	一种热轧2250毫米与1580毫米平整机工艺设定的转换方法	2015/1/22	发明
215	201520189059.X	一种煤气柜氮气置换防火装置	2015/3/31	实用新型
216	201510075433.8	一种炼焦煤性价比定量评价方法	2015/2/12	发明
217	201510117665.5	一种机制砂在超大体积混凝土中的使用方法	2015/3/17	发明
218	201510163126.5	一种控制高线盘条表面夹痕粗晶的方法	2015/4/8	发明
219	201510163462.X	一种定宽机夹送辊位置控制系统精度补偿的方法	2015/4/7	发明
220	201510166806.2	用于凝结水回收的一管两用装置及其方法	2015/4/9	发明
221	201510171269.0	高强钢用高强韧性气保护药芯焊丝	2015/4/10	发明
222	201510171222.4	一种螺栓紧固工具及紧固方法	2015/4/10	发明
223	201510194490.8	棒线材孔型低温控轧电机功率负荷分配设计方法	2015/4/22	发明
224	201520265654.7	粉状物料自动拆装机	2015/4/29	实用新型
225	201510334558.8	一种TMCP态低碳贝氏体钢及其生产方法	2015/6/14	发明
226	201510323215.1	一种调质S460G1+Q结构钢及其制造方法	2015/6/14	发明
227	201520430816.8	一种起重设备吊装工具	2015/6/19	实用新型
228	201520504861.3	一种水泥顶棍	2015/7/13	实用新型
229	201520505182.8	一种可调比重的水下混凝土面高度测定锤	2015/7/13	实用新型
230	201520527962.2	一种支撑装置	2015/7/20	实用新型
231	201510429213.0	一种预防带钢精轧甩尾的控制方法	2015/7/21	发明
232	201520530969.X	基于钢铁厂的电量数据传输系统	2015/7/21	实用新型
233	201520534938.1	一种电缆隧道的通风系统	2015/7/22	实用新型

序号	专利申请号	专利中文名称	申请日	专利类型
234	201520602237.7	一种移动式多风口取样装置	2015/8/11	实用新型
235	201520569011.1	一种液压缸安全锁紧套	2015/7/31	实用新型
236	201520569278.0	一种载物台	2015/7/31	实用新型
237	201520576118.9	一种冷轧步进梁纠偏装置	2015/8/3	实用新型
238	201520642415.9	一种转炉煤气回收与平衡装置	2015/8/24	实用新型
239	201520645688.9	用于检验、调整激光发射落点及角度的装置	2015/8/25	实用新型
240	201520645942.5	集电滑环修磨工具	2015/8/25	实用新型
241	201520646047.5	一种引流砂外排装置	2015/8/25	实用新型
242	201520641472.5	一种高炉布料溜槽吊挂轴的保护装置	2015/8/24	实用新型
243	201520641493.7	一种隔热装置	2015/8/24	实用新型
244	201520642414.4	一种液压控制装置	2015/8/24	实用新型
245	201520602710.1	一种长托轴支重轮装置	2015/8/11	实用新型
246	201520693202.9	一种用于框架式液压机的油缸结构	2015/9/8	实用新型
247	201520706313.9	一种方坯连铸结晶器液渣厚度测量装置	2015/9/11	实用新型
248	201520701363.8	一种引锭杆拆卸装置	2015/9/10	实用新型
249	201520700700.1	磁链式过滤器刮污装置	2015/9/10	实用新型
250	201520706793.9	一种空分设备仪表气及密封气保障系统	2015/9/11	实用新型
251	201520701204.8	一种锁紧式固定连接装置	2015/9/10	实用新型
252	201520701335.6	一种皮带运输大块物料检测装置	2015/9/10	实用新型
253	201520700636.7	一种涂层废液处理装置	2015/9/10	实用新型
254	201520700713.9	一种运料皮带快速链接装置	2015/9/10	实用新型
255	201520701105.X	一种高炉风口堵塞器	2015/9/10	实用新型
256	201520605599.1	炼钢厂钢包信息共享装置	2015/8/12	实用新型
257	201520607675.2	一种电解腐蚀机夹具	2015/8/12	实用新型
258	201520605562.9	一种电机设备拆卸装置	2015/8/12	实用新型
259	201520712853.8	一种螺纹管断头取出装置	2015/9/15	实用新型
260	201520712679.7	一种滚筒	2015/9/15	实用新型
261	201520712852.3	一种热轧轧机工作辊密封结构	2015/9/15	实用新型
262	201520712498.4	一种氧气送管网装置	2015/9/15	实用新型
263	201520712497.X	一种排料式出钢口	2015/9/15	实用新型
264	201520712496.5	一种新型钝化设备	2015/9/15	实用新型
265	201520712464.5	一种捞辊吊具	2015/9/15	实用新型
266	201520601698.2	一种传动下置的立式卷芯架运输模块	2015/8/12	实用新型
267	201520601731.1	一种埋地煤气排水器	2015/8/12	实用新型

序号	专利申请号	专利中文名称	申请日	专利类型
268	201520670251.0	一种球团干燥仓	2015/9/1	实用新型
269	201520762623.2	一种棒材在线阻锈喷淋装置	2015/9/29	实用新型
270	201520763211.0	一种转炉炼钢用铁合金在线烘烤和加料设备	2015/9/29	实用新型
271	201520763291.X	一种圆盘造球机活动式卸料装置	2015/9/29	实用新型
272	201520763251.5	一种圆盘造球机卸料溜槽装置	2015/9/29	实用新型
273	201520763259.1	一种用于过滤铁水预处理用粉剂的过滤器	2015/9/29	实用新型
274	201520764397.1	一种煤气柜底部油槽液位观测装置	2015/9/29	实用新型
275	201520765264.6	一种无键联接结构的液压帐套	2015/9/29	实用新型
276	201520764800.0	一种用于精炼渣处理的分隔板	2015/9/29	实用新型
277	201520764837.3	一种烧结球团烟气吸附和下料装置	2015/9/29	实用新型
278	201520765308.5	热轧板带生产车间冷却线除雾装置	2015/9/29	实用新型
279	201520771978.8	一种用于气力输送物流观察的装置	2015/9/30	实用新型
280	201520772589.7	高效低排放高温低氧热风炉	2015/9/30	实用新型
281	201520773235.4	一种多用途的热风炉高温预热系统	2015/9/30	实用新型
282	201520773252.8	一种具有自动分料调节功能的三通分料器	2015/9/30	实用新型
283	201520804979.8	一种减小摩擦的胀形凸模	2015/10/16	实用新型
284	201520805092.0	一种制备电偶腐蚀试样的局部溶解装置	2015/10/16	实用新型
285	201520834623.9	一种电化学金属电极试样制备夹具	2015/10/26	实用新型
286	201520804026.1	一种高速拉伸试验用夹具	2015/10/16	实用新型
287	201520803421.8	一种金属打标机用打标头装置	2015/10/16	实用新型
288	201520830491.2	一种倒角连铸坯的多维倒角足辊装置	2015/10/23	实用新型
289	201520828247.2	一种轧钢含油铁鳞及废油的高炉喷吹回收处理系统	2015/10/23	实用新型
290	201520895103.9	一种用于高炉开炉的风冷式铁口氧枪系统	2015/11/11	实用新型
291	201520900764.6	一种过滤除菌系统	2015/11/12	实用新型
292	201520884100.5	一种再生路面结构	2015/11/6	实用新型
293	201520829960.9	钢筋混凝土结构中上层钢筋网片提拉式定位工具	2015/10/23	实用新型
294	201520827887.1	一种楼梯滑动支座	2015/10/23	实用新型
295	201520835434.3	一种皮带机卸料小车行走机构	2015/10/26	实用新型
296	201520834541.4	一种溢流原矿自动取样装置	2015/10/26	实用新型
297	201520834446.4	一种应用于烧结机台车轮轴承的拆装装置	2015/10/26	实用新型
298	201520953760.4	全纤维炉衬的轧钢加热炉	2015/11/25	实用新型
299	201520954040.X	顶燃式热风炉圆弧拟合悬链线的独立拱顶结构	2015/11/25	实用新型
300	201520954933.3	一种带加热装置的带钢剪切机	2015/11/25	实用新型
301	201520954484.3	一种采用铁水包回转台的KR铁水脱硫系统	2015/11/25	实用新型

序号	专利申请号	专利中文名称	申请日	专利类型
302	201520814719.9	一种具备在线回收功能的线材控制冷却装置	2015/10/20	实用新型
303	201520817473.0	一种改善地震中水塔重心分布的装置	2015/10/20	实用新型
304	201520817252.3	一种高速旋转式推钢机装置	2015/10/20	实用新型
305	201520820551.2	一种棒材抬升装置	2015/10/20	实用新型
306	201520817640.1	一种用于料仓的旋转溜槽进料装置	2015/10/20	实用新型
307	201520883628.0	一种自适应式侧向导向机构	2015/11/7	实用新型
308	201520883711.8	一种管排模块化可快速更换整体式热管换热器	2015/11/7	实用新型
309	201520884551.9	一种采用超级电容供电的铁水罐车	2015/11/8	实用新型
310	201520883833.7	一种采用超级电容供电的环形运卷车	2015/11/8	实用新型
311	201520884540.0	一种顶燃热风炉的矩形布置结构	2015/11/8	实用新型
312	201520883643.5	一种整体式中间包清渣装置	2015/11/8	实用新型
313	201520897113.6	一种运卷小车	2015/11/8	实用新型
314	201520892213.X	一种液位计	2015/11/10	实用新型
315	201520895359.X	一种板坯连铸机的拉矫机事故驱动控制系统	2015/11/11	实用新型
316	201520896618.0	一种可调式切月牙装置以及轧制设备	2015/11/11	实用新型
317	201520897176.1	一种风机顶轴液压控制系统	2015/11/11	实用新型
318	201520897172.3	一种米巴赫激光焊机安全检测装置	2015/11/11	实用新型
319	201520897191.6	一种速度解析器支撑保护装置	2015/11/11	实用新型
320	201520896616.1	冷却塔百叶装置	2015/11/11	实用新型
321	201520895779.8	一种高温水冷热风阀	2015/11/11	实用新型
322	201520897140.3	一种测量钢包净空装置	2015/11/11	实用新型
323	201520900797.0	一种板坯连铸机扇形段驱动辊热坯压力液压控制系统	2015/11/11	实用新型
324	201520832631.X	一种重载提升机液压控制回路	2015/10/23	实用新型
325	201520829607.0	一种卷筒胀缩液压控制回路	2015/10/23	实用新型
326	201520829649.4	一种转炉煤气柜并联运行系统	2015/10/23	实用新型
327	201520828621.9	一种便携组装的阀门启闭工具	2015/10/23	实用新型
328	201520922253.4	一种酸洗时滞值测量设备	2015/11/18	实用新型
329	201520962558.8	一种振动状态集中监控及故障诊断装置	2015/11/26	实用新型
330	201520962557.3	一种带钢浪高监测装置	2015/11/26	实用新型
331	201520965532.9	一种轧机硬空过时的应急装置	2015/11/26	实用新型
332	201520964785.4	一种圆盘剪剪刃清扫及修磨装置	2015/11/26	实用新型
333	201520965771.4	一种喷号机喷嘴阀座清洗装置	2015/11/27	实用新型
334	201520965424.1	一种超长高精度球笼万向传动轴	2015/11/26	实用新型
335	201520964690.2	一种具有双工作辊的光整机	2015/11/26	实用新型

序号	专利申请号	专利中文名称	申请日	专利类型
336	201520964782.0	一种带钢表面缺陷检测系统	2015/11/26	实用新型
337	201520964783.5	一种全区域煤气泄漏报警和处置系统	2015/11/26	实用新型
338	201520967546.4	一种液压控制水下取样器	2015/11/27	实用新型
339	201520981184.4	一种钢管柱节点板装配装置	2015/11/27	实用新型
340	201521008201.2	一种自动纠偏装置	2015/11/27	实用新型
341	201520982331.X	一种炼钢蓄热器滑移装置	2015/12/1	实用新型
342	201520983531.7	一种地下阻水用的钢板沉箱	2015/12/1	实用新型
343	201521003617.5	一种转炉出钢口挡渣塞安装装置	2015/12/7	实用新型
344	201521004630.2	一种高炉扒料装置	2015/12/7	实用新型
345	201521013438.X	一种夹具	2015/12/8	实用新型
346	201521010450.5	一种成型面加工装置	2015/12/8	实用新型
347	201521036812.8	一种19孔25毫米格孔直径格子砖	2015/12/14	实用新型
348	201521040395.4	一种蒸汽冷凝水及其余热回收利用系统	2015/12/15	实用新型
349	201521039685.7	一种工业煤气发酵生产燃料乙醇的尾气处理装置	2015/12/15	实用新型
350	201521048940.4	一种编码器支架	2015/12/15	实用新型
351	201521074580.5	一种皮带秤链码防跑偏装置	2015/12/21	实用新型
352	201521088589.1	一种离线塞棒机构控制装置	2015/12/23	实用新型
353	201520451024.9	一种液压管路上传感器防护装置	2015/6/26	实用新型
354	201521074767.5	一种现浇大体积混凝土结构电子测温计保护装置	2015/12/21	实用新型
355	201521089892.3	螺旋输料器及缓冲泥料压注机	2015/12/24	实用新型
356	201521089951.7	一种连铸用液态保护渣的输送装置	2015/12/24	实用新型
357	201521100912.2	一种可重复使用的料池	2015/12/24	实用新型
358	201521137784.9	一种配合温度测量仪测定热处理钢板淬火温度的装置	2015/12/30	实用新型
359	201521130279.1	一种星轮滚筒测量装置	2015/12/30	实用新型
360	201620050526.5	一种环形炉钢卷温度均匀性提高装置	2016/1/19	实用新型
361	201620051310.0	一种改善环形炉钢卷底部透气性的装置	2016/1/19	实用新型
362	201620051639.7	一种RH炉顶枪密封通道气囊压紧装置	2016/1/19	实用新型
363	201620056551.4	一种螺旋式机械手样品传输装置	2016/1/20	实用新型
364	201620050738.3	一种工业精密探头储存箱	2016/1/19	实用新型
365	201620050741.5	一种防护装置	2016/1/19	实用新型
366	201620051325.7	一种钢包精炼炉导电横臂连接装置	2016/1/19	实用新型
367	201620051913.0	一种风口衬套	2016/1/19	实用新型
368	201620050545.8	一种硅钢环形炉内罩保护装置	2016/1/19	实用新型
369	201620115468.X	一种烧结矿环冷机布料装置	2016/2/4	实用新型

序号	专利申请号	专利中文名称	申请日	专利类型
370	201520705527.4	一种冲压工件的吸附装置	2015/9/11	实用新型
371	201620507735.8	QFN塑封异常叉印治具	2016/5/30	实用新型
372	201620163797.1	一种横切剪滑板润滑装置	2016/3/3	实用新型
373	201620163874.3	一种除尘装置	2016/3/3	实用新型
374	201620168319.X	一种磁力皮带衬板固定装置	2016/3/4	实用新型
375	201620164684.3	一种转向夹送辊翻板	2016/3/3	实用新型
376	201620163873.9	一种拉矫机辊盒支撑块	2016/3/3	实用新型
377	201620179519.5	一种监测装置	2016/3/9	实用新型
378	201620179495.3	一种封水装置	2016/3/9	实用新型
379	201620181921.7	一种油膜轴承	2016/3/9	实用新型
380	201620180887.1	一种密封装置	2016/3/9	实用新型
381	201620181666.6	一种锁紧装置	2016/3/9	实用新型
382	201620180886.7	一种热轧机组定宽压力机加工模块	2016/3/9	实用新型
383	201620181830.3	一种用于冷轧开卷机芯轴的防尘机构	2016/3/9	实用新型
384	201620175276.8	一种氧煤枪富氧喷吹监控系统	2016/3/7	实用新型
385	201620181922.1	一种焙烧机台车更换装置	2016/3/9	实用新型
386	201620172483.8	一种加热炉水封槽液位测量装置	2016/3/7	实用新型
387	201620179450.6	一种双层卸灰阀用压轮及双层卸灰阀	2016/3/9	实用新型
388	201620239709.1	一种钢渣分离组合型漏斗	2016/3/25	实用新型
389	201620269778.7	一种多功能钢锭模	2016/3/31	实用新型
390	201620241201.5	一种用于标准扩孔试验的预制孔模具	2016/3/25	实用新型
391	201620241229.9	一种焊接接头冷裂试验装置	2016/3/25	实用新型
392	201620261147.0	一种落锤冲击试验用夹具平台	2016/3/30	实用新型
393	201620241067.9	一种烧结机环冷台车下部侧密封装置	2016/3/25	实用新型
394	201620246993.5	一种高炉水冲渣蒸汽排汽筒防爆装置	2016/3/28	实用新型
395	201620245488.9	一种向高炉喷吹废油脂的装置	2016/3/28	实用新型
396	201620223717.7	一种弯管辅助装置	2016/3/22	实用新型
397	201620224604.9	一种大直径超长钻孔灌注桩后压浆直管注浆阀	2016/3/22	实用新型
398	201620202136.5	一种开孔装置	2016/3/16	实用新型
399	201620202140.1	一种梳齿梁加工装置	2016/3/16	实用新型
400	201620274171.8	一种测量含泡沫液体液位的系统	2016/4/5	实用新型
401	201620247198.8	生活垃圾焚烧炉渣资源化利用系统	2016/3/29	实用新型
402	201620370623.2	一种正压气力输送的喷吹罐泄压装置	2016/4/27	实用新型
403	201620372765.2	确保膜结构中支撑网架上弦为纯压或纯拉杆件的装置	2016/4/27	实用新型

序号	专利申请号	专利中文名称	申请日	专利类型
404	201620370781.8	用于转炉一次湿式电除尘工艺抑制火焰传播的装置	2016/4/27	实用新型
405	201620372703.1	一种焦炉烟道气余热利用和焦化废水预处理系统	2016/4/27	实用新型
406	201620401833.3	一种预充电装置	2016/5/5	实用新型
407	201620401537.3	一种回转布料机用布料小车及回转布料机	2016/5/5	实用新型
408	201620401538.8	一种焦炉推焦机头尾焦捕雾装置及推焦机	2016/5/5	实用新型
409	201620396212.0	实时监测、记录电机轴承温度的无线监测系统	2016/5/4	实用新型
410	201620400848.8	一种具有压力控制的辊涂机	2016/5/4	实用新型
411	201620401026.1	一种运输皮带	2016/5/4	实用新型
412	201620401536.9	一种环冷机台车密封装置	2016/5/5	实用新型
413	201620400242.4	一种粉料配料设备防堵塞装置	2016/5/5	实用新型
414	201620468823.1	一种自动对中式钢包盖	2016/5/19	实用新型
415	201620468869.3	轴向定位精准且具有极高刚度的短应力线轧机	2016/5/19	实用新型
416	201630210255.0	引线框架	2016/5/30	外观设计
417	201620468280.3	一种浇注液态保护渣用的结晶器盖板装置	2016/5/20	实用新型
418	201620469828.6	用于风口取样样品的自动筛分装置	2016/5/20	实用新型
419	201620468276.7	一种锅炉大气式热力除氧器余热回收装置	2016/5/20	实用新型
420	201620509065.3	冷轧板带钢不平度测量装置	2016/5/30	实用新型
421	201620509105.4	一种密封垫圈	2016/5/30	实用新型
422	201620507712.7	一种软管拖链	2016/5/30	实用新型
423	201620507732.4	一种辊道轴承座固定装置	2016/5/30	实用新型
424	201620507233.5	一种退火炉内罩边部清扫装置	2016/5/30	实用新型
425	201620622697.0	一种精除鳞挡水装置	2016/6/22	实用新型
426	201620625340.8	一种转炉滑板挡渣装置	2016/6/22	实用新型
427	201620625339.5	一种组合吊装架	2016/6/22	实用新型
428	201620625337.6	一种环冷机跑偏及回转框架变形在线检测装置	2016/6/22	实用新型
429	201620623955.7	卷取机助卷辊液压缸	2016/6/22	实用新型
430	201620622647.2	一种热轧精轧机出口下导板	2016/6/22	实用新型
431	201620622666.5	热轧卷取机夹送机构及上夹送辊摇臂装置	2016/6/22	实用新型
432	201620625463.1	一种粗轧立辊对中测量装置	2016/6/22	实用新型
433	201620623954.2	一种供电装置	2016/6/22	实用新型
434	201620623953.8	一种活塞式点火爆发筒	2016/6/22	实用新型
435	201620622783.1	冷却装置、齿轮箱恒温系统及齿轮箱	2016/6/22	实用新型
436	201620622646.8	冷轧酸洗线双切剪剪刃位置检测机构	2016/6/22	实用新型
437	201620757764.X	一种炼钢钢包全程加盖用包盖	2016/7/18	实用新型
438	201620758251.0	一种钢包自动加揭盖装置	2016/7/18	实用新型

2016 年末首钢集团职工政治面目构成情况

单位名称	合计	中共党员	中共预备党员	共青团员	民革会员	民盟盟员	民建会员	民进会员	农工党党员	致公党党员	九三学社社员	台盟盟员	无党派民主人士	群众
首钢集团	93871	31039	596	7471	7	14	5	8	5	2	19		8	54697
股份公司（含球烧）	10527	4579	117	989				1						4841
京唐公司	7755	2808	132	1077	2			1			1			3734
首秦公司	2923	1155	7	167										1594
矿业公司	9480	3171	78	1285										4946
水钢公司	14300	4041	27	152				2			3		3	10072
长钢公司	9430	2253	53	234										6890
贵钢公司	2180	530		136										1514
通钢公司	13719	3930	25	400		2	1				3			9358
伊钢公司	1799	36	3	453										1307
股权投资平台	9406	3450	65	1196		2	1	2			2		5	4683
北京园区平台	4636	1806	21	111	1	2	1							2694
曹建投公司	31	22	1	1										7
直管单位	3461	1101	43	935	3	6	2	1	3	2	4			1361
总公司部门	1172	850	8	35							2			277
业务支持部门	339	226	5	11										97

2016年末首钢集团离退休人员和费用构成情况

单 位	离退休人数（人）				离退休人员费用（元）				
	合 计	女 性	离 休	退 休	总 计	离休费（元）	企业负担（元）	退休费（元）	企业负担（元）
首钢集团	92507	39526	473	92054	4125710939	48655465	5432486	4077055474	199886636
股份公司	856	216		853	44183024	372240	3600	43810784	1883997
首秦·秦板,秦机	1066	348	5	1061	41049806	543210	29922	40506596	898042
矿业公司	11836	3922	19	11817	586150041	2025863	22160	584124178	29877791
水钢公司	14264	6948	46	14717	489857706	4798314	2566595	485059392	48074989
长钢公司	9751	3994	58	9693	382898367	5900471	1888339	376997896	8028133
贵钢公司	5587	2376	35	5552	174994780	3971801	54562	171022979	1363173
总公司直属单位	13	4903	272	14085	616879769	17712027	736520	599167742	32252152
特钢公司	1320	1058	17	1303	67952181	1812264	21900	66139917	3947387
园区综合服务公司	875	554		875	36951001			36951001	1835004
中首公司	215	79	2	213	12263485	399653	92340	11863832	496282
房地产公司	15	3		15	1158004			1158004	23106
首钢医院	1300	1054	17	1283	6653839	1812264	21900	64721575	3918542
地勘院	492	128	4	488	24640792	414360		24226432	1123790
环境公司	4	1		4	260338			260338	5739
金属公司	2			2	202330			202332	3459
氧气厂	133	66		133	5930225			5930225	293810
机电公司	5502	3003		5502	256105574			256105574	10728505
首自信公司	1309	700		1309	111124281			111124281	5850425
首建公司	9169	3554		9169	433103187			433103183	17558326
实业公司	3062	2346		3062	147740380			147740380	5031836
国际工程公司	679	348		679	42005438			42005438	1695018
鲁家山矿	427	97		427	17601198			17601198	772074
耐材炉料公司	1430	638		1430	66354488			66354488	1168737

制 度 目 录

◎ 责任编辑：刘冰清

2016 年首钢总公司制度颁发制度文件索引目录

编号	制度类别	制度文件名称	发文单位	发文字号	发文日期	拟稿单位	发放范围
1	经营管理	首钢总公司关于颁发《首钢总公司业务活动费用管理办法》的通知	首钢总公司	首发〔2016〕74 号	2016 年 3 月 30 日	财务共享中心	各单位
2	监督检查	关于颁发《首钢总公司派出监事常驻钢铁企业实施细则(试行)》的通知	首钢总公司董事会	首董发〔2016〕7 号	2016 年 3 月 31 日	监事会工作办公室	有关单位
3	经营管理	中共首钢总公司委员会首钢总公司关于颁发《首钢总公司贯彻落实"三重一大"决策制度实施办法》的通知	中共首钢总公司委员会首钢总公司	首党发〔2016〕63 号	2016 年 3 月 31 日	办公厅	各单位
4	经营管理	首钢总公司关于颁发《首钢总公司建设工程招投标管理办法(试行)》的通知	首钢总公司	首发〔2016〕94 号	2016 年 4 月 18 日	系统优化部	各单位
5	人力资源	中共首钢总公司委员会关于印发《首钢领导人员选拔任用工作制度》的通知	中共首钢总公司委员会	首党发〔2016〕27 号	2016 年 3 月 10 日	人力资源部	各单位
6	人力资源	中共首钢总公司委员会关于印发《首钢领导人员任前公示办法》的通知	中共首钢总公司委员会	首党发〔2016〕28 号	2016 年 3 月 10 日	人力资源部	各单位
7	人力资源	中共首钢总公司委员会关于印发《首钢领导人员任职试用期实施办法》的通知	中共首钢总公司委员会	首党发〔2016〕29 号	2016 年 3 月 10 日	人力资源部	各单位
8	人力资源	中共首钢总公司委员会关于印发《首钢领导人员交流办法》的通知	中共首钢总公司委员会	首党发〔2016〕30 号	2016 年 3 月 10 日	人力资源部	各单位
9	人力资源	中共首钢总公司委员会关于印发《首钢公开选拔领导人员办法》的通知	中共首钢总公司委员会	首党发〔2016〕31 号	2016 年 3 月 10 日	人力资源部	各单位
10	人力资源	中共首钢总公司委员会关于印发《首钢领导人员年度考核末位淘汰办法》的通知	中共首钢总公司委员会	首党发〔2016〕32 号	2016 年 3 月 10 日	人力资源部	各单位
11	人力资源	中共首钢总公司委员会关于印发《首钢领导人员退出现职领导岗位的规定》的通知	中共首钢总公司委员会	首党发〔2016〕33 号	2016 年 3 月 10 日	人力资源部	各单位

编号	制度类别	制度文件名称	发文单位	发文字号	发文日期	拟稿单位	发放范围
12	人力资源	中共首钢总公司委员会关于印发《中共首钢总公司委员会直管领导人员退休和技术专家返聘管理办法》的通知	中共首钢总公司委员会	首党发〔2016〕34 号	2016 年 3 月 10 日	人力资源部	各单位
13	人力资源	中共首钢总公司委员会关于印发《关于不胜任现职领导人员的认定标准》的通知	中共首钢总公司委员会	首党发〔2016〕35 号	2016 年 3 月 10 日	人力资源部	各单位
14	人力资源	中共首钢总公司委员会关于印发《首钢领导人员问责管理办法》的通知	中共首钢总公司委员会	首党发〔2016〕36 号	2016 年 3 月 10 日	人力资源部	各单位
15	人力资源	中共首钢总公司委员会关于印发《首钢领导人员约谈管理办法》的通知	中共首钢总公司委员会	首党发〔2016〕37 号	2016 年 3 月 10 日	人力资源部	各单位
16	人力资源	中共首钢总公司委员会关于印发《首钢后备领导人员管理办法》的通知	中共首钢总公司委员会	首党发〔2016〕38 号	2016 年 3 月 10 日	人力资源部	各单位
17	安全管理	首钢总公司关于印发《首钢总公司安全生产约谈办法》的通知	首钢总公司	首发〔2016〕109 号	2016 年 5 月 9 日	安全环保部	各单位
18	经营管理	首钢总公司关于颁发《首钢总公司资金管理制度（试行）》的通知	首钢总公司	首发〔2016〕146 号	2016 年 6 月 22 日	经营财务部	各单位
19	科技创新	首钢总公司关于颁发《首钢总公司管理创新活动管理办法》的通知	首钢总公司	首发〔2016〕179 号	2016 年 8 月 8 日	系统优化部	各单位
20	资产管理	首钢总公司关于颁发《首钢总公司固定资产管理制度》的通知	首钢总公司	首发〔2016〕184 号	2016 年 8 月 11 日	资产管理中心	各单位
21	资产管理	首钢总公司关于颁发《首钢总公司土地房屋管理办法》的通知	首钢总公司	首发〔2016〕185 号	2016 年 8 月 11 日	资产管理中心	各单位
22	资产管理	首钢总公司关于颁发《首钢总公司固定资产管理实施细则》的通知	首钢总公司	首发〔2016〕186 号	2016 年 8 月 11 日	资产管理中心	有关单位
23	资产管理	首钢总公司关于颁发《首钢总公司北京地区土地房屋管理实施细则》的通知	首钢总公司	首发〔2016〕187 号	2016 年 8 月 11 日	资产管理中心	有关单位
24	安全管理	首钢总公司关于印发《首钢总公司生产安全事故隐患排查治理办法》的通知	首钢总公司	首发〔2016〕188 号	2016 年 8 月 15 日	安全环保部	各单位
25	党群管理	中共首钢总公司委员会关于印发《首钢总公司职务职级改革试点管理办法》的通知	中共首钢总公司委员会	首党发〔2016〕150 号	2016 年 11 月 14 日	人力资源部	各单位

2016年首钢总公司废止制度文件目录索引

编号	制度类别	废止制度文件名称	发文单位	发文字号	发文日期	拟稿单位	发放范围
1	经营管理	首钢总公司关于颁发《首钢总公司业务活动费用管理办法(试行)》的通知	首钢总公司	首发〔2015〕177号	2015年7月20日	财务共享中心	各单位
2	经营管理	中共首钢总公司委员会关于颁发《首钢总公司贯彻落实"三重一大"决策制度实施办法》的通知	首钢总公司	首党发〔2013〕20号	2013年2月7日	办公厅	各单位
3	经营管理	关于印发《关于成立首钢工程招投标管理委员会的实施意见》和《首钢建设工程招投标管理办法》的通知	首钢总公司	首发〔2003〕140号	2003年4月30日	系统优化部	各单位
4	人力资源	关于颁发《首钢行政领导干部聘任工作制度(试行)》的通知	中共首钢总公司委员会	首发〔2001〕8号	2001年1月16日	人力资源部	各单位
5	人力资源	关于颁发《首钢领导干部选拔任用工作条例》的通知	中共首钢总公司委员会	首发〔2002〕139号	2002年11月30日	人力资源部	各单位
6	人力资源	关于颁发《首钢总公司关于选拔领导干部实行任前公示的管理办法(试行)》的通知	中共首钢总公司委员会	首发〔2001〕9号	2001年1月16日	人力资源部	各单位
7	人力资源	关于颁发《首钢领导干部交流制度(试行)》的通知	中共首钢总公司委员会	首发〔2003〕39号	2003年4月28日	人力资源部	各单位
8	人力资源	关于颁发《首钢干部年度考核末位淘汰制度(试行)》的通知	中共首钢总公司委员会	首发〔2003〕40号	2003年4月28日	人力资源部	各单位
9	人力资源	关于印发《中共首钢总公司委员会领导干部退出现职领导岗位的规定(试行)》的通知	中共首钢总公司委员会	首发〔2014〕133号	2014年6月30日	人力资源部	各单位
10	人力资源	关于印发《中共首钢总公司委员会直管领导干部退休和返聘管理办法(试行)》的通知	中共首钢总公司委员会	首发〔2014〕134号	2014年6月30日	人力资源部	各单位

编号	制度类别	废止制度文件名称	发文单位	发文字号	发文日期	拟稿单位	发放范围
11	人力资源	关于颁发《关于不胜任现职领导干部的认定标准（试行）》的通知	中共首钢总公司委员会	首发〔2001〕10号	2001年1月16日	人力资源部	各单位
12	人力资源	关于印发《首钢总公司领导干部问责管理办法（试行）》的通知	中共首钢总公司委员会	首发〔2014〕186号	2014年8月29日	人力资源部	各单位
13	经营管理	首钢总公司关于下发《首钢总公司资金管理暂行办法》的通知	首钢总公司	首发〔2004〕351号	2004年8月20日	经营财务部	各单位
14	经营管理	关于颁发《首钢资金使用管理制度（试行）》的通知	首钢总公司	首发〔1996〕331号	1996年9月20日	经营财务部	各单位
15	经营管理	关于颁发《首钢总公司货币资金结算办法》的通知	首钢总公司	首发〔2001〕342号	2001年10月22日	经营财务部	各单位
16	经营管理	关于颁发《首钢总公司辅业改制企业资金管理办法（试行）》的通知	首钢总公司	首发〔2008〕206号	2008年6月5日	经营财务部	各单位
17	经营管理	首钢总公司关于颁发《迁钢、首秦公司与集团内部单位资金结算办法（试行）》的通知	首钢总公司	首发〔2004〕521号	2004年12月30日	经营财务部	各单位
18	经营管理	首钢总公司关于全面加强资金平台管理的通知	首钢总公司	首发〔2007〕240号	2007年6月16日	经营财务部	各单位
19	经营管理	关于颁发《首钢总公司集中管理承兑汇票贴现业务实施办法》的通知	首钢总公司	首发〔2007〕257号	2007年7月3日	经营财务部	各单位
20	经营管理	首钢总公司电子商业汇票业务管理暂行办法	首钢总公司	首发〔2012〕49号	2012年2月27日	经营财务部	各单位
21	经营管理	首钢总公司关于加强经济业务中票据及借款保证合同管理的通知	首钢总公司	首发〔2001〕199号	2001年6月22日	经营财务部	各单位
22	科技创新	关于颁发《首钢管理创新成果管理制度》的通知	首钢总公司	首发〔2003〕285号	2003年8月6日	系统优化部	各单位
23	科技创新	关于印发《首钢管理创新成果管理制度补充办法》的通知	首钢总公司	首发〔2010〕86号	2010年4月9日	系统优化部	各单位
24	资产管理	首钢总公司关于重申加强首钢房屋构筑物处置管理的通知	首钢总公司	首发〔2007〕5号	2007年1月10日	资产管理中心	各单位

编号	制度类别	废止制度文件名称	发文单位	发文字号	发文日期	拟稿单位	发放范围
25	资产管理	首钢总公司关于电子废弃物回收处置工作的通知	首钢总公司	首发〔2008〕267号	2008年7月18日	资产管理中心	各单位
26	资产管理	首钢总公司关于印发《首钢总公司固定资产实物管理办法>》通知	首钢总公司	首发〔2014〕162号	2014年5月28日	资产管理中心	各单位
27	资产管理	首钢总公司关于颁发《首钢总公司闲置实物资产处置管理办法》的通知	首钢总公司	首发〔2014〕215号	2014年7月24日	资产管理中心	各单位
28	资产管理	首钢总公司关于颁发《首钢总公司土地房屋管理办法》的通知	首钢总公司	首发〔2015〕75号	2015年3月25日	资产管理中心	各单位
29	资产管理	首钢总公司关于颁发《首钢总公司北京园区停产闲置实物资产处置管理办法》的通知	首钢总公司	首发〔2015〕161号	2015年7月13日	资产管理中心	有关单位
30	安全管理	首钢总公司关于下发《首钢总公司安全隐患排查管理办法》的通知	首钢总公司	首发〔2010〕338号	2010年12月1日	安全环保部	各单位

《首钢年鉴 2017》编辑人员

◎ 责任编辑：刘冰清

《首钢年鉴 2017》组稿编辑人员

序号	组稿人	单位名称	联系电话
1	闫　琳	人力资源部（党委组织部、党委统战部）	010-88292773
2	郑　昕	首钢企业文化部（党委宣传部）	010-88293095
3	陈东兴	总公司纪委（监察部）	010-88293754
4	金志先	工　会	010-88294317
5	陈　宏	战略发展部	010-88293573
6	张宝龙	经营财务部	010-88296311
7	温立文	系统优化部	010-88296294
8	吴　刚	安全环保部	010-88297238
9	桑娟喜	办公厅	010-88295449
10	韩　蕾	法律事务部	010-88293045
11	吴亚楠	审计部	010-88292662
12	王素玲	监事会工作办公室	010-88291193
13	魏松民	总工程师室	010-88293570
14	付百林	技术研究院	010-88296039
15	郭　锋	发展研究院	010-62273213
16	师　兵	人才开发院	010-68873302
17	袁　琳	财务共享中心	010-88294872
18	张英明	人事服务中心	010-88294347
19	杨明娟	资产管理中心	010-88293223
20	董晓明	行政管理中心	010-88293757
21	刘　鼎	集团财务有限公司	010-68875101
22	杨国光	北京首钢股份有限公司	0315-7703039
23	韩广军	北京首钢氧气厂	010-52857877
24	王　萍	首钢京唐钢铁联合有限责任公司	0315-8872816
25	金品楠	秦皇岛首秦金属材料有限公司	0335-7127624
26	房胜军	首钢矿业公司	0315-7710398
27	田　甜	首钢水城钢铁（集团）有限责任公司	0858-8922868
28	温林森	首钢长治钢铁有限公司	0355-5087581
29	刘　刚	首钢贵阳特殊钢有限责任公司	0851-5595740
30	冯世勇	首钢通化钢铁集团股份有限公司	0431-88623566

续表

序号	组稿人	单位名称	联系电话
31	黄紫云	首钢伊犁钢铁有限公司	0591-6852272
32	李 佳	中国首钢国际贸易工程公司	010-82291111-2257
33	李 佳	首钢秘鲁铁矿股份有限公司	010-82291111-2258
34	柳 岩	北京首钢鲁家山石灰石矿有限公司	010-61881058
35	王京华	销售公司	010-88294349
36	齐 岳	北京首钢国际工程技术有限公司	010-88292244
37	刘晓东	北京首钢建设集团有限公司	010-88294086
38	李 琴	北京首钢自动化信息技术有限公司	010-88292815
39	郭鑫鑫	北京首钢机电有限公司	010-88294119
40	许之沛	北京首钢实业有限公司	010-88291007
41	邵林增	北京北冶功能材料有限公司	010-62949558
42	刘祥鹏	北京首钢吉泰安新材料有限公司	010-80713667
43	高伟月	北京首钢微电子有限公司	010-58980808
44	冯尧刚	北京首钢建设投资有限公司	010-88291982
45	李 明	北京首钢园区综合服务有限公司	010-88292185
46	郝占起	北京首钢特殊钢有限公司	010-88915870
47	孙文学	园区管理部	010-68873174
48	李 佳	首钢环境产业有限公司	010-88291349
49	宿海文	首钢控股有限责任公司	010-88698701
50	南志国	北京首钢房地产开发有限公司	010-88299497
51	吴妍彦	北京大学首钢医院	010-57830827
52	杜宝岐	首钢控股（香港）有限公司	010-88291111-2256
53	李 梦	北京京西重工有限公司	010-57537313
54	陈智慧	北京首钢基金有限公司	010-52393988
55	孙会东	北京首钢文化发展有限公司	010-88293797
56	车宏卿	首钢发展研究院史志年鉴办公室	010-622732334
57	关佳洁	首钢发展研究院史志年鉴办公室	010-622732335
58	刘冰清	首钢发展研究院史志年鉴办公室	010-622732336

索　引

责任编辑:宋军花
装帧设计:徐　晖
内文设计:鲍春琴
责任校对:白　玥

图书在版编目(CIP)数据

首钢年鉴·2017/首钢集团有限公司史志年鉴编委会 编. —北京:人民出版社,2017.12
ISBN 978－7－01－018445－6

Ⅰ.①首… Ⅱ.①首… Ⅲ.①首都钢铁公司-2017-年鉴 Ⅳ.①F426.31-54

中国版本图书馆 CIP 数据核字(2017)第 255334 号

首钢年鉴·2017

SHOUGANG NIANJIAN 2017

首钢集团有限公司史志年鉴编委会　编

人民出版社 出版发行
(100706　北京市东城区隆福寺街 99 号)

北京盛通印刷股份有限公司印刷　新华书店经销

2017 年 12 月第 1 版　2017 年 12 月北京第 1 次印刷
开本:889 毫米×1194 毫米 1/16　印张:27.75
字数:850 千字

ISBN 978－7－01－018445－6　定价:368.00 元

邮购地址 100706　北京市东城区隆福寺街 99 号
人民东方图书销售中心　电话 (010)65250042　65289539